경영수학

김성호 · 이동원 · 김형기 공저

도서출판 서울경제경영

머 리 말

이 책은 경영학도에게 필요한 수학이론을 소개하기 위하여 집필되었다. 이 책은 13개의 장으로 구성되어 있으며 크게 세 부분으로 구별할 수 있다. 처음 3개 장은 기초부분으로 제1장에서는 집합과 수, 제2장에서는 벡터, 제3장에서는 함수에 대해서 설명하였다. 제4장부터 제9장까지의 6개 장에서는 행렬, 연립방정식, 역행렬, 행렬식, 벡터공간, 일차변환, 고유값, 고유벡터 등 기본적인 선형대수이론을 설명하였다. 제10장부터 제13장까지의 4개 장에서는 미분법, 편미분법, 최적화, 적분법 등 기본적인 미분적분학 이론을 설명하였다. 각 장마다 9개에서 48개까지 총 384개의 연습문제를 수록하여 각 장마다 설명한 이론 및 개념을 연습할 수 있도록 하였다.

명료하고 간결한 방식의 설명이 되도록 하기 위해 노력하였다. 정의(定義, definition)는 별도로 구별하지 않고 본문에서 제시하였으며 인용이 필요한 경우에는 번호를 붙였다. 정리(定理, theorem)에는 인용하기 편리하도록 번호와 더불어 별도의 이름을 붙였다. 정리를 증명할 때는 증명의 각 단계별로 참조되는 정의나 정리의 번호 및 이름을 밝혀 쉽게 파악할 수 있도록 하였다.

이 책이 출판되기까지 격려해 주신 은사님, 선배, 동료 교수들에게 깊은 감사의 마음을 드린다. 그리고 원고정리 작업을 도와준 인하대학교 경영학과의 오동현, 이태윤, 김기영, 김태경, 김창민, 윤치호 군에게 고마움의 뜻을 전한다. 끝으로 이 책의 출판을 수락하신 도서출판 서울경제경영의 김은중 사장님과 편집부 제위께 감사의 뜻을 드린다.

2006년 1월
저자 씀

목 차

제 1 장 집합과 수

제 2 장 벡터

제 3 장 함수

제 4 장 행렬

제 5 장 연립일차방정식

제 6 장 역행렬과 행렬식

제 7 장 벡터공간

제 8 장 일차변환

제 9 장 고유치와 고유벡터

제 10 장 미분법

제 11 장 편미분법

제 12 장 최적화

제 12 장 보론 볼록집합

제 13 장 적 분

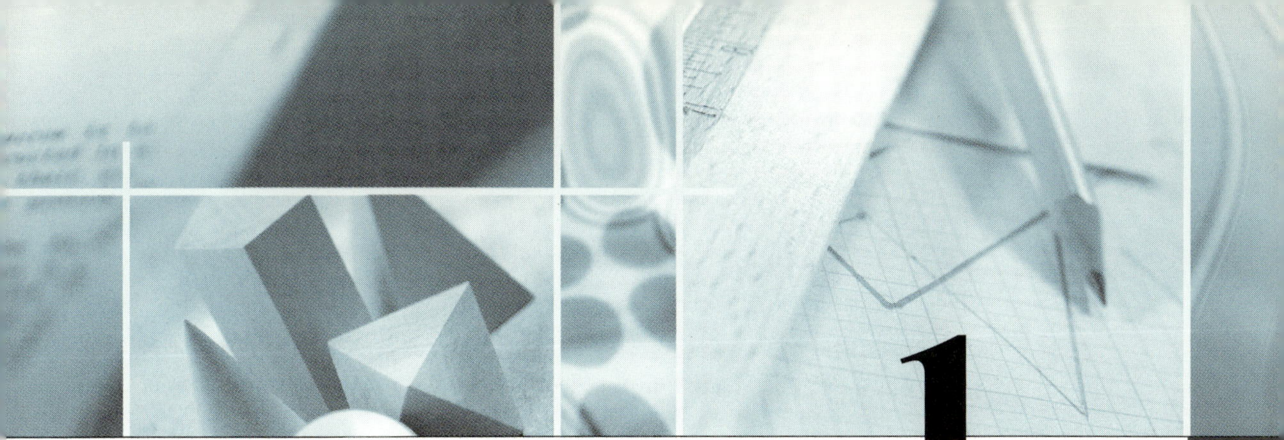

제 1 장

집합과 수

집합은 수학의 여러 분야에 기초를 제공한다. 자연수, 유리수, 실수, 복소수뿐 아니라 함수, 관계, 연산 등의 개념도 집합으로 정의할 수 있다. 집합은 논리와 서로 밀접한 관련성을 가지고 있으며 집합에 관한 기본 개념과 법칙을 설명하기 전에 명제와 진리값에 관하여 먼저 살펴보는 것이 바람직하다.

제1절 명제와 진리값

어떤 주어진 상황에서 참 또는 거짓이 명확한 문장을 명제(命題, sentence)라고 한다. 따라서

① "서울은 한국의 수도이다"
② "2는 짝수이다"
③ "히틀러는 미국인이다"

등은 명제이다. ①과 ②는 객관적으로 보아서 명확히 참이고 ③은 거짓이다.

1.1 합성명제

명제는

① '¬' = '…아니다' ② '∧' = '…이고 (동시에) …'
③ '∨' = '…이거나 (또는) …' ④ '⇒' = '…이면 …'
⑤ '⇔' = '… 일 때에 한해서 …'

등의 접속사로 연결되어 새로운 명제가 만들어진다. 이것을 합성명제(合成命題, composite sentence)라고 한다.

P, Q, R 등의 문자를 사용해서 명제를 나타내 보자.

$$\neg P,\ P \wedge Q,\ P \vee Q,\ P \Rightarrow Q,\ P \Leftrightarrow Q$$

등은 모두 합성명제이다.

1.2 부정

명제 P로부터 만들 수 있는 가장 단순한 합성명제 중 "P가 아님"을 나타내는 P의 부정(否定, negation) $\neg P$(not P로 읽거나 나타냄)이다. P가 참이면 P가 아님을

나타내는 $\neg P$는 거짓임이 분명하다. P와 $\neg P$의 관계는 다음과 같은 진리표(眞理表, truth table)로 간단히 나타낼 수 있다.

P	$\neg P$
t	f
f	t

여기서 t와 f는 진리값(眞理값, truth values)으로 각각 참과 거짓을 나타낸다.

1.3 논리곱

P와 Q의 논리곱(論理곱, conjunction) $P \wedge Q$(P and Q로 읽거나 나타냄)는 "P이고 (동시에) Q"임을 나타낸다. $P \wedge$ Q의 진리표는 다음과 같다.

P	Q	$P \wedge Q$
t	t	t
t	f	f
f	t	f
f	f	f

$P \wedge Q$의 진리값은 P와 Q가 둘 다 참일 때만 참이다.

1.4 논리합

P와 Q의 논리합(論理合, disjunction) $P \vee Q$(P or Q로 읽거나 나타냄)는 "P이거나 (또는) Q"임을 나타낸다. $P \vee Q$의 진리표는 다음과 같다.

P	Q	$P \vee Q$
t	t	t
t	f	t
f	t	t
f	f	f

$P \vee Q$의 진리값은 P와 Q 중 적어도 하나가 참일 때만 참이다.

1.5 조건문

P와 Q가 조건문(條件文, implication) $\Rightarrow$으로 연결된 $P \Rightarrow Q$(P implies Q로 읽음)는 "P이면 Q이다"를 나타낸다. 보통 "P이면 Q이다"는 "John이 학위과정을 통과하면 졸업할 수 있다"에서처럼 P와 Q의 인과관계를 나타내는 것으로 이해된다.

그러나 수학에서는 P가 참이고 Q가 거짓인 경우를 제외한 경우에서 참이 되는 형식적 의미로 사용된다. 즉 $P \Rightarrow Q$는 다음과 같은 진리표로 정의된다.

P	Q	$P \Rightarrow Q$
t	t	t
t	f	f
f	t	t
f	f	t

예를 들어

$$1+1=2 \Rightarrow \pi\text{는 초월수이다}$$

는 두 명제 간에 아무런 인과관계가 없지만 참이다. 다른 예로

$$2+2=5 \Rightarrow 4\text{는 소수(素數, prime number)이다}$$

는 두 명제 모두 거짓이지만 참이다.

정리 1.1 **조건문의 성질**

명제 P와 Q가 주어져 있을 때 다음의 합성명제는 항상 참이 된다. [1)]

① $P \Rightarrow P \vee Q$ ①′ $Q \Rightarrow P \vee Q$

② $P \wedge Q \Rightarrow P$ ②′ $P \wedge Q \Rightarrow Q$

증명

① P와 Q의 진리값에 관계없이 $P \Rightarrow P \vee Q$이 참이 됨을 보여야 한다. 이를 위해 $P \Rightarrow P \vee Q$을 위한 진리표를 작성할 수 있다.

P	Q	P	$\Rightarrow$	$P \vee Q$
t	t	t	t	t
t	f	t	t	t
f	t	f	t	t
f	f	f	t	f
		(1)	(3)	(2)

1) 정리(定理, theorem)는 수학적 연산 및 논의를 통해 참인 것으로 보여질 수 있는 명제를 의미한다. 어떤 정리가 참이라는 것을 보이는 과정을 증명(證明, proof)이라고 한다. 수학자 Paul Erdos는 수학자를 모든 대상을 정리(定理)로 변환시키는 기계로 설명한 바 있다. R. Graham이 추정한 바에 의하면 매년 25만 개의 수학적 정리(定理)가 발표되고 있다

여기서 (1)은 첫 번째 열의 진리값을 그대로 가져온 것이다. (2)는 논리합의 진리표에서 구할 수 있다. 그리고 (3)은 조건문의 진리표에서 구할 수 있다. 따라서 P와 Q의 진리값에 관계없이 $P \Rightarrow P \vee Q$는 참이 됨을 알 수 있다.

②의 증명은 생략. ①′와 ②′는 각각 ①, ②와 같은 방식으로 증명할 수 있다. ■

$P \Leftrightarrow Q$는 $(P \Rightarrow Q) \wedge (Q \Rightarrow P)$을 줄여서 나타낸 것이다.

정리 1.2 **조건문의 성질**

명제 P, Q, R이 주어져 있을 때 다음의 합성명제는 항상 참이 된다.

① $P \vee Q \Leftrightarrow Q \vee P$ ①′ $P \wedge Q \Leftrightarrow Q \wedge P$

② $P \vee (Q \vee R) \Leftrightarrow (P \vee Q) \vee R$ ②′ $P \wedge (Q \wedge R) \Leftrightarrow (P \wedge Q) \wedge R$

③ $P \wedge (Q \vee R) \Leftrightarrow (P \wedge Q) \vee (P \wedge R)$

③′ $P \vee (Q \wedge R) \Leftrightarrow (P \vee Q) \wedge (P \vee R)$

④ $P \vee P \Leftrightarrow P$ ④′ $P \wedge P \Leftrightarrow P$

증명

① P와 Q의 진리값에 관계없이 $P \vee Q \Leftrightarrow Q \vee P$이 참이 됨을 보여야 한다. 이를 위해 $(P \vee Q \Rightarrow Q \vee P) \wedge (Q \vee P \Rightarrow P \vee Q)$의 진리표를 작성할 수 있다.

P	Q	$(P \vee Q$	$\Rightarrow$	$Q \vee P)$	$\wedge$	$(P \vee Q$	$\Rightarrow$	$Q \vee P)$
t	t	t	t	t	t	t	t	t
t	f	t	t	t	t	t	t	t
f	t	t	t	t	t	t	t	t
f	f	f	t	f	t	f	t	f
		(1)	(3)	(2)	(4)	(1)	(3)	(2)

여기서 (1)과 (2)는 논리합의 진리표에서 구할 수 있다. (3)은 조건문의 진리표에서 구할 수 있다. (4)는 논리곱의 진리표에서 구할 수 있다. 따라서 P와 Q의 진리값에 관계없이 $(P \vee Q \Rightarrow Q \vee P) \wedge (Q \vee P \Rightarrow P \vee Q)$는 참이 됨을 알 수 있다.

②, ③, ④의 증명은 생략. ■

제2절 집합의 기초개념

집합(集合, set)은 잘 정의된 대상(對象, objects)들을 모아놓은 것이다. 모임을 구성하는 대상을 그 집합의 원소(元素, elements)라고 한다. 수학에서는 주로 수(數, numbers), 점(點, points), 함수(函數, functions), 곡선(曲線, curves) 등과 같은 수학적 대상의 집합에 관심을 갖는다.

2.1 원소

어떤 대상이 어떤 집합의 원소라는 것은 $\in$으로 나타낸다. 그리고 원소가 아니라는 것은 $\notin$으로 나타낸다.

예

$2 \in A,\ 5 \in B,\ 4 \notin C$ ◀

2.2 집합의 표현

집합을 표기하는 방법에는 원소를 하나씩 열거하는 열거법(列擧法, enumeration)과 원소의 특징을 간단히 서술하는 서술법(敍述法, description)이 있다.

예

$A = \{1,\ 2,\ 3\}$, $B = \{x \mid x$는 양의 정수$\}$, $C = \{x \mid 2 < x \leq 6\}$,
$D = \{2,\ 3,\ 6,\ 8\}$, $E = \{$10보다 작은 양의 짝수 $\}$,
$F = \{x \mid x$는 P를 만족 $\}$ ◀

2.3 부분집합

$A \subseteq B$는 집합 A의 모든 원소가 집합 B에 속한다는 의미이며 이는 기호로

$$A \subseteq B \quad \text{iff} \quad x \in A \ \Rightarrow \ x \in B \tag{1.1}$$

와 같이 나타낼 수 있다. $A \subseteq B$이면 A를 B의 부분집합(部分集合, subset)이라 부른다. $A \subseteq B$라는 표현은 $B \subseteq A$의 가능성도 포함하고 있다. 실제로 A를 구성하는 원소와 B를 구성하는 원소가 같은 경우 $A \subseteq B$이면서 동시에 $B \subseteq A$이 되며 이를 우리는 A와 B가 동치라고 하고 $A = B$로 나타낸다. 이를 기호로

$$A = B \quad \text{iff} \quad x \in A \Rightarrow x \in B \text{ and } x \in B \Rightarrow x \in A \tag{1.2}$$

와 같이 나타낼 수 있다. A와 B가 같지 않으면 $A \neq B$로 나타낸다. $A \subseteq B$이지만 $A \neq B$일 경우에는 A를 B의 진부분집합(眞部分集合, proper subset)이라고 하며 $A \subset B$로 나타낸다.

예 $A = \{1, 2, 3, 4, 5\}$, $B = \{3, 5\}$이면 $B \subseteq A$ ◀

2.4 원소의 개수

원소의 개수가 n개인 집합의 부분집합의 개수는 2^n개이다.

2.5 공집합

원소를 하나도 갖지 않는 집합의 개념이 유용하게 사용될 수 있다. 이러한 집합을 공집합(空集合, empty set)이라 하고 $\{\ \}$ 또는 $\varnothing$으로 나타낸다. 공집합은 모든 집합의 부분집합이다.

제3절 집합연산

3.1 합집합

두 집합 A와 B가 주어져 있을 때 A와 B의 합집합(合集合, union) $A \cup B$은 A에 속하는 원소 또는 B에 속하는 원소 또는 A와 B 모두에 속하는 원소들로 이루어진 집합을 의미한다. 이를 기호로 나타내면 다음과 같다.

$$A \cup B = \{x \mid x \in A \text{ or } x \in B\}$$

따라서

$$x \in A \cup B \Leftrightarrow x \in A \text{ or } x \in B \tag{1.3}$$

이다.

예 $A=\{2, 4, 6, 8\}$, $B=\{1, 2, 3, 4, 5\}$일 때 A와 B의 합집합을 구하시오.

풀이

$A\cup B=\{1, 2, 3, 4, 5, 6, 8\}$ ◀

3.2 교집합

두 집합 A와 B가 주어져 있을 때 A와 B의 교집합(交集合, intersection) $A\cap B$은 A와 B 모두에 속하는 원소들로 이루어진 집합을 의미한다. 이를 기호로 나타내면 다음과 같다.

$$A\cap B=\{x|x\in A \text{ and } x\in B\}$$

따라서

$$x\in A\cap B \Leftrightarrow x\in A \text{ and } x\in B \tag{1.4}$$

이다.

예 $A=\{2,4,6,8\}$, $B=\{1,2,3,4,5\}$일 때 A와 B의 교집합을 구하시오.

풀이

$A\cap B=\{2,4\}$ ◀

정리 1.3 **합집합/교집합의 성질**

집합 A와 B가 주어져 있을 때

① $A\subseteq A\cup B$이고 $B\subseteq A\cup B$이다.

② $A\cap B\subseteq A$이고 $A\cap B\subseteq B$이다.

증명

① $A\subseteq A\cup B$임을 증명하려면 (부분집합의 정의 식 (1.1)로부터) $x\in A\Rightarrow x\in A\cup B$임을 보여야 한다.

$$\begin{aligned} x\in A &\Rightarrow x\in A\vee x\in B && \text{([정리 1.1] ①)} \\ &\Rightarrow x\in A\cup B && \text{(합집합의 정의 식 (1.3))} \end{aligned}$$

동일한 방식으로 $B\subseteq A\cup B$도 증명할 수 있다.

② $A \cap B \subseteq A$을 증명하기 위해서는 $x \in A \cap B \Rightarrow x \in A$임을 보여야 한다.

$$\begin{aligned} x \in A \cap B &\Rightarrow x \in A \ \wedge \ x \in B \qquad &&(\text{교집합의 정의 식 (1.4)}) \\ &\Rightarrow x \in A &&([\text{정리 1.1] ②}) \end{aligned}$$

동일한 방식으로 $A \cap B \subseteq B$도 증명할 수 있다. ■

3.3 여집합

집합 A가 주어져 있을 때 A의 여집합(餘集合, complement) A'는 A에 속하지 않는 모든 원소들로 구성된 집합으로 정의된다. 이를 기호로 나타내면 다음과 같다.

$$A' = \{x \mid x \notin A\}$$

따라서

$$x \in A' \Leftrightarrow x \notin A \tag{1.5}$$

이다.

정리 1.4 **여집합의 성질**

집합 A에 대하여 $(A')' = A$

증명

$(A')' = A$을 증명하기 위해서는 두 집합이 같음에 대한 정의 식 (1.2)로부터 $x \in (A')' \Rightarrow x \in A$ and $x \in A \Rightarrow x \in (A')'$를 보여야 한다.

$$x \in (A')' \Rightarrow x \notin A' \Rightarrow x \in A \qquad (\text{여집합의 정의 식 (1.5)})$$
$$x \in A \Rightarrow x \notin A' \Rightarrow x \in (A')' \qquad (\text{여집합의 정의 식 (1.5)})$$
■

어떤 집합이 주어져 있고 그 집합의 부분집합을 생각할 때 원래 주어져 있던 집합을 전체집합(全體集合, universal set)이라 부르고 일반적으로 U로 나타낸다. 전체집합에 대한 A의 여집합 A'는 U의 원소 중 A에 속하지 않는 원소로 이루어진 집합을 의미한다.

예

$U = \{10\text{보다 작은 양의 정수}\}$이고 $A = \{1, 3, 5, 7, 9\}$이면
$A' = \{2, 4, 6, 8\}$ ◀

두 집합 A와 B가 주어져 있을 때 B에 대한 A의 여집합(complement of A relative to B) $B-A$는 다음과 같이 정의된다.

$$B\text{-}A = \{x : x \in B,\ x \notin A\}$$

$A \subseteq B$이면 항상 $B-(B-A)=A$이 성립한다. 또한 $B \cap A$이 공집합이면 $B-A=B$이 된다.

[그림 1.1]은 합집합, 교집합, 차집합의 개념을 벤다이어그램(Venn diagram)으로 나타낸 것이다.

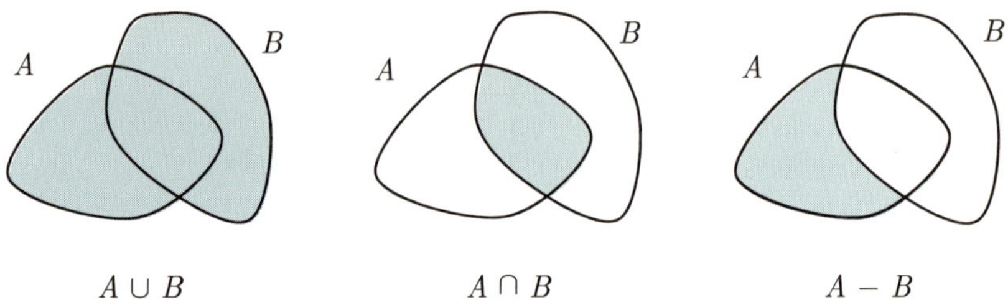

그림 1.1

제4절 집합연산법칙

집합 A, B, C에 대하여 다음과 같은 연산법칙이 성립한다.

교환법칙(commutative laws)

① $A \cup B = B \cup A$

② $A \cap B = B \cap A$

결합법칙(associative laws)

③ $A \cup (B \cup C) = (A \cup B) \cup C$

④ $A \cap (B \cap C) = (A \cap B) \cap C$

배분법칙(distributive laws)

⑤ $A \cap (B \cup C) = (A \cap B) \cup (A \cap C)$

⑥ $A \cup (B \cap C) = (A \cup B) \cap (A \cup C)$

흡수법칙(absorption laws)

⑦ $A\cup(A\cap B)=A$

⑧ $A\cap(A\cup B)=A$

드모르강의 법칙(DeMorgan's laws)

⑨ $(A\cup B)'=A'\cap B'$

⑩ $(A\cap B)'=A'\cup B'$

증명

① $A\cup B=B\cup A$을 증명하려면 $x\in A\cup B \Rightarrow x\in B\cup A$ and $x\in B\cup A \Rightarrow x\in A\cup B$을 보여야 한다.

$x\in A\cup B \Rightarrow x\in A$ or $x\in B$	(합집합의 정의 식 (1.3))
$\Rightarrow x\in B$ or $x\in A$	(논리합의 정의)
$\Rightarrow x\in B\cup A$	(합집합의 정의 식 (1.3))

같은 방식으로 $x\in B\cup A \Rightarrow x\in A\cup B$도 간단히 보일 수 있다.

③ $A\cup(B\cup C)=(A\cup B)\cup C$을 증명하려면 $x\in A\cup(B\cup C)\Rightarrow x\in(A\cup B)\cup C$ and $x\in(A\cup B)\cup C\Rightarrow x\in A\cup(B\cup C)$을 보여야 한다.

$x\in A\cup(B\cup C)$	$\Rightarrow x\in A\vee x\in B\cup C$	(합집합의 정의 식 (1.3))
	$\Rightarrow x\in A\vee(x\in B\vee x\in C)$	(합집합의 정의 식 (1.3))
	$\Rightarrow (x\in A\vee x\in B)\vee x\in C$	(논리합의 정의)
	$\Rightarrow x\in A\cup B\vee x\in C$	(합집합의 정의 식 (1.3))
	$\Rightarrow x\in(A\cup B)\cup C$	(합집합의 정의 식 (1.3))

같은 방식으로 $x\in(A\cup B)\cup C\Rightarrow x\in A\cup(B\cup C)$을 보일 수 있다.

⑨ $(A\cup B)'=A'\cap B'$을 증명하려면 $x\in(A\cup B)'\Rightarrow x\in A'\cap B'$ and $x\in A'\cap B'\Rightarrow x\in(A\cup B)'$을 보여야 한다.

$x\in(A\cup B)'$	$\Rightarrow x\notin A\cup B$	(여집합의 정의 식 (1.5))
	$\Rightarrow x\notin A$ and $x\notin B$	
	$\Rightarrow x\in A'$ and $x\in B'$	(여집합의 정의 식 (1.5))
	$\Rightarrow x\in A'\cap B'$	(교집합의 정의 식 (1.4))
$x\in A'\cap B'$	$\Rightarrow x\in A'$ and $x\in B'$	(교집합의 정의 식 (1.4))
	$\Rightarrow x\notin A$ and $x\notin B$	(여집합의 정의 식 (1.5))
	$\Rightarrow x\notin A\cup B$	
	$\Rightarrow x\in(A\cup B)'$	(여집합의 정의 식 (1.5)) ■

제5절 수의 집합

잘 알려진 수의 집합을 간단한 기호로 나타내면 여러모로 편리하다.

기호	수의 집합
$\mathbb{N}$	자연수(natural number) 1, 2, 3, $\cdots$
$\mathbb{Z}$	정수(integer). 즉 자연수(=양의 정수), 0, 음의 정수, 양의 정수 (positive integer)는 $\mathbb{Z}^+$로 나타내기도 함.
$\mathbb{Q}$	유리수(rational number)
$\mathbb{R}$	실수(real number)

5.1 자연수/정수/유리수

가장 기본적인 수는 자연수(自然數, natural number) $\mathbb{N} = \{1, 2, 3, 4, 5, \cdots\}$이다. 자연수로는 사물의 개수를 셀 수 있다. 자연수에 음수와 영을 추가하면 정수 $\mathbb{Z} = \{\cdots\ -4,\ -3,\ -2,\ -1, 0, 1, 2, 3, 4, \cdots\}$가 된다. 자연수 $\mathbb{N}$은 정수 $\mathbb{Z}$에 포함된다. 물건의 길이나 무게를 측정하는 데는 정수가 적합하지 않다. 그래서 유리수가 필요하다. 유리수(有理數, rational number) $\mathbb{Q}$는 정수 a와 $b(b \neq 0)$를 a/b와 같은 비율의 형태로 나타낸 수를 말한다. 예를 들어 1/2, $-7/5$, 6 등은 유리수이다. 따라서 유리수 $\mathbb{Q}$는 정수 $\mathbb{Z}$를 부분집합으로 포함한다.

5.2 무리수

두 정수의 비율로 나타낼 수 없는 수를 무리수(無理數, irrational number)라고 부른다. 예를 들어 $\sqrt{2}$, e, π, π^2, e^π 등은 무리수이다.[2)] 어떤 숫자가 무리수임을

2) Euler, Leonhard(1707~1783)에 의해 무리수임이 증명된 상수 e는 쌍곡선 $y = 1/x$와 x축 사이에서 $x = 1$부터 $x = ?$까지의 면적이 1이 되는 ?의 값으로 정의되는 무리수로 자연로그(natural logarithm)의 밑수로 사용된다.

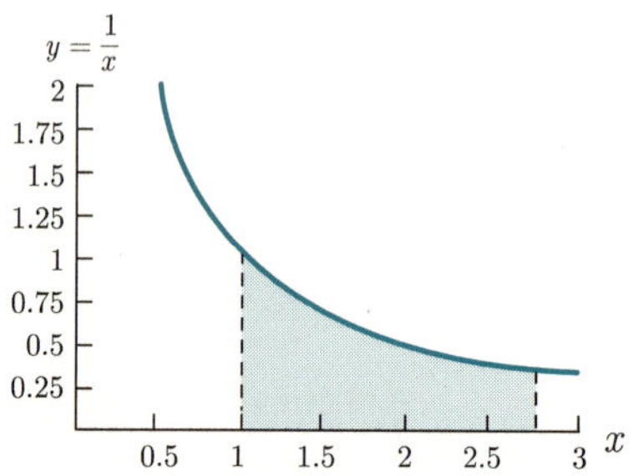

증명하기란 쉽지 않다. B.C 500년경의 고대 그리스 때부터 무리수의 존재에 대한 인식은 있었으나 무리수에 관한 이론은 19세기 후반에 와서 Cantor(1845~1918)[3], Dedekind(1831~1916)[4], Weierstrass(1815~1897) 등에 의해 개발되었다.

5.3 실수

실수의 집합 $\mathbb{R}$ 은 유리수와 무리수로 구성되며 다른 수의 집합과의 포함관계를 벤 다이어그램으로 나타내면 [그림 1.2]와 같다.

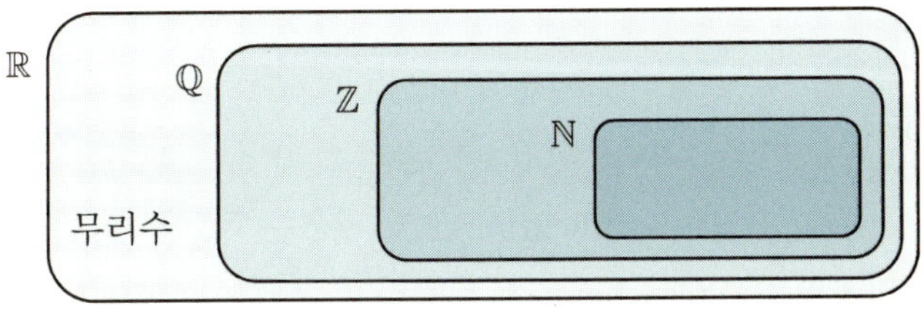

그림 1.2

5.4 실선

실수는 필요에 따라 실선(實線, real line) 혹은 실수축(實數軸, real axis)이라고 부르는 선 위의 점으로 표현한다. [그림 1.3]에 나타낸 것처럼 실선 위의 어떤 점을 선택하여 0을 나타내고 다른 어떤 점을 선택하여 1을 나타내도록 한다. 0과 1 사이의 거리를 기준으로 다른 수의 거리를 결정한다. 실선 위의 각 점은 실수와 1:1로 대응하며 그 역도 성립한다. 각 점에 대응하는 실수를 그 점의 좌표(座標, coordinate)라 부르기도 한다.

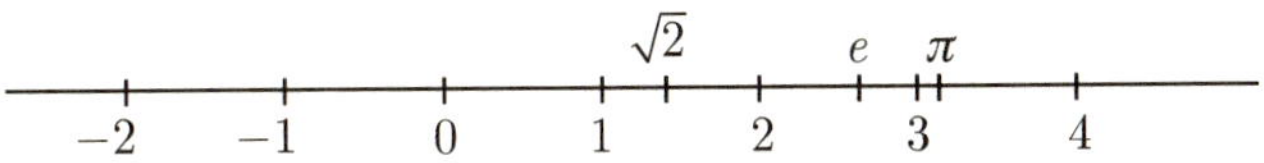

그림 1.3

---

e의 수치값은 $e = 2.71828182845904523536028747135266249775724709369995 95$이다. π는 원의 원주(circumference)를 지름(diameter)으로 나눈 값을 의미한다. Lambert, Johann(1728~1777)는 π가 무리수임을 증명한 바 있으며 Legendre, Adrien-Marie(1752~1833)는 π^2 이 무리수임을 증명한 바 있다. π의 수치값은 $\pi = 3.14159265358979323846264338327950288419716939937 5\cdots$이다.

3) Cantor, Georg(1845~1918)는 집합론을 창시하였으며 무한의 개념을 수학에 도입한 중요한 업적을 남겼다.

4) Dedekind, Julius(1831~1916)는 Gauss의 지도를 받아 박사학위를 받았으며 Riemann과는 친구였던 독일의 수학자로 무리수 이론에 많은 관심을 가지고 있었다.

제6절 실수의 구조

수렴, 연속성, 미분, 최적화, 적분 등에 관한 이론은 정밀하게 정의된 수(數) 개념을 기반으로 하고 있다. 이러한 분야를 잘 이해하려면 수의 구조에 관해 잘 알고 있어야 한다. 여기서는 실수의 구조에 관한 기본적인 내용을 제시한다.

정수, 유리수, 실수 등의 다른 점은 장공리, 순서공리, 완비공리 등으로 설명할 수 있다. 유리수는 장공리, 순서공리를 만족하지만 완비공리는 만족하지 않는다. 실수는 장공리, 순서공리, 완비공리를 모두 만족하는 유일한 수의 집합이다.

6.1 장(Field)

덧셈(addition)과 곱셈(multiplication)으로 부르는 두 연산이 정의된 어떤 집합 F에 대하여 장공리(場公理, field axiom)라고 부르는 다음과 같은 공리(公理, axiom)[5]가 성립하면 F를 장(場, field)이라 한다.

덧셈에 관한 공리(axioms for addition)

① (닫힘) $x \in F$, $y \in F \Rightarrow x + y \in F$

② (교환법칙) 모든 $x, y \in F$에 대하여 $x + y = y + x$

③ (결합법칙) 모든 $x, y, z \in F$에 대하여 $(x + y) + z = x + (y + z)$

④ (항등원) 모든 $x \in F$에 대하여 $0 + x = x$을 만족하는 원소 0이 F에 존재함

⑤ (역원) 각각의 $x \in F$에 대하여 $x + (-x) = 0$을 만족하는 원소 $-x \in F$가 존재함

곱셈에 관한 공리(axioms for multiplication)

⑥ (닫힘) $x \in F$, $y \in F \Rightarrow xy \in F$

⑦ (교환법칙) 모든 $x, y \in F$에 대하여 $xy = yx$

⑧ (결합법칙) 모든 $x, y, z \in F$에 대하여 $(xy)z = x(yz)$

⑨ (항등원) 모든 $x \in F$에 대하여 $1x = x$을 만족하는 원소 $1 \neq 0$이 F에 존재함

---

5) 증명없이 참인 것으로 받아들이는 명제를 공리(公理, axiom) 또는 공준(公準, postulate)이라고 부른다. 공리는 공준의 옛스런 표현이다. 공리는 정리(定理, theorem) 및 도움정리(lemma)를 유도하는 기본구조의 역할을 한다. 도움정리(도움定理, lemma)는 다른 정리를 증명하는 데 사용되는 정리를 말한다.

⑩ (역원) 각각의 $x \in F$에 대하여 $x \cdot (1/x) = 1$을 만족하는 원소 $1/x \in F$가 존재함

배분법칙(distributive law)

⑪ 모든 $x, y, z \in F$에 대하여 $x(y+z) = xy + xz$

장공리에서 정의된 식의 간단한 표기방식은

① $x + (-y) = x - y$

② $x\left(\dfrac{1}{y}\right) = \dfrac{x}{y}$

③ $(x+y) + z = x + y + z$

④ $(xy)z = xyz$

⑤ $xx = x^2$

⑥ $xxx = x^3$

⑦ $x + x = 2x$

⑧ $x + x + x = 3x$

로 정의한다.

정리 1.5 **장의 덧셈관련 성질**

어떤 장 F의 원소 x, y, z에 대하여

① $x + y = x + z$이면 $y = z$　　② $x + y = x$이면 $y = 0$

③ $x + y = 0$이면 $y = -x$　　④ $-(-x) = x$

이 성립한다.

증명

① $y = 0 + y$　(장공리 ④(덧셈에 관한 항등원))

$= (-x + x) + y$　(장공리 ⑤(덧셈에 관한 역원))

$= -x + (x + y)$　(장공리 ③(덧셈에 관한 결합법칙))

$= -x + (x + z)$　(증명의 전제 $x + y = x + z$)

$= (-x + x) + z$　(장공리 ③(덧셈에 관한 결합법칙))

$= 0 + z$ (장공리 ⑤(덧셈에 관한 역원))

$= z$ (장공리 ④(덧셈에 관한 항등원))

② ①에서 $z = 0$으로 놓으면 ②를 얻을 수 있음

③ ①에서 $z = -x$로 놓으면 ③을 얻을 수 있음

④ ③에서 x를 $-x$로 대체하면 ④를 얻을 수 있음 ■

정리 1.6 **장의 곱셈 관련 성질**

어떤 장 F의 원소 x, y, z에 대하여

① $x \neq 0$이고 $xy = xz$이면 $y = z$ ② $x \neq 0$이고 $xy = x$이면 $y = 1$

③ $x \neq 0$이고 $xy = 1$이면 $y = 1/z$ ④ $x \neq 0$이면 $1/(1/x) = x$

이 성립한다.

증명

생략 ■

정리 1.7 **장의 성질**

어떤 장 F의 원소 x, y, z에 대하여

① $0x = 0$ ② $x \neq 0$이고 $y \neq 0$이면 $xy \neq 0$

③ $(-x)y = -(xy) = x(-y)$ ④ $(-x)(-y) = xy$

증명

① $0x + 0x = (0+0)x$ (장공리 ⑪(배분법칙))

$= 0x$ (장공리 ④(덧셈에 관한 항등원))

$\Rightarrow$ $0x = 0$ (장의 덧셈 관련 성질 [정리 1.5] ②)

② $x \neq 0,\ y \neq 0$이면 $xy = 0$이라고 하자.

$1 = x\left(\frac{1}{x}\right)y\left(\frac{1}{y}\right)$ (장공리 ⑩(곱셈에 관한 역원))

$= xy\left(\frac{1}{x}\right)\left(\frac{1}{y}\right)$ (장공리 ⑦(곱셈에 관한 교환법칙))

$= 0\left(\frac{1}{x}\right)\left(\frac{1}{y}\right)$ (증명의 전제 $xy = 0$)

$= 0$ (앞에서 증명한 성질 ①)

이므로 증명의 전제는 모순임.

③ $xy+(-x)y=(-x)y+xy$ (장공리 ②(덧셈에 관한 교환법칙))

$=(-x+x)y$ (장공리 ⑪(배분법칙))

$=0y$ (장공리 ⑤(덧셈에 관한 역원))

$=0$ (앞에서 증명한 성질 ①)

$\Rightarrow\ (-x)y=-xy$ (장의 덧셈 관련 성질 [정리 1.5] ③)

$-(xy)=x(-y)$ 도 같은 방식으로 증명할 수 있음

④ $(-x)(-y)=-[x(-y)]$ (앞에서 증명한 성질 ③)

$=-[-(xy)]$ (앞에서 증명한 성질 ③)

$=xy$ (장의 덧셈 관련 성질 [정리 1.5] ④) ■

실수의 집합 $\mathbb{R}$ 과 유리수의 집합 $\mathbb{Q}$ 는 위의 장공리를 모두 만족하는 장(場)의 대표적인 예이며 $\mathbb{R}$ 을 실수장(實數場, real number field)으로 $\mathbb{Q}$ 를 유리수장(有理數場, rational number field)으로 부르기도 한다. 그러나 정수의 집합 $\mathbb{Z}$ 는 장공리를 만족하지 못하며 따라서 장(場)의 예가 되지 못한다.[6]

6.2 순서집합

어떤 집합 S에 대하여 순서공리(順序公理, order axiom)라고 부르는 다음과 같은 공리를 만족하는 관계 $<$이 존재하면 S를 순서집합(順序集合, ordered set)이라 한다.

① $x\in S$이고 $y\in S$이면 $x<y$, $x=y$, $y<x$의 세 가지 명제 중 하나만이 참이다.

② $x,y,z\in S$에 대해서 $x<y$이고 $y<z$이면 $x<z$이다.

$x<y$은 'x가 y보다 작다'로 읽는다. $x<y$은 필요에 따라 $y>x$으로 쓰기도 한다. $x\le y$는 $x<y$ 또는 $x=y$을 간단히 나타낸 것이다. 즉 $x\le y$은 $x>y$의 부정이다.

실수의 집합 $\mathbb{R}$ 은 순서공리를 만족하는 순서집합이다. $x,y\in\mathbb{R}$ 일 때 $x<y$은 실선에서 x가 y의 왼쪽에 있다는 것을 의미한다([그림 1.4] 참조).

그림 1.4

6) 어떤 집합이 장(場)공리 중에서 ①, ②, ③, ④, ⑤, ⑥, ⑧, ⑪만을 만족하면 이를 환(環, ring)이라 하는데 정수의 집합은 환에 해당된다. 장(場) 및 환(環)에 관한 자세한 내용은 대수학(algebra). 또는 추상대수학(abstract algebra)이라는 이름의 책을 참고하기 바람.

6.3 순서장

집합 F가 장(場)공리와 순서공리를 만족할 뿐만 아니라 다음의 두 순서장공리(順序場公理, ordered field axiom)

① $x, y, z \in F$에 대하여 $x < y$이면 $x+z < y+z$이다.
② $x, y \in F$에 대하여 $x > 0$, $y > 0$이면 $xy > 0$이다.

를 만족하면 F를 순서장(順序場, ordered field)이라 한다. $x > 0$이면 x를 양(陽, positive)이라 하고 $x < 0$이면 x를 음(陰, negative)이라 한다.

정리 1.8 **순서장의 성질**

어떤 순서장 F의 원소 x, y, z에 대하여

① $x > 0$이면 $-x < 0$이고 그 역도 성립함
② $x > 0$이고 $y < z$이면 $xy < xz$
③ $x < 0$이고 $y < z$이면 $xy > xz$
④ $x \neq 0$이면 $x^2 > 0$. 특히 $1 > 0$
⑤ $0 < x < y$이면 $0 < 1/y < 1/x$

증명

① $x > 0$이라고 하자.

$0 = -x + x$ (장공리 ⑤(덧셈에 관한 역원))
$> -x + 0$ (증명의 전제 $x > 0$와 순서장공리 ①)
$= -x$ (장공리 ④(덧셈에 관한 항등원))
$\Rightarrow -x < 0$

역에 대한 증명은 생략

② $x > 0$, $y < z$

$\Rightarrow z - y > y - y$ ($y < z$와 순서장공리 ①)
$= 0$ (장공리 ⑤(덧셈에 관한 역원))
$\Rightarrow x(z-y) > 0$ ($x > 0$, $z - y > 0$와 순서장공리 ②)
$\Rightarrow xz = x(z-y) + xy$
$> 0 + xy$ ($x(z-y) > 0$와 순서장공리 ①)
$= xy$ (장공리 ④(덧셈에 관한 항등원))
$\Rightarrow xz > xy$

③ $y < z$

$$\begin{aligned} &\Rightarrow\ z-y > y-y && (y<z\text{와 순서장공리 ①})\\ &\qquad\quad = 0 && (\text{장공리 ⑤(덧셈에 관한 역원)})\\ &\Rightarrow\ -[x(z-y] = (-x)(z-y) && (\text{장의 성질 [정리 1.7] ③})\\ &\qquad\quad > 0 && (z-y>0,\ -x>0\text{와 순서장공리 ②})\\ &\Rightarrow\ x(z-y) < 0\\ &\Rightarrow\ xz < xy \end{aligned}$$

④ $x > 0 \Rightarrow x^2 > 0$ (순서장공리 ②)

$$\begin{aligned} x<0 &\Rightarrow -x > 0 && (\text{순서장의 성질 ①})\\ &\Rightarrow (-x)^2 > 0 && (\text{순서장공리 ②})\\ &\Rightarrow x^2 > 0 && (\text{장의 성질 [정리 1.7] ④}) \end{aligned}$$

$1 = 1^2$이므로 $1 > 0$ ■

6.4 구간

실선에서 a와 b 사이의 모든 점의 집합을 구간(區間, interval)이라 한다. 구간의 양 끝점이 구간에 포함되는가의 여부는 종종 매우 중요한 역할을 한다. 양 끝점 a와 b를 포함하지 않는 a와 b 사이의 모든 점의 집합 $\{x|a < x < b\}$을 개구간(開區間, open interval)이라 하며 (a, b)로 나타낸다. 양 끝점 a와 b를 포함하는 a와 b 사이의 모든 점의 집합 $\{x|a \le x \le b\}$을 폐구간(閉區間, closed interval)이라 하며 $[a, b]$로 나타낸다. [그림 1.5]는 여러 가지 구간의 집합표시와 구간표시 및 그에 대응하는

집합표시	구간표시
$\{x\|a < x < b\}$	(a,b)
$\{x\|a \le x \le b\}$	$[a,b]$
$\{x\|a < x \le b\}$	$(a,b]$
$\{x\|a \le x < b\}$	$[a,b)$
$\{x\|a \le x\}$	$[a,\infty)$
$\{x\|a < x\}$	(a,∞)
$\{x\|x \le b\}$	$(-\infty,b]$
$\{x\|x < b\}$	$(-\infty,b)$
$\mathbb{R}$	$(-\infty,\infty)$

그림

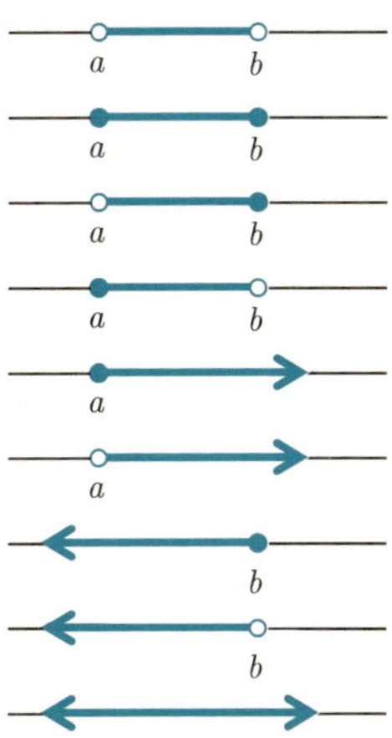

그림 1.5

그림을 나타낸 것이다. 여기서 흰색 점 ○은 구간에 포함되지 않음을 나타내고 검은색 점 ●은 구간에 포함됨을 나타낸다.

[그림 1.5]에서 $(a, b]$와 $[a, b)$는 반개구간(半開區間, half-open interval)이라 한다. 그리고 $-\infty$나 ∞을 포함하고 있는 구간을 무한구간(無限區間, infinite interval)이라 한다.

6.5 상계/하계/최대원소/최소원소

S를 순서집합이라 하고 E를 S의 부분집합이라 하자. 모든 $x \in E$에 대해서 $x \leq b$을 만족하는 $b \in S$가 존재하면 E는 위로유계(위로有界, bounded above)라 하며 b를 E의 상계(上界, upper bound)라 부른다. b보다 큰 원소가 S에 많이 존재할 수 있다. 이러한 관점에서 E의 상계는 여러 개일 수 있으며 b는 다수인 E의 상계 중 하나가 된다. 상계 b가 E의 원소이면 b를 E의 최대원소(最大元素, maximum element)라고 하며

$$b = \max E$$

로 나타낸다. 어떤 집합에 상계가 존재하지 않으면 이 집합은 위로비유계(위로非有界, unbounded above)라 한다.

같은 방식으로 아래로유계(bounded below), 하계(下界, lower bound) 및 최소원소(最小元素, minimum element)를 정의할 수 있으며 E의 최소원소는 $\min E$로 나타낸다. 어떤 집합에 하계가 존재하지 않으면 이 집합은 아래로비유계(unbounded below)라 한다.

예

구간 $(0, \infty)$은 상계가 없는 위로비유계이며 최대원소도 없다. 그러나 하계 0을 가지며 아래로유계이다. 최소원소는 가지지 않는다. ◀

예

폐구간 $E = [0, 1]$은 상계 1에 의해 위로유계이고 하계 0에 의해 아래로유계이다. $\max E = 1$이고 $\min E = 0$이다. ◀

예

반개구간 $E = [0, 1)$은 상계1에 의해 위로유계이지만 최대원소는 갖지 않는다. E의 최소원소는 0이다. ◀

6.6 상한/하한

$E = [0, 1)$와 같이 위로유계이지만 최대원소를 갖지 않는 집합의 경우 최대원소 대신 상한(上限, supremum)[7]이라는 개념이 쓰인다. 집합 E의 모든 상계로 구성된 집합에 최소원소 b가 존재하면 b를 E의 상한이라 하며

$$b = \sup E$$

로 나타낸다. 같은 방식으로 하한(下限, infimum)[8]을 정의할 수 있고 E의 하한은 $\inf E$ 로 나타낸다. [그림 1.6]은 [그림 1.5]의 각 구간의 최대원소, 최소원소, 상한, 하한 등을 나타낸 것이다.

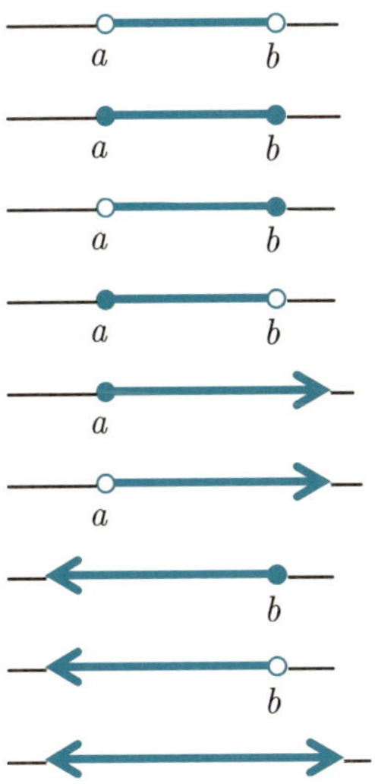

구간표시	그림	최소원소	최대원소	하한	상한
(a, b)				a	b
$[a, b]$		a	b	a	b
$(a, b]$			b	a	b
$[a, b)$		a		a	b
$[a, \infty)$		a		a	
(a, ∞)				a	
$(-\infty, b]$			b		b
$(-\infty, b)$					b
$(-\infty, \infty)$					

그림 1.6

예

$E = [0, 1]$의 최대원소는 1이며 상한 역시 1이다. $E = [0, 1)$에서 E는 최대원소를 갖지 않지만 E의 상한은 1이다. ◀

---

7) 상한(supremum)은 최소상계(最小上界, least upper bound)라 부르기도 한다.

8) 하한(infimum)은 최대하계(最大下界, greatest lower bound)라 부르기도 한다.

예

$E=\{1,2,3,4,5\}$이라 하자. $5, 7\frac{1}{2}, 10$ 등은 집합 E의 상계이다. 5는 E의 상한이다. 무한집합 $F=\{1.5, 1.59, 1.599, 1.5999, 1.59999, \cdots\}$에 대하여 $1.6, 1.7\frac{1}{3}, 2.1$ 등은 F의 상계이고 1.6은 F의 상한이다. ◀

6.7 완비공리

유리수와 실수의 차이점을 설명하는 데 사용되는 완비공리(完備公理, completeness axiom)[9]는 다음과 같다.

$E \subset S$이고 $E \neq \varnothing$이라 하자. E가 상계를 가지면 S에 $\sup E$이 존재한다.

유리수 $\mathbb{Q}$는 이 공리를 만족하지 못한다. 반면 실수 $\mathbb{R}$은 이 공리를 만족한다. 유리수와 실수의 차이점은 무리수의 존재이다. 일반적으로 무리수는 실수를 전체집합으로 놓았을 때 유리수의 여집합으로 정의된다. 그러나 유리수와 실수의 차이를 설명하기 위해서는 이보다 엄밀한 무리수의 정의가 필요하며 여기에 완비공리 및 이 공리로부터 유도된 정리들이 사용된다.

정리 1.9 **n제곱근 정의 및 존재**

모든 실수 $x>0$와 모든 정수 $n>0$에 대해서 $y^n = x$을 만족하는 유일한 실수 y가 존재한다. 이러한 수 y는

$$y=\sqrt[n]{x} \quad \text{또는} \quad y=x^{1/n} \tag{1.6}$$

로 나타내며 x의 n제곱근(n제곱根, n th root)이라 부른다.

증명

생략(Rudin(1976) pp. 10~11 참조). 이 정리를 증명하는 데 완비공리가 사용된다. ■

정리 1.10 **n제곱근의 성질**

a와 b가 양의 실수이고 n이 양의 정수이면

① $(ab)^{1/n}=a^{1/n}b^{1/n}$ ② $\left(\frac{1}{b}\right)^{1/n}=\frac{1}{b^{1/n}}$

이 성립한다.

---

9) 완비공리는 최소상계공리(最小上界公理, least-upper-bound axiom) 또는 연속성공리(連續性公理, continuity axiom)라고도 부른다.

증명

① $\alpha = a^{1/n}$, $\beta = b^{1/n}$ 라고 하자.

$$
\begin{aligned}
ab &= \alpha^n \beta^n && (n\text{제곱근의 정의 식 (1.6)}) \\
&= \underbrace{(\alpha\alpha\cdots\alpha)}_{n\text{개}}\underbrace{(\beta\beta\cdots\beta)}_{n\text{개}} && (\text{장공리에서 정의된 식의 간단한 표기 ⑤, ⑥}) \\
&= \alpha\beta\alpha\beta\cdots\alpha\beta && (\text{장공리 ⑦(곱셈에 관한 교환법칙)}) \\
&= (\alpha\beta)^n && (\text{장공리에서 정의된 식의 간단한 표기 ⑤, ⑥}) \\
\Rightarrow\ (ab)^{1/n} &= \alpha\beta && (n\text{제곱근의 정의 식 (1.6)}) \\
&= a^{1/n}b^{1/n} && (\text{증명의 전제 } \alpha = a^{1/n},\ \beta = b^{1/n})
\end{aligned}
$$

② $\beta = b^{1/n}$이라 하자.

$$
\begin{aligned}
\Rightarrow\ \frac{1}{b} &= \frac{1}{\beta^n} && (n\text{ 제곱근의 정의 식 (1.6)}) \\
&= \frac{1}{\underbrace{\beta\beta\cdots\beta}_{n\text{개}}} && (\text{장공리에서 정의된 식의 간단한 표기 ⑤, ⑥}) \\
&= \underbrace{\left(\frac{1}{\beta}\right)\left(\frac{1}{\beta}\right)\cdots\left(\frac{1}{\beta}\right)}_{n\text{개}} && (\text{장공리에서 정의된 식의 간단한 표기방식 ②}) \\
&= \left(\frac{1}{\beta}\right)^n && (\text{장공리에서 정의된 식의 간단한 표기 ⑤, ⑥}) \\
\Rightarrow\ \left(\frac{1}{b}\right)^{1/n} &= \frac{1}{\beta} && (n\text{제곱근의 정의 식 (1.6)}) \\
&= \frac{1}{b^{1/n}} && (\text{증명의 전제 } \beta = b^{1/n})
\end{aligned}
$$

■

제7절 순서쌍과 직교좌표계

7.1 순서쌍

두 개의 원소 a와 b로 구성된 어떤 집합 $\{a, b\}$를 생각해 보자. 두 집합이 같다고 할 때 원소가 나열된 순서는 따지지 않으므로 이 집합은 $\{b, a\}$와 같다. 그런데 경우에 따라서 원소가 나열된 순서를 따지는 집합이 필요하다. 예를 들어 지도상에서 어떤 지점의 위치를 표현하려 할 때 위도와 경도를 사용하는데 위도와 경도의 수치를 바꿀 경우 다른 지점의 위치가 될 것이다. 이처럼 원소가 나열된 순서에 의미를 부여한 집합을 순서쌍(順序雙, ordered pair)이라 하며 일반 집합과 구별하기 위해 { } 대신 ( )로 나타낸다. 순서쌍 (a, b)는

$$(a,b) = \{\{a\}, \{a,b\}\}$$

로 정의할 수 있다. 이 정의는 순서쌍 (a, b)이 $\{a\}$와 $\{a, b\}$를 원소로 갖는 집합임을 의미한다. (a, b)와 같이 원소가 두 개인 집합을 순서쌍이라 한다. 원소가 세 개인 집합 (a, b, c)는 3중순서쌍(三重順序雙, ordered triple)이라 부른다. 원소가 n개인 집합 $(a_1, a_2, \cdots, a_n)$는 n중순서쌍(n重順序雙, ordered n-tuple)이라 부른다.

7.2 직교좌표계

평면상의 점(點, point)의 위치를 數의 순서쌍으로 나타내거나 공간에서 점의 위치를 數의 3중순서쌍으로 나타내어 사용하려는 발상은 17세기 중엽에 이르러 형성되었다. 평면에서의 직교좌표계(直交座標系, rectangular coordinate system)[10]는 [그림 1.7(a)]에 나타낸 것처럼 직각으로 실선(實線, real line)을 교차시킨 두 개의 좌표축(座標軸, coordinate axis)으로 구성된다. 두 축의 교점을 좌표계의 원점(原點, origin)이라 부른다. 수평축을 x축(x-axis)이라 하고 수직축을 y축(y-axis)이라 한다.

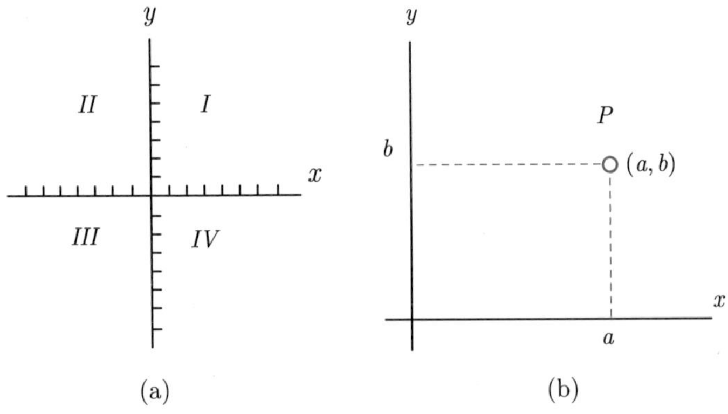

그림 1.7

10) 1637년 René Decartes(1596~1650)는 기하학(La Géométrie)이라는 유명한 저서를 발간하였다. 이 책에서 그는 기하학적인 문제를 푸는 데 있어서 대수의 역할을 강조하였는데 여기서 직교좌표계에 관한 생각을 사용하였다. 이러한 Decartes의 업적을 기념하기 위해 직교좌표계를 데카르트좌표계(데카르트座標系, Cartesian coordinate system)로 부르기도 한다.

두 좌표축은 평면을 네 개의 부분으로 나누는데 각 부분을 사분면(四分面, quadrant)이라 하며 각 사분면은 [그림 1.7(a)]에 나타낸 것처럼 I사분면, II사분면, III 사분면, IV사분면으로 표시한다. 직교좌표계에서는 [그림 1.7(b)]에서처럼 평면상의 각 점 P는 한 쌍의 수로 나타내며 이를 그 점의 좌표(座標, coordinates)라고 한다. 점 P를 지나는 수평선과 수직선이 각각 x축과 y축의 a와 b에서 만날 때 P는 실수의 순서쌍 (a, b)를 좌표로 갖는다. 점 P의 좌표는 (a, b)이며

$$P = (a,b)$$

로 나타낸다.

공간에서의 직교좌표계는 x축과 y축 그리고 z축으로 부르는 세 개의 직교좌표축으로 구성되며 세 축의 교점을 좌표계의 원점(原點, origin)이라 부른다. 공간에서의 직교좌표계는 좌수계(左手界, left-handed system) 또는 우수계(右手界, right-handed system)를 사용한다. 원점에 사람을 세워놓고 머리쪽 방향을 z축으로 왼손방향을 x축으로 그리고 오른손방향을 y축으로 설정한 직교좌표계를 좌수계라고 한다. 원점에 사람을 세워놓고 머리쪽 방향을 z축으로 왼손방향을 y축으로 그리고 오른손방향을 x축으로 설정한 직교좌표계를 우수계라고 한다. 즉 x축을 오른손방향으로 설정하면 우수계라 하고 왼손방향으로 설정하면 좌수계라 한다([그림 1.8(a)]).

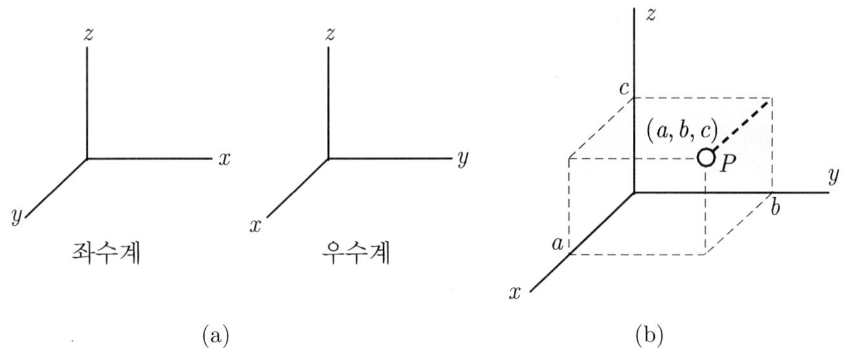

그림 1.8

직교좌표계에서는 [그림 1.8(b)]에서처럼 공간에서의 점 P는 3쌍의 수로 나타내며 이를 그 점의 좌표라고 한다. 점 P를 지나는 선이 각각 x축, y축, z축의 a, b, c에서 만날 때 P는 실수의 순서쌍 (a, b, c)를 좌표로 갖는다. 점 P의 좌표는 (a, b, c)이며

$$P = (a,b,c)$$

로 나타낸다.

제8절 데카르트곱

8.1 데카르트곱

두 집합 A와 B가 주어져 있을 때 $x \in A$이고 $y \in B$인 모든 순서쌍 (x, y)의 집합을 A와 B의 데카르트곱(Cartesian product)[11]이라 하고 $A \times B$로 나타낸다. 이를 기호로 나타내면 다음과 같다.

$$A \times B = \{(x, y) | x \in A \text{ and } y \in B\} \tag{1.7}$$

데카르트곱은 순서쌍의 집합이므로

$$A \times B \neq B \times A \qquad (\text{단 } A \neq B)$$

이 성립한다.

예

$A = \{1,2,3\}$, $B = \{a, b\}$ 일 때 $A \times B$는 가로축에 A의 원소를 놓고 세로축에 B의 원소를 놓아 [그림 1.9(a)]처럼 만들어진 6개의 순서쌍의 집합

$$A \times B = \{(1, a), (1, b), (2, a), (2, b), (3, a), (3, b)\}$$

이다. $B \times A$는 가로축에 B의 원소를 놓고 세로축에 A의 원소를 놓아 [그림 1.9(b)]처럼 만들어진 6개의 순서쌍의 집합

$$B \times A = \{(a, 1), (a, 2), (a, 3), (b, 1), (b, 2), (b, 3)\}$$

이다. ◀

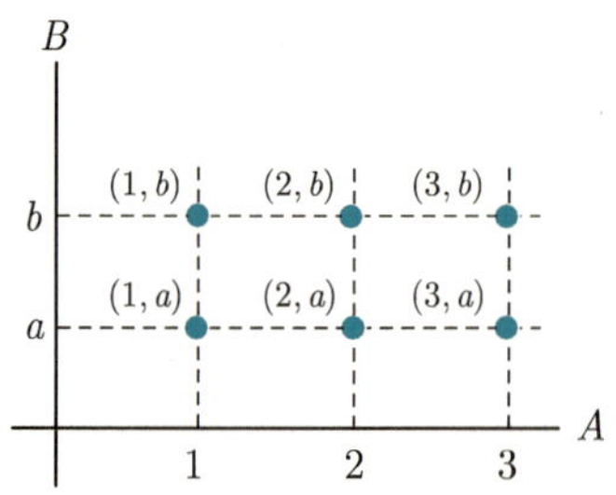

(a)

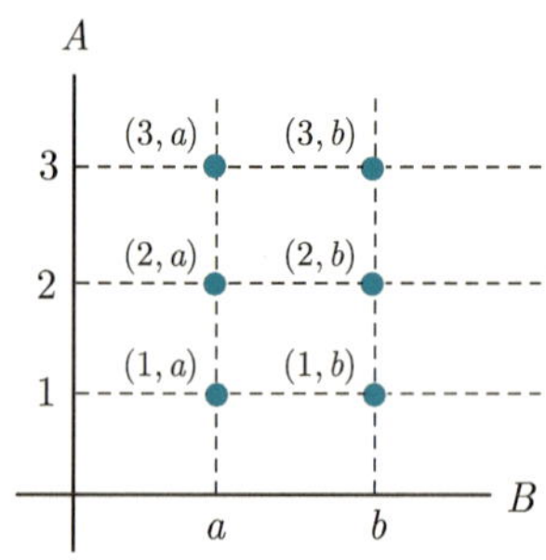

(b)

그림 1.9

---

11) 데카르트곱(Cartesian product)은 René Decartes(1596~1650)가 1637년 발간한 기하학(La Géométrie)이라는 유명한 저서에서 사용한 직교좌표계의 개념을 일반화한 것으로 직접곱(直接곱, direct product)이라고도 한다.

점의 위치를 나타내는 직교좌표계는 실수 순서쌍의 집합으로 생각할 수 있다. 데카르트곱은 직교좌표계를 일반적인 대상의 순서쌍의 집합으로 일반화한 것으로 볼 수 있다.

예

가로축과 세로축을 각각 실수의 집합 $\mathbb{R}$로 놓아 만든 데카르트곱

$$\mathbb{R} \times \mathbb{R} = \{(x, y) \mid x \in \mathbb{R} \text{ and } y \in \mathbb{R}\}$$

은 평면 위의 점 전체의 집합을 나타낸다. ◀

8.2 데카르트곱의 성질

정리 1.11 **데카르트곱의 성질**

집합 A, B, C, D에 대하여 다음이 성립한다.

① $A \times (B \cap C) = (A \times B) \cap (A \times C)$
② $A \times (B \cup C) = (A \times B) \cup (A \times C)$
③ $(A \times B) \cap (C \times D) = (A \cap C) \times (B \cap D)$

증명

① $A \times (B \cap C) = (A \times B) \cap (A \times C)$을 증명하려면 (두 집합의 동치에 관한 정의 (1.2)로부터) $(x, y) \in A \times (B \cap C) \Rightarrow (x, y) \in (A \times B) \cap (A \times C)$ and $(x, y) \in (A \times B) \cap (A \times C) \Rightarrow (x, y) \in A \times (B \cap C)$임을 보여야 한다.

$(x, y) \in A \times (B \cap C)$
$\Rightarrow$ $x \in A$ and $y \in B \cap C$ (데카르트곱의 정의 식 (1.7))
$\Rightarrow$ $x \in A$ and $y \in B$ and $y \in C$ (교집합의 정의 식 (1.4))
$\Rightarrow$ $x \in A$ and $x \in A$ and $y \in B$ and $y \in C$
(논리곱의 정의에 의하면 $x \in A \Rightarrow x \in A$ and $x \in A$이 성립함)
$\Rightarrow (x, y) \in A \times B$ and $(x, y) \in A \times C$ (데카르트곱의 정의 식 (1.7))
$\Rightarrow (x, y) \in (A \times B) \cap (A \times C)$ (교집합의 정의 식 (1.4))

$(x, y) \in (A \times B) \cap (A \times C) \Rightarrow (x, y) \in A \times (B \cap C)$은 위의 논리전개를 반대 방향으로 적용하면 증명할 수 있다.

②, ③의 증명은 생략 ■

데카르트곱의 가장 대표적인 예는 n공간(n-space)이다.

8.3 n공간

실수의 n중순서쌍(ordered n-tuple)의 집합은

$$\mathbb{R}\times\mathbb{R}\times\cdots\times\mathbb{R}=\left\{(x_1,x_2,\cdots,x_n)\middle|x_1\in\mathbb{R},x_2\in\mathbb{R},\cdots,x_n\in\mathbb{R}\right\}$$

로 나타낼 수 있으며 이를 n공간(n空間, n-space)[12)]이라 한다. n공간을 표기할 때 $\mathbb{R}\times\mathbb{R}\times\cdots\times\mathbb{R}$을 줄여 $\mathbb{R}^n$으로 나타낸다.

$n=1$이면 $\mathbb{R}^1=\mathbb{R}$로 실수의 집합을 의미한다. $n=2$인 경우의 2공간 $\mathbb{R}^2$는 평면(平面, plane)으로 부르기도 하는데, 이 집합의 각 원소는 평면 위의 유일한 점에 대응하며 역으로 평면 위의 각 점은 $\mathbb{R}^2$의 유일한 순서쌍에 대응한다. 즉 평면 위의 점과 $\mathbb{R}^2$의 순서쌍은 $1:1$ 대응관계(one-to-one correspondence)를 가지며 대응되는 점의 좌표로 볼 수 있다.

n공간은 벡터공간(벡터空間, vector space)이라고 하는 중요한 수학적 개념의 대표적인 예(例)이기도 하다. 먼저 다음 장에서 벡터에 대해서 설명하고 그 다음 절에서는 유클리드공간의 벡터를 설명한다. 그리고 이어서 유클리드공간을 일반화한 벡터공간의 개념을 설명한다.

---

12) n공간은 데카르트공간(데카르트空間, Cartesian space)으로 부르기도 한다.

연습문제

1. [정리 1.1] (조건문의 성질)에서 ②를 증명하시오.

2. 명제 P, Q, R이 주어져 있을 때 합성명제
$[(P \Rightarrow Q) \wedge (Q \Rightarrow R)] \Rightarrow (P \Rightarrow R)$는 항상 참이 됨을 증명하시오.

3. 명제 P, Q, R이 주어져 있을 때 $Q \Rightarrow R$이 참이면 $P \vee Q \Rightarrow P \vee R$이 참이 됨을 증명하시오.

4. 집합 A와 B에 대하여 $A = B \Rightarrow B = A$ 임을 증명하시오.

5. 집합 A, B, C에 대하여 $(A = B \text{ and } B = C) \Rightarrow A = C$ 임을 증명하시오.

6. $A \cap (A' \cup B) = A \cap B$을 증명하시오.

(7 ~ 11) $A = \{a, b, c, d\}$, $B = \{1, 2, 3\}$, $C = \{x, y, z\}$ 일 때 다음의 데카르트 곱을 구하시오.

7. $A \times B$

8. $B \times A$

9. $C \times (B \times A)$

10. $(A \cup B) \times C$

11. $(A \times C) \cup (B \times C)$

제 2 장

벡 터

n 공간 $\mathbb{R}^n$ 의 벡터에 관한 여러 가지 중요한 개념 및 연산은 물리법칙을 설명하기 위해 만들어졌으며 요즘은 경영학, 경제학, 공학 등의 분야에서 널리 활용되고 있다.

제1절 벡터

1.1 벡터의 개념

크기(magnitude)와 방향(方向, direction)을 모두 사용해야만 표현할 수 있는 대상을 벡터(vector)라 한다. 넓이, 길이, 부피 등은 크기만으로 표현할 수 있으며 벡터에 해당되지 않는다. 그러나 힘(force), 속도(velocity), 변위(displacement) 등은 크기와 방향을 함께 사용해야 표현할 수 있는 벡터에 해당된다.

벡터는 기하학적으로 유향선분(有向線分, directed line segment) 즉 화살표(arrow)로 표현할 수 있다.

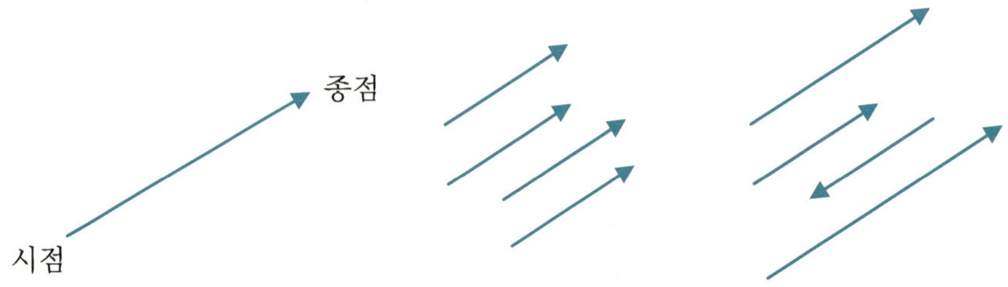

(a) (b) (c)

그림 2.1

벡터의 크기에 비례하도록 화살표의 길이를 정하고 벡터의 방향에 맞추어 화살표의 방향을 나타내면 된다. 화살표의 꼬리부분을 벡터의 시점(始點, initial point)이라 하고 머리부분을 벡터의 종점(終點, terminal point)이라고 한다([그림 2.1(a)]).

벡터는 크기와 방향으로 구별된다. 즉 시점의 위치가 달라도 크기와 방향이 같으면 같은 벡터로 간주된다. [그림 2.1(b)]는 같은 벡터들을 나타낸 것이고 (c)는 다른 벡터들을 나타낸 것이다.

벡터는 일반적으로 $\mathbf{a}$, $\mathbf{k}$, $\mathbf{u}$, $\mathbf{v}$, $\mathbf{w}$ 등과 같이 진한 글씨체의 알파벳소문자로 나타낸다. 벡터를 논의할 때 실수(實數)는 벡터와 구별하기 위해 스칼라(scalar)라고 부르며 a, k, u, v, w 등과 같이 보통의 알파벳소문자로 나타낸다.

1.2 벡터의 성분

평면상의 벡터 $\mathbf{u}$는 시점이 직교좌표계의 원점이 되도록 한 후 종점의 좌표 (a, b)를 벡터 $\mathbf{u}$의 성분(成分, component)이라 부르며

$$\mathbf{u} = (a, b)$$

로 나타낸다([그림 2.2(a)]).

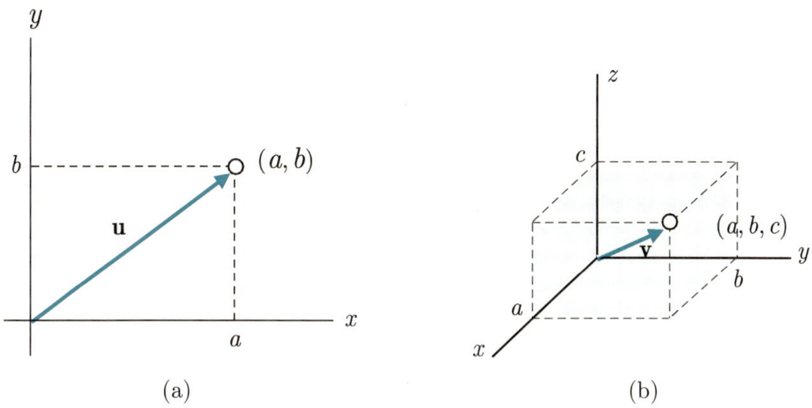

그림 2.2

마찬가지로 공간상의 벡터 $\mathbf{v}$는 시점이 직교좌표계의 원점이 되도록 한 후 종점의 좌표 (a, b, c)를 $\mathbf{v}$의 성분이라 하며

$$\mathbf{v} = (a,b,c)$$

로 나타낸다([그림 2.2(b)]).

1.3 순서쌍과 점과 벡터

실수의 순서쌍은 평면상의 점의 위치 또는 평면상의 벡터의 좌표로 생각할 수 있다. 또한 실수의 3중순서쌍은 공간에서의 점의 위치 또는 공간에서의 벡터의 좌표로 생각할 수 있다. 순서쌍, 평면상의 점, 평면상의 벡터의 차이 그리고 3중순서쌍, 공간에서의 점, 공간에서의 벡터의 차이는 수학적인 관점에서 볼 때는 비본질적인 것이라 할 수 있다.

17세기 중반 이후부터 19세기까지 평면 또는 공간상의 점과 벡터를 순서쌍과 3중순서쌍으로 나타내는 발상은 널리 알려져 있었다. 그러나 고차원공간(高次元空間, higher-dimensional space)의 중요성에 대한 인식은 19세기 후반에 와서야 이루어졌다. 가장 중요한 사례 중의 하나는 우주공간의 3성분 (x, y, z)에 시간성분 t를 추가하

여 4차원인 시공간우주(時空間宇宙, space-time universe)의 한 점을 나타내는 4중순서쌍(四重順序雙, ordered quadruple) (x, y, z, t)을 만들어낸 Albert Einstein (1879~1955)의 업적이다. 우리는 4차원공간을 평면(2차원공간)이나 공간(3차원공간)을 바라보는 방법과 같은 방법으로 볼 수는 없다. 그러나 4중순서쌍을 대수적으로 다루어 평면이나 3차원공간에서 성립하는 기하학적 논리를 4중순서쌍의 경우로 확장하는 것은 가능하다. 실제로 Einstein은 4차원의 시공간우주에서 적합한 기하논리를 개발함으로써 그의 일반상대성이론(一般相對性理論, general relativity theory)을 개발하였다.

이제는 n 중순서쌍의 개념을 활용하는 많은 사례를 볼 수 있다. ① 실험자료 - 과학자들은 실험을 수행하게 되는데 n번의 실험을 수행하고 각 실험마다 수치로 관측한 결과는 하나의 벡터 $\mathbf{y} = (y_1, y_2, \cdots, y_n)$로 볼 수 있다. ② 트럭의 분포 - 어떤 운송업체가 전국에 15개의 기지를 가지고 영업을 하고 있다. 매시간 각 기지에 흩어져 있는 트럭의 분포는 15중순서쌍 $\mathbf{x} = (x_1, x_2, \cdots, x_{15})$로 나타낼 수 있다. 여기서 x_1는 첫 번째 기지에 있는 트럭의 수를 나타내고, x_2는 두 번째 기지에 있는 트럭의 수를 나타낸다. ③ 경제학 - 경제를 부문(제조, 서비스 등)으로 나누고 부문별 산출을 화폐단위로 측정하는 것은 경제분석을 수행하는 하나의 방법이다. 즉 10개의 부문으로 나누어 측정한 전체 경제의 산출은 $\mathbf{s} = (s_1, s_2, \cdots, s_{10})$으로 나타낼 수 있다. 여기서 $s_1, s_2, \cdots, s_{10}$은 각 부문의 산출을 나타낸다. ④ 색이미지 - 컴퓨터화면에 색이미지를 만들어내는 방법 중의 하나는 각 픽셀(pixel)에 색상(hue), 채도(saturation), 명도(brightness)를 나타내는 숫자를 부여하는 것이다. 따라서 하나의 완전한 색이미지는 5중순서쌍(五重順序雙, ordered quintuple) $\mathbf{v} = (x, y, h, s, b)$로 나타낼 수 있다. 여기서 x, y는 픽셀의 위치를 나타내는 좌표이고 h, s, b는 각각 색상, 채도, 명도를 나타낸다.

1.4 벡터의 표기법

$\mathbb{R}^n$ 의 벡터를

$$\mathbf{v} = (v_1, v_2, \cdots, v_n)$$

처럼 나타내는 방법을 쉼표구분형식(쉼標區分形式, comma-delimited form)이라 한다. $\mathbb{R}^n$의 벡터는 본질적으로 실수의 n 중순서쌍이다. 따라서 벡터를 구성하는 n개의 수를 순서에 맞게 배열한다면 어떤 방법을 사용하더라도 타당한 벡터의 표기법이 될 수 있다. $\mathbb{R}^n$의 벡터를

$$\mathbf{v} = \begin{pmatrix} v_1 & v_2 & \cdots & v_n \end{pmatrix}$$

처럼 나타내는 방법을 행벡터형식(行벡터形式, row-vector form)이라 하며

$$\mathbf{v} = \begin{pmatrix} v_1 \\ v_2 \\ \vdots \\ v_n \end{pmatrix}$$

처럼 나타내는 방법을 열벡터형식(列벡터形式, column-vector form)이라 한다. 논의의 내용에 적합한 표기법을 선택하여 사용하면 되며 본서에서는 벡터의 세 가지 표기법을 모두 사용할 것이다.

제2절 벡터의 합과 스칼라곱

2.1 벡터의 동치

$\mathbb{R}^n$의 두 벡터 $\mathbf{u} = (u_1, u_2, \cdots, u_n)$와 $\mathbf{v} = (v_1, v_2, \cdots, v_n)$는

$$u_1 = v_1, u_2 = v_2, \cdots, u_n = v_n \tag{2.1}$$

일 때 동치(同値, equal)라 하고 이를

$$\mathbf{u} = \mathbf{v}$$

로 나타낸다. 즉 두 벡터가 같다는 것은 대응되는 성분이 같음을 의미한다.

2.2 벡터의 합

$\mathbf{u} = (u_1, u_2)$와 $\mathbf{v} = (v_1, v_2)$를 벡터라고 하자. $\mathbf{u}$와 $\mathbf{v}$ 각각의 대응되는 성분을 더한 벡터

$$\mathbf{u} + \mathbf{v} = (u_1 + v_1, u_2 + v_2)$$

을 $\mathbf{u}$와 $\mathbf{v}$의 합(合, sum)이라고 한다.

[그림 2.3]은 벡터의 합 $\mathbf{u} + \mathbf{v}$을 그림으로 나타낸 것이다. 벡터의 합 $\mathbf{u} + \mathbf{v}$는 $\mathbf{u}$와 $\mathbf{v}$의 시점을 일치시킨 후 $\mathbf{u}$와 $\mathbf{v}$로 정의되는 평행사변형(平行四邊形, parallelogram)의 대각선이다.

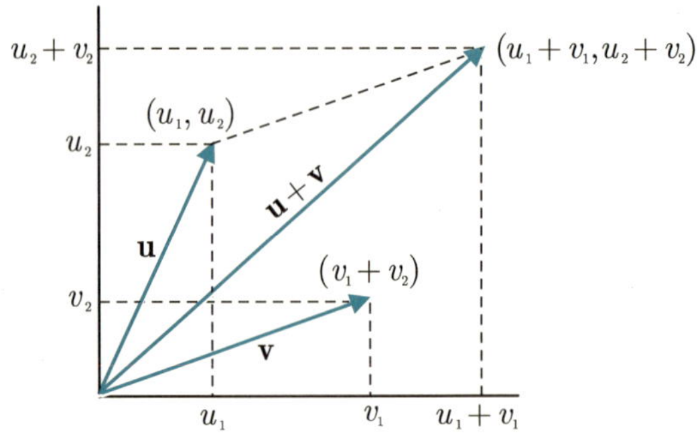

그림 2.3

예

$\mathbf{u}=(1,2)$와 $\mathbf{v}=(2,-1)$의 합을 구하시오.

풀이

$$\mathbf{u}+\mathbf{v}=(1+2, 2-1)=(3,1)$$ ◀

$\mathbb{R}^n$의 두 벡터 $\mathbf{u}=(u_1, u_2, \cdots, u_n)$와 $\mathbf{v}=(v_1, v_2, \cdots, v_n)$의 합 $\mathbf{u}+\mathbf{v}$는

$$\mathbf{u}+\mathbf{v}=\left(u_1+v_1, u_2+v_2, \cdots, u_n+v_n\right) \tag{2.2}$$

으로 정의된다.

예

$\mathbb{R}^3$의 두 벡터 $\mathbf{u}=(1,-2,3)$와 $\mathrm{v}=(2,3,-3)$의 합을 구하시오.

풀이

$$\mathbf{u}+\mathbf{v}=\left(1+2,(-2)+3,3+(-3)\right)=(3,1,0)$$ ◀

2.3 스칼라곱

$\mathbf{v}$는 임의의 벡터 $\mathbf{v}=(v_1, v_2)$이고 α는 임의의 스칼라(실수)라고 하자. α에 의한 $\mathbf{v}$의 스칼라곱(scalar multiple) $\alpha\mathbf{v}$는 $\mathbf{v}$의 각 성분에 스칼라 α를 곱한 것을 의미한다. 즉

$$\alpha\mathbf{v}=\left(\alpha v_1, \alpha v_2\right)$$

이다. α가 0보다 크면 $\alpha\mathbf{v}$는 $\mathbf{v}$와 같은 방향의 벡터가 되며 α가 0보다 작으면 $\alpha\mathbf{v}$는 $\mathbf{v}$와는 반대 방향의 벡터가 된다([그림 2.4]).

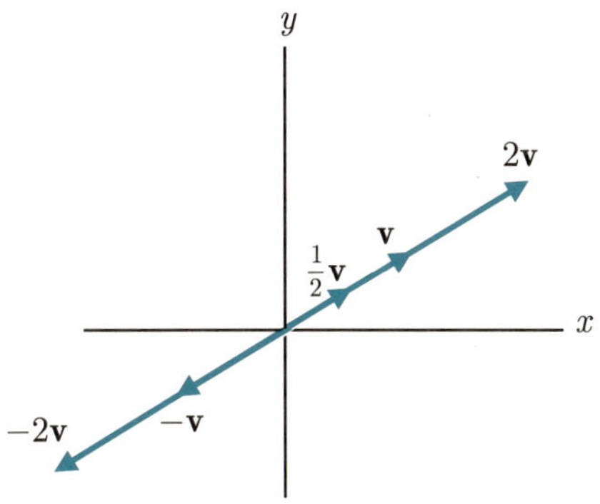

그림 2.4

예

$\alpha_1 = 3$, $\alpha_2 = -2$, $\mathbf{v} = (2,1)$일 때 스칼라곱 $\alpha_1\mathbf{v}$과 $\alpha_2\mathbf{v}$을 구하시오.

풀이

$$\alpha_1\mathbf{v} = (6,3)$$
$$\alpha_2\mathbf{v} = (-4,-2)$$

◀

$\mathbb{R}^n$의 벡터 $\mathbf{v} = (v_1, v_2, \cdots, v_n)$의 스칼라곱(scalar multiple) $\alpha\mathbf{v}$는

$$\alpha\mathbf{v} = \left(\alpha v_1, \alpha v_2, \cdots \alpha v_n\right) \tag{2.3}$$

으로 정의된다.

예

$\alpha = -2$이고 $\mathbf{v} = (2, 3 - 1, 2)$이 $\mathbb{R}^4$의 벡터일 때 스칼라곱 $\alpha\mathbf{v}$을 구하시오.

풀이

$$\begin{aligned}\alpha\mathbf{v} &= \left(-2\times 2, -2\times 3, -2\times(-1), -2\times 2\right)\\ &= (-4, -6, 2, -4)\end{aligned}$$

◀

2.4 영벡터와 음벡터

$\mathbb{R}^n$의 벡터 $(0, 0, \cdots, 0)$을 영벡터(零벡터, zero vector)라 하고 $\mathbf{0}$으로 나타낸다. $\mathbb{R}^n$의 벡터 $\mathbf{v} = (v_1, v_2, \cdots, v_n)$에 대해서

$$\mathbf{v} + \mathbf{0} = \mathbf{v}$$

이 성립한다. 그리고

$$\mathbf{v} + (-1)\,\mathbf{v} = \mathbf{0}$$

이 성립함을 쉽게 증명할 수 있으며 여기서 $(-1)\mathbf{v}$은 $-\mathbf{v}$으로 나타내고

$$-\mathbf{v} = (-v_1, -v_2, \cdots, -v_n)$$

이를 $\mathbf{v}$의 음벡터(陰벡터, negative vector) 또는 합에 관한 역원(additive inverse)이라고 한다. 그리고 $\mathbf{u} + (-1)\mathbf{v}$은 $\mathbf{u} - \mathbf{v}$으로 적으며

$$\mathbf{u} - \mathbf{v} = (u_1 - v_1, u_2 - v_2, \cdots, u_n - v_n) \tag{2.4}$$

$\mathbf{u}$와 $\mathbf{v}$의 차(差, difference)라고 부른다.

[그림 2.5 (a)]는 벡터의 차 $\mathbf{u} - \mathbf{v}$을 그림으로 나타낸 것이다.

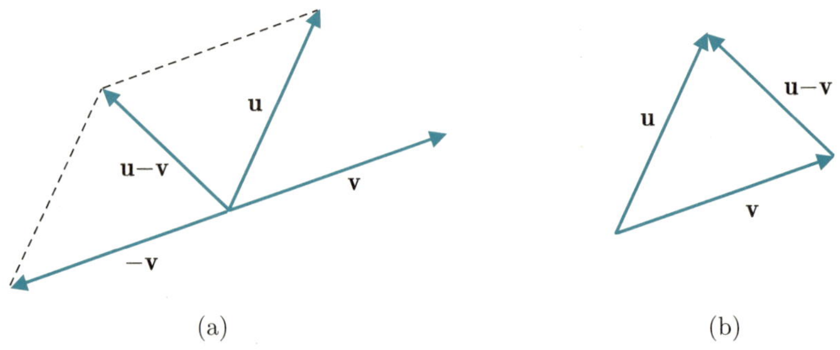

그림 2.5

벡터의 차 $\mathbf{u} - \mathbf{v}$는 $\mathbf{u}$와 $\mathbf{v}$의 시점을 일치시킨 후 $\mathbf{u}$와 $\mathbf{v}$의 음벡터 $-\mathbf{v}$로 정의되는 평행사변형의 대각선이다. 벡터의 차 $\mathbf{u} - \mathbf{v}$은 [그림 2.5(b)]처럼 $\mathbf{v}$의 종점을 시점으로 하고 $\mathbf{u}$의 종점을 종점으로 하는 벡터로 나타낼 수도 있다.

2.5 벡터의 합과 스칼라곱의 성질

정리 2.1 **벡터의 합과 스칼라곱의 성질**

$\mathbb{R}^n$의 벡터 $\mathbf{u} = (u_1, u_2, \cdots, u_n)$, $\mathbf{v} = (v_1, v_2, \cdots, v_n)$, $\mathbf{w} = (w_1, w_2, \cdots, w_n)$과 스칼라 α, β에 대하여

① $\mathbf{u} + \mathbf{v} = \mathbf{v} + \mathbf{u}$

② $\mathbf{u}+(\mathbf{v}+\mathbf{w})=(\mathbf{u}+\mathbf{v})+\mathbf{w}$

③ $\mathbf{u}+\mathbf{0}=\mathbf{0}+\mathbf{u}=\mathbf{u}$을 만족하는 영벡터 $\mathbf{0}$이 $\mathbb{R}^n$에 존재함

④ $\mathbf{u}+(-\mathbf{u})=\mathbf{0}$을 만족하는 $-\mathbf{u}$가 $\mathbb{R}^n$에 존재함

⑤ $\alpha(\mathbf{u}+\mathbf{v})=\alpha\mathbf{u}+\alpha\mathbf{v}$

⑥ $(\alpha+\beta)\mathbf{u}=\alpha\mathbf{u}+\beta\mathbf{u}$

⑦ $\alpha(\beta\mathbf{u})=(\alpha\beta)\mathbf{u}$

⑧ $1\mathbf{u}=\mathbf{u}$

이 성립한다.

증명

② $\mathbf{u}+(\mathbf{v}+\mathbf{w})=(u_1,u_2,\cdots,u_n)+\left[(v_1,v_2,\cdots,v_n)+(w_1,w_2,\cdots,w_n)\right]$

$=(u_1,u_2,\cdots,u_n)+(v_1+w_1,v_2+w_2,\cdots,v_n+w_n)$ (벡터의 합 식 (2.2))

$=\left(u_1+(v_1+w_1),u_2+(v_2+w_2),\cdots,u_n+(v_n+w_n)\right)$ (벡터의 합 식 (2.2))

$=\left((u_1+v_1)+w_1,(u_2+v_2)+w_2,\cdots,(u_n+v_n)+w_n\right)$

(실수는 장(場)공리 ③(결합법칙)을 만족함)

$=(u_1+v_1,u_2+v_2,\cdots,u_n+v_n)+(w_1,w_2,\cdots,w_n)$ (벡터의 합 식 (2.2))

$=\left[(u_1,u_2,\cdots,u_n)+(v_1,v_2,\cdots,v_n)\right]+(w_1,w_2,\cdots,w_n)$ (벡터의 합 식 (2.2))

$=(\mathbf{u}+\mathbf{v})+\mathbf{w}$

⑥ $(\alpha+\beta)\mathbf{u}=(\alpha+\beta)\cdot(u_1,u_2,\cdots,u_n)$

$=\left((\alpha+\beta)u_1,(\alpha+\beta)u_2,\cdots,(\alpha+\beta)u_n\right)$ (스칼라곱 식 (2.3))

$=(\alpha u_1+\beta u_1,\alpha u_2+\beta u_2,\cdots,\alpha u_n+\beta u_n)$

(실수는 장(場)공리 ⑪(배분법칙)을 만족함)

$=(\alpha u_1,\alpha u_2,\cdots,\alpha u_n)+(\beta u_1,\beta u_2,\cdots,\beta u_n)$ (벡터의 합 식 (2.2))

$=\alpha\mathbf{u}+\beta\mathbf{u}$ (스칼라곱 식 (2.3))

■

제3절 유클리드내적과 직교

3.1 벡터의 길이

n공간 $\mathbb{R}^n$의 벡터 $\mathbf{v} = (v_1, v_2, \cdots, v_n)$에 대하여

$$\|\mathbf{v}\| = \sqrt{v_1^2 + v_2^2 + \cdots + v_n^2} \tag{2.5}$$

을 $\mathbf{v}$의 길이(length)라고 한다.[1)]

[그림 2.6(a)]는 $\mathbb{R}^2$의 벡터 $\mathbf{v} = (v_1, v_2)$의 길이가 피타고라스의 정리[2)]로부터 $\|\mathbf{v}\| = \sqrt{v_1^2 + v_2^2}$이 됨을 보여주고 있다. $\mathbb{R}^3$의 벡터 $\mathbf{v} = (v_1, v_2, v_3)$의 길이는 피타고라스의 정리를 두 번 적용하여 구할 수 있다. [그림 2.6 (b)]에서 피타고라스의 정리를 두 번 적용하면

$$\begin{aligned} \|\mathbf{v}\|^2 &= \left(\overline{OR}\right)^2 + \left(\overline{RP}\right)^2 \\ &= \left(\overline{OQ}\right)^2 + \left(\overline{OS}\right)^2 + \left(\overline{RP}\right)^2 \\ &= v_1^2 + v_2^2 + v_3^2 \\ \|\mathbf{v}\| &= \sqrt{v_1^2 + v_2^2 + v_3^2} \end{aligned}$$

이다.

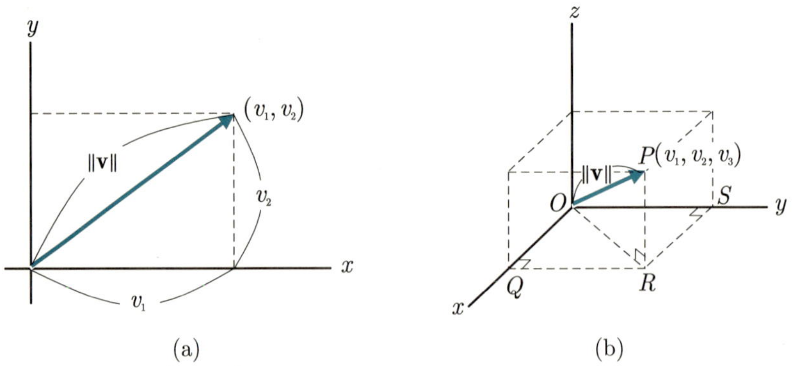

그림 2.6

1) 벡터의 길이는 크기(magnitude) 또는 놈(norm)으로 부르기도 한다.

2) 피타고라스의 정리(Pythagorean theorem)는 "직각삼각형(直角三角形, right triangle)에서 빗변(빗邊, hypotenuse) 길이의 제곱은 나머지 두 변 길이의 제곱의 합과 같다"는 정리를 말한다.

예

벡터 $\mathbf{u}=(-1,2)$와 $\mathbf{v}=(2,3,2,-1)$의 길이를 구하시오.

풀이

$$\|\mathbf{u}\|=\sqrt{(-1)^2+2^2}=\sqrt{5}\,,\ \|\mathbf{v}\|=\sqrt{2^2+3^2+2^2+(-1)^2}=\sqrt{18}$$ ◀

3.2 단위벡터

길이가 1인 벡터를 단위벡터(單位벡터, unit vector)라고 한다. 어떤 벡터 $\mathbf{v}$가 $\mathbf{0}$이 아닌 벡터라고 하면

$$\mathbf{u}=\frac{1}{\|\mathbf{v}\|}\mathbf{v}$$

는 $\mathbf{v}$와 방향이 같은 단위벡터가 된다. $\mathbf{v}$를 방향이 같고 길이가 1인 벡터 $\mathbf{u}$로 변환하는 것을 정규화(正規化, normalize)라 한다.

예

벡터 $\mathbf{v}=(2,-1,3)$와 방향이 같은 단위벡터를 찾으시오.

풀이

$$\|\mathbf{v}\|=\sqrt{2^2+(-1)^2+3^2}=\sqrt{14}$$

$$\mathbf{u}=\frac{1}{\|\mathbf{v}\|}\mathbf{v}=\frac{1}{\sqrt{14}}(2,-1,3)=\left(\tfrac{2}{\sqrt{14}},-\tfrac{1}{\sqrt{14}},\tfrac{3}{\sqrt{14}}\right)$$ ◀

3.3 표준단위벡터

$\mathbb{R}^2$ 또는 $\mathbb{R}^3$에 직교좌표계를 도입할 때 각 축의 양의 방향의 단위벡터를 표준단위벡터(標準單位벡터, standard unit vector)라고 한다. $\mathbb{R}^2$의 표준단위벡터는

$$\mathbf{i}=(1,0)\,,\ \ \mathbf{j}=(0,1)$$

로 나타내고([그림 2.7(a)]) $\mathbb{R}^3$의 표준단위벡터는

$$\mathbf{i}=(1,0,0)\,,\ \ \mathbf{j}=(0,1,0)\,,\ \ \mathbf{k}=(0,0,1)$$

로 나타낸다([그림 2.7(b)]).

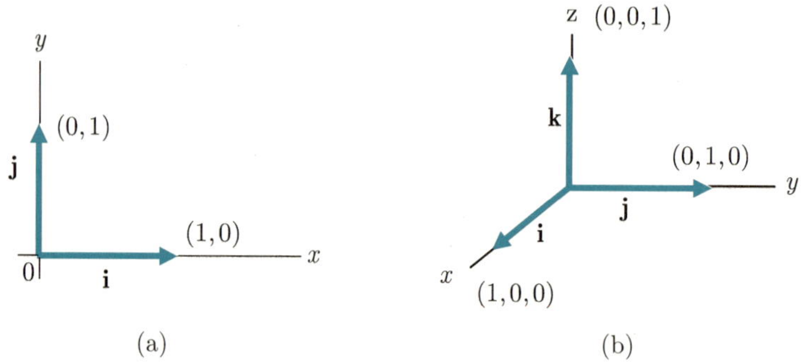

그림 2.7

$\mathbb{R}^2$의 모든 벡터 $\mathbf{v} = (v_1, v_2)$는 표준단위벡터를 사용하여

$$\mathbf{v} = (v_1, v_2) = v_1(1, 0) + v_2(0, 1) = v_1\mathbf{i} + v_2\mathbf{j}$$

로 나타낼 수 있다.

$\mathbb{R}^n$의 표준단위벡터는 i번째 성분이 1이고 나머지 성분은 모두 0인

$$\mathbf{e}_1 = (1, 0, \ldots, 0),\ \ \mathbf{e}_2 = (0, 1, 0, \ldots, 0), \cdots,\ \ \mathbf{e}_n = (0, \ldots, 0, 1)$$

로 나타낸다. $\mathbb{R}^n$의 벡터 $\mathbf{v} = (v_1, v_2, \cdots, v_n)$는

$$\mathbf{v} = (v_1, v_2, \cdots, v_n) = v_1\mathbf{e}_1 + v_2\mathbf{e}_2 + \cdots + v_n\mathbf{e}_n$$

로 나타낼 수 있다.

3.4 두 점 간의 거리

$\mathbb{R}^n$의 두 점 $\mathbf{u} = (u_1, u_2, \cdots, u_n)$와 $\mathbf{v} = (v_1, v_2, \cdots, v_n)$에 대해서 $\mathbf{u}$와 $\mathbf{v}$의 거리(距離, distance)는 $d(\mathbf{u}, \mathbf{v})$로 나타내고

$$d(\mathbf{u}, \mathbf{v}) = \|\mathbf{u} - \mathbf{v}\| = \sqrt{(u_1 - v_1)^2 + (u_2 - v_2)^2 + \cdots + (u_n - v_n)^2} \qquad (2.6)$$

이다.

두 점 간의 거리를 식 (2.6)의 $d(\mathbf{u}, \mathbf{v})$로 정의하면 $\mathbb{R}^2$와 $\mathbb{R}^3$에 적용되는 유클리드 기하학(유클리드幾何學, Euclidean geometry)의 여러 가지 정리들[3)]을 $\mathbb{R}^n$에서도

3) 이러한 정리의 예로 "① 직각삼각형(直角三角形, right triangle)에서 빗변(빗邊, hypotenuse) 길이의 제곱은 나머지 두 변 길이의 제곱의 합과 같다. ② 삼각형의 두 변의 길이의 합은 다른 한 변의 길이보다 크거나 같다. ③ 두 점 간의 최단거리는 두 점을 연결하는 직선의 길이이다." 등이 있다.

성립하도록 일반화할 수 있다. 이런 이유로 식 (2.6)의 $d(\mathbf{u}, \mathbf{v})$를 유클리드거리(유클리드距離, Euclidean distance)라고 부른다.

예

$\mathbf{u} = (3, 1, 7, -2)$와 $\mathbf{v} = (2, -1, 3, 0)$의 거리를 구하시오.

풀이

$$d(\mathbf{u}, \mathbf{v}) = \|\mathbf{u} - \mathbf{v}\| = \sqrt{(3-2)^2 + (1-(-1))^2 + (7-3)^2 + (-2-0)^2}$$
$$= \sqrt{25} = 5$$ ◀

3.5 두 벡터가 이루는 각도

두 벡터가 이루는 각도는 가장 기본적인 삼각함수 중 하나인 코사인함수(cosine function) 그리고 삼각형에서 성립하는 코사인법칙과 밀접한 관련을 갖는다. 먼저 코사인함수와 코사인법칙에 관해 간단히 살펴보고 두 벡터가 이루는 각에 대해서 살펴보자.

호나 삼각형의 각도(角度, angle)는 도(度, degree) 또는 호도(弧度, radian)로 측정된다. 도는 완전한 회전을 360°로 정의하는 각도의 측정단위이고 호도는 완전한 회전을 2π radian 으로 정의한 각도의 측정단위이다. 따라서

$$\pi \text{ radian} = 180°$$

이고

$$1 \text{ radian} = \tfrac{180}{\pi}° = 57.3° \quad \text{그리고} \quad 1° = \tfrac{\pi}{180} \text{ radian} = 0.017 \text{ radian}$$

이다.

중심이 원점이고 반지름이 1인 단위원(unit circle) $x^2 + y^2 = 1$에서 점 A부터 점 P까지의 호의 각도를 θ라고 할 때 점 P의 x좌표를 $\cos\theta$라고 한다([그림 2.8] 참조).

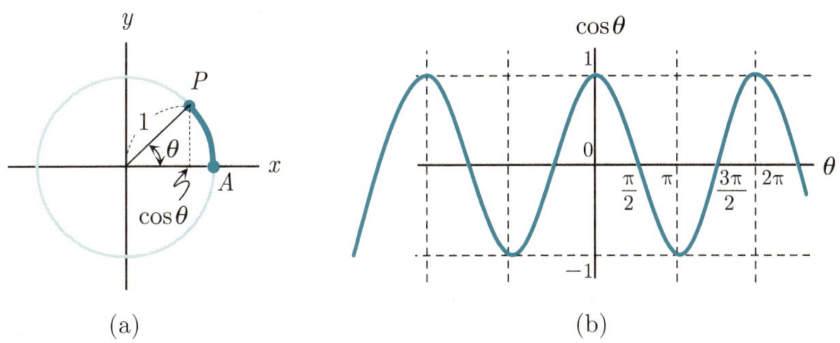

그림 2.8

점 P를 점 A부터 시계반대방향으로 이동시킴에 따라 $\cos\theta$는 2π를 주기로 [그림 2.8(b)]와 같이 함수값이 반복된다.

내각이 α, β, γ이고 세 변의 길이가 a, b, c인 삼각형([그림 2.9] 참조)에서

$$a^2 = b^2 + c^2 - 2bc\cos\alpha$$
$$b^2 = a^2 + c^2 - 2ac\cos\beta$$
$$c^2 = a^2 + b^2 - 2ab\cos\gamma$$

이 성립하며 이를 코사인법칙(law of consines)이라 한다.

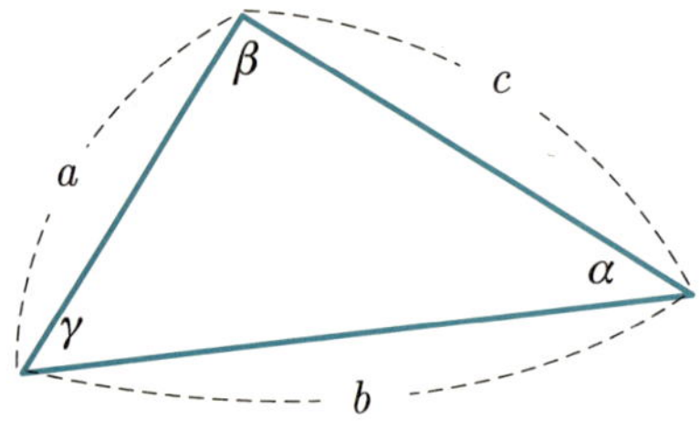

그림 2.9

정리 2.2 **두 벡터가 이루는 각도**

$\mathbb{R}^n$의 두 벡터 $\mathbf{u} = (u_1, u_2, \cdots, u_n)$와 $\mathbf{v} = (v_1, v_2, \cdots, v_n)$의 사잇각을 θ $(0 \le \theta \le \pi)$라 하면([그림 2.10] 참조)

$$\cos\theta = \frac{u_1v_1 + u_2v_2 + \cdots + u_nv_n}{\|\mathbf{u}\|\|\mathbf{v}\|}$$

이다.

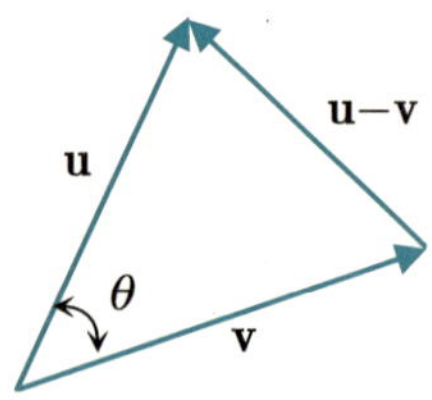

그림 2.10

증명

코사인법칙으로부터

$$\|\mathbf{u}-\mathbf{v}\|^2 = \|\mathbf{u}\|^2 + \|\mathbf{v}\|^2 - 2\|\mathbf{u}\|\|\mathbf{v}\|\cos\theta \tag{2.7}$$

이 성립한다. 여기서 좌변 $\|\mathbf{u}-\mathbf{v}\|^2$은 (벡터의 차 식 (2.4)와 벡터의 길이 식 (2.5)로부터)

$$\begin{aligned}\|\mathbf{u}-\mathbf{v}\|^2 &= (u_1-v_1)^2+(u_2-v_2)^2+\cdots+(u_n-v_n)^2\\ &= u_1^2+u_2^2+\cdots+u_n^2+v_1^2+v_2^2+\cdots+v_n^2\\ &\quad -2(u_1v_1+u_2v_2+\cdots+u_nv_n) \quad (\text{벡터의 길이 식 (2.5)})\\ &= \|\mathbf{u}\|^2+\|\mathbf{v}\|^2-2(u_1v_1+u_2v_2+\cdots+u_nv_n)\end{aligned}$$

이 되고 이를 위의 식 (2.7)에 대입하여 $\cos\theta$에 대해서 풀면

$$\cos\theta = \frac{u_1v_1+u_2v_2+\cdots+u_nv_n}{\|\mathbf{u}\|\|\mathbf{v}\|} \tag{2.8}$$

을 얻는다. ■

3.6 유클리드내적

$\mathbf{u}=(u_1, u_2, \cdots, u_n)$와 $\mathbf{v}=(v_1, v_2, \cdots, v_n)$가 $\mathbb{R}^n$의 비영벡터일 때

$$\mathbf{u}\cdot\mathbf{v} = u_1v_1+u_2v_2+\cdots+u_nv_n \tag{2.9}$$

을 $\mathbf{u}$와 $\mathbf{v}$의 유클리드내적(유클리드內積, Euclidean inner product)이라고 한다.[4)]

예

두 벡터 $\mathbf{u}=(2,1)$와 $\mathbf{v}=(1,1)$에 대하여 두 벡터의 유클리드내적을 구하시오.

풀이

$$\mathbf{u}\cdot\mathbf{v} = (2)(1)+(1)(1) = 3$$ ◀

---

4) 유클리드내적은 점적(點積, dot product) 또는 표준내적(標準內積, standard inner product)이라고도 한다.

정리 2.3 **유클리드내적의 성질**

$\mathbf{u}$, $\mathbf{v}$, $\mathbf{w}$를 $\mathbb{R}^n$의 벡터라 하고 α를 스칼라라고 하면

① $\mathbf{u}\cdot\mathbf{u}=\|\mathbf{u}\|^2\geq 0$이고 등호는 $\mathbf{u}=\mathbf{0}$일 때만 성립함
② $\mathbf{u}\cdot\mathbf{v}=\mathbf{v}\cdot\mathbf{u}$
③ $(\mathbf{u}+\mathbf{v})\cdot\mathbf{w}=\mathbf{u}\cdot\mathbf{w}+\mathbf{v}\cdot\mathbf{w}$
④ $(\alpha\mathbf{u})\cdot\mathbf{v}=\mathbf{u}\cdot(\alpha\mathbf{v})=\alpha(\mathbf{u}\cdot\mathbf{v})$

이 성립한다.

증명

③ $\mathbb{R}^n$의 세 벡터를 $\mathbf{u}=(u_1,u_2,\cdots,u_n)$, $\mathbf{v}=(v_1,v_2,\cdots,v_n)$, $\mathbf{w}=(w_1,w_2,\cdots,w_n)$ 라고 하자.

$$(\mathbf{u}+\mathbf{v})\cdot\mathbf{w}=(u_1+v_1,u_2+v_2,\cdots,u_n+v_n)\cdot\mathbf{w}$$ (벡터의 합 식 (2.2))

$$=(u_1+v_1)w_1+(u_2+v_2)w_2+\cdots(u_n+v_n)w_n$$ (유클리드내적 식 (2.9))

$$=u_1w_1+v_1w_1+u_2w_2+v_2w_2+\cdots u_nw_n+v_nw_n$$ (실수는 장(場)공리 ⑪(배분법칙)을 만족함)

$$=(u_1w_1+u_2w_2+\cdots+u_nw_n)+(v_1w_1+v_2w_2+\cdots+v_nw_n)$$

(실수는 장(場)공리 ②(덧셈에 관한 교환법칙)와 장(場)공리 ⑥(곱셈에 관하여 닫힘)을 만족함)

$$=\mathbf{u}\cdot\mathbf{w}+\mathbf{v}\cdot\mathbf{w}$$ (유클리드내적 식 (2.9))

④ $\mathbb{R}^n$의 두 벡터를 $\mathbf{u}=(u_1,u_2,\cdots,u_n)$와 $\mathbf{v}=(v_1,v_2,\cdots,v_n)$라고 하자.

$$(\alpha\mathbf{u})\,\mathbf{v}=(\alpha u_1,\alpha u_2,\cdots,\alpha u_n)\cdot\mathbf{v}$$ (스칼라곱 식 (2.3))

$$=\alpha u_1v_1+\alpha u_2v_2+\cdots+\alpha u_nv_n$$ (유클리드내적 식 (2.9))

$$=u_1\alpha v_1+u_2\alpha v_2+\cdots+u_n\alpha v_n$$ (실수는 장(場)공리 ⑦(곱셈에 관한 교환법칙)을 만족함)

$$=\mathbf{u}\cdot(\alpha v_1,\alpha v_2,\cdots,\alpha v_n)$$ (유클리드내적 식 (2.9))

$$=\mathbf{u}\cdot(\alpha\mathbf{v})$$ (스칼라곱 식 (2.3))

같은 방법으로

$$\mathbf{u}\cdot(\alpha\mathbf{v})=\alpha(\mathbf{u}\cdot\mathbf{v})$$

①, ②에 대한 증명은 연습문제 ■

3.7 직교

$\mathbb{R}^n$의 두 벡터 $\mathbf{u}$와 $\mathbf{v}$가

$$\mathbf{u}\cdot\mathbf{v}=0 \tag{2.10}$$

을 만족하면 $\mathbf{u}$와 $\mathbf{v}$는 직교(直交, orthogonal)라고 한다.

식 (2.8)의 $\cos\theta$는 유클리드내적 식 (2.9)를 사용해서

$$\cos\theta=\frac{\mathbf{u}\cdot\mathbf{v}}{\|\mathbf{u}\|\cdot\|\mathbf{v}\|} \tag{2.11}$$

로 나타낼 수 있다. 두 벡터의 사잇각 θ가 $90°\,(=\frac{\pi}{2})$이면 $\cos\theta$는 0이므로 식 (2.10)이 성립함을 확인할 수 있다.

예

$\mathbf{u}=(-2,\,1,\,-4,\,2)$와 $\mathbf{v}=(-4,\,2,\,2,\,-1)$가 직교함을 보이시오.

풀이

$$\begin{aligned}\mathbf{u}\cdot\mathbf{v}&=(-2,1,-4,2)\cdot(-4,2,2,-1)\\&=(-2)(-4)+(1)(2)+(-4)(2)+(2)(-1)\\&=0\end{aligned}$$

◀

3.8 $\mathbb{R}^n$에서의 유클리드기하학

유클리드내적을 갖는 n공간 $\mathbb{R}^n$은 유클리드기하학에서 성립하는 정리들과 매우 비슷한 정리를 갖는다. 이 때문에 유클리드내적이 정의된 n공간 $\mathbb{R}^n$을 유클리드 n공간(Euclidean n-space) 또는 n차원유클리드공간(n-dimensional Euclidean space)이라 부른다.

정리 2.4 **피타고라스의 정리, Pythagoras theorem**

$\mathbb{R}^n$의 두 벡터 $\mathbf{u}$와 $\mathbf{v}$가 서로 직교하면

$$\|\mathbf{u}+\mathbf{v}\|^2=\|\mathbf{u}\|^2+\|\mathbf{v}\|^2$$

이 성립한다.

증명

$$
\begin{aligned}
\|\mathbf{u}+\mathbf{v}\|^2 &= (\mathbf{u}+\mathbf{v})\cdot(\mathbf{u}+\mathbf{v}) && \text{([정리 2.3] ①)}\\
&= \mathbf{u}\cdot(\mathbf{u}+\mathbf{v})+\mathbf{v}\cdot(\mathbf{u}+\mathbf{v}) && \text{([정리 2.3] ③)}\\
&= (\mathbf{u}+\mathbf{v})\cdot\mathbf{u}+(\mathbf{u}+\mathbf{v})\cdot\mathbf{v} && \text{([정리 2.3] ②)}\\
&= \mathbf{u}\cdot\mathbf{u}+\mathbf{v}\cdot\mathbf{u}+\mathbf{u}\cdot\mathbf{v}+\mathbf{v}\cdot\mathbf{v} && \text{([정리 2.3] ③)}\\
&= \mathbf{u}\cdot\mathbf{u}+\mathbf{v}\cdot\mathbf{v} && \text{(직교하는 두 벡터의 내적 식 (2.10))}\\
&= \|\mathbf{u}\|^2+\|\mathbf{v}\|^2 && \text{([정리 2.3] ①)}
\end{aligned}
$$
■

정리 2.5 **코사 슈바르츠부등식, Cauchy-Schwarz Inequality**

$\mathbb{R}^n$의 두 벡터 $\mathbf{u}$와 $\mathbf{v}$에 대하여

$$|\mathbf{u}\cdot\mathbf{v}| \le \|\mathbf{u}\|\|\mathbf{v}\|$$

이 성립한다.[5)]

증명

($\cos\theta$ (2.8)로부터) $\mathbf{u}\cdot\mathbf{v} = \|\mathbf{u}\|\|\mathbf{v}\|\cos\theta$ 이다. 그리고 ($\cos\theta$ 의 정의로부터) $-1 \le \cos\theta \le 1$이므로 $-\|\mathbf{u}\|\|\mathbf{v}\| \le \mathbf{u}\cdot\mathbf{v} \le \|\mathbf{u}\|\|\mathbf{v}\|$ 이며 따라서 $|\mathbf{u}\cdot\mathbf{v}| \le \|\mathbf{u}\|\|\mathbf{v}\|$ 이다. ■

정리 2.6 **삼각부등식, Triangle Inequality**

$\mathbb{R}^n$의 두 벡터 $\mathbf{u}$와 $\mathbf{v}$에 대하여

$$\|\mathbf{u}+\mathbf{v}\| \le \|\mathbf{u}\|+\|\mathbf{v}\|$$

이 성립한다.

---

5) 이 부등식은 프랑스의 수학자 Cauchy, Augustin(1789~1857)와 독일의 수학자 Schwarz, Hermann(1844~1921)를 기념하기 위해 코시-슈바르츠부등식(Cauchy-Schwarz inequality)이라고 부른다. 이 부등식의 다양한 변형이 만들어졌는데 등장하는 상황에 따라 코시부등식(Cauchy inequality), 슈바르츠부등식(Schwarz inequality), 또는 번야코프스키부등식(Bunyakovsky inequality)으로 부른다. Bunyakovsky, Viktor(1804~1889)는 러시아의 수학자이며 Schwarz보다 25년 앞선 1859년에 이 부등식을 발견하였다. Cauchy, Augustin(1789~1857)는 789편이라는 많은 수의 논문을 발표한 수학자로 행렬식(determinant)의 명칭을 만들었고 극한(limit), 연속성(continuity), 수렴(convergence) 등의 현대적 정의를 제시하였다. 또한 그는 코시-리만방정식(Cauchy-Riemann equations)을 발견하여 복소해석(complex analysis)이라는 수학의 분야를 창시하였다. Schwarz, Hermann(1844~1921)는 바이어슈트라스(Weierstrass, K.T.)의 제자로 등각사상, 슈바르츠부등식 등을 발견하였다.

증명

$$\begin{aligned}
\|\mathbf{u}+\mathbf{v}\|^2 &= (\mathbf{u}+\mathbf{v})\cdot(\mathbf{u}+\mathbf{v}) && ([\text{정리 } 2.3] ①)\\
&= \mathbf{u}\cdot(\mathbf{u}+\mathbf{v})+\mathbf{v}\cdot(\mathbf{u}+\mathbf{v}) && ([\text{정리 } 2.3] ③)\\
&= (\mathbf{u}+\mathbf{v})\cdot\mathbf{u}+(\mathbf{u}+\mathbf{v})\cdot\mathbf{v} && ([\text{정리 } 2.3] ②)\\
&= \mathbf{u}\cdot\mathbf{u}+\mathbf{v}\cdot\mathbf{u}+\mathbf{u}\cdot\mathbf{v}+\mathbf{v}\cdot\mathbf{v} && ([\text{정리 } 2.3] ③)\\
&= \mathbf{u}\cdot\mathbf{u}+\mathbf{u}\cdot\mathbf{v}+\mathbf{u}\cdot\mathbf{v}+\mathbf{v}\cdot\mathbf{v} && ([\text{정리 } 2.3] ②)\\
&= \mathbf{u}\cdot\mathbf{u}+2\mathbf{u}\cdot\mathbf{v}+\mathbf{v}\cdot\mathbf{v} && (\text{스칼라곱 식 } (2.3))\\
&= \|\mathbf{u}\|^2+2\mathbf{u}\cdot\mathbf{v}+\|\mathbf{v}\|^2 && ([\text{정리 } 2.3] ①)
\end{aligned}$$

$$(\|\mathbf{u}\|+\|\mathbf{v}\|)^2 = \|\mathbf{u}\|^2+2\|\mathbf{u}\|\|\mathbf{v}\|+\|\mathbf{v}\|^2$$

코시-슈바르츠부등식 [정리 2.5]로부터

$$\|\mathbf{u}+\mathbf{v}\|^2 = \|\mathbf{u}\|^2+2\mathbf{u}\cdot\mathbf{v}+\|\mathbf{v}\|^2 \le \|\mathbf{u}\|^2+2\|\mathbf{u}\|\|\mathbf{v}\|+\|\mathbf{v}\|^2 = (\|\mathbf{u}\|+\|\mathbf{v}\|)^2$$

이고 제곱근을 취하면

$$\|\mathbf{u}+\mathbf{v}\| \le \|\mathbf{u}\|+\|\mathbf{v}\|$$

이 된다. ■

제4절 벡터공간

앞 절에서는 유클리드 n공간 $\mathbb{R}^n$의 벡터에 관한 여러 가지 중요한 개념 및 연산을 살펴보았다. $\mathbb{R}^n$의 벡터가 가지고 있는 중요한 성질을 선별하여 공리로 삼고 이들 공리를 만족하는 일반화된 벡터들의 집합을 벡터공간(vector space)이라 한다. 여기서는 벡터공간에 관하여 간단히 소개하고 자세한 내용은 제7장에서 다룬다.

4.1 이항연산

어떤 집합 S 위에서 이항연산(二項演算, binary operation) $*$는 S의 원소들의 각 순서쌍 $(a,\ b)$에 어떤 적당한 S의 원소 c를 대응시키는 규칙이다. 여기서 주의할 점은 순서쌍 $(a,\ b)$와 어떤 적당한 S의 원소 c를 대응시킨다는 점이다. 즉 순서쌍 $(a,\ b)$와 순서쌍 $(b,\ a)$는 같지 않으므로 $(a,\ b)$에 대응하는 원소와 $(b,\ a)$에 대응하는 원소는 다를 수 있다는 것이다. 또한 순서쌍 $(a,\ b)$에 a와 b가 아닌 다른 어떤 적당한 S의 원소를 대응시키는 규칙이라고 하지 않았다는 점이다. 즉 $(a,\ b)$에 a를 대응시키는 이항연산도 가능한 것이다. 이항연산을 나타내는 기호 $*$ 대신 필요에 따라 $\oplus$, $\otimes$, $\odot$, $\circ$, $\bullet$ 등을 사용할 수 있다.

예

$a, b \in \mathbb{R}$에 대하여 이항연산 $*$을 $a * b = 2a + 3b - ab$로 정의하고 $\circ$을 $a \circ b = a + b$로 정의할 때 다음 각 값을 구하시오.

(1) $2 * 3$ (2) $2 \circ 3$ (3) $3 * 2$ (4) $3 \circ 2$ (5) $0 \circ 2$

풀이

(1) $2 * 3 = 2 \cdot 2 + 3 \cdot 3 - 2 \cdot 3 = 7$

(2) $2 \circ 3 = 2 + 3 = 5$

(3) $3 * 2 = 2 \cdot 3 + 3 \cdot 2 - 3 \cdot 2 = 6$

(4) $3 \circ 2 = 3 + 2 = 5$

(5) $0 \circ 2 = 0 + 2 = 2$ ◀

4.2 벡터공간

V는 이항연산 합(addition) $\oplus$과 스칼라곱(scalar multiplication) $\odot$이 정의된 공집합이 아닌 집합이라고 하자. V의 원소 $\mathbf{u}$, $\mathbf{v}$, $\mathbf{w}$와 스칼라 α, β가 다음의 공리를 만족시키면 V를 벡터공간(벡터空間, vector space)이라 하고 V의 원소를 벡터(vector)라 부른다.

덧셈에 관한 공리(axioms for addition)

① (닫힘) $\mathbf{u} \in V$, $\mathbf{v} \in V \Rightarrow \mathbf{u} \oplus \mathbf{v} \in V$

② (교환법칙) 모든 $\mathbf{u}, \mathbf{v} \in V$에 대하여 $\mathbf{u} \oplus \mathbf{v} = \mathbf{v} \oplus \mathbf{u}$

③ (결합법칙) 모든 $\mathbf{u}$, $\mathbf{v}$, $\mathbf{w} \in V$에 대하여 $(\mathbf{u} \oplus \mathbf{v}) \oplus \mathbf{w} = \mathbf{u} \oplus (\mathbf{v} \oplus \mathbf{w})$

④ (항등원) 모든 $\mathbf{u} \in V$에 대하여 $\mathbf{0} \oplus \mathbf{u} = \mathbf{u} \oplus \mathbf{0} = \mathbf{u}$을 만족하는 원소 $\mathbf{0}$이 V에 존재함

⑤ (역원) 각각의 $\mathbf{u} \in V$에 대하여 $\mathbf{u} \oplus (-\mathbf{u}) = \mathbf{0}$을 만족하는 원소$-\mathbf{u} \in V$가 존재함

스칼라곱에 관한 공리(axioms for scalar multiplication)

⑥ (닫힘) α는 스칼라, $\mathbf{u} \in V \Rightarrow \alpha \odot \mathbf{u} \in V$

⑦ (배분법칙) 모든 스칼라 α와 모든 $\mathbf{u}$, $\mathbf{v} \in V$에 대하여

$\alpha \odot (\mathbf{u} \oplus \mathbf{v}) = (\alpha \odot \mathbf{u}) \oplus (\alpha \odot \mathbf{v})$

⑧ (배분법칙) 모든 스칼라 α, β와 모든 $\mathbf{u} \in V$에 대하여

$(\alpha + \beta) \odot \mathbf{u} = (\alpha \odot \mathbf{u}) \oplus (\beta \odot \mathbf{u})$

⑨ (결합법칙) 모든 스칼라 α, β와 모든 $\mathbf{u} \in V$에 대하여

$\alpha \odot (\beta \odot \mathbf{u}) = (\alpha\beta) \odot \mathbf{u}$

⑩ (항등원) 모든 $\mathbf{u} \in V$에 대하여 $1 \odot \mathbf{u} = \mathbf{u}$

예

V를 (x, y, z), $x, y, z \in \mathbb{R}$와 같은 형태의 3중순서쌍의 집합이라 하고 이항 연산 $\oplus$과 $\odot$이

$$(x, y, z) \oplus (x', y', z') = (x + x', y + y', z + z')$$
$$c \odot (x, y, z) = (cx, y, z)$$

로 정의되었을 경우 V가 벡터공간이 되는가를 밝히시오.

풀이

①, ②, ③, ④, ⑤, ⑥, ⑦이 만족됨은 쉽게 보일 수 있다. 그러나

$$(c + d) \odot (x, y, z) = ((c + d)x, y, z)$$

이지만

$$\begin{aligned} c \odot (x, y, z) \oplus d \odot (x, y, z) &= (cx, y, z) \oplus (dx, y, z) \\ &= (cx + dx, y + y, z + z) \\ &= ((c + d)x, 2y, 2z) \end{aligned}$$

이며 ⑧은 성립하지 않는다. 따라서 V는 벡터공간이 아니다. 한편 ⑨, ⑩은 성립한다.

◀

연습문제

1. $\mathbf{u}=(3,\ -2,\ 2)$, $\mathbf{v}=(1,\ -2,\ 3)$, $\mathbf{w}=(4,\ 1,\ -5)$이라고 하자. 다음 각 벡터의 성분을 구하시오.

① $\mathbf{u}-\mathbf{v}$

② $5\mathbf{u}+2\mathbf{v}$

③ $(\mathbf{u}-3\mathbf{w})-(4\mathbf{v}+\mathbf{u})$

2. $\mathbf{v}$의 길이를 구하고 $\mathbf{v}$와 방향이 같은 단위벡터 그리고 방향이 반대인 단위벡터를 구하시오.

① $\mathbf{v}=(3,-2)$

② $\mathbf{v}=(1,-2,1)$

③ $\mathbf{v}=(-2,1,3,1)$

3. $\mathbf{u}=(-3,-1,2,4)$, $\mathbf{v}=(2,1,-4,6)$, $\mathbf{w}=(-1,3,2,1)$이라 할 때 다음 각 식의 값을 구하시오.

① $\|2\mathbf{u}-3\mathbf{v}+\mathbf{w}\|$

② $\|2\mathbf{u}\|-3\|\mathbf{v}\|+\|\mathbf{w}\|$

③ $\|-\|\mathbf{u}\|\mathbf{w}\|$

4. $\mathbf{u}$와 $\mathbf{v}$의 유클리드거리를 구하시오.

① $\mathbf{u}=(2,1,3)$, $\mathbf{v}=(1,1,-2)$

② $\mathbf{u}=(2,2,3,5)$, $\mathbf{v}=(1,-1,3,-2)$

5. $\mathbf{u}$와 $\mathbf{v}$의 유클리드내적을 구하시오.

① $\mathbf{u}=(-3,1,2)$, $\mathbf{v}=(-1,1,2)$

② $\mathbf{u}=(-2,1,3,1)$, $\mathbf{v}=(1,-2,0,-2)$

6. $\mathbf{u}$와 $\mathbf{v}$의 사잇각의 코사인값을 구하시오.

① $\mathbf{u}=(2,1,3)$, $\mathbf{v}=(3,-1,0)$

② $\mathbf{u}=(1,2,1,3,2)$, $\mathbf{v}=(0,1,1,4,-2)$

7. $\mathbf{u}$와 $\mathbf{v}$가 직교일 때 x의 값을 구하시오.

① $\mathbf{u}=(3,x,x),\ \ \mathbf{v}=(1,5,x)$

② $\mathbf{u}=(-1,x,x),\ \ \mathbf{v}=(x,3,x)$

8. $\mathbf{u}$를 $\mathbb{R}^n$의 벡터라 하고 α를 스칼라라고 할 때 $\mathbf{u}\cdot\mathbf{u}=\|\mathbf{u}\|^2\geq 0$이고 등호는 $\mathbf{u}=\mathbf{0}$일 때만 성립함을 증명하시오.

9. $\mathbf{u}$와 $\mathbf{v}$가 $\mathbb{R}^n$의 벡터이면 $\mathbf{u}\cdot\mathbf{v}=\frac{1}{4}\|\mathbf{u}+\mathbf{v}\|^2-\frac{1}{4}\|\mathbf{u}-\mathbf{v}\|^2$이 성립함을 증명하시오.

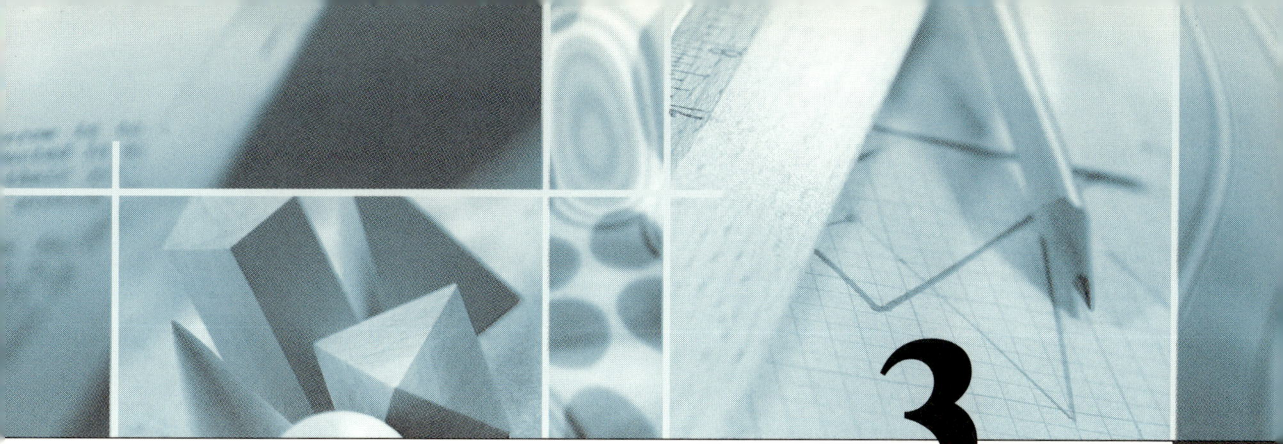

제 3 장

함 수

제1절 함수
제2절 함수의 연산
제3절 함수의 그래프
제4절 대수함수
제5절 비대수함수
연습문제

제1절 함수

1.1 관계

제1장에서 설명한 바 있듯이 두 집합 A와 B가 주어졌을 때 $x \in A$이고 $y \in B$인 모든 순서쌍 (x, y)의 집합을 A와 B의 데카르트곱(Cartesian product)이라 하고 $A \times B$로 나타낸다. 데카르트곱의 임의의 부분집합을 관계(關係, relation)라고 한다.

예

$A = \{1, 2, 3\}$, $B = \{a, b\}$이라고 하자. A와 B의 데카르트곱 $A \times B$는

$$A \times B = \{(1, a), (1, b), (2, a), (2, b), (3, a), (3, b)\}$$

이다. $S = \{(1, b), (1, a), (2, a)\}$는 $A \times B$의 부분집합이므로 하나의 관계이다. ◀

예

x, $y \in \mathbb{R}$이면 순서쌍 (x, y)는 xy 평면 위의 한 점의 좌표로 볼 수 있다. 다음의 식

$$xy = 1, \quad x^2 + y^2 = 1, \quad x^2 + y^2 \le 1, \quad x < y$$

을 만족하는 순서쌍 (x, y)의 집합은 데카르트곱 $\mathbb{R}^2$의 부분집합인 관계를 정의한다. [그림 3.1]은 이들 관계를 그래프(graph)로 나타낸 것이다. ◀

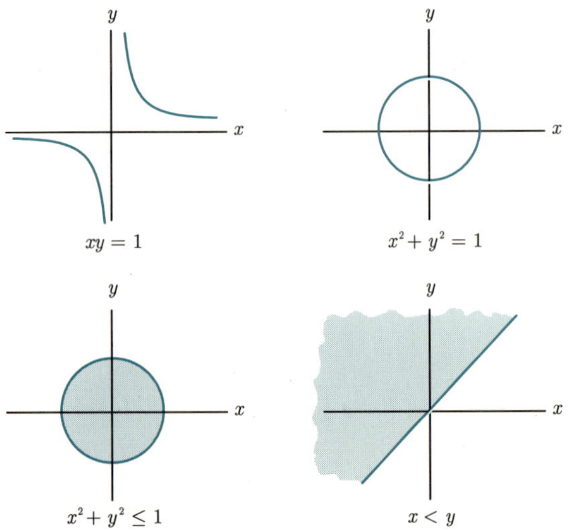

그림 3.1

1.2 관계의 정의역과 치역

S를 관계라고 할 때 S의 순서쌍 (x, y)의 첫 번째 원소를 모두 모아놓은 집합을 S의 정의역(定義域, domain)이라 하고 $\mathrm{dom}\,(S)$로 나타낸다. 즉

$$\mathrm{dom}\,(S) = \left\{x \middle| \exists y, (x, y) \in S\right\} \tag{3.1}$$

이다.[1] 그리고 S의 순서쌍 (x, y)의 두 번째 원소의 집합을 치역(値域, range)[2]이라 하고 $\mathrm{ran}\,(S)$로 나타낸다. 즉

$$\mathrm{ran}\,(S) = \left\{y \middle| \exists x, (x, y) \in S\right\} \tag{3.2}$$

이다([그림 3.2] 참조).

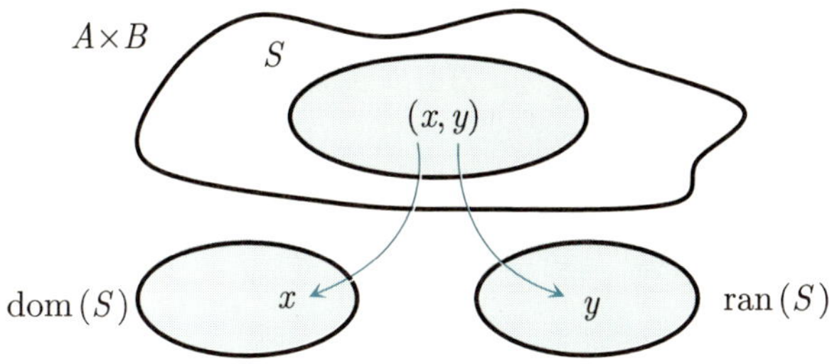

그림 3.2

1.3 함수

데카르트곱의 임의의 부분집합을 F라 하자. F의 모든 순서쌍 (x, y)의 첫 번째 원소가 모두 다르면 즉

$$『(x, y) \in F \text{이고 } (x, z) \in F \text{이면 } y = z \text{이다}』 \tag{3.3}$$

이면 집합 F를 함수(函數, function)라고 한다.

---

1) ‘∃’는 ‘존재한다’라는 의미의 ‘exist’의 머리글자 E를 옆으로 뒤집어 놓은 것으로 존재기호(存在記號, existential quantifier)라고 한다. $\exists x, P(x)$는 ‘$P(x)$을 만족하는 x가 존재한다’는 것을 나타내는 존재명제(存在命題, existential sentence)이다. 한편 ‘∀’는 ‘모든’이라는 의미의 ‘all’의 머리글자 A를 뒤집어 놓은 것으로 전칭기호(全稱記號, universal quantifier)라고 한다. $\forall x, P(x)$는 ‘모든 x에 대하여 $P(x)$이 성립한다’는 뜻으로 이를 전칭명제(全稱命題, universal sentence)라고 한다.

2) 치역은 공변역(共變域, codomain)이라고도 한다.

예

$S=\{(1,0),(1,1),(1,-4)\}$이고 $T=\{(a,b),(b,e),(c,d)\}$이라 하자. S는 순서쌍의 집합이므로 관계이기는 하지만 S에는 첫 번째 원소가 같은 순서쌍이 존재하므로 함수라고 할 수 없다. T는 순서쌍의 집합이므로 관계이다. 또한 T에는 첫 번째 원소가 같은 순서쌍이 존재하지 않으므로 함수이다. S의 정의역 $\text{dom}\,(S)$는 $\text{ran}\,(S)=\{1\}$이고 치역 $\text{ran}\,(S)$는 $\text{ran}\,(S)=\{0,1,-4\}$이다. T의 정의역 $\text{dom}\,(T)$는 $\text{dom}\,(S)=\{a,b,c\}$이고 치역 $\text{ran}\,(T)$는 $\text{ran}\,(T)=\{d,e\}$이다. ◀

1.4 함수값

함수의 정의 식 (3.3)에서는 집합 F의 정의역에 속해있는 각 x에 대하여 $(x,y)\in F$인 y가 오로지 하나만 존재해야 한다는 조건을 F가 함수이기 위한 조건으로 요구하고 있다. y는 x에서 함수 F의 값이라고 부르고

$$y=F(x)$$

로 쓴다.

예

$F=\{(1,-2),(2,4),(3,9)\}$이라 하자. F는 순서쌍의 집합이고 첫 번째 원소가 같은 순서쌍이 존재하지 않으므로 함수이다. 1에서의 F의 값 $F(1)$은 -2이다. 2에서의 F의 값 $F(2)$는 4이다. 3에서의 F의 값 $F(3)$는 9이다. ◀

1.5 함수의 표현방법

함수를 표현하는 방법은 함수 F에 속하는 순서쌍을 나열하는 것이다. 이 방법 대신 일반적으로 사용되는 방법은 함수 F의 정의역 $\text{dom}(F)$을 표현하고 정의역의 각 대상 x에 대하여 함수값 $F(x)$가 어떻게 대응되는가를 표(表, table)나 식(式, expression)으로 표현하는 것이다. $F(x)$의 전체는 함수 F의 치역 $\text{ran}(F)$이다.

예

$F=\{(-2,-12),(-1,-5),(0,-4),(1,-3),(2,4),(3,23)\}$이라 하자. F는 순서쌍의 집합이며 첫 번째 원소가 같은 순서쌍이 존재하지 않으므로 함수이다. 함수 F는 다음과 같은 표로 나타낼 수 있다.

x	$F(x)$
-2	-12
-1	-5
0	-4
1	-3
2	4
3	23

정의역 $\mathcal{D}(F)$을 $\{-2, -1, 0, 1, 2, 3\}$으로 정하고 방정식 $F(x) = x^3 - 4$으로 함수(x와 $F(x)$ 간의 대응규칙)를 나타낼 수도 있다. 이 함수의 치역 $\text{ran}(F)$은 $\{-12, -5, -4, -3, 4, 23\}$이다([그림 3.3] 참조). ◀

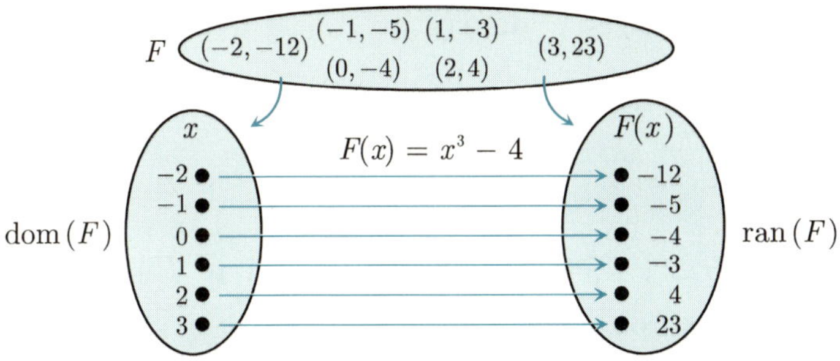

그림 3.3

1.6 상

S가 함수 F의 정의역 $\text{dom}(F)$의 부분집합이면 즉 $S \subseteq \text{dom}(F)$이면 '$F$는 S 위에서 정의된다'라고 말한다. S의 모든 원소에 대응하는 함수값들의 집합을 F에 의한 S의 상(像, image)이라 하며 $F(S)$로 나타낸다([그림 3.4(a)] 참조). $S = \text{dom}(F)$일 때 F에 의한 S의 상은 S가 함수 F의 치역 $\text{ran}(F)$과 같다([그림 3.4(b)] 참조).

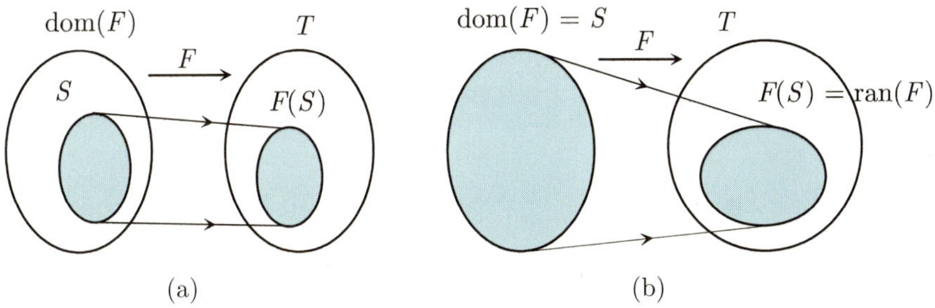

그림 3.4

예

$S=\{-2,-1,0,1,2,3\}$이고 $F(x)=x^3-4$를 S 위에서 정의된 함수라고 할 때 S의 상을 구하시오.

풀이

$$F(S)=\{-12,-5,-4,-3,4,23\}$$ ◀

1.7 A에서 B로의 함수

함수 F의 정의역을 A라 하고 F의 치역 $F(A)$를 포함하는 어떤 집합을 B라 하면, 즉

$$\text{dom}(F)=A$$

이고

$$F(A)\subseteq B$$

이면 F는 A에서 B로의 함수(函數, function from A to B) 또는 A에서 B로의 사상(寫像, mapping from A to B)[3]이라 하며

$$F:A\rightarrow B$$

로 나타낸다.

예

$A=\{-2,-1,0,1,2,3\}$이고 $F(x)=x^3-4$를 A 위에서 정의된 함수라고 하자. 그리고 $B_1=\{-12,-5,-4,-3,4,23\}$, $B_2=\{-5,-4,-3,4,23\}$, $B_3=\{-12,-8,-5,-4,-3,4,23\}$라 하자. 함수 F의 상 $F(A)$는 $F(B)=\{-12,-5,-4,-3,4,23\}$이다. $F(A)=B_1$이므로 함수 F는 A에서 B_1로의 함수이다. 즉 $F:A\rightarrow B_1$이다. 또한 $F(A)\subset B_3$이므로 함수 F는 A에서 B_3로의 함수이다. 즉 $F:A\rightarrow B_3$이다. 그러나 $F(A)\not\subset B_2$이므로 F는 A에서 B_2로의 함수가 아니다. ◀

---

3) 수의 집합에서 수의 집합으로의 사상을 함수로 한정하여 사상과 함수를 구별하기도 한다.

1.8 전사함수/단사함수/전단사함수

A에서 B로의 함수(function from A to B)

$$F : A \to B$$

에서 A의 상 $F(A)$이 B와 같으면 F를 A에서 B위로의 함수(function from A onto B)인 전사함수(全射函數, surjective function)[4]라 한다.

예

$A = \{-2, -1, 0, 1, 2, 3\}$, $B_1 = \{-12, -5, -4, -3, 4, 23\}$이고 $F(x) = x^3 - 4$를 A에서 B_1으로 가는 함수라 하면 $F(A) = B_1$이고 따라서 F는 전사함수이다. $B_3 = \{-12, -8, -5, -4, -3, 4, 23\}$라 하고 F를 A에서 B_3으로 가는 함수라고 하면 $F(A) \subset B_3$이고 따라서 F는 전사함수가 아니다. ◀

A 위에서 정의된 함수 F가

$$A\text{의 모든 } x\text{와 } y\text{에 대하여 } F(x) = F(y) \Leftrightarrow x = y \tag{3.4}$$

이면 F를 단사함수(單射函數, injective function)[5]라 한다. (3.4)의 대우를 취하면 단사함수의 정의를

$$A\text{의 모든 } x\text{와 } y\text{에 대하여 } x \neq y \Leftrightarrow F(x) \neq F(y)$$

로 나타낼 수 있다.

함수 $F : A \to B$이 전사함수이면서 동시에 단사함수이면 F를 전단사함수(全單射函數, bijective function)라 한다.

예

[그림 3.5]에서 (a)의 함수는 단사함수인 반면에 전사함수는 아니다. (b)의 함수는 전사함수인 반면에 단사함수는 아니다. (c)의 함수는 전단사함수이다.◀

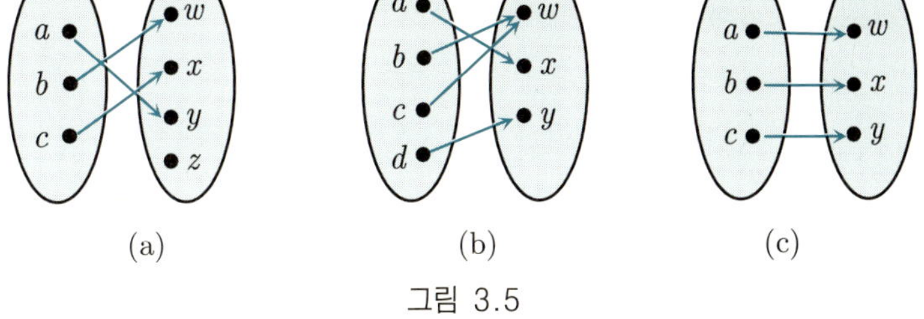

그림 3.5

---

4) 전사함수는 위로함수(onto function)라고도 부른다.

5) 단사함수는 일대일함수(one-to-one function)라고도 부른다.

1.9 역관계/역함수

관계 S가 주어졌을 때

$$\breve{S} = \{(a,b) | (b,a) \in S\}$$

로 정의되는 새로운 관계를 S의 역관계(逆關係, converse)라고 한다.

예 $S = \{(1, a), (1, b), (2, a), (2, b), (3, a), (3, b)\}$의 역관계를 구하시오.

풀이

$$\breve{S} = \{(a,1), (a,2), (a,3), (b,1), (b,2), (b,3)\}$$ ◀

관계 F를 함수라고 하자. 역관계 $\breve{F}$는 함수일 수도 있으며 그렇지 않을 수도 있다. 만약 $\breve{F}$가 함수이면 이를 F의 역함수(逆函數, inverse)라 하고 F^{-1}로 나타낸다.

예 함수 $F = \{(a, d), (b, e), (c, d)\}$의 역함수를 찾으시오.

풀이

F의 역관계 $\breve{F}$는 $\breve{F} = \{(d, a), (e, b), (d, c)\}$이고 $\breve{F}$에서 첫 번째 원소가 같은 순서쌍이 존재하므로 함수가 아니다. 따라서 F의 역함수는 존재하지 않는다. ◀

어떤 함수가 단사함수이면 역함수를 갖는다. 어떤 함수가 단사함수임을 전제로 하고 역함수를 다음과 같이 정의할 수 있다. A에서 B로의 단사함수를 F라고 하면 B에서 A로의 역함수 F^{-1}는 임의의 $y \in B$에 대하여

역함수의 정의

$$F^{-1}(y) = x \iff F(x) = y \tag{3.5}$$

로 정의된다. 역함수의 정의 식 (3.5)는 F가 x를 y에 대응시키면 F^{-1}는 역으로 y를 x에 대응시킴을 의미한다([그림 3.6] 참조).

F^{-1}에서 -1은 지수가 아님에 주의해야 한다. 즉 $F^{-1}(x)$는 $1/F(x)$를 의미하지 않는다. $1/F(x)$을 달리 표현하는 방법으로 $[F(x)]^{-1}$을 사용할 수 있다.

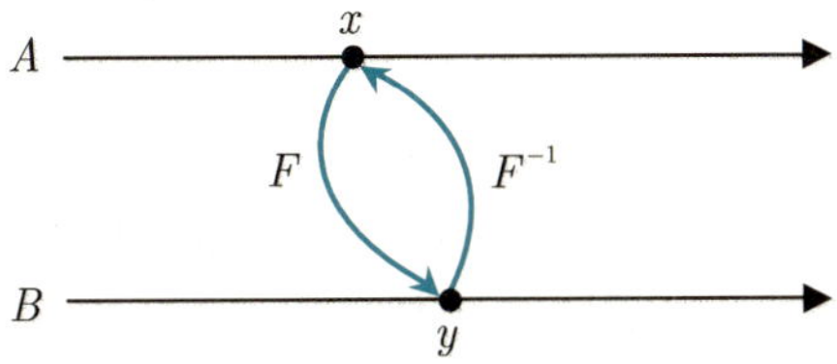

그림 3.6

함수의 대응규칙이 $y = F(x)$ (예를 들면 $y = x^2 + 2x - 1$) 형태의 방정식으로 주어져 있을 때 $y = F(x)$을 x에 대해서 풀어 y의 함수로 나타낼 수 있으면 $F(x)$의 역함수가 존재하는 것이며 역함수는 $x = F^{-1}(y)$이 된다.

예 $F(x) = \sqrt{2x - 3}$ 의 역함수를 찾으시오.

풀이

방정식 $y = \sqrt{2x - 3}$ 을 x에 대해서 풀어 $F^{-1}(y)$의 식을 찾을 수 있다. 계산을 진행하면

$$y^2 = 2x - 3$$
$$x = \frac{1}{2}\left(y^2 + 3\right)$$

이다. 이로부터 역함수는

$$F^{-1}(y) = \frac{1}{2}\left(y^2 + 3\right)$$

이다. 여기서 주의해야 할 점은 방정식 $y = F(x)$을 x에 대해서 풀어 찾은 식의 자연정의역(뒤에서 설명할 것임)이 F^{-1}의 올바른 정의역이 된다는 보장이 없다는 것이다. $y = F(x)$의 치역이 F^{-1}의 정의역이 된다. $y = \sqrt{2x - 3}$ 의 치역은 $[0, \infty)$이므로 역함수는

$$F^{-1}(y) = \frac{1}{2}\left(y^2 + 3\right), \quad y \geq 0$$

이다. ◀

1.10 일변수함수/n변수함수/독립변수/종속변수

함수 F의 정의역 $\mathrm{dom}(F)$이 어떤 하나의 집합 A의 부분집합이면 함수 F를 일변수함수(function of one variable)라 한다. 특히 $\mathrm{dom}(F)$이 실수집합 $\mathbb{R}$ 의 부분집합

이면 함수 F를 일실변수함수(function of one real variable)라 한다. 앞에서도 설명한 바 있듯이 일변수함수의 함수값은 (정의역 $\mathrm{dom}(F)$의 임의의 값을 a라고 할 때) $F(a)$로 나타낸다.

함수 F의 정의역 $\mathrm{dom}(F)$이 두 집합의 데카르트곱 $A \times B$의 부분집합이면 함수 F를 이변수함수(function of two variables)라 한다. 이변수함수의 함수값은 (정의역 $\mathrm{dom}(F)$의 임의의 원소를 (a, b)라고 할 때) $F((a, b))$로 나타내는 것이 일변수함수의 함수값을 나타내는 방법과 일관된 표현방법이지만 관례적으로 $F(a, b)$로 나타낸다. 정의역 $\mathrm{dom}(F)$이 이차원실수공간 $\mathbb{R}^2$의 부분집합이면 함수 F를 이실변수함수(function of two real variables)라 한다. $\mathbf{x} = (x_1, x_2) \in \mathrm{dom}(F)$이라 할 때 이실변수함수의 함수값은 $F(\mathbf{x})$ 또는 $F(x_1, x_2)$로 나타낸다.

예

1928년 미국의 경제학자 Charles Cobb과 Paul Douglas는 1899년부터 1922년까지 24년간 미국 경제의 성장을 모형으로 나타낸 연구결과를 발표하였다. 이들은 생산량이 투입된 노동과 자본의 양에 의해 결정된다고 보았다. 생산량에 영향을 주는 다른 많은 요인들이 있지만 Cobb과 Douglas의 모형은 매우 정확한 것으로 증명되었다. Cobb과 Douglas가 생산량을 모형화하는 데 사용한 함수는

$$P(K, L) = AK^{\alpha}L^{1-\alpha} \tag{3.6}$$

이다. 여기서 P는 총생산(1년간 생산된 모든 재화의 화폐가치), L은 노동의 투입량(1년간 일한 사람-시간), K는 자본의 투입량(모든 기계, 장비, 건물 등의 화폐가치)을 의미한다. A는 양의 상수이고 α는 양의 소수이다.

Cobb과 Douglas는 정부가 발표한 경제자료를 사용하여 표를 작성하였다. 1899년을 기준으로 설정하고 1899년의 P, L, K의 값을 100으로 할당하였다. 다른 연도의 P, L, K의 값은 1899년 값에 대한 백분율로 나타내었다. 그리고 통계적 방법으로 식 (3.6)의 함수에서 A와 α의 값을 추정하여

$$P(L, K) = 1.01L^{0.75}K^{0.25} \tag{3.7}$$

를 구하였다. 식 (3.7)의 함수를 사용하여 1910년과 1920년의 생산량을 계산해보면

$$P(147, 208) = 1.01(147)^{0.75}(208)^{0.25} \approx 161.9$$
$$P(194, 407) = 1.01(194)^{0.75}(407)^{0.25} \approx 235.8$$

이다. 이는 실제값 159와 231에 아주 근접한 값이다.

식 (3.6)은 콥-더글라스생산함수(Cobb-Douglas production function)로 알려져 있으며 개별 기업부터 국가수준까지 다양한 상황에서 사용되어 왔다. 이 함수에서 L과 K는 노동과 자본의 양이며 음수가 될 수 없다. 따라서 이 함수의 정의역은 $\{(L, K) | L \ge 0, K \ge 0\}$이다.

연도	P	L	K
1899	100	100	100
1900	101	105	107
1901	112	110	114
1902	122	117	122
1903	124	122	131
1904	122	121	138
1905	143	125	149
1906	152	134	163
1907	151	140	176
1908	126	123	185
1909	155	143	198
1910	159	147	208
1911	153	148	216
1912	177	155	226
1913	184	156	236
1914	169	152	244
1915	189	156	266
1916	225	183	298
1917	227	198	335
1918	223	201	366
1919	218	196	387
1920	231	194	407
1921	179	146	417
1922	240	161	431

◀

함수 F의 정의역 dom(F)이 n 집합의 데카르트곱 $A_1 \times A_2 \times \cdots \times A_n$의 부분집합이면 함수 F를 n 변수함수(function of n variables)라 하고 함수값은 이변수함수의 방법과 같은 방식으로 (정의역 dom(F)의 임의의 원소를 $(a_1, a_2, \cdots, a_n)$라고 할 때) $F(a_1, a_2, \cdots, a_n)$로 나타낸다.

일변수함수, 이변수함수, n 변수함수는 각각 정의역 dom(F)이 어떤 하나의 집합의 부분집합, 두 집합의 데카르트곱의 부분집합, n 집합의 데카르트곱의 부분집합인 함수이다. 그러나 치역 ran(F)은 모두 동일하게 어떤 하나의 집합의 부분집합이다.

함수 $y = F(x)$ (예를 들면 $y = x^2 + 2x - 1$)에서 x를 독립변수(獨立變數, independent variable)라 하고 y를 함수값 또는 종속변수(從屬變數, dependent variable)라 한다. 일변수함수, 이변수함수, n 변수함수는 각각 독립변수가 한 개, 두

개, n개이며 종속변수는 한 개인 함수이다.

우리가 주로 다루는 함수는 독립변수도 실수이고 종속변수도 실수인 함수이다. 이러한 함수를 실변수실가함수(real-valued function of a real variable)라 하며 앞 뒤의 내용으로 보아 실변수실가함수임이 분명하면 '실변수실가'를 생략하고 함수라 부른다.

1.11 벡터함수

어떤 경우에는 다음과 같은 m개의 n변수함수가 유용한 역할을 한다.

$$\begin{aligned} y_1 &= F_1(x_1, x_2, \cdots, x_n) \\ y_2 &= F_2(x_1, x_2, \cdots, x_n) \\ \vdots\ \ & \ \vdots \qquad\quad \vdots \\ y_m &= F_m(x_1, x_2, \cdots, x_n) \end{aligned} \tag{3.8}$$

식 (3.8)의 방정식들은 $\mathbb{R}^n$의 점 $(x_1, x_2, \cdots, x_n)$을 $\mathbb{R}^m$의 점 $(y_1, y_2, \cdots, y_m)$에 사영시킨다([그림 3.7] 참조).

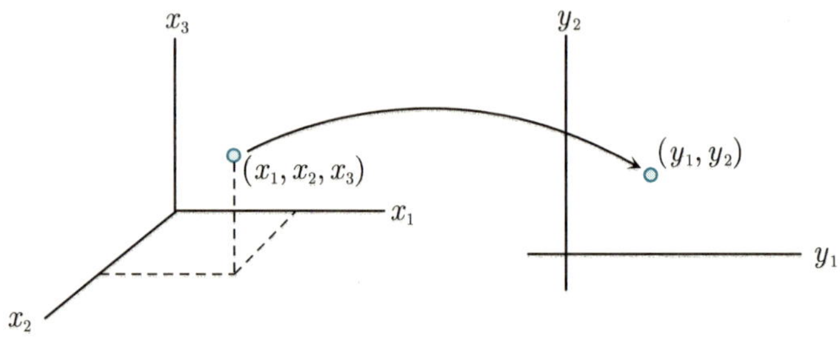

그림 3.7

독립변수와 종속변수가 벡터인 함수를 벡터함수(벡터函數, vector function)라고 한다. 식 (3.8)은 벡터함수

$$\mathbf{y} = \mathbf{F}(\mathbf{x}) \tag{3.9}$$

로 간단히 나타낼 수 있다. 여기서 $\mathbf{x} = (x_1, x_2, \cdots, x_n)$, $\mathbf{y} = (y_1, y_2, \cdots, y_m)$, $\mathbf{F} = (F_1, F_2, \cdots, F_m)$이다.

1.12 자연정의역

실변수실가함수가 방정식으로 표현되어 있고 정의역이 명시적으로 정해져 있지 않을 경우 실수의 함수값 $F(x)$를 결정하는 모든 x의 집합을 구할 수 있으며 이를 자연정의역(自然定義域, natural domain)이라 한다.

예

다음 함수의 자연정의역을 찾으시오.

(1) $F(x) = x^3$ (2) $F(x) = 1/[(x-1)(x-3)]$

(3) $F(x) = \sqrt{9-x^2}$

풀이

(1) 모든 x에 대해서 $F(x)$는 실수이며 자연정의역은 $(-\infty, \infty)$이다.

(2) 0으로 나누는 경우가 발생하는 $x = 1$과 $x = 3$을 제외한 모든 실수 x에 대해서 $F(x)$는 실수이며 따라서 자연정의역은 $\{x \in \mathbb{R} \mid x \neq 1, x \neq 3\}$ 이다. 이를 구간으로 나타내면 $(-\infty, 1) \cup (1, 3) \cup (3, \infty)$이다.

(3) 근호 안의 식이 음이 아니면, 즉 $9 - x^2 \geq 0$ 이면 $F(x)$는 실수이며 따라서 자연정의역은 $\{x \in \mathbb{R} \mid -3 \leq x \leq 3\}$ 이다. 이를 구간으로 나타내면 $[-3, 3]$이다. ◀

예

$f(x, y) = \sqrt{y - x^2} \,/\, \left(x^2 + (y-1)^2\right)$의 자연정의역을 나타내시오.

풀이

$$\left\{(x, y) \in \mathbb{R}^2 \,\middle|\, y \geq x^2, (x, y) \neq (0, 1)\right\}$$ ◀

제2절 함수의 연산

수를 더하고, 빼고, 곱하고, 나누어 다른 수를 만들듯이 함수도 더하고, 빼고, 곱하고, 나누어 다른 함수를 만들 수 있다.

2.1 함수의 연산

주어진 함수 f와 g에 대하여 새로운 함수 $f = g$, $f - g$, fg, f/g을 각각

$$(f + g)(x) = f(x) + g(x)$$

$$(f - g)(x) = f(x) - g(x)$$

$$(fg)(x) = f(x)\,g(x)$$
$$(f/g)(x) = f(x)/g(x)$$

으로 정의한다. 함수 $f+g$, $f-g$, fg의 정의역은 f의 정의역과 g의 정의역의 교집합으로 정의한다. 함수 f/g의 정의역은 f의 정의역과 g의 정의역의 교집합에서 $g(x)=0$인 경우를 제외한 것으로 정의한다.

예

두 함수 $f(x)=\sqrt[4]{x+1}$와 $g(x)=\sqrt{9-x^2}$이 주어져 있을 때 $f+g$, $f-g$, fg, f/g을 찾으시오.

풀이

$f(x)=\sqrt[4]{x+1}$의 자연정의역은 $[-1,\infty)$이고 $g(x)=\sqrt{9-x^2}$의 자연정의역은 $[-3,3]$이다. 따라서

$$(f+g)(x) = \sqrt[4]{x+1}+\sqrt{9-x^2} \text{ 이고 정의역은 } [-1,3]$$
$$(f-g)(x) = \sqrt[4]{x+1}-\sqrt{9-x^2} \text{ 이고 정의역은 } [-1,3]$$
$$(fg)(x) = \sqrt[4]{x+1}\sqrt{9-x^2} \text{ 이고 정의역은 } [-1,3]$$
$$(f/g)(x) = \sqrt[4]{x+1}/\sqrt{9-x^2} \text{ 이고 정의역은 } [-1,3)$$ ◀

2.2 합성함수

주어진 함수 f와 g에 대하여 합성함수(合成函數, composite function) $f\circ g$은

$$(f\circ g)(x) = f(g(x)) \tag{3.10}$$

으로 정의된다. 그리고 함수 $f\circ g$의 정의역은 $g(x)$의 정의역과 $f(g(x))$의 정의역의 교집합이다.

예

두 함수 $f(x)=\sqrt{x}$와 $g(x)=\sqrt{3-x}$이 주어져 있을 때 다음의 각 함수와 그 정의역을 찾으시오.

(1) $f\circ g$ (2) $g\circ f$ (3) $f\circ f$

풀이

(1) $f\circ g(x)=f(g(x))=f\left(\sqrt{3-x}\right)=\sqrt{\sqrt{3-x}}=\sqrt[4]{3-x}$

$g(x)$의 정의역은 $(-\infty,3]$ 이고 $f(g(x))$의 정의역도 $(-\infty,3]$ 이므로 $f\circ g$의 정의역은 $(-\infty,3]$ 이다.

(2) $g\circ f(x)=g(f(x))=g(\sqrt{x})=\sqrt{3-\sqrt{x}}$

$f(x)$의 정의역은 $[0,\infty)$ 이고 $g(f(x))$의 정의역은

$$3-\sqrt{x}\geq 0 \text{ and } x\geq 0 \;\Rightarrow\; 3\geq\sqrt{x} \text{ and } x\geq 0$$
$$\Rightarrow\; 9\geq x \text{ and } x\geq 0 \;\Rightarrow\; 0\leq x\leq 9$$

로부터 $[0,9]$ 이고 따라서 $f\circ g$ 의 정의역은 $[0,\infty)\cap[0,9]=[0,9]$ 이다.

(3) $f\circ f(x)=f(f(x))=f(\sqrt{x})=\sqrt{\sqrt{x}}=\sqrt[4]{x}$

$f\circ f$의 정의역은 $[0,\infty)$이다. ◀

2.3 함수의 분해

주어진 함수를 더욱 간단한 두 함수의 합성함수로 분해하는 것이 유용할 때가 많다. 예를 들어 함수 h가

$$h(x)=(2x+1)^3$$

이라고 하자. x에서의 함수값 $h(x)$을 구하려면 먼저 $2x+1$을 계산하고 그 결과를 3제곱해야 한다. 이들 두 연산은 함수

$$g(x)=2x+1 \text{ 과 } f(x)=x^3$$

으로 나타낼 수 있으며 h 는 f와 g를 사용해서

$$h(x)=(2x+1)^3=(g(x))^3=f(g(x))$$

로 나타낼 수 있다. 즉 $h=f\circ g$로 나타낼 수 있다.

예

$h(x)=(x-3)^7$ 을 두 함수의 합성함수로 나타내시오.

풀이

x에서의 함수값 $h(x)$을 구하려면 먼저 $x-3$을 계산하고 그 결과를 7제곱해야 한다. 따라서 $h(x)$는 안쪽 함수를 $g(x)=x-3$로 하고 바깥쪽 함수를 $f(x)=x^7$로 하는 합성함수, 즉 $h(x)=f(g(x))$이다. ◀

제3절 함수의 그래프

주어진 함수 F가 실변수실가함수이면 좌표평면에 함수의 그래프를 그릴 수 있다. 그래프로부터 함수의 형태, 정의역 및 치역, x절편(x-intercepts) 등에 관한 유용한 시각적 정보를 구할 수 있다. 함수 F의 그래프는 방정식 $y = F(x)$의 그래프로 정의된다.

3.1 방정식의 그래프

변수 x와 y의 방정식 $y = F(x)$의 그래프(graph)는 좌표평면에서 이 방정식을 만족하는 점 (x, y)으로 구성된다. 다음과 같은 간단한 절차로 그래프를 그릴 수 있다.

단계 1 방정식을 만족하는 몇 개의 점의 좌표를 구한다.

단계 2 좌표평면에 1단계에서 구한 점을 나타낸다.

단계 3 2단계에서 나타낸 점들을 부드러운 곡선으로 연결한다.

예 방정식 $y = -x^2 + 4$ 의 그래프를 그리시오.

풀이

방정식 $y = -x^2 + 4$ 을 만족하는 몇 개의 점의 좌표를 구한다.

x	-3	-2	-1	0	1	2	3
y	-5	0	3	4	3	0	-5

좌표평면에 구한 점을 나타낸다.

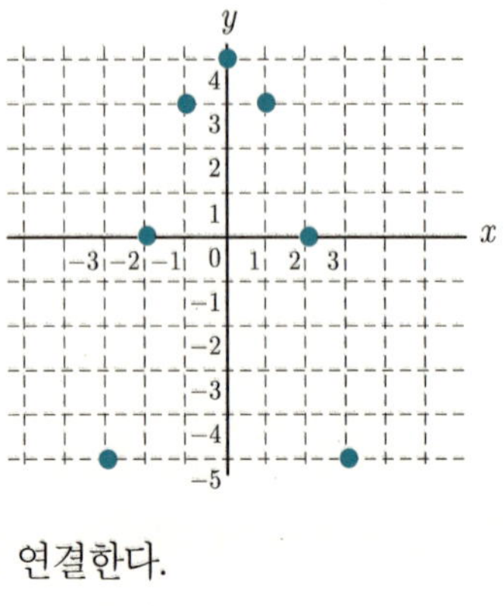

점들을 부드러운 곡선으로 연결한다.

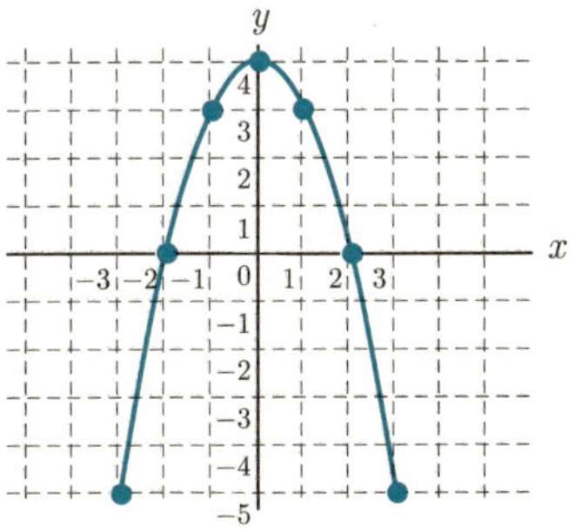

◀

3.2 대칭성

방정식의 대칭성(對稱性, symmetry)을 알면 그래프를 그리는 데 도움이 된다. 어떤 그래프에서 점 (x, y)가 그래프 위에 있을 때 $(-x, y)$도 항상 그래프 위에 있으면 이 그래프는 y축에 대하여 대칭(symmetric about the y-axis)이라고 한다([그림 3.8(a)] 참조). 같은 방식으로 점 (x, y)가 그래프 위에 있을 때 $(x, -y)$도 항상 그래프 위에 있으면 이 그래프는 x 축에 대하여 대칭(symmetric about the x-axis)이라고 한다([그림 3.8(b)] 참조). 그리고 점 (x, y)가 그래프 위에 있을 때 $(-x, -y)$도 항상 그래프 위에 있으면 이 그래프는 원점에 대하여 대칭(symmetric about the origin)이라고 한다([그림 3.8(c)] 참조).

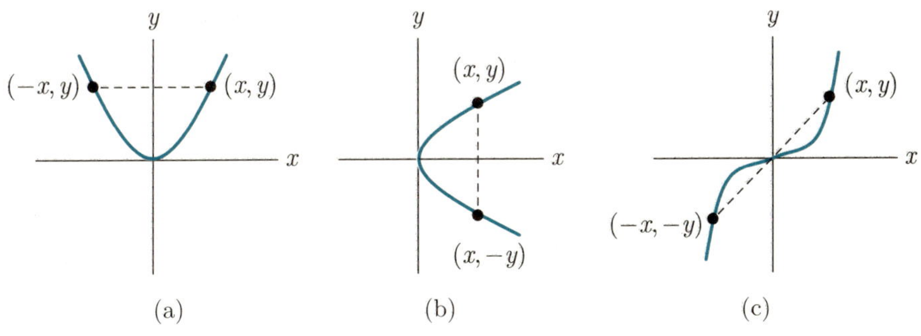

그림 3.8

방정식의 대칭성은 다음과 같은 간단한 방법으로 확인할 수 있다.

① x를 $-x$로 대체하였을 때 같은 방정식이 되면 주어진 방정식은 y축에 대하여 대칭이다.

② y를 $-y$로 대체하였을 때 같은 방정식이 되면 주어진 방정식은 x 축에 대하여 대칭이다.

③ x를 $-x$로 대체하고 y를 $-y$로 대체하였을 때 같은 방정식이 되면 주어진 방정식은 원점에 대하여 대칭이다.

예

방정식 $y = x^3 - 5x$ 의 그래프를 그리시오.

풀이

x를 $-x$로 대체하면 $y = (-x)^3 - 5(-x) \Rightarrow y = -x^3 + 5x$ 이므로 y축에 대하여 대칭이 아니다. y를 $-y$로 대체하면 $(-y) = x^3 - 5x \Rightarrow -y = x^3 - 5x$ 이므로 x축에 대하여 대칭이 아니다. x를 $-x$로 대체하고 y를 $-y$로 대체하면 $(-y) = (-x)^3 - 5(-x) \Rightarrow y = x^3 - 5x$ 이므로 원점에 대하여 대칭이다. 원점에 대하여 대칭이므로 x가 0보다 크거나 같은 몇 개의 점의 좌표를 구한다.

x	0	1	2	3	4
y	0	-4	-2	12	44

좌표평면에 구한 점을 나타내고 점들을 부드러운 곡선으로 연결한다.

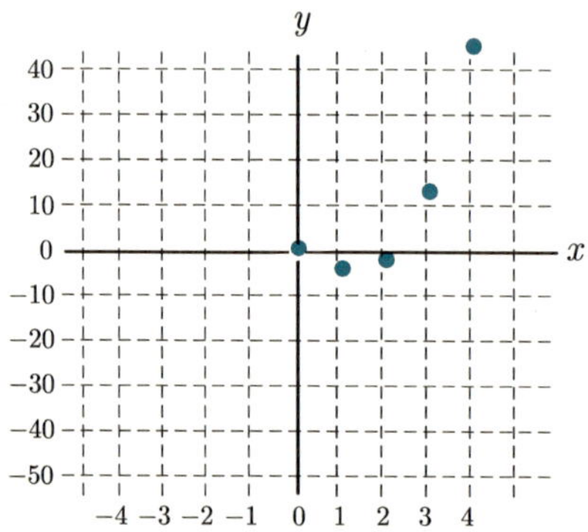

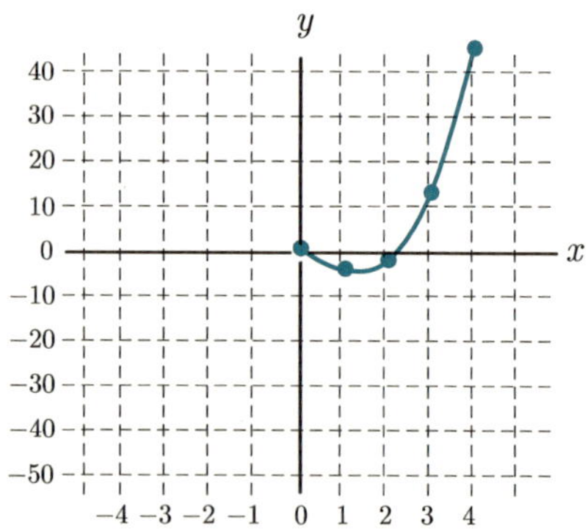

원점에 대하여 대칭이 되도록 x가 0보다 작거나 같은 부분의 그래프를 완성한다.

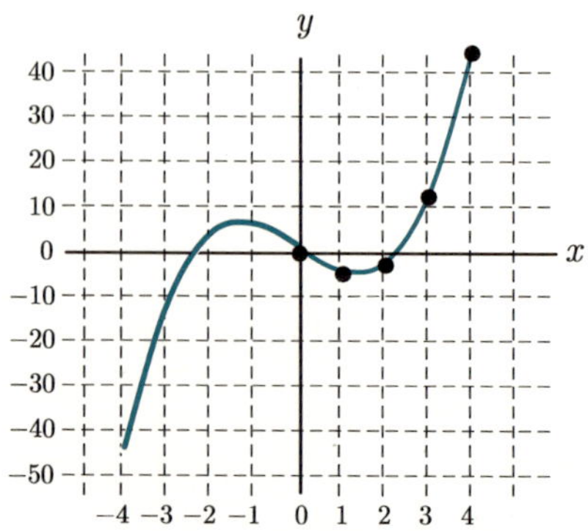

◀

3.3 우함수/기함수

방정식의 대칭성을 확인하는 방법으로부터 함수 $F(x)$의 그래프가 y축에 대하여 대칭이려면 $y=F(x)$와 $y=F(-x)$가 같아야 한다. 즉

$$F(-x)=F(x) \tag{3.11}$$

이어야 한다. 이러한 특성을 갖는 함수를 우함수(偶函數, even function)라고 한다. 예를 들어 x^2, x^4, x^6 등은 우함수이다. 함수 $F(x)$의 그래프가 원점에 대하여 대칭이려면 $y=F(x)$와 $-y=F(-x)$가 같아야 한다. 즉

$$F(-x)=-F(x) \tag{3.12}$$

이어야 한다. 이러한 특성을 갖는 함수를 기함수(奇函數, odd function)라고 한다. 예를 들어 x, x^3, x^5 등은 기함수이다.

예

$f(x)=\dfrac{2x^3+5x}{x^4-3x^2+1}$ 는 우함수인가? 기함수인가? 아니면 둘 다 아닌가?

풀이

$$\begin{aligned} f(-x) &= \frac{2(-x)^3+5(-x)}{(-x)^4-3(-x)^2+1}=\frac{-2x^3-5x}{x^4-3x^2+1}=-\frac{2x^3+5x}{x^4-3x^2+1} \\ &= -f(x) \end{aligned}$$

이므로 f는 기함수이다. ◀

3.4 절대치함수

실수 x의 절대치(絶對値, absolute value)는

$$|x|=\begin{cases} x, & x\ge 0 \\ -x, & x<0 \end{cases} \tag{3.13}$$

으로 정의된다. 어떤 수에 절대값을 취하는 것의 효과는 그 수가 음수이면 -1을 곱하는 것과 같고 0이거나 양수이면 그 수를 그대로 두는 것과 같다. 예를 들어 $|7|=7$, $\left|-\frac{3}{5}\right|=\frac{3}{5}$, $|0|=0$ 이다.

정리 3.1 **제곱근과 절대치**

임의의 실수 x 에 대하여 $\sqrt{x^2} = |x|$ 이 성립한다.

증명

$x^2 = (-x)^2$ 이므로 x^2 의 제곱근은 x 와 $-x$ 이다. $x \geq 0$ 이면 $\sqrt{x^2} = x$ 이고 $x < 0$ 이면 $\sqrt{x^2} = -x$ 이므로 절대치의 정의 식 (3.13)으로부터 $\sqrt{x^2} = |x|$ 이다. ■

정리 3.2 **절대치의 성질**

임의의 실수 x 와 y 에 대하여

① $|-x| = |x|$, ② $|xy| = |x||y|$, ③ $|x/y| = |x|/|y|, y \neq 0$

이 성립한다.

증명

① $x \geq 0$ 이면 ($|x|$ 의 정의로부터) $|x| = x$ 이고 $|-x| = x$ 이다. $x < 0$ 이면 ($|x|$ 의 정의로부터) $|x| = -x$ 이고 $|-x| = -x$ 이다. 따라서 $|x| = |-x|$ 이다.

② $|xy| = \sqrt{(xy)^2}$ (제곱근과 절대치에 관한 [정리 3.1])

$= \sqrt{x^2 y^2}$

$= \sqrt{x^2}\sqrt{y^2}$ (n제곱근의 성질에 관한 [정리 1.10] ①)

$= |x||y|$ (제곱근과 절대치에 관한 [정리 3.1]) ■

함수 $f(x) = |x|$ 는

$$f(-x) = |-x|$$
$$= |x| \quad ([정리 3.2] ①)$$
$$= f(x)$$

이므로 (우함수의 정의 식 (3.11)으로부터) 우함수이고 그래프는 [그림 3.9]와 같이 y축에 대하여 대칭이다.

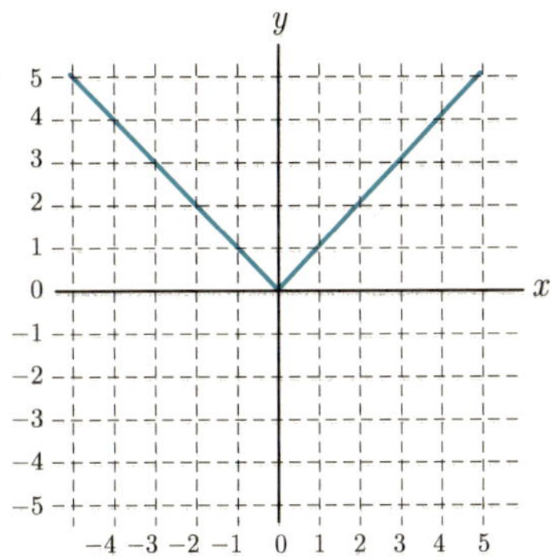

그림 3.9

정리 3.3 **절대치와 부등식**

$a \geq 0$이라고 하자. $|x| \leq a$이면 $-a \leq x \leq a$이고 그 역도 성립한다.

증명

$|x|$의 정의로부터 $x = |x|$이거나 또는 $x = -|x|$이므로 $-|x| \leq x \leq |x|$이다. $|x| \leq a$이라면 $-a \leq -|x| \leq x \leq |x| \leq a$이므로 $-a \leq x \leq a$이다. 이번엔 역을 증명하기 위해 $-a \leq x \leq a$을 가정으로 설정해보자. $x \geq 0$이면 ($|x|$의 정의로부터) $|x| = x$이며 (가정으로부터) $|x| = x \leq a$이다. $x < 0$이면 ($|x|$의 정의로부터) $|x| = -x$이며 (가정으로부터) $|x| = -x \leq a$이다. 따라서 $|x| \leq a$이다. ■

정리 3.4 **삼각부등식, triangle inequality**

임의의 실수 x와 y에 대하여 $|x+y| \leq |x| + |y|$이 성립한다.

증명

$|x|$의 정의로부터 $x = |x|$이거나 또는 $x = -|x|$이므로 $-|x| \leq x \leq |x|$이다. 또한 $-|y| \leq y \leq |y|$이다. 두 식을 더하면 $-(|x| + |y|) \leq x + y \leq |x| + |y|$이며 [정리 3.3]으로부터 $|x+y| \leq |x| + |y|$이다. ■

3.5 이동

방정식 $y = F(x)$의 그래프를 알고 있으면

$$y = F(x) + c, \quad y = F(x) - c, \quad y = F(x+c), \quad y = F(x-c)$$

여기서 c는 양의 상수

의 그래프는 쉽게 그릴 수 있다. 양의 상수 c를 $F(x)$에 더하는 것은 $y = F(x)$의 그래프를 y축에 평행하도록 양의 방향으로 이동하는 것과 같으며 양의 상수 c를 $F(x)$에서 빼는 것은 $y = F(x)$의 그래프를 y축에 평행하도록 음의 방향으로 이동하는 것과 같다([그림 3.10] (a), (b) 참조). 이와 비슷하게 양의 상수 c를 독립변수 x에 더하는 것은 $y = F(x)$의 그래프를 x축에 평행하도록 양의 방향으로 이동하는 것과 같으며 양의 상수 c를 독립변수 x에서 빼는 것은 $y = F(x)$의 그래프를 x축에 평행하도록 음의 방향으로 이동하는 것과 같다([그림 3.10] (c), (d) 참조).

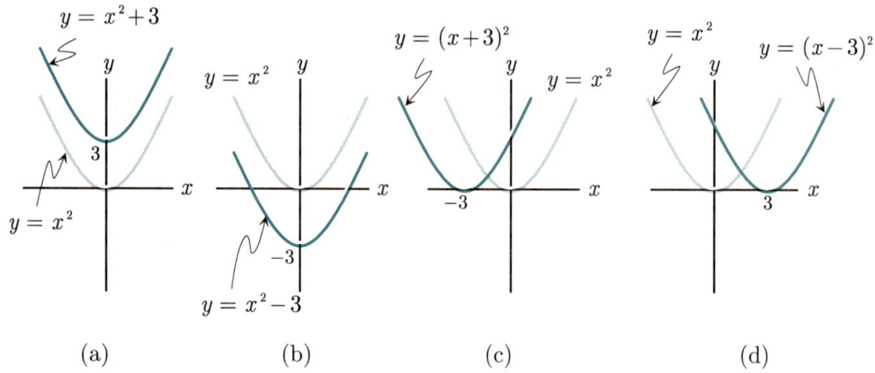

그림 3.10

예 $y = |x + 1| - 3$ 의 그래프를 그리시오.

풀이

$y = |x|$ 의 그래프를 x축에 평행하도록 (수평방향으로) 음의 방향으로 1만큼 이동하고 y축에 평행하도록 (수직방향으로) 음의 방향으로 3만큼 이동하면 된다.

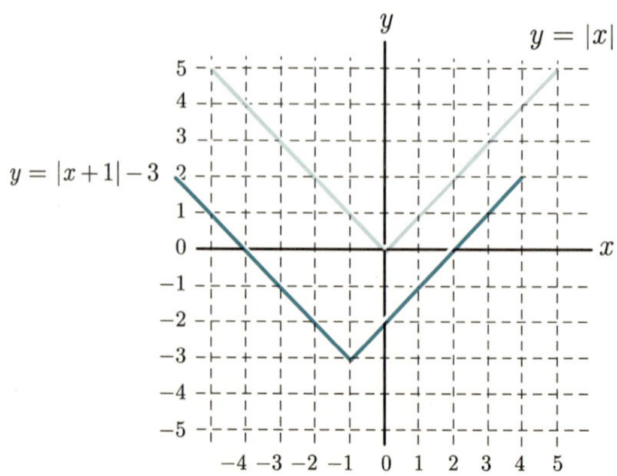

◀

제4절 대수함수

상수함수와 항등함수에 대한 덧셈(뺄셈), 곱셈, 나눗셈 및 제곱근 연산으로 구할 수 있는 함수를 대수함수(代數函數, algebraic function)라고 한다. 대수함수는 상수함수와 항등함수에 대한 덧셈과 곱셈으로 만들어지는 다항함수, 다항함수의 나눗셈으로 정의되는 유리함수, 그리고 유리함수에 포함되지 않는 대수함수로 구별할 수 있다.

4.1 상수함수/항등함수

c를 어떤 실수라고 하자. 함수 f의 값이 $f(x) = c$이면 f를 상수함수(常數函數, constant function)라 한다. 상수함수의 그래프는 [그림 3.11(a)]에 나타낸 것과 같이 x 축에 평행한 직선이다.

함수 $f(x) = x$을 항등함수(港燈函數, identity function)라고 한다. 항등함수의 그래프는 [그림 3.11(b)]에 나타낸 것처럼 원점을 지나며 기울기가 1인 직선이다.

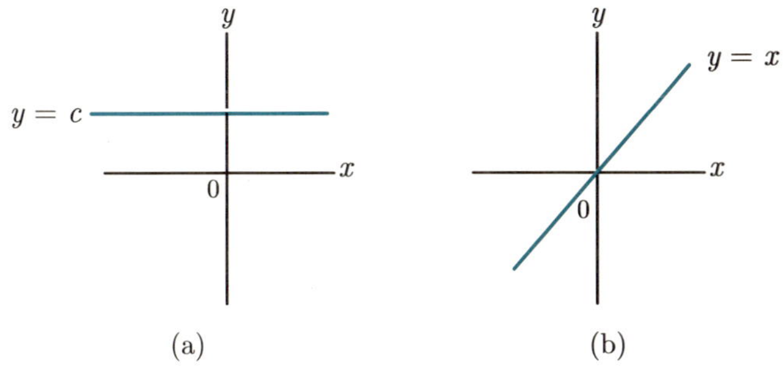

그림 3.11

4.2 다항함수

상수함수와 항등함수에 덧셈과 곱셈을 적용하여 만든 함수를 다항함수(多項函數, polynomial function)라고 한다. 다항함수는

$$f(x) = a_n x^n + a_{n-1} x^{n-1} + \cdots + a_2 x^2 + a_1 x + a_0 \tag{3.14}$$

와 같은 일반형으로 나타낼 수 있다. 여기서 n은 비음정수이고 $a_0, a_1, a_2, \cdots, a_n$은 상수이며 다항함수의 계수(係數, coefficient)라고 한다.

예

다항함수 $f(x) = x^2 + \sqrt{2}x - 3$은 3개의 함수 x^2, $\sqrt{2}x$, -3를 더한 것이다. x^2는 항등함수 x를 두 번 곱한 결과이고 $\sqrt{2}x$는 상수함수 $\sqrt{2}$와 항등함수 x를 곱한 것이다. ◀

식 (3.14)에서 마지막 항 a_0은 $a_0 = a_0 x^0$로 쓸 수 있으며 따라서 이 항에서 x의 멱수(冪數, power)는 0이다. 마지막에서 두 번째에 있는 항 $a_1 x$은 $a_1 x^1$에서 1을 생략한 것이며 이 항에서 x의 멱수는 1이다. 0이 아닌 계수를 갖는 항 중에서 가장 높은 x의 멱수를 다항함수의 차수(次數, degree)라고 한다.

예

함수 $f(x) = 2 + x^2 - \frac{1}{3}x^3 + \sqrt{3}x^5 - x^7$은 0이 아닌 계수 2, 1, $-\frac{1}{3}$, $\sqrt{3}$, -1를 갖는 5개의 항으로 구성된 다항함수이다. 0이 아닌 계수를 갖는 항 중에서 가장 높은 x의 멱수는 7로 이 함수는 7차의 다항함수(polynomial function of 7 degree)이다. ◀

1차 다항함수는 $f(x) = ax + b$의 형태를 가지며 이를 일차함수(一次函數, linear function)라 부른다. 일차함수 f의 그래프는 방정식 $y = ax + b$의 그래프로 정의되며 이는 기울기가 a이고 y절편이 b인 직선이 된다.

2차 다항함수는 $f(x) = ax^2 + bx + c$의 형태를 가지며 이를 이차함수(二次函數, quadratic function)라 부른다. 이차함수의 그래프는 포물선(抛物線, parabola) $y = ax^2$의 그래프를 이동하여 얻을 수 있다. $a > 0$이면 $y = ax^2$은 위로 열린 포물선이고 $a < 0$이면 아래로 열린 포물선이다([그림 3.12] 참조).

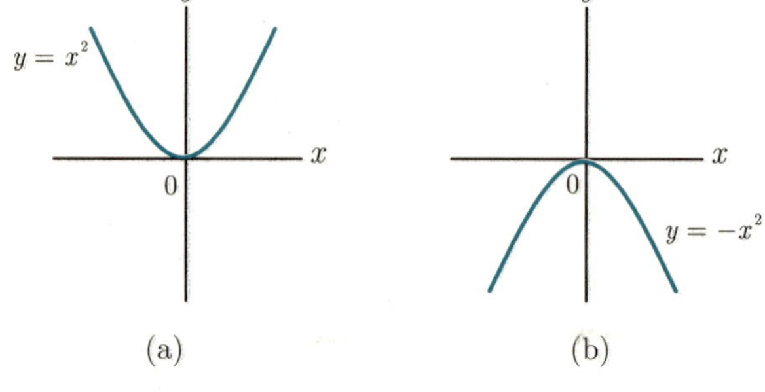

그림 3.12

3차 다항함수는 $f(x) = ax^3 + bx^2 + cx + d$의 형태를 가지며 이를 삼차함수(三次函數, cubic function)라 한다. [그림 3.13(a)]는 삼차함수의 예를 나타낸 것이다.

[그림 3.13]의 (b)와 (c)는 각각 사차함수와 오차함수의 예를 나타낸 것이다.

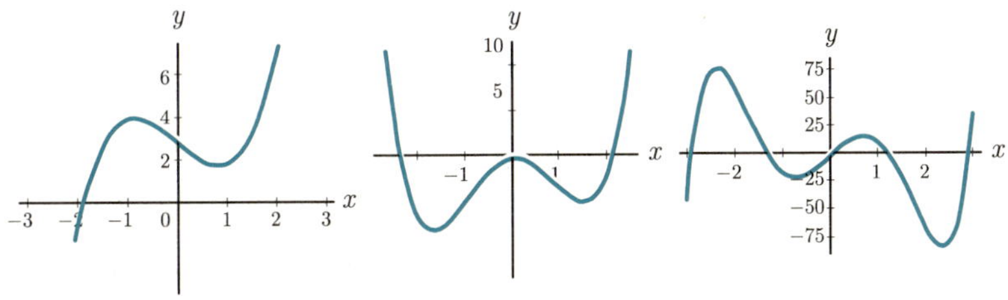

$y = x^3 - 2x + 3$ (a)　　$y = x^4 - 5x^4 + x$ (b)　　$y = 3x^5 - 30x^3 + 40x$ (c)

그림 3.13

4.3 멱함수

함수 f의 값이

$$f(x) = x^p,\ \ p\text{는 상수} \tag{3.15}$$

이면 함수 f를 멱함수(冪函數, power function)라고 한다. 독립변수 x의 멱수 p가 양의 정수 n이면 식 (3.15)는 식 (3.14)에서 $a_n = 1$이고 $a_0 = a_1 = \cdots = a_{n-1} = 0$인 다항함수의 특별한 경우가 된다. [그림 3.14]는 $n = 1, 2, 3, 4, 5$에서 $f(x) = x^n$의 그래프를 나타낸 것이다.

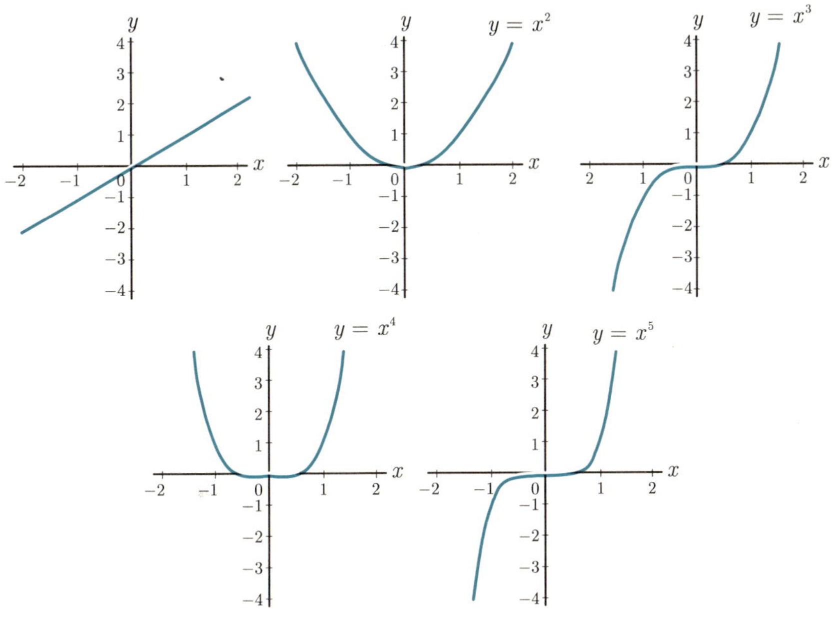

그림 3.14

식 (3.15)에서 독립변수 x의 멱수 p가 $1/n$(n: 양의 정수)이면 식 (3.15)의 멱함수는 $f(x)=x^{1/n}=\sqrt[n]{x}$의 근함수(root function)이다. $n=2$이면 식 (3.15)는 제곱근함수(square root function) $y=\sqrt{x}$이고 정의역은 $[0,\infty)$이며 그래프는 포물선 $x=y^2$의 위쪽 절반이 된다([그림 3.15(a)] 참조). n이 2보다 큰 짝수일 경우 n제곱근함수 $y=\sqrt[n]{x}$의 그래프는 $y=\sqrt{x}$의 그래프와 비슷하다. $n=3$이면 식 (3.15)는 3제곱근함수(cube root function) $y=\sqrt[3]{x}$이고 정의역은 $(-\infty,\infty)$이며[6] 그래프는 [그림 3.15(b)]에 나타낸 것과 같다. n이 3보다 홀수일 경우 n제곱근 함수 $y=\sqrt[n]{x}$의 그래프는 $y=\sqrt[3]{x}$의 그래프와 비슷하다.

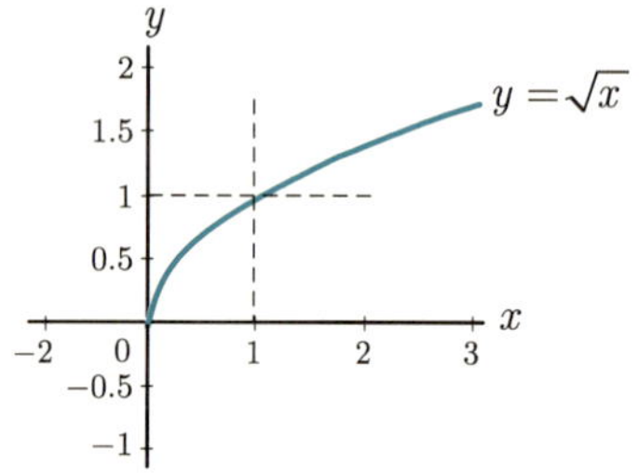

(a)

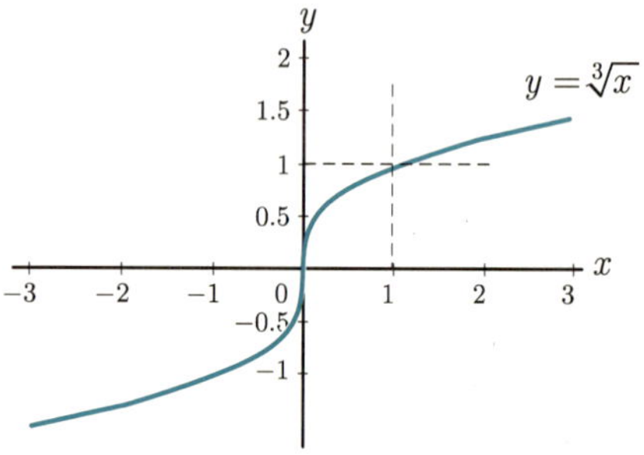

(b)

그림 3.15

식 (3.15)에서 독립변수 x의 멱수 p가 -1이면 식 (3.15)의 멱함수는 $f(x)=1/x$이며 그 그래프는 [그림 3.16]에 나타낸 것처럼 좌표축을 점근선(漸近線, asymptote)으로 갖는 쌍곡선(雙曲線, hyperbola)이다.

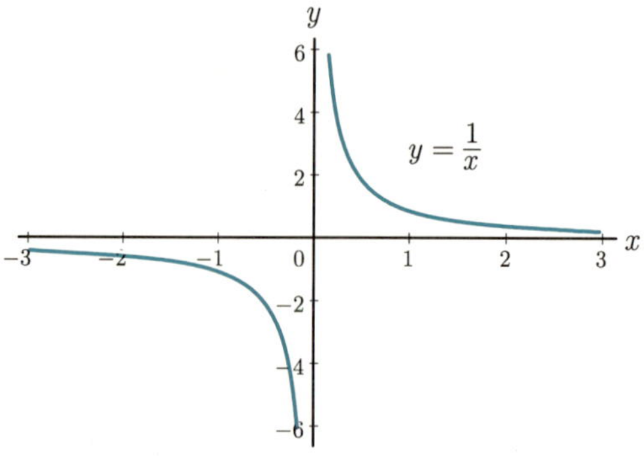

그림 3.16

6) $\sqrt[n]{x}$는 방정식 $y^n=x$를 만족시키는 y를 의미한다. n이 짝수이면 임의의 $y\in\mathbb{R}$에 대하여 x는 항상 0보다 크거나 같다. 즉 $x\in[0,\infty)$이다. n이 홀수이면 임의의 $y\in\mathbb{R}$에 대하여 x는 $x\in(-\infty,\infty)$이다.

4.4 유리함수

두 다항함수의 비율로 나타낼 수 있는 함수를 유리함수(有理函數, rational function)라고 한다. 유리함수 f의 값은

$$f(x) = \frac{a_n x^n + a_{n-1}x^{n-1} + \cdots + a_2 x^2 + a_1 x + a_0}{b_m x^m + b_{m-1}x^{m-1} + \cdots + b_2 x^2 + b_1 x + b_0} \tag{3.16}$$

으로 나타낼 수 있다. 유리함수의 정의역은 식 (3.16)에서 분모의 다항함수의 값이 0이 되는 x를 제외한 실수이다.

예 유리함수 $f(x) = (x^2+3x)/(x^2-1)$의 정의역은 분모의 다항함수의 값이 0이 되는, 즉 $x^2 - 1 = 0$인 경우를 제외한 실수 $\{x \in \mathbb{R} \,|\, x \neq -1, x \neq 1\}$이다. 이를 구간으로 나타내면 $(-\infty, -1) \cup (-1, 1) \cup (1, \infty)$이다. ◀

[그림 3.17]에 나타낸 바와 같이 상수가 아닌 분모의 유리함수의 그래프는 다항함수의 그래프와 다르다. 다항함수의 그래프는 끊어진 곳이 없이 연속인 반면에 유리함수의 그래프는 분모가 0이 되는 점에서 불연속이다.

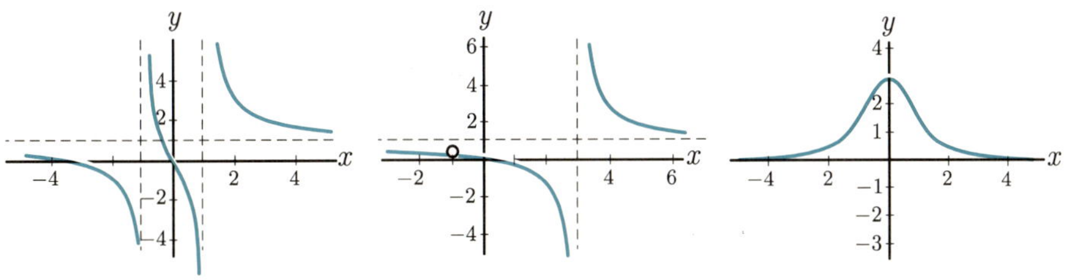

$y = \dfrac{x^2+3x}{x^2-1}$ (a)

$y = \dfrac{x^2-1}{x^2-2x-3}$ (b)

$y = \dfrac{3}{x^2+1}$ (c)

그림 3.17

4.5 유리함수가 아닌 대수함수

상수함수와 항등함수에 대한 덧셈(뺄셈), 곱셈, 나눗셈 및 제곱근 연산으로 구할 수 있는 함수를 대수함수(代數函數, algebraic function)라고 한다. 따라서 유리함수는 자동적으로 대수함수이다. 제곱근 연산으로 구해진 함수는 유리함수에 포함되지 않는 대수함수이다.

예

$f(x)=\sqrt{x^2-3}$, $f(x)=x^{2/3}(x-1)^2$, $f(x)=x\sqrt{x+5}$ 등은 유리함수가 아닌 대수함수이다. ◀

대수함수의 그래프는 매우 다양한 형태를 가지며 공통된 특징을 설명하기 어렵다. 이런 함수의 그래프는 미분법을 활용하여 그릴 수 있다.

제5절 비대수함수

상수함수와 항등함수에 대한 덧셈(뺄셈), 곱셈, 나눗셈 및 제곱근 연산으로 구할 수 없는 함수를 비대수함수(非代數函數, nonalgebraic function) 또는 초월함수(超越函數, transcendental function)라고 한다. 삼각함수, 지수함수, 로그함수 등이 대표적인 비대수함수이다.

5.1 삼각함수

호나 삼각형의 각도(角度, angle)는 도(度, degree) 또는 호도(弧度, radian)로 측정된다. 도는 완전한 회전을 360°로 정의하는 각도의 측정단위이고 호도는 완전한 회전을 2π radian 으로 정의한 각도의 측정단위이다. 따라서

$$\pi \quad \text{radian} = 180^\circ$$

이고

$$1 \text{ radian} = \frac{180}{\pi}^\circ = 57.29587^\circ \quad \text{그리고} \quad 1^\circ = \frac{\pi}{180} \text{ radian} = 0.01745 \text{ radian}$$

이다.

예

다음의 각도를 radian으로 고치시오.

(1) 75° (2) -40°

풀이

(1) $75^\circ = 75\frac{\pi}{180}$ radian ≈ 1.3095

(2) $-40^\circ = -40\frac{\pi}{180}$ radian ≈ -0.6981 ◀

예

다음의 radian을 도로 고치시오.

(1) $\frac{3\pi}{2}$ (2) 2.31

풀이

(1) $\frac{3\pi}{2}$ radian $= \frac{3\pi}{2}\frac{180}{\pi} = 270°$

(2) 2.31 radian $= 2.31\frac{180}{\pi} = 132.3533°$ ◀

중심이 원점이고 반지름이 1인 원을 단위원(單位圓, unit circle)이라고 한다. 삼각함수(三角函數, trigonometric function)는 직각삼각형으로 정의할 수도 있고 단위원을 사용해서 정의할 수도 있다. 여기서는 단위원을 사용한 정의를 설명한다. 단위원 $u^2 + v^2 = 1$에서 점 A부터 점 P까지의 호의 각도를 x라고 할 때 점 P의 수직축 좌표(v좌표)를 $\sin x$라 하고 수평축 좌표(u좌표)를 $\cos x$라고 한다.

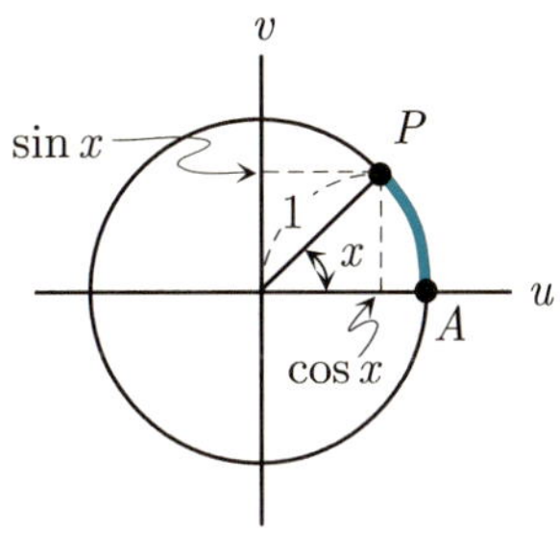

그림 3.18

[그림 3.18]에서 직관적으로 알 수 있듯이

$$|\sin x| \le 1 \tag{3.17}$$

과

$$|\cos x| \le 1 \tag{3.18}$$

이 성립하며 또한

$$\sin^2 x + \cos^2 x = 1 \tag{3.19}$$

이 성립한다. [그림 3.19]를 살펴보면 x에 대응하는 A점과 $\frac{\pi}{2} - x$에 대응하는 B점은 원점을 통과하는 45°선인 $v = u$에 관하여 대칭이므로 A점과 B점은 수직축 좌표(v 좌표)와 수평축 좌표(u 좌표)를 서로 바꾼 것이다. 이는

$$\sin\left(\frac{\pi}{2}-x\right)=\cos x \tag{3.20}$$

$$\cos\left(\frac{\pi}{2}-x\right)=\sin x \tag{3.21}$$

를 의미한다.

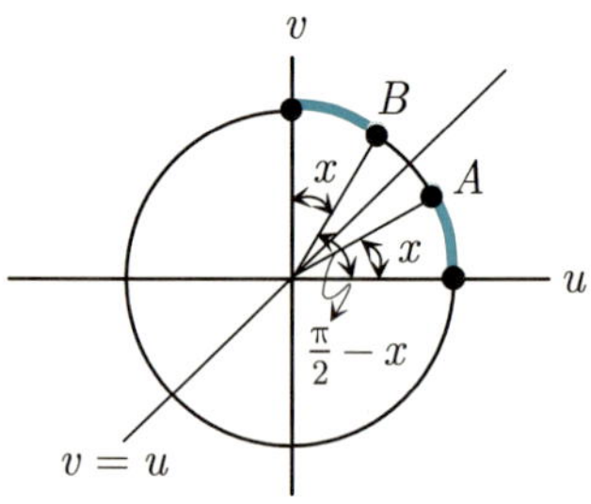

그림 3.19

다른 삼각함수는 $\sin x$와 $\cos x$로 다음과 같이 정의된다.

$$\tan x=\frac{\sin x}{\cos x},\quad \cot x=\frac{\cos x}{\sin x},\quad \sec x=\frac{1}{\cos x},\quad \csc x=\frac{1}{\sin x} \tag{3.22}$$

$\sin x$ 및 $\cos x$의 특성 식 (3.20)과 식 (3.21)로부터

$$\tan\left(\frac{\pi}{2}-x\right)=\cot x \tag{3.23}$$

가 성립한다.

삼각함수의 그래프를 그리기 위해 몇 개의 호의 각도에 대응하는 $\sin x$와 $\cos x$의 값을 구하면 다음과 같다. [그림 3.20]은 아래 표의 내용을 그림으로 나타낸 것이다.

x	0	$\frac{\pi}{6}$	$\frac{\pi}{4}$	$\frac{\pi}{3}$	$\frac{\pi}{2}$	$\frac{2\pi}{3}$	$\frac{3\pi}{4}$	$\frac{5\pi}{6}$	π
	$0°$	$30°$	$45°$	$60°$	$90°$	$120°$	$135°$	$150°$	$180°$
$\sin x$	0	$\frac{1}{2}$	$\frac{\sqrt{2}}{2}$	$\frac{\sqrt{3}}{2}$	1	$\frac{\sqrt{3}}{2}$	$\frac{\sqrt{2}}{2}$	$\frac{1}{2}$	0
$\cos x$	1	$\frac{\sqrt{3}}{2}$	$\frac{\sqrt{2}}{2}$	$\frac{1}{2}$	0	$-\frac{1}{2}$	$-\frac{\sqrt{2}}{2}$	$-\frac{\sqrt{3}}{2}$	-1

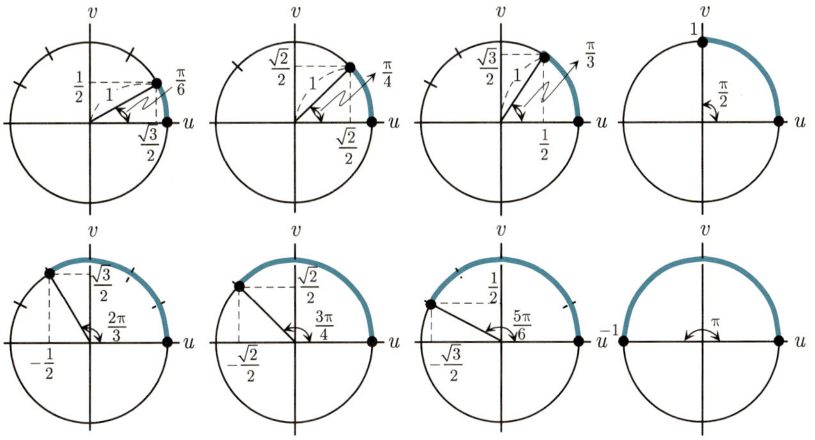

그림 3.20

좌표평면에 앞의 표에 나타낸 점을 나타내고 부드러운 곡선으로 연결하면 [그림 3.21(a)]와 같은 그래프를 얻을 수 있다. (b)는 $y = \tan x$의 그래프를 그린 것이다. 이 그래프에서는 $y = \tan x = \sin x \,/\, \cos x$에서 0으로 나누는 경우가 발생하는 $-\frac{3\pi}{2}$, $-\frac{\pi}{2}$, $\frac{\pi}{2}$, $\frac{3\pi}{2}$ 등에서 수직 점근선을 갖는다.

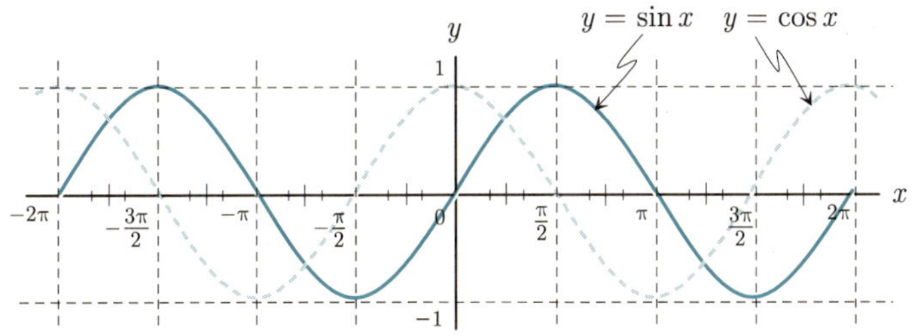

(a)

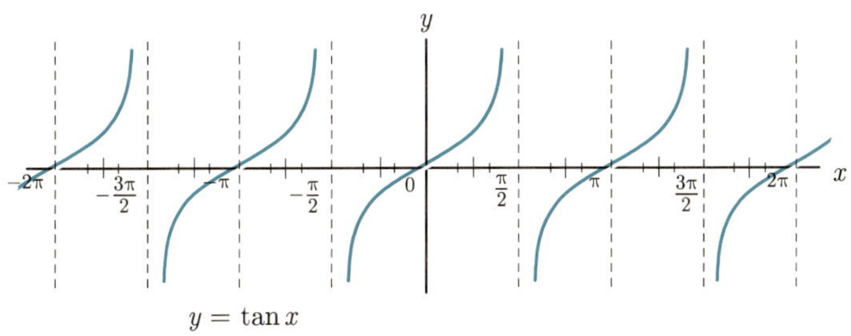

(b)

그림 3.21

[그림 3.21(a)]를 보면 $\sin x$는 원점에 대하여 대칭이고 $\cos x$는 y축에 대하여 대칭임을 알 수 있다. 즉 $\sin x$는 기함수이고 $\cos x$는 우함수이다.

예 $f(x) = \tan x$가 기함수임을 보이시오.

풀이

$$f(-x) = \tan(-x) = \frac{\sin(-x)}{\cos(-x)} = \frac{-\sin x}{\cos x} = -\tan x = -f(x)$$

따라서 기함수이다. ◀

5.2 지수함수

함수 f의 값이

$$f(x) = b^x \ (b > 0)$$

이면 f를 지수함수(指數函數, exponential function)라고 한다. 이 함수의 정의역은 $(-\infty, \infty)$이고 치역은 $(0, \infty)$이다. [그림 3.22]는 몇 가지 지수함수의 그래프를 그린 것이다. $0 < b < 1$이면 x의 값이 증가함에 따라 함수값이 감소하며 $b > 1$이면 x의 값이 증가함에 따라 함수값이 증가한다.

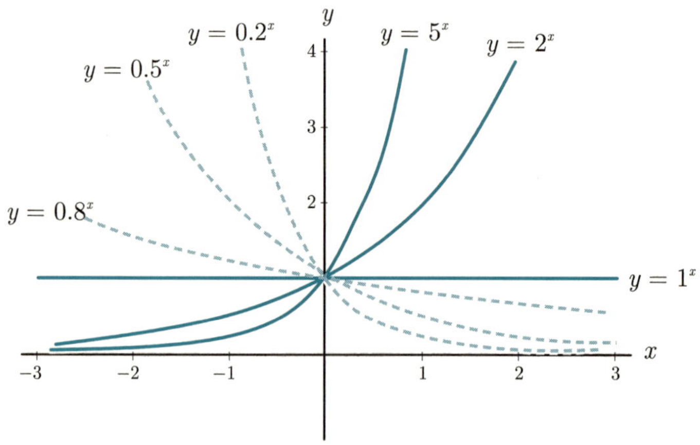

그림 3.22

5.3 로그함수

함수 f의 값이

$$f(x) = \log_b x \quad (b > 0)$$

이면 f를 로그함수(로그函數, logarithmic function)라고 한다. 로그함수는 지수함수의 역함수이다. 로그함수의 정의역은 $(0, \infty)$이고 치역은 $(-\infty, \infty)$이다. [그림 3.23]은 몇 가지 로그함수의 그래프를 그린 것이다.

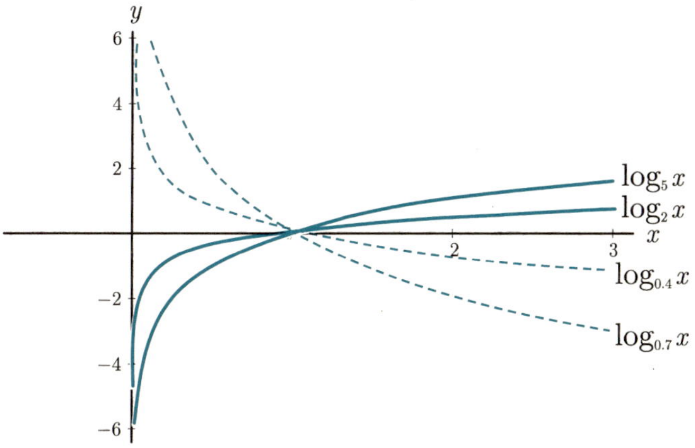

그림 3.23

연습문제

1. 다음을 관계와 함수로 구분하시오.

① $S=\{(1,a),(1,b),(1,c),(2,a),(2,b),(2,c)\}$
② $T=\{(1,-1),(1,2),(2,5),(2,6)\}$
③ $U=\{(a,b),(c,b),(e,b)\}$
④ $V=\{(a,1),(b,2),(c,3),(d,4)\}$

2. 다음을 관계와 함수로 구분하시오.

① $x^2+y^2=3$　　② $xy+y+2x=3$
③ $x=\sqrt{5y+1}$　　④ $2x=y/(y+1)$

3. $f(x)=2x^2-3$에 대하여 함수값 $f(1)$, $f(-2)$, $f(k)$를 구하시오.

4. $F(x)=x^2-x$에 대하여 함수값 $F(-4)$, $F\left(\frac{1}{3}\right)$, $F\left(\sqrt{2}\right)$를 구하시오.

5. $G(y)=1/(2y-1)$에 대하여 $G(0.49)$, $G(0.51)$, $G(0)$, $G\left(y^2\right)$를 구하시오.

6. $f(x)=2+3x$의 정의역이 $\{x \mid 1 \le x \le 5\}$일 때 f의 치역을 구하시오.

7. 정의역이 모든 음이 아닌 실수들의 집합일 때 함수 $f(x)=-x^2$의 치역을 구하시오.

(8~11) 다음 함수의 역함수를 구하시오.

8. $f(x)=x/(1-x)$

9. $f(x)=\sqrt{2x+5}$

10. $f(x)=x^2,\ x\le 0$

11. $f(x)=\dfrac{x^3+1}{x^3+2}$

(12~15) 다음 함수의 자연정의역을 구하시오.

12. $G(y) = \sqrt{3y+2}$

13. $f(x) = 1/(3x-1)$

14. $F(z) = \sqrt{z^2-9}$

15. $g(t) = -\sqrt{256-t^4}$

(16~17) $f+g$, $f-g$, fg, f/g을 구하고 정의역을 구하시오.

16. $f(x) = x^3+2x^2$, $g(x) = 3x^2-1$

17. $f(x) = \sqrt{1+x}$, $g(x) = \sqrt{1-x}$

(18~20) $f \circ g$, $g \circ f$, $f \circ f$, $g \circ g$를 구하고 정의역을 구하시오.

18. $f(x) = 2x^2-x$, $g(x) = 3x+2$

19. $f(x) = \sin x$, $g(x) = 1-\sqrt{x}$

20. $f(x) = x+\dfrac{1}{x}$, $g(x) = \dfrac{x+1}{x+2}$

(21~22) 다음 함수를 $f \circ g$ 형태로 나타내시오.

21. $F(x) = \left(x^2+1\right)^{10}$

22. $G(x) = \dfrac{x^2}{x^2+4}$

(23~30) 우함수와 기함수를 구분하고 그래프를 작성하시오.

23. $f(x) = -3$

24. $f(x) = 2x$

25. $f(x) = 3x + 1$

26. $g(x) = 2x^2 + 3x + 1$

27. $g(x) = \dfrac{x^3}{9}$

28. $g(x) = \dfrac{x}{x^2 - 1}$

29. $h(x) = \sqrt{x - 1}$

30. $h(x) = \sqrt{x^2 + 1}$

(31~40) 다음 함수를 상수함수, 항등함수, 다항함수, 멱함수, 근함수, 유리함수, 대수함수, 삼각함수, 지수함수, 로그함수 등으로 분류하시오.

31. $f(x) = \sqrt[3]{x}$

32. $g(x) = \sqrt{1 - x^2}$

33. $h(x) = x^7 + x^5$

34. $F(x) = \dfrac{x^2 + 1}{x^3 + x}$

35. $G(x) = \tan 3x$

36. $H(x) = \log_{10} x$

37. $f(y) = 10^y$

38. $f(t) = t^{10}$

39. $g(y) = y + \dfrac{y^2}{\sqrt{y-1}}$

40. $F(y) = 3y^6 + y^3 - \pi$

제 4 장

행 렬

제1절 행렬의 기초

1.1 행렬

수를 직사각형 형태로 배열하고 이를 괄호(parenthesis)[1]로 묶어 놓은 것을 행렬(行列, matrix)이라 하고 행렬을 구성하는 수를 요소(要素, element) 또는 성분(成分, entry)이라고 한다.[2] 예를 들어

$$\begin{pmatrix} 1 & 2 & 3 \\ 4 & 5 & 6 \end{pmatrix},\ \begin{pmatrix} 1 & 2 \\ 3 & 4 \end{pmatrix},\ \begin{pmatrix} 3 & 9 & -2 & 5 & 1 \\ 0 & 7 & 9 & 2 & 7 \\ 1 & 5 & 8 & 2 & 3 \\ 2 & 7 & 6 & 8 & 2 \end{pmatrix},\ (2),\ \begin{pmatrix} 12 & -48 \\ 2 & 6 \\ -2 & 0 \\ 1 & 2 \end{pmatrix},\ \begin{pmatrix} -1 & 0 & 2 \end{pmatrix}$$

등은 행렬이다. 행렬을 구성하는 수(數)를 수평방향으로 모아 이를 행(行, row)이라 하고 수직방향으로 모아 이를 열(列, column)이라 한다.

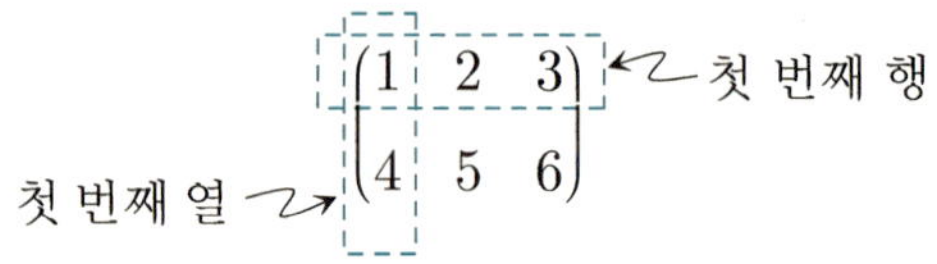

그림 4.1

[그림 4.1]의 행렬에서 1, 2, 3은 첫 번째 행이고 4, 5, 6은 두 번째 행이다. 1, 4는 첫번째 열이고 2, 5는 두 번째 열, 3, 6은 세번째 열이다. 행의 수와 열의 수를 ×로 연결하여 나타내고 이를 행렬의 크기(size)라고 한다. 행의 수가 m개이고 열의 수가 n개인 행렬의 크기는 $m \times n$이다.

행렬은 일반적으로 진한 글꼴의 알파벳 대문자로 나타내고 요소는 소문자로 나타낸

---

1) 행렬을 나타내는 데 각괄호(bracket) [ ]를 사용하거나 또는 괄호나 각괄호를 사용하지 않고 숫자만을 직사각형태로 배열하는 경우도 있다

2) 행렬이라는 용어를 처음 사용한 사람은 영국의 수학자이며 법류가였던 Sylvester, James(1814~1897)이다. 그는 절친한 동료였던 Cayley, Arthur(1821~1895)와 함께 행렬 분야에 중요한 많은 업적을 남겼으며 1851년에는 3차방정식(cubic equation)의 판별식을 발견하였다. 1855년부터 1870까지 Woolwich왕립군사학교에서 교수로 재직하였으며 1876년에는 Johns Hopkins대학의 교수가 되었다. 1878년 American Journal of Mathematics를 창간하였고 1883년 영국으로 돌아와 Smith, Henry(1826~1883)의 뒤를 이어 Oxford대학의 수학교수가 되었다. 영국수학학회의 초대회장인 De Morgan의 뒤를 이어 두 번째 회장을 지낸 바 있다.

다. 예를 들어 $\mathbf{A}$, $\mathbf{B}$, $\mathbf{C}$, ⋯ 등은 행렬을 나타내는 데 사용하고 a, b, c, ⋯ 등은 행렬의 요소를 나타내는 데 사용한다. 크기가 $m \times n$인 행렬은

$$\mathbf{A} = \begin{pmatrix} a_{11} & a_{12} & \cdots & a_{1n} \\ a_{21} & a_{22} & \cdots & a_{2n} \\ \vdots & \vdots & \ddots & \vdots \\ a_{m1} & a_{m2} & \cdots & a_{mn} \end{pmatrix} \tag{4.1}$$

와 같이 나타낸다. a_{ij}는 i 번째 행과 j번째 열이 교차하는 곳에 위치한 요소를 나타내며 ij 요소 또는 요소 ij라 부른다. 예를 들어 a_{12}는 첫 번째 행과 두 번째 열이 교차하는 곳에 위치한 요소이다. 행렬을 간단히 표기할 필요가 있을 경우에는 식 (4.1)을

$$\mathbf{A} = \left(a_{ij}\right)$$

로 나타낸다. 행렬의 크기를 나타낼 필요가 있을 경우에는 $\mathbf{A}_{m \times n}$ 또는 $\mathbf{A}_{(m \times n)}$으로 나타내기도 한다.

예

$$\mathbf{A} = \begin{pmatrix} 1 & 2 & 3 \\ 4 & 5 & 6 \end{pmatrix},\ \mathbf{B} = \begin{pmatrix} 1 & 2 \\ 3 & 4 \end{pmatrix},\ \mathbf{C} = \begin{pmatrix} 3 & 9 & -2 & 5 & 1 \\ 0 & 7 & 9 & 2 & 7 \\ 1 & 5 & 8 & 2 & 3 \\ 2 & 7 & 6 & 8 & 2 \end{pmatrix},\ \mathbf{D} = (2),$$

$$\mathbf{E} = \begin{pmatrix} 12 & -48 \\ 2 & 6 \\ -2 & 0 \\ 1 & 2 \end{pmatrix},\ \mathbf{F}\begin{pmatrix} -1 & 0 & 2 \end{pmatrix}$$

각 행렬의 크기는 $\mathbf{A}$는 2×3행렬, $\mathbf{B}$는 2×2행렬, $\mathbf{C}$는 4×5행렬, $\mathbf{D}$는 1×1행렬, $\mathbf{E}$는 4×2행렬, $\mathbf{F}$는 3×1행렬이다. ◀

1.2 행벡터와 열벡터

하나의 행을 갖는 행렬을 행벡터(行벡터, row vector)라 하고 하나의 열을 갖는 행렬을 열벡터(列벡터, column vector)라 하며 $\mathbf{a}$, $\mathbf{k}$, $\mathbf{u}$, $\mathbf{v}$, $\mathbf{w}$ 등과 같이 진한글씨체의 알파벳소문자로 나타낸다. $1 \times n$ 행벡터 $\mathbf{r}$과 $m \times 1$열벡터 $\mathbf{c}$는

$$\mathbf{r} = \begin{pmatrix} r_1 & r_2 & \cdots & r_n \end{pmatrix} \text{와 } \mathbf{c} = \begin{pmatrix} c_1 \\ c_2 \\ \vdots \\ c_m \end{pmatrix}$$

의 형태로 나타낼 수 있다.

$m \times n$행렬 $\mathbf{A}$

$$\mathbf{A} = \begin{pmatrix} a_{11} & a_{12} & \cdots & a_{1n} \\ a_{21} & a_{22} & \cdots & a_{2n} \\ \vdots & \vdots & \ddots & \vdots \\ a_{m1} & a_{m2} & \cdots & a_{mn} \end{pmatrix}$$

는 n개의 $m \times 1$ 열벡터 $\mathbf{c}_1, \mathbf{c}_2, \cdots, \mathbf{c}_n$

$$\mathbf{c}_1 = \begin{pmatrix} a_{11} \\ a_{21} \\ \vdots \\ a_{m1} \end{pmatrix}, \ \mathbf{c}_2 = \begin{pmatrix} a_{12} \\ a_{22} \\ \vdots \\ a_{m2} \end{pmatrix}, \cdots, \ \mathbf{c}_n = \begin{pmatrix} a_{1n} \\ a_{2n} \\ \vdots \\ a_{mn} \end{pmatrix}$$

로 분할하여

$$\mathbf{A} = \begin{pmatrix} a_{11} & a_{12} & \cdots & a_{1n} \\ a_{21} & a_{22} & \cdots & a_{2n} \\ \vdots & \vdots & \ddots & \vdots \\ a_{m1} & a_{m2} & \cdots & a_{mn} \end{pmatrix} = \begin{pmatrix} \mathbf{c}_1 & \mathbf{c}_2 & \cdots & \mathbf{c}_n \end{pmatrix} \tag{4.2}$$

로 나타낼 수 있다. 또한 $\mathbf{A}$는 m개의 $1 \times n$ 행벡터 $\mathbf{r}_1, \mathbf{r}_2, \cdots, \mathbf{r}_m$

$$\mathbf{r}_1 = \begin{pmatrix} a_{11} & a_{12} & \cdots & a_{1n} \end{pmatrix}, \ \mathbf{r}_2 = \begin{pmatrix} a_{21} & a_{22} & \cdots & a_{2n} \end{pmatrix}, \cdots,$$
$$\mathbf{r}_m = \begin{pmatrix} a_{m1} & a_{m2} & \cdots & a_{mn} \end{pmatrix}$$

로 분할하여

$$\mathbf{A} = \begin{pmatrix} a_{11} & a_{12} & \cdots & a_{1n} \\ a_{21} & a_{22} & \cdots & a_{2n} \\ \vdots & \vdots & \ddots & \vdots \\ a_{m1} & a_{m2} & \cdots & a_{mn} \end{pmatrix} = \begin{pmatrix} \mathbf{r}_1 \\ \mathbf{r}_2 \\ \vdots \\ \mathbf{r}_m \end{pmatrix} \tag{4.3}$$

로 나타낼 수 있다. 식 (4.2)와 식 (4.3)에서 점선은 $\mathbf{A}$를 열벡터나 행벡터로 분할(分割, partitioning)함을 나타낸다. 행렬 $\mathbf{A}$의 분할과 관련한 용어 및 이론은 제3절에서 더 자세히 설명한다.

1.3 정방행렬

행의 수와 열의 수가 같은 행렬을 정방행렬(正方行列, square matrix)이라 한다.

예

$$\mathbf{A}=\begin{pmatrix}2 & 1\\ 3 & 4\end{pmatrix},\ \mathbf{B}=\begin{pmatrix}2 & 1 & 0\\ 3 & 4 & 0\end{pmatrix},\ \mathbf{C}=\begin{pmatrix}1 & 2 & 3\\ 4 & 5 & 6\\ 7 & 8 & 9\end{pmatrix}$$

에서 $\mathbf{A}$와 $\mathbf{C}$는 행의 수와 열의 수가 같은 정방행렬이고 $\mathbf{B}$는 2×3행렬로 정방행렬이 아니다. ◀

1.4 대각행렬

정방행렬 $\mathbf{A}_{n\times n}$에서 우하향 대각선상의 요소 a_{ii}, $i=1,2,\ldots,n$를 주대각요소(主對角要素, main diagonal element)라고 한다([그림 4.2] 참조).

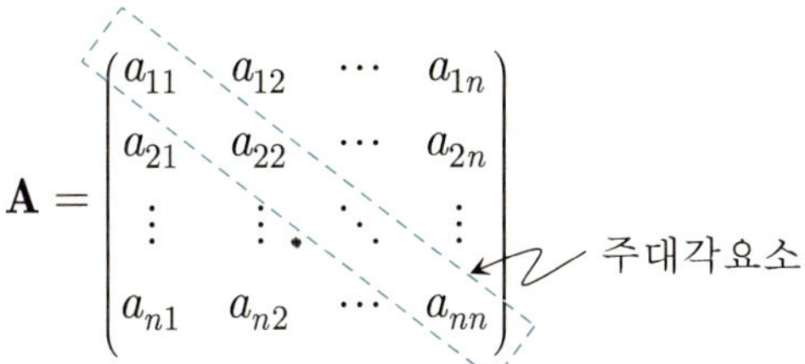

그림 4.2

정방행렬 $\mathbf{A}_{n\times n}$에서 $a_{ij}=0$, for $i\neq j$이면 $\mathbf{A}_{n\times n}$를 대각행렬(對角行列, diagonal matrix)이라 한다. 대각행렬 $\mathbf{A}_{n\times n}$에서 $a_{ii}=c$, for $i=1,2,\ldots,n$(여기서 c는 상수)이면 $\mathbf{A}_{n\times n}$를 스칼라행렬(scalar matrix)이라 하고 특히 $a_{ii}=1$, for $i=1,2,\ldots,n$이면 항등행렬(恒等行列, identity matrix)이라 하며 $\mathbf{I}_n$으로 나타낸다.

예

$$\mathbf{A} = \begin{pmatrix} 1 & 0 & 0 \\ 0 & 2 & 0 \\ 0 & 0 & 3 \end{pmatrix},\ \mathbf{B} = \begin{pmatrix} 1 & 0 & 0 \\ 0 & 1 & 0 \\ 0 & 0 & 1 \end{pmatrix},\ \mathbf{C} = \begin{pmatrix} 2 & 0 & 0 \\ 0 & 2 & 0 \\ 0 & 0 & 2 \end{pmatrix}$$

$$\mathbf{D} = \begin{pmatrix} 0 & 0 & 0 \\ 0 & 0 & 0 \\ 0 & 0 & 0 \end{pmatrix},\ \mathbf{F} = \begin{pmatrix} 0 & 0 & 1 \\ 0 & 0 & 0 \\ 2 & 0 & 0 \end{pmatrix}$$

에서 **A**, **B**, **C**, **D**는 대각행렬이고 **F**는 대각행렬이 아니다. **B**, **C**, **D**는 대각행렬이며 또한 스칼라행렬이다. **B**는 대각행렬이며 스칼라행렬이고 또한 항등행렬이다. ◀

1.5 대칭행렬과 교대행렬

정방행렬 $\mathbf{A} = \left(a_{ij}\right)$가

$$a_{ij} = a_{ji} \tag{4.4}$$

를 만족하면 (즉 $\mathbf{A} = \mathbf{A}^T$를 만족하면[3]) **A**를 대칭행렬(對稱行列, symmetric matrix)라 하고

$$a_{ij} = -a_{ji} \tag{4.5}$$

를 만족하면(즉 $\mathbf{A} = -\mathbf{A}^T$를 만족하면) 교대행렬(交代行列, skew symmetric matrix)이라고 한다.

예

$$\mathbf{A} = \begin{pmatrix} 5 & 3 & -2 \\ 3 & -1 & 0 \\ -2 & 0 & 3 \end{pmatrix},\ \mathbf{B} = \begin{pmatrix} 0 & 2 & -4 \\ -2 & 0 & 3 \\ 4 & -3 & 0 \end{pmatrix}$$

에서 **A** 는 대칭행렬이고 **B** 는 교대행렬이다. ◀

---

[3] $\mathbf{A}^T$는 행렬전치를 나타내며 뒤에서 설명할 것임.

1.6 삼각행렬

정방행렬 $\mathbf{A}$에서 $a_{ij}=0$, for $i>j$이면 $\mathbf{A}$를 상삼각행렬(上三角行列, upper triangular matrix), $a_{ij}=0$, for $i<j$이면 하삼각행렬(下三角行列, lower triangular matrix)이라 한다([그림 4.3] 참조).

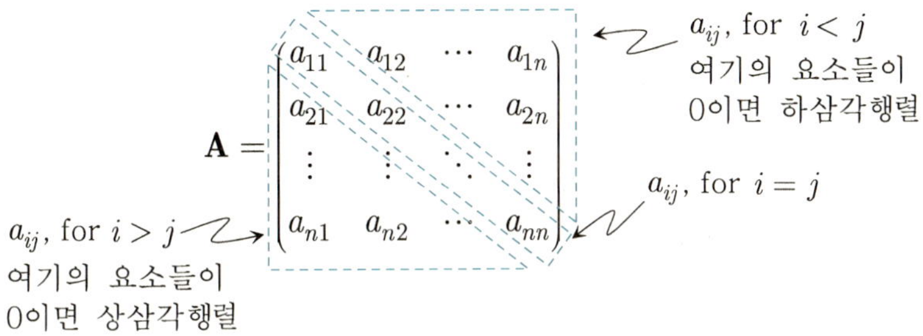

그림 4.3

예

$$\mathbf{A}=\begin{pmatrix} 1 & 2 & 3 \\ 4 & 5 & 6 \end{pmatrix},\quad \mathbf{B}=\begin{pmatrix} 1 & 0 & 0 \\ 1 & 2 & 0 \\ 1 & 2 & 3 \end{pmatrix},\quad \mathbf{C}=\begin{pmatrix} 1 & 2 & 3 \\ 0 & 2 & 1 \\ 0 & 0 & 3 \end{pmatrix}$$

에서 $\mathbf{A}$는 정방행렬이 아니므로 삼각행렬이 될 수 없고, $\mathbf{B}$는 하삼각행렬, $\mathbf{C}$는 상삼각행렬이다. ◀

제2절 행렬연산

2.1 두 행렬의 동치

두 행렬 $\mathbf{A}$와 $\mathbf{B}$가 동치(equal)라는 것은 $\mathbf{A}$와 $\mathbf{B}$의 크기가 같고 대응요소가 같음을 의미하며 $\mathbf{A}=\mathbf{B}$로 나타낸다. 두 행렬의 동치를 기호로 정의하면 다음과 같다. 두 개의 $m\times n$행렬 $\mathbf{A}=(a_{ij})$와 $\mathbf{B}=(b_{ij})$가

$$a_{ij}=b_{ij},\ \text{for}\ \ i=1,2,\ldots,m,\ \ j=1,2,\ldots,n$$

이면 두 행렬 $\mathbf{A}$와 $\mathbf{B}$가 동치라고 한다.

예

$$\mathbf{A}=\begin{pmatrix}1 & 2 & -1\\ 2 & -3 & 4\\ 0 & -4 & 5\end{pmatrix} \text{와} \quad \mathbf{B}=\begin{pmatrix}1 & 2 & w\\ 2 & x & 4\\ y & -4 & z\end{pmatrix} \text{가}$$

동치이면 $w=-1$, $x=-3$, $y=0$, $z=5$ 이다. ◀

2.2 행렬덧셈

$\mathbf{A}=(a_{ij})$와 $\mathbf{B}=(b_{ij})$를 크기가 $m\times n$ 인 행렬이라 하자. 이들 두 행렬의 덧셈은 $\mathbf{A}+\mathbf{B}$로 나타낸다. 행렬덧셈(matrix addition)을 정의하기 위해 $\mathbf{A}$와 $\mathbf{B}$를 더한 결과를 $\mathbf{C}$ 라고 하자. 즉 $\mathbf{C}=\mathbf{A}+\mathbf{B}$라고 하자. $\mathbf{C}=(c_{ij})$는 $m\times n$ 행렬이고 ij 요소 c_{ij}는

$$c_{ij}=a_{ij}+b_{ij} \tag{4.6}$$

로 정의된다. 즉 $\mathbf{A}$와 $\mathbf{B}$의 대응요소를 더하여 $\mathbf{C}$를 구한다.

예

$$\mathbf{A}=\begin{pmatrix}2 & 1 & 5\\ 1 & 3 & 2\end{pmatrix},\ \mathbf{B}=\begin{pmatrix}-1 & -3 & 1\\ 5 & -5 & 5\end{pmatrix} \text{일 때 } \mathbf{A}+\mathbf{B}\text{를 구하시오.}$$

풀이

$$\mathbf{A}+\mathbf{B}=\begin{pmatrix}2 & 1 & 5\\ 1 & 3 & 2\end{pmatrix}+\begin{pmatrix}-1 & -3 & 1\\ 5 & -5 & 5\end{pmatrix}=\begin{pmatrix}1 & -2 & 6\\ 6 & -2 & 7\end{pmatrix}$$ ◀

정리 4.1 **행렬덧셈의 성질**

$m\times n$ 행렬 $\mathbf{A}$, $\mathbf{B}$, $\mathbf{C}$에 대해서

① 덧셈의 교환법칙(communicative law for addition)

$$\mathbf{A}+\mathbf{B}=\mathbf{B}+\mathbf{A}$$

② 덧셈의 결합법칙(associative law for addition)

$$\mathbf{A}+(\mathbf{B}+\mathbf{C})=(\mathbf{A}+\mathbf{B})+\mathbf{C}$$

③ 항등원

$\mathbf{A}+\mathbf{0}=\mathbf{A}$을 만족하는 $m\times n$ 행렬 $\mathbf{0}$이 존재한다. $\mathbf{0}$은 모든 요소가 0으로 되어 있는 영행렬(零行列, zero matrix)을 나타낸다.

④ 역원

$\mathbf{A}+\mathbf{D}=\mathbf{0}$을 만족하는 유일한 $m\times n$ 행렬 $\mathbf{D}$가 존재한다. $\mathbf{D}$는 $-\mathbf{A}$로 쓰며 $\mathbf{A}$의 음행렬(陰行列, negative)이라 부른다.

이 성립한다.

증명

① $\mathbf{A}=\left(a_{ij}\right)$, $\mathbf{B}=\left(b_{jk}\right)$이라 하고 $\mathbf{A}+\mathbf{B}=\mathbf{L}=\left(l_{ij}\right)$, $\mathbf{B}+\mathbf{A}=\mathbf{R}=\left(r_{ij}\right)$이라 하자. $\mathbf{A}+\mathbf{B}=\mathbf{B}+\mathbf{A}$을 증명하려면 모든 i, j에 대하여 $l_{ij}=r_{ij}$를 보여야 한다. (행렬덧셈의 정의 식 (4.6)로부터) $l_{ij}=a_{ij}+b_{ij}$이고 $r_{ij}=b_{ij}+a_{ij}$이다. a_{ij}와 b_{ij}는 실수이고 실수의 집합은 장(場)이므로 (장(場)공리 ②로부터) $a_{ij}+b_{ij}=b_{ij}+a_{ij}$이며 따라서 $l_{ij}=r_{ij}$이다. ■

2.3 행렬곱셈

$\mathbf{A}=(a_{ij})$를 $m\times n$행렬이라 하고 $\mathbf{B}=(b_{jk})$를 $n\times p$ 행렬이라 하자. $\mathbf{A}$와 $\mathbf{B}$의 행렬곱셈(matrix multiplication)은 $\mathbf{AB}$로 나타낸다.[4)] 행렬곱셈을 정의하기 위해 $\mathbf{A}$와 $\mathbf{B}$를 곱한 결과를 $\mathbf{C}$라 하자. 즉 $\mathbf{C}=\mathbf{AB}$라 하자. $\mathbf{C}=(c_{ik})$는 $m\times p$ 행렬이고 $\mathbf{C}$의 ik 요소 c_{ik}는

$$c_{ik}=\sum_{j=1}^{n} a_{ij}b_{jk}=a_{i1}b_{1k}+a_{i2}b_{2k}+\cdots+a_{in}b_{nk} \tag{4.7}$$

로 정의된다. $\mathbf{C}$의 i번째 행과 k번째 열이 교차하는 위치의 ik 요소 c_{ik}는 $\mathbf{A}$의 i번째 행벡터와 $\mathbf{B}$의 j번째 열벡터의 유클리드내적(유클리드內積, Euclidean inner product)이라고 할 수 있다. [그림 4.4]는 행렬곱셈의 개념을 그림으로 나타낸 것이다.

---

4) 행렬곱셈은 독일의 수학자 Eisenstein, Ferdinand(1823~1852)이 1844년 무렵 연립일차방정식에서 치환과정을 간단히 하기 위해 도입한 발상에서 시작되었고 후에 Cayley, Arthur(1821~1895)가 1858년 출판된 그의 저서 Memoir on the Theory of Matrices에서 발전시켰다. Eisenstein, Ferdinand(1823~1852)은 Gauss가 가장 좋아하는 제자였다. Gauss는 Eisenstein을 Archimedes 및 Newton에 버금가는 수학자라며 그의 재능을 높이 평가하였다.

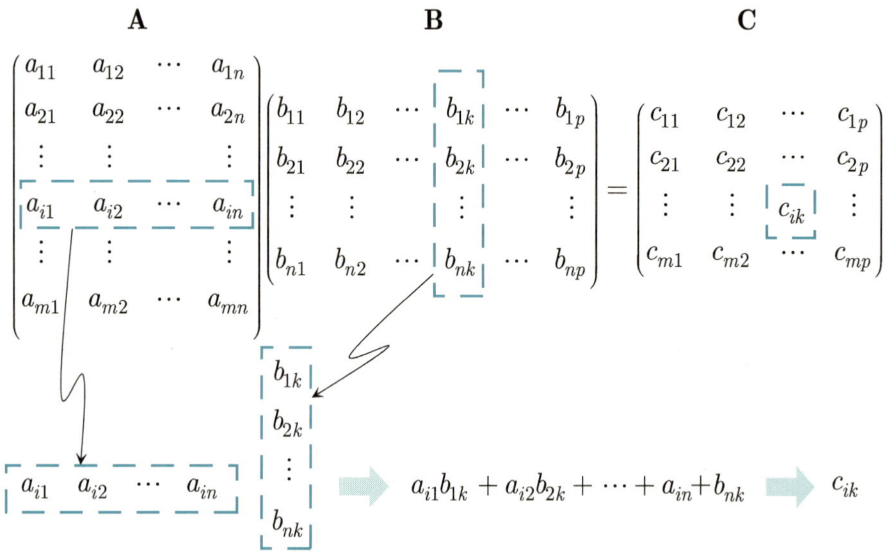

그림 4.4

예

$$\mathbf{A} = \begin{pmatrix} 1 & 2 & 4 \\ 2 & 6 & 0 \end{pmatrix}, \ \mathbf{B} = \begin{pmatrix} 4 & 1 & 4 \\ 0 & -1 & 3 \\ 2 & 7 & 5 \end{pmatrix}$$ 라고 할 때 **AB**를 구하시오.

풀이

$$\begin{aligned}
\mathbf{AB} &= \begin{pmatrix} 1 & 2 & 4 \\ 2 & 6 & 0 \end{pmatrix}\begin{pmatrix} 4 & 1 & 4 \\ 0 & -1 & 3 \\ 2 & 7 & 5 \end{pmatrix} \\
&= \begin{pmatrix} 1\cdot4+2\cdot0+4\cdot2 & 2\cdot1+2\cdot(-1)+4\cdot7 & 1\cdot4+2\cdot3+4\cdot5 \\ 2\cdot4+6\cdot0+0\cdot2 & 2\cdot1+6\cdot(-1)+0\cdot7 & 2\cdot4+6\cdot3+0\cdot5 \end{pmatrix} \\
&= \begin{pmatrix} 12 & 27 & 30 \\ 8 & -4 & 26 \end{pmatrix}
\end{aligned}$$

◀

정리 4.2 **행렬곱셈의 성질**

행렬 **A**, **B**, **C**에 대해서

① 행렬곱셈의 결합법칙(associative law for matrix multiplication)

$$\mathbf{A}(\mathbf{BC}) = (\mathbf{AB})\mathbf{C}$$

② 좌측배분법칙(left distribution law)

$$\mathbf{A}(\mathbf{B}+\mathbf{C}) = \mathbf{AB} + \mathbf{AC}$$

③ 우측배분법칙(right distribution law)

$$(\mathbf{A}+\mathbf{B})\mathbf{C} = \mathbf{AC} + \mathbf{BC}$$

이 성립한다.

증명

① $\mathbf{A} = (a_{ij})$를 $m \times n$ 행렬이라 하고 $\mathbf{B} = (b_{jk})$를 $n \times p$ 행렬이라 하고 $\mathbf{C} = (c_{kl})$을 $p \times q$ 행렬이라 하자. (행렬곱셈의 정의 (4.7)로부터) 행렬 **AB**는 $m \times p$ 행렬이고 ik 요소는

$$\sum_{j=1}^{n} a_{ij}b_{jk} = a_{i1}b_{1k} + a_{i2}b_{2k} + \cdots + a_{in}b_{nk}$$

이다. (행렬곱셈의 정의 식 (4.7)으로부터) $(\mathbf{AB})\mathbf{C}$는 $m \times q$ 행렬이고 il 요소는

$$\sum_{k=1}^{p}\left[\sum_{j=1}^{n} a_{ij}b_{jk}\right]c_{kl} = \sum_{k=1}^{p}\left[\sum_{j=1}^{n} a_{ij}b_{jk}c_{kl}\right]$$

이다. 우변은 j와 k가 각각 $1 \le j \le n$과 $1 \le k \le p$의 범위에 있는 정수를 취할 때 만들어지는 모든 항 $a_{ij}b_{jk}c_{kl}$의 합이다.

$\mathbf{BC}$의 jl요소로부터 시작하여 $\mathbf{A}(\mathbf{BC})$의 il 요소를 구하면

$$\sum_{k=1}^{p}\sum_{j=1}^{n} a_{ij}b_{jk}c_{kl}$$

이 됨을 쉽게 보일 수 있다. ■

정리 4.3 **항등행렬과 영행렬의 행렬곱셈**

$m \times n$ 행렬 $\mathbf{A}$에 대해서

① 항등행렬

$$\mathbf{I}_m\mathbf{A} = \mathbf{A} \text{ 이고 } \mathbf{A}\mathbf{I}_n = \mathbf{A} \text{ 이다.}$$

② 영행렬

$$\mathbf{A0} = \mathbf{0} \text{ 이고 } \mathbf{0A} = \mathbf{0}$$

이 성립한다.

증명

생략 ■

2.4 실수와 행렬의 차이

실수 a, b, c에 대해서 $ab = ac$이면 $a \neq 0$인 경우에 $b = c$이다. 그러나 행렬 $\mathbf{A}$, $\mathbf{B}, \mathbf{C}$에 대해서 $\mathbf{AB} = \mathbf{AC}$이면 $\mathbf{A} \neq \mathbf{0}$인 경우 일반적으로 $\mathbf{B} \neq \mathbf{C}$이다.

예

$$\mathbf{A} = \begin{pmatrix} 0 & 1 \\ 0 & 2 \end{pmatrix},\ \mathbf{B} = \begin{pmatrix} 1 & 1 \\ 3 & 4 \end{pmatrix},\ \mathbf{C} = \begin{pmatrix} 2 & 5 \\ 3 & 4 \end{pmatrix} \text{일 때 } \mathbf{AB} = \mathbf{AC} = \begin{pmatrix} 3 & 4 \\ 6 & 8 \end{pmatrix}$$

이다. ◀

실수 a, b에 대해서 $ab = 0$이면 $a = 0$ 또는 $b = 0$ 또는 $a = b = 0$이다. 그러나 행렬 $\mathbf{A}, \mathbf{B}$에 대해서 $\mathbf{AB} = \mathbf{0}$이면 $\mathbf{A} = \mathbf{0}$ 또는 $\mathbf{B} = \mathbf{0}$ 또는 $\mathbf{A} = \mathbf{B} = \mathbf{0}$이 성립하지 않는다. 그리고 행렬 $\mathbf{A}, \mathbf{B}$에 대해서 일반적으로 $\mathbf{AB} \neq \mathbf{BA}$이 성립한다.

예

$$\mathbf{A} = \begin{pmatrix} 2 & 4 \\ 1 & 2 \end{pmatrix},\ \mathbf{B} = \begin{pmatrix} -2 & 4 \\ 1 & -2 \end{pmatrix} \text{일 때 } \mathbf{AB} = \begin{pmatrix} 0 & 0 \\ 0 & 0 \end{pmatrix} \text{이다.}$$ ◀

2.5 스칼라곱

$\mathbf{A} = (a_{ij})$를 $m \times n$ 행렬이라 하고 α를 스칼라라고 하자. α를 $\mathbf{A}$에 곱하는 스칼

라곱(scalar multiplication)은 $\alpha\mathbf{A}$로 나타낸다. 스칼라곱을 정의하기 위해 α를 $\mathbf{A}$에 곱한 결과를 $\mathbf{B}$라고 하자. 즉 $\mathbf{B}=\alpha\mathbf{A}$라고 하자. $\mathbf{B}=(b_{ij})$는

$$b_{ij}=\alpha a_{ij}$$

로 정의된다. 즉 $\mathbf{A}$의 각 요소에 스칼라 α를 곱하여 $\mathbf{B}$를 구한다.

예

$\mathbf{A}=\begin{pmatrix}1 & 2 & 3\\ 4 & 5 & 6\end{pmatrix}$이라 할 때

$$2\mathbf{A}=2\begin{pmatrix}1 & 2 & 3\\ 4 & 5 & 6\end{pmatrix}=\begin{pmatrix}(2)(1) & (2)(2) & (2)(3)\\ (2)(4) & (2)(5) & (2)(6)\end{pmatrix}=\begin{pmatrix}2 & 4 & 6\\ 8 & 10 & 12\end{pmatrix}$$ 이다.

◀

정리 4.4 **스칼라곱의 성질**

두 행렬 $\mathbf{A},\mathbf{B}$와 스칼라 α, β에 대해서

① $\alpha(\beta\mathbf{A})=(\alpha\beta)\mathbf{A}$

② $(\alpha+\beta)\mathbf{A}=\alpha\mathbf{A}+\beta\mathbf{A}$

③ $\alpha(\mathbf{A}+\mathbf{B})=\alpha\mathbf{A}+\alpha\mathbf{B}$

④ $\mathbf{A}(\alpha\mathbf{B})=\alpha(\mathbf{AB})=(\alpha\mathbf{A})\mathbf{B}$

이 성립한다.

증명

생략 ■

2.6 행렬전치

$\mathbf{A}=(a_{ij})$를 $m\times n$ 행렬이라 하자. $\mathbf{A}$의 전치행렬(轉置行列, transpose matrix)은 $\mathbf{A}^T$로 나타낸다. $\mathbf{A}^T=\left(a_{ji}^T\right)$는 $n\times m$ 행렬이며

$$a_{ji}^T=a_{ij} \tag{4.8}$$

로 정의된다. 즉 $\mathbf{A}^T$는 $\mathbf{A}$에서 행을 열로 열을 행으로 바꾼 행렬을 의미한다.

예 다음 각 행렬의 전치행렬을 구하시오.

$$\mathbf{A}=\begin{pmatrix}4 & -1 & 3\\ 0 & 6 & -2\end{pmatrix},\ \mathbf{B}=\begin{pmatrix}7 & 2 & -4\\ 2 & -1 & 3\\ 0 & 4 & 3\end{pmatrix},\ \mathbf{C}=\begin{pmatrix}4 & 5\\ 2 & -4\\ 2 & -7\end{pmatrix}$$

풀이

$$\mathbf{A}^T=\begin{pmatrix}4 & 0\\ -1 & 6\\ 3 & -2\end{pmatrix},\ \mathbf{B}^T=\begin{pmatrix}7 & 2 & 0\\ 2 & -1 & 4\\ -4 & 3 & 3\end{pmatrix},\ \mathbf{C}^T=\begin{pmatrix}4 & 2 & 2\\ 5 & -4 & -7\end{pmatrix}$$ ◀

정리 4.5 **행렬전치의 성질**

두 행렬 $\mathbf{A}$, $\mathbf{B}$와 스칼라 α에 대해서

① $\left(\mathbf{A}^T\right)^T=\mathbf{A}$

② $(\mathbf{A}+\mathbf{B})^T=\mathbf{A}^T+\mathbf{B}^T$

③ $(\mathbf{AB})^T=\mathbf{B}^T\mathbf{A}^T$

④ $(\alpha\mathbf{A})^T=\alpha\mathbf{A}^T$

이 성립한다.

증명

③ $\mathbf{A}=\left(a_{ij}\right)$를 $m\times n$행렬이라 하고 $\mathbf{B}=\left(b_{jk}\right)$를 $n\times p$ 행렬이라 하자. 그리고 $\mathbf{C}=\mathbf{AB}$라 하고 $\mathbf{C}=\left(c_{ik}\right)$로 나타내자. (행렬곱셈의 정의 식 (4.7)로부터) 행렬 $\mathbf{C}$는 $m\times p$ 행렬이고 ik요소는

$$c_{ik}=\sum_{j=1}^{n}a_{ij}b_{jk}$$

이다. (행렬전치의 정의 식 (4.8)로부터) $\mathbf{C}^T$는 $p\times m$ 행렬이고 ki요소는

$$c_{ki}^T=c_{ik}=\sum_{j=1}^{n}a_{ij}b_{jk}$$

이다.

(행렬전치의 정의 식 (4.8)로부터) $\mathbf{B}^T = \left(b_{kj}^T\right)$이고 $\mathbf{A}^T = \left(a_{ji}^T\right)$이다. (행렬곱셈의 정의 식 (4.7)로부터) $\mathbf{B}^T\mathbf{A}^T$는 $p \times m$ 행렬이고 ki요소는

$$\sum_{j=1}^{n} b_{kj}^T a_{ji}^T$$

이다. (행렬전치의 정의 식 (4.8)로부터) $b_{kj}^T = b_{jk}$이고 $a_{ji}^T = a_{ij}$이므로 앞의 식은

$$\sum_{j=1}^{n} b_{jk} a_{ij} = \sum_{j=1}^{n} a_{ij} b_{jk} \qquad \text{(교환법칙)}$$

이다. 이는 $\mathbf{C}^T$의 ki 요소와 같다.

①, ②, ④의 증명은 생략. ■

2.7 유클리드내적과 행렬곱

$\mathbf{u}$와 $\mathbf{v}$를 $\mathbb{R}^n$의 열벡터라고 하자. 행렬곱의 정의 식 (4.7)과 [그림 4.4]에서 설명한 행렬곱의 개념에 의하면 $\mathbf{u}$와 $\mathbf{v}$의 유클리드내적(유클리드內積, Euclidean inner product)은

$$\mathbf{u} \cdot \mathbf{v} = \mathbf{v}^T\mathbf{u} \tag{4.9}$$

의 행렬곱(行列곱, matrix product)으로 나타낼 수 있다.

정리 4.6 **Au. v와 u. Av공식**

$\mathbf{u}$와 $\mathbf{v}$는 $\mathbb{R}^n$의 열벡터이고 $\mathbf{A}$는 $n \times n$행렬일 때

$$\mathbf{Au} \cdot \mathbf{v} = \mathbf{u} \cdot \mathbf{A}^T\mathbf{v} \tag{4.10}$$

$$\mathbf{u} \cdot \mathbf{Av} = \mathbf{A}^T\mathbf{u} \cdot \mathbf{v} \tag{4.11}$$

이 성립한다.

증명

$$\begin{aligned}
\mathbf{Au} \cdot \mathbf{v} &= \mathbf{v}^T(\mathbf{Au}) && \text{(식 (4.9))} \\
&= \left(\mathbf{v}^T\mathbf{A}\right)\mathbf{u} && \text{(행렬곱셈의 성질 [정리 4.2] ①)} \\
&= \left(\mathbf{A}^T\mathbf{v}\right)^T\mathbf{u} && \text{(행렬전치의 성질 [정리 4.5] ③)} \\
&= \mathbf{u} \cdot \mathbf{A}^T\mathbf{v} && \text{(식 (4.9))}
\end{aligned}$$

$$\begin{aligned}\mathbf{u}\cdot\mathbf{A}\mathbf{v} &= (\mathbf{A}\mathbf{v})^T\,\mathbf{u} && (\text{식 } (4.9))\\ &= \left(\mathbf{v}^T\mathbf{A}^T\right)\mathbf{u} && (\text{행렬전치의 성질 [정리 4.5] ③})\\ &= \mathbf{v}^T\left(\mathbf{A}^T\mathbf{u}\right) && (\text{행렬곱셈의 성질 [정리 4.2] ①})\\ &= \mathbf{A}^T\mathbf{u}\cdot\mathbf{v} && (\text{식 } (4.9))\end{aligned}$$

이다. ■

[정리 4.6]의 결과를 말로 표현하면 $\mathbf{Au}\cdot\mathbf{v}$과 $\mathbf{u}\cdot\mathbf{Av}$의 표현에서 행렬 $\mathbf{A}$는 전치를 취하여 유클리드내적 부호 · 의 건너편으로 이동할 수 있다.

예

$$\mathbf{A}=\begin{pmatrix}2&3&-1\\-2&4&0\\1&5&2\end{pmatrix},\ \mathbf{u}=\begin{pmatrix}2\\-3\\4\end{pmatrix},\ \mathbf{v}=\begin{pmatrix}-2\\1\\3\end{pmatrix}\text{ 일 때 }\mathbf{Au}\cdot\mathbf{v}=\mathbf{u}\cdot\mathbf{A}^T\mathbf{v}$$

이 성립함을 확인하시오.

풀이

$$\mathbf{Au}\cdot\mathbf{v}=\begin{pmatrix}2&3&-1\\-2&4&0\\1&5&2\end{pmatrix}\begin{pmatrix}2\\-3\\4\end{pmatrix}\cdot\begin{pmatrix}-2\\1\\3\end{pmatrix}=\begin{pmatrix}(2)(2)+(3)(-3)+(-1)(4)\\(-2)(2)+(4)(-3)+(0)(4)\\(1)(2)+(5)(-3)+(2)(4)\end{pmatrix}\cdot\begin{pmatrix}-2\\1\\3\end{pmatrix}$$

$$=\begin{pmatrix}-9\\-16\\-5\end{pmatrix}\cdot\begin{pmatrix}-2\\1\\3\end{pmatrix}=(-9)(-2)+(-16)(1)+(-5)(3)=-13$$

$$\mathbf{u}\cdot\mathbf{A}^T\mathbf{v}=\begin{pmatrix}2\\-3\\4\end{pmatrix}\cdot\begin{pmatrix}2&-2&1\\3&4&5\\-1&0&2\end{pmatrix}\begin{pmatrix}-2\\1\\3\end{pmatrix}$$

$$=\begin{pmatrix}2\\-3\\4\end{pmatrix}\cdot\begin{pmatrix}(2)(-2)+(-2)(1)+(1)(3)\\(3)(-2)+(4)(1)+(5)(3)\\(-1)(-2)+(0)(1)+(2)(3)\end{pmatrix}=\begin{pmatrix}2\\-3\\4\end{pmatrix}\cdot\begin{pmatrix}-3\\13\\8\end{pmatrix}$$

$$=(2)(-3)+(-3)(13)+(4)(8)=-13$$

◀

2.8 대각합

$\mathbf{A} = (a_{ij})$를 $n \times n$ 행렬이라 하자. $\mathbf{A}$의 주대각요소의 합을 대각합(對角合, trace)이라 하고 $\mathrm{tr}(\mathbf{A})$로 나타낸다. 즉

$$\mathrm{tr}(\mathbf{A}) = \sum_{i=1}^{n} a_{ii} \tag{4.12}$$

이다.

예

다음 각 행렬의 대각합을 구하시오.

$$\mathbf{A} = \begin{pmatrix} 3 & -1 \\ 0 & 6 \end{pmatrix}, \quad \mathbf{B} = \begin{pmatrix} 7 & 2 & -4 \\ 2 & -1 & 3 \\ 0 & 4 & 3 \end{pmatrix}, \quad \mathbf{C} = \begin{pmatrix} 4 & 5 & 2 & 5 \\ 2 & -4 & 0 & 4 \\ -3 & 0 & -1 & 2 \\ 2 & -7 & 1 & 2 \end{pmatrix}$$

풀이

$\mathrm{tr}(\mathbf{A}) = 3 + 6 = 9, \ \mathrm{tr}(\mathbf{B}) = 7 + (-1) + 3 = 9$

$\mathrm{tr}(\mathbf{C}) = 4 + (-4) + (-1) + 2 = 1$ ◀

정리 4.7 **대각합의 성질**

크기가 같은 두 정방행렬 $\mathbf{A}, \mathbf{B}$와 스칼라 α에 대해서

① $\mathrm{tr}\left(\mathbf{A}^T\right) = \mathrm{tr}(\mathbf{A})$

② $\mathrm{tr}(\alpha\mathbf{A}) = \alpha\,\mathrm{tr}(\mathbf{A})$

③ $\mathrm{tr}(\mathbf{A} + \mathbf{B}) = \mathrm{tr}(\mathbf{A}) + \mathrm{tr}(\mathbf{B})$

④ $\mathrm{tr}(\mathbf{A} - \mathbf{B}) = \mathrm{tr}(\mathbf{A}) - \mathrm{tr}(\mathbf{B})$

⑤ $\mathrm{tr}(\mathbf{AB}) = \mathrm{tr}(\mathbf{BA})$

증명

생략 ■

제3절 분할행렬

3.1 분할행렬

$m \times n$ 행렬 $\mathbf{A}$에서 일정한 행과 열을 삭제하여 $\mathbf{A}$의 부분행렬(部分行列, submatrix)을 얻을 수 있다. 따라서 행렬 $\mathbf{A}$가 여러 개의 부분행렬로 분할(分割, partitioning)되는 것으로 생각할 수 있다. 부분행렬은 블록(block)이라 부르기도 한다. 여러 개의 부분행렬로 분할된 행렬 $\mathbf{A}$를 분할행렬(分割行列, partioned matrix)이라 한다.

예

4×4 행렬

$$\mathbf{A} = \begin{pmatrix} a_{11} & a_{12} & a_{13} & a_{14} \\ a_{21} & a_{22} & a_{23} & a_{24} \\ a_{31} & a_{32} & a_{33} & a_{34} \\ a_{41} & a_{42} & a_{43} & a_{44} \end{pmatrix}$$

는 4개의 부분행렬 $\mathbf{A}_{11}$, $\mathbf{A}_{12}$, $\mathbf{A}_{21}$, $\mathbf{A}_{22}$

$$\mathbf{A} = \begin{pmatrix} \mathbf{A}_{11} & \mathbf{A}_{12} \\ \mathbf{A}_{21} & \mathbf{A}_{22} \end{pmatrix}$$

로 분할될 수 있다. 여기서

$$\mathbf{A}_{11} = \begin{pmatrix} a_{11} & a_{12} \\ a_{21} & a_{22} \\ a_{31} & a_{32} \end{pmatrix} \quad \mathbf{A}_{12} = \begin{pmatrix} a_{13} & a_{14} \\ a_{23} & a_{24} \\ a_{33} & a_{34} \end{pmatrix}$$

$$\mathbf{A}_{21} = \begin{pmatrix} a_{41} & a_{42} \end{pmatrix} \quad \mathbf{A}_{22} = \begin{pmatrix} a_{43} & a_{44} \end{pmatrix}$$

이다. ◀

분할행렬의 연산은 부분행렬을 요소로 간주하여 연산을 수행하면 된다. 분할행렬 $\mathbf{A}$와 $\mathbf{B}$

$$\mathbf{A} = \begin{pmatrix} \mathbf{A}_{11} & \mathbf{A}_{12} \\ \mathbf{A}_{21} & \mathbf{A}_{22} \\ \mathbf{A}_{31} & \mathbf{A}_{32} \end{pmatrix}, \quad \mathbf{B} = \begin{pmatrix} \mathbf{B}_{11} & \mathbf{B}_{12} \\ \mathbf{B}_{21} & \mathbf{B}_{22} \end{pmatrix}$$

의 행렬곱셈 $\mathbf{AB}$는 각 부분행렬이 대응되는 12개의 행렬곱셈과 6개의 덧셈이 정의되는 크기를 가질 경우

$$\mathbf{AB} = \begin{pmatrix} \mathbf{A}_{11}\mathbf{B}_{11} + \mathbf{A}_{12}\mathbf{B}_{21} & \mathbf{A}_{11}\mathbf{B}_{12} + \mathbf{A}_{12}\mathbf{B}_{22} \\ \mathbf{A}_{21}\mathbf{B}_{11} + \mathbf{A}_{22}\mathbf{B}_{21} & \mathbf{A}_{21}\mathbf{B}_{12} + \mathbf{A}_{22}\mathbf{B}_{22} \\ \mathbf{A}_{31}\mathbf{B}_{11} + \mathbf{A}_{32}\mathbf{B}_{21} & \mathbf{A}_{31}\mathbf{B}_{12} + \mathbf{A}_{32}\mathbf{B}_{22} \end{pmatrix}$$

로 정의된다.

예

두 분할행렬의 곱

$$\begin{pmatrix} \mathbf{A} & \mathbf{B} \\ \mathbf{C} & \mathbf{D} \end{pmatrix}\begin{pmatrix} \mathbf{E} & \mathbf{0} \\ \mathbf{0} & \mathbf{I} \end{pmatrix}$$

을 $\mathbf{A}, \mathbf{B}, \mathbf{C}, \mathbf{D}, \mathbf{E}$로 구성된 하나의 분할행렬로 나타내시오(각 부분행렬은 대응되는 행렬곱셈과 덧셈이 정의되는 크기를 갖는 것으로 가정함).

풀이

$$\begin{pmatrix} \mathbf{AE} & \mathbf{B} \\ \mathbf{CE} & \mathbf{D} \end{pmatrix}$$ ◀

정리 4.8 **열벡터와 행벡터로 분할된 행렬의 곱셈**

$m \times n$ 행렬 $\mathbf{A}$와 $n \times p$ 행렬 $\mathbf{B}$가

$$\mathbf{A} = \begin{pmatrix} \mathbf{c}_1 & \mathbf{c}_2 & \cdots & \mathbf{c}_n \end{pmatrix} \text{와 } \mathbf{B} = \begin{pmatrix} \mathbf{r}_1 \\ \mathbf{r}_2 \\ \vdots \\ \mathbf{r}_n \end{pmatrix}$$

처럼 열벡터 및 행벡터로 분할된다면 행렬곱셈 $\mathbf{AB}$는

$$\mathbf{AB} = \mathbf{c}_1\mathbf{r}_1 + \mathbf{c}_2\mathbf{r}_2 + \cdots + \mathbf{c}_n\mathbf{r}_n$$

이다.

증명

생략 ■

[정리 4.8]은 $\mathbf{AB}$를 열벡터와 행벡터의 곱, 즉 외적(外積, outer product)으로 나타내기 때문에 외적규칙(外積規則, outer product rule)이라고도 한다. [정리 4.8]은 수치계산보다도 이론적 분석에서 더욱 중요한 역할을 한다.

3.2 블록대각행렬

주대각부분행렬이 정방행렬이고 주대각 이외의 부분행렬은 모두 영행렬인 분할행렬, 즉 정방행렬 $\mathbf{D}_1, \mathbf{D}_2, \ldots, \mathbf{D}_k$을 주대각부분행렬로 하는

$$\mathbf{A} = \begin{pmatrix} \mathbf{D}_1 & \mathbf{0} & \cdots & \mathbf{0} \\ \mathbf{0} & \mathbf{D}_2 & \cdots & \mathbf{0} \\ \vdots & \vdots & \ddots & \vdots \\ \mathbf{0} & \mathbf{0} & \cdots & \mathbf{D}_k \end{pmatrix}$$

와 같은 분할행렬을 블록대각행렬(block diagonal matrix)이라 한다.

예

$$\mathbf{A} = \begin{pmatrix} -1 & 2 & 0 & 0 \\ 0 & -3 & 0 & 0 \\ 0 & 0 & 6 & 1 \end{pmatrix}, \quad \mathbf{B} = \begin{pmatrix} 1 & -7 & 0 & 0 & 0 \\ 1 & -1 & 0 & 0 & 0 \\ 0 & 0 & 3 & 1 & 0 \\ 0 & 0 & 5 & 2 & 0 \\ 0 & 0 & 0 & 0 & 4 \end{pmatrix},$$

$$\mathbf{C} = \begin{pmatrix} 4 & 7 & -5 & 3 \\ 3 & 5 & 3 & -2 \\ 0 & 0 & 7 & 2 \\ 0 & 0 & 3 & 1 \end{pmatrix}$$

에서 $\mathbf{A}$와 $\mathbf{C}$는 블록대각행렬이 될 수 없다. 그러나 $\mathbf{B}$는

$$\mathbf{B}_1 = \begin{pmatrix} 1 & -7 \\ 1 & -1 \end{pmatrix}, \ \mathbf{B}_2 = \begin{pmatrix} 3 & 1 \\ 5 & 2 \end{pmatrix}, \ \mathbf{B}_3 = (4)$$

를 주대각요소행렬로 갖는 블록대각행렬이다. ◀

3.3 블록삼각행렬

정방행렬 $\mathbf{A}$에서 부분행렬 $\mathbf{A}_{ii}$는 정방행렬이고 $\mathbf{A}_{ij}=\mathbf{0}$, for $i>j$이면 분할행렬 $\mathbf{A}$를 블록상삼각행렬(block upper triangular matrix), $\mathbf{A}_{ij}=0$, for $i<j$이면 블록하삼각행렬(block lower triangular matrix)이라 한다([그림 4.3] 참조).

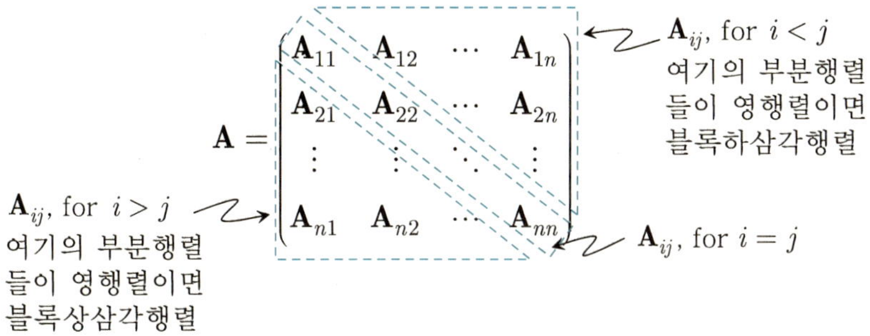

그림 4.5

예

$$\mathbf{A}=\begin{pmatrix} -1 & 2 & 0 & 0 \\ 0 & -3 & 0 & 0 \\ 0 & 0 & 6 & 1 \end{pmatrix},\quad \mathbf{B}=\begin{pmatrix} 1 & -7 & 0 & 0 & 0 \\ 1 & -1 & 0 & 0 & 0 \\ 0 & 0 & 3 & 1 & 0 \\ 0 & 0 & 5 & 2 & 0 \\ 0 & 0 & 0 & 0 & 4 \end{pmatrix},$$

$$\mathbf{C}=\begin{pmatrix} 4 & 7 & -5 & 3 \\ 3 & 5 & 3 & -2 \\ 0 & 0 & 7 & 2 \\ 0 & 0 & 3 & 1 \end{pmatrix}$$

에서 $\mathbf{A}$는 정방행렬이 아니므로 블록삼각행렬이 될 수 없다. $\mathbf{B}$는 블록상삼각행렬이면서 동시에 블록하삼각행렬이다. $\mathbf{C}$는 블록상삼각행렬이다. ◀

연습문제

(1~3) 다음 행렬에 대하여 물음에 답하시오.

$$\mathbf{A}=\begin{pmatrix}-3 & 2 & 5\\ -5 & 6 & 4\end{pmatrix},\ \mathbf{B}=\begin{pmatrix}-3\\ 2\\ 6\end{pmatrix},\ \mathbf{C}=\begin{pmatrix}2 & 7 & 2\\ 5 & -3 & 5\\ -1 & 5 & -1\end{pmatrix}$$

1. a_{12}, a_{22}, a_{23} 의 값은?

2. $\mathbf{B}$의 크기는?

3. $\mathbf{C}^2$, $\mathbf{C}_3$은?

(4~11) 다음 행렬에 대하여 물음에 답하시오.

$$\mathbf{A}=\begin{pmatrix}-1 & 1\\ -2 & 4\end{pmatrix},\ \mathbf{B}=\begin{pmatrix}2 & 3 & 0\\ 0 & 2 & 1\end{pmatrix},\ \mathbf{C}=\begin{pmatrix}1 & 2 & 1\\ 4 & 3 & 2\\ 7 & 0 & 5\end{pmatrix},\ \mathbf{D}=\begin{pmatrix}1 & 0 & 0\\ 0 & 2 & 0\\ 0 & 0 & 3\end{pmatrix},$$

$$\mathbf{E}=\begin{pmatrix}1 & 0 & 0\\ 0 & 1 & 0\\ 0 & 0 & 1\end{pmatrix},\ \mathbf{F}=\begin{pmatrix}3 & 0 & 0\\ 0 & 3 & 0\\ 0 & 0 & 3\end{pmatrix},\ \mathbf{G}=\begin{pmatrix}0 & 0 & 0\\ 0 & 0 & 0\\ 0 & 0 & 0\end{pmatrix},\ \mathbf{H}=\begin{pmatrix}0 & 0 & -2\\ 0 & 0 & 0\\ 2 & 0 & 0\end{pmatrix}$$

4. 정방행렬은?

5. 대각행렬은?

6. 스칼라행렬은?

7. 항등행렬은?

8. 대칭행렬은?

9. 교대행렬은?

10. 상삼각행렬은?

11. 하삼각행렬은?

(12~22) 다음 행렬에 대하여 물음에 요구하는 계산을 하시오(계산이 가능한 경우에 한해서).

$$\mathbf{A}=\begin{pmatrix}1 & 3 & 2\\ -2 & 1 & 4\end{pmatrix},\ \mathbf{B}=\begin{pmatrix}2 & 1\\ 0 & -1\\ 1 & 3\end{pmatrix},\ \mathbf{C}=\begin{pmatrix}2 & -2 & 3\\ 5 & 2 & 1\\ 1 & 1 & -1\end{pmatrix},\ \mathbf{D}=\begin{pmatrix}3 & -2\\ 2 & 5\end{pmatrix}$$

$$\mathbf{E}=\begin{pmatrix}2 & -4 & 7\\ 0 & 1 & 4\\ 2 & 3 & 1\end{pmatrix},\ \mathbf{F}=\begin{pmatrix}-2 & 1\\ 3 & 2\end{pmatrix}$$

12. $\mathbf{C}+\mathbf{E}$

13. $\mathbf{AB}$와 $\mathbf{BA}$

14. $3\mathbf{D}-2\mathbf{F}$

15. $\mathbf{AB}+\mathbf{DF}$

16. $(\mathbf{AB})\mathbf{D}$와 $\mathbf{A}(\mathbf{BD})$

17. $\mathbf{A}(\mathbf{C}+\mathbf{E})$와 $\mathbf{AC}+\mathbf{AE}$

18. $(\mathbf{C}+\mathbf{E})^T$와 $\mathbf{C}^T+\mathbf{E}^T$

19. $(\mathbf{AB})^T$와 $\mathbf{B}^T\mathbf{A}^T$

20. $\mathrm{tr}(\mathbf{C})$

21. $\mathrm{tr}(3\mathbf{C})$

22. $\mathrm{tr}(\mathbf{C}+\mathbf{E})$

(23~24) $\mathbf{AB}$를 부분행렬의 곱셈으로 구하시오.

23. $\mathbf{A} = \left(\begin{array}{rr|rr} -1 & 2 & 1 & 5 \\ 0 & -3 & 2 & 4 \\ \hline 3 & 2 & 7 & 4 \end{array}\right)$, $\mathbf{B} = \left(\begin{array}{rr|r} -1 & 2 & 3 \\ 4 & 2 & -3 \\ \hline 2 & -1 & 4 \\ 0 & 2 & -2 \end{array}\right)$

24. $\mathbf{A} = \left(\begin{array}{rrr|r} 3 & -2 & 0 & -3 \\ 2 & 3 & 4 & 3 \end{array}\right)$, $\mathbf{B} = \left(\begin{array}{rrr} 4 & -2 & 1 \\ 0 & 3 & 2 \\ 5 & 1 & -3 \\ \hline 2 & 1 & 3 \end{array}\right)$

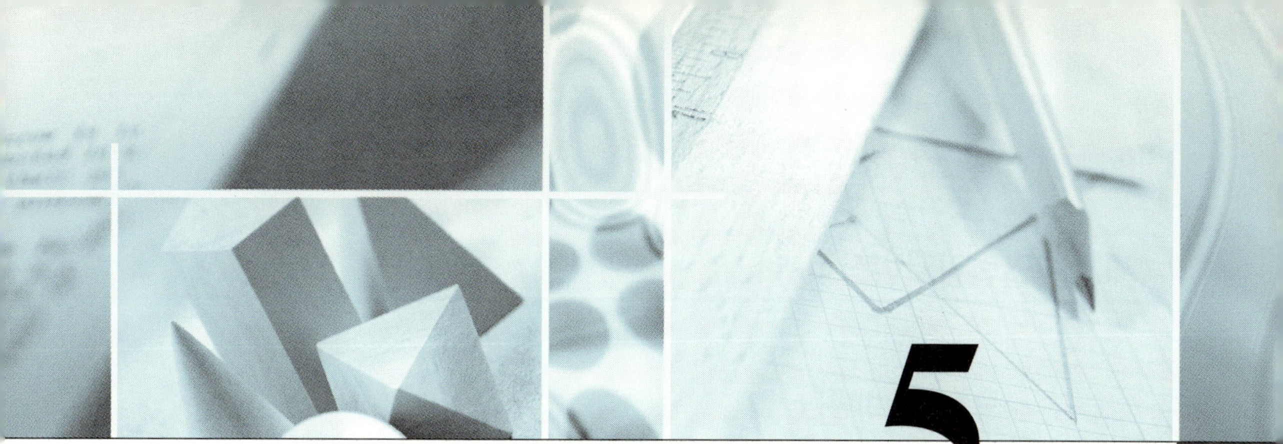

제 5 장

연립일차방정식

제1절 연립일차방정식

1.1 일차방정식

n개의 변수 $x_1, x_2, \cdots, x_n$와 상수 $a_1, a_2, \cdots, a_n, b$로 표현된

$$a_1x_1 + a_2x_2 + \cdots + a_nx_n = b \tag{5.1}$$

($a_1, a_2, \cdots, a_n, b$는 실수이며 $a_1, a_2, \cdots, a_n$ 중 적어도 하나는 0이 아님)

와 같은 형태의 방정식을 일차방정식(一次方程式, linear equation)이라고 한다. 변수의 제곱, 제곱근, 삼각함수, 지수함수 등이 포함되어 있으면 일차방정식이 될 수 없다.

예

$$2x + y = 5 \qquad x_1 - 3x_2 - 2x_3 + x_4 = 7$$

$$y = \frac{1}{2}x + 3z + 5 \qquad x_1 + x_2 + \cdots + x_n = 1$$

등은 일차방정식이다.

$$3x^2 + y = 5 \qquad 2x + 3y - z + xy = 4$$

$$x + \sin y = 0 \qquad \sqrt{x_1} + 2x_2 + x_3 = 1$$

등은 일차방정식이 아니다. ◀

1.2 일차방정식의 해

일차방정식 (5.1)에서 x_1을 數 s_1으로, x_2를 s_2로, $\cdots$, x_n을 s_n으로 대체하였을 때 (5.1)를 만족시키는 일련의 수 $s_1, s_2, \cdots, s_n$을 일차방정식 (5.1)의 해(解, solution)[1] 또는 근(根, root)이라고 한다.

[1] 방정식의 해는 n중순서쌍 $(s_1, s_2, \cdots, s_n)$으로 나타내기도 한다. n중순서쌍, 유클리드 n공간의 점 그리고 벡터 등의 용어를 필요에 따라 같은 대상을 나타내는데 함께 사용할 수 있음은 제2장에서 설명한 바 있다. 여기서도 그렇게 할 것이다.

예

$x_1 = 2$, $x_2 = 3$, $x_3 = -4$ 은

$$6(2) - 3(3) + 4(-4) = -4$$

이므로 일차방정식

$$6x_1 - 3x_2 + 4x_3 = -4 \tag{5.2}$$

의 해가 된다. ◀

일차방정식의 해는 여러 개가 있을 수 있다. 식 (5.2)에서 두 변수에 임의의 값을 대입하고 나머지 변수에 관해서 풀면 다른 해를 구할 수 있다.

예

예를 들어 일차방정식 (5.2)에서 $x_2 = 3$, $x_3 = 4$를 대입하고 x_1에 관해서 풀면

$$\begin{aligned} x_1 &= (3x_2 - 4x_3 - 4)/6 \\ &= (3 \cdot 3 - 4 \cdot 4 - 4)/6 \\ &= -\tfrac{11}{6} \end{aligned}$$

이다. 즉 $x_1 = -\frac{11}{6}$, $x_2 = 3$, $x_3 = 4$ 은 식 (5.2)의 다른 해가 된다. ◀

일차방정식 (5.2)의 무한히 많은 다른 해를 나타내는 방법은 두 변수에 대입하는 임의의 값을 매개변수(媒介變數, parameter) t, s로 나타내고 방정식을 나머지 변수에 관해서 푸는 것이다.

예

일차방정식 (5.2)에서 $x_2 = s$, $x_3 = t$를 대입하고 x_1에 관해서 풀면

$$x_1 = \tfrac{1}{2}s - \tfrac{2}{3}t - \tfrac{2}{3}$$

이다. 즉 일차방정식 (5.2)의 해는 $x_1 = \frac{1}{2}s - \frac{2}{3}t - \frac{2}{3}$, $x_2 = s$, $x_3 = t$ 이다. ◀

1.3 해집합

일차방정식의 모든 가능한 해의 집합을 해집합(解集合, solution set)이라고 한다. 두 변수 x와 y의 일차방정식

$$a_1x + a_2y = b$$

(a_1, a_2, b는 실수이며, a_1, a_2 중 적어도 하나는 0이 아님)

의 해집합은 x축의 절편이 b/a_1이고 y축의 절편이 b/a_2인 $\mathbb{R}^2$에서의 직선이 된다. 세 변수 x, y, z의 일차방정식

$$a_1x + a_2y + a_3z = b$$

(a_1, a_2, a_3, b는 실수이며 a_1, a_2, a_3 중 적어도 하나는 0이 아님)

의 해집합은 x축의 절편이 b/a_1, y축의 절편이 b/a_2, 그리고 z축의 절편이 b/a_3인 $\mathbb{R}^3$에서의 평면이 된다.

예

일차방정식

$$2x + y = 2$$

을 만족시키는 모든 점 $\mathbf{v} = (x, y) \in \mathbb{R}^2$의 집합 $V = \{(x,y) | 2x + y = 2\}$은 [그림 5.1(a)]에 나타낸 것과 같이 x축의 절편이 1이고 y축의 절편이 2인 직선이 된다. 해집합 V는 매개변수를 사용하여 $V = \left\{(x,y) \middle| x = 1 - \frac{1}{2}s, y = s, s \in \mathbb{R}\right\}$로 나타낼 수 있다. 세 변수 x, y, z의 일차방정식

$$x + \frac{4}{3}y + z = 3$$

을 만족시키는 모든 점 $\mathbf{v} = (x, y, z) \in \mathbb{R}^3$의 집합

$$V = \left\{(x, y, z) \middle| x + \frac{4}{3}y + z = 3\right\}$$

은 x축의 절편이 3, y축의 절편이 4, 그리고 z축의 절편이 3인 평면이 된다. [그림 5.1(b)]는 이러한 평면의 일부를 나타낸 것이다. 해집합 V는 매개변수를 사용하여

$$V = \left\{(x, y, z) \mid x = 3 - \frac{4}{3}s - t, y = s, z = t, s, t \in \mathbb{R}\right\}$$

로 나타낼 수 있다. ◀

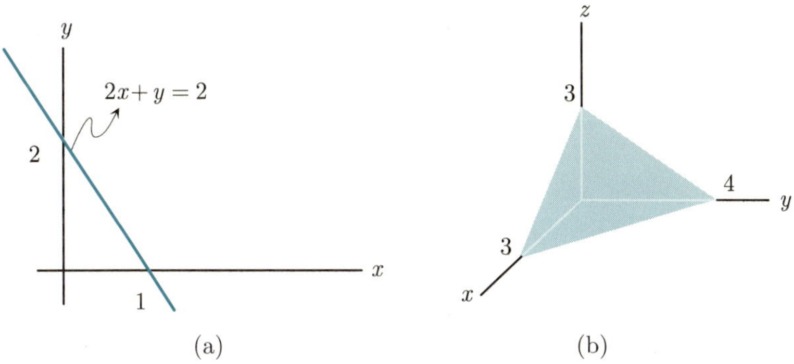

그림 5.1

n개의 변수 $x_1, x_2, \cdots, x_n$의 일차방정식

$$a_1x_1 + a_2x_2 + \cdots + a_nx_n = b$$

$$(a_1, a_2, \cdots, a_n, b\text{는 실수이며 } a_1, a_2, \cdots, a_n \text{ 중 적어도 하나는 0이 아님})$$

의 해집합은 유클리드 n공간 $\mathbb{R}^n$에서의 초평면(超平面, hyperplane)이라고 한다. 초평면은 유클리드 2공간에서의 직선과 유클리드 3공간에서의 평면 개념을 유클리드 n공간으로 일반화한 것이다.

1.4 연립일차방정식

유한개의 일차방정식의 모임을 연립일차방정식(聯立一次方程式, system of linear equations) 또는 선형계(線形係, linear system)라고 한다. 내용상 연립일차방정식이 분명한 경우에는 줄여서 연립방정식으로 부르기도 한다. 연립일차방정식의 변수는 미지수(未知數, unknowns)라고 부른다.

예 두 개의 일차방정식을 모아놓은

$$\begin{aligned} 4x_1 &- x_2 + 3x_3 = -1 \\ 3x_1 &+ x_2 + 9x_3 = -4 \end{aligned} \tag{5.3}$$

은 3개의 미지수 x_1, x_2, x_3와 2개의 방정식으로 된 연립일차방정식이다.◀

1.5 연립일차방정식의 해

n개의 미지수와 m개의 방정식을 갖는 연립일차방정식은 다음과 같이 나타낼 수 있다.

$$
\begin{array}{ccccccccc}
a_{11}x_1 & + & a_{12}x_2 & + & \cdots & + & a_1x_n & = & b_1 \\
a_{21}x_1 & + & a_{22}x_2 & + & \cdots & + & a_2x_n & = & b_2 \\
\vdots & & \vdots & & \ddots & & \vdots & & \vdots \\
a_{m1}x_1 & + & a_{m2}x_2 & + & \cdots & + & a_{mn}x_n & = & b_m
\end{array}
\tag{5.4}
$$

여기서 a_{ij}는 i번째 방정식의 j번째 미지수 앞에 있는 계수를 나타낸다. 즉 a_{21}은 2번째 방정식의 1번째 미지수 x_1 앞에 있는 계수를 나타내다.

식 (5.4)에서 $x_1 = s_1,\ x_2 = s_2,\ \cdots,\ x_n = s_n$으로 대체하였을 때 식 (5.4)를 만족시키는 $s_1, s_2, \cdots, s_n$을 연립일차방정식 (5.4)의 해(解, solution)라고 한다.

예

연립일차방정식 (5.3)에 $x_1 = 1,\ x_2 = 2,\ x_3 = -1$을 대입하면

$$
\begin{array}{ccccccc}
4(1) & - & 2 & + & 3(-1) & = & -1 \\
3(1) & + & 2 & + & 9(-1) & = & -4
\end{array}
$$

으로 두 방정식을 모두 만족시키며 따라서 연립일차방정식 (5.3)의 해가 된다. 그러나 $x_1 = 1,\ x_2 = 8,\ x_3 = 1$은 식 (5.3)을 구성하는 두 개의 일차방정식 모두 만족하지 못하며 따라서 연립일차방정식 (5.3)의 해가 될 수 없다.◀

연립일차방정식의 해는 ① 유일한 하나의 해가 존재하는 경우, ② 무한히 많은 해가 존재하는 경우, ③ 해가 존재하지 않는 경우 등의 3가지 중 하나의 상태에 있게 된다. ①과 ②의 상태, 즉 적어도 하나의 해가 존재하는 상태를 무모순(無矛盾, consistent)이라 하며 ③의 상태를 모순(矛盾, inconsistent)이라 한다.

예

연립일차방정식

$$
\begin{array}{ccccc}
2x & + & y & = & 2 \\
6x & + & 3y & = & 9
\end{array}
\tag{5.5}
$$

에서 둘째 방정식에 $\frac{1}{3}$을 곱하면

$$
\begin{array}{ccccc}
2x & + & y & = & 2 \\
2x & + & y & = & 3
\end{array}
$$

이 되며 두 방정식이 모순으로 해가 존재하지 않음을 쉽게 알 수 있다. [그림 5.2(a)]는 식 (5.5)를 그림으로 나타낸 것이다.

연립일차방정식

$$\begin{aligned} 2x &+ y &= 2 \\ -x &+ 2y &= 2 \end{aligned} \tag{5.6}$$

에서 둘째 방정식에 2를 곱하면

$$\begin{aligned} 2x &+ y &= 2 \\ -2x &+ 4y &= 4 \end{aligned}$$

이 되며 두 방정식을 더하면

$$5y = 6$$

이 되고 이로부터 식 (5.6)의 해가 $x = \frac{2}{5}, y = \frac{6}{5}$임을 알 수 있다. [그림 5.2(b)]는 식 (5.6)을 그림으로 나타낸 것이다.

연립일차방정식

$$\begin{aligned} 2x &+ y &= 2 \\ x &+ \tfrac{1}{2}y &= 1 \end{aligned} \tag{5.7}$$

에서 둘째 방정식에 2 를 곱하면

$$\begin{aligned} 2x &+ y &= 2 \\ 2x &+ y &= 2 \end{aligned} \tag{5.8}$$

이 되며 두 방정식은 같은 방정식으로 무한히 많은 해가 존재함을 알 수 있다. [그림 5.2(c)]는 식 (5.8)을 그림으로 나타낸 것이다. ◀

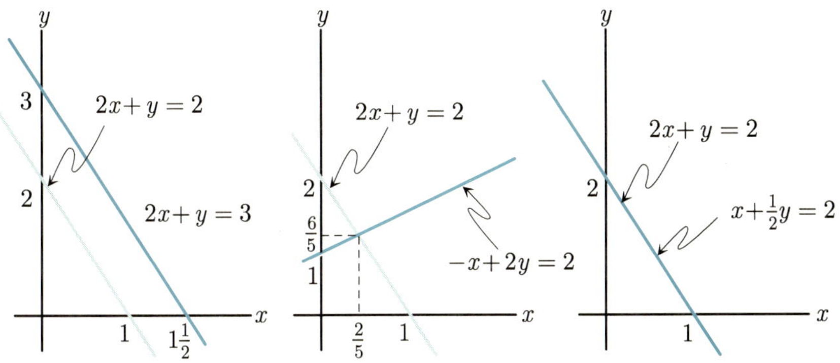

(a) (b) (c)

그림 5.2

제2절 연립일차방정식의 해법

2.1 연립일차방정식의 해법

연립일차방정식을 푸는 기본적인 방법은 풀고자 하는 연립방정식과 같은 해를 갖지만 해를 찾기 쉬운 형태로 되어 있는 새로운 연립방정식으로 변환시키는 것이다. 이러한 변환작업은 연립방정식이 모순인지 아니면 무모순인지가 분명해질 때까지 계속 진행한다. 변환작업은 미지수를 체계적으로 소거하기 위한 다음과 같은 3가지 연산으로 수행한다.

① i번째 방정식과 j번째 방정식을 교환한다.

② i번째 방정식에 0이 아닌 상수 α를 곱하여 이를 새로운 i번째 방정식으로 한다.

③ j번째 방정식에 0이 아닌 상수 c를 곱한 후 i번째 방정식에 더한 결과를 새로운 i번째 방정식으로 한다.

예

다음 연립일차방정식의 해를 구하시오.

$$\begin{aligned} 2x &+ y &= 2 \\ -x &+ 2y &= 2 \end{aligned}$$

풀이

2번째 방정식에 2를 곱하여 이를 새로운 2번째 방정식으로 놓으면

$$\begin{aligned} 2x &+ y &= 2 \\ -2x &+ 4y &= 4 \end{aligned}$$

이 된다. 여기서 2번째 방정식에 1을 곱한 후 1번째 방정식에 더한 결과를 새로운 1번째 방정식으로 놓으면

$$\begin{aligned} & 5y &= 6 \\ -2x &+ 4y &= 4 \end{aligned}$$

이 된다. 1번째 방정식으로부터 $y = \frac{6}{5}$임을 알 수 있고 이를 2번째 방정식에 대입하면 $x = \frac{2}{5}$을 얻는다. 따라서 주어진 연립방정식의 해는 $x = \frac{2}{5}, y = \frac{6}{5}$임을 알 수 있다.◀

2.2 행렬로 나타낸 연립일차방정식

미지수와 방정식의 수가 늘어날수록 해를 구하기 위한 변환작업이 복잡해진다. 계산 절차를 표준화하고 연립방정식을 행렬로 나타냄으로써 해를 구하기 위한 과정을 단순화할 수 있다.

m개의 방정식과 n개의 미지수를 갖는 연립일차방정식

$$\begin{array}{ccccccccc} a_{11}x_1 & + & a_{12}x_2 & + & \cdots & + & a_{1n}x_n & = & b_1 \\ a_{21}x_1 & + & a_{22}x_2 & + & \cdots & + & a_{2n}x_n & = & b_2 \\ \vdots & & \vdots & & \ddots & & \vdots & & \vdots \\ a_{m1}x_1 & + & a_{m2}x_2 & + & \cdots & + & a_{mn}x_n & = & b_m \end{array}$$

은 다음과 같이 계수행렬 $\mathbf{A}$, $\mathbf{b}$와 미지수 행렬 $\mathbf{x}$를

$$\mathbf{A} = \begin{pmatrix} a_{11} & a_{12} & \cdots & a_{1n} \\ a_{21} & a_{22} & \cdots & a_{2n} \\ \vdots & \vdots & \ddots & \vdots \\ a_{m1} & a_{m2} & \cdots & a_{mn} \end{pmatrix} \quad \mathbf{b} = \begin{pmatrix} b_1 \\ b_2 \\ \vdots \\ b_m \end{pmatrix} \quad \mathbf{x} = \begin{pmatrix} x_1 \\ x_2 \\ \vdots \\ x_n \end{pmatrix}$$

로 정의하여 $\mathbf{Ax} = \mathbf{b}$와 같이 나타낼 수 있다. 계수행렬 $\mathbf{A}$의 오른쪽에 행렬 $\mathbf{b}$를 붙여 만든 새로운 행렬 $(\mathbf{A} \mid \mathbf{b})$를 확대행렬(擴大行列, augmented matrix)이라고 한다.

예

연립일차방정식

$$\begin{array}{ccccccc} x_1 & + & x_2 & + & 2x_3 & = & 9 \\ 2x_1 & + & 4x_2 & - & 3x_3 & = & 1 \\ 3x_1 & + & 6x_2 & - & 5x_3 & = & 0 \end{array}$$

에서

$$\mathbf{A} = \begin{pmatrix} 1 & 1 & 2 \\ 2 & 4 & -3 \\ 3 & 6 & -5 \end{pmatrix}, \quad \mathbf{b} = \begin{pmatrix} 9 \\ 1 \\ 0 \end{pmatrix}, \quad \mathbf{x} = \begin{pmatrix} x_1 \\ x_2 \\ x_3 \end{pmatrix}$$

이고 확대행렬은

$$(\mathbf{A}|\mathbf{b}) = \begin{pmatrix} 1 & 1 & 2 & 9 \\ 2 & 4 & -3 & 1 \\ 3 & 6 & -5 & 0 \end{pmatrix}$$

이다. ◀

2.3 기본행연산

$m \times n$ 행렬 $\mathbf{A} = (a_{ij})$에 대한 다음과 같은 3가지 연산을 기본행연산(基本行演算, elementary row operation)이라고 한다.

① p번째 행과 q번째 행을 교환한다($r_p \to r_q'$, $r_q \to r_p'$).
② p번째 행에 $\alpha(\alpha \neq 0)$를 곱한다($r_p \times \alpha \to r_p'$).
③ p번째 행에 q번째 행$\times\alpha(\alpha \neq 0)$를 더한다($r_p + r_q \times \alpha \to r_p'$).

여기서 r_p와 r_q는 기존 행렬(기본행연산을 수행하기 전의 행렬)의 p번째 행과 q번째 행을 나타내고, r_p'와 r_q'는 새로운 행렬(기본행연산을 수행한 후의 행렬)의 p번째 행과 q번째 행을 나타낸다. 기본행연산은 변수를 소거하기 위해 방정식에 취하는 3가지 변환작업을 확대행렬을 변형시키는 작업으로 변경한 것이다.

예

$$\begin{pmatrix} 0 & 0 & 2 & 3 \\ 3 & 4 & 0 & -1 \\ 4 & 4 & 7 & -8 \end{pmatrix}$$

이 행렬에 $r_1 \times 2 \to r_1'$(1번째 행$\times 2 \to$ 새로운 1번째 행)을 하면

$$\begin{pmatrix} 0 & 0 & 4 & 6 \\ 3 & 4 & 0 & -1 \\ 4 & 4 & 7 & -8 \end{pmatrix}$$

이 된다. 여기에 $r_1 \to r_1'$, $r_2 \to r_2'$(1번째 행과 2번째 행을 교환)을 하면

$$\begin{pmatrix} 3 & 4 & 0 & -1 \\ 0 & 0 & 4 & 6 \\ 4 & 4 & 7 & -8 \end{pmatrix}$$

이 된다. 여기에 $r_3 + r_1 \times (-1) \rightarrow r_3'$(3번째 행＋1번째 행$\times(-1)\rightarrow$새로운 3번째 행)을 하면

$$\begin{pmatrix} 3 & 4 & 0 & -1 \\ 0 & 0 & 4 & 6 \\ 1 & 0 & 7 & -7 \end{pmatrix}$$

이 된다. ◀

2.4 행동치

어떤 행렬 $\mathbf{A}$에 대하여 유한 번의 기본행연산을 수행한 결과로 나타난 행렬을 $\mathbf{B}$라고 할 때 $\mathbf{A}$는 $\mathbf{B}$와 행동치(行同値, row equivalent)라고 한다. $\mathbf{A}$가 $\mathbf{B}$와 행동치이면 $\mathbf{B}$ 역시 $\mathbf{A}$와 행동치가 된다. "$\mathbf{A}$가 $\mathbf{B}$와 행동치이고 또한 $\mathbf{B}$가 $\mathbf{A}$와 행동치이다"라는 표현은 "$\mathbf{A}$와 $\mathbf{B}$가 행동치이다"로 줄여서 나타낸다.

예

$$\mathbf{A} = \begin{pmatrix} 0 & 0 & 2 & 3 \\ 3 & 4 & 0 & -1 \\ 4 & 4 & 7 & -8 \end{pmatrix}, \ \mathbf{B} = \begin{pmatrix} 3 & 4 & 0 & -1 \\ 0 & 0 & 4 & 6 \\ 1 & 0 & 7 & -7 \end{pmatrix} \text{라 할 때}$$

$\mathbf{A}$에 대하여 $r_1 \times 2 \rightarrow r_1'$, $r_1 \rightarrow r_2'$, $r_2 \rightarrow r_1'$, $r_3 + r_1 \times (-1) \rightarrow r_3'$ 등의 3가지 기본행연산을 순서대로 수행하면 $\mathbf{B}$가 된다. 따라서 $\mathbf{A}$와 $\mathbf{B}$는 행동치이다. ◀

정리 5.1 **행동치의 성질**

$\mathbf{Ax} = \mathbf{b}$와 $\mathbf{Cx} = \mathbf{d}$를 m개의 방정식과 n개의 미지수로 된 두 개의 연립일차방정식이라 하자. 확대행렬 $(\mathbf{A} \mid \mathbf{b})$와 $(\mathbf{C} \mid \mathbf{d})$이 행동치이면 두 연립일차방정식은 같은 해를 갖는다.

증명

확대행렬에 기본행연산을 수행하는 것은 연립방정식의 해를 구하기 위해 3가지 변환작업을 수행하는 것과 같다는 사실, 그리고 행동치의 정의로부터 주어진 두 연립방정식은 같은 해를 갖는다. ■

2.5 기본행렬

항등행렬 $\mathbf{I}_n$에 한 번의 기본행연산을 수행하여 얻은 행렬을 기본행렬(基本行列, elementary matrix)이라 한다.

예

$$\mathbf{E}_1=\begin{pmatrix}0&0&1\\0&1&0\\1&0&0\end{pmatrix},\ \mathbf{E}_2=\begin{pmatrix}-3&0&0\\0&1&0\\0&0&1\end{pmatrix},\ \mathbf{E}_3=\begin{pmatrix}1&0&0\\0&1&0\\2&0&1\end{pmatrix}$$

$\mathbf{E}_1$은 $\mathbf{I}_3$에서 $r_1\to r_3'$, $r_3\to r_1'$(1행과 3행을 교환하는 기본행연산)을 수행한 결과로 기본행렬이다. $\mathbf{E}_2$는 $\mathbf{I}_3$에서 $r_1\times(-3)\to r_1'$(첫 번째 행에 -3을 곱한 결과를 새로운 행렬의 첫 번째 행으로 놓는 기본행연산)을 수행한 결과로 기본행렬이다. $\mathbf{E}_3$은 $\mathbf{I}_3$에서 $r_3+r_1\times(2)\to r_3'$(첫 번째 행에 2를 곱하고 이를 세 번째 행에 더하여 새로운 행렬의 세 번째 행으로 놓는 기본행연산)을 수행한 결과로 기본행렬이다. ◀

정리 5.2 **행동치와 기본행렬**

$m\times n$ 행렬 $\mathbf{A}$에 한 번의 기본행연산을 수행한 결과가 $\mathbf{B}$라고 하자. 그리고 $\mathbf{E}$를 $\mathbf{A}$에 적용한 것과 같은 기본행연산을 $\mathbf{I}_m$에 적용하여 얻은 기본행렬이라 하자. 그러면 $\mathbf{B}=\mathbf{EA}$이 성립한다.

증명

생략 ■

예

$$\mathbf{A}=\begin{pmatrix}3&1&2&1\\2&-1&3&4\\0&3&1&2\end{pmatrix},\ \mathbf{E}_1=\begin{pmatrix}0&0&1\\0&1&0\\1&0&0\end{pmatrix},$$

$$\mathbf{E}_2=\begin{pmatrix}-3&0&0\\0&1&0\\0&0&1\end{pmatrix},\ \mathbf{E}_3=\begin{pmatrix}1&0&0\\0&1&0\\2&0&1\end{pmatrix}$$

일 때

$$\mathbf{E}_1\mathbf{A} = \begin{pmatrix} 0 & 0 & 1 \\ 0 & 1 & 0 \\ 1 & 0 & 0 \end{pmatrix}\begin{pmatrix} 3 & 1 & 2 & 1 \\ 2 & -1 & 3 & 4 \\ 0 & 3 & 1 & 2 \end{pmatrix} = \begin{pmatrix} 0 & 3 & 1 & 2 \\ 2 & -1 & 3 & 4 \\ 3 & 1 & 2 & 1 \end{pmatrix}$$

은 $\mathbf{A}$에 $r_1 \to r_3'$, $r_3 \to r_1'$(1행과 3행을 교환하는 기본행연산)을 수행한 결과이다.

$$\mathbf{E}_2\mathbf{A} = \begin{pmatrix} -3 & 0 & 0 \\ 0 & 1 & 0 \\ 0 & 0 & 1 \end{pmatrix}\begin{pmatrix} 3 & 1 & 2 & 1 \\ 2 & -1 & 3 & 4 \\ 0 & 3 & 1 & 2 \end{pmatrix} = \begin{pmatrix} -9 & -3 & -6 & -3 \\ 2 & -1 & 3 & 4 \\ 0 & 3 & 1 & 2 \end{pmatrix}$$

은 $\mathbf{A}$에 $r_1 \times (-3) \to r_1'$(첫 번째 행에 -3을 곱한 결과를 새로운 행렬의 첫 번째 행으로 놓는 기본행연산)을 수행한 결과이다.

$$\mathbf{E}_3\mathbf{A} = \begin{pmatrix} 1 & 0 & 0 \\ 0 & 1 & 0 \\ 2 & 0 & 1 \end{pmatrix}\begin{pmatrix} 3 & 1 & 2 & 1 \\ 2 & -1 & 3 & 4 \\ 0 & 3 & 1 & 2 \end{pmatrix} = \begin{pmatrix} 3 & 1 & 2 & 1 \\ 2 & -1 & 3 & 4 \\ 6 & 5 & 5 & 4 \end{pmatrix}$$

은 $\mathbf{A}$에 $r_3 + r_1 \times (2) \to r_3'$(첫 번째 행에 2를 곱하고 이를 세 번째 행에 더하여 새로운 행렬의 세 번째 행으로 놓는 기본행연산)을 수행한 결과이다.

◀

정리 5.3 행동치와 기본행렬

$m \times n$ 행렬 $\mathbf{A}$와 $\mathbf{B}$에 대해서 $\mathbf{A}$와 $\mathbf{B}$가 행동치이면

$$\mathbf{B} = \mathbf{E}_k\mathbf{E}_{k-1}\cdots\mathbf{E}_2\mathbf{E}_1\mathbf{A}$$

을 만족하는 기본행렬 $\mathbf{E}_1, \mathbf{E}_2, \ldots, \mathbf{E}_k$이 존재하며 그 역도 성립한다.

증명

$\mathbf{A}$와 $\mathbf{B}$가 행동치이면 (행동치의 정의로부터) $\mathbf{B}$는 $\mathbf{A}$에 대하여 유한 번의 기본행연산을 수행하여 얻을 수 있다. 이는 $\mathbf{B} = \mathbf{E}_k\mathbf{E}_{k-1}\cdots\mathbf{E}_2\mathbf{E}_1\mathbf{A}$을 만족하는 기본행렬 $\mathbf{E}_1$, $\mathbf{E}_2, \ldots, \mathbf{E}_k$이 존재함을 의미한다.

$\mathbf{B} = \mathbf{E}_k\mathbf{E}_{k-1}\cdots\mathbf{E}_2\mathbf{E}_1\mathbf{A}$을 만족하는 기본행렬 $\mathbf{E}_1, \mathbf{E}_2, \ldots, \mathbf{E}_k$이 존재하면 $\mathbf{B}$는 $\mathbf{A}$에 대하여 유한 번의 기본행연산을 수행하여 얻을 수 있으며 이는 $\mathbf{A}$가 $\mathbf{B}$와 행동치임을 의미한다. ■

예

$$\mathbf{A}=\begin{pmatrix}3&1&2&1\\2&-1&3&4\\0&3&1&2\end{pmatrix},\ \mathbf{E}_1=\begin{pmatrix}0&0&1\\0&1&0\\1&0&0\end{pmatrix},$$

$$\mathbf{E}_2=\begin{pmatrix}-3&0&0\\0&1&0\\0&0&1\end{pmatrix},\ \mathbf{E}_3=\begin{pmatrix}1&0&0\\0&1&0\\2&0&1\end{pmatrix}$$

에서 $\mathbf{A}$에 $r_3 \rightleftarrows r_1$(1행과 3행을 교환하는 기본행연산), $r_1\times(-3)\to r_1'$(첫 번째 행에 −3을 곱한 결과를 새로운 행렬의 첫 번째 행으로 놓는 기본행연산), $r_3+r_1\times(2)\to r_3'$(첫 번째 행에 2를 곱하고 이를 세 번째 행에 더하여 새로운 행렬의 세 번째 행으로 놓는 기본행연산)을 순서대로 수행하면

$$\begin{pmatrix}0&-9&-3&-6\\2&-1&3&4\\3&-17&-4&-11\end{pmatrix}$$

이 되며 이는 $\mathbf{E}_3\mathbf{E}_2\mathbf{E}_1\mathbf{A}$와 같다. 즉

$$\begin{pmatrix}0&-9&-3&-6\\2&-1&3&4\\3&-17&-4&-11\end{pmatrix}=\mathbf{E}_3\mathbf{E}_2\mathbf{E}_1\mathbf{A}=\begin{pmatrix}0&0&-3\\0&1&0\\1&0&-6\end{pmatrix}\begin{pmatrix}3&1&2&1\\2&-1&3&4\\0&3&1&2\end{pmatrix}$$

이다. ◀

2.6 행사다리꼴행렬

$m\times n$ 행렬이 다음 3가지 성질을 만족하면 이를 행사다리꼴행렬(行사다리꼴行列, row echelon form matrix)이라 한다.

① 0으로만 구성된 행은 행렬의 아래쪽에 위치해야 한다.
② 각 행의 0이 아닌 첫 번째 요소는 1이어야 한다. 이때 1인 첫 번째 요소를 선행1(先行1, leading 1)이라 한다.
③ 선두 1의 위치는 아래쪽 행일수록 오른쪽 열에 있어야 한다.

예

다음 행렬은 행사다리꼴행렬이 될 수 없다.

$$\begin{pmatrix} 1 & 1 & 2 & -3 \\ 0 & 1 & -1 & 3 \\ 0 & 1 & 1 & 0 \end{pmatrix}$$

다음 행렬은 행사다리꼴행렬의 조건을 모두 만족하고 있다.

$$\begin{pmatrix} 1 & 0 & 0 & -1 & 2 \\ 0 & 0 & 1 & 0 & 0 \\ 0 & 0 & 0 & 0 & 1 \end{pmatrix}$$ ◀

2.7 가우스소거법

연립일차방정식 $\mathbf{Ax} = \mathbf{b}$의 해를 구하기 위한 가우스소거법(가우스消去法, Gaussian elimination method)[2]의 절차는 다음과 같다.

단계 1 확대행렬 $(\mathbf{A} \mid \mathbf{b})$을 구성한다.

단계 2 기본행연산을 사용하여 확대행렬을 행사다리꼴행렬로 변환한다.

단계 3 단계 2로부터 구한 행사다리꼴행렬에 대응하는 연립일차방정식은 원래 주어진 연립일차방정식과 같은 해를 갖는다. 행사다리꼴행렬의 각 행에 대응하는 방정식을 선행변수(先行變數, leading variable)에 대해서 풀어 해를 구한다. 행사다리꼴행렬에서 모두 0으로 된 행에 대응하는 방정식은 어떤 변수값에 대해서도 만족하므로 무시한다.

---

2) 가우스(Carl Friedrich Gauss)는 독일의 브룬스위크에서 가난한 노동자계급의 가정에서 1777년에 태어났으며 1855년에 독일의 괴팅겐에서 사망한 세계에서 가장 유명한 수학자이다. 그는 어린시절 아버지로부터 '몽상에 빠진 아이'라는 말을 들으며 그의 천재적 재능을 인정받지 못했다. 그러나 그를 가르친 선생님의 배려로 장학금을 받으며 중학교에 다닐 수 있게 되었고 그곳에서 10대를 보내며 수론(number theory)에서의 많은 발견을 하게 되며 이 시절 비유클리드기하학(non Euclidean geometry)에 대하여 생각하기 시작하였다. 가우스가 발표한 논문은 수론, 천문학, 지리학, 통계학, 미분기하학, 자기학(magnetism) 등에 걸쳐 있다. 그의 일기나 발표되지 않은 노트에는 논문으로 발표되지 않은 많은 다른 발견들이 들어 있다.

예

다음의 연립방정식의 해를 가우스소거법으로 구해보자.

$$\begin{aligned} x + y + 2z - 5w &= 3 \\ 2x + 5y - z - 9w &= -3 \\ 2x + y - z + 3w &= -11 \\ x - 3y + 2z + 7w &= -5 \end{aligned}$$

풀이

다음은 주어진 연립방정식의 확대행렬이다.

$$\left(\begin{array}{rrrr|r} 1 & 1 & 2 & -5 & 3 \\ 2 & 5 & -1 & -9 & -3 \\ 2 & 1 & -1 & 3 & -11 \\ 1 & -3 & 2 & 7 & -5 \end{array}\right)$$

가장 왼쪽 열의 가장 위에 있는 요소가 0이면 이 값이 0이 되지 않도록 하기 위해 다른 행과 교환한다. 가장 왼쪽 열의 가장 위에 있는 요소가 0이 아니면서 1도 아니면 이 값이 1이 되도록 기본행연산을 수행한다. 그리고 나머지 요소가 모두 0이 되도록 기본행연산을 수행한다. 이를 위한 기본행연산 $r_2 - 2r_1 \to {r_2}'$, $r_3 - 2r_1 \to {r_3}'$, $r_4 - r_1 \to {r_4}'$을 수행하면 위의 확대행렬은 다음과 같이 변형된다.

$$\left(\begin{array}{rrrr|r} 1 & 1 & 2 & -5 & 3 \\ 0 & 3 & -5 & 1 & -9 \\ 0 & -1 & -5 & 13 & -17 \\ 0 & -4 & 0 & 12 & -8 \end{array}\right)$$

첫 번째 행과 첫 번째 열을 제외한 나머지 요소로 구성된 행렬에 대하여 같은 작업을 반복한다. 즉 기본행연산 $r_2 \times 1/3 \to r_2'$, $r_3 + r_2' \to r_3'$, $r_4 + r_2' \times 4 \to r_4'$을 수행하면 위의 행렬은 다음과 같이 변형된다.

$$\left(\begin{array}{rrrr|r} 1 & 1 & 2 & -5 & 3 \\ 0 & 1 & -5/3 & 1/3 & -3 \\ 0 & 0 & -20/3 & 40/3 & -20 \\ 0 & 0 & -20/3 & 40/3 & -20 \end{array}\right)$$

첫 번째 및 두 번째 행과 첫 번째 및 두 번째 열을 제외한 나머지 요소로 구성된 행렬에 대하여 같은 작업을 반복한다. 기본행연산 $r_3 \times (-3/20) \to r_3{}'$, $r_4 + r_3 \times (-1) \to r_4{}'$ 을 수행하면 위의 행렬은 다음과 같이 변형된다.

$$\begin{pmatrix} 1 & 1 & 2 & -5 & 3 \\ 0 & 1 & -5/3 & 1/3 & -3 \\ 0 & 0 & 1 & -2 & 3 \\ 0 & 0 & 0 & 0 & 0 \end{pmatrix}$$

이 확대행렬을 연립방정식으로 나타내면

$$\begin{aligned} x + y + 2z - 5w &= 3 \\ y - 5/3\,z + 1/3\,w &= -3 \\ z - 2w &= 3 \end{aligned}$$

이 된다. 이를 선두변수에 대해서 풀면

$$\begin{aligned} x &= -y - 2z + 5w + 3 \\ y &= 5/3\,z - 1/3\,w - 3 \\ z &= 2w + 3 \end{aligned}$$

을 얻는데 w는 임의의 값을 취하므로 이를 문자(매개변수) $t\,(\in \mathbb{R})$라 놓으면 해집합으로

$$w = t,\ z = 2t + 3,\ y = 3t + 2,\ x = -2t - 5,\ t \in \mathbb{R}$$

을 얻는다. 이 해집합은 다음과 같이 나타낼 수도 있다.

$$\begin{pmatrix} x \\ y \\ z \\ w \end{pmatrix} = \begin{pmatrix} -5 - 2t \\ 2 + 3t \\ 3 + 2t \\ t \end{pmatrix} = \begin{pmatrix} -5 \\ 2 \\ 3 \\ 0 \end{pmatrix} + \begin{pmatrix} -2 \\ 3 \\ 2 \\ 1 \end{pmatrix} t,\ t \in \mathbb{R}$$ ◀

2.8 기약행사다리꼴행렬

기약행사다리꼴행렬(既約行사다리꼴行列, reduced row echelon form matrix)은 행사다리꼴행렬이 만족해야 하는 3가지 성질을 모두 만족하고 다음과 같은 네 번째

조건을 추가로 만족하는 행렬이다.

④ 선두 1이 포함된 열에서 선두 1을 제외한 모든 요소는 0이다.

예

$$\mathbf{A}=\begin{pmatrix}1&0&0&3\\0&1&0&5\\0&0&1&2\end{pmatrix},\ \mathbf{B}=\begin{pmatrix}1&3&0&0&2\\0&0&1&0&1\\0&0&0&1&0\end{pmatrix},\ \mathbf{C}=\begin{pmatrix}1&0&0&4&0\\0&0&1&0&0\\0&0&0&0&1\\0&0&0&0&0\\0&0&0&0&0\end{pmatrix},$$

$$\mathbf{D}=\begin{pmatrix}1&2&0&3\\0&0&0&0\\0&0&1&-2\end{pmatrix},\ \mathbf{E}=\begin{pmatrix}1&0&0&3\\0&2&-1&5\\0&0&1&-2\end{pmatrix},\ \mathbf{F}=\begin{pmatrix}1&0&2&3\\0&1&-1&5\\0&1&2&2\\0&0&0&0\end{pmatrix},$$

$$\mathbf{G}=\begin{pmatrix}1&2&2&3\\0&1&-1&5\\0&0&1&2\\0&0&0&0\end{pmatrix}$$

에서 $\mathbf{A}, \mathbf{B}, \mathbf{C}$ 등은 기약행사다리꼴행렬이고 $\mathbf{D}, \mathbf{E}, \mathbf{F}, \mathbf{G}$ 등은 기약행사다리꼴행렬이 아니다. ◀

2.9 가우스조단소거법

연립일차방정식 $\mathbf{Ax}=\mathbf{b}$의 해를 구하기 위한 가우스조단소거법(Gauss-Jordan elimination method)의 절차는 다음과 같다.

단계 1 확대행렬 $(\mathbf{A} \mid \mathbf{b})$을 구성한다.

단계 2 기본행연산을 사용하여 확대행렬을 기약행사다리꼴행렬로 변환한다.

단계 3 단계 2로부터 구한 기약행사다리꼴행렬에 대응하는 연립일차방정식은 원래 주어진 연립일차방정식과 같은 해를 갖는다. 기약행사다리꼴행렬의 각 행에 대응하는 방정식을 선행변수에 대해서 풀어 해를 구한다. 기약행사다리꼴행렬에서 모두 0으로 된 행에 대응하는 방정식은 어떤 변수값에 대해서도 만족하므로 무시한다.

예 확대행렬이 다음과 같은 연립일차방정식의 해를 구하시오.

$$(\mathbf{A}|\mathbf{b})=\begin{pmatrix}1 & 2 & 0 & -3 & 1 & 0 & 2\\ 1 & 2 & 1 & -3 & 1 & 2 & 3\\ 1 & 2 & 0 & -3 & 2 & 1 & 4\\ 3 & 6 & 1 & -9 & 4 & 3 & 9\end{pmatrix}$$

풀이

확대행렬에서 1행의 선두 1이 포함된 열에서 선두 1을 제외한 나머지 요소를 0으로 만들기 위해 기본행연산

$$r_2 + r_1 \times (-1) \rightarrow r_2{}'$$
$$r_3 + r_1 \times (-1) \rightarrow r_3{}'$$
$$r_4 + r_1 \times (-3) \rightarrow r_4{}'$$

을 수행하면 다음과 같이 변형된다.

$$\begin{pmatrix}1 & 2 & 0 & -3 & 1 & 0 & 2\\ 0 & 0 & 1 & 0 & 0 & 2 & 1\\ 0 & 0 & 0 & 0 & 1 & 1 & 2\\ 0 & 0 & 1 & 0 & 1 & 3 & 3\end{pmatrix}$$

2행의 선두 1이 포함된 열에서 선두 1을 제외한 나머지 요소를 0으로 만들기 위해 기본행연산

$$r_4 + r_2 \times (-1) \rightarrow r_4{}'$$

을 수행하면 다음과 같이 변형된다.

$$\begin{pmatrix}1 & 2 & 0 & -3 & 1 & 0 & 2\\ 0 & 0 & 1 & 0 & 0 & 2 & 1\\ 0 & 0 & 0 & 0 & 1 & 1 & 2\\ 0 & 0 & 0 & 0 & 1 & 1 & 2\end{pmatrix}$$

위의 행렬에서 3행의 선두 1이 포함된 열에서 선두 1을 제외한 나머지 요소를 0으로 만들기 위해 기본행연산

$$r_1 + r_3 \times (-1) \rightarrow r_1{}'$$
$$r_4 + r_3 \times (-1) \rightarrow r_4{}'$$

을 수행하면 다음과 같이 변형된다.

$$\begin{pmatrix} 1 & 2 & 0 & -3 & 0 & -1 & 0 \\ 0 & 0 & 1 & 0 & 0 & 2 & 1 \\ 0 & 0 & 0 & 0 & 1 & 1 & 2 \\ 0 & 0 & 0 & 0 & 0 & 0 & 0 \end{pmatrix}$$

위 행렬에 대응하는 연립일차방정식은

$$\begin{array}{rcrcrcrcrcrcr} x_1 & + & 2x_2 & & & - & 3x_4 & & & - & x_6 & = & 0 \\ & & & & x_3 & & & & & + & 2x_6 & = & 1 \\ & & & & & & & & x_5 & + & x_6 & = & 2 \end{array}$$

이다. 선두변수가 아닌 x_2, x_4, x_6은 각각 임의의 실수를 나타내는 문자(매개변수) t, s, r로 나타내고 각 방정식을 선두변수에 대해서 풀면

$$\begin{array}{rcrcrcrcr} x_1 & = & & & r & + & 3s & - & 2t \\ x_2 & = & & & & & & & t \\ x_3 & = & 1 & - & 2r & & & & \\ x_4 & = & & & & & s & & \\ x_5 & = & 2 & - & r & & & & \\ x_6 & = & & & r & & & & \end{array}, \quad r, s, t \in \mathbb{R}$$

이다. ◀

예

다음의 연립방정식의 해를 가우스조단소거법으로 구해보자.

$$\begin{array}{rcrcrcrcr} x & + & 2y & + & 3z & + & 4w & = & 5 \\ x & + & 3y & + & 5z & + & 7w & = & 11 \\ x & & & - & z & - & 2w & = & -6 \end{array}$$

풀이

이 연립일차방정식의 확대행렬은

$$\begin{pmatrix} 1 & 2 & 3 & 4 & 5 \\ 1 & 3 & 5 & 7 & 11 \\ 1 & 0 & -1 & -2 & -6 \end{pmatrix}$$

이다. 이를 기약행사다리꼴행렬로 변형시키면

$$\begin{pmatrix} 1 & 0 & -1 & -2 & 0 \\ 0 & 1 & 2 & 3 & 0 \\ 0 & 0 & 0 & 0 & 1 \end{pmatrix}$$

이 된다. 이 행렬에 대응되는 연립일차방정식의 3번째 방정식은

$$0x + 0y + 0z + 0w = 1$$

이며 이를 만족하는 미지수 x, y, z, w의 값은 존재하지 않는다. 따라서 문제에서 주어진 연립일차방정식의 해는 존재하지 않는다. ◀

2.10 동차연립일차방정식

다음과 같은 형태의 연립방정식을 동차연립일차방정식(同次聯立方程式, homogeneous linear equation system)이라 한다.

$$\begin{array}{ccccccccc} a_{11}x_1 & + & a_{12}x_2 & + & \cdots & + & a_{1n}x_n & = & 0 \\ a_{21}x_1 & + & a_{22}x_2 & + & \cdots & + & a_{2n}x_n & = & 0 \\ \vdots & & \vdots & & \vdots & & \vdots & & \vdots \\ a_{m1}x_1 & + & a_{m2}x_2 & + & \cdots & + & a_{mn}x_n & = & 0 \end{array}$$

이는 다음과 같은 행렬형태로 다시 나타낼 수 있다.

$$\mathbf{Ax} = \mathbf{0}$$

모든 변수가 0인 해 $x_1 = x_2 = \cdots = x_n = 0$을 자명해(自明解, trivial solution)라고 부르며 그렇지 않은 해를 비자명해(非自明解, nontrivial solution)라고 부른다. 어떤 동차연립일차방정식은 자명해만을 갖는다. 그리고 어떤 동차연립일차방정식은 자명해와 비자명해를 모두 갖는다.

정리 5.4 **동차연립일차방정식의 성질**

방정식의 수가 m개이고 변수의 수가 n개인 동차연립일차방정식에서 $m < n$ 이면 이 동차연립일차방정식은 항상 비자명해를 갖는다.

증명

$\mathbf{A}$와 $\mathbf{C}$는 $m \times n$ 행렬이고 $\mathbf{C}$를 $\mathbf{A}$와 행동치인 기약행사다리꼴행렬이라 하자. 그러면 ([정리 5.1]로부터) 동차연립일차방정식 $\mathbf{Ax} = \mathbf{0}$와 $\mathbf{Cx} = \mathbf{0}$는 같은 해를 갖는다. $\mathbf{C}$에서 0이 아닌 요소가 포함되어 있는 행의 수를 r이라 하면 $r \le m$이다. $m < n$이라면 자명하게 $r < n$이다. n개의 미지수를 갖는 r개의 방정식을 r개의 미지수에 대해서 $n - r$개의 나머지 미지수로 풀 수 있다. 여기서 $n - r$개의 나머지 미지수는 임의의 실수를 값으로 취할 수 있다. 따라서 $n - r$개의 나머지 미지수 중에서 하나를 0이 아닌 값으로 놓으면 $\mathbf{Cx} = \mathbf{0}$의 비자명해를 구할 수 있으며 이는 곧 $\mathbf{Ax} = \mathbf{0}$의 비자명해가 된다. ■

예

동차연립일차방정식

$$\begin{aligned} x + y + z &= 0 \\ x - y &= 0 \end{aligned}$$

의 확대행렬은

$$\begin{pmatrix} 1 & 1 & 1 & 0 \\ 1 & -1 & 0 & 0 \end{pmatrix}$$

이며 이를 기약가우스형태로 변형시키면

$$\begin{pmatrix} 1 & 0 & \frac{1}{2} & 0 \\ 0 & 1 & \frac{1}{2} & 0 \end{pmatrix}$$

이 된다. 따라서 위의 동차연립일차방정식에 대한 해는

$$\begin{aligned} x &= -\tfrac{1}{2}r \\ y &= -\tfrac{1}{2}r, \quad r \in \mathbb{R} \\ z &= r \end{aligned}$$

이다. 이 동차연립일차방정식은 비자명해를 갖는다. ◀

예

동차연립일차방정식

$$\begin{array}{rcrcrcl} x & + & 2y & + & 3z & = & 0 \\ -x & + & 3y & + & 2y & = & 0 \\ 2x & + & y & - & 2z & = & 0 \end{array}$$

의 확대행렬은

$$\begin{pmatrix} 1 & 2 & 3 & 0 \\ -1 & 3 & 2 & 0 \\ 2 & 1 & -2 & 0 \end{pmatrix}$$

이며 이를 기약가우스형태로 변형시키면

$$\begin{pmatrix} 1 & 0 & 0 & 0 \\ 0 & 1 & 0 & 0 \\ 0 & 0 & 1 & 0 \end{pmatrix}$$

이 된다. 따라서 위의 동차연립일차방정식에 대한 해는

$$x = y = z = 0$$

이다. 이 동차연립일차방정식은 자명해만을 갖는다. ◀

제3절 LU분해

3.1 LU분해

정방행렬 $\mathbf{A}$를

$$\mathbf{A} = \mathbf{LU}$$

의 형식으로 분해하는, 즉 하삼각행렬 $\mathbf{L}$과 상삼각행렬 $\mathbf{U}$의 곱으로 나타내는 것을 LU분해(LU-decomposition)라고 한다. LU분해는 연립일차방정식 $\mathbf{Ax} = \mathbf{b}$을 컴퓨터에서 풀 때 가장 널리 채택되는 알고리즘의 기반을 제공한다.

정리 5.5 **LU분해의 성질**

정방행렬 $\mathbf{A}$가 행교환(기본행연산 ①)을 제외한 기본행연산(②, ③)으로 행사다리꼴행렬로 변경될 수 있으면 $\mathbf{A}$는 LU분해가 가능하다.

증명

(이 증명에서는 비특이행렬 및 역행렬의 개념이 사용되며 이는 제5장에서 설명된다) 정방행렬 $\mathbf{A}$가 행교환(기본행연산 ①)을 제외한 기본행연산(②, ③)으로 행사다리꼴 행렬 $\mathbf{U}$로 변경될 수 있다고 가정하자. 행동치와 기본행렬에 관한 [정리 5.3]으로부터

$$\mathbf{U} = \mathbf{E}_k\mathbf{E}_{k-1}\cdots\mathbf{E}_2\mathbf{E}_1\mathbf{A} \tag{5.9}$$

을 만족하는 기본행렬 $\mathbf{E}_1, \mathbf{E}_2, \cdots, \mathbf{E}_k$이 존재한다. 기본행렬은 비특이행렬이며 식 (5.9)는 $\mathbf{A}$에 대하여 풀어 다음과 같이 나타낼 수 있다.

$$\mathbf{A} = \mathbf{E}_1^{-1}\mathbf{E}_2^{-1}\cdots\mathbf{E}_k^{-1}\mathbf{U} \tag{5.10}$$

여기서 $\mathbf{E}_1^{-1}, \mathbf{E}_2^{-1}, \cdots, \mathbf{E}_k^{-1}$은 각각 $\mathbf{E}_1, \mathbf{E}_2, \cdots, \mathbf{E}_k$의 역행렬이다. 식 (5.10)은 $\mathbf{L} = \mathbf{E}_1^{-1}\mathbf{E}_2^{-1}\cdots\mathbf{E}_k^{-1}$로 놓고 간단히

$$\mathbf{A} = \mathbf{LU} \tag{5.11}$$

로 나타낼 수 있다. 이제 $\mathbf{U}$가 상삼각행렬이고 $\mathbf{L}$이 하삼각행렬임을 보이면 식 (5.11)은 $\mathbf{A}$의 LU분해가 된다. $\mathbf{U}$는 정방행렬이며 행사다리꼴행렬이므로 상삼각행렬이다. $\mathbf{L}$이 하삼각행렬임을 보이는 데는 다음의 두 가지 사실이 필요하다. 첫 번째는 $\mathbf{U}$가 $\mathbf{A}$로부터 변형되는 과정에서 행교환(기본행연산 ①)이 사용되지 않는다는 사실이고 두 번째는 $\mathbf{U}$가 $\mathbf{A}$로부터 변형되면서 p행에 0이 도입되는 과정에서 $r_p + r_q \times \alpha \to r_p'$ (q번째 행에 $\alpha(\alpha \neq 0)$를 곱하고 이를 p번째 행에 더하여 새로운 행렬의 p번째 행으로 놓는 기본행연산)이 사용될 때 α가 곱해지는 q행보다 p행이 아래쪽 행이라는 사실이 필요하다. 이 두 가지 사실로부터 식 (5.9)의 각 기본행렬은 $\mathbf{I}_n$에서 $r_p \times \alpha \to r_p'$ (p번째 행에 α를 곱한 결과를 새로운 행렬의 p번째 행으로 놓는 기본행연산) 또는 $r_p + r_q \times \alpha \to r_p'$ (q번째 행에 $\alpha(\alpha \neq 0)$를 곱하고 이를 p번째 행에 더하여 새로운 행렬의 p번째 행으로 놓는 기본행연산인데 q행보다 p행이 아래쪽 행)으로 얻은 것임을 알 수 있다. 두 가지 경우 모두 만들어지는 기본행렬이 하삼각행렬임은 쉽게 알 수 있다. 하삼각행렬의 역행렬은 역시 하삼각행렬이며 여러 개의 하삼각행렬의 곱셈의 결과 또한 하삼각행렬이다. 이로부터 $\mathbf{L}$은 하삼각행렬이다. ■

3.2 LU분해절차

다음과 같은 절차로 정방행렬 $\mathbf{A}$에 대한 LU분해를 얻을 수 있다. 정방행렬 $\mathbf{A}$를 행교환(기본행연산 ①)을 제외한 기본행연산(②, ③)으로 행사다리꼴행렬 $\mathbf{U}$로 변경시킨다. 선두 1을 도입하는 데 사용된 승수의 역수와 선두 1 아래의 요소를 영으로 만드는 데 사용된 승수에 -1을 곱한 값을 보관하여 $\mathbf{L}$을 만든다. $\mathbf{L}$을 만들 때 $\mathbf{U}$에 도입된 선두 1과 같은 위치에 선두 1을 도입하는 데 사용된 승수의 역수를 놓는다. 그리고 $\mathbf{U}$의 선두 1의 아래에 도입된 영과 같은 위치에 영을 만드는 데 사용된 승수에 -1을 곱한 값을 놓는다.

예

$$\mathbf{A}=\begin{pmatrix}-3 & -6 & 3\\ 6 & 0 & 2\\ 4 & 7 & -4\end{pmatrix}$$

의 LU분해를 구하시오.

풀이

(1행 선두 1) $\mathbf{A}$에 $r_1\times\left(-\frac{1}{3}\right)\rightarrow r_1{}'$ (-3 보관)을 수행하면

$$\begin{pmatrix}1 & 2 & -1\\ 6 & 0 & 2\\ 4 & 7 & -4\end{pmatrix}$$

이다.

(1행 선두 1 아래의 요소) $r_2+r_1(-6)\rightarrow r_2{}'$, $r_3+r_1(-4)\rightarrow r_3{}'$ (6, 4 보관)을 수행하면

$$\begin{pmatrix}1 & 2 & -1\\ 0 & -12 & 8\\ 0 & -1 & 0\end{pmatrix}$$

이다.

(2행 선두 1) $r_2\times\left(-\frac{1}{12}\right)\rightarrow r_2{}'$ (-12 보관)을 수행하면

$$\begin{pmatrix} 1 & 2 & -1 \\ 0 & 1 & -\frac{2}{3} \\ 0 & -1 & 0 \end{pmatrix}$$

이다.

(2행 선두 1 아래의 요소) $r_3 + r_2 \times (1) \to r_3{}'$ $(-1$ 보관)을 수행하면

$$\begin{pmatrix} 1 & 2 & -1 \\ 0 & 1 & -\frac{2}{3} \\ 0 & 0 & -\frac{2}{3} \end{pmatrix}$$

이다.

(3행 선두 1) $r_3 \times \left(-\frac{3}{2}\right) \to r_3{}'$ $(-\frac{2}{3}$ 보관)을 수행하면 행사다리꼴행렬이 되어

$$\mathbf{U} = \begin{pmatrix} 1 & 2 & -1 \\ 0 & 1 & -\frac{2}{3} \\ 0 & 0 & 1 \end{pmatrix}$$

이다. 보관된 값들로 $\mathbf{L}$을 구성하면

$$\mathbf{L} = \begin{pmatrix} -3 & 0 & 0 \\ 6 & -12 & 0 \\ 4 & -1 & -\frac{2}{3} \end{pmatrix}$$

이다. ◀

3.3 행교환과 치환행렬

항등행렬 $\mathbf{I}_n$에서 행을 교환하여 만든 행렬을 치환행렬(置換行列, permutation matrix)이라 한다.

예

항등행렬 $\mathbf{I}_4$에서 $r_1 \rightleftarrows r_2$, $r_2 \rightleftarrows r_4$을 순서대로 수행한 치환행렬을 구하시오.

풀이

$\mathbf{I}_4$ 의 행번호 순열 1234는 $r_1 \rightleftarrows r_2$ 을 수행하면 2134가 되고 다시 $r_2 \rightleftarrows r_4$ 을 수행하면 2431이 된다. 따라서

$$\begin{pmatrix} 0 & 1 & 0 & 0 \\ 0 & 0 & 0 & 1 \\ 0 & 0 & 1 & 0 \\ 1 & 0 & 0 & 0 \end{pmatrix}$$

이 된다. ◀

예 다음 행렬이 치환행렬인가를 판별하시오.

$$\mathbf{A} = \begin{pmatrix} 0 & 1 \\ 1 & 0 \end{pmatrix}, \ \mathbf{B} = \begin{pmatrix} 0 & 1 & 0 \\ 1 & 0 & 1 \\ 0 & 0 & 1 \end{pmatrix}, \ \mathbf{C} = \begin{pmatrix} 0 & 0 & 1 & 0 \\ 0 & 1 & 0 & 0 \\ 0 & 0 & 0 & 1 \\ 1 & 0 & 0 & 0 \end{pmatrix}$$

풀이

A와 **C**는 치환행렬이지만 **B**는 치환행렬이 되지 못한다. ◀

3.4 PLU분해

정방행렬 **A**를 행사다리꼴행렬 **U**로 변경시킬 때 주대각요소가 영인 경우가 발생할 수 있으며 이러한 경우에는 (아래쪽 행과의) 행교환 기본행연산이 사용되어야 한다. 또한 수치계산의 정확도를 높이기 위해 (아래쪽 행과의) 행교환이 사용될 수 있다. LU분해절차에서는 **A**를 행사다리꼴행렬 **U**로 변경시킬 때 행교환 기본행연산이 사용되지 않아야 한다. **A**에 필요한 행교환에 대응하는 치환행렬 **P**를 **A**의 좌측에 곱하여 **PA**를 구성하고 여기에 LU분해절차를 적용하여

$$\mathbf{PA} = \mathbf{LU} \tag{5.12}$$

을 만족하는 **L**과 **U**를 구할 수 있다. 식 (5.12)는

$$\mathbf{A} = \mathbf{P}^{-1}\mathbf{LU}$$

로 다시 나타낼 수 있으며 이를 행렬 **A** 의 PLU분해(PLU-Decomposition)라고 한다.

예

$$\mathbf{A} = \begin{pmatrix} 0 & 4 & 1 & 3 \\ 1 & 2 & 2 & -1 \\ 3 & 3 & 4 & 2 \\ 2 & 2 & -1 & 0 \end{pmatrix}$$

에서 $r_1 \rightleftarrows r_2$과 $r_2 \rightleftarrows r_4$를 순서대로 수행할 때의 PLU분해를 구하시오.

풀이

$\mathbf{I}_4$의 행번호 순열 1234는 $r_1 \rightleftarrows r_2$을 수행하면 2134가 되고 다시 $r_2 \rightleftarrows r_4$을 수행하면 2431이 된다. 따라서

$$\mathbf{P} = \begin{pmatrix} 0 & 1 & 0 & 0 \\ 0 & 0 & 0 & 1 \\ 0 & 0 & 1 & 0 \\ 1 & 0 & 0 & 0 \end{pmatrix}$$

이다. **PA**는

$$\mathbf{PA} = \begin{pmatrix} 1 & 2 & 2 & -1 \\ 2 & 2 & -1 & 0 \\ 3 & 3 & 4 & 2 \\ 0 & 4 & 1 & 3 \end{pmatrix}$$

이다.

(1행 선두 1) 현재 1이므로 $r_1 \times (1) \to r_1{'}$ (1 보관)이고 수행 결과는 주어진 **PA**와 같다.

(1행 선두 1 아래의 요소) $r_2 + r_1 \times (-2) \to r_2{'}$, $r_3 + r_1 \times (-3) \to r_3{'}$, $r_4 + r_1 \times (0) \to r_4{'}$ (2, 3, 0 보관)를 수행하면

$$\begin{pmatrix} 1 & 2 & 2 & -1 \\ 0 & -2 & -5 & 2 \\ 0 & -3 & -2 & 5 \\ 0 & 4 & 1 & 3 \end{pmatrix}$$

(2행 선두 1) $r_2 \times \left(-\frac{1}{2}\right) \to r_2{'}$ (-2 보관)

$$\begin{pmatrix} 1 & 2 & 2 & -1 \\ 0 & 1 & \frac{5}{2} & -1 \\ 0 & -3 & -2 & 5 \\ 0 & 4 & 1 & 3 \end{pmatrix}$$

(2행 선두 1 아래의 요소) $r_3 + r_2 \times (3) \rightarrow r_3{}'$, $r_4 + r_2 \times (-4) \rightarrow r_4{}'$ $(-3,\ 4$ 보관)

$$\begin{pmatrix} 1 & 2 & 2 & -1 \\ 0 & 1 & \frac{5}{2} & -1 \\ 0 & 0 & \frac{11}{2} & 2 \\ 0 & 0 & -9 & 7 \end{pmatrix}$$

(3행 선두 1) $r_3 \times \left(\frac{2}{11}\right) \rightarrow r_3{}'$ ($\frac{11}{2}$ 보관)

$$\begin{pmatrix} 1 & 2 & 2 & -1 \\ 0 & 1 & \frac{5}{2} & -1 \\ 0 & 0 & 1 & \frac{4}{11} \\ 0 & 0 & -9 & 7 \end{pmatrix}$$

(3행 선두 1 아래의 요소) $r_4 + r_3 \times (9) \rightarrow r_4{}'$ (-9 보관)

$$\begin{pmatrix} 1 & 2 & 2 & -1 \\ 0 & 1 & \frac{5}{2} & -1 \\ 0 & 0 & 1 & \frac{4}{11} \\ 0 & 0 & 0 & \frac{113}{11} \end{pmatrix}$$

(4행 선두 1) $r_4 \times \left(\frac{11}{113}\right) \rightarrow r_4{}'$ ($\frac{113}{11}$ 보관)

$$\mathbf{U} = \begin{pmatrix} 1 & 2 & 2 & -1 \\ 0 & 1 & \frac{5}{2} & -1 \\ 0 & 0 & 1 & \frac{4}{11} \\ 0 & 0 & 0 & 1 \end{pmatrix}$$

보관된 값들로 $\mathbf{L}$을 구성하면

$$\mathbf{L} = \begin{pmatrix} 1 & 0 & 0 & 0 \\ 2 & -2 & 0 & 0 \\ 3 & -3 & \frac{11}{2} & 0 \\ 0 & 4 & -9 & \frac{113}{11} \end{pmatrix}$$

이다. ◀

3.5 LU분해를 사용한 AX=B의 해법

연립일차방정식 $\mathbf{AX} = \mathbf{B}$에서 $\mathbf{A}$는 $n \times n$의 정방행렬이고 $\mathbf{L}$과 $\mathbf{U}$는 $\mathbf{A}$를 LU분해하여 구한 하삼각행렬과 상삼각행렬이라 하자. 다음의 절차로 $\mathbf{AX} = \mathbf{B}$의 해를 구할 수 있다.

단계 1 $\mathbf{AX} = \mathbf{B}$를 $\mathbf{LUX} = \mathbf{B}$로 나타낸다.

단계 2 $\mathbf{UX} = \mathbf{Y}$로 놓아 새로운 미지수 $\mathbf{Y}$를 정의하고 (1단계에서 나타낸) $\mathbf{LUX} = \mathbf{B}$을 $\mathbf{LY} = \mathbf{B}$로 나타낸다.

단계 3 (2단계에서 나타낸) $\mathbf{LY} = \mathbf{B}$을 전방대입법(前方代入法, forward substitution)으로 풀어 $\mathbf{Y}$를 구한다.

단계 4 (3단계에서 구한) $\mathbf{Y}$를 $\mathbf{UX} = \mathbf{Y}$에 대입하고 후방대입법(後方代入法, back substitution)으로 풀어 $\mathbf{X}$를 구한다.

예 미지수가 n개이고 방정식이 n개인 연립일차방정식 $\mathbf{AX} = \mathbf{B}$

$$\mathbf{A} = \begin{pmatrix} 6 & -2 & 0 \\ 9 & -1 & 1 \\ 3 & 7 & 5 \end{pmatrix}, \quad \mathbf{B} = \begin{pmatrix} 3 \\ 2 \\ 2 \end{pmatrix}$$

에서 $\mathbf{A}$를 LU분해하여 구한 하삼각행렬 $\mathbf{L}$과 상삼각행렬 $\mathbf{U}$가 각각

$$\mathbf{L} = \begin{pmatrix} 6 & 0 & 0 \\ 9 & 2 & 0 \\ 3 & 8 & 1 \end{pmatrix}, \quad \mathbf{U} = \begin{pmatrix} 1 & -\frac{1}{3} & 0 \\ 0 & 1 & \frac{1}{2} \\ 0 & 0 & 1 \end{pmatrix}$$

일 때 이들 $\mathbf{L}$과 $\mathbf{U}$를 사용하여 $\mathbf{AX} = \mathbf{B}$의 해를 구하시오.

풀이

$\mathbf{LY} = \mathbf{B}$

$$\begin{pmatrix} 6 & 0 & 0 \\ 9 & 2 & 0 \\ 3 & 8 & 1 \end{pmatrix} \begin{pmatrix} y_1 \\ y_2 \\ y_3 \end{pmatrix} = \begin{pmatrix} 3 \\ 2 \\ 2 \end{pmatrix}$$

는

$$\begin{array}{ccccccc} 6y_1 & & & & & = & 3 \\ 9y_1 & + & 2y_2 & & & = & 2 \\ 3y_1 & + & 8y_2 & + & y_3 & = & 2 \end{array}$$

로 다시 나타낼 수 있다. 전방대입법으로 위의 연립일차방정식을 만족하는 각 변수의 값을 구하면

$$\begin{aligned} y_1 &= \tfrac{1}{2} \\ y_2 &= (2 - 9y_1) \times \tfrac{1}{2} = \left(2 - 9 \times \tfrac{1}{2}\right) \times \tfrac{1}{2} = \tfrac{4-9}{2} \times \tfrac{1}{2} = -\tfrac{5}{4} \\ y_3 &= 2 - 3y_1 - 8y_2 = 2 - 3 \times \tfrac{1}{2} - 8 \times \left(-\tfrac{5}{4}\right) = \tfrac{8-6+40}{4} = \tfrac{42}{4} = \tfrac{21}{2} \end{aligned}$$

이다.

$\mathbf{UX} = \mathbf{Y}$

$$\begin{pmatrix} 1 & -\frac{1}{3} & 0 \\ 0 & 1 & \frac{1}{2} \\ 0 & 0 & 1 \end{pmatrix} \begin{pmatrix} x_1 \\ x_2 \\ x_3 \end{pmatrix} = \begin{pmatrix} \frac{1}{2} \\ -\frac{5}{4} \\ \frac{21}{2} \end{pmatrix}$$

는

$$\begin{array}{ccccccc} x_1 & - & \frac{1}{3}x_2 & & & = & \frac{1}{2} \\ & & x_2 & + & \frac{1}{2}x_3 & = & -\frac{5}{4} \\ & & & & x_3 & = & \frac{21}{2} \end{array}$$

으로 다시 나타낼 수 있다. 후방대입법(後方代入法, back substitution)으로 위의 연립일차방정식을 만족하는 각 변수의 값을 구하면

$$x_3 = \frac{21}{2}$$

$$x_2 = -\frac{5}{4} - \frac{1}{2}x_3 = -\frac{5}{4} - \frac{1}{2}\left(\frac{21}{2}\right) = -\frac{26}{4} = -\frac{13}{2}$$

$$x_1 = \frac{1}{2} + \frac{1}{3}x_2 = \frac{1}{2} + \frac{1}{3}\left(-\frac{13}{2}\right) = \frac{3-13}{6} = -\frac{10}{6} = -\frac{5}{3}$$

이다. ◀

연습문제

(1~4) 다음 방정식이 일차방정식인가를 결정하시오.

1. $x_1 + 3x_2 - \sqrt{5}x_3 = 1$

2. $x_1 + 2x_2 - x_1x_3 = 3$

3. $x_1 = -5x_2 + 2x_3$

4. $x_1^{2/5} - 3x_2 + x_3 = 3$

(5~8) 주어진 벡터가 다음의 연립일차방정식의 해가 되는가를 결정하시오.

$$\begin{array}{rcrcrcl} 2x_1 & - & 4x_2 & - & x_3 & = & 1 \\ x_1 & - & 2x_2 & + & x_3 & = & 1 \\ 3x_1 & - & 6x_2 & - & 3x_3 & = & 1 \end{array}$$

5. $\left(\frac{8}{3}, 1, \frac{1}{3}\right)$

6. $\left(\frac{4}{3}, 1, 0\right)$

7. $\left(\frac{2}{3}, 0, \frac{1}{3}\right)$

8. $\left(\frac{2}{3}, 1, \frac{1}{3}\right)$

(9~12) 다음 일차방정식의 해집합을 찾으시오.

9. $5x - 3y = 7$

10. $4x_1 - 5x_2 + 3x_3 = 7$

11. $-2x_1 + 8x_2 - 4x_3 + 7x_4 = 1$

12. $3u - 7v + 2w - x + 4y = 0$

(13~15) 다음 연립일차방정식에 대하여 확대행렬을 찾으시오.

13.
$$\begin{array}{rcrcr} 2x_1 & - & 3x_2 & = & -3 \\ 3x_1 & + & 4x_2 & = & 2 \\ 8x_1 & + & 3x_2 & = & 1 \end{array}$$

14.
$$\begin{array}{rcrcrcr} x_1 & & 2x_2 & + & & = & 1 \\ 3x_1 & - & x_2 & + & 5x_3 & = & 5 \\ 7x_1 & + & 2x_2 & - & x_3 & = & -3 \end{array}$$

15.
$$\begin{array}{rcrcrcrcrcr} x_1 & + & x_2 & & & - & x_4 & + & x_5 & = & 2 \\ & & 2x_2 & + & 3x_3 & & & - & x_5 & = & 1 \\ & & 2x_2 & - & x_3 & + & 5x_4 & & & = & 2 \end{array}$$

(16~18) 다음 확대행렬에 대응하는 연립일차방정식을 찾으시오.

16. $\begin{pmatrix} 1 & 0 & 0 \\ 2 & -3 & 0 \\ 0 & 2 & 1 \end{pmatrix}$

17. $\begin{pmatrix} 4 & 0 & -2 & 2 \\ 6 & 1 & 3 & -1 \\ 0 & -3 & 1 & 5 \end{pmatrix}$

18. $\begin{pmatrix} 1 & 2 & 3 & 1 & 1 \\ 5 & 2 & 1 & 0 & -2 \end{pmatrix}$

(19~21) $\mathbf{A}$에서 $\mathbf{B}$를 만들기 위해 수행한 기본행연산을 설명하시오.

19. $\mathbf{A} = \begin{pmatrix} 1 & 3 & 4 \\ -2 & 2 & 1 \\ 4 & 3 & -1 \end{pmatrix}, \ \mathbf{B} = \begin{pmatrix} 1 & 3 & 4 \\ -3 & -1 & -3 \\ 4 & 3 & -1 \end{pmatrix}$

20. $\mathbf{A} = \begin{pmatrix} -2 & 0 & 4 \\ 2 & 3 & -6 \\ 1 & 3 & 5 \end{pmatrix}, \ \mathbf{B} = \begin{pmatrix} 1 & 3 & 5 \\ 2 & 3 & -6 \\ -2 & 0 & 4 \end{pmatrix}$

21. $\mathbf{A} = \begin{pmatrix} 4 & 1 & -3 \\ 1 & -2 & 5 \\ 9 & 6 & 3 \end{pmatrix}, \ \mathbf{B} = \begin{pmatrix} 4 & 1 & -3 \\ 1 & -2 & 5 \\ 3 & 2 & 1 \end{pmatrix}$

(22~25) 행렬 $\mathbf{A}$, $\mathbf{B}$, $\mathbf{C}$, $\mathbf{D}$, $\mathbf{F}$가 다음과 같을 때 주어진 방정식을 만족하는 기본행렬 $\mathbf{E}$를 찾으시오.

$$\mathbf{A} = \begin{pmatrix} 2 & 3 & 1 \\ 3 & -6 & -2 \\ 9 & 1 & 4 \end{pmatrix}, \ \mathbf{B} = \begin{pmatrix} 9 & 1 & 4 \\ 3 & -6 & -2 \\ 2 & 3 & 1 \end{pmatrix}$$

$$\mathbf{C} = \begin{pmatrix} 2 & 3 & 1 \\ 3 & -6 & -2 \\ 5 & -5 & 2 \end{pmatrix}, \ \mathbf{D} = \begin{pmatrix} 9 & 1 & 4 \\ -9 & 18 & 6 \\ 2 & 3 & 1 \end{pmatrix}$$

$$\mathbf{F} = \begin{pmatrix} 9 & 1 & 4 \\ 7 & 0 & 0 \\ 2 & 3 & 1 \end{pmatrix}$$

22. $\mathbf{EA} = \mathbf{B}$

23. $\mathbf{EA} = \mathbf{C}$

24. $\mathbf{EB} = \mathbf{D}$

25. $\mathbf{EB} = \mathbf{F}$

(26~30) 다음 행렬이 행사다리꼴행렬 또는 기약행사다리꼴행렬의 조건을 만족하는가를 밝히시오.

26. $\begin{pmatrix} 1 & 0 & 0 & 3 \\ 0 & 0 & 1 & 2 \\ 0 & 1 & 0 & 2 \end{pmatrix}$

27. $\begin{pmatrix} 1 & 0 & 2 & 1 \\ 0 & 1 & 2 & 3 \end{pmatrix}$

28. $\begin{pmatrix} 1 & -5 & 4 & 4 \\ 0 & 1 & 3 & 5 \end{pmatrix}$

29. $\begin{pmatrix} 0 & 0 \\ 0 & 0 \\ 0 & 0 \end{pmatrix}$

30. $\begin{pmatrix} 1 & 2 & 0 & 4 & 0 \\ 1 & 0 & 3 & 3 & 0 \\ 0 & 0 & 0 & 0 & 1 \\ 0 & 0 & 0 & 0 & 0 \end{pmatrix}$

(31~34) 다음 연립일차방정식의 해를 가우스조단소거법으로 구하시오.

31. $$\begin{aligned} x_1 + x_2 + 2x_3 &= 8 \\ -x_1 - 2x_2 + 3x_3 &= 1 \\ 3x_1 - 7x_2 + 4x_3 &= 10 \end{aligned}$$

32. $$\begin{aligned} 2u + v + w &= 5 \\ 4u - 6v \quad &= -2 \\ -2u + 7v + 2w &= 9 \end{aligned}$$

33. $$\begin{aligned} x_2 + x_4 - 2x_5 &= 5 \\ 2x_2 + 3x_4 + 4x_5 &= 2 \end{aligned}$$

34. $$\begin{aligned} 4x_1 + 3x_2 + 2x_3 - x_4 &= 4 \\ 5x_1 + 4x_2 + 3x_3 - x_4 &= 4 \\ -2x_1 - 2x_2 - x_3 + 2x_4 &= -3 \\ 11x_1 + 6x_2 + 4x_3 + x_4 &= 11 \end{aligned}$$

(35~36) $\mathbf{A}$를 $\mathbf{LU}$분해하시오.

35. $$\mathbf{A} = \begin{pmatrix} 2 & 6 & 2 \\ -3 & -8 & 0 \\ 4 & 9 & 2 \end{pmatrix}$$

36. $$\mathbf{A} = \begin{pmatrix} 6 & -2 & 0 \\ 9 & -1 & 1 \\ 3 & 7 & 5 \end{pmatrix}$$

(37~38) 주어진 $\mathbf{LU}$분해를 이용하여 $\mathbf{Ax} = \mathbf{b}$의 해를 구하시오.

37. $\mathbf{A} = \begin{pmatrix} 3 & -6 & -3 \\ 2 & 0 & 6 \\ -4 & 7 & 4 \end{pmatrix} = \begin{pmatrix} 3 & 0 & 0 \\ 2 & 4 & 0 \\ -4 & -1 & 2 \end{pmatrix} \begin{pmatrix} 1 & -2 & -1 \\ 0 & 1 & 2 \\ 0 & 0 & 1 \end{pmatrix} = \mathbf{LU}$, $\mathbf{b} = \begin{pmatrix} -3 \\ -22 \\ 3 \end{pmatrix}$

38. $\mathbf{A} = \begin{pmatrix} 1 & -3 & 0 \\ 0 & 1 & 3 \\ 2 & -10 & 2 \end{pmatrix} = \begin{pmatrix} 1 & 0 & 0 \\ 0 & 1 & 0 \\ 2 & -4 & 1 \end{pmatrix} \begin{pmatrix} 1 & -3 & 0 \\ 0 & 1 & 3 \\ 0 & 0 & 14 \end{pmatrix} = \mathbf{LU}$, $\mathbf{b} = \begin{pmatrix} 1 \\ 5 \\ -7 \end{pmatrix}$

제 6 장

역행렬과 행렬식

제1절 역행렬

1.1 역행렬의 정의와 특성

$n \times n$ 행렬 $\mathbf{A}$에 대해서

$$\mathbf{AB} = \mathbf{BA} = \mathbf{I}_n \tag{6.1}$$

을 만족하는 $n \times n$ 행렬 $\mathbf{B}$가 존재하면 $\mathbf{A}$를 가역(可逆, invertible) 또는 비특이(非特異, nonsigular) 행렬이라 한다. 그리고 $\mathbf{B}$를 $\mathbf{A}$의 역행렬(逆行列, inverse matrix)이라 하며 $\mathbf{A}^{-1}$으로 나타낸다. 즉

$$\mathbf{AA}^{-1} = \mathbf{A}^{-1}\mathbf{A} = \mathbf{I}_n \tag{6.2}$$

이다.

예

$\mathbf{A} = \begin{pmatrix} 3 & 7 \\ 2 & 5 \end{pmatrix}$, $\mathbf{B} = \begin{pmatrix} 5 & -7 \\ -2 & 3 \end{pmatrix}$에서 $\mathbf{AB} = \mathbf{BA} = \mathbf{I}_2$ 임을 보이시오.

풀이

$$\mathbf{AB} = \begin{pmatrix} 3 \cdot 5 + 7(-2) & 3(-7) + 7 \cdot 3 \\ 2 \cdot 5 + 5(-2) & 2(-7) + 5 \cdot 3 \end{pmatrix} = \begin{pmatrix} 1 & 0 \\ 0 & 1 \end{pmatrix}$$

$$\mathbf{BA} = \begin{pmatrix} 5 \cdot 3 + (-7)2 & 5 \cdot 7 + (-7)5 \\ (-2)3 + 3 \cdot 2 & (-2)7 + 3 \cdot 5 \end{pmatrix} = \begin{pmatrix} 1 & 0 \\ 0 & 1 \end{pmatrix}$$

$\mathbf{AB} = \mathbf{BA} = \mathbf{I}_2$ 이므로 $\mathbf{B}$를 $\mathbf{A}$의 역행렬이라 하며 $\mathbf{A}$는 비특이행렬이다. ◀

예

$\mathbf{A} = \begin{pmatrix} 4 & 1 \\ 5 & 3 \end{pmatrix}$일 때 $\mathbf{A}^{-1}$을 구하시오.

풀이

$\mathbf{A}^{-1}$을 구하기 위해 $\mathbf{A}^{-1} = \begin{pmatrix} x & y \\ z & w \end{pmatrix}$라고 하자. 그러면 역행렬의 정의 (6.1)로부터

$$\mathbf{A}\mathbf{A}^{-1} = \begin{pmatrix} 4 & 1 \\ 5 & 3 \end{pmatrix}\begin{pmatrix} x & y \\ z & w \end{pmatrix} = \mathbf{I}_2 = \begin{pmatrix} 1 & 0 \\ 0 & 1 \end{pmatrix}$$

을 만족해야 한다. 이는

$$\begin{pmatrix} 4x + z & 4y + w \\ 5x + 3z & 5y + 3w \end{pmatrix} = \begin{pmatrix} 1 & 0 \\ 0 & 1 \end{pmatrix}$$

으로 다시 나타낼 수 있고 (행렬동치의 정의로부터) 두 행렬의 요소를 대응시키면 다음과 같은 연립일차방정식을 얻게 된다.

$$\begin{array}{rrrrcl} 4x & & + z & & = & 1 \\ & 4y & & + w & = & 0 \\ 5x & & + 3z & & = & 0 \\ & 5y & & + 3w & = & 1 \end{array}$$

이 방정식의 해를 구하면 $x = 3/7$, $y = -1/7$, $z = -5/7$, $w = 4/7$이 되며

$$\begin{pmatrix} 3/7 & -1/7 \\ -5/7 & 4/7 \end{pmatrix}\begin{pmatrix} 4 & 1 \\ 5 & 3 \end{pmatrix} = \begin{pmatrix} 1 & 0 \\ 0 & 1 \end{pmatrix}$$

이 성립한다. 따라서 $\mathbf{A}$는 비특이행렬이며 $\mathbf{A}$의 역행렬은

$$\mathbf{A}^{-1} = \begin{pmatrix} 3/7 & -1/7 \\ -5/7 & 4/7 \end{pmatrix}$$

이다. ◀

정리 6.1 **역행렬의 유일성**

크기가 n인 정방행렬 $\mathbf{A}$, $\mathbf{B}$, $\mathbf{C}$에 대하여 $\mathbf{B}$와 $\mathbf{C}$가 모두 $\mathbf{A}$의 역행렬이면 $\mathbf{B} = \mathbf{C}$이다.

증명

$\mathbf{B}$가 $\mathbf{A}$의 역행렬이면 (역행렬의 정의 (6.1)로부터) $\mathbf{BA} = \mathbf{AB} = \mathbf{I}_n$이고 $\mathbf{C}$가 $\mathbf{A}$의 역행렬이면 (역행렬의 정의 (6.1)로부터) $\mathbf{CA} = \mathbf{AC} = \mathbf{I}_n$이다. 따라서

$$\mathbf{BA} = \mathbf{AB} = \mathbf{AC} = \mathbf{CA} = \mathbf{I}_n \tag{6.3}$$

이다.

$$\begin{aligned} \mathbf{B} &= \mathbf{BI}_n && \text{(항등행렬의 특성)} \\ &= \mathbf{B}(\mathbf{AC}) && \text{(식 (6.3)으로부터)} \\ &= (\mathbf{BA})\mathbf{C} && \text{(행렬곱셈의 특성 [정리 4.2])} \\ &= \mathbf{I}_n\mathbf{C} && \text{(식 (6.3)으로부터)} \\ &= \mathbf{C} && \text{(항등행렬의 특성)} \end{aligned}$$

■

정리 6.2 **2×2 행렬의 역행렬**

2×2 행렬 $\mathbf{A} = \begin{pmatrix} a & b \\ c & d \end{pmatrix}$는 $ad - bc \neq 0$일 때 역행렬을 가지며 $\mathbf{A}$의 역행렬은

$$\mathbf{A}^{-1} = \frac{1}{ad-bc}\begin{pmatrix} d & -b \\ -c & a \end{pmatrix} = \begin{pmatrix} \dfrac{d}{ad-bc} & -\dfrac{b}{ad-bc} \\ -\dfrac{c}{ad-bc} & \dfrac{a}{ad-bc} \end{pmatrix}$$

이다.[1]

증명

역행렬의 정의 식 (6.1)로부터

$$\mathbf{AA}^{-1} = \begin{pmatrix} a & b \\ c & d \end{pmatrix}\begin{pmatrix} x & y \\ z & w \end{pmatrix} = \mathbf{I}_2 = \begin{pmatrix} 1 & 0 \\ 0 & 1 \end{pmatrix}$$

을 만족해야 한다. 이 조건으로부터 미지수 4개 방정식 4개의 연립일차방정식을 구성할 수 있고 이를 풀면 $\mathbf{A}^{-1}$의 공식을 얻을 수 있다. ■

---

1) 2×2행렬의 역행렬 공식은 케일리(Arthur Cayley)의 저서 "Memoir on the Theory of Matrices"에 처음으로 등장한다. 영국의 수학자 Cayley, Arthur(1821~1895)는 200여 편이 넘는 논문을 발표하였으며 행렬이론을 창시하였다.

정리 6.3 **역행렬의 성질**

행렬 $\mathbf{A}$, $\mathbf{B}$에 대하여

① 행렬 $\mathbf{A}$가 비특이행렬이면 $\mathbf{A}^{-1}$ 역시 비특이행렬이며 $(\mathbf{A}^{-1})^{-1} = \mathbf{A}$이 성립한다.

② 행렬 $\mathbf{A}$와 행렬 $\mathbf{B}$가 비특이행렬이면 $\mathbf{AB}$도 비특이행렬이며 $(\mathbf{AB})^{-1} = \mathbf{B}^{-1}\mathbf{A}^{-1}$이 성립한다.

③ 행렬 $\mathbf{A}$가 비특이행렬이면 $\mathbf{A}^T$ 도 비특이행렬이며 $(\mathbf{A}^T)^{-1} = (\mathbf{A}^{-1})^T$이 성립한다.

증명

① 행렬 $\mathbf{A}^{-1}$가 비특이행렬이면 (역행렬의 정의 식 (6.1)로부터)

$$\mathbf{A}^{-1}\mathbf{B} = \mathbf{B}\mathbf{A}^{-1} = \mathbf{I}_n$$

을 만족하는 $\mathbf{B}$가 존재한다. (역행렬의 정의 식 (6.1)로부터)

$$\mathbf{A}^{-1}\mathbf{A} = \mathbf{A}\mathbf{A}^{-1} = \mathbf{I}_n$$

이므로 $\mathbf{B} = \mathbf{A}$ 이고 $\mathbf{B}$는 $\mathbf{A}^{-1}$의 역행렬이다. 따라서

$$\left(\mathbf{A}^{-1}\right)^{-1} = \mathbf{A}$$

이 성립한다.

② 행렬 $\mathbf{A}$와 행렬 $\mathbf{B}$가 비특이행렬이므로 $\mathbf{A}^{-1}$와 $\mathbf{B}^{-1}$이 존재한다. (역행렬의 정의 식 (6.1)로부터)

$$(\mathbf{AB})\left(\mathbf{B}^{-1}\mathbf{A}^{-1}\right) = \left(\mathbf{B}^{-1}\mathbf{A}^{-1}\right)(\mathbf{AB}) = \mathbf{I}$$

을 증명하면 $\mathbf{AB}$가 비특이행렬이며 $(\mathbf{AB})^{-1} = \mathbf{B}^{-1}\mathbf{A}^{-1}$임을 증명하는 것이 된다.

$$\begin{aligned}
(\mathbf{AB})\left(\mathbf{B}^{-1}\mathbf{A}^{-1}\right) &= \mathbf{A}\left[\mathbf{B}\left(\mathbf{B}^{-1}\mathbf{A}^{-1}\right)\right] && \text{(행렬곱셈의 성질에 관한 [정리 4.2] ①)}\\
&= \mathbf{A}\left[\left(\mathbf{B}\mathbf{B}^{-1}\right)\mathbf{A}^{-1}\right] && \text{(행렬곱셈의 성질에 관한 [정리 4.2] ①)}\\
&= \mathbf{A}\left[\mathbf{I}\mathbf{A}^{-1}\right] && \text{(역행렬의 정의 식 (6.1))}\\
&= \mathbf{A}\mathbf{A}^{-1} && \text{(항등행렬의 성질)}\\
&= \mathbf{I} && \text{(역행렬의 정의 식 (6.1))}
\end{aligned}$$

$\left(\mathbf{B}^{-1}\mathbf{A}^{-1}\right)(\mathbf{AB}) = \mathbf{I}$도 같은 방식으로 증명할 수 있다.

③ 행렬 $\mathbf{A}$가 비특이행렬이므로 $\mathbf{A}^{-1}$이 존재한다. (역행렬의 정의 식 (6.1)로부터)

$$\left(\mathbf{A}^T\right)\left[\left(\mathbf{A}^{-1}\right)^T\right] = \left[\left(\mathbf{A}^{-1}\right)^T\right]\left(\mathbf{A}^T\right) = \mathbf{I}$$

을 증명하면 $\mathbf{A}^T$이 비특이행렬이며 $\left(\mathbf{A}^T\right)^{-1} = \left(\mathbf{A}^{-1}\right)^T$을 증명하는 것이 된다.

$$\begin{aligned}\left(\mathbf{A}^T\right)\left[\left(\mathbf{A}^{-1}\right)^T\right] &= \left(\mathbf{A}\mathbf{A}^{-1}\right)^T &&\text{(행렬전치의 성질에 관한 [정리 4.4] ③)}\\ &= \mathbf{I}^T &&\text{(역행렬의 정의 식 (6.1))}\\ &= \mathbf{I} &&\text{(항등행렬의 성질)}\end{aligned}$$

$\left[\left(\mathbf{A}^{-1}\right)^T\right]\left(\mathbf{A}^T\right) = \mathbf{I}$도 같은 방식으로 증명할 수 있다. ■

1.2 대각행렬의 역행렬

$n \times n$ 행렬 $\mathbf{D}$가

$$\mathbf{D} = \begin{pmatrix} d_1 & 0 & \cdots & 0 \\ 0 & d_2 & \cdots & 0 \\ \vdots & \vdots & \ddots & \vdots \\ 0 & 0 & \cdots & d_n \end{pmatrix}$$

와 같은 형식의 대각행렬이고 주대각요소 $d_1, d_2, \cdots, d_n$이 모두 영이 아니면 $\mathbf{D}$는 비특이행렬이고 $\mathbf{D}$의 역행렬은

$$\mathbf{D}^{-1} = \begin{pmatrix} 1/d_1 & 0 & \cdots & 0 \\ 0 & 1/d_2 & \cdots & 0 \\ \vdots & \vdots & \ddots & \vdots \\ 0 & 0 & \cdots & 1/d_n \end{pmatrix}$$

이다.

예

$$\mathbf{A} = \begin{pmatrix} 1 & 0 & 0 \\ 0 & -2 & 0 \\ 0 & 0 & 3 \end{pmatrix}$$ 의 역행렬을 구하시오.

풀이

$$\mathbf{A}^{-1} = \begin{pmatrix} 1 & 0 & 0 \\ 0 & -\frac{1}{2} & 0 \\ 0 & 0 & \frac{1}{3} \end{pmatrix}$$ ◀

1.3 블록대각행렬의 역행렬

블록대각행렬

$$\mathbf{A} = \begin{pmatrix} \mathbf{D}_1 & \mathbf{0} & \cdots & \mathbf{0} \\ \mathbf{0} & \mathbf{D}_2 & \cdots & \mathbf{0} \\ \vdots & \vdots & \ddots & \vdots \\ \mathbf{0} & \mathbf{0} & \cdots & \mathbf{D}_k \end{pmatrix}$$

에서 주대각부분행렬 $\mathbf{D}_1, \mathbf{D}_2, \cdots, \mathbf{D}_k$이 모두 비특이행렬일 경우 $\mathbf{A}$는 비특이행렬이며 $\mathbf{A}$의 역행렬은

$$\mathbf{A}^{-1} = \begin{pmatrix} \mathbf{D}_1^{-1} & \mathbf{0} & \cdots & \mathbf{0} \\ \mathbf{0} & \mathbf{D}_2^{-1} & \cdots & \mathbf{0} \\ \vdots & \vdots & \ddots & \vdots \\ \mathbf{0} & \mathbf{0} & \cdots & \mathbf{D}_k^{-1} \end{pmatrix}$$

이다.

예

$$\mathbf{A} = \begin{pmatrix} 5 & 2 & 0 & 0 & 0 \\ 3 & 1 & 0 & 0 & 0 \\ 0 & 0 & 5 & 0 & 0 \\ 0 & 0 & 0 & 2 & 7 \\ 0 & 0 & 0 & 1 & 4 \end{pmatrix}$$ 의 역행렬을 구하시오.

풀이

$$\begin{pmatrix} 5 & 2 \\ 3 & 1 \end{pmatrix}^{-1} = \frac{1}{5-6}\begin{pmatrix} 1 & -2 \\ -3 & 5 \end{pmatrix} = \begin{pmatrix} -1 & 2 \\ 3 & -5 \end{pmatrix}$$

$$5^{-1} = \tfrac{1}{5}$$

$$\begin{pmatrix} 2 & 7 \\ 1 & 4 \end{pmatrix}^{-1} = \frac{1}{8-7}\begin{pmatrix} 4 & -7 \\ -1 & 2 \end{pmatrix} = \begin{pmatrix} 4 & -7 \\ -1 & 2 \end{pmatrix}$$

따라서

$$\mathbf{A}^{-1} = \begin{pmatrix} -1 & 2 & 0 & 0 & 0 \\ 3 & -5 & 0 & 0 & 0 \\ 0 & 0 & \frac{1}{5} & 0 & 0 \\ 0 & 0 & 0 & 4 & -7 \\ 0 & 0 & 0 & -1 & 2 \end{pmatrix}$$ ◀

1.4 블록삼각행렬의 역행렬

부분행렬 $\mathbf{A}_{11}$과 $\mathbf{A}_{22}$이 비특이행렬이면 블록상삼각행렬

$$\mathbf{A} = \begin{pmatrix} \mathbf{A}_{11} & \mathbf{A}_{12} \\ \mathbf{0} & \mathbf{A}_{22} \end{pmatrix}$$

의 역행렬은

$$\mathbf{A}^{-1} = \begin{pmatrix} \mathbf{A}_{11}^{-1} & -\mathbf{A}_{11}^{-1}\mathbf{A}_{12}\mathbf{A}_{22}^{-1} \\ \mathbf{0} & \mathbf{A}_{22}^{-1} \end{pmatrix}$$

이고 블록하삼각행렬

$$\mathbf{A} = \begin{pmatrix} \mathbf{A}_{11} & \mathbf{0} \\ \mathbf{A}_{21} & \mathbf{A}_{22} \end{pmatrix}$$

의 역행렬은

$$\mathbf{A}^{-1} = \begin{pmatrix} \mathbf{A}_{11}^{-1} & \mathbf{0} \\ -\mathbf{A}_{22}^{-1}\mathbf{A}_{21}\mathbf{A}_{11}^{-1} & \mathbf{A}_{22}^{-1} \end{pmatrix}$$

이다.

예

$$\mathbf{A}=\begin{pmatrix}2&3&3&-6\\1&2&6&3\\0&0&5&3\\0&0&3&2\end{pmatrix}\text{와 }\mathbf{B}=\begin{pmatrix}2&3&0&0\\1&2&0&0\\3&-6&5&3\\6&3&3&2\end{pmatrix}\text{의 역행렬을 구하시오.}$$

풀이

$$\begin{pmatrix}2&3\\1&2\end{pmatrix}^{-1}=\frac{1}{4-3}\begin{pmatrix}2&-3\\-1&2\end{pmatrix}=\begin{pmatrix}2&-3\\-1&2\end{pmatrix}$$

$$\begin{pmatrix}5&3\\3&2\end{pmatrix}^{-1}=\frac{1}{10-9}\begin{pmatrix}2&-3\\-3&5\end{pmatrix}=\begin{pmatrix}2&-3\\-3&5\end{pmatrix}$$

$$-\begin{pmatrix}2&3\\1&2\end{pmatrix}^{-1}\cdot\begin{pmatrix}3&-6\\6&3\end{pmatrix}\cdot\begin{pmatrix}5&3\\3&2\end{pmatrix}^{-1}=-\begin{pmatrix}2&-3\\-1&2\end{pmatrix}\cdot\begin{pmatrix}3&-6\\6&3\end{pmatrix}\cdot\begin{pmatrix}2&-3\\-3&5\end{pmatrix}=\begin{pmatrix}-39&69\\18&-33\end{pmatrix}$$

$$-\begin{pmatrix}5&3\\3&2\end{pmatrix}^{-1}\cdot\begin{pmatrix}3&-6\\6&3\end{pmatrix}\cdot\begin{pmatrix}2&3\\1&2\end{pmatrix}^{-1}=-\begin{pmatrix}2&-3\\-3&5\end{pmatrix}\cdot\begin{pmatrix}3&-6\\6&3\end{pmatrix}\cdot\begin{pmatrix}2&-3\\-1&2\end{pmatrix}=\begin{pmatrix}3&6\\-9&-3\end{pmatrix}$$

따라서

$$\mathbf{A}^{-1}=\begin{pmatrix}2&-3&-39&69\\-1&2&18&-33\\0&0&2&-3\\0&0&-3&5\end{pmatrix}\text{과 }\mathbf{B}^{-1}=\begin{pmatrix}2&-3&0&0\\-1&2&0&0\\3&6&2&-3\\-9&-3&-3&5\end{pmatrix}$$

이다. ◀

예

$$\mathbf{T}=\begin{pmatrix}\mathbf{B}&0\\\mathbf{C}&1\end{pmatrix}\text{의 역행렬을 구하시오.}$$

풀이

$$\mathbf{T}^{-1}=\begin{pmatrix}\mathbf{B}^{-1}&0\\-\mathbf{C}\mathbf{B}^{-1}&1\end{pmatrix}$$ ◀

1.5 기본행렬과 역행렬

정리 6.4 **기본행렬의 역행렬**

기본행렬 $\mathbf{E}$는 비특이행렬이며 $\mathbf{E}$의 역행렬 $\mathbf{E}^{-1}$은 기본행렬이다.

증명

기본행렬 $\mathbf{E}$는 항등행렬 $\mathbf{I}$에 기본행연산

① p번째 행과 q번째 행을 교환한다($r_p \to r_q', r_q \to r_p'$).
② p번째 행에 $\alpha(\alpha \neq 0)$를 곱한다($r_p \times \alpha \to r_p{'}$).
③ p번째 행에 q번째 행$\times\,\alpha(\alpha \neq 0)$를 더한다($r_p + r_q \times \alpha \to r_p{'}$).

중 하나를 적용하여 얻은 행렬이다. $\mathbf{E}$를 얻기 위해 $\mathbf{I}$에 적용한 기본행연산과 같은 번호의 기본행연산

① p번째 행과 q번째 행을 교환한다($r_p \to r_q', r_q \to r_p'$).
② p번째 행에 $1/\alpha(\alpha \neq 0)$를 곱한다($r_p \times (1/\alpha) \to r_p{'}$).
③ p번째 행에 q번째 행$\times(-\alpha)$ $(\alpha \neq 0)$를 더한다($r_p + r_q \times (-\alpha) \to r_p{'}$).

을 $\mathbf{E}$에 적용하면 $\mathbf{I}$를 얻게 된다. 이를 기본행연산에 대응하는 역연산(逆演算, inverse operation)이라 부른다.

$\mathbf{E}$를 얻기 위해 $\mathbf{I}$에 적용한 기본행연산의 역연산을 $\mathbf{I}$에 적용한 기본행렬을 $\tilde{\mathbf{E}}$라고 하자. 행동치와 기본행렬에 관한 [정리 5.2]와 기본행연산에 대응하는 역연산의 효과로부터

$$\tilde{\mathbf{E}}\mathbf{E} = \mathbf{I} \text{ 이고 } \mathbf{E}\tilde{\mathbf{E}} = \mathbf{I}$$

이며 따라서 $\tilde{\mathbf{E}}$는 $\mathbf{E}$의 역행렬이다. ■

정리 6.5 **비특이행렬, 동차연립방정식, 항등행렬, 기본행렬 간의 관계**

$n \times n$ 행렬 $\mathbf{A}$에 대한 다음의 명제들은 서로 필요충분조건이다.

① $\mathbf{A}$는 비특이행렬이다.
② $\mathbf{AX} = \mathbf{0}$는 자명해만을 갖는다.
③ $\mathbf{A}$와 $\mathbf{I}_n$은 행동치이다.
④ $\mathbf{A}$는 기본행렬의 곱으로 나타낼 수 있다.

증명

(①⇒②) "$\mathbf{A}$는 비특이행렬임"으로부터 "$\mathbf{AX}=\mathbf{0}$는 자명해만을 가짐"을 밝혀보자. $\mathbf{A}$가 비특이행렬이라는 것은 (역행렬의 정의 식 (6.1)로부터) $\mathbf{A}^{-1}$이 존재함을 의미한다.

$$\begin{aligned}\mathbf{AX}=\mathbf{0} \;&\Rightarrow\; \mathbf{A}^{-1}(\mathbf{AX})=\mathbf{A}^{-1}\mathbf{0} \\ &\Rightarrow\; \left(\mathbf{A}^{-1}\mathbf{A}\right)\mathbf{X}=\mathbf{0} \qquad \text{(행렬곱셈의 특성 [정리 4.2])} \\ &\Rightarrow\; (\mathbf{I}_n)\mathbf{X}=\mathbf{0} \qquad \text{(역행렬의 정의 식 (6.1))} \\ &\Rightarrow\; \mathbf{X}=\mathbf{0} \qquad \text{(항등행렬의 특성)}\end{aligned}$$

(②⇒③) $\mathbf{C}$를 $\mathbf{A}$와 행동치인 기약행사다리꼴행렬이라 하자. "$\mathbf{AX}=\mathbf{0}$는 자명해만을 갖는다"라는 사실로부터 $\mathbf{C}=\mathbf{I}_n$임을 밝히면 된다. (행동치의 성질) [정리 5.1]에 의해 $\mathbf{AX}=\mathbf{0}$와 $\mathbf{CX}=\mathbf{0}$은 같은 해집합을 가지며 따라서 $\mathbf{CX}=\mathbf{0}$는 자명해만을 갖는다. $\mathbf{C}$에서 0으로만 되어 있는 행을 제거한 행렬을 $\mathbf{C}_{\bar{0}}$ 라 하고 그 크기를 $r\times n$이라 하자. $\mathbf{C}$는 $n\times n$행렬이고 $\mathbf{C}$에 0으로만 되어 있는 행은 없거나 1개 이상 있을 수 있으므로 $r\leq n$이다. 0으로만 되어 있는 행에 대응되는 방정식은 어떤 미지수의 값에 대해서도 항상 만족하므로 $\mathbf{CX}=\mathbf{0}$와 $\mathbf{C}_{\bar{0}}\mathbf{X}=\mathbf{0}$는 같은 해집합을 가지며 따라서 $\mathbf{C}_{\bar{0}}\mathbf{X}=\mathbf{0}$는 자명해만을 갖는다. $\mathbf{C}_{\bar{0}}\mathbf{X}=\mathbf{0}$이 자명해만을 갖는다면 (동차연립일차방정식의 성질) [정리 5.4]로부터 $r\geq n$이어야 한다. 따라서 $r=n$이어야 하며 이는 $\mathbf{C}$에 0으로만 되어 있는 행이 없어야 한다는 의미이다. 따라서 $\mathbf{C}=\mathbf{I}_n$이다.

(③⇒④) $\mathbf{A}$와 $\mathbf{I}_n$이 행동치라고 하자. (행동치와 기본행렬) [정리 5.3]로부터

$$\mathbf{E}_k\mathbf{E}_{k-1}\cdots\mathbf{E}_2\mathbf{E}_1\mathbf{A}=\mathbf{I} \tag{6.4}$$

을 만족하는 기본행렬 $\mathbf{E}_1, \mathbf{E}_2, \cdots, \mathbf{E}_k$이 존재한다. [정리 6.4]로부터 $\mathbf{E}_1, \mathbf{E}_2, \cdots, \mathbf{E}_k$는 각각 가역이다. 식 (6.4)의 양변에 좌측에서 연속으로 $\mathbf{E}_k^{-1}, \cdots, \mathbf{E}_2^{-1}, \mathbf{E}_1^{-1}$을 곱하면

$$\mathbf{A}=\mathbf{E}_1^{-1}\mathbf{E}_2^{-1}\cdots\mathbf{E}_k^{-1}\mathbf{I}_n=\mathbf{E}_1^{-1}\mathbf{E}_2^{-1}\cdots\mathbf{E}_k^{-1} \tag{6.5}$$

을 얻는다. [정리 6.4]로부터 $\mathbf{E}_1^{-1}, \mathbf{E}_2^{-1}, \cdots, \mathbf{E}_k^{-1}$은 각각 기본행렬이며 따라서 $\mathbf{A}$는 기본행렬의 곱으로 표현되었다.

(④⇒①) $\mathbf{A}$가 기본행렬의 곱이면 (역행렬의 성질에 관한) [정리 6.3] ②와 [정리 6.4]로부터 $\mathbf{A}$는 비특이행렬의 곱으로 비특이행렬이다. ■

1.6 역행렬을 구하는 실용적 방법

역행렬의 정의를 사용해서 $n \times n$ 행렬 $\mathbf{A}$의 역행렬을 구하려면 미지수 n개와 방정식 n개로 된 연립일차방정식을 풀어야 한다. 다음의 절차를 활용하면 $\mathbf{A}$의 역행렬을 실용적으로 계산할 수 있다.

단계 1 주어진 행렬 $\mathbf{A}$에 크기가 같은 항등행렬 $\mathbf{I}_n$을 붙여 $n \times 2n$ 행렬 $(\mathbf{A} \mid \mathbf{I}_n)$을 구성한다.

단계 2 단계 1에서 구성한 행렬을 기본행연산을 사용하여 기약행사다리꼴행렬로 변형시킨다.

단계 3 2단계에서 구한 기약행사다리꼴행렬을 $(\mathbf{C} \mid \mathbf{D})$라고 하자. $\mathbf{C} = \mathbf{I}_n$이면 $\mathbf{A}$는 비특이행렬로 $\mathbf{A}^{-1} = \mathbf{D}$이고, $\mathbf{C} \neq \mathbf{I}_n$이면 $\mathbf{A}$는 특이행렬로 $\mathbf{A}^{-1}$이 존재하지 않는다.

예

$$\mathbf{A} = \begin{pmatrix} 1 & 1 & 0 \\ 0 & 1 & 1 \\ 1 & 1 & 1 \end{pmatrix}$$ 의 역행렬을 구해보자.

풀이

단계 1 3×6 행렬 $(\mathbf{A} | \mathbf{I}_3)$은

$$(\mathbf{A} | \mathbf{I}_3) = \begin{pmatrix} 1 & 1 & 0 & 1 & 0 & 0 \\ 0 & 1 & 1 & 0 & 1 & 0 \\ 1 & 1 & 1 & 0 & 0 & 1 \end{pmatrix}$$

단계 2 위 행렬에 기본행연산 $r_3 + r_1 \times (-1) \to r_3{}'$을 수행하면

$$\begin{pmatrix} 1 & 1 & 0 & 1 & 0 & 0 \\ 0 & 1 & 1 & 0 & 1 & 0 \\ 0 & 0 & 1 & -1 & 0 & 1 \end{pmatrix}$$

이 된다. 여기에 기본행연산 $r_1 + r_2 \times (-1) \to r_1{}'$을 하면

$$\begin{pmatrix} 1 & 0 & -1 & 1 & -1 & 0 \\ 0 & 1 & 1 & 0 & 1 & 0 \\ 0 & 0 & 1 & -1 & 0 & 1 \end{pmatrix}$$

이 된다. 여기에 기본행연산 $r_1 + r_3 \to r_1{}'$, $r_2 + r_3 \times (-1) \to r_2{}'$ 을 하면

$$(\mathbf{C}|\mathbf{D}) = \left(\begin{array}{ccc|ccc} 1 & 0 & 0 & 0 & -1 & 1 \\ 0 & 1 & 0 & 1 & 1 & -1 \\ 0 & 0 & 1 & -1 & 0 & 1 \end{array}\right)$$

의 기약행사다리꼴행렬이 되며 3단계로 넘어간다.

단계 3 $\mathbf{C} = \mathbf{I}_3$이므로 $\mathbf{A}$는 비특이행렬이며 $\mathbf{A}^{-1}$은

$$\mathbf{A}^{-1} = \begin{pmatrix} 0 & -1 & 1 \\ 1 & 1 & -1 \\ -1 & 0 & 1 \end{pmatrix}$$

이 된다. ◀

예

$\mathbf{A} = \begin{pmatrix} 1 & 2 & -3 \\ 1 & -2 & 1 \\ 5 & -2 & -3 \end{pmatrix}$의 역행렬을 구해보자.

풀이

단계 1 3×6 행렬 $(\mathbf{A}|\mathbf{I}_3)$은

$$(\mathbf{A}|\mathbf{I}_3) = \left(\begin{array}{ccc|ccc} 1 & 2 & -3 & 1 & 0 & 0 \\ 1 & -2 & 1 & 0 & 1 & 0 \\ 5 & -2 & -3 & 0 & 0 & 1 \end{array}\right)$$

단계 2 위 행렬에서 첫 번째 행의 0이 아닌 첫 번째 요소가 첫 번째 열의 1이므로 첫 번째 열의 나머지 두 요소를 0으로 만들기 위해 기본행연산

$$r_2 + r_1 \times (-1) \to r_2{}', \; r_3 + r_1 \times (-5) \to r_3{}'$$

을 하면

$$\begin{pmatrix} 1 & 2 & -3 & 1 & 0 & 0 \\ 0 & -4 & 4 & -1 & 1 & 0 \\ 0 & -12 & 12 & -5 & 0 & 1 \end{pmatrix}$$

이 된다. 두 번째 행의 0이 아닌 첫 번째 요소가 두 번째 열의 -4이므로 이를 1로 만들고 두 번째 열의 나머지 요소를 0으로 만들기 위해 기본행연산

$$r_2 \times (-1/4) \to r_2', \ r_3 + r_2' \times (12) \to r_3', \ r_1 + r_2' \times (-2) \to r_1'$$

을 하면

$$\begin{pmatrix} 1 & 0 & -1 & \frac{1}{2} & \frac{1}{2} & 0 \\ 0 & 1 & -1 & \frac{1}{4} & -\frac{1}{4} & 0 \\ 0 & 0 & 0 & -2 & -3 & 1 \end{pmatrix}$$

이 된다. 세 번째 행의 0이 아닌 첫 번째 요소가 네 번째 열의 -2이므로 이를 1로 만들고 네 번째 열의 나머지 두 요소를 0으로 만들기 위해 기본행연산

$$r_3 \times \left(-\frac{1}{2}\right) \to r_3', \ r_1 + r_3' \times \left(-\frac{1}{2}\right) \to r_1', \ r_2 + r_3' \times \left(-\frac{1}{4}\right) \to r_2'$$

을 하면

$$(\mathbf{C}|\mathbf{D}) = \begin{pmatrix} 1 & 0 & -1 & 0 & -\frac{1}{4} & \frac{1}{4} \\ 0 & 1 & -1 & 0 & -\frac{5}{8} & \frac{1}{8} \\ 0 & 0 & 0 & 1 & \frac{3}{2} & -\frac{1}{2} \end{pmatrix}$$

의 기약행사다리꼴행렬이 된다.

단계 3 $\mathbf{C} \neq \mathbf{I}_3$이므로 $\mathbf{A}$는 특이행렬이다. ◀

1.7 추축연산

기본행연산을 사용하여 주어진 행렬을 기약행사다리꼴행렬로 변형하는 계산은 다양한 용도로 사용된다. 선택한 행에 선두 1을 도입하고 선두 1이 속한 열에서 선두 1 이외의 요소를 0으로 만드는 데 필요한 일련의 기본행연산을 추축연산으로 정의하여 사용하기도 한다.

$m \times n$ 행렬 $\mathbf{A} = (a_{ij})$에서 pq요소(p번째 행과 q번째 열이 교차하는 곳에 위치한

요소) a_{pq}가 0이 아닐 때 a_{pq}를 추축요소(樞軸要素, pivot element)로 하는 추축연산(樞軸演算, pivot operation 또는 pivoting)은 $i=1,2,...,m$과 $j=1,2,...,n$에서

$$a'_{ij} = a_{ij} - \frac{a_{pj}a_{iq}}{a_{pq}} \qquad (i \neq p \text{ 즉 추축행 이외의 행}) \tag{6.6}$$

$$a'_{pj} = \frac{a_{pj}}{a_{pq}} \qquad (\text{추축행}) \tag{6.7}$$

로 정의된다. 여기서 a'은 추축연산의 결과를 나타낸다. $\mathbf{A}$의 p번째 행을 추축행(樞軸行, pivot row)이라 하고 q번째 행을 추축열(樞軸列, pivot column)이라 한다. 식 (6.6)에서 $j=q$로 놓으면 즉 추축열의 경우

$$a'_{iq} = a_{iq} - \frac{a_{pq}a_{iq}}{a_{pq}} = a_{iq} - a_{iq} = 0$$

이고 식 (6.7)에서 $j=q$로 놓으면

$$a'_{pq} = \frac{a_{pq}}{a_{pq}} = 1$$

된다. 즉 추축연산 후 추축열 위치의 요소들은 추축요소 위치의 요소는 1이 되고 나머지는 0이 됨을 알 수 있다. 식 (6.6)과 식 (6.7)로 정의된 추축연산은

$$\mathbf{A} = \left(a_{ij}\right) = \begin{pmatrix} a_{11} & a_{12} & \cdots & \boxed{a_{1q}} & \cdots & a_{1n} \\ \vdots & \vdots & \ddots & \vdots & \ddots & \vdots \\ a_{p1} & a_{p2} & \cdots & a_{pq} & \cdots & a_{pn} \\ \vdots & \vdots & \ddots & \vdots & \ddots & \vdots \\ a_{m1} & a_{m2} & \cdots & a_{mq} & \cdots & a_{mn} \end{pmatrix} \text{추축행}$$

추축열

를

$$\mathbf{A}' = \left(a'_{ij}\right) = \begin{pmatrix} a'_{11} & a'_{12} & \cdots & 0 & \cdots & a'_{1n} \\ \vdots & \vdots & \ddots & \vdots & \ddots & \vdots \\ a_{p1}/a_{pq} & a_{p2}/a_{pq} & \cdots & 1 & \cdots & a_{pn}/a_{pq} \\ \vdots & \vdots & \ddots & \vdots & \ddots & \vdots \\ a'_{m1} & a'_{m2} & \cdots & 0 & \cdots & a'_{mn} \end{pmatrix}$$

로 변형시킨다.

예

$\mathbf{A} = \begin{pmatrix} 3 & 3 & -4 & -5 \\ 1 & 0 & 2 & 3 \\ 4 & -4 & -1 & 0 \end{pmatrix}$에서 a_{23}을 추축요소로 하는 추축연산을 수행하시오.

풀이

a_{23} 이 추축요소이므로 추축행은 2행 추축열은 3열이다. 즉

$$\mathbf{A} = \begin{pmatrix} 3 & 3 & \boxed{-4} & -5 \\ \boxed{1 \quad 0} & & \boxed{2} & \boxed{3} \\ 4 & -4 & \boxed{-1} & 0 \end{pmatrix} \text{ 추축행}$$

추축열

이다. 추축요소를 제외한 추축열의 요소는 0으로 놓고 추축행의 요소를 추축요소로 나누면

$$\begin{pmatrix} & & 0 & \\ \frac{1}{2} & 0 & 1 & \frac{3}{2} \\ & & 0 & \end{pmatrix}$$

이다. 추축행(p행)과 추축열(q열) 이외 요소를 $a'_{ij} = a_{ij} - a_{pj}a_{iq} \,/\, a_{pq}$ 으로 계산하면

$$a_{11} = 3 - \frac{(1)(-4)}{2} = 3 + 2 = 5$$
$$a_{12} = 3 - \frac{(0)(-4)}{2} = 3$$
$$a_{14} = -5 - \frac{(3)(-4)}{2} = -5 + 6 = 1$$
$$a_{31} = 4 - \frac{(1)(-1)}{2} = 4 + \frac{1}{2} = \frac{9}{2}$$
$$a_{32} = -4 - \frac{(0)(-1)}{2} = -4$$
$$a_{34} = 0 - \frac{(3)(-1)}{2} = \frac{3}{2}$$

이고 따라서

$$\begin{pmatrix} 5 & 3 & 0 & 1 \\ \frac{1}{2} & 0 & 1 & \frac{3}{2} \\ \frac{9}{2} & -4 & 0 & \frac{3}{2} \end{pmatrix}$$

이다. ◀

예

추축연산을 활용하여

$$\mathbf{A}=\begin{pmatrix}1 & 3 & 1\\ 2 & -5 & -2\\ 2 & -4 & -3\end{pmatrix}$$

의 역행렬을 구하시오.

풀이

단계 1 3×6행렬 $(\mathbf{A}\,|\,\mathbf{I}_3)$은

$$\left(\mathbf{A}\,|\,\mathbf{I}_3\right)=\begin{pmatrix}1 & 3 & 1 & 1 & 0 & 0\\ 2 & -5 & -2 & 0 & 1 & 0\\ 2 & -4 & -3 & 0 & 0 & 1\end{pmatrix}$$

단계 2 a_{11}, a_{22}, a_{33}을 추축요소로 하는 추축연산을 차례로 수행한다. a_{11}을 추축요소로 하면 1행이 추축행이고 1열이 추축열이므로

$$\left(\mathbf{A}\,|\,\mathbf{I}_3\right)=\begin{pmatrix}\boxed{1} & 3 & 1 & 1 & 0 & 0\\ 2 & -5 & -2 & 0 & 1 & 0\\ 2 & -4 & -3 & 0 & 0 & 1\end{pmatrix}\ \text{추축행}$$

추축열

이다. 추축요소를 제외한 추축열의 요소는 0으로 놓고 추축행의 요소는 추축요소로 나누고 추축행(p행)과 추축열(q열) 이외의 요소는 $a'_{ij}=a_{ij}-a_{pj}a_{iq}\,/\,a_{pq}$ 으로 계산하면 위 행렬은

$$\begin{pmatrix}1 & 3 & 1 & 1 & 0 & 0\\ 0 & -11 & -4 & -2 & 1 & 0\\ 0 & -10 & -5 & -2 & 0 & 1\end{pmatrix}$$

이 된다. 이 행렬에서 a_{22}을 추축요소로 하면 2행이 추축행이고 2열이 추축열이므로

$$\begin{pmatrix}1 & 3 & 1 & 1 & 0 & 0\\ 0 & \boxed{-11} & -4 & -2 & 1 & 0\\ 0 & -10 & -5 & -2 & 0 & 1\end{pmatrix}\ \text{추축행}$$

추축열

이다. 추축요소를 제외한 추축열의 요소는 0으로 놓고 추축행의 요소는 추축요소로 나누고 추축행(p행)과 추축열(q열) 이외의 요소는 $a'_{ij} = a_{ij} - a_{pj}a_{iq} \,/\, a_{pq}$으로 계산하면 위 행렬은

$$\begin{pmatrix} 1 & 0 & -\frac{1}{11} & \frac{5}{11} & \frac{3}{11} & 0 \\ 0 & 1 & \frac{4}{11} & \frac{2}{11} & -\frac{1}{11} & 0 \\ 0 & 0 & -\frac{15}{11} & -\frac{2}{11} & -\frac{10}{11} & 1 \end{pmatrix}$$

이 된다. 이 행렬에서 a_{33}을 추축요소로 하면 3행이 추축행이고 3열이 추축열이므로

$$\begin{pmatrix} 1 & 0 & \boxed{-\frac{1}{11}} & \frac{5}{11} & \frac{3}{11} & 0 \\ 0 & 1 & \frac{4}{11} & \frac{2}{11} & -\frac{1}{11} & 0 \\ 0 & 0 & -\frac{15}{11} & -\frac{2}{11} & -\frac{10}{11} & 1 \end{pmatrix} \text{추축행}$$

추축열

이다. 추축요소를 제외한 추축열의 요소는 0으로 놓고 추축행의 요소는 추축요소로 나누고 추축행(p행)과 추축열(q열) 이외의 요소는 $a'_{ij} = a_{ij} - a_{pj}a_{iq} \,/\, a_{pq}$으로 계산하면 위 행렬은

$$(\mathbf{C}|\mathbf{D}) = \begin{pmatrix} 1 & 0 & 0 & \frac{7}{15} & \frac{1}{3} & -\frac{1}{15} \\ 0 & 1 & 0 & \frac{2}{15} & -\frac{1}{3} & \frac{4}{15} \\ 0 & 0 & 1 & \frac{2}{15} & \frac{2}{3} & -\frac{11}{15} \end{pmatrix}$$

이 된다.

단계 3 $\mathbf{C} = \mathbf{I}_3$이므로 $\mathbf{A}$는 비특이행렬이며 $\mathbf{A}^{-1}$은

$$\mathbf{A}^{-1} = \begin{pmatrix} \frac{7}{15} & \frac{1}{3} & -\frac{1}{15} \\ \frac{2}{15} & -\frac{1}{3} & \frac{4}{15} \\ \frac{2}{15} & \frac{2}{3} & -\frac{11}{15} \end{pmatrix}$$

이 된다. ◀

1.8 추축행렬

n 개의 $m \times 1$ 열벡터 $\mathbf{a}_1$, $\mathbf{a}_2, \cdots$, $\mathbf{a}_n$로 구성된 $m \times n$ 행렬

$$\mathbf{A} = \left(\mathbf{a}_1, \mathbf{a}_2, \cdots, \mathbf{a}_q, \cdots, \mathbf{a}_n\right) = \begin{pmatrix} a_{11} & a_{12} & \cdots & a_{1q} & \cdots & a_{1n} \\ \vdots & \vdots & \ddots & \vdots & \ddots & \vdots \\ a_{p1} & a_{p2} & \cdots & a_{pq} & \cdots & a_{pn} \\ \vdots & \vdots & \ddots & \vdots & \ddots & \vdots \\ a_{m1} & a_{m2} & \cdots & a_{mq} & \cdots & a_{mn} \end{pmatrix}$$

에서 p행이 추축행이고 q열이 추축열이라 하자. 즉

$$\mathbf{A} = \left(\mathbf{a}_1, \mathbf{a}_2, \cdots, \mathbf{a}_q, \cdots, \mathbf{a}_n\right) = \begin{pmatrix} a_{11} & a_{12} & \cdots & a_{1q} & \cdots & a_{1n} \\ \vdots & \vdots & \ddots & \vdots & \ddots & \vdots \\ a_{p1} & a_{p2} & \cdots & a_{pq} & \cdots & a_{pn} \\ \vdots & \vdots & \ddots & \vdots & \ddots & \vdots \\ a_{m1} & a_{m2} & \cdots & a_{mq} & \cdots & a_{mn} \end{pmatrix} \text{추축행}$$

추축열

이라 하자. 추축열 $\mathbf{a}_q$에서 추축요소 a_{pq}는 역수를 취하고 나머지 요소는 추축요소로 나누고 부호를 바꾼 열벡터

$$\boldsymbol{\eta} = \begin{pmatrix} -a_{1q} / a_{pq} \\ \vdots \\ -a_{p-1,q} / a_{pq} \\ 1 / a_{pq} \\ -a_{p+1,q} / a_{pq} \\ \vdots \\ -a_{mq} / a_{pq} \end{pmatrix} \tag{6.8}$$

을 에타벡터(eta vector)라 한다. 그리고 $m \times m$ 항등행렬 $\mathbf{I}_m = (\mathbf{e}_1, \mathbf{e}_2, \cdots, \mathbf{e}_m)$에서 p번째 표준단위벡터 $\mathbf{e}_p$를 에타벡터 $\boldsymbol{\eta}$로 대체한 행렬

$$\mathbf{P} = \left(\mathbf{e}_1, \cdots, \mathbf{e}_{p-1}, \boldsymbol{\eta}, \mathbf{e}_{p+1}, \cdots, \mathbf{e}_m\right)$$
$$= \begin{pmatrix} 1 & \cdots & 0 & -a_{1q}/a_{pq} & 0 & \cdots & 0 \\ \vdots & \ddots & \vdots & \vdots & \vdots & \ddots & \vdots \\ 0 & \cdots & 1 & -a_{p-1,q}/a_{pq} & 0 & \cdots & 0 \\ 0 & \cdots & 0 & 1/a_{pq} & 0 & \cdots & 0 \\ 0 & \cdots & 0 & -a_{p+1,q}/a_{pq} & 1 & \cdots & 0 \\ \vdots & \ddots & \vdots & \vdots & \vdots & \ddots & \vdots \\ 0 & \cdots & 0 & -a_{mq}/a_{pq} & 0 & \cdots & 1 \end{pmatrix} \tag{6.9}$$

을 추축행렬(樞軸行列, pivot matrix)이라 한다. 추축행렬 **P**에서 에타벡터 $\boldsymbol{\eta}$의 열 위치는 추축행의 위치를 나타내는 p와 같은 p번째 열임에 주의하자. **A**의 왼쪽에 추축행렬 **P**를 곱한 결과는 **A**에 식 (6.6)과 식 (6.7)로 정의된 추축연산을 수행한 것과 같다. 즉

$$\mathbf{A}' = \mathbf{PA}$$

이다.

예

$\mathbf{A} = \begin{pmatrix} 3 & 3 & -4 & -5 \\ 1 & 0 & 2 & 3 \\ 4 & -4 & -1 & 0 \end{pmatrix}$에서 a_{23}이 추축요소일 때 추축행렬 **P**를 구하고 **PA**를 계산하시오.

풀이

추축행이 2행이고 추축열이 3열이므로

$$\mathbf{A} = \begin{pmatrix} 3 & 3 & \boxed{-4} & -5 \\ 1 & 0 & 2 & 3 \\ 4 & -4 & -1 & 0 \end{pmatrix}$$

(2행: 추축행, 3열: 추축열)

이고 추축열에서 추축요소는 역수를 취하고 나머지 요소는 추축요소로 나누고 부호를 바꾸어 에타벡터를 구하면

$$\boldsymbol{\eta} = \begin{pmatrix} 2 \\ \frac{1}{2} \\ \frac{1}{2} \end{pmatrix}$$

이다. 그리고 3×3 항등행렬 $\mathbf{I}_3 = (\mathbf{e}_1, \mathbf{e}_2, \mathbf{e}_3)$에서 2번째 표준단위벡터 $\mathbf{e}_2$를 에타 벡터 $\boldsymbol{\eta}$로 대체하여 추축행렬을 구하면

$$\mathbf{P} = \begin{pmatrix} 1 & 2 & 0 \\ 0 & \frac{1}{2} & 0 \\ 0 & \frac{1}{2} & 1 \end{pmatrix}$$

이다.

$$\mathbf{PA} = \begin{pmatrix} 1 & 2 & 0 \\ 0 & \frac{1}{2} & 0 \\ 0 & \frac{1}{2} & 1 \end{pmatrix} \begin{pmatrix} 3 & 3 & -4 & -5 \\ 1 & 0 & 2 & 3 \\ 4 & -4 & -1 & 0 \end{pmatrix} = \begin{pmatrix} 5 & 3 & 0 & 1 \\ \frac{1}{2} & 0 & 1 & \frac{3}{2} \\ \frac{9}{2} & -4 & 0 & \frac{3}{2} \end{pmatrix}$$ ◀

정리 6.6 **추축행렬의 특성**

n개의 $m\times1$ 열벡터 $\mathbf{a}_1$, $\mathbf{a}_2, \cdots$, $\mathbf{a}_n$로 구성된 $m\times n$ 행렬

$$\mathbf{A} = \left(\mathbf{a}_1, \mathbf{a}_2, \cdots, \mathbf{a}_q, \cdots, \mathbf{a}_n\right) = \begin{pmatrix} a_{11} & a_{12} & \cdots & a_{1q} & \cdots & a_{1n} \\ \vdots & \vdots & \ddots & \vdots & \ddots & \vdots \\ a_{p1} & a_{p2} & \cdots & a_{pq} & \cdots & a_{pn} \\ \vdots & \vdots & \ddots & \vdots & \ddots & \vdots \\ a_{m1} & a_{m2} & \cdots & a_{mq} & \cdots & a_{mn} \end{pmatrix}$$

에서 (p행이 추축행이고 q열이 추축열 일 때의) 추축요소 a_{pq}에 대응하는 추축행렬 $\mathbf{P}$는 $m\times m$ 항등행렬 $\mathbf{I}_m = (\mathbf{e}_1, \mathbf{e}_2, \cdots, \mathbf{e}_m)$에서 p번째 표준단위벡터 $\mathbf{e}_p$를 추축열 벡터 $\mathbf{a}_q$로 대체한 행렬 $\mathbf{Q}$

$$\mathbf{Q} = \left(\mathbf{e}_1, \mathbf{e}_2, \cdots, \mathbf{e}_{p-1}, \mathbf{a}_q, \mathbf{e}_{p+1}, \cdots, \mathbf{e}_n\right)$$

의 역행렬과 같다. 즉

$$\mathbf{P} = \mathbf{Q}^{-1}$$

이다.

증명

생략 ■

1.9 $\mathbf{A}_\mathbf{b}$의 역행렬

n개의 $n\times 1$ 열벡터 $\mathbf{a}_1$, $\mathbf{a}_2,\cdots$, $\mathbf{a}_n$로 구성된 비특이 정방행렬 $\mathbf{A}$에서 $\mathbf{A}$의 p번째 열을 $\mathbf{b}$로 대체한 행렬을 $\mathbf{A}_\mathbf{b}$라고 하자. $\mathbf{A}_\mathbf{b}$의 역행렬 $\mathbf{A}_\mathbf{b}^{-1}$을 $\mathbf{A}^{-1}$으로 나타내고자 한다. $\mathbf{A}$의 열벡터 $\mathbf{a}_i$는 표준단위벡터 $\mathbf{e}_i$(i번째 요소가 1이고 나머지는 0인 열벡터)를 사용하여 $\mathbf{a}_i=\mathbf{A}\mathbf{e}_i$로 나타낼 수 있고 $\mathbf{b}$는 역행렬의 정의 식 (6.2)와 항등행렬의 특성으로부터 $\mathbf{b}=\mathbf{A}\mathbf{A}^{-1}\mathbf{b}$로 나타낼 수 있다. 따라서

$$
\begin{aligned}
\mathbf{A}_\mathbf{b} &= \left(\mathbf{a}_1,\mathbf{a}_2,\cdots,\mathbf{a}_{p-1},\mathbf{b},\mathbf{a}_{p+1},\cdots,\mathbf{a}_n\right)\\
&= \left(\mathbf{A}\mathbf{e}_1,\mathbf{A}\mathbf{e}_2,\cdots,\mathbf{A}\mathbf{e}_{p-1},\mathbf{A}\mathbf{A}^{-1}\mathbf{b},\mathbf{A}\mathbf{e}_{p+1},\cdots,\mathbf{A}\mathbf{e}_n\right)\\
&= \mathbf{A}\left(\mathbf{e}_1,\mathbf{e}_2,\cdots,\mathbf{e}_{p-1},\mathbf{A}^{-1}\mathbf{b},\mathbf{e}_{p+1},\cdots,\mathbf{e}_n\right) \qquad (\mathbf{y}=\mathbf{A}^{-1}\mathbf{b}\text{ 라고 하면})\\
&= \mathbf{A}\left(\mathbf{e}_1,\mathbf{e}_2,\cdots,\mathbf{e}_{p-1},\mathbf{y},\mathbf{e}_{p+1},\cdots,\mathbf{e}_n\right)\\
&\qquad\qquad (\mathbf{Q}=\left(\mathbf{e}_1,\mathbf{e}_2,\cdots,\mathbf{e}_{p-1},\mathbf{y},\mathbf{e}_{p+1},\cdots,\mathbf{e}_n\right)\text{ 라고 하면})\\
&= \mathbf{A}\mathbf{Q}
\end{aligned}
$$

이다. 역행렬의 성질에 관한 정리 [정리 6.3] ②로부터

$$\mathbf{A}_\mathbf{b}^{-1}=(\mathbf{A}\mathbf{Q})^{-1}=\mathbf{Q}^{-1}\mathbf{A}^{-1}$$

이며 추축행렬의 특성에 관한 정리 [정리 6.6]으로부터

$$\mathbf{A}_\mathbf{b}^{-1}=\mathbf{P}\mathbf{A}^{-1}$$

이다. 여기서 $\mathbf{P}=\left(\mathbf{e}_1,\mathbf{e}_2,\cdots,\mathbf{e}_{p-1},\boldsymbol{\eta},\mathbf{e}_{p+1},\cdots,\mathbf{e}_n\right)$이고 $\boldsymbol{\eta}$는 $\mathbf{y}$의 p번째 요소를 추축요소로 구한 에타벡터이다.

$\mathbf{A}_\mathbf{b}$의 역행렬을 구하는 절차는 다음과 같이 요약할 수 있다.

① $\mathbf{y}=\mathbf{A}^{-1}\mathbf{b}$를 계산한다.

② $\mathbf{y}$를 추축열로 $\mathbf{y}$의 p번째 요소를 추축요소로 에타벡터 $\boldsymbol{\eta}$를 구한다.

③ $\mathbf{I}_n$의 p번째 열을 에타벡터 $\boldsymbol{\eta}$로 대체하여 추축행렬 $\mathbf{P}$를 구성한다.

④ $\mathbf{A}_\mathbf{b}^{-1}=\mathbf{P}\mathbf{A}^{-1}$을 계산한다.

예

$$\mathbf{A}=\begin{pmatrix}1 & -1 & 2\\ -1 & -2 & 0\\ 2 & -1 & 3\end{pmatrix},\quad \mathbf{b}=\begin{pmatrix}-2\\ 1\\ 3\end{pmatrix}$$

에서 $\mathbf{A}$ 의 2 번째 열을 $\mathbf{b}$ 로 대체한 행렬 $\mathbf{A}_\mathbf{b}$의 역행렬을 $\mathbf{A}^{-1}$ 와 추축행렬을 이용하여 구하시오.

풀이

$\mathbf{y}$는

$$\mathbf{y}=\mathbf{A}^{-1}\mathbf{b}=\begin{pmatrix}-6 & 1 & 4\\ 3 & -1 & -2\\ 5 & -1 & -3\end{pmatrix}\begin{pmatrix}25\\ -13\\ -20\end{pmatrix}$$

이다. $\mathbf{y}$에서 2 번째 요소를 추축요소로 에타벡터를 계산하면

$$\boldsymbol{\eta}=\begin{pmatrix}\frac{25}{13}\\ -\frac{1}{13}\\ -\frac{20}{13}\end{pmatrix}$$

이다. $\mathbf{I}_3$의 2 번째 열을 에타벡터 $\boldsymbol{\eta}$로 대체하여 추축행렬 $\mathbf{P}$를 구하면

$$\mathbf{P}=\begin{pmatrix}1 & \frac{25}{13} & 0\\ 0 & -\frac{1}{13} & 0\\ 0 & -\frac{20}{13} & 1\end{pmatrix}$$

이다. 따라서

$$\mathbf{A}_\mathbf{b}^{-1}=\mathbf{PA}^{-1}=\begin{pmatrix}1 & \frac{25}{13} & 0\\ 0 & -\frac{1}{13} & 0\\ 0 & -\frac{20}{13} & 1\end{pmatrix}\begin{pmatrix}-6 & 1 & 4\\ 3 & -1 & -2\\ 5 & -1 & -3\end{pmatrix}=\begin{pmatrix}-\frac{3}{13} & -\frac{12}{13} & \frac{2}{13}\\ -\frac{3}{13} & \frac{1}{13} & \frac{2}{13}\\ \frac{5}{13} & \frac{7}{13} & \frac{1}{13}\end{pmatrix}$$

이다. ◀

n 개의 $n\times 1$ 열벡터 $\mathbf{b}_1, \mathbf{b}_2,\cdots, \mathbf{b}_n$로 구성된 $\mathbf{B}$ 의 역행렬을 $\mathbf{A_b}$의 역행렬 구하는 절차로 계산할 수 있다.

① $\mathbf{A}_{\mathbf{b}_0} = \mathbf{I}_n$로 놓는다.

(② ~ ⑤ : < $\mathbf{A}_{\mathbf{b}_i}^{-1}$ 의 계산>을 $i = 1, 2, ...,n$에 대해서 반복한다)

② $\mathbf{y}_i = \mathbf{A}_{\mathbf{b}_{i-1}}^{-1}\mathbf{b}_i$ 를 계산한다.

③ $\mathbf{y}_i$를 추축열로 $\mathbf{y}_i$의 i 번째 요소를 추축요소로 에타벡터 $\boldsymbol{\eta}_i$를 구한다.

④ $\mathbf{I}_n$의 i 번째 열을 에타벡터 $\boldsymbol{\eta}_i$로 대체하여 추축행렬 $\mathbf{P}_i$를 구성한다.

⑤ $\mathbf{A}_{\mathbf{b}_i}^{-1} = \mathbf{P}_i\mathbf{A}_{\mathbf{b}_{i-1}}^{-1}$ 를 계산한다.

⑥ $\mathbf{B}^{-1} = \mathbf{A}_{\mathbf{b}_n}^{-1}$ 로 $\mathbf{B}^{-1}$을 구한다.

이 계산절차는 역행렬을 계산할 때 요구되는 주기억용량을 효율적으로 사용하는 장점을 가지며 컴퓨터에서 선형계획법의 해를 구하는 방법으로 널리 활용되는 개정심플렉스법(revised simplex method)에서 매우 중요한 역할을 한다.

예

$\mathbf{A_b}$의 역행렬 구하는 절차를 활용하여

$$\mathbf{B} = \begin{pmatrix} 1 & 3 & 1 \\ 2 & -5 & -2 \\ 2 & -4 & -3 \end{pmatrix}$$

의 역행렬을 구하시오.

풀이

$\mathbf{B}$ 의 열벡터를

$$\mathbf{b}_1 = \begin{pmatrix} 1 \\ 2 \\ 2 \end{pmatrix},\ \mathbf{b}_2 = \begin{pmatrix} 3 \\ -5 \\ -4 \end{pmatrix},\ \mathbf{b}_3 = \begin{pmatrix} 1 \\ -2 \\ -3 \end{pmatrix}$$

라고 하자.

$\mathbf{A}_{\mathbf{b}_0} = \mathbf{I}_3$이며 따라서 $\mathbf{A}_{\mathbf{b}_0}^{-1} = \mathbf{I}_3$이다.

〈$\mathbf{A}_{\mathbf{b}_1}^{-1}$의 계산〉

$$\mathbf{y}_1 = \mathbf{A}_{\mathbf{b}_0}^{-1}\mathbf{b}_1 = \begin{pmatrix} 1 & 0 & 0 \\ 0 & 1 & 0 \\ 0 & 0 & 1 \end{pmatrix}\begin{pmatrix} 1 \\ 2 \\ 2 \end{pmatrix} = \begin{pmatrix} 1 \\ 2 \\ 2 \end{pmatrix}$$

이다. $\mathbf{y}_1$에서 1번째 요소를 추축요소로 에타벡터를 계산하면

$$\boldsymbol{\eta}_1 = \begin{pmatrix} 1 \\ -2 \\ -2 \end{pmatrix}$$

이다. $\mathbf{I}_3$의 1번째 열을 에타벡터 $\boldsymbol{\eta}_1$로 대체하여 추축행렬 $\mathbf{P}_1$을 구하면

$$\mathbf{P}_1 = \begin{pmatrix} 1 & 0 & 0 \\ -2 & 1 & 0 \\ -2 & 0 & 1 \end{pmatrix}$$

이다. 따라서

$$\mathbf{A}_{\mathbf{b}_1}^{-1} = \mathbf{P}_1\mathbf{A}_{\mathbf{b}_0}^{-1} = \begin{pmatrix} 1 & 0 & 0 \\ -2 & 1 & 0 \\ -2 & 0 & 1 \end{pmatrix}\begin{pmatrix} 1 & 0 & 0 \\ 0 & 1 & 0 \\ 0 & 0 & 1 \end{pmatrix} = \begin{pmatrix} 1 & 0 & 0 \\ -2 & 1 & 0 \\ -2 & 0 & 1 \end{pmatrix}$$

이다.

〈$\mathbf{A}_{\mathbf{b}_2}^{-1}$의 계산〉

$$\mathbf{y}_2 = \mathbf{A}_{\mathbf{b}_1}^{-1}\mathbf{b}_2 = \begin{pmatrix} 1 & 0 & 0 \\ -2 & 1 & 0 \\ -2 & 0 & 1 \end{pmatrix}\begin{pmatrix} 3 \\ -5 \\ -4 \end{pmatrix} = \begin{pmatrix} 3 \\ -11 \\ -10 \end{pmatrix}$$

이다. $\mathbf{y}_2$에서 2번째 요소를 추축요소로 에타벡터를 계산하면

$$\boldsymbol{\eta}_2 = \begin{pmatrix} \frac{3}{11} \\ -\frac{1}{11} \\ -\frac{10}{11} \end{pmatrix}$$

이다. $\mathbf{I}_3$의 2번째 열을 에타벡터 $\boldsymbol{\eta}_2$로 대체하여 추축행렬 $\mathbf{P}_2$를 구하면

$$\mathbf{P}_2 = \begin{pmatrix} 1 & \frac{3}{11} & 0 \\ 0 & -\frac{1}{11} & 0 \\ 0 & -\frac{10}{11} & 1 \end{pmatrix}$$

이다. 따라서

$$\mathbf{A}_{\mathbf{b}_2}^{-1} = \mathbf{P}_2\mathbf{A}_{\mathbf{b}_1}^{-1} = \begin{pmatrix} 1 & \frac{3}{11} & 0 \\ 0 & -\frac{1}{11} & 0 \\ 0 & -\frac{10}{11} & 1 \end{pmatrix}\begin{pmatrix} 1 & 0 & 0 \\ -2 & 1 & 0 \\ -2 & 0 & 1 \end{pmatrix} = \begin{pmatrix} \frac{5}{11} & \frac{3}{11} & 0 \\ \frac{2}{11} & -\frac{1}{11} & 0 \\ -\frac{2}{11} & -\frac{10}{11} & 1 \end{pmatrix}$$

이다.

< $\mathbf{A}_{\mathbf{b}_3}^{-1}$의 계산>

$$\mathbf{y}_3 = \mathbf{A}_{\mathbf{b}_2}^{-1}\mathbf{b}_3 = \begin{pmatrix} \frac{5}{11} & \frac{3}{11} & 0 \\ \frac{2}{11} & -\frac{1}{11} & 0 \\ -\frac{2}{11} & -\frac{10}{11} & 1 \end{pmatrix}\begin{pmatrix} 1 \\ -2 \\ -3 \end{pmatrix} = \begin{pmatrix} -\frac{1}{11} \\ \frac{4}{11} \\ -\frac{15}{11} \end{pmatrix}$$

이다. $\mathbf{y}_3$에서 3번째 요소를 추축요소로 에타벡터를 계산하면

$$\boldsymbol{\eta}_3 = \begin{pmatrix} -\frac{1}{15} \\ \frac{4}{15} \\ -\frac{11}{15} \end{pmatrix}$$

이다. $\mathbf{I}_3$의 3번째 열을 에타벡터 $\boldsymbol{\eta}_3$로 대체하여 추축행렬 $\mathbf{P}_3$을 구하면

$$\mathbf{P}_3 = \begin{pmatrix} 1 & 0 & -\frac{1}{15} \\ 0 & 1 & \frac{4}{15} \\ 0 & 0 & -\frac{11}{15} \end{pmatrix}$$

이다. 따라서

$$\mathbf{B}^{-1} = \mathbf{A}_{\mathbf{b}_3}^{-1} = \mathbf{P}_3\mathbf{A}_{\mathbf{b}_2}^{-1} = \begin{pmatrix} 1 & 0 & -\frac{1}{15} \\ 0 & 1 & \frac{4}{15} \\ 0 & 0 & -\frac{11}{15} \end{pmatrix}\begin{pmatrix} \frac{5}{11} & \frac{3}{11} & 0 \\ \frac{2}{11} & -\frac{1}{11} & 0 \\ -\frac{2}{11} & -\frac{10}{11} & 1 \end{pmatrix} = \begin{pmatrix} \frac{7}{15} & \frac{1}{3} & -\frac{1}{15} \\ \frac{2}{15} & -\frac{1}{3} & \frac{4}{15} \\ \frac{2}{15} & \frac{2}{3} & -\frac{11}{15} \end{pmatrix}$$

이다. ◀

1.10 역행렬과 연립일차방정식

정리 6.7 **역행렬과 연립일차방정식**

$n \times n$ 행렬 $\mathbf{A}$이 비특이행렬이면 연립일차방정식 $\mathbf{Ax} = \mathbf{b}$는 유일한 해 $\mathbf{x} = \mathbf{A}^{-1}\mathbf{b}$을 갖는다.

증명

$$\begin{aligned}
&\mathbf{Ax} = \mathbf{b} \\
&\quad \Rightarrow \ \mathbf{A}^{-1}\mathbf{Ax} = \mathbf{A}^{-1}\mathbf{b} \\
&\quad \Rightarrow \ \mathbf{Ix} = \mathbf{A}^{-1}\mathbf{b} \qquad \text{(역행렬의 정의 식 (6.2))} \\
&\quad \Rightarrow \ \mathbf{x} = \mathbf{A}^{-1}\mathbf{b} \qquad \text{(항등행렬의 행렬곱셈 [정리 4.3])}
\end{aligned}$$
■

예

연립일차방정식

$$\begin{aligned}
x_1 + 3x_2 + x_3 &= 4 \\
2x_1 + 2x_2 + x_3 &= -1 \\
2x_1 + 3x_2 + x_3 &= 3
\end{aligned}$$

의 해를 구하시오.

풀이

연립방정식을 행렬로 나타내면 $\mathbf{Ax} = \mathbf{b}$

$$\mathbf{A} = \begin{pmatrix} 1 & 3 & 1 \\ 2 & 2 & 1 \\ 2 & 3 & 1 \end{pmatrix}, \quad \mathbf{x} = \begin{pmatrix} x_1 \\ x_2 \\ x_3 \end{pmatrix}, \quad \mathbf{b} = \begin{pmatrix} 4 \\ -1 \\ 3 \end{pmatrix}$$

이다.

$$\mathbf{A}^{-1} = \begin{pmatrix} -1 & 0 & 1 \\ 0 & -1 & 1 \\ 2 & 3 & -4 \end{pmatrix}$$

이고

$$\mathbf{x} = \mathbf{A}^{-1}\mathbf{b} = \begin{pmatrix} -1 & 0 & 1 \\ 0 & -1 & 1 \\ 2 & 3 & -4 \end{pmatrix} \begin{pmatrix} 4 \\ -1 \\ 3 \end{pmatrix} = \begin{pmatrix} -1 \\ 4 \\ -7 \end{pmatrix}$$

이다. 즉 $x_1 = -1$, $x_2 = 4$, $x_3 = -7$ 이다. ◀

제2절 행렬식

2.1 행렬식의 개념

1부터 n 까지의 정수를 오름차순으로 놓은 집합 $\{1, 2, ..., n\}$에서 원소를 재배열해 놓은 것 $j_1 j_2 \cdots j_n$을 $\{1, 2, ..., n\}$의 순열(順列, permutation)이라 한다. P_n을 $\{1, 2, ..., n\}$의 모든 순열의 집합이라 하자. P_n의 원소의 개수는 $n!$이 된다.

예

P_2는 $2! = 2$ 개의 순열, 즉 12, 21의 집합이다. P_3은 $3! = 6$ 개의 순열, 즉 123, 231, 312, 132, 213, 321의 집합이다. ◀

$\{1, 2, ..., n\}$의 순열 $j_1 j_2 \cdots j_n$에 $j_i > j_k (i < k)$이 존재하면 이를 반전(反轉, inversion)이라 하고 어떤 순열에서 발생하는 반전의 개수를 반전수(反轉數, number of inversions)라 한다. 그리고 반전수가 짝수인 순열을 우순열(偶順列, even permutation), 홀수인 순열을 기순열(奇順列, odd permutation)이라 부른다.

예

$\{1, 2, 3\}$의 순열들을 살펴보자.

순열 $j_1 j_2 j_3$	추월	반전수	종류
1 2 3		0	우
1 3 2	$j_2 > j_3$	1	기
2 1 3	$j_1 > j_2$	1	기
2 3 1	$j_1 > j_3$, $j_2 > j_3$	2	우
3 1 2	$j_1 > j_2$, $j_1 > j_3$	2	우
3 2 1	$j_1 > j_2$, $j_1 > j_3$, $j_2 > j_3$	3	기

◀

$\mathbf{A} = (a_{ij})$를 $n \times n$행렬이라 할 때 각 행과 각 열에서 하나씩 선택한 요소를 곱해 놓은 것을 행렬 $\mathbf{A}$의 기본곱(基本곱, elementary product)이라 한다. 행렬 $\mathbf{A}$의 기본곱은 $a_{1j_1}a_{2j_2}\cdots a_{nj_n}$(여기서 $j_1j_2\cdots j_n$은 $\{1, 2, ..., n\}$의 순열)으로 나타낼 수 있으며 따라서 행렬 $\mathbf{A}$의 기본곱의 개수는 $n!$개가 된다.

예

3×3 행렬

$$\begin{pmatrix} a_{11} & a_{12} & a_{13} \\ a_{21} & a_{22} & a_{23} \\ a_{31} & a_{32} & a_{33} \end{pmatrix}$$

의 기본곱을 모두 구하면

$$\begin{gathered} a_{11}a_{22}a_{33} \\ a_{11}a_{23}a_{32} \\ a_{12}a_{21}a_{33} \\ a_{12}a_{23}a_{31} \\ a_{13}a_{21}a_{32} \\ a_{13}a_{22}a_{31} \end{gathered}$$

이 된다. ◀

$n \times n$ 행렬 $\mathbf{A} = (a_{ij})$의 기본곱 $a_{1j_1}a_{2j_2}\cdots a_{nj_n}$(여기서 $j_1j_2\cdots j_n$은 $\{1, 2, ..., n\}$의 순열)에서 $j_1j_2\cdots j_n$이 우순열이면 $+$, 기순열이면 $-$를 붙여

$$(\pm)\, a_{1j_1}a_{2j_2}\cdots a_{nj_n}$$

로 나타내고 이를 부호부기본곱(符號付基本곱, signed elementary product)이라 한다.

예

3×3 행렬

$$\begin{pmatrix} a_{11} & a_{12} & a_{13} \\ a_{21} & a_{22} & a_{23} \\ a_{31} & a_{32} & a_{33} \end{pmatrix}$$

의 모든 부호부기본곱을 구하시오.

풀이

$$+a_{11}a_{22}a_{33}\,,\quad -a_{11}a_{23}a_{32}\,,\quad -a_{12}a_{21}a_{33}\,,$$
$$+a_{12}a_{23}a_{31}\,,\quad +a_{13}a_{21}a_{32}\,,\quad -a_{13}a_{22}a_{31}$$ ◀

$n \times n$행렬 $\mathbf{A}=(a_{ij})$의 모든 부호부기본곱의 합을 행렬 $\mathbf{A}$의 행렬식(行列式, determinant)이라 하고 이를 $|\mathbf{A}|$ 또는 det($\mathbf{A}$)로 나타낸다. 즉

$$|\mathbf{A}| = \sum (\pm)\, a_{1j_1} a_{2j_2} \cdots a_{nj_n} \tag{6.10}$$

이다.

예

2×2 행렬

$$\mathbf{A} = \begin{pmatrix} a_{11} & a_{12} \\ a_{21} & a_{22} \end{pmatrix}$$

의 행렬식은

$$|\mathbf{A}| = a_{11}a_{22} - a_{12}a_{21}$$

이다. 이는 아래의 그림에서 우측 아래로 향한 화살표 위의 요소를 곱한 후 이를 더하고 좌측 아래로 향한 화살표 위의 요소를 곱한 후 이를 빼서 구할 수 있다.

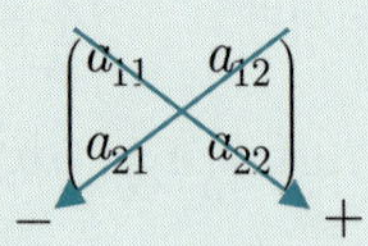

3×3 행렬

$$\mathbf{A} = \begin{pmatrix} a_{11} & a_{12} & a_{13} \\ a_{21} & a_{22} & a_{23} \\ a_{31} & a_{32} & a_{33} \end{pmatrix}$$

의 행렬식은

$$\begin{aligned}\det(\mathbf{A}) = a_{11}a_{22}a_{33} - a_{11}a_{23}a_{32} - a_{12}a_{21}a_{33} \\ + a_{12}a_{23}a_{31} + a_{13}a_{21}a_{32} - a_{13}a_{22}a_{31}\end{aligned}$$

이다. 이는 다음의 그림과 같이 행렬 $\mathbf{A}$의 첫 번째 열과 두 번째 열을 행렬의 오른쪽에 붙인 상태에서 우측 아래로 향한 화살표 위의 요소를 곱한 후 이를 더하고 좌측 아래로 향한 화살표 위의 요소를 곱한 후 이를 빼서 구할 수 있다.

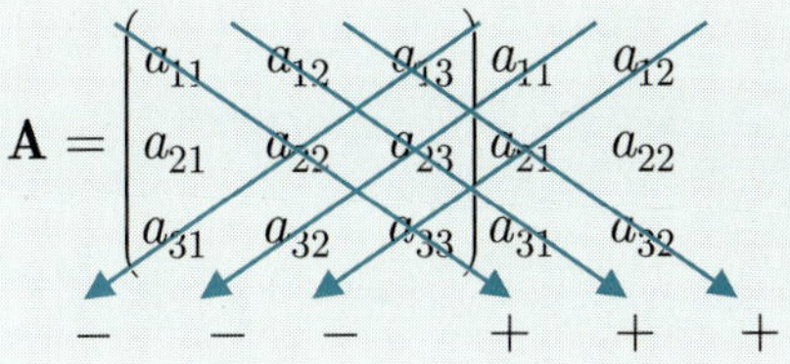

◀

예

3×3 행렬

$$\mathbf{A} = \begin{pmatrix} 1 & 2 & 3 \\ 3 & 2 & 1 \\ 1 & 1 & 4 \end{pmatrix}$$

에 대하여 $|\mathbf{A}|$를 구해보자.

풀이

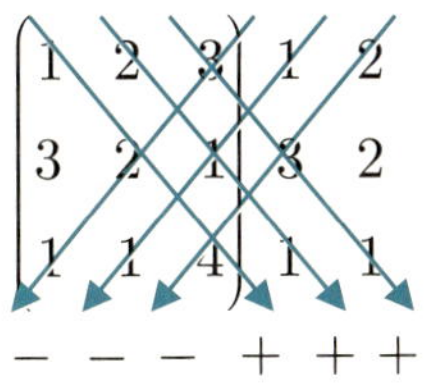

$$\begin{aligned} |\mathbf{A}| &= (1)(2)(4) + (2)(1)(1) + (3)(3)(1) \\ &\quad - (3)(2)(1) - (1)(1)(1) - (2)(3)(4) \\ &= -12 \end{aligned}$$

◀

2.2 행렬식의 특성

정리 6.8 **모든 요소가 0으로 된 행 / 열이 존재하는 행렬의 행렬식**

행렬 $\mathbf{A}$에 대하여 모든 요소가 0으로 이루어진 행 또는 열이 존재하면 $|\mathbf{A}| = 0$이 된다.

증명

$|\mathbf{A}|$은 행렬 $\mathbf{A}$의 모든 부호부기본곱의 합이며 각 부호부기본곱을 구성하는 기본곱은 행렬 $\mathbf{A}$의 각 행과 각 열에서 하나씩 선택한 요소를 곱해놓은 것이므로 모든 요소가 0으로 이루어진 행 또는 열이 존재하면 $|\mathbf{A}| = 0$이 된다. ■

예

3×3 행렬

$$\mathbf{A} = \begin{pmatrix} 1 & 2 & 3 \\ 3 & 2 & 1 \\ 0 & 0 & 0 \end{pmatrix}$$

에 대하여 $|\mathbf{A}|$를 구해보자.

풀이

$$\begin{aligned} |\mathbf{A}| &= (1)(2)(0) + (2)(1)(0) + (3)(3)(0) \\ &\quad -(3)(2)(0) - (1)(1)(0) - (2)(3)(0) \\ &= 0 \end{aligned}$$ ◀

정리 6.9 **삼각행렬의 행렬식**

크기 n의 정방행렬 $\mathbf{A} = (a_{ij})$가 삼각행렬이면 $|\mathbf{A}| = \prod_{i=1}^{n} a_{ii}$ 이다.

증명

삼각행렬의 정의로부터 $\mathbf{A} = (a_{ij})$가 상삼각행렬이면 $a_{ij} = 0$ for $i > j$이다. 따라서 $|\mathbf{A}|$를 구성하는 기본곱 $a_{1j_1} a_{2j_2} \cdots a_{nj_n}$은 $1 > j_1,\ 2 > j_2, \cdots,\ n > j_n$일 경우에는 모두 0이 되며 $1 \le j_1,\ 2 \le j_2, \cdots,\ n \le j_n$일 때에만 0이 아닌 값을 가질 수 있다. (행렬식의 정의 식 (6.10)으로부터) 기본곱 $a_{1j_1} a_{2j_2} \cdots a_{nj_n}$에서 $j_1 j_2 \cdots j_n$은 $\{1, 2, ..., n\}$을 재배열한 순열이다. $1 \le j_1,\ 2 \le j_2, \cdots,\ n \le j_n$을 만족하는 $\{1, 2, ..., n\}$의 순열 $j_1 j_2 \cdots j_n$은 $j_n = n,\ j_{n-1} = n-1,\ \cdots,\ j_n = 2,\ j_1 = 1$인 경우뿐이다. 즉 $|\mathbf{A}|$를 구성하는 기본곱 중 주대각요소의 곱 $\prod_{i=1}^{n} a_{ii}$ 만이 0이 아닌 값을 가질 수 있고 나머지 기본곱은 모두 0이다.
하삼각행렬의 경우에 대해서도 대칭적으로 쉽게 증명할 수 있다. ■

예

$$\mathbf{A}=\begin{pmatrix}2&9&-1\\0&4&5\\0&0&-2\end{pmatrix}$$

에 대하여 $|\mathbf{A}|$를 구해보자.

풀이

$$|\mathbf{A}|=(2)(4)(-2)=-16$$ ◀

정리 6.10 **전치행렬의 행렬식**

행렬 $\mathbf{A}$에 대하여 $|\mathbf{A}|=\left|\mathbf{A}^T\right|$이 성립한다.

증명

$\mathbf{A}=(a_{ij})$를 크기가 n인 정방행렬이라 하자. (행렬전치의 정의 식 (4.8)로부터) $\mathbf{A}^T=\left(a_{ji}^T\right)$는 크기가 n인 정방행렬이며 $a_{ji}^T=a_{ij}$이다. (행렬식의 정의 식 (6.10)으로부터)

$$\begin{aligned}\left|\mathbf{A}^T\right|&=\sum(\pm)\,a_{1j_1}^T a_{2j_2}^T\cdots a_{nj_n}^T\\&=\sum(\pm)\,a_{j_1 1}a_{j_2 2}\cdots a_{j_n n}\quad \text{(행렬전치의 정의 식 (4.8))}\end{aligned}$$

기본곱 $a_{j_1 1}a_{j_2 2}\cdots a_{j_n n}$에서 행첨자가 오름차순이 되도록 요소를 재배열하면 현재 1, 2,$\cdots$, n의 순서로 되어 있는 열첨자도 재배열되어 새로운 순열 $k_1k_2\cdots k_n$이 되며 기본곱은 $a_{1k_1}a_{2k_2}\cdots a_{nk_n}$으로 나타낼 수 있다. 따라서

$$a_{1j_1}^T a_{2j_2}^T\cdots a_{nj_n}^T=a_{j_1 1}a_{j_2 2}\cdots a_{j_n n}=a_{1k_1}a_{2k_2}\cdots a_{nk_n}$$

로 나타낼 수 있다. 한편 $a_{1k_1}a_{2k_2}\cdots a_{nk_n}$의 부호를 결정하는 순열 $k_1k_2\cdots k_n$과 $a_{1j_1}^T a_{2j_2}^T\cdots a_{nj_n}^T$의 부호를 결정하는 순열 $j_1j_2\cdots j_n$의 반전수는 항상 같다. 이에 대한 증명은 생략하고 하나의 예를 들어보자.

$$a_{14}^T a_{23}^T a_{31}^T a_{45}^T a_{52}^T=a_{41}a_{32}a_{13}a_{54}a_{25}=a_{13}a_{25}a_{32}a_{41}a_{54}$$

에서 43152의 반전수는 6개이고 35214의 반전수도 6개이다.

따라서

$$
\begin{aligned}
\left|\mathbf{A}^T\right| &= \sum(\pm)\, a^T_{1j_1} a^T_{2j_2} \cdots a^T_{nj_n} && \text{(행렬식의 정의 식 (6.10))} \\
&= \sum(\pm)\, a_{j_1 1} a_{j_2 2} \cdots a_{j_n n} && \text{(행렬전치의 정의 식 (4.8))} \\
&= \sum(\pm)\, a_{1k_1} a_{2k_2} \cdots a_{nk_n} && \text{(앞의 설명으로부터)} \\
&= |\mathbf{A}| && \text{(행렬식의 정의 식 (6.10))}
\end{aligned}
$$

이다. ■

예

$$
\mathbf{A} = \begin{pmatrix} 1 & 2 & 3 \\ 3 & 2 & 1 \\ 1 & 1 & 4 \end{pmatrix}, \quad \mathbf{B} = \begin{pmatrix} 1 & 3 & 1 \\ 2 & 2 & 1 \\ 3 & 1 & 4 \end{pmatrix}
$$

에서 $|\mathbf{A}|$ 와 $|\mathbf{B}|$ 를 구해보자.

풀이

$$
\begin{aligned}
|\mathbf{A}| &= (1)(2)(4) + (2)(1)(1) + (3)(3)(1) \\
&\quad - (3)(2)(1) - (1)(1)(1) - (2)(3)(4) \\
&= -12 \\
|\mathbf{B}| &= (1)(2)(4) + (3)(1)(3) + (1)(2)(1) \\
&\quad - (1)(2)(3) - (1)(1)(1) - (3)(2)(4) \\
&= -12
\end{aligned}
$$

◀

정리 6.11 **행렬곱의 행렬식**

행렬 $\mathbf{A}$와 $\mathbf{B}$에 대하여 $|\mathbf{AB}| = |\mathbf{A}| \cdot |\mathbf{B}|$ 이 성립한다.

증명

생략 ■

예

$$
\mathbf{A} = \begin{pmatrix} -1 & 2 & 3 \\ 0 & 2 & 1 \\ 1 & 1 & 4 \end{pmatrix}, \quad \mathbf{B} = \begin{pmatrix} 2 & 1 & -2 \\ -3 & -2 & 0 \\ 2 & 0 & -1 \end{pmatrix}
$$

에서 $|\mathbf{A}|$, $|\mathbf{B}|$, $|\mathbf{AB}|$ 를 구해보자.

풀이

$$|\mathbf{A}| = -11\,,\ \ |\mathbf{B}| = -7$$

$$\mathbf{AB} = \begin{pmatrix} -2 & -5 & -1 \\ -4 & -4 & -1 \\ 7 & -1 & -6 \end{pmatrix}$$

$$|\mathbf{AB}| = 77$$

◀

2.3 기본행연산이 행렬식에 미치는 영향

정리 6.12 **두 행/열의 교환과 행렬식**

① 행렬 $\mathbf{A}$에 대해서 두 행을 교환한 결과를 $\mathbf{B}$라 하면 $|\mathbf{B}| = -|\mathbf{A}|$이 성립한다.

② 행렬 $\mathbf{A}$에 대해서 두 열을 교환한 결과를 $\mathbf{B}$라 하면 $|\mathbf{B}| = -|\mathbf{A}|$이 성립한다.

증명

① 크기 n의 정방행렬 $\mathbf{B} = (b_{ij})$를 행렬 $\mathbf{A} = (a_{ij})$의 p번째 행과 q번째 행을 교환한 결과로 만들어진 행렬이라 하자. 그리고 $p < q$라고 하자. 이러한 전제로부터

$$b_{pj} = a_{qj}\,,\ \ b_{qj} = a_{pj}\,,\ \ b_{ij} = a_{ij}\ \ \text{for}\ \ i \neq p\,,\ \ i \neq q \qquad (6.11)$$

이다.

$\{1, 2, \cdots, p, \cdots, q, \cdots, n\}$ 의 순열 $j_1 j_2 \cdots j_p \cdots j_q \cdots j_n$ 에서 두 개의 숫자 j_p 과 j_q 을 교환한 순열을 $j_1 j_2 \cdots j_q \cdots j_p \cdots j_n$ 으로 나타내면

$$(j_1 j_2 \cdots j_p \cdots j_q \cdots j_n \text{ 의 반전수}) \qquad (6.12)$$
$$-\ (j_1 j_2 \cdots j_q \cdots j_p \cdots j_n \text{ 의 반전수}) \ = \ \text{홀수}$$

가 된다(이에 관한 증명은 생략).

$$\begin{aligned} |\mathbf{B}| &= \sum (\pm)\, b_{1j_1} b_{2j_2} \cdots b_{pj_p} \cdots b_{qj_q} \cdots b_{nj_n} && (\text{행렬식의 정의 식 (6.10)}) \\ &= \sum (\pm)\, a_{1j_1} a_{2j_2} \cdots a_{qj_p} \cdots a_{pj_q} \cdots a_{nj_n} && (\text{위의 조건 식 (6.11)}) \\ &= \sum (\pm)\, a_{1j_1} a_{2j_2} \cdots a_{pj_q} \cdots a_{qj_p} \cdots a_{nj_n} && (a_{pj_q} \text{ 과 } a_{qj_p} \text{ 을 교환}) \end{aligned}$$

$$= -\sum(\pm)\, a_{1j_1}a_{2j_2}\cdots a_{pj_p}\cdots a_{qj_q}\cdots a_{nj_n} \text{ (앞의 조건 식 (6.12))}$$

$$= -|\mathbf{A}| \qquad \text{(행렬식의 정의 식 (6.10))}$$

②에 대한 증명은 생략 ■

예

$$\mathbf{A}=\begin{pmatrix}1&2&3\\3&2&1\\1&1&4\end{pmatrix},\ \mathbf{B}=\begin{pmatrix}1&2&3\\1&1&4\\3&2&1\end{pmatrix}$$

에서 $|\mathbf{A}|$, $|\mathbf{B}|$를 구해보자.

풀이

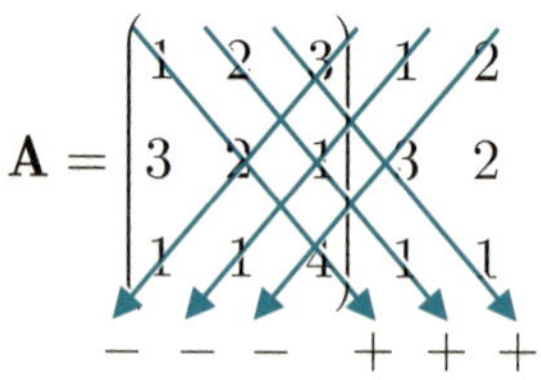

$$\begin{aligned}|\mathbf{A}| &= (1)(2)(4)+(2)(1)(1)+(3)(3)(1)\\ &\quad -(3)(2)(1)-(1)(1)(1)-(2)(3)(4)\\ &= 8+2+9-6-1-24\\ &= -12\end{aligned}$$

$\mathbf{B}$는 $\mathbf{A}$에서 2행과 3행을 교환한 결과와 같으므로

$$|\mathbf{B}| = -|\mathbf{A}| = 12$$ ◀

정리 6.13 **기본행연산과 행렬식**

① 행렬 $\mathbf{A}$의 p번째 행에 $\alpha\,(\alpha \neq 0)$를 곱한 행렬을 $\mathbf{B}$라 하면 $|\mathbf{B}| = \alpha|\mathbf{A}|$가 성립한다.

② 행렬 $\mathbf{A}$의 p번째 행에 q번째 행$\times\,\alpha\,(\alpha \neq 0)$를 더한 행렬을 $\mathbf{B}$라 하면 $|\mathbf{B}| = |\mathbf{A}|$가 성립한다.

증명

① 행렬 $\mathbf{A} = (a_{ij})$의 p번째 행에 0이 아닌 상수 α를 곱하고 이를 새로운 p번째 행으로 대체한 행렬을 $\mathbf{B} = (b_{ij})$라 하자. 이러한 전제로부터

$$b_{ij} = a_{ij} \text{ for } i \neq p, \; b_{pj} = \alpha a_{pj} \tag{6.13}$$

이다.

$$\begin{aligned} |\mathbf{B}| &= \sum (\pm)\, b_{1j_1} b_{2j_2} \cdots b_{pj_p} \cdots b_{nj_n} && \text{(행렬식의 정의 식 (6.10))} \\ &= \sum (\pm)\, a_{1j_1} a_{2j_2} \cdots \left(\alpha a_{pj_p}\right) \cdots a_{nj_n} && \text{(앞의 조건 식 (6.13))} \\ &= \alpha \sum (\pm)\, a_{1j_1} a_{2j_2} \cdots a_{pj_p} \cdots a_{nj_n} && \text{(곱셈에 관한 교환법칙)} \\ &= \alpha |\mathbf{A}| && \text{(행렬식의 정의 식 (6.10))} \end{aligned}$$

②에 대한 증명은 생략 ■

예

$$\mathbf{A} = \begin{pmatrix} 1 & 2 & 1 & 1 \\ -1 & 2 & 0 & 1 \\ 1 & 2 & 1 & -1 \\ 1 & 1 & -1 & -1 \end{pmatrix}$$

에서 $|\mathbf{A}|$를 구해보자.

풀이

$$|\mathbf{A}| = \begin{vmatrix} 1 & 2 & 1 & 1 \\ -1 & 2 & 0 & 1 \\ 1 & 2 & 1 & -1 \\ 1 & 1 & -1 & -1 \end{vmatrix} = \begin{vmatrix} 1 & 2 & 1 & 1 \\ 0 & 4 & 1 & 2 \\ 0 & 0 & 0 & -2 \\ 0 & -1 & -2 & -2 \end{vmatrix} = \begin{vmatrix} 1 & 2 & 1 & 1 \\ 0 & 4 & 1 & 2 \\ 0 & 0 & 0 & -2 \\ 0 & 0 & -7/4 & -3/2 \end{vmatrix}$$

$$= -\begin{vmatrix} 1 & 2 & 1 & 1 \\ 0 & 4 & 1 & 2 \\ 0 & 0 & -7/4 & -3/2 \\ 0 & 0 & 0 & -2 \end{vmatrix} = -14$$

◀

정리 6.14 **행렬식과 비특이성**

행렬 $\mathbf{A}$가 비특이행렬이면 $|\mathbf{A}| \neq 0$ 이고 그 역도 성립한다.

증명

$\mathbf{A}$는 비특이행렬

$$\begin{aligned}
&\Rightarrow \mathbf{A}^{-1}\mathbf{A} = \mathbf{I}_n && \text{(역행렬의 정의 식 (6.1))} \\
&\Rightarrow \left|\mathbf{A}^{-1}\mathbf{A}\right| = |\mathbf{I}_n| && \text{(행렬의 동치, 행렬식의 정의 식 (6.10))} \\
&\Rightarrow \left|\mathbf{A}^{-1}\right||\mathbf{A}| = |\mathbf{I}_n| && \text{(행렬곱의 행렬식 [정리 6.11])} \\
&\Rightarrow \left|\mathbf{A}^{-1}\right||\mathbf{A}| = 1 && \text{(삼각행렬의 행렬식 [정리 6.9])}
\end{aligned}$$

$\therefore \ |\mathbf{A}| \neq 0$ ■

정리 6.15 **행렬식과 동차연립방정식의 해**

$\mathbf{A}$가 $n \times n$ 행렬이라 하자. 동차연립방정식 $\mathbf{AX} = \mathbf{0}$이 비자명해를 가지면 $|\mathbf{A}| = 0$이고 그 역도 성립한다.

증명

$|\mathbf{A}| \neq 0$이면 (행렬식과 비특이성 [정리 6.14]로부터) $\mathbf{A}$는 비특이행렬이고 (역행렬과 연립일차방정식 [정리 6.7]로부터) $\mathbf{AX} = \mathbf{0}$는 자명해만을 갖는다. ■

2.4 여인수전개

$\mathbf{A} = (a_{ij})$를 $n \times n$ 행렬이라 하자. 그리고 $\mathbf{M}_{ij}$를 $\mathbf{A}$에서 i번째 행과 j번째 열을 삭제한 $(n-1) \times (n-1)$행렬이라 하자. $|\mathbf{M}_{ij}|$를 a_{ij}의 소행렬식(小行列式, minor)이라 하며 $A_{ij} = (-1)^{i+j}|\mathbf{M}_{ij}|$을 a_{ij}의 여인수(餘因數, cofactor)라고 한다.

예

$$\mathbf{A} = \begin{pmatrix} 1 & 1 & 1 \\ -1 & 1 & 1 \\ -1 & -1 & 1 \end{pmatrix}$$

에서 a_{22}에 대한 여인수 A_{22}를 구하시오.

풀이

$$A_{22}=(-1)^{2+2}|\mathbf{M}_{22}|=(-1)^4\begin{vmatrix}1 & 1\\ -1 & 1\end{vmatrix}=2$$ ◀

$\mathbf{A}=(a_{ij})$를 $n\times n$ 행렬이라 하자. 그러면 각 i에 대하여

$$|\mathbf{A}|=a_{i1}A_{i1}+a_{i2}A_{i2}+\cdots+a_{in}A_{in}$$

을 행렬식 $|\mathbf{A}|$의 i번째 행에 따른 여인수전개(餘因數展開, cofactor expansion)라고 한다. 그리고 각 j에 대하여

$$|\mathbf{A}|=a_{1j}A_{1j}+a_{2j}A_{2j}+\cdots+a_{nj}A_{nj}$$

을 행렬식 $|\mathbf{A}|$의 j번째 열에 따른 여인수전개라고 한다.

예

$$\mathbf{A}=\begin{pmatrix}1 & 2 & 3 & -1\\ 2 & 3 & -1 & 5\\ 3 & 1 & 1 & 0\\ 3 & -1 & -1 & 2\end{pmatrix}$$

에서 $|\mathbf{A}|$를 여인수전개를 활용하여 구해보자.

풀이

$$|\mathbf{A}|=\begin{vmatrix}1 & 2 & 3 & -1\\ 2 & 3 & -1 & 5\\ 3 & 1 & 1 & 0\\ 3 & -1 & -1 & 2\end{vmatrix}_{\substack{r_2+r_1(5)\to r_2'\\ r_4+r_1(2)\to r_4'}}=\begin{vmatrix}1 & 2 & 3 & -1\\ 7 & 13 & 14 & 0\\ 3 & 1 & 1 & 0\\ 5 & 3 & 5 & 0\end{vmatrix}$$

$$=a_{14}A_{14}=(-1)(-1)^{1+4}\begin{vmatrix}7 & 13 & 14\\ 3 & 1 & 1\\ 5 & 3 & 5\end{vmatrix}$$

$$=-60$$ ◀

2.5 수반행렬과 역행렬

$\mathbf{A}=(a_{ij})$를 $n\times n$ 행렬이라 하자. 각 a_{ij}의 여인수 A_{ij}를 모아 이를 전치시킨 행렬을 $\mathbf{A}$의 수반행렬(隨伴行列, adjonit matrix)이라 하며 $adj\mathbf{A}$로 나타낸다. 즉

$$adj\mathbf{A} = \begin{pmatrix} A_{11} & A_{12} & \cdots & A_{1n} \\ A_{21} & A_{22} & \cdots & A_{2n} \\ \vdots & \vdots & \ddots & \vdots \\ A_{n1} & A_{n2} & \cdots & A_{nn} \end{pmatrix}^T = \begin{pmatrix} A_{11} & A_{21} & \cdots & A_{n1} \\ A_{12} & A_{22} & \cdots & A_{n2} \\ \vdots & \vdots & \ddots & \vdots \\ A_{1n} & A_{2n} & \cdots & A_{nn} \end{pmatrix}$$

이다.

$\mathbf{A} = (a_{ij})$이 $n \times n$ 행렬이고 $|\mathbf{A}| \neq 0$ 일 때 $\mathbf{A}$의 역행렬은 $adj\mathbf{A}$ 앞에 $1/|\mathbf{A}|$를 곱해서 구할 수 있다. 즉

$$\mathbf{A}^{-1} = \frac{1}{|\mathbf{A}|} adj\mathbf{A}$$

이다.

예

$\mathbf{A} = \begin{pmatrix} 1 & 2 \\ 3 & 2 \end{pmatrix}$의 역행렬을 수반행렬을 사용해서 구해보자.

풀이

$$adj\mathbf{A} = \begin{pmatrix} A_{11} & A_{12} \\ A_{21} & A_{22} \end{pmatrix}^T = \begin{pmatrix} 2 & -3 \\ -2 & 1 \end{pmatrix}^T = \begin{pmatrix} 2 & -2 \\ -3 & 1 \end{pmatrix}$$

$$|\mathbf{A}| = 2 - 6 = -4$$

따라서 $\mathbf{A}^{-1} = \begin{pmatrix} -1/2 & 1/2 \\ 3/4 & -1/4 \end{pmatrix}$ ◀

2.6 크래머의 법칙

$\mathbf{A}$의 크기가 $n \times n$ 이고 $|\mathbf{A}| \neq 0$ 인 연립일차방정식 $\mathbf{AX} = \mathbf{B}$ 에 대해서 $\mathbf{A}_j$를 $\mathbf{A}$의 j번째 열을 $\mathbf{B}$로 대체한 행렬이라 할 때 변수 x_j의 값을 다음과 같이 구할 수 있다.

$$x_j = \frac{|\mathbf{A}_j|}{|\mathbf{A}|}, \quad j = 1, 2, \ldots, n$$

이를 크래머(Cramer)의 법칙이라고 한다.

예

연립일차방정식

$$\begin{aligned} x &+ y &= -3 \\ -x &- 2y &= 2 \end{aligned}$$

의 해를 크래머의 법칙으로 구해보자.

풀이

$$x = \frac{\begin{vmatrix} -3 & 1 \\ 2 & -2 \end{vmatrix}}{\begin{vmatrix} 1 & 1 \\ -1 & -2 \end{vmatrix}} = \frac{6-2}{-2+1} = -4\,,\quad y = \frac{\begin{vmatrix} 1 & -3 \\ -1 & 2 \end{vmatrix}}{\begin{vmatrix} 1 & 1 \\ -1 & -2 \end{vmatrix}} = \frac{2-3}{-2+1} = 1$$

◀

연습문제

(1~2) 역행렬의 정의에 의해 다음 행렬의 역행렬을 구하시오.

1. $\begin{pmatrix} 3 & 5 \\ 2 & 4 \end{pmatrix}$

2. $\begin{pmatrix} -2 & 3 \\ 2 & 1 \end{pmatrix}$

(3~6) 다음 행렬의 역행렬을 구하시오.

3. $\begin{pmatrix} 2 & 0 & 0 \\ 0 & 5 & 0 \\ 0 & 0 & -3 \end{pmatrix}$

4. $\begin{pmatrix} 3 & 5 & 0 & 0 & 0 \\ 2 & 4 & 0 & 0 & 0 \\ 0 & 0 & -2 & 3 & 0 \\ 0 & 0 & 2 & 1 & 0 \\ 0 & 0 & 0 & 0 & 7 \end{pmatrix}$

5. $\begin{pmatrix} 4 & 7 & -5 & 3 \\ 3 & 5 & 3 & -2 \\ 0 & 0 & 7 & 2 \\ 0 & 0 & 3 & 1 \end{pmatrix}$

6. $\begin{pmatrix} 2 & 1 & 0 & 0 \\ 1 & 1 & 0 & 0 \\ 3 & -6 & 3 & 5 \\ 7 & 4 & 2 & 3 \end{pmatrix}$

(7~12) 다음 행렬의 역행렬을 구하시오.

7. $\begin{pmatrix} 1 & 3 \\ -1 & 5 \end{pmatrix}$

8. $\begin{pmatrix} 2 & 1 & 2 \\ 1 & 1 & 3 \\ 2 & 1 & 3 \end{pmatrix}$

9. $\begin{pmatrix} 1 & 3 & 5 \\ 4 & 2 & 1 \\ 2 & -4 & -9 \end{pmatrix}$

10. $\begin{pmatrix} 1 & 2 & 3 \\ 0 & 1 & 2 \\ 1 & 1 & 2 \end{pmatrix}$

11. $\begin{pmatrix} 1 & 1 & 1 & 1 \\ 2 & 1 & -1 & 2 \\ 1 & -1 & 2 & -1 \\ 1 & 3 & 3 & 2 \end{pmatrix}$

12. $\begin{pmatrix} 4 & 2 & 1 & -5 \\ 2 & -2 & 4 & 5 \\ 4 & 1 & 2 & 0 \\ 2 & -1 & 3 & 1 \end{pmatrix}$

13. 행렬

$$\mathbf{A} = \begin{pmatrix} 2 & 1 & 0 \\ 1 & 0 & 0 \\ 1 & 2 & a \end{pmatrix}$$

의 역행렬 $\mathbf{A}^{-1}$을 구하시오. $\mathbf{A}^{-1}$이 정의되려면 a는 어떤 값이어야 하는가?

14. $(\mathbf{A}+\mathbf{B})^{-1} = \mathbf{A}^{-1} + \mathbf{B}^{-1}$ 이 성립하는가를 보이시오.

15. $\mathbf{A} = \begin{pmatrix} 3 & -4 & 1 & 0 & 2 \\ -1 & 5 & -3 & 1 & 4 \\ 2 & 0 & -2 & 1 & 6 \end{pmatrix}$ 에서 a_{23} 이 추축요소일 때 추축행렬 $\mathbf{P}$ 를 구하고 $\mathbf{PA}$ 를 계산하시오.

16. $\mathbf{A} = \begin{pmatrix} 2 & 1 & -1 \\ 3 & 0 & 5 \\ 4 & 2 & 1 \end{pmatrix}$, $\mathbf{b} = \begin{pmatrix} -2 \\ 1 \\ 1 \end{pmatrix}$ 에서 $\mathbf{A}$의 첫 번째 열을 $\mathbf{b}$로 대체한 행렬 $\mathbf{A_b}$의 역행렬을 $\mathbf{A}^{-1}$와 추축행렬을 이용하여 구하시오.

17. $\mathbf{A_b}$의 역행렬을 구하는 절차를 활용하여 $\mathbf{B}$의 역행렬을 구하시오.

$$\mathbf{B} = \begin{pmatrix} 2 & 1 & -1 \\ -1 & 2 & 2 \\ 3 & 1 & 1 \end{pmatrix}$$

(18~19) 다음 연립일차방정식의 해를 계수행렬의 역행렬을 이용하여 구하시오.

18.
$$\begin{aligned} x_1 + x_2 + 2x_3 &= 1 \\ 2x_1 + x_2 + x_3 &= -2 \\ 3x_1 - x_2 + x_3 &= 2 \end{aligned}$$

19.
$$\begin{aligned} x_1 - x_2 + x_3 &= 3 \\ 2x_1 + x_2 \qquad &= -2 \\ 2x_1 - 2x_2 + 2x_3 &= 1 \end{aligned}$$

(20~23) 다음의 행렬식을 구하시오.

20. $\begin{vmatrix} 2 & -1 \\ 3 & 2 \end{vmatrix}$

21. $\begin{vmatrix} 2 & 1 \\ 4 & 3 \end{vmatrix}$

22. $\begin{vmatrix} 2 & 1 & 3 \\ -3 & 2 & 1 \\ -1 & 3 & 4 \end{vmatrix}$

23. $\begin{vmatrix} 2 & 1 & -2 \\ 3 & 2 & 1 \\ 0 & 2 & 1 \end{vmatrix}$

(24~27) $\mathbf{A}$를 삼각행렬로 변형하거나 행렬식의 특성을 활용하여 $\mathbf{A}$의 행렬식을 계산하시오.

24. $\mathbf{A} = \begin{pmatrix} 4 & 2 & 0 \\ 0 & -2 & 5 \\ 0 & 0 & 3 \end{pmatrix}$

25. $\mathbf{A} = \begin{pmatrix} 3 & 4 & 2 \\ 2 & 5 & 0 \\ 3 & 0 & 0 \end{pmatrix}$

26. $\mathbf{A} = \begin{pmatrix} 4 & -3 & 5 \\ 5 & 2 & 0 \\ 2 & 0 & 4 \end{pmatrix}$

27. $\mathbf{A} = \begin{pmatrix} 2 & 0 & 1 & 4 \\ 3 & 2 & -4 & -2 \\ 2 & 3 & -1 & 0 \\ 11 & 8 & -4 & 6 \end{pmatrix}$

(28~29) 여인수전개를 활용하여 $|\mathbf{A}|$를 구하시오.

28. $\mathbf{A} = \begin{pmatrix} -1 & 2 & 3 \\ -2 & 5 & 4 \\ 0 & 1 & -3 \end{pmatrix}$

29. $\mathbf{A} = \begin{pmatrix} 1 & 0 & 3 & 0 \\ 2 & 1 & -4 & -1 \\ 3 & 2 & 4 & 0 \\ 0 & 3 & -1 & 0 \end{pmatrix}$

(30~31) 수반행렬을 사용해서 $\mathbf{A}$의 역행렬을 구하시오.

30. $\mathbf{A} = \begin{pmatrix} 4 & 2 & 2 \\ 0 & 1 & 2 \\ 1 & 0 & 3 \end{pmatrix}$

31. $\mathbf{A} = \begin{pmatrix} 0 & 2 & 1 \\ 2 & -1 & 3 \\ -2 & 1 & 5 \end{pmatrix}$

32. 다음 연립일차방정식의 해를 크래머의 법칙으로 구하시오.

$$\begin{aligned} -2x_1 + 3x_2 - x_3 &= 1 \\ x_1 + 2x_2 - x_3 &= 4 \\ -2x_1 - x_2 + x_3 &= -3 \end{aligned}$$

제 7 장

벡터공간

제2장에서 유클리드n공간 $\mathbb{R}^n$의 벡터에 관한 여러 가지 중요한 개념 및 연산을 살펴보았다. 그리고 $\mathbb{R}^n$의 벡터가 가지고 있는 중요한 성질을 선별하여 공리로 삼고 이들 공리를 만족하는 일반화된 벡터들의 집합으로 정의되는 벡터공간(vector space)에 관하여 간단히 살펴보았다. 여기서는 벡터공간에 관하여 좀 더 자세히 살펴보자.

제1절 벡터공간

수학이론을 응용하는 많은 분야에서 벡터공간(vector space)의 개념이 사용되고 있다. 이는 유클리드n공간 $\mathbb{R}^n$을 일반화한 개념이다.

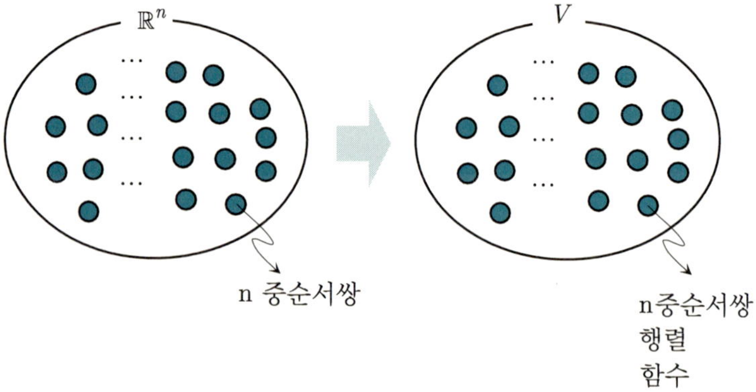

그림 7.1

1.1 벡터공간

V는 이항연산 합(addition) $\oplus$과 스칼라곱(scalar multiplication) $\odot$이 정의된 공집합이 아닌 집합이라고 하자. V의 원소 $\mathbf{u}$, $\mathbf{v}$, $\mathbf{w}$와 스칼라 α, β가 다음의 공리를 만족시키면 V를 벡터공간(벡터空間, vector space)이라 하고 V의 원소를 벡터(vector)라 부른다.[1)]

[1)] 스칼라가 복소수(複素數, complex number)인 경우의 벡터공간을 복소벡터공간(複素벡터空間, complex vector space)이라 하고 스칼라가 실수(實數, real number)인 경우의 벡터공간을 실벡터공간(實벡터空間, real vector space)이라고 한다. 본서에서 벡터공간은 실벡터공간을 의미한다.

덧셈에 관한 공리(axioms for addition)

① (닫힘) $\mathbf{u} \in V,\ \mathbf{v} \in V \ \Rightarrow\ \mathbf{u} \oplus \mathbf{v} \in V$

② (교환법칙) 모든 $\mathbf{u},\ \mathbf{v} \in V$에 대하여 $\mathbf{u} \oplus \mathbf{v} = \mathbf{v} \oplus \mathbf{u}$

③ (결합법칙) 모든 $\mathbf{u},\ \mathbf{v},\ \mathbf{w} \in V$에 대하여 $(\mathbf{u} \oplus \mathbf{v}) \oplus \mathbf{w} = \mathbf{u} \oplus (\mathbf{v} \oplus \mathbf{w})$

④ (항등원) 모든 $\mathbf{u} \in V$에 대하여 $\mathbf{0} \oplus \mathbf{u} = \mathbf{u} \oplus \mathbf{0} = \mathbf{u}$을 만족하는 원소 $\mathbf{0}$이 V에 존재함

⑤ (역원) 각각의 $\mathbf{u} \in V$에 대하여 $\mathbf{u} \oplus (-\mathbf{u}) = \mathbf{0}$을 만족하는 원소 $-\mathbf{u} \in V$가 존재함

스칼라곱에 관한 공리(axioms for scalar multiplication)

⑥ (닫힘) α는 스칼라, $\mathbf{u} \in V \ \Rightarrow\ \alpha \odot \mathbf{u} \in V$

⑦ (배분법칙) 모든 스칼라 α와 모든 $\mathbf{u},\ \mathbf{v} \in V$에 대하여
$\alpha \odot (\mathbf{u} \oplus \mathbf{v}) = (\alpha \odot \mathbf{u}) \oplus (\alpha \odot \mathbf{v})$

⑧ (배분법칙) 모든 스칼라 $\alpha,\ \beta$와 모든 $\mathbf{u} \in V$에 대하여
$(\alpha + \beta) \odot \mathbf{u} = (\alpha \odot \mathbf{u}) \oplus (\beta \odot \mathbf{u})$

⑨ (결합법칙) 모든 스칼라 $\alpha,\ \beta$와 모든 $\mathbf{u} \in V$에 대하여
$\alpha \odot (\beta \odot \mathbf{u}) = (\alpha\beta) \odot \mathbf{u}$

⑩ (항등원) 모든 $\mathbf{u} \in V$에 대하여 $1 \odot \mathbf{u} = \mathbf{u}$

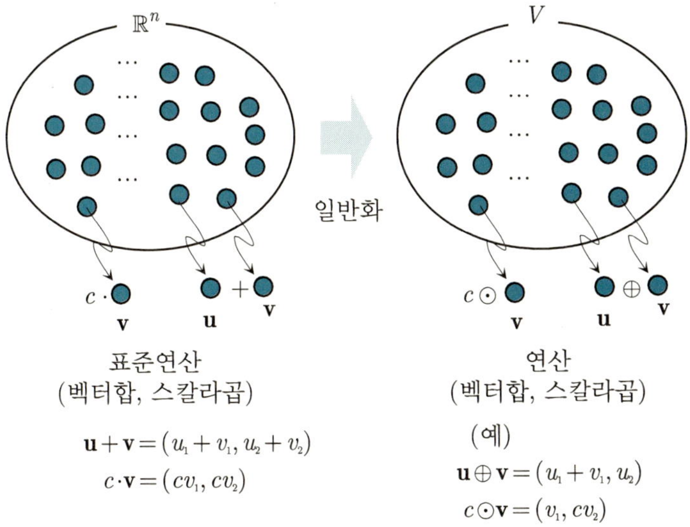

그림 7.2

예

$V = \mathbb{R}^3$ 이고 V의 원소 $\mathbf{u} = (u_1, u_2, u_3)$, $\mathbf{v} = (v_1, v_2, v_3)$와 임의의 실수 α 에 대하여 두 가지 연산 $\oplus$와 $\odot$을

$$\mathbf{u} \oplus \mathbf{v} = (u_1 + v_1, u_2 + v_2, u_3 + v_3)$$
$$\alpha \odot \mathbf{u} = (\alpha u_1, \alpha u_2, \alpha u_3)$$

으로 정의하면 벡터의 합과 스칼라곱의 정의 및 장공리 ①(덧셈에 관한 닫힘)과 장공리 ⑥(곱셈에 관한 닫힘)에 의해 V가 공리 ①과 ⑥이 만족됨을 보일 수 있고 (벡터의 합과 스칼라곱의 성질 [정리 2.1]로부터) V가 공리 ②, ③, ④, ⑤, ⑦, ⑧, ⑨, ⑩을 만족하는 것을 쉽게 증명할 수 있다. 따라서 $\mathbb{R}^3$ 은 벡터공간이다. ◀

예

$V = \mathbb{R}^3$ 이고 V의 원소 $\mathbf{u} = (u_1, u_2, u_3)$, $\mathbf{v} = (v_1, v_2, v_3)$와 임의의 실수 α에 대하여 두 가지 연산 $\oplus$와 $\odot$을

$$\mathbf{u} \oplus \mathbf{v} = (u_1 + v_1, u_2 + v_2, u_3 + v_3)$$
$$\alpha \odot \mathbf{u} = (\alpha u_1, u_2, u_3)$$

으로 정의하면 ⑧ $(\alpha \oplus \beta) \odot \mathbf{u} = \alpha \odot \mathbf{u} \oplus \beta \odot \mathbf{u}$ (배분법칙)에 대해서

$$\text{좌변} = ((\alpha + \beta)\, u_1, u_2, u_3)$$
$$\text{우변} = (\alpha u_1, u_2, u_3) \oplus (\beta u_1, u_2, u_3) = ((\alpha + \beta)\, u_1, 2u_2, 2u_3)$$

즉 좌변 $\neq$ 우변이므로 V는 위에서 정의된 두 가지 연산 $\oplus$와 $\odot$ 하에서 벡터공간이 되지 못한다. ◀

예

V를 모든 2×3 행렬의 집합이라고 하자. 그리고 V의 원소 $\mathbf{A} = (a_{ij})$, $\mathbf{B} = (b_{ij})$와 임의의 실수 α 에 대하여 두 가지 연산 $\oplus$와 $\odot$을

$$\mathbf{A} \oplus \mathbf{B} = \begin{pmatrix} a_{11} + b_{11} & a_{12} + b_{12} & a_{13} + b_{13} \\ a_{21} + b_{21} & a_{22} + b_{22} & a_{23} + b_{23} \end{pmatrix}$$

$$\alpha \odot \mathbf{A} = \begin{pmatrix} \alpha a_{11} & \alpha a_{12} & \alpha a_{13} \\ \alpha a_{21} & \alpha a_{22} & \alpha a_{23} \end{pmatrix}$$

으로 정의하자. V가 벡터공간이 되는가를 검토하시오.

풀이

행렬덧셈의 성질 [정리 4.1]과 스칼라곱의 성질 [정리 4.4]로부터 두 가지 연산 $\oplus$와 $\odot$ 하에서 V는 벡터공간의 정의를 위한 10가지 공리가 만족됨을 알 수 있으며 따라서 V는 벡터공간이다. ◀

1.2 부분공간

V를 벡터공간이라 하고 W를 V의 공집합이 아닌 부분집합이라 하자. W가 V에서 정의된 연산의 관점에서 벡터공간이면 W를 V의 부분공간(部分空間, subspace)이라 한다.

예

W를 $(x, y, 0)$, $x, y \in \mathbb{R}$와 같은 형태의 벡터로 구성된 $\mathbb{R}^3$의 부분집합이라 하자. 표준적인 벡터합과 스칼라곱의 관점에서 W가 $\mathbb{R}^3$의 부분공간인가를 밝히시오.

풀이

$\mathbf{u} = (u_1, u_2, 0)$와 $\mathbf{v} = (v_1, v_2, 0)$를 W에 포함되어 있는 벡터라 하자. (벡터의 합 정의 (2.2)로부터) $\mathbf{u} + \mathbf{v} = (u_1 + v_1, u_2 + v_2, 0)$이다. u_1, u_2, v_1, v_2가 실수이며 실수는 장(場)이므로 (장(場)공리 ①로부터) $\mathbf{u} + \mathbf{v} = (u_1 + v_1, u_2 + v_2, 0) \in W$이다. 임의의 실수 α 에 대하여 (벡터의 스칼라배 정의 (2.3)으로부터) $\alpha\mathbf{u} = (\alpha u_1, \alpha u_2, 0)$이다. u_1, u_2가 실수이며 실수는 장(場)이므로 (장(場)공리 ⑥으로부터) $\alpha\mathbf{u} = (\alpha u_1, \alpha u_2, 0) \in W$이다. 벡터공간 덧셈공리 ②, ③, ④, ⑤와 곱셈공리 ⑦, ⑧, ⑨, ⑩이 만족됨을 쉽게 보일 수 있다. 따라서 W는 벡터공간이며 $\mathbb{R}^3$의 부분공간이다. ◀

정리 7.1 **부분공간의 성질**

V를 연산 $\oplus$와 $\odot$을 갖는 벡터공간이라고 하자. 그리고 W를 공집합이 아닌 V의 부분집합이라고 하자. W가 다음과 같은 조건을 만족시키면 W는 V의 부분공간이 된다.

ⓐ $\mathbf{u}$, $\mathbf{v}$가 W의 원소이면 $\mathbf{u} \oplus \mathbf{v}$도 W의 원소이다.

ⓑ $\mathbf{u}$가 W의 원소이고 α가 임의의 실수이면 $\alpha \odot \mathbf{u}$는 W의 원소이다.

증명

W가 부분공간이면 W는 벡터공간이며 (벡터공간의 정의로부터) ⓐ와 ⓑ가 만족된다. ⓐ와 ⓑ가 만족된다면 W가 V의 부분공간이 되는가를 살펴보자. 먼저 ⓑ로부터 임의의 $\mathbf{u} \in W$에 대하여 $(-1) \odot \mathbf{u} \in W$이다. 즉 벡터공간 덧셈공리 ⑤가 만족된다. ⓐ로부터 $\mathbf{u} \oplus (-1) \odot \mathbf{u} \in W$이다. $\mathbf{u} \oplus (-1) \odot \mathbf{u} = \mathbf{0}$이므로 $\mathbf{0} \in W$이다. 따라서 임의의 $\mathbf{u} \in W$에 대하여 $\mathbf{u} \oplus \mathbf{0} = \mathbf{u}$이다. 즉 벡터공간 덧셈공리 ④가 만족된다. 나머지 벡터공간 공리(벡터공간 덧셈공리 ②, ③과 벡터공간 곱셈공리 ⑦, ⑧, ⑨, ⑩)는 V에서 만족되므로 W에서도 만족된다. 결론적으로 W는 V의 부분공간이다. ■

예

$\mathbb{R}^3$에서 $(x, y, x+y)$, $x, y \in \mathbb{R}$의 형태를 갖는 모든 벡터들의 집합을 W라고 하자. 표준적인 벡터합과 스칼라곱의 관점에서 W가 $\mathbb{R}^3$의 부분공간임을 보이시오.

풀이

$\mathbf{u} = (u_1, u_2, u_1 + u_2)$와 $\mathbf{v} = (v_1, v_2, v_1 + v_2)$을 W의 벡터라고 하자. (벡터합의 정의 식 (2.2)로부터) $\mathbf{u} + \mathbf{v} = (u_1 + v_1, u_2 + v_2, u_1 + u_2 + v_1 + v_2)$이고 (장(場)공리 ①과 문제에서 전제된 W의 정의로부터) $\mathbf{u} + \mathbf{v} \in W$이다. 임의의 스칼라 α에 대해서 (스칼라곱의 정의 식 (2.3)으로부터) $\alpha\mathbf{u} = (\alpha u_1, \alpha u_2, \alpha(u_1 + u_2))$이고 (장(場)공리 ⑥과 문제에서 전제된 W의 정의로부터) $\alpha\mathbf{u} \in W$이다(부분공간의 성질 [정리 7.1]로부터). W는 $\mathbb{R}^3$의 부분공간이다. ◀

1.3 $\mathbf{Ax} = \mathbf{0}$의 해공간

크기가 $m \times n$인 계수행렬 $\mathbf{A}$를 갖는 동차연립일차방정식 $\mathbf{Ax} = \mathbf{0}$를 생각해보자. 이 동차연립일차방정식의 임의의 해(solution) $\mathbf{x}$는 $\mathbb{R}^n$에 속하는 벡터이다. $\mathbf{Ax} = \mathbf{0}$을 만족하는 모든 해의 집합을 W라고 하자.

$$\mathbf{A0} = \mathbf{0}$$

이므로 W는 공집합이 아니다.

$\mathbf{u}$와 $\mathbf{v}$를 $\mathbf{Ax} = \mathbf{0}$을 만족하는 해라고 하자. 그러면

$$\mathbf{Au} = \mathbf{0} \text{ 이고 } \mathbf{Av} = \mathbf{0} \tag{7.1}$$

이다.

$$
\begin{aligned}
\mathbf{A}(\mathbf{u}+\mathbf{v}) &= \mathbf{A}\mathbf{u}+\mathbf{A}\mathbf{v} && \text{(행렬곱셈의 성질 [정리 4.2] ②)} \\
&= \mathbf{0}+\mathbf{0} && \text{(앞의 식 (7.1))} \\
&= \mathbf{0} && \text{(행렬덧셈의 성질 [정리 4.1] ③)}
\end{aligned}
$$

이므로 $\mathbf{u}+\mathbf{v}$ 역시 해가 된다. α를 스칼라라고 하자. 그러면

$$
\begin{aligned}
\mathbf{A}(\alpha\mathbf{u}) &= \alpha(\mathbf{A}\mathbf{u}) && \text{(스칼라곱의 성질 [정리 4.4] ④)} \\
&= \alpha\mathbf{0} && \text{(앞의 식 (7.1))} \\
&= \mathbf{0}
\end{aligned}
$$

이므로 $\alpha\mathbf{u}$ 역시 해가 된다. 따라서 (부분공간의 성질 [정리 7.1]로부터) W는 $\mathbb{R}^n$의 부분공간이다.

제2절 일차독립

여기서는 벡터공간 및 부분공간의 구조에 대한 좀 더 자세한 내용을 설명한다. 유한 개의 벡터로 이루어진 유일한 벡터공간은 영벡터공간(zero vector space) $\{\mathbf{0}\}$뿐이다. $\mathbf{0}$이 아닌 벡터 $\mathbf{v}$가 벡터공간 V에 속해 있으면 $c\mathbf{v}$도 V에 속하며 따라서 V는 무한 개의 벡터를 갖는다. 여기서 c는 임의의 실수이다. 그런데 무한 개의 벡터로 구성된 V는 유한 개의 벡터로 완벽히 설명될 수 있다.

2.1 일차결합

유클리드 n공간 $\mathbb{R}^n$의 k개의 벡터들의 일차결합에 관해서는 제2장에서 설명한 바 있다. $\mathbb{R}^n$을 일반화한 벡터공간에서의 일차결합도 $\mathbb{R}^n$에서의 일차결합과 같은 형태로 정의할 수 있다.

벡터공간 V의 벡터 $\mathbf{v}$가 V의 벡터 $\{\mathbf{v}_1, \mathbf{v}_2, \cdots, \mathbf{v}_k\}$를 사용하여

$$
\mathbf{v} = \alpha_1\mathbf{v}_1 + \alpha_2\mathbf{v}_2 + \cdots + \alpha_k\mathbf{v}_k \tag{7.2}
$$

(여기서 $\alpha_1, \alpha_2, \ldots, \alpha_k$는 스칼라이다)

으로 표현될 수 있을 때 $\mathbf{v}$을 $\{\mathbf{v}_1, \mathbf{v}_2, \cdots, \mathbf{v}_k\}$의 일차결합(一次結合, linear combination)이라고 한다.

$\mathbf{v}$를 $\mathbf{v}_1, \mathbf{v}_2, \cdots, \mathbf{v}_k$의 일차결합으로 나타낼 수 있는가는 $\alpha_1, \alpha_2, \cdots, \alpha_k$를 미지수(unknown variables)로 하는 연립일차방정식 $\alpha_1\mathbf{v}_1 + \alpha_2\mathbf{v}_2 + \cdots + \alpha_k\mathbf{v}_k = \mathbf{v}$의 해가 존재하는가를 검토하여 결정할 수 있다.

예

$\mathbf{v} = (1, 1, 2)$가 $\{\mathbf{v}_1 = (1, 1, 1),\ \mathbf{v}_2 = (1, 1, 0),\ \mathbf{v}_3 = (0, 1, 0)\}$의 일차결합이 될 수 있는가를 검토하시오.

풀이

$\mathbf{v}$가 $\{\mathbf{v}_1, \mathbf{v}_2, \mathbf{v}_3\}$의 일차결합이 되려면 (일차결합의 정의 식 (7.2)로부터) $\mathbf{v} = \alpha_1\mathbf{v}_1 + \alpha_2\mathbf{v}_2 + \alpha_3\mathbf{v}_3$을 만족하는 스칼라 $\alpha_1, \alpha_2, \alpha_3$이 존재해야 한다. $\mathbf{v} = \alpha_1\mathbf{v}_1 + \alpha_2\mathbf{v}_2 + \alpha_3\mathbf{v}_3$에서 $\mathbf{v}_1, \mathbf{v}_2, \mathbf{v}_3$과 $\mathbf{v}$를 문제에서 주어진 값으로 대체하면

$$\alpha_1 (1,1,1) + \alpha_2 (1,1,0) + \alpha_3 (0,1,0) = (1,1,2)$$

이 되고 이는 (두 벡터의 동치 조건 식 (2.1)과 벡터의 스칼라곱 식 (2.3)으로부터) $\alpha_1, \alpha_2, \alpha_3$을 미지수로 하는 연립일차방정식

$$\begin{aligned} \alpha_1 + \alpha_2 \phantom{{}+\alpha_3} &= 1 \\ \alpha_1 + \alpha_2 + \alpha_3 &= 1 \\ \alpha_1 \phantom{{}+\alpha_2+\alpha_3} &= 2 \end{aligned}$$

이 된다. 위 연립일차방정식의 확대행렬은

$$\begin{pmatrix} 1 & 1 & 0 & 1 \\ 1 & 1 & 1 & 1 \\ 1 & 0 & 0 & 2 \end{pmatrix}$$

이며 이를 기본행연산을 사용하여 기약행사다리꼴행렬로 변형시키면

$$\begin{pmatrix} 1 & 0 & 0 & 2 \\ 0 & 1 & 0 & -1 \\ 0 & 0 & 1 & 0 \end{pmatrix}$$

이 된다. 따라서 $\mathbf{v} = \alpha_1\mathbf{v}_1 + \alpha_2\mathbf{v}_2 + \alpha_3\mathbf{v}_3$을 만족하는 스칼라 $\alpha_1, \alpha_2, \alpha_3$이 $\alpha_1 = 2$, $\alpha_2 = -1$, $\alpha_3 = 0$으로 존재하여 $\mathbf{v}$는 $\{\mathbf{v}_1, \mathbf{v}_2, \mathbf{v}_3\}$의 일차결합이며

$$(2)(1,1,1) + (-1)(1,1,0) + (0)(0,1,0) = (1,1,2)$$

이다. ◀

예

$\mathbf{v}=(2,2,2)$는 $\{\mathbf{v}_1=(1,1,0),\ \mathbf{v}_2=(1,0,0),\ \mathbf{v}_3=(0,1,0)\}$의 일차결합이 될 수 있는가를 검토하시오.

풀이

$\mathbf{v}$가 $\{\mathbf{v}_1, \mathbf{v}_2, \mathbf{v}_3\}$의 일차결합이 되려면 (일차결합의 정의 식 (7.2)로부터) $\mathbf{v}=\alpha_1\mathbf{v}_1+\alpha_2\mathbf{v}_2+\alpha_3\mathbf{v}_3$을 만족하는 스칼라 $\alpha_1, \alpha_2, \alpha_3$이 존재해야 한다. $\mathbf{v}=\alpha_1\mathbf{v}_1+\alpha_2\mathbf{v}_2+\alpha_3\mathbf{v}_3$에서 $\mathbf{v}_1, \mathbf{v}_2, \mathbf{v}_3$과 $\mathbf{v}$를 문제에서 주어진 값으로 대체하면

$$\alpha_1(1,1,0)+\alpha_2(1,0,0)+\alpha_3(0,1,0)=(2,2,2)$$

이 되고 이는 (두 벡터의 동치 조건 식 (2.1)과 벡터의 스칼라곱 식 (2.3)으로부터) $\alpha_1, \alpha_2, \alpha_3$을 미지수로 하는 연립일차방정식

$$\begin{aligned} \alpha_1 + \alpha_2 \qquad &= 2 \\ \alpha_1 + \qquad + \alpha_3 &= 2 \\ &= 2 \end{aligned}$$

이 된다. 3번째 방정식을 보면 $\alpha_1, \alpha_2, \alpha_3$의 값으로 어떤 값을 대입하더라도 만족할 수 없음을 쉽게 알 수 있다. 즉 해가 존재하지 않음을 알 수 있다. 따라서 $\mathbf{v}$는 $\{\mathbf{v}_1, \mathbf{v}_2, \mathbf{v}_3\}$의 일차결합이 되지 못한다. ◀

2.2 스팬

$S=\{\mathbf{v}_1, \mathbf{v}_2, \cdots, \mathbf{v}_k\}$를 벡터공간 V에 속하는 임의의 k개의 벡터들의 집합이라 하자. V의 모든 벡터를 S의 일차결합으로 나타낼 수 있으면 집합 S가 V를 스팬(span)한다라고 말하며 이를 $V=spanS$로 표기한다.

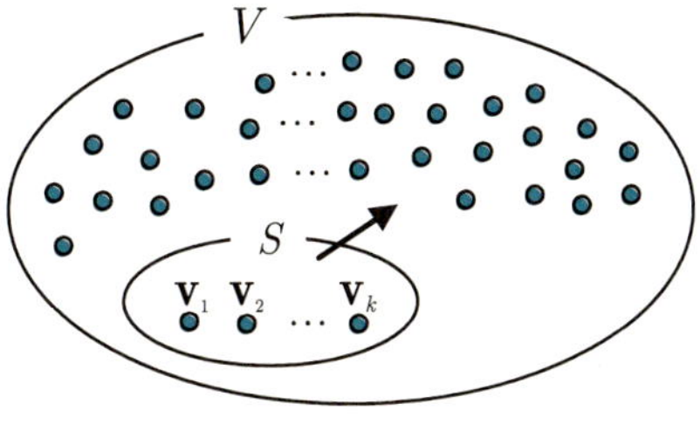

그림 7.3

$S = \{\mathbf{v}_1, \mathbf{v}_2, \cdots, \mathbf{v}_k\}$가 벡터공간 V를 스팬하는지를 검토하는 방법은 V에 속하는 임의의 벡터 $\mathbf{v}$를 모수(parameters)로 나타내고 (즉 문자로 나타내고) 모든 모수값에 대하여 $\alpha_1, \alpha_2, \ldots, \alpha_k$를 미지수로 하는 연립일차방정식 $\alpha_1\mathbf{v}_1 + \alpha_2\mathbf{v}_2 + \cdots + \alpha_k\mathbf{v}_k = \mathbf{v}$의 해가 존재하는가를 살펴본다. 모든 모수값에 대하여 연립일차방정식의 해가 존재하면 집합 S는 V를 스팬한다. 반면 특정한 모수값의 경우에만 연립일차방정식의 해가 존재하면 집합 S는 V를 스팬하지 못한다.

예

$S = \{\mathbf{v}_1 = (1, 1, 1),\ \mathbf{v}_2 = (1, 1, 0)\}$이 $\mathbb{R}^3$을 스팬하는가를 검토해보자.

풀이

$\mathbb{R}^3$에 속하는 임의의 벡터를 $\mathbf{v} = (a,\ b,\ c)$라 하자. 여기서 a, b, c는 임의의 실수이다. 모든 a, b, c에 대하여 $\alpha_1\mathbf{v}_1 + \alpha_2\mathbf{v}_2 = \mathbf{v}$을 만족하는 α_1, α_2가 존재하는가를 살펴본다. $\mathbf{v}_1, \mathbf{v}_2$를 문제에서 주어진 값으로 대체하고 $\mathbf{v} = (a,\ b,\ c)$로 놓으면

$$\alpha_1\,(1,1,1) + \alpha_2\,(1,1,0) = (a,b,c)$$

이고 이는 (두 벡터의 동치 조건 식 (2.1)과 벡터의 스칼라곱 식 (2.3)으로부터) α_1, α_2을 미지수로 하는 연립일차방정식

$$\begin{array}{ccccc} \alpha_1 & + & \alpha_2 & = & a \\ \alpha_1 & + & \alpha_2 & = & b \\ \alpha_1 & & & = & c \end{array}$$

이 된다. 확대행렬은

$$\begin{pmatrix} 1 & 1 & a \\ 1 & 1 & b \\ 1 & 0 & c \end{pmatrix}$$

이며 이를 기본행연산을 사용해서 변형하면

$$\begin{pmatrix} 1 & 0 & c \\ 0 & 1 & a-c \\ 0 & 0 & b-a \end{pmatrix}$$

이 된다. 이 행렬에 대응하는 연립일차방정식은

$$\begin{aligned} \alpha_1 \quad &= c \\ \alpha_2 &= a-c \\ 0 &= b-a \end{aligned}$$

이다. 따라서 $b=a$일 때 $\alpha_1=c$, $\alpha_2=a-c$이다. 즉 $b=a$라는 특정한 모수값의 경우에만 연립일차방정식의 해가 존재하므로 S는 $\mathbb{R}^3$을 스팬하지 못한다. ◀

예

$S=\{\mathbf{v}_1=(1,1,0),\ \mathbf{v}_2=(0,1,0),\ \mathbf{v}_3=(0,0,0),\ \mathbf{v}_4=(0,1,1)\}$는 $\mathbb{R}^3$을 스팬하는가?

풀이

$\mathbb{R}^3$에 속하는 임의의 벡터를 $\mathbf{v}=(a,b,c)$라 하자. 여기서 a, b, c는 임의의 실수이다. 모든 a, b, c에 대하여 $\alpha_1\mathbf{v}_1+\alpha_2\mathbf{v}_2+\alpha_3\mathbf{v}_3+\alpha_4\mathbf{v}_4=\mathbf{v}$을 만족하는 $\alpha_1, \alpha_2, \alpha_3, \alpha_4$가 존재하는가를 살펴본다. $\mathbf{v}_1, \mathbf{v}_2, \mathbf{v}_3, \mathbf{v}_4$를 문제에서 주어진 값으로 대체하고 $\mathbf{v}=(a,b,c)$로 놓으면

$$\alpha_1(1,1,0)+\alpha_2(0,1,0)+\alpha_3(0,0,1)+\alpha_4(0,1,1)=(a,b,c)$$

이고 이는 (두 벡터의 동치 조건식 (2.1)과 벡터의 스칼라곱 식 (2.3)으로부터) α_1, α_2, α_3, α_4을 미지수로 하는 연립일차방정식

$$\begin{aligned} \alpha_1 \qquad\qquad\qquad\qquad &= a \\ \alpha_1 + \alpha_2 \qquad\quad + \alpha_4 &= b \\ \alpha_3 + \alpha_4 &= c \end{aligned}$$

이 된다. 확대행렬은

$$\left(\begin{array}{cccc|c} 1 & 0 & 0 & 0 & a \\ 1 & 1 & 0 & 1 & b \\ 0 & 0 & 1 & 1 & c \end{array}\right)$$

이며 이를 기본행연산을 사용해서 기약행사다리꼴행렬로 변형하면

$$\left(\begin{array}{cccc|c} 1 & 0 & 0 & 0 & a \\ 0 & 1 & 0 & 1 & b-a \\ 0 & 0 & 1 & 1 & c \end{array}\right)$$

이 된다. 이 행렬에 대응하는 연립일차방정식은

$$\begin{aligned} \alpha_1 \quad\quad\quad\quad\quad\quad &= a \\ \alpha_2 \quad\quad + \alpha_4 &= b-a \\ \alpha_3 + \alpha_4 &= c \end{aligned}$$

이고 이를 선두변수에 대해서 풀면

$$\begin{aligned} \alpha_1 &= a \\ \alpha_2 &= -\alpha_4 + b-a \\ \alpha_3 &= -\alpha_4 + c \end{aligned}$$

을 얻는다. 선두변수가 아닌 α_4는 임의의 값을 취할 수 있으므로 문자 $t \in \mathbb{R}$로 놓으면 해집합

$$\alpha_1 = a\,,\ \alpha_2 = -t+b-a\,,\ \alpha_3 = -t+c\,,\ \alpha_4 = t\ ,\ t \in \mathbb{R}$$

을 얻는다. 따라서 $\mathbb{R}^3 = spanS.$ ◀

예 $S = \{\mathbf{v}_1 = (1,1,1),\ \mathbf{v}_2 = (1,1,0),\ \mathbf{v}_3 = (0,1,1)\}$는 $\mathbb{R}^3$을 스팬하는가?

풀이

$\mathbb{R}^3$에 속하는 임의의 벡터를 $\mathbf{v} = (a, b, c)$라 하자. 여기서 a, b, c는 임의의 실수이다. 모든 a, b, c에 대하여 $\alpha_1\mathbf{v}_1 + \alpha_2\mathbf{v}_2 + \alpha_3\mathbf{v}_3 = \mathbf{v}$을 만족하는 $\alpha_1, \alpha_2, \alpha_3$가 존재하는가를 살펴본다. $\mathbf{v}_1, \mathbf{v}_2, \mathbf{v}_3$를 문제에서 주어진 값으로 대체하고 $\mathbf{v} = (a, b, c)$로 놓으면

$$\alpha_1(1,1,1) + \alpha_2(1,1,0) + \alpha_3(0,1,1) = (a,b,c)$$

이고 이는 (두 벡터의 동치 조건 (2.1)과 벡터의 스칼라곱 (2.3)으로부터) $\alpha_1, \alpha_2, \alpha_3$을 미지수로 하는 연립일차방정식

$$\begin{aligned} \alpha_1 + \alpha_2 \quad\quad &= a \\ \alpha_1 + \alpha_2 + \alpha_3 &= b \\ \alpha_1 \quad\quad + \alpha_3 &= c \end{aligned}$$

이 된다. 계수행렬이 정방행렬이므로 연립일차방정식 $\mathbf{Ax} = \mathbf{b}$이 항상 모든 $\mathbf{b}$에 대해서 무모순(consistent)이기 위한 필요충분조건인 $|\mathbf{A}| \neq 0$을 검토할 수도 있다.

$$|\mathbf{A}| = \begin{vmatrix} 1 & 1 & 0 \\ 1 & 1 & 1 \\ 1 & 0 & 1 \end{vmatrix} = 1$$

이므로 앞의 연립일차방정식은 모든 a, b, c에 대해서 해가 존재하며 따라서 $\mathbb{R}^3 = spanS$이다. ◀

앞의 예에서 보인 내용을 정리하면 $S = \{\mathbf{v}_1, \mathbf{v}_2, \cdots, \mathbf{v}_k\}$와 $\mathbb{R}^n$에 대해서

① $k < n$일 때 S는 $\mathbb{R}^n$을 스팬하지 못한다.
② $k \geq n$일 때 연립일차방정식 $\mathbf{v} = \alpha_1\mathbf{v}_1 + \alpha_2\mathbf{v}_2 + \cdots + \alpha_k\mathbf{v}_k$를 풀고 그 결과 $\mathbb{R}^n$에 속하는 모든 벡터 $\mathbf{v}$에 대해서 해가 존재하면 S는 $\mathbb{R}^n$을 스팬한다.
③ $k = n$일 때 $|\mathbf{A}| \neq 0$이면 S는 $\mathbb{R}^n$을 스팬한다.

2.3 일차독립

$S = \{\mathbf{v}_1, \mathbf{v}_2, \cdots, \mathbf{v}_k\}$를 벡터공간 V에 속하는 k개의 벡터들의 집합이라 하자. 이 벡터들로 구성한 벡터방정식

$$\alpha_1\mathbf{v}_1 + \alpha_2\mathbf{v}_2 + \cdots + \alpha_k\mathbf{v}_k = \mathbf{0} \tag{7.3}$$

을 만족하는 $\alpha_1, \alpha_2, \ldots, \alpha_k$의 값이 $\alpha_1, \alpha_2, \ldots, \alpha_k$ 중 적어도 하나 이상이 0이 아닌 형태로 존재하면 S는 일차종속(一次從屬, linearly dependent)이라고 한다. 그렇지 않고 위의 방정식 (7.3)이 $\alpha_1, \alpha_2, \ldots, \alpha_k$가 모두 0인 경우에만 만족된다면 S는 일차독립(一次獨立, linearly independent)이라고 한다.

다음과 같은 절차로 $S = \{\mathbf{v}_1, \mathbf{v}_2, \cdots, \mathbf{v}_k\}$가 일차독립인가 아니면 일차종속인가를 판정할 수 있다.

단계 1 방정식 (7.3)으로부터 동차연립일차방정식을 구성한다.

단계 2 1단계에서 구한 동차연립일차방정식이 자명해(自明解, trivial solution)만을 가지면 S는 일차독립이다. 그렇지 않고 비자명해(非自明解, non-trivial solution)를 가지면 S는 일차종속이다.

$\mathbb{R}^n$에서 $(n+1)$개 이상의 벡터들의 집합은 항상 일차종속이다. 한편 $\mathbb{R}^n$에서 n개 이하의 벡터들의 집합이 항상 일차독립이 되는 것은 아니다.

예

$\mathbb{R}^3$에서 집합 $\{\mathbf{v}_1 = (1, 1, 1),\ \mathbf{v}_2 = (1, 1, 0),\ \mathbf{v}_3 = (0, 1, 1),\ \mathbf{v}_4 = (1, 2, 4)\}$이 일차독립인가를 검토해보자.

풀이

벡터방정식 $\alpha_1\mathbf{v}_1 + \alpha_2\mathbf{v}_2 + \alpha_3\mathbf{v}_3 + \alpha_4\mathbf{v}_4 = \mathbf{0}$에 대응되는 동차연립일차방정식은

$$\begin{array}{ccccccccc} \alpha_1 & + & \alpha_2 & & & + & \alpha_4 & = & 0 \\ \alpha_1 & + & \alpha_2 & + & \alpha_3 & + & 2\alpha_4 & = & 0 \\ \alpha_1 & & & + & \alpha_3 & + & 4\alpha_4 & = & 0 \end{array}$$

이다. 미지수가 $\alpha_1, \alpha_2,\ \alpha_3,\ \alpha_4$의 4개이고 방정식이 3개로 미지수의 수가 방정식의 수보다 많다. 따라서 동차연립일차방정식의 성질 [정리 5.4]로부터 비자명해를 가지며 $\{\mathbf{v}_1, \mathbf{v}_2, \mathbf{v}_3, \mathbf{v}_4\}$은 일차종속이 된다. ◀

예

$\mathbb{R}^3$에서 $\{\mathbf{v}_1 = (1, 1, 1),\ \mathbf{v}_2 = (1, 1, 0),\ \mathbf{v}_3 = (0, 0, 2)\}$이 일차독립인가를 검토해보자.

풀이

벡터방정식 $\alpha_1\mathbf{v}_1 + \alpha_2\mathbf{v}_2 + \alpha_3\mathbf{v}_3 = \mathbf{0}$에 대응되는 동차연립일차방정식은

$$\begin{array}{ccccccc} \alpha_1 & + & \alpha_2 & & & = & 0 \\ \alpha_1 & + & \alpha_2 & & & = & 0 \\ \alpha_1 & & & + & \alpha_3 & = & 0 \end{array}$$

이다. 확대행렬은

$$\begin{pmatrix} 1 & 1 & 0 & 0 \\ 1 & 1 & 0 & 0 \\ 1 & 0 & 2 & 0 \end{pmatrix}$$

이고 기본행연산을 사용하여 기약행사다리꼴행렬로 변환하면

$$\begin{pmatrix} 1 & 0 & 2 & 0 \\ 0 & 1 & -2 & 0 \\ 0 & 0 & 0 & 0 \end{pmatrix}$$

이 된다. 위 행렬로부터 동차연립일차방정식의 해는 $\alpha_1 = -2t$, $\alpha_2 = 2t$, $\alpha_3 = t$, $t \in \mathbb{R}$ 으로 비자명해가 존재한다. 따라서 $\{\mathbf{v}_1, \mathbf{v}_2, \mathbf{v}_3\}$은 일차종속이다. ◀

예

$\mathbb{R}^4$에서 $\{\mathbf{v}_1 = (2, -1, 0, 3),\ \mathbf{v}_2 = (1, 2, 5, -1),\ \mathbf{v}_3 = (7, -1, 5, 8)\}$는 일차독립인가?

풀이

벡터방정식 $\alpha_1\mathbf{v}_1 + \alpha_2\mathbf{v}_2 + \alpha_3\mathbf{v}_3 = \mathbf{0}$에 대응되는 동차연립일차방정식은

$$\begin{aligned} 2\alpha_1 + \alpha_2 + 7\alpha_3 &= 0 \\ -\alpha_1 + 2\alpha_2 - \alpha_3 &= 0 \\ 5\alpha_2 + 5\alpha_3 &= 0 \\ 3\alpha_1 - \alpha_2 + 8\alpha_3 &= 0 \end{aligned}$$

이고 확대행렬은

$$\left(\begin{array}{ccc|c} 2 & 1 & 7 & 0 \\ -1 & 2 & -1 & 0 \\ 0 & 5 & 5 & 0 \\ 3 & -1 & 8 & 0 \end{array}\right)$$

이다. 기본행연산을 사용하여 기약행사다리꼴행렬로 변환하면

$$\left(\begin{array}{ccc|c} 1 & 0 & 3 & 0 \\ 0 & 1 & 1 & 0 \\ 0 & 0 & 0 & 0 \\ 0 & 0 & 0 & 0 \end{array}\right)$$

이 된다. 위 행렬로부터 동차연립일차방정식의 해는 $\alpha_1 = -3t$, $\alpha_2 = -t$, $\alpha_3 = t$, $t \in \mathbb{R}$ 이며 비자명해가 존재한다. 따라서 $\{\mathbf{v}_1, \mathbf{v}_2, \mathbf{v}_3\}$은 일차종속이다. 예를 들어 $t = 1$이면 이 벡터들은 $-3\mathbf{v}_1 - \mathbf{v} + \mathbf{v}_3 = \mathbf{0}$으로 나타낼 수 있다. ◀

2.4 일차종속의 의미

$\mathbb{R}^2$의 두 벡터 $\mathbf{u}$, $\mathbf{v}$가 일차종속이라는 것은 벡터방정식 $\alpha_1\mathbf{u} + \alpha_2\mathbf{v} = \mathbf{0}$을 만족하는 α_1, α_2 중 적어도 하나가 0이 아님을 의미한다. 따라서 이 방정식은

$$\mathbf{u} = -\frac{\alpha_2}{\alpha_1}\mathbf{v} \quad \text{또는} \quad \mathbf{v} = -\frac{\alpha_1}{\alpha_2}\mathbf{u}$$

으로 나타낼 수 있다. 이는 $\mathbf{u}$가 $\mathbf{v}$의 스칼라곱 또는 $\mathbf{v}$가 $\mathbf{u}$의 스칼라곱임을 의미한다. 이는 두 벡터가 원점을 지나는 같은 직선상에 있음을 의미한다. [그림 7.4(a)]는 일차종속인 $\mathbb{R}^2$의 두 벡터를 나타낸 것이고 (b)는 일차독립인 $\mathbb{R}^2$의 두 벡터를 나타낸 것이다.

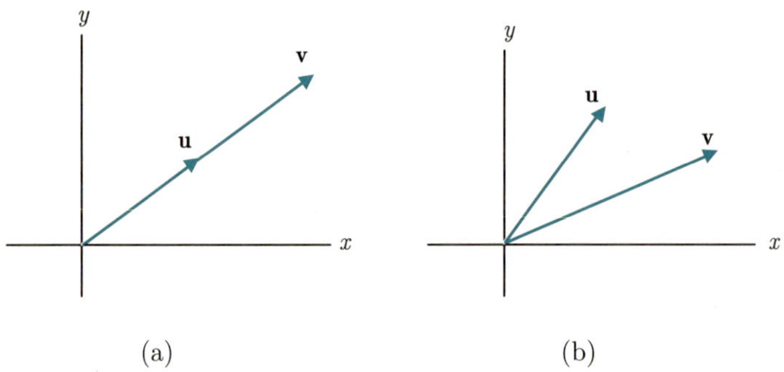

그림 7.4

$\mathbb{R}^3$의 세 벡터 $\mathbf{u}$, $\mathbf{v}$, $\mathbf{w}$가 일차종속(linearly dependent)이라는 것은 벡터방정식 $\alpha_1\mathbf{u} + \alpha_2\mathbf{v} + \alpha_2\mathbf{w} = \mathbf{0}$을 만족하는 $\alpha_1, \alpha_2, \alpha_3$ 중 적어도 하나 이상이 0이 아니라는 것이다. 따라서 $\alpha_1 \neq 0$이면

$$\mathbf{u} = -\frac{\alpha_2}{\alpha_1}\mathbf{v} - \frac{\alpha_3}{\alpha_1}\mathbf{w}$$

으로 나타낼 수 있다. 이는 $\mathbf{u}$가 $\mathbf{v}$, $\mathbf{w}$의 일차결합으로 나타낼 수 있다는 것이며 이는 $\mathbf{u}$가 $span\{\mathbf{v}, \mathbf{w}\}$에 속해 있음을 의미한다. 따라서 $\mathbf{u}$, $\mathbf{v}$, $\mathbf{w}$는 같은 평면상에 존재하고 있음을 의미한다. [그림 7.5(a)]는 일차종속인 $\mathbb{R}^3$의 세 벡터를 나타낸 것이고 (b)는 일차독립인 $\mathbb{R}^3$의 세 벡터를 나타낸 것이다.

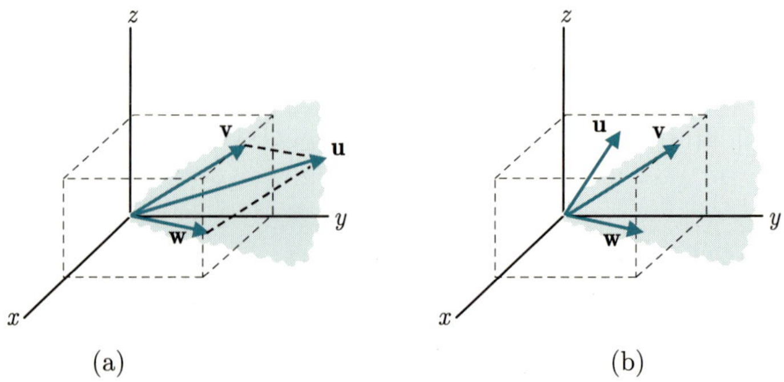

그림 7.5

정리 7.2 **일차종속집합의 특성**

$S = \{\mathbf{v}_1, \mathbf{v}_2, \cdots, \mathbf{v}_k\}$를 벡터공간 V에 속하는 임의의 k개의 비영벡터(nonzero vectors)들의 집합이라 하자. S가 일차종속이면 S에 속해 있는 벡터들 중 하나인 $\mathbf{v}_j$가 그 선행벡터들의 일차결합이 되며 그 역 또한 성립한다.

증명

S가 일차종속이면 S에 속해 있는 벡터들 중 하나인 $\mathbf{v}_j$가 그 선행벡터들의 일차결합이 됨을 증명해보자. S가 일차종속이면 (일차종속의 정의로부터) 벡터방정식

$$\alpha_1\mathbf{v}_1 + \alpha_2\mathbf{v}_2 + \cdots + \alpha_k\mathbf{v}_k = \mathbf{0} \tag{7.4}$$

을 만족하는 상수의 값이 $\alpha_1, \alpha_2, \ldots, \alpha_k$ 중 적어도 하나 이상이 0이 아닌 형태로 존재한다. 0이 아닌 상수 중 첨자가 가장 큰 것을 α_j라고 하자. $j > 1$이면

$$\mathbf{v}_j = -\frac{\alpha_1}{\alpha_j}\mathbf{v}_1 - \frac{\alpha_2}{\alpha_j}\mathbf{v}_2 \cdots - \frac{\alpha_{j-1}}{\alpha_j}\mathbf{v}_{j-1} \tag{7.5}$$

이다. $j = 1$이면 (7.4)로부터

$$\alpha_1\mathbf{v}_1 = \mathbf{0}$$

이며 이는 S가 비영벡터들의 집합이라는 전제와 모순되므로 항상 $j > 1$이며 (7.5)의 경우만 존재한다. 즉 $\mathbf{v}_j$가 그 선행벡터들의 일차결합이 된다.
이번에는 역이 성립함을 증명해보자. S에 속해 있는 벡터들 중 하나인 $\mathbf{v}_j$가 그 선행벡터들의 일차결합이 된다고 하자. 즉

$$\mathbf{v}_j = \alpha_1\mathbf{v}_1 + \alpha_2\mathbf{v}_2 + \cdots + \alpha_{j-1}\mathbf{v}_{j-1}$$

이라고 하자. 그러면 다음 식이 성립함은 분명하다.

$$\alpha_1\mathbf{v}_1 + \alpha_2\mathbf{v}_2 + \cdots + \alpha_{j-1}\mathbf{v}_{j-1} + (-1)\,\mathbf{v}_j + 0\mathbf{v}_{j+1} + \cdots + 0\mathbf{v}_k = \mathbf{0} \tag{7.6}$$

식 (7.6)에서 적어도 하나의 계수, 즉 $\mathbf{v}_j$ 앞의 계수 -1이 0이 아님은 확실하므로 S가 일차종속이라고 결론 내릴 수 있다. ■

제3절 기저와 차원

여기서는 앞 절에 이어서 벡터공간의 구조에 관한 설명을 계속한다.

3.1 기저

벡터공간 V의 벡터 k개로 구성된 집합을 $S=\{\mathbf{v}_1, \mathbf{v}_2, \cdots, \mathbf{v}_k\}$라고 하자. S가 다음 두 조건을 만족하면 S를 V의 기저(基底, basis)라고 한다.

$$\text{① } S\text{는 일차독립} \qquad \text{② } S\text{는 } V\text{를 스팬} \tag{7.7}$$

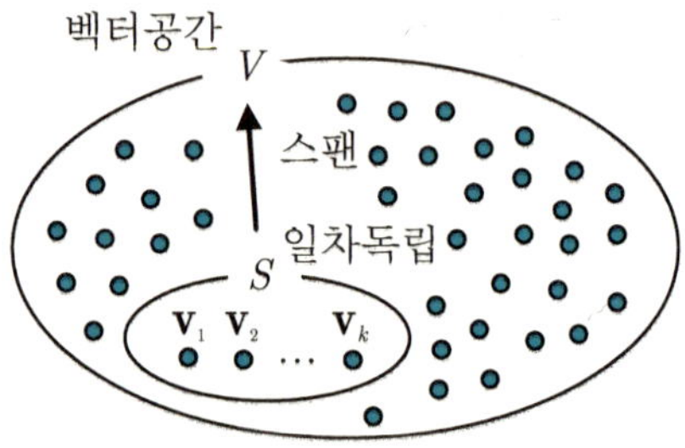

그림 7.6

예

$S=\{\mathbf{v}_1=(1,0,0),\ \mathbf{v}_2=(0,1,0),\ \mathbf{v}_3=(0,0,1)\}$이 $\mathbb{R}^3$의 기저가 되는가를 보이시오.

풀이

S가 $\mathbb{R}^3$의 기저가 됨을 보이기 위해서는 ① S는 일차독립, ② S는 $\mathbb{R}^3$를 스팬함을 보여야 한다. S가 일차독립인가부터 살펴보자. S가 일차독립이려면 (일차독립의 정의식 (7.3)으로부터) 벡터방정식

$$\alpha_1\mathbf{v}_1 + \alpha_2\mathbf{v}_2 + \alpha_3\mathbf{v}_3 = \mathbf{0} \tag{7.8}$$

을 만족하는 $\alpha_1, \alpha_2, \alpha_3$이 $\alpha_1=\alpha_2=\alpha_3=0$인 경우만 존재해야 한다. 이 벡터방정식에 대응되는 동차연립일차방정식은

$$\begin{aligned} \alpha_1 \qquad\qquad &= 0 \\ \alpha_2 \qquad &= 0 \\ \alpha_3 &= 0 \end{aligned}$$

이고 따라서 $\alpha_1, \alpha_2, \alpha_3$가 모두 0인 경우에만 식 (7.8)이 만족되므로 S는 일차독립이다. 이번에는 S가 $\mathbb{R}^3$를 스팬하는가를 살펴보자. $\mathbb{R}^3$에 속하는 임의의 벡터를 $\mathbf{v} = (v_1, v_2, v_3)$라 하자. 모든 $v_1, v_2, v_3 \in \mathbb{R}$에 대하여

$$\alpha_1\mathbf{v}_1 + \alpha_2\mathbf{v}_2 + \alpha_3\mathbf{v}_3 = \mathbf{v} \tag{7.9}$$

을 만족하는 $\alpha_1, \alpha_2, \alpha_3$가 항상 존재하면 S는 $\mathbb{R}^3$를 스팬하는 것이다. 벡터방정식 (7.9)에 대응하는 연립일차방정식은

$$\begin{aligned} \alpha_1 \qquad\qquad &= a \\ \alpha_2 \qquad &= b \\ \alpha_3 &= c \end{aligned}$$

이고 모든 a, b, c에 대하여 식 (7.9)를 만족하는 $\alpha_1, \alpha_2, \alpha_3$는 항상 존재한다. 따라서 S는 $\mathbb{R}^3$를 스팬한다.

S는 일차독립이고 S는 $\mathbb{R}^3$를 스팬하므로 S는 $\mathbb{R}^3$의 기저이다. ◀

$\mathbf{e}_i$를 i번째 성분이 1이고 나머지 성분은 모두 0인 $\mathbb{R}^n$에 속하는 벡터

$$\mathbf{e}_1 = (1, 0, \ldots, 0)\,,\ \ \mathbf{e}_2 = (0, 1, 0, \ldots, 0)\,, \cdots,\ \ \mathbf{e}_n = (0, \ldots, 0, 1)$$

라고 하자. $\mathbf{e}_1, \mathbf{e}_2, \cdots, \mathbf{e}_n$을 $\mathbb{R}^n$의 표준단위벡터(標準單位벡터, standard unit vector)라고 한다. 이러한 표준단위벡터들의 집합 $\{\mathbf{e}_1, \mathbf{e}_2, \cdots, \mathbf{e}_n\}$은 일차독립이며 $\mathbb{R}^n$에 속하는 임의의 벡터 $\mathbf{v}$에 대하여 $\mathbf{v} = \alpha_1\mathbf{e}_1 + \alpha_2\mathbf{e}_2 + \cdots + \alpha_n\mathbf{e}_n$을 만족하는 $\alpha_1, \alpha_2, \ldots, \alpha_n$이 항상 존재한다. 따라서 $\{\mathbf{e}_1, \mathbf{e}_2, \cdots, \mathbf{e}_n\}$은 $\mathbb{R}^n$의 기저가 된다. 특히 이를 표준기저(標準基底, standard basis)라 한다.

예

$S = \{\mathbf{v}_1 = (1, 2, 3),\ \mathbf{v}_2 = (2, 7, 0),\ \mathbf{v}_3 = (4, 3, 4)\}$이 $\mathbb{R}^3$의 기저가 되는가를 보이시오.

풀이

S가 $\mathbb{R}^3$의 기저가 되려면 S가 일차독립이어야 하며 S가 $\mathbb{R}^3$을 스팬해야 한다. 먼저 S가 $\mathbb{R}^3$을 스팬함을 밝히려면 $\mathbb{R}^3$에 속하는 임의의 벡터 $\mathbf{v} = (v_1, v_2, v_3)$에 대하여 연립일차방정식

$$\alpha_1\mathbf{v}_1 + \alpha_2\mathbf{v}_2 + \alpha_3\mathbf{v}_3 = \mathbf{v}$$

을 만족하는 $\alpha_1, \alpha_2, \alpha_3$이 항상 존재함 밝혀야 한다. 벡터로 나타낸 연립일차방정식을 성분으로 나타내면

$$\alpha_1 (1,2,3) + \alpha_2 (2,7,0) + \alpha_3 (4,3,4) = (v_1, v_2, v_3)$$

이고

$$(\alpha_1 + 2\alpha_2 + 4\alpha_3, 2\alpha_1 + 7\alpha_2 + 3\alpha_3, 3\alpha_1 + 4\alpha_3) = (v_1, v_2, v_3)$$

이 된다. 대응되는 성분을 같게 놓으면

$$\begin{array}{ccccccc} \alpha_1 & + & 2\alpha_2 & + & 4\alpha_4 & = & v_1 \\ 2\alpha_1 & + & 7\alpha_2 & + & 3\alpha_3 & = & v_2 \\ 3\alpha_1 & & & + & 4\alpha_3 & = & v_3 \end{array}$$

이 된다. 이 연립일차방정식에서 미지수의 개수가 3개, 방정식의 개수가 3개로 같으며 따라서 계수행렬이 비특이(nonsingular)임을 밝히면 이 연립일차방정식을 만족하는 $\alpha_1, \alpha_2, \alpha_3$이 항상 존재함을 밝히는 셈이다.

S가 일차독립임을 밝히려면 동차연립일차방정식 $\alpha_1 \mathbf{v}_1 + \alpha_2 \mathbf{v}_2 + \alpha_3 \mathbf{v}_3 = \mathbf{0}$이 자명해만을 가짐을, 즉 $\alpha_1, \alpha_2, \alpha_3$이 모두 0인 경우 이외에는 해가 존재하지 않음을 밝히면 된다. 벡터로 나타낸 동차연립일차방정식을 성분으로 나타내면

$$\alpha_1 (1,2,3) + \alpha_2 (2,7,0) + \alpha_3 (4,3,4) = (0,0,0)$$

이고

$$(\alpha_1 + 2\alpha_2 + 4\alpha_3, 2\alpha_1 + 7\alpha_2 + 3\alpha_3, 3\alpha_1 + 4\alpha_3) = (0,0,0)$$

이 된다. 대응되는 성분을 같게 놓으면

$$\begin{array}{ccccccc} \alpha_1 & + & 2\alpha_2 & + & 4\alpha_3 & = & 0 \\ 2\alpha_1 & + & 7\alpha_2 & + & 3\alpha_3 & = & 0 \\ 3\alpha_1 & & & + & 4\alpha_3 & = & 0 \end{array}$$

이 된다. 이 동차연립일차방정식에서 미지수의 개수와 방정식의 개수가 각각 3으로 같으므로 계수행렬이 비특이임을 밝히면 된다.

계수행렬이 비특이임을 밝히면 S가 일차독립이라는 사실과 S가 $\mathbb{R}^3$을 스팬한다는 사실을 동시에 밝히는 셈이다. 계수행렬

$$\mathbf{A} = \begin{pmatrix} 1 & 2 & 4 \\ 2 & 7 & 3 \\ 3 & 0 & 4 \end{pmatrix}$$

의 행렬식은 $|\mathbf{A}| = -54$ 이므로 $\mathbf{A}$는 가역이다. 따라서 S는 $\mathbb{R}^3$의 기저가 된다.◀

3.2 *span* S의 기저

$S=\{\mathbf{v}_1, \mathbf{v}_2, \cdots, \mathbf{v}_k\}$를 $\mathbb{R}^n$에 속하는 임의의 k개의 벡터들의 집합이라 하자. *span* S는 S가 스팬하는 공간을 의미하며

$$span\, S=\left\{\mathbf{v} \,\middle|\, \mathbf{v}=\sum_{i=1}^{k}\alpha_i\mathbf{v}_i,\, \mathbf{v}_i \in \mathbb{R}^n\right\}$$

으로 나타낼 수 있다.

예 평면상에서 시점을 원점에 두고 있으며 동일직선상에 있지 않는 두 벡터 $\mathbf{v}_1$과 $\mathbf{v}_2$가 스팬하는 공간은 평면 자체가 된다([그림 7.7] 참조). ◀

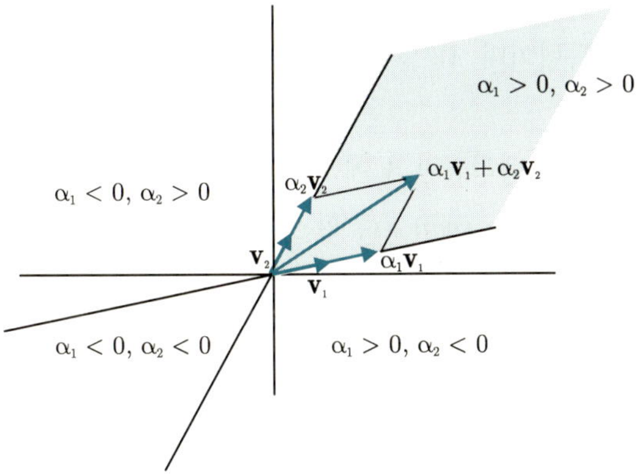

그림 7.7

정리 7.3 ***span* S의 기저**

$S=\{\mathbf{v}_1, \mathbf{v}_2, \cdots, \mathbf{v}_k\}$를 벡터공간 V에 속하는 임의의 k개의 비영벡터(非零벡터, nonzero vectors)들의 집합이라 하고 S가 스팬하는 공간 *spanS*를 W라 하자. 그러면 S의 부분집합이 W의 기저가 된다.

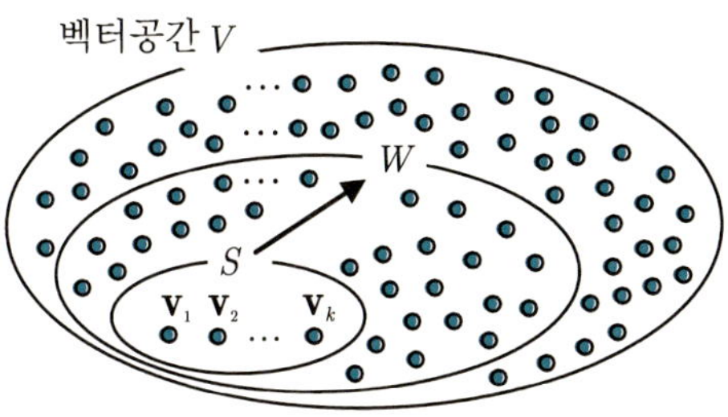

증명

(S가 일차독립인 경우) 전제조건으로부터 S가 W를 스팬하므로 S가 W의 기저가 된다.

(S가 일차종속인 경우) S가 일차종속이라는 것은 벡터방정식

$$\alpha_1\mathbf{v}_1 + \alpha_2\mathbf{v}_2 + \cdots + \alpha_k\mathbf{v}_k = \mathbf{0}$$

을 만족하는 상수 $\alpha_1, \alpha_2, \ldots, \alpha_k$의 값이 이들 중 적어도 하나 이상이 0이 아닌 형태로 존재함을 의미한다. [정리 7.2]로부터 S에 속해 있는 벡터들 중 하나인 $\mathbf{v}_j$를 그 선행벡터들의 일차결합으로 나타낼 수 있다. $\mathbf{v}_j$를 S에서 제외하고 이를 S_1이라 하자. $\mathbf{v}_j$는 $S_1 = \{\mathbf{v}_1, \mathbf{v}_2, \cdots, \mathbf{v}_{j-1}, \mathbf{v}_{j+1}, \cdots, \mathbf{v}_k\}$의 일차결합으로 나타낼 수 있으며 이는 $\mathbf{v}_j$가 $span\, S_1$에 속해 있고 따라서 S_1이 W를 스팬함을 의미한다.

S_1이 일차독립인 경우 S_1이 W의 기저가 된다. S_1가 일차종속인 경우는 S가 일차종속인 경우에서와 같은 방식으로 S_1의 벡터들 중 다른 벡터의 일차결합으로 나타낼 수 있는 벡터를 제거하여 W를 스팬하는 S_2를 구성한다. 이러한 과정을 반복하면 S는 유한집합이므로 일차독립이며 W를 스팬하는 S의 부분집합 T를 얻게 된다. ■

$S = \{\mathbf{v}_1, \mathbf{v}_2, \cdots, \mathbf{v}_k\}$를 벡터공간 V에 속하는 임의의 k개의 벡터들의 집합이라 하고 S가 스팬하는 공간을 $W = span\, S$라 할 때 W의 기저를 찾는 절차는 다음과 같다.

단계 1 S가 일차독립인가 아니면 일차종속인가를 결정한다. 일차독립이면 S 자신이 W의 기저가 된다.

단계 2 S가 일차종속이면

$$\alpha_1\mathbf{v}_1 + \alpha_2\mathbf{v}_2 + \cdots + \alpha_k\mathbf{v}_k = \mathbf{0}$$

에서 $\alpha_1, \alpha_2, \ldots, \alpha_k$ 중 적어도 하나 이상이 0이 아닌 해가 존재한다. 이때 0이 아닌 α_j를 갖는 벡터 $\mathbf{v}_j$를 S의 나머지 벡터들의 일차결합으로 나타낼 수 있다. $\mathbf{v}_j$를 S에서 제외하고 이를

$$S_1 = \left\{\mathbf{v}_1, \mathbf{v}_2, \ldots, \mathbf{v}_{j-1}, \mathbf{v}_{j+1}, \ldots, \mathbf{v}_k\right\}$$

이라 하면 S_1은 W를 스팬한다. 이 상태에서 S의 역할을 S_1으로 대체하여 1단계로 진행한다. 이를 r회 반복하여 W를 스팬하는 S의 부분집합 S_r을 얻게 된다.

예

$S = \{\mathbf{v}_1 = (1, 2, -2, 1),\ \mathbf{v}_2 = (-3, 0, -4, 3),\ \mathbf{v}_3 = (2, 1, 1, -1),$
$\mathbf{v}_4 = (-3, 3, -9, 6)\}$이라 하자. $W = span\, S$의 기저를 찾아보자.

풀이

[1회]

단계 1 S가 일차독립이라면

$$\alpha_1\mathbf{v}_1 + \alpha_2\mathbf{v}_2 + \alpha_3\mathbf{v}_3 + \alpha_4\mathbf{v}_4 = \mathbf{0} \tag{7.10}$$

에서 $\alpha_1, \alpha_2, \alpha_3, \alpha_4$이 모두 0인 경우 이외에는 해가 존재하지 않아야 한다. 벡터방정식 (7.10)에 대응하는 동차연립일차방정식의 확대행렬은

$$\left(\begin{array}{rrrr|r} 1 & -3 & 2 & -3 & 0 \\ 2 & 0 & 1 & 3 & 0 \\ -2 & -4 & 1 & -9 & 0 \\ 1 & 3 & -1 & 6 & 0 \end{array}\right)$$

이며 이 행렬을 기본행연산으로 기약행사다리꼴행렬이 되도록 변환하면

$$\left(\begin{array}{rrrr|r} 1 & 0 & 1/2 & 3/2 & 0 \\ 0 & 1 & -1/2 & 3/2 & 0 \\ 0 & 0 & 0 & 0 & 0 \\ 0 & 0 & 0 & 0 & 0 \end{array}\right)$$

이 된다. 이 행렬로부터 앞의 동차연립일차방정식의 해가 $\alpha_1 = -1/2\,r - 3/2\,s$, $\alpha_2 = 1/2\,r - 3/2\,s$, $\alpha_3 = r$, $\alpha_4 = s$, $r, s \in \mathbb{R}$ 임을 알 수 있고 $\alpha_1, \alpha_2, \alpha_3, \alpha_4$이 모두 0인 경우 이외의 해가 존재하므로 S는 일차종속이다.

단계 2 $r = s = 1$로 놓으면 $\alpha_1 = -2$, $\alpha_2 = -1$, $\alpha_3 = 1$, $\alpha_4 = 1$이 되고 이 값을 앞의 동차연립일차방정식에 대입하면

$$-2\mathbf{v}_1 - \mathbf{v}_2 + \mathbf{v}_3 + \mathbf{v}_4 = \mathbf{0}$$

을 얻는다. 이 식은

$$\mathbf{v}_4 = 2\mathbf{v}_1 + \mathbf{v}_2 - \mathbf{v}_3$$

로 다시 쓸 수 있으며 따라서 S에서 $\mathbf{v}_4$를 제외한 $S_1 = \{\mathbf{v}_1, \mathbf{v}_2, \mathbf{v}_3\}$은 W를 스팬한다.

[2회]

단계 1 S_1이 일차독립이라면

$$\alpha_1\mathbf{v}_1 + \alpha_2\mathbf{v}_2 + \alpha_3\mathbf{v}_3 = \mathbf{0}$$

에서 $\alpha_1, \alpha_2, \alpha_3$이 모두 0인 경우 이외에는 해가 존재하지 않아야 한다. 이 동차연립일차방정식의 확대행렬은

$$\begin{pmatrix} 1 & -3 & 2 & 0 \\ 2 & 0 & 1 & 0 \\ -2 & -4 & 1 & 0 \\ 1 & 3 & -1 & 0 \end{pmatrix}$$

이며 이 행렬을 기본행연산으로 기약행사다리꼴행렬이 되도록 변환하면

$$\begin{pmatrix} 1 & 0 & 1/2 & 0 \\ 0 & 1 & -1/2 & 0 \\ 0 & 0 & 0 & 0 \\ 0 & 0 & 0 & 0 \end{pmatrix}$$

이 된다. 이 행렬로부터 앞의 동차연립일차방정식의 해가 $\alpha_1 = -1/2\,r$, $\alpha_2 = 1/2\,r$, $\alpha_3 = r$, $r \in R$ 임을 알 수 있고 따라서 S는 일차종속이다.

단계 2 $r = 1$로 놓으면 $\alpha_1 = -1/2$, $\alpha_2 = 1/2$, $\alpha_3 = 1$이 되고 이 값을 앞의 동차연립일차방정식에 대입하면

$$-1/2\,\mathbf{v}_1 + 1/2\,\mathbf{v}_2 + \mathbf{v}_3 = \mathbf{0}$$

을 얻는다. 이 식은

$$\mathbf{v}_3 = 1/2\,\mathbf{v}_1 - 1/2\,\mathbf{v}_2$$

로 다시 쓸 수 있으며 따라서 S_1에서 $\mathbf{v}_3$를 제외한 $S_1 = \{\mathbf{v}_1, \mathbf{v}_2\}$은 W를 스팬한다.

[3회]

S_2이 일차독립이라면

$$\alpha_1\mathbf{v}_1 + \alpha_2\mathbf{v}_2 = \mathbf{0}$$

에서 α_1, α_2이 모두 0인 경우 이외에는 해가 존재하지 않아야 한다. 이 동차연립일차방정식의 확대행렬은

$$\begin{pmatrix} 1 & -3 & 0 \\ 2 & 0 & 0 \\ -2 & -4 & 0 \\ 1 & 3 & 0 \end{pmatrix}$$

이며 이 행렬을 기본행연산으로 기약행사다리꼴행렬이 되도록 변환하면

$$\begin{pmatrix} 1 & 0 & 0 \\ 0 & 1 & 0 \\ 0 & 0 & 0 \\ 0 & 0 & 0 \end{pmatrix}$$

이 된다. 이 행렬로부터 앞의 동차연립일차방정식의 해가 $\alpha_1 = 0$, $\alpha_2 = 0$임을 알 수 있고 따라서 S_2는 일차독립이다. 따라서 W의 기저는 S_2이 된다. ◀

3.3 벡터공간 V의 두 기저

정리 7.4 **기저와 일차독립집합의 원소의 개수**

$S = \{\mathbf{v}_1, \mathbf{v}_2, \cdots, \mathbf{v}_k\}$을 벡터공간 V의 기저라 하고 $T = \{\mathbf{w}_1, \mathbf{w}_2, \cdots, \mathbf{w}_l\}$를 V에 속하는 벡터들의 집합으로 일차독립이라고 하면 항상 $l \le k$이 성립한다.

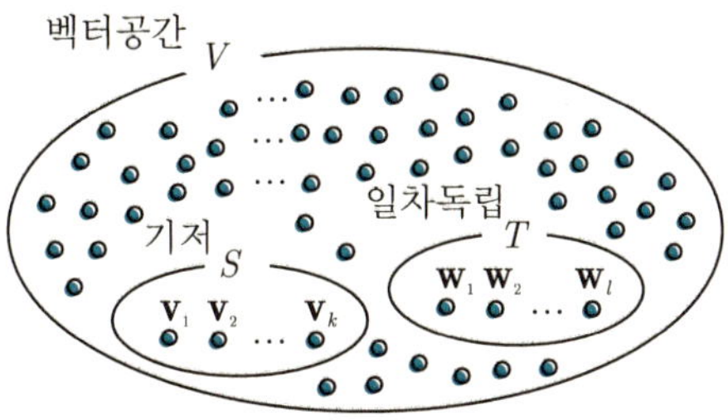

그림 7.8

증명

$T_1 = \{\mathbf{w}_1, \mathbf{v}_1, \mathbf{v}_2, \ldots, \mathbf{v}_k\}$이라 하자. S가 V를 스팬하므로 T_1도 역시 V를 스팬한다. $\mathbf{w}_1 \in V$이고 S는 V의 기저이므로 $\mathbf{w}_1$은 S의 일차결합이고 따라서 T_1은 일차종속이다. [정리 7.2]로부터 T_1이 일차종속이면 T_1에 속해 있는 벡터들 중 하나인 $\mathbf{v}_j$가 그 선행벡터들의 일차결합이 된다.

$\mathbf{v}_j$를 T_1에서 제거하고 이를 S_1이라 하자. 즉

$$S_1 = \{\mathbf{w}_1, \mathbf{v}_1, \cdots, \mathbf{v}_{j-1}, \mathbf{v}_{j+1}, \cdots, \mathbf{v}_k\}$$

이다. T_1은 V를 스팬하고 S_1은 T_1에서 선행벡터들의 일차결합이 되는 $\mathbf{v}_j$를 제거한 집합이므로 S_1도 V를 스팬한다. S_1에 $\mathbf{w}_2$를 추가하여

$$T_2 = \{\mathbf{w}_2, \mathbf{w}_1, \mathbf{v}_1, \cdots, \mathbf{v}_{j-1}, \mathbf{v}_{j+1}, \cdots, \mathbf{v}_k\}$$

이라 하자. S_1이 V를 스팬하므로 T_2도 역시 V를 스팬한다. $\mathbf{w}_2 \in V$ 이고 S_1는 V를 스팬하므로 $\mathbf{w}_2$는 S_1의 일차결합이고 따라서 T_2는 일차종속이다. [정리 7.2]로부터 T_2가 일차종속이면 T_2에 속해 있는 벡터들 중 하나가 그 선행벡터들의 일차결합이 된다. 그런데 전제조건으로부터 T는 일차독립이므로 $\mathbf{w}_1$은 선행벡터의 일차결합이 될 수 없다. 따라서 $\mathbf{v}_1, \cdots, \mathbf{v}_{j-1}, \mathbf{v}_{j+1}, \cdots, \mathbf{v}_k$ 중 하나가 선행벡터들의 일차결합이 된다.
T_r에서 $\mathbf{v}$ 벡터를 제거하여 V를 스팬하는 S_r을 만들고 T에서 $\mathbf{w}$ 벡터를 가져다 S_r에 추가하여 T_{r+1}을 만드는 과정을 $r = 1, 2, \cdots$로 반복한다고 생각해보자. T에서 가져올 $\mathbf{w}$ 벡터가 남아 있는 상태에서 $\mathbf{v}$ 벡터가 모두 제거되었다고 가정해보자. 만약 그렇다면 T는 일차종속이어야 하며 이는 전제조건과 모순이다. 따라서 T에서 가져올 $\mathbf{w}$ 벡터가 남아 있는 상태라면 제거할 $\mathbf{v}$벡터가 존재해야 하며 이는 $\mathbf{v}$벡터의 수(k)가 $\mathbf{w}$ 벡터의 수(l)보다 크거나 같음을 의미한다. ■

정리 7.5 **두 기저의 원소의 개수**

$S = \{\mathbf{v}_1, \mathbf{v}_2, \cdots, \mathbf{v}_k\}$와 $T = \{\mathbf{u}_1, \mathbf{u}_2, \cdots, \mathbf{u}_m\}$이 벡터공간 V의 임의의 두 기저(basis)이면 항상 $k = m$이 성립한다.

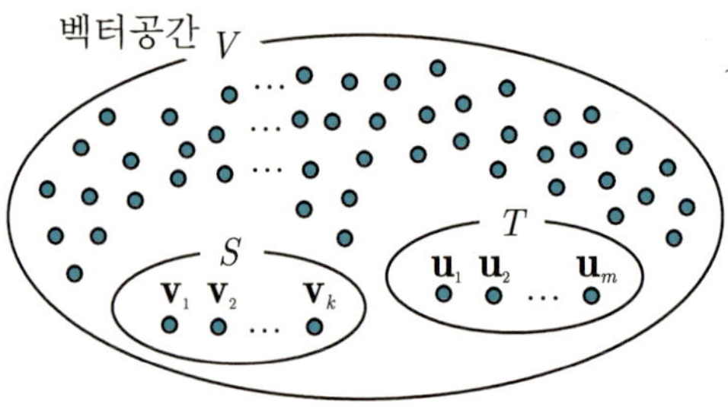

그림 7.9

증명

T는 일차독립이므로 [정리 7.4]로부터 $k \geq m$이다. 마찬가지로 S는 일차독립이므로 [정리 7.4]로부터 $k \leq m$이다. 따라서 $k = m$이다. ■

3.4 차원

벡터공간 V의 기저를 구성하는 벡터들의 수를 벡터공간 V의 차원(次元, dimension)이라고 하며 $\dim(V)$로 표기한다.

예

$\mathbb{R}^2$의 차원은 2이다. $\mathbb{R}^3$의 차원은 3이고, $\mathbb{R}^n$의 차원은 n이다. ◀

예

$\mathbf{v}_1 = (0, 1, 1)$, $\mathbf{v}_2 = (1, 0, 1)$, $\mathbf{v}_3 = (1, 1, 2)$라 하고 $S = \{\mathbf{v}_1, \mathbf{v}_2, \mathbf{v}_3\}$이라 하자. S가 스팬하는 $\mathbb{R}^3$의 부분공간 W의 차원을 계산하시오.

풀이

[1회]

단계 1 S가 일차독립이라면

$$\alpha_1\mathbf{v}_1 + \alpha_2\mathbf{v}_2 + \alpha_3\mathbf{v}_3 = \mathbf{0} \tag{7.11}$$

을 만족하는 가중치 값은 $\alpha_1, \alpha_2, \alpha_3$이 모두 0인 경우뿐이어야 한다. 벡터방정식 (7.11)에 대응하는 동차연립일차방정식의 확대행렬은

$$\begin{pmatrix} 0 & 1 & 1 & 0 \\ 1 & 0 & 1 & 0 \\ 1 & 1 & 2 & 0 \end{pmatrix}$$

이며 이 행렬을 기본행연산으로 기약행사다리꼴행렬이 되도록 변환하면

$$\begin{pmatrix} 1 & 0 & 1 & 0 \\ 0 & 1 & 1 & 0 \\ 0 & 0 & 0 & 0 \end{pmatrix}$$

이 된다. 이 행렬로부터 앞의 동차연립일차방정식의 해가 $\alpha_1 = -s$, $\alpha_2 = -s$, $\alpha_3 = s$, $s \in \mathbb{R}$임을 알 수 있고 가중치 $\alpha_1, \alpha_2, \alpha_3$이 모두 0인 경우 이외의 해가 존재하므로 S는 일차종속이다.

단계 2 $s = 1$로 놓으면 $\alpha_1 = -1$, $\alpha_2 = -1$, $\alpha_3 = 1$이 되고 이 값을 앞의 동차연립일차방정식에 대입하면

$$-\mathbf{v}_1 - \mathbf{v}_2 + \mathbf{v}_3 = \mathbf{0}$$

을 얻는다. 이 식은

$$\mathbf{v}_3 = \mathbf{v}_1 + \mathbf{v}_2$$

로 다시 쓸 수 있으며 따라서 S에서 $\mathbf{v}_3$를 제외한 $S_1 = \{\mathbf{v}_1, \mathbf{v}_2\}$은 W를 스팬한다.

[2회]

S_1이 일차독립이라면

$$\alpha_1 \mathbf{v}_1 + \alpha_2 \mathbf{v}_2 = \mathbf{0}$$

에서 α_1, α_2이 모두 0인 경우 이외에는 해가 존재하지 않아야 한다. 이 방정식에 대응되는 동차연립일차방정식의 확대행렬은

$$\begin{pmatrix} 0 & 1 & 0 \\ 1 & 0 & 0 \\ 1 & 1 & 0 \end{pmatrix}$$

이며 이 행렬을 기본행연산으로 기약행사다리꼴행렬이 되도록 변환하면

$$\begin{pmatrix} 1 & 0 & 0 \\ 0 & 1 & 0 \\ 0 & 0 & 0 \end{pmatrix}$$

이 된다. 이 행렬로부터 동차연립일차방정식의 해가 $\alpha_1 = 0$, $\alpha_2 = 0$임을 알 수 있고 따라서 S_1는 일차독립이다. 따라서 S_1은 W의 기저이며 W의 차원은 2이다. ◀

정리 7.6 **기저와 일차독립집합의 포함관계**

> V는 유한차원 벡터공간이고 S는 V의 유한 개의 벡터들의 집합이라 하자. S가 일차독립집합이면 S를 포함하는 V의 기저 T가 존재한다.

증명

$S = \{\mathbf{v}_1, \mathbf{v}_2, \cdots, \mathbf{v}_k\}$을 n차원 벡터공간 V의 일차독립인 벡터들의 집합이라 하고 $k < n$이라 하자. 그리고 $\{\mathbf{w}_1, \mathbf{w}_2, \cdots, \mathbf{w}_n\}$을 V의 기저라 하고

$$S_1 = \{\mathbf{v}_1, \mathbf{v}_2, \cdots, \mathbf{v}_k, \mathbf{w}_1, \mathbf{w}_2, \cdots, \mathbf{w}_n\}$$

라고 하자. S_1은 V를 스팬하므로 (span S 의 기저에 관한) [정리 7.3]으로부터 V의 기저 T는 S_1의 부분집합이다. 선형벡터들의 일차결합으로 나타낼 수 있는 모든 벡터들을 S_1에서 삭제하면 T를 얻을 수 있다. S는 일차독립이므로 $\mathbf{v}_j$, $j = 1, 2, \cdots, k$에는 선형벡터들의 일차결합으로 나타낼 수 있는 벡터가 없다. 따라서 T는 S를 포함한다. ■

정리 7.7 부분공간의 차원

V가 유한차원 벡터공간의 영이 아닌 부분공간이면 $\dim(V)$은 V의 일차독립 벡터들의 최대개수이다.

증명

V가 유한차원 벡터공간의 영이 아닌 부분공간이라고 하자. 기저와 일차독립집합의 원소의 개수에 관한 [정리 7.4]와 차원의 정의로부터 $\dim(V)$은 V의 일차독립 벡터들의 최대개수이다. ■

정리 7.8 부분공간의 차원

V와 W를 n 차원 벡터공간의 부분공간이라고 하자. V가 W의 부분공간이면

$$0 \le \dim(V) \le \dim(W) \le n$$

이 성립한다.

n차원 벡터공간

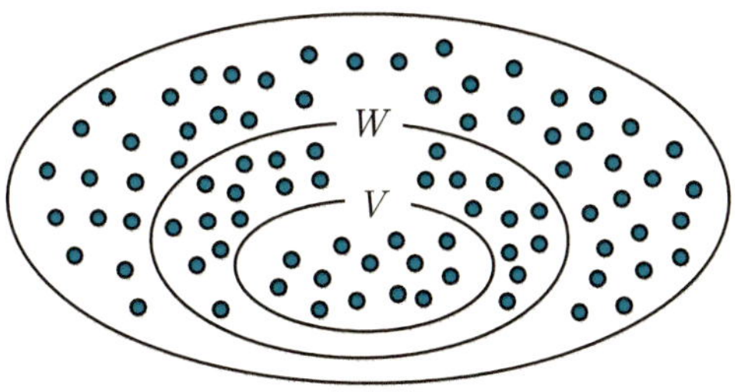

증명

[정리 7.7]로부터 n 차원 벡터공간의 부분공간의 차원은 그 부분공간이 가질 수 있는 일차독립 벡터의 최대개수이다. 따라서 V가 W의 부분공간이면 V의 차원은 W의 차원보다 클 수 없다. 또한 n차원 벡터공간의 부분공간의 차원은 n보다 클 수 없다. ■

정리 7.9 **부분공간의 차원**

V와 W를 유한차원 벡터공간의 부분공간이라고 하자. V가 W의 부분공간이고 $\dim(V)=\dim(W)$이면 $V=W$이다.

증명

생략 ■

3.5 $\mathbf{A}\mathbf{x}=0$의 해공간의 차원

$\mathbf{A}$의 크기가 $m\times n$일 때 동차연립일차방정식 $\mathbf{A}\mathbf{x}=\mathbf{0}$의 해공간은 $\mathbb{R}^n$의 부분공간이다. 동차연립일차방정식 $\mathbf{A}\mathbf{x}=\mathbf{0}$의 해공간은 계수행렬 $\mathbf{A}$의 영공간(零空間, null space)이라 하며 $\mathbf{A}\mathbf{x}=\mathbf{0}$의 해공간의 차원은 $\mathbf{A}$의 영공간차원(零空間次元, nullity)이라 한다. 동차연립일차방정식의 해공간의 기저를 찾는 문제는 고유치(固有値, eigenvalue) 및 고유벡터(固有벡터, eigenvector) 이론에서 매우 중요한 역할을 한다. 이 해공간의 기저를 찾는 절차는 다음과 같다.

단계 1 $\mathbf{A}\mathbf{x}=\mathbf{0}$의 해를 가우스조단소거법으로 구한다. $\mathbf{A}\mathbf{x}=\mathbf{0}$이 자명해만을 가지면 $\mathbf{A}$의 영공간은 $\{\mathbf{0}\}$이고 기저는 없으며 영공간의 차원은 0이다. $\mathbf{A}\mathbf{x}=\mathbf{0}$이 비자명해를 가지면 단계 2로 진행한다.

단계 2 단계 1에서 구한 비자명해를 매개변수를 계수로 사용한 벡터들의 일차결합으로 표현한다. 이 벡터들의 집합 S는 해공간 W를 스팬한다.

단계 3 W의 기저를 찾는다.

예

다음과 같은 동차연립일차방정식의 해공간의 기저를 찾으시오.

$$\begin{array}{rcrcrcrcrcr}
x_1 & + & 2x_2 & & & + & 3x_4 & + & x_5 & = & 0\\
2x_1 & + & 3x_2 & & & + & 3x_4 & + & x_5 & = & 0\\
x_1 & + & x_2 & + & 2x_3 & + & 2x_4 & + & x_5 & = & 0\\
3x_1 & + & 5x_2 & + & & + & 6x_4 & + & 2x_5 & = & 0\\
2x_1 & + & 3x_2 & + & 2x_3 & + & 5x_4 & + & 2x_5 & = & 0
\end{array}$$

풀이

단계 1 앞의 동차연립일차방정식의 확대행렬은

$$\begin{pmatrix} 1 & 2 & 0 & 3 & 1 & 0 \\ 2 & 3 & 0 & 3 & 1 & 0 \\ 1 & 1 & 2 & 2 & 1 & 0 \\ 3 & 5 & 0 & 6 & 2 & 0 \\ 2 & 3 & 2 & 5 & 2 & 0 \end{pmatrix}$$

이며 이를 기본행연산으로 기약행사다리꼴행렬이 되도록 변환하면

$$\begin{pmatrix} 1 & 0 & 0 & -3 & -1 & 0 \\ 0 & 1 & 0 & 3 & 1 & 0 \\ 0 & 0 & 1 & 1 & \frac{1}{2} & 0 \\ 0 & 0 & 0 & 0 & 0 & 0 \\ 0 & 0 & 0 & 0 & 0 & 0 \end{pmatrix}$$

이 된다. 이 행렬로부터 앞의 동차연립일차방정식의 해가 $x_1 = 3s + t$, $x_2 = -3s - t$, $x_3 = -s - \frac{1}{2}t$, $x_4 = s$, $x_5 = t$, $s, t \in \mathbb{R}$ 임을 알 수 있다.

단계 2 단계 1에서 구한 해를 (매개변수를 계수로 사용한) 벡터들의 일차결합으로 표현하면

$$\mathbf{x} = s(3, -3, -1, 1, 0) + t(1, -1, -\tfrac{1}{2}, 0, 1), \quad s, t \in R$$

로 나타낼 수 있으며 따라서 $S = \{(3, -3, -1, 1, 0), (1, -1, -\frac{1}{2}, 0, 1)\}$ 은 해공간 W를 스팬한다.

단계 3 S는 일차독립이다. 따라서 S는 W의 기저가 된다. ◀

3.6 일차독립집합의 기저로의 확장

$S = \{\mathbf{v}_1, \mathbf{v}_2, \cdots, \mathbf{v}_k\}$을 $\mathbb{R}^n$의 일차독립집합이라고 하면 기저와 일차독립집합의 포함관계에 관한 [정리 7.6]에 의해 S에 적절한 벡터를 추가하여 $\mathbb{R}^n$의 기저를 구할 수 있다.

제4절 행렬의 계수

4.1 행렬의 행공간과 열공간

$m \times n$ 행렬

$$\mathbf{A} = \begin{pmatrix} a_{11} & a_{12} & \cdots & a_{1n} \\ a_{21} & a_{22} & \cdots & a_{2n} \\ \vdots & \vdots & \ddots & \vdots \\ a_{m1} & a_{m2} & \cdots & a_{mn} \end{pmatrix}$$

이 주어져 있을 때 $\mathbf{A}$의 행으로 만들어지는 벡터

$$\mathbf{r}_1 = (a_{11}, a_{12}, \cdots, a_{1n})$$
$$\mathbf{r}_2 = (a_{21}, a_{22}, \cdots, a_{2n})$$
$$\vdots$$
$$\mathbf{r}_m = (a_{m1}, a_{m2}, \cdots, a_{mn})$$

을 $\mathbf{A}$의 행벡터(row vector)라 하고 열로 만들어지는 벡터

$$\mathbf{c}_1 = \begin{pmatrix} a_{11} \\ a_{21} \\ \vdots \\ a_{m1} \end{pmatrix}, \quad \mathbf{c}_2 = \begin{pmatrix} a_{12} \\ a_{22} \\ \vdots \\ a_{m2} \end{pmatrix}, \quad \cdots, \quad \mathbf{c}_n = \begin{pmatrix} a_{1n} \\ a_{2n} \\ \vdots \\ a_{mn} \end{pmatrix}$$

을 $\mathbf{A}$의 열벡터(column vector)라 한다. 그리고 $\mathbf{A}$의 행벡터가 스팬하는 $\mathbb{R}^n$의 부분공간을 행공간(row space)이라 하며 $\mathbf{A}$의 열벡터가 스팬하는 $\mathbb{R}^m$의 부분공간을 열공간(column space)이라 한다.

예

$\mathbf{A} = \begin{pmatrix} 1 & 2 & -1 \\ 1 & 9 & -1 \\ -3 & 8 & 3 \\ -2 & 3 & 2 \end{pmatrix}$이라고 하면 $\mathbf{A}$의 행벡터는 $\mathbf{r}_1 = (1, 2, -1)$,

$\mathbf{r}_2 = (1, 9, -1)$, $\mathbf{r}_3 = (-3, 8, 3)$, $\mathbf{r}_4 = (-2, 3, 2)$이 되고 $\mathbf{A}$의 열벡터는

$$\mathbf{c}_1 = \begin{pmatrix} 1 \\ 1 \\ -3 \\ -2 \end{pmatrix},\ \mathbf{c}_2 = \begin{pmatrix} 2 \\ 9 \\ 8 \\ 3 \end{pmatrix},\ \mathbf{c}_3 = \begin{pmatrix} -1 \\ -1 \\ 3 \\ 2 \end{pmatrix}$$ 이 된다. ◀

정리 7.10 **기본행연산과 행공간**

$m \times n$ 행렬 $\mathbf{A}$에 기본행연산을 적용하여 $\mathbf{B}$를 구하였다면 $\mathbf{A}$와 $\mathbf{B}$의 행공간은 같다.

증명

$\mathbf{A}$에 기본행연산을 적용하여 $\mathbf{B}$를 구하였다면 $\mathbf{B}$의 각 행벡터는 $\mathbf{A}$의 행벡터의 일차결합이다. 따라서 $\mathbf{B}$의 행공간은 $\mathbf{A}$의 행공간에 포함된다. 또한 $\mathbf{A}$를 $\mathbf{B}$에 기본행연산을 적용하여 구할 수 있으므로 $\mathbf{A}$의 행공간이 $\mathbf{B}$의 행공간에 포함되며 따라서 $\mathbf{A}$와 $\mathbf{B}$의 행공간은 같다. ■

4.2 행공간과 열공간의 기저

앞의 [정리 7.10]에 의하면 주어진 행렬 $\mathbf{A}$를 기약행사다리꼴행렬로 변형시켜도 행공간이 변하지 않음을 알 수 있다. 또한 기약행사다리꼴행렬의 0이 아닌 행벡터는 일차독립이므로 이들 행벡터는 $\mathbf{A}$의 행공간의 기저가 된다.

예

다음 3개의 벡터가 스팬하는 공간 V의 기저를 찾으시오.

$$\mathbf{v}_1 = (1,2,3,2,1),\ \mathbf{v}_2 = (3,1,-5,-2,1),\ \mathbf{v}_3 = (7,8,-1,2,5)$$

풀이

V는 $\mathbf{v}_1, \mathbf{v}_2, \mathbf{v}_3$을 각각 1행, 2행, 3행으로 하는 3×5 행렬

$$\mathbf{A} = \begin{pmatrix} 1 & 2 & 3 & 2 & 1 \\ 3 & 1 & -5 & -2 & 1 \\ 7 & 8 & -1 & 2 & 5 \end{pmatrix}$$

의 행공간이다. 기본행연산으로 $\mathbf{A}$를 기약행사다리꼴행렬로 변형시키면

$$\mathbf{B}=\begin{pmatrix}1&0&0&0&0\\0&1&0&\frac{4}{13}&\frac{8}{13}\\0&0&1&\frac{6}{13}&-\frac{1}{13}\end{pmatrix}$$

이고 $\mathbf{B}$의 0이 아닌 행벡터는

$$\mathbf{w}_1=(1,0,0,0,0),\ \ \mathbf{w}_2=\left(0,1,0,\tfrac{4}{13},\tfrac{8}{13}\right),\ \ \mathbf{w}_3=\left(0,0,1,\tfrac{6}{13},-\tfrac{1}{13}\right)$$

이다. 따라서 V의 기저는 $\{\mathbf{w}_1,\mathbf{w}_2,\mathbf{w}_3\}$이다. ◀

행렬 $\mathbf{A}$의 열벡터는 행렬 $\mathbf{A}$의 전치행렬 $\mathbf{A}^T$의 행벡터이다. 따라서 행렬 $\mathbf{A}$의 열공간의 기저는 $\mathbf{A}^T$의 행공간의 기저와 같다.

예

$$\mathbf{A}=\begin{pmatrix}-2&2&3&7&1\\-2&2&4&8&0\\-3&3&2&8&4\\4&-2&1&-5&-7\end{pmatrix}$$ 의 열공간의 기저를 찾으시오.

풀이

$\mathbf{A}$의 전치행렬 $\mathbf{A}^T$는

$$\mathbf{A}^T=\begin{pmatrix}-2&-2&-3&4\\2&2&3&-2\\3&4&2&1\\7&8&8&-5\\1&0&4&-7\end{pmatrix}$$

이다. 기본행연산으로 $\mathbf{A}^T$를 기약행사다리꼴행렬로 변형시키면

$$\mathbf{B}=\begin{pmatrix}1&0&4&0\\0&1&-\frac{5}{2}&0\\0&0&0&1\\0&0&0&0\\0&0&0&0\end{pmatrix}$$

이다. $\mathbf{B}$의 0이 아닌 행벡터는

$$\mathbf{w}_1=(1,0,4,0),\ \ \mathbf{w}_2=\left(0,1,-\tfrac{5}{2},0\right),\ \ \mathbf{w}_3=(0,0,0,1)$$

이고 따라서 $\{\mathbf{w}_1,\mathbf{w}_2,\mathbf{w}_3\}$은 $\mathbf{A}$의 열공간의 기저가 된다. ◀

4.3 행렬의 계수

정리 7.11 **행공간과 열공간의 차원**

$m\times n$ 행렬 $\mathbf{A}=(a_{ij})$의 행공간과 열공간의 차원은 같다.

증명

$\mathbf{r}_1,\ \mathbf{r}_2,\ \cdots,\ \mathbf{r}_m$을

$$\mathbf{A}=\begin{pmatrix} a_{11} & a_{12} & \cdots & a_{1n} \\ a_{21} & a_{22} & \cdots & a_{2n} \\ \vdots & \vdots & \ddots & \vdots \\ a_{m1} & a_{m2} & \cdots & a_{mn} \end{pmatrix}$$

의 행벡터라 하자. 그리고 $\mathbf{A}$의 행공간의 차원을 k라 하고 행공간의 기저를 $\{\mathbf{w}_1, \mathbf{w}_2, \cdots, \mathbf{w}_k\}$, $\mathbf{w}_i=(w_{i1}, w_{i2}, w_{in})$, $S=1, 2, \cdots, k$라고 하자. 행벡터는 행공간의 기저의 일차결합으로 나타낼 수 있다. 즉

$$\begin{array}{ccccccccc} \mathbf{r}_1 & = & \alpha_{11}\mathbf{w}_1 & + & \alpha_{12}\mathbf{w}_2 & + & \cdots & + & \alpha_{1k}\mathbf{w}_k \\ \mathbf{r}_2 & = & \alpha_{21}\mathbf{w}_1 & + & \alpha_{22}\mathbf{w}_2 & + & & + & \alpha_{2k}\mathbf{w}_k \\ \vdots & & \vdots & & \vdots & & & & \vdots \\ \mathbf{r}_m & = & \alpha_{m1}\mathbf{w}_1 & + & \alpha_{m2}\mathbf{w}_2 & + & \cdots & + & \alpha_{mk}\mathbf{w}_k \end{array} \tag{7.12}$$

으로 나타낼 수 있다. 두 벡터가 같다는 것은 대응되는 성분이 같음을 의미하므로 식 (7.12)에서 좌변과 우변의 j번째 성분이 같도록 놓으면

$$\begin{array}{ccccccccc} a_{1j} & = & \alpha_{11}w_{1j} & + & \alpha_{12}w_{2j} & + & \cdots & + & \alpha_{1k}w_{kj} \\ a_{2j} & = & \alpha_{21}w_{1j} & + & \alpha_{22}w_{2j} & + & & + & \alpha_{2k}w_{kj} \\ \vdots & & \vdots & & \vdots & & & & \vdots \\ a_{mj} & = & \alpha_{m1}w_{1j} & + & \alpha_{m2}w_{2j} & + & \cdots & + & \alpha_{mk}w_{kj} \end{array}$$

즉

$$\begin{pmatrix} a_{1j} \\ a_{2j} \\ \vdots \\ a_{mj} \end{pmatrix} = w_{1j}\begin{pmatrix} \alpha_{11} \\ \alpha_{21} \\ \vdots \\ \alpha_{m1} \end{pmatrix} + w_{2j}\begin{pmatrix} \alpha_{12} \\ \alpha_{22} \\ \vdots \\ \alpha_{m2} \end{pmatrix} + \cdots + w_{kj}\begin{pmatrix} \alpha_{1k} \\ \alpha_{2k} \\ \vdots \\ \alpha_{mk} \end{pmatrix} \tag{7.13}$$

이다. 식 (7.13)의 좌변은 $\mathbf{A}$의 j번째 열벡터이고 우변은 첨자 j의 값이 바뀌어도 일정한 k개의 벡터의 일차결합이다. 따라서 $\mathbf{A}$의 임의의 열벡터는 식 (7.13)의 우변의 k개의 벡터가 스팬하는 공간에 속하며 [정리 7.3]으로부터 $\mathbf{A}$의 열공간의 차원은 k보다 작거나 같다. 앞에서와 같은 방식으로 $\mathbf{A}$의 행공간의 차원은 k보다 작거나 같다는 결론을 유도할 수 있으며 따라서 $\mathbf{A}$의 행공간의 차원과 열공간의 차원은 같다. ■

행렬 $\mathbf{A}$의 행공간의 차원 즉 열공간의 차원을 $\mathbf{A}$의 계수(階數, rank)라고 하며 $\text{rank}(\mathbf{A})$로 표기한다. 행렬 $\mathbf{A}$의 계수를 계산하는 절차는 다음과 같이 요약할 수 있다.

단계 1 기본행연산을 사용하여 $\mathbf{A}$를 기약행사다리꼴행렬인 $\mathbf{B}$로 변형시킨다.

단계 2 $\mathbf{B}$의 0이 아닌 행벡터의 수($=\mathbf{A}$의 계수)를 찾는다.

예

$\mathbf{A} = \begin{pmatrix} -5 & 3 & 0 & -3 \\ -1 & 2 & 3 & 4 \\ 3 & 0 & 1 & 2 \end{pmatrix}$일 때 $\text{rank}(\mathbf{A})$를 계산하시오.

풀이

기본행연산을 사용하여 $\mathbf{A}$를 기약행사다리꼴행렬로 변형시키면

$$\mathbf{B} = \begin{pmatrix} 1 & 0 & 0 & 0 \\ 0 & 1 & 0 & -1 \\ 0 & 0 & 1 & 2 \end{pmatrix}$$

이 된다. $\mathbf{B}$의 0이 아닌 행벡터의 수는 3이므로 $\mathbf{A}$의 계수는 3이다. ◀

정리 7.12 **비특이성과 계수**

$n \times n$행렬 $\mathbf{A}$가 비특이행렬이면 $\text{rank}(\mathbf{A}) = n$이며 그 역도 성립한다.

증명

$n \times n$행렬 $\mathbf{A}$가 비특이행렬이면 (역행렬과 연립일차방정식)에 관한 [정리 6.7]로부터 $\mathbf{A}$는 $\mathbf{I}_n$와 행동치이며 따라서 $\mathbf{A}$의 계수는 n이다.
역으로 $\mathbf{A}$의 계수가 n이면 $\mathbf{A}$를 기약행사다리꼴행렬로 변형시켰을 때 0이 아닌 행벡터의 수가 n이며 이 조건에 맞는 $n \times n$ 행렬은 $\mathbf{I}_n$뿐이다. 따라서 $\mathbf{A}$는 $\mathbf{I}_n$와 행동치이며 (역행렬과 연립일차방정식) [정리 6.7]로부터 $\mathbf{A}$는 비특이이다. ■

정리 7.13 **계수와 행렬식**

$n \times n$ 행렬 $\mathbf{A}$에 대해서 $\text{rank}(\mathbf{A}) = n$ 이면 $|\mathbf{A}| \neq 0$ 이며 그 역도 성립한다.

증명

$n \times n$ 행렬 $\mathbf{A}$에 대해서 $\text{rank}(\mathbf{A}) = n$ 이면 (비특이성과 계수)에 관한 [정리 7.12]로부터 $\mathbf{A}$는 비특이행렬이고 (행렬식과 비특이성)에 관한 [정리 6.14]로부터 $|\mathbf{A}| \neq 0$이다.
역의 증명은 생략 ■

정리 7.14 **행벡터/열벡터의 일차독립과 행렬식**

$\mathbb{R}^n$에 속하는 n개의 벡터들의 집합을 $S = \{\mathbf{x}_1, \mathbf{x}_2, \cdots, \mathbf{x}_n\}$라고 하고 S에 속하는 벡터를 행(열)으로 하는 행렬을 $\mathbf{A}$라고 할 때 S가 일차독립이면 $|\mathbf{A}| \neq 0$ 이고 그 역도 성립한다.

증명

생략 ■

(역행렬과 연립일차방정식)에 관한 [정리 6.7] 및 (행렬식과 비특이성)에 관한 [정리 6.14] 그리고 (비특이성과 계수)에 관한 [정리 7.12] 등을 종합하여 다음과 같이 정리할 수 있다.

$n \times n$행렬 $\mathbf{A}$에 대한 다음의 명제들은 서로 필요충분조건이다.

① $\mathbf{A}$는 비특이행렬이다.
② $\mathbf{AX} = \mathbf{0}$는 자명해만을 갖는다.
③ $\mathbf{A}$와 $\mathbf{I}_n$은 행동치이다.
④ $\mathbf{AX} = \mathbf{B}$는 모든 $\mathbf{B}$에 대해서 항상 무모순(consistent)이다.

⑤ $|\mathbf{A}| \neq 0$

⑥ $\text{rank}(\mathbf{A}) = n$

⑦ $\mathbf{A}$의 n개의 행벡터(열벡터)는 일차독립이다.

4.4 $\mathbf{Ax} = \mathbf{b}$의 해존재여부와 행렬의 계수

m개의 방정식과 n개의 미지수를 갖는 연립일차방정식 $\mathbf{Ax} = \mathbf{b}$는

$$x_1 \begin{pmatrix} a_{11} \\ a_{21} \\ \vdots \\ a_{m1} \end{pmatrix} + x_2 \begin{pmatrix} a_{12} \\ a_{22} \\ \vdots \\ a_{m2} \end{pmatrix} + \cdots + x_n \begin{pmatrix} a_{1n} \\ a_{2n} \\ \vdots \\ a_{mn} \end{pmatrix} = \begin{pmatrix} b_1 \\ b_2 \\ \vdots \\ b_m \end{pmatrix} \tag{7.14}$$

으로 다시 나타낼 수 있다. 식 (7.14)는 좌변을 $\mathbf{A}$의 열벡터의 일차결합으로 나타낸 것이다. 모든 $\mathbf{b}$에 대해서 $\mathbf{Ax} = \mathbf{b}$이 항상 해를 갖는다는 것은 식 (7.14)를 만족시키는 미지수 $x_1, x_2, \cdots, x_n$의 값이 항상 존재함을 의미하며 이는 $\mathbf{b}$가 $\mathbf{A}$의 열벡터의 일차결합으로 나타낼 수 있음을 의미한다. 즉 $\mathbf{b}$가 $\mathbf{A}$의 열공간에 속해 있음을 의미한다. $\mathbf{b}$가 $\mathbf{A}$의 열공간에 속해 있다면 $\text{rank}(\mathbf{A}) = \text{rank}(\mathbf{A}\,|\,\mathbf{b})$이 된다. 따라서 $\text{rank}(\mathbf{A}) < \text{rank}(\mathbf{A}\,|\,\mathbf{b})$은 $\mathbf{Ax} = \mathbf{b}$의 해가 존재하지 않음을 의미한다.

예

다음의 연립일차방정식에 대하여 계수행렬과 확대행렬의 계수를 비교하여 해의 존재여부를 판정하시오.

$$\begin{aligned} x_1 + x_2 + 2x_3 + 3x_4 &= 13 \\ x_1 - 2x_2 + x_3 + x_4 &= 8 \\ 3x_1 + x_2 + x_3 - x_4 &= 1 \end{aligned}$$

풀이

$$\mathbf{A} = \begin{pmatrix} 1 & 1 & 2 & 3 \\ 1 & -2 & 1 & 1 \\ 3 & 1 & 1 & -1 \end{pmatrix}, \quad (\mathbf{A}\,|\,\mathbf{b}) = \begin{pmatrix} 1 & 1 & 2 & 3 & 13 \\ 1 & -2 & 1 & 1 & 8 \\ 3 & 1 & 1 & -1 & 1 \end{pmatrix} \text{이고}$$

$\text{rank}(\mathbf{A}) = 3$, $\text{rank}(\mathbf{A}\,|\,\mathbf{b}) = 3$이므로 해가 존재한다. ◀

제5절 정규직교기저

5.1 직교집합과 정규직교집합

유클리드n공간 $\mathbb{R}^n$의 벡터 k개로 구성된 집합을 $S=\{\mathbf{v}_1, \mathbf{v}_2, \cdots, \mathbf{v}_k\}$라고 하자. S의 임의의 두 벡터가

$$\mathbf{v}_i \cdot \mathbf{v}_j = 0, \quad i \neq j$$

을 만족하면 S를 직교집합(直交集合, orthogonal set)이라 한다. 그리고 S를 구성하는 벡터들이 단위벡터(unit vector)이면 S를 정규직교집합(正規直交集合, orthonormal set)이라 한다.

예

벡터 $\mathbf{v}_1=(1,0,2)$, $\mathbf{v}_2=(-2,0,1)$, $\mathbf{v}_3=(0,1,0)$의 집합 $\{\mathbf{v}_1, \mathbf{v}_2, \mathbf{v}_3\}$이 직교집합인가를 검토해보시오.

풀이

$\mathbf{v}_1 \cdot \mathbf{v}_2=(1)(-2)+(2)(1)=0$, $\mathbf{v}_1 \cdot \mathbf{v}_3=0$, $\mathbf{v}_2 \cdot \mathbf{v}_3=0$이므로 $\{\mathbf{v}_1, \mathbf{v}_2, \mathbf{v}_3\}$은 직교집합이다. ◀

정리 7.15 **직교집합과 일차독립**

유클리드n공간 $\mathbb{R}^n$의 0이 아닌 벡터(nonzero vectors) k개로 구성된 집합을 $S=\{\mathbf{v}_1, \mathbf{v}_2, \cdots, \mathbf{v}_k\}$라고 하자. S가 직교집합이면 S는 일차독립이다.

증명

방정식

$$\alpha_1\mathbf{v}_1+\alpha_2\mathbf{v}_2+\cdots+\alpha_k\mathbf{v}_k=\mathbf{0}$$

의 양변에 대하여 $\mathbf{v}_1$과의 유클리드내적을 취하면

$$(\alpha_1\mathbf{v}_1+\alpha_2\mathbf{v}_2+\cdots+\alpha_k\mathbf{v}_k)\cdot\mathbf{v}_1=\mathbf{0}\cdot\mathbf{v}_1 \tag{7.15}$$

이 된다. (유클리드내적의 특성) [정리 2.3]의 ③과 ④에 의하면 식 (7.15)의 좌변은

$$\alpha_1(\mathbf{v}_1\cdot\mathbf{v}_1)+\alpha_2(\mathbf{v}_2\cdot\mathbf{v}_1)+\cdots+\alpha_k(\mathbf{v}_k\cdot\mathbf{v}_1)$$

이 되고 우변은 0이 된다. S가 직교집합이면

$$\mathbf{v}_i \cdot \mathbf{v}_j = 0, \quad i \neq j$$

이고 따라서 식 (7.15)는

$$\alpha_1 (\mathbf{v}_1 \cdot \mathbf{v}_1) = 0 \tag{7.16}$$

이 된다. (유클리드내적의 특성) [정리 2.3] ①로부터 식 (7.16)은

$$\alpha_1 \|\mathbf{v}_1\|^2 = 0 \tag{7.17}$$

이 된다. 전제조건으로부터 $\mathbf{v}_1 \neq \mathbf{0}$ 이므로 $\|\mathbf{v}_1\| \neq \mathbf{0}$ 이고 따라서 식 (7.17)은 $\alpha_1 = 0$을 의미한다. $\mathbf{v}_2, \cdots, \mathbf{v}_k$ 에 대해서 이러한 논리를 적용할 수 있으므로 S는 일차독립이다. ■

정리 7.16 **정규직교집합과 일차독립**

유클리드n공간 $\mathbb{R}^n$의 0이 아닌 벡터(nonzero vectors) k개로 구성된 집합을 $S = \{\mathbf{v}_1, \mathbf{v}_2, \cdots, \mathbf{v}_k\}$라고 하자. S가 정규직교집합이면 S는 일차독립이다.

증명

[정리 7.15]와 같은 방식으로 증명할 수 있다. ■

5.2 직교기저와 정규직교기저

유클리드n공간 $\mathbb{R}^n$의 부분공간 W의 벡터 k개로 구성된 집합을 $S = \{\mathbf{v}_1, \mathbf{v}_2, \cdots, \mathbf{v}_k\}$라고 하자. S가 다음 조건 ①, ②, ③을 만족하면 S를 W의 직교기저(直交基底, orthogonal basis)라고 한다. 여기서 조건 ③을 'S는 정규직교집합'으로 바꾸면 S를 W의 정규직교기저(正規直交基底, orthonormal basis)라고 한다.

① S는 일차독립, ② S는 V를 스팬, ③ S는 직교집합 (7.18)

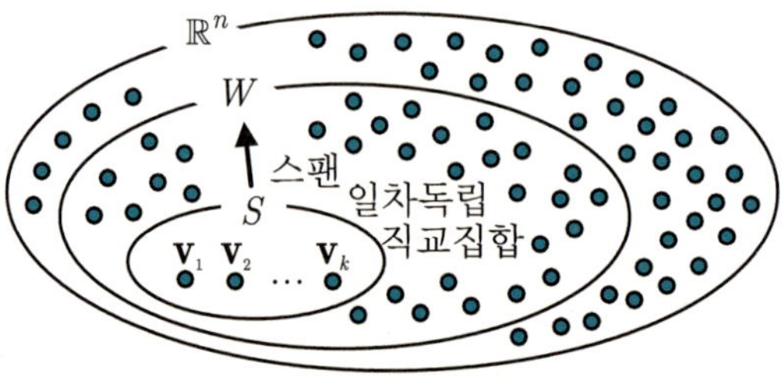

그림 7.10

정리 7.17 **직교기저와 일차결합의 가중치**

$S=\{\mathbf{v}_1, \mathbf{v}_2, \cdots, \mathbf{v}_k\}$을 $\mathbb{R}^n$의 부분공간 W의 직교기저라고 하자. W의 임의의 벡터 $\mathbf{u}$에 대하여 일차결합

$$\mathbf{u}=\alpha_1\mathbf{v}_1+\alpha_2\mathbf{v}_2+\cdots+\alpha_k\mathbf{v}_k \tag{7.19}$$

의 가중치는

$$\alpha_j=\frac{\mathbf{u}\cdot\mathbf{v}_j}{\mathbf{v}_j\cdot\mathbf{v}_j},\quad j=1,2,\cdots,k$$

으로 주어진다.

증명

식 (7.19)의 양변에 $\mathbf{v}_1$의 내적을 취하면

$$\mathbf{u}\cdot\mathbf{v}_1=(\alpha_1\mathbf{v}_1+\alpha_2\mathbf{v}_2+\alpha_3\mathbf{v}_3)\cdot\mathbf{v}_1 \tag{7.20}$$

이고 (유클리드내적의 성질) [정리 2.3]의 ③과 ④로부터 식 (7.20)은

$$\mathbf{u}\cdot\mathbf{v}_1=\alpha_1(\mathbf{v}_1\cdot\mathbf{v}_1)+\alpha_2(\mathbf{v}_2\cdot\mathbf{v}_1)+\cdots+\alpha_k(\mathbf{v}_k\cdot\mathbf{v}_1) \tag{7.21}$$

이 되고 S가 직교기저라는 사실로부터 식 (7.21)은

$$\mathbf{u}\cdot\mathbf{v}_1=\alpha_1(\mathbf{v}_1\cdot\mathbf{v}_1) \tag{7.22}$$

이 된다. $\mathbf{v}_1\cdot\mathbf{v}_1\neq 0$이므로 식 (7.22)를 α_1에 대해서 풀 수 있다. α_j를 구하려면 $\mathbf{u}\cdot\mathbf{v}_j$를 계산하고 이를 α_j에 대해서 풀면 된다. ■

예

$\mathbb{R}^3$의 정규직교기저 $S=\{\mathbf{v}_1, \mathbf{v}_2, \mathbf{v}_3\}$가 주어져 있을 때 $\mathbf{u}=(1,2,3)$를 S의 일차결합으로 나타내시오. 여기서 $\mathbf{v}_1=\left(\frac{1}{\sqrt{2}},0,-\frac{1}{\sqrt{2}}\right)$, $\mathbf{v}_2=(0,1,0)$, $\mathbf{v}_3=\left(\frac{1}{\sqrt{2}},0,\frac{1}{\sqrt{2}}\right)$이다.

풀이

$$\mathbf{u}\cdot\mathbf{v}_1=(1)\left(\frac{1}{\sqrt{2}}\right)+(3)\left(-\frac{1}{\sqrt{2}}\right)=-\sqrt{2}\,,\quad \mathbf{u}\cdot\mathbf{v}_2=(2)(1)=2\,,$$

$$\mathbf{u}\cdot\mathbf{v}_3=(1)\left(\frac{1}{\sqrt{2}}\right)+(3)\left(\frac{1}{\sqrt{2}}\right)=2\sqrt{2}$$

정규직교기저이므로 $\mathbf{v}_1 \cdot \mathbf{v}_1 = \mathbf{v}_2 \cdot \mathbf{v}_2 = \mathbf{v}_3 \cdot \mathbf{v}_3 = 1$ 이다. [정리 7.17]에 의해

$$\alpha_1 = \frac{\mathbf{u} \cdot \mathbf{v}_1}{\mathbf{v}_1 \cdot \mathbf{v}_1} = -\sqrt{2}, \quad \alpha_2 = \frac{\mathbf{u} \cdot \mathbf{v}_2}{\mathbf{v}_2 \cdot \mathbf{v}_2} = 2, \quad \alpha_3 = \frac{\mathbf{u} \cdot \mathbf{v}_3}{\mathbf{v}_3 \cdot \mathbf{v}_3} = 2\sqrt{2} \text{ 이고}$$

$\mathbf{u} = -\sqrt{2}\mathbf{v}_1 + 2\mathbf{v}_2 + 2\sqrt{2}\mathbf{v}_3$ 이다. ◀

5.3 직교사영

$\mathbb{R}^n$의 0이 아닌 벡터 $\mathbf{u}$를 다른 어떤 벡터 $\mathbf{v}$와 같은 방향인 부분과 $\mathbf{v}$에 수직인 부분으로 분할하는 것이 유용하게 사용되는 경우가 많다. [그림 7.11]에서 처럼 벡터 $\mathbf{u}$와 $\mathbf{v}$의 시점을 일치시키고 $\mathbf{u}$의 종점에서 $\mathbf{v}$로 수직선을 내려 $\mathbf{u}$와 $\mathbf{v}$의 시점에서 수직선과 $\mathbf{v}$가 교차하는 점까지의 벡터를 $\tilde{\mathbf{u}}$로 놓는다. 그리고 $\mathbf{u} - \tilde{\mathbf{u}}$를 $\mathbf{z}$로 놓는다. 이렇게 구성한 $\tilde{\mathbf{u}}$를 $\mathbf{u}$에서 $\mathbf{v}$로의 직교사영(直交射影, orthogonal projection of $\mathbf{u}$ onto $\mathbf{v}$)이라 하고 이를 $\text{proj}_{\mathbf{v}}\mathbf{u}$로 나타낸다. 벡터 $\mathbf{z}$는 $\mathbf{v}$에 직교하는 $\mathbf{u}$의 성분(component of $\mathbf{u}$ orthogonal to $\mathbf{v}$)이라고 한다.

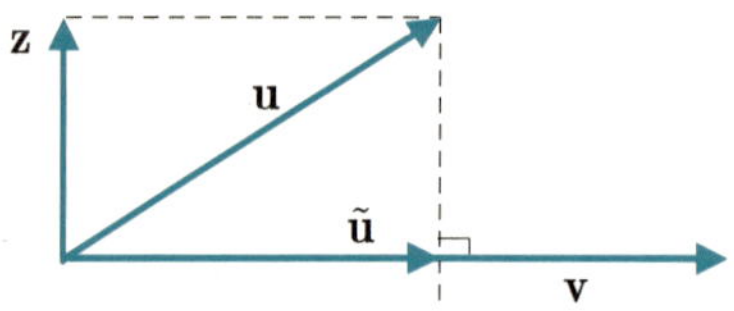

그림 7.11

[그림 7.11]은 $\mathbb{R}^n$의 한 벡터 $\mathbf{u}$에서 다른 벡터 $\mathbf{v}$로의 직교사영을 그림으로 나타낸 것이다. 한 벡터에서 다른 벡터로의 직교사영은 한 벡터에서 부분공간으로의 직교사영으로 확장할 수 있다. $\mathbf{u}$를 주어진 벡터라 하고 W를 $\mathbb{R}^n$의 부분공간이라 하면 $\mathbf{u} - \tilde{\mathbf{u}}$와 W가 직교하는 $\tilde{\mathbf{u}}$가 W에 존재한다. $\tilde{\mathbf{u}}$를 $\mathbf{u}$에서 W로의 직교사영이라 하며 $\text{proj}_W\mathbf{u}$로 나타낸다([그림 7.12] 참조).

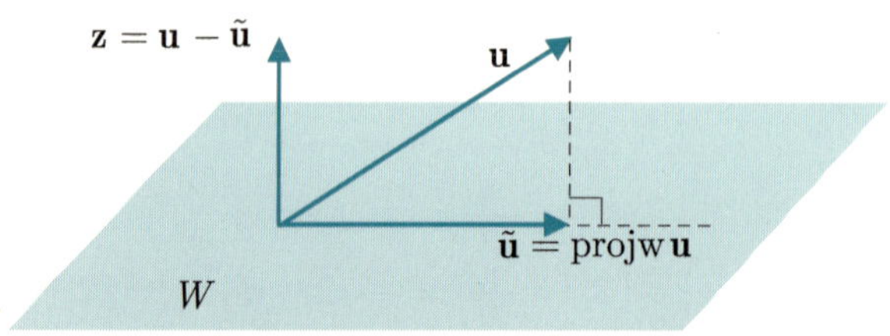

그림 7.12

정리 7.18 **직교사영**

$\mathbb{R}^n$의 0이 아닌 벡터 $\mathbf{v}$와 $\mathbf{u}$에 대해서 $\mathbf{u}$에서 $\mathbf{v}$로의 직교사영 $\text{proj}_\mathbf{v}\mathbf{u}$은

$$\text{proj}_\mathbf{v}\mathbf{u} = \frac{\mathbf{u}\cdot\mathbf{v}}{\mathbf{v}\cdot\mathbf{v}}\mathbf{v}$$

이다.

증명

$\tilde{\mathbf{u}} = \text{proj}_\mathbf{v}\mathbf{u}$라 하고 $\mathbf{z} = \mathbf{u} - \tilde{\mathbf{u}}$이라 하자([그림 7.11] 참조). $\tilde{\mathbf{u}}$은 $\mathbf{v}$의 스칼라곱이므로 $\tilde{\mathbf{u}} = \alpha\mathbf{v}$로 나타낼 수 있다. $\mathbf{z}$와 $\mathbf{v}$는 직교하므로

$$\begin{aligned} & \mathbf{z}\cdot\mathbf{v} = 0 \\ \Rightarrow\ & (\mathbf{u} - \alpha\mathbf{v})\cdot\mathbf{v} = 0 && \text{(전제조건)} \\ \Rightarrow\ & \mathbf{u}\cdot\mathbf{v} - \alpha\mathbf{v}\cdot\mathbf{v} = 0 && \text{(유클리드내적의 성질 [정리 2.3] ③)} \\ \Rightarrow\ & \alpha = \frac{\mathbf{u}\cdot\mathbf{v}}{\mathbf{v}\cdot\mathbf{v}} \end{aligned}$$

따라서 $\text{proj}_\mathbf{v}\mathbf{u} = \dfrac{\mathbf{u}\cdot\mathbf{v}}{\mathbf{v}\cdot\mathbf{v}}\mathbf{v}$ ■

예

$\mathbf{u} = (-2, 3, 1)$이고 $\mathbf{v} = (5, -2, 3)$이라 하자. $\mathbf{u}$에서 $\mathbf{v}$로의 직교사영을 찾으시오.

풀이

$\mathbf{u}\cdot\mathbf{v} = (-2)(5) + (3)(-2) + (1)(3) = -13$

$\mathbf{v}\cdot\mathbf{v} = (5)(5) + (-2)(-2) + (3)(3) = 38$

$\text{proj}_\mathbf{v}\mathbf{u} = \dfrac{\mathbf{u}\cdot\mathbf{v}}{\mathbf{v}\cdot\mathbf{v}}\mathbf{v} = -\frac{13}{38}(5, -2, 3) = \left(-\frac{65}{38}, \frac{13}{19}, -\frac{39}{38}\right)$ ◀

정리 7.19

$S = \{\mathbf{v}_1, \mathbf{v}_2, \cdots, \mathbf{v}_k\}$을 $\mathbb{R}^n$의 부분공간 W의 직교기저라고 하자. $\mathbb{R}^n$의 0이 아닌 벡터 $\mathbf{u}$에 대해서 $\mathbf{u}$에서 W로의 직교사영 $\text{proj}_W\mathbf{u}$은

$$\text{proj}_W\mathbf{u} = \frac{\mathbf{u}\cdot\mathbf{v}_1}{\mathbf{v}_1\cdot\mathbf{v}_1}\mathbf{v}_1 + \frac{\mathbf{u}\cdot\mathbf{v}_2}{\mathbf{v}_2\cdot\mathbf{v}_2}\mathbf{v}_2 + \cdots + \frac{\mathbf{u}\cdot\mathbf{v}_k}{\mathbf{v}_k\cdot\mathbf{v}_k}\mathbf{v}_k$$

이다.

증명

생략 ■

예

$\mathbf{u}=(2,3,-1)$이고 $\mathbf{v}_1=(2,-5,1)$, $\mathbf{v}_2=(1,1,3)$이라 하자. $\mathbf{v}_1, \mathbf{v}_2$는 $W=\text{span}\{\mathbf{v}_1, \mathbf{v}_2\}$의 직교기저이다. $\mathbf{u}$에서 W로의 직교사영을 찾으시오.

풀이

$$\mathbf{u}\cdot\mathbf{v}_1=(2)(2)+(3)(-5)+(-1)(1)=-12$$
$$\mathbf{v}_1\cdot\mathbf{v}_1=(2)(2)+(-5)(-5)+(1)(1)=30$$
$$\mathbf{u}\cdot\mathbf{v}_2=(2)(1)+(3)(1)+(-1)(3)=2$$
$$\mathbf{v}_2\cdot\mathbf{v}_2=(1)(1)+(1)(1)+(3)(3)=11$$
$$\begin{aligned}\text{proj}_W\mathbf{u}&=\frac{\mathbf{u}\cdot\mathbf{v}_1}{\mathbf{v}_1\cdot\mathbf{v}_1}\mathbf{v}_1+\frac{\mathbf{u}\cdot\mathbf{v}_2}{\mathbf{v}_2\cdot\mathbf{v}_2}\mathbf{v}_2=-\tfrac{12}{30}(2,-5,1)+\tfrac{2}{11}(1,1,3)\\&=\left(-\tfrac{34}{55},\tfrac{24}{11},\tfrac{8}{55}\right)\end{aligned}$$ ◀

5.4 그램-슈미트과정

그램-슈미트과정(Gram-Schmidt process)은 $\mathbb{R}^n$의 0이 아닌 부분공간의 직교기저 또는 정규직교기저를 만들기 위한 간단한 알고리즘이다. $\mathbb{R}^n$의 0이 아닌 부분공간 W의 기저 $S=\{\mathbf{u}_1, \mathbf{u}_2, \cdots, \mathbf{u}_k\}$가 주어져 있을 때 정규직교기저 $T=\{\mathbf{w}_1, \mathbf{w}_2, \cdots, \mathbf{w}_k\}$을 계산하기 위한 그램-슈미트과정은 다음과 같다.

단계 1 $\mathbf{v}_1=\mathbf{u}_1$로 놓는다.

단계 2 $\mathbf{v}_1, \mathbf{v}_2, \cdots, \mathbf{v}_k$를 순차적으로 다음 공식을 사용하여 계산한다.

$$\mathbf{v}_i=\mathbf{u}_i-\frac{\mathbf{u}_i\cdot\mathbf{v}_1}{\mathbf{v}_1\cdot\mathbf{v}_1}\mathbf{v}_1-\frac{\mathbf{u}_i\cdot\mathbf{v}_2}{\mathbf{v}_2\cdot\mathbf{v}_2}\mathbf{v}_2-\cdots-\frac{\mathbf{u}_i\cdot\mathbf{v}_{i-1}}{\mathbf{v}_{i-1}\cdot\mathbf{v}_{i-1}}\mathbf{v}_{i-1}$$

이렇게 계산한 벡터들의 집합 $\{\mathbf{v}_1, \mathbf{v}_2, \cdots, \mathbf{v}_k\}$은 W의 직교기저가 된다.

단계 3 $\mathbf{v}_1, \mathbf{v}_2, \cdots, \mathbf{v}_k$을

$$\mathbf{w}_i=\frac{\mathbf{v}_i}{\|\mathbf{v}_i\|},\quad i=1,2,\cdots,k$$

로 정규화하여 정규직교기저 $T=\{\mathbf{w}_1, \mathbf{w}_2, \cdots, \mathbf{w}_k\}$을 구한다.

예

$\mathbb{R}^3$의 기저 $S=\{\mathbf{u}_1, \mathbf{u}_2, \mathbf{u}_3\}$를 그램-슈미트과정을 사용해서 정규직교기저로 변환하시오. 여기서 $\mathbf{u}_1=(1,1,1)$, $\mathbf{u}_2=(1,1,0)$, $\mathbf{u}_3=(0,1,1)$.

풀이

$$\mathbf{v}_1=\mathbf{u}_1=(1,1,1)$$

$$\mathbf{u}_2\cdot\mathbf{v}_1=(1,1,0)\cdot(1,1,1)=(1)(1)+(1)(1)=2$$

$$\mathbf{v}_1\cdot\mathbf{v}_1=(1,1,1)\cdot(1,1,1)=(1)(1)+(1)(1)+(1)(1)=3$$

$$\mathbf{v}_2=\mathbf{u}_2-\frac{\mathbf{u}_2\cdot\mathbf{v}_1}{\mathbf{v}_1\cdot\mathbf{v}_1}\mathbf{v}_1=(1,1,0)-\tfrac{2}{3}(1,1,1)=\left(\tfrac{1}{3},\tfrac{1}{3},-\tfrac{2}{3}\right)$$

$$\mathbf{u}_3\cdot\mathbf{v}_1=(0,1,1)\cdot(1,1,1)=(1)(1)+(1)(1)=2$$

$$\mathbf{u}_3\cdot\mathbf{v}_2=(0,1,1)\cdot\left(\tfrac{1}{3},\tfrac{1}{3},-\tfrac{2}{3}\right)=(1)\left(\tfrac{1}{3}\right)+(1)\left(-\tfrac{2}{3}\right)=-\tfrac{1}{3}$$

$$\mathbf{v}_2\cdot\mathbf{v}_2=\left(\tfrac{1}{3},\tfrac{1}{3},-\tfrac{2}{3}\right)\cdot\left(\tfrac{1}{3},\tfrac{1}{3},-\tfrac{2}{3}\right)=\left(\tfrac{1}{3}\right)\left(\tfrac{1}{3}\right)+\left(\tfrac{1}{3}\right)\left(\tfrac{1}{3}\right)+\left(-\tfrac{2}{3}\right)\left(-\tfrac{2}{3}\right)=\tfrac{6}{9}=\tfrac{2}{3}$$

$$\mathbf{v}_3=\mathbf{u}_3-\frac{\mathbf{u}_3\cdot\mathbf{v}_1}{\mathbf{v}_1\cdot\mathbf{v}_1}\mathbf{v}_1-\frac{\mathbf{u}_3\cdot\mathbf{v}_2}{\mathbf{v}_2\cdot\mathbf{v}_2}\mathbf{v}_2=(0,1,1)-\tfrac{2}{3}(1,1,1)-\frac{-\frac{1}{3}}{\frac{2}{3}}\left(\tfrac{1}{3},\tfrac{1}{3},-\tfrac{2}{3}\right)$$

$$=\left(-\tfrac{1}{2},\tfrac{1}{2},0\right)$$

$$\mathbf{w}_1=\frac{\mathbf{v}_1}{\|\mathbf{v}_1\|}=\frac{\mathbf{v}_1}{\sqrt{\mathbf{v}_1\cdot\mathbf{v}_1}}=\tfrac{1}{\sqrt{3}}(1,1,1)=\left(\tfrac{1}{\sqrt{3}},\tfrac{1}{\sqrt{3}},\tfrac{1}{\sqrt{3}}\right)$$

$$\mathbf{w}_2=\frac{\mathbf{v}_2}{\|\mathbf{v}_2\|}=\frac{\mathbf{v}_2}{\sqrt{\mathbf{v}_2\cdot\mathbf{v}_2}}=\sqrt{\tfrac{3}{2}}\left(\tfrac{1}{3},\tfrac{1}{3},-\tfrac{2}{3}\right)=\left(\tfrac{1}{\sqrt{6}},\tfrac{1}{\sqrt{6}},-\sqrt{\tfrac{2}{3}}\right)$$

$$\mathbf{w}_3=\frac{\mathbf{v}_3}{\|\mathbf{v}_3\|}=\frac{\mathbf{v}_3}{\sqrt{\mathbf{v}_3\cdot\mathbf{v}_3}}=\sqrt{2}\left(-\tfrac{1}{2},\tfrac{1}{2},0\right)=\left(-\tfrac{1}{\sqrt{2}},\tfrac{1}{\sqrt{2}},0\right)$$

$\{\mathbf{w}_1, \mathbf{w}_2, \mathbf{w}_3\}$은 $\mathbb{R}^3$의 정규직교기저이다. ◀

연습문제

(1~2) 주어진 집합이 벡터공간인가를 결정하시오.

1. $\oplus$와 $\odot$을 만족하는 실수의 3중순서쌍 $(x, y, 0)$의 전체의 집합. 여기서 $\oplus$와 $\odot$는 $(x, y, 0) \oplus (x', y', 0) = (x + x', y + y', 0)$, $\alpha \odot (x, y, 0) = (\alpha x, \alpha y, 0)$.

2. $\oplus$ 와 $\odot$을 만족하는 실수의 3중순서쌍 (x, y, z)의 전체의 집합. 여기서 $\oplus$와 $\odot$는 $(x, y, z) \oplus (x', y', z') = (x + x', y + y', z + z')$, $\alpha \odot (x, y, z) = (\alpha x, \alpha y, z)$.

(3~6) $\mathbf{v}$가 $\{\mathbf{v}_1, \mathbf{v}_2, \mathbf{v}_3\}$의 일차결합이 될 수 있는가를 검토하시오. 여기서 $\mathbf{v}_1 = (4, 2, -3)$, $\mathbf{v}_2 = (2, 1, -2)$, $\mathbf{v}_3 = (-2, -1, 0)$이다.

3. $\mathbf{v} = (1,1,1)$

4. $\mathbf{v} = (4,2,-6)$

5. $\mathbf{v} = (-2,-1,1)$

6. $\mathbf{v} = (-1,2,3)$

(7~9) S가 $\mathbb{R}^3$을 스팬하는가를 검토하시오.

7. $S = \{\mathbf{v}_1, \mathbf{v}_2\}$, $\mathbf{v}_1 = (1,-1,2)$, $\mathbf{v}_2 = (0,1,1)$

8. $S = \{\mathbf{v}_1, \mathbf{v}_2, \mathbf{v}_3, \mathbf{v}_4\}$, $\mathbf{v}_1 = (1,2,-1)$, $\mathbf{v}_2 = (6,3,0)$, $\mathbf{v}_3 = (4,-1,2)$, $\mathbf{v}_4 = (2,-5,4)$

9. $S = \{\mathbf{v}_1, \mathbf{v}_2, \mathbf{v}_3\}$, $\mathbf{v}_1 = (2,2,3)$, $\mathbf{v}_2 = (-1,-2,1)$, $\mathbf{v}_3 = (0,1,0)$

(10~12) S가 일차독립인가를 검토하시오.

10. $S = \{\mathbf{v}_1, \mathbf{v}_2, \mathbf{v}_3\}$, $\mathbf{v}_1 = (4,2,1)$, $\mathbf{v}_2 = (2,6,-5)$, $\mathbf{v}_3 = (1,-2,3)$

11. $S = \{\mathbf{v}_1, \mathbf{v}_2\}$, $\mathbf{v}_1 = (1,2,-1)$, $\mathbf{v}_2 = (3,2,5)$

12. $S = \{\mathbf{v}_1, \mathbf{v}_2, \mathbf{v}_3, \mathbf{v}_4\}$, $\mathbf{v}_1 = (1,1,0)$, $\mathbf{v}_2 = (0,2,3)$, $\mathbf{v}_3 = (1,2,3)$,
$\mathbf{v}_4 = (3,6,6)$

(13~15) S가 $\mathbb{R}^3$의 기저가 되는가를 검토하시오.

13. $S = \{\mathbf{v}_1, \mathbf{v}_2\}$, $\mathbf{v}_1 = (1,2,0)$, $\mathbf{v}_2 = (0,1,-1)$

14. $S = \{\mathbf{v}_1, \mathbf{v}_2, \mathbf{v}_3, \mathbf{v}_4\}$, $\mathbf{v}_1 = (1,1,-1)$, $\mathbf{v}_2 = (2,3,4)$, $\mathbf{v}_3 = (4,1,-1)$,
$\mathbf{v}_4 = (0,1,-1)$

15. $S = \{\mathbf{v}_1, \mathbf{v}_2, \mathbf{v}_3\}$, $\mathbf{v}_1 = (3,2,2)$, $\mathbf{v}_2 = (-1,2,1)$, $\mathbf{v}_3 = (0,1,0)$

(16~17) $W = \operatorname{span} S$의 기저를 찾으시오.

16. $S = \{\mathbf{v}_1, \mathbf{v}_2, \mathbf{v}_3, \mathbf{v}_4\}$, $\mathbf{v}_1 = (1,2,2)$, $\mathbf{v}_2 = (3,2,1)$, $\mathbf{v}_3 = (11,10,7)$,
$\mathbf{v}_4 = (7,6,4)$

17. $S = \{\mathbf{v}_1, \mathbf{v}_2, \mathbf{v}_3, \mathbf{v}_4, \mathbf{v}_5\}$, $\mathbf{v}_1 = (1,1,0,-1)$, $\mathbf{v}_2 = (0,1,2,1)$,
$\mathbf{v}_3 = (1,0,1,-1)$, $\mathbf{v}_4 = (1,1,-6,-3)$, $\mathbf{v}_5 = (-1,-5,1,0)$

(18~19) 다음의 동차연립일차방정식의 해공간의 기저와 차원을 찾으시오.

18. $$\begin{pmatrix} 1 & 2 & 1 & 2 & 1 \\ 1 & 2 & 2 & 1 & 2 \\ 2 & 4 & 3 & 3 & 3 \\ 0 & 0 & 1 & -1 & -1 \end{pmatrix}\begin{pmatrix} x_1 \\ x_2 \\ x_3 \\ x_4 \\ x_5 \end{pmatrix} = \begin{pmatrix} 0 \\ 0 \\ 0 \\ 0 \end{pmatrix}$$

19. $$\begin{pmatrix} 1 & 2 & 2 & -1 & 1 \\ 0 & 2 & 2 & -2 & -1 \\ 2 & 6 & 2 & -4 & 1 \\ 1 & 4 & 0 & -3 & 0 \end{pmatrix}\begin{pmatrix} x_1 \\ x_2 \\ x_3 \\ x_4 \\ x_5 \end{pmatrix} = \begin{pmatrix} 0 \\ 0 \\ 0 \\ 0 \end{pmatrix}$$

(20~23) 다음 행렬의 열공간의 기저와 계수를 구하시오.

20. $$\begin{pmatrix} 1 & 2 & 3 \\ -1 & 2 & 1 \\ 3 & 1 & 2 \end{pmatrix}$$

21. $$\begin{pmatrix} 1 & -2 & -1 \\ 2 & -1 & 3 \\ 7 & -8 & 3 \end{pmatrix}$$

22. $$\begin{pmatrix} 1 & 2 & 1 & 3 \\ 2 & 1 & -4 & -5 \\ 1 & 1 & 0 & 0 \\ 0 & 0 & 1 & 1 \end{pmatrix}$$

23. $$\begin{pmatrix} 1 & 2 & 1 & 3 \\ 2 & 1 & -4 & -5 \\ 7 & 8 & -5 & -1 \\ 10 & 14 & -2 & 8 \end{pmatrix}$$

(24~25) 다음의 연립일차방정식에 대하여 계수행렬과 확대행렬의 계수를 비교하여 해의 존재 여부를 판단하시오.

24. $\begin{pmatrix} 1 & 2 & 5 & -2 \\ 2 & 3 & -2 & 4 \\ 5 & 1 & 0 & 2 \end{pmatrix}\begin{pmatrix} x_1 \\ x_2 \\ x_3 \\ x_4 \end{pmatrix} = \begin{pmatrix} 1 \\ -13 \\ 3 \end{pmatrix}$

25. $\begin{pmatrix} 1 & -2 & -3 & 4 \\ 4 & -1 & -5 & 6 \\ 2 & 3 & 1 & -2 \end{pmatrix}\begin{pmatrix} x_1 \\ x_2 \\ x_3 \\ x_4 \end{pmatrix} = \begin{pmatrix} 1 \\ 2 \\ 3 \end{pmatrix}$

(26~28) S가 직교집합인가를 결정하시오.

26. $S = \{\mathbf{v}_1, \mathbf{v}_2, \mathbf{v}_3\}$, $\mathbf{v}_1 = (1,-1,2)$, $\mathbf{v}_2 = (0,2,-1)$, $\mathbf{v}_3 = (-1,1,1)$

27. $S = \{\mathbf{v}_1, \mathbf{v}_2, \mathbf{v}_3\}$, $\mathbf{v}_1 = (1,2,-1,1)$, $\mathbf{v}_2 = (0,-1,-2,0)$,
$\mathbf{v}_3 = (1,0,0,-1)$

28. $S = \{\mathbf{v}_1, \mathbf{v}_2, \mathbf{v}_3\}$, $\mathbf{v}_1 = (0,1,0,-1)$, $\mathbf{v}_2 = (1,0,1,1)$, $\mathbf{v}_3 = (-1,1,-1,2)$

(29~31) $\mathbb{R}^3$의 정규직교기저 $S = \{\mathbf{v}_1, \mathbf{v}_2, \mathbf{v}_3\}$, $\mathbf{v}_1 = \left(-\frac{3}{5}, \frac{4}{5}, 0\right)$, $\mathbf{v}_2 = \left(\frac{4}{5}, \frac{3}{5}, 0\right)$, $\mathbf{v}_3 = (0,0,1)$이 주어져 있을 때 $\mathbf{u}$를 S의 일차결합으로 나타내시오.

29. $\mathbf{u} = (1,-1,2)$

30. $\mathbf{u} = (3,-7,4)$

31. $\mathbf{u} = \left(\frac{1}{7}, -\frac{3}{7}, \frac{5}{7}\right)$

(32~34) 그램-슈미트과정을 사용하여 S를 정규직교기저로 변환하시오.

32. $S=\{\mathbf{u}_1,\mathbf{u}_2,\mathbf{u}_3\}$, $\mathbf{u}_1=(1,1,1)$, $\mathbf{u}_2=(-1,1,0)$, $\mathbf{u}_3=(1,2,1)$

33. $S=\{\mathbf{u}_1,\mathbf{u}_2,\mathbf{u}_3\}$, $\mathbf{u}_1=(1,0,0)$, $\mathbf{u}_2=(3,7,-2)$, $\mathbf{u}_3=(0,4,1)$

34. $S=\{\mathbf{u}_1,\mathbf{u}_2,\mathbf{u}_3,\mathbf{u}_4\}$, $\mathbf{u}_1=(0,2,1,0)$, $\mathbf{u}_2=(1,-1,0,0)$, $\mathbf{u}_3=(1,2,0,-1)$, $\mathbf{u}_4=(1,0,0,1)$

제 8 장

일차변환

제1절 일차변환

1.1 변환

독립변수와 종속변수가 벡터인 함수를 벡터함수(벡터函數, vector function) 또는 변환(變換, transformation)[1]이라고 한다. 벡터공간 V에서 벡터공간 W로의 변환은

$$\mathbf{F} : V \to W$$

로 나타내며 $\mathbf{F}$가 $\mathbf{v} \in V$에 $\mathbf{w} \in W$를 대응시키면

$$\mathbf{w} = \mathbf{F}(\mathbf{v})$$

로 쓰고 $\mathbf{w}$를 $\mathbf{F}$에 의한 $\mathbf{v}$의 상(像, image) 또는 $\mathbf{v}$에서 $\mathbf{F}$의 값(value)이라 한다([그림 8.1] 참조).

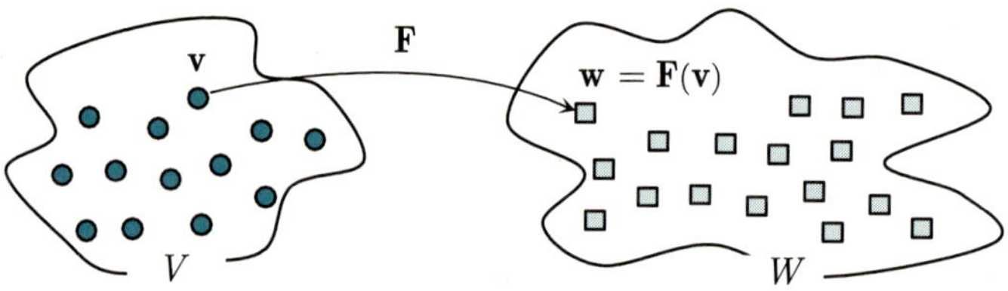

그림 8.1

예

m개의 n변수함수

$$\begin{aligned} y_1 &= F_1(x_1, x_2, \cdots, x_n) \\ y_2 &= F_2(x_1, x_2, \cdots, x_n) \\ \vdots \quad & \vdots \qquad \vdots \\ y_m &= F_m(x_1, x_2, \cdots, x_n) \end{aligned}$$

는 $\mathbb{R}^n$의 벡터 $\mathbf{x} = (x_1, x_2, \cdots, x_n)$을 $\mathbb{R}^m$의 벡터 $\mathbf{y} = (y_1, y_2, \cdots, y_m)$에 대응시키는 변환

$$\mathbf{F} : \mathbb{R}^n \to \mathbb{R}^m$$

이다. ◀

[1] 정의역과 치역이 같은 함수를 그렇지 않은 함수와 구별하여 '변환'이라 부르는 경우도 있다. 여기서는 벡터함수의 다른 명칭으로 '변환'을 사용한다.

예

$\mathbf{F}:\mathbb{R}^3 \to \mathbb{R}^2$을 $\mathbf{F}(x, y, z)=(x+1, 2y, z)$으로 정의되는 변환이라고 하자. $\mathbf{F}$에 의한 $(1,1,1)$의 상을 구하시오.

풀이

$$\mathbf{F}(1,1,1)=(2,2,1)$$ ◀

1.2 일차변환

$\mathbf{F}:V \to W$를 벡터공간 V에서 벡터공간 W로의 변환이라고 할 때 $\mathbf{F}$가 다음의 두 가지 조건을 만족하면 $\mathbf{F}$를 일차변환(一次變換, linear transformation)[2)]이라고 한다([그림 8.2] 참조).

① 가산성(加算性, additivity)

V의 모든 벡터 $\mathbf{u}$와 $\mathbf{v}$에 대해서 $\mathbf{F}(\mathbf{u}+\mathbf{v})=\mathbf{F}(\mathbf{u})+\mathbf{F}(\mathbf{v})$

② 동차성(同次性, homogeneity)

V의 모든 벡터 $\mathbf{u}$와 스칼라 k에 대해서 $\mathbf{F}(k\mathbf{u})=k\mathbf{F}(\mathbf{u})$

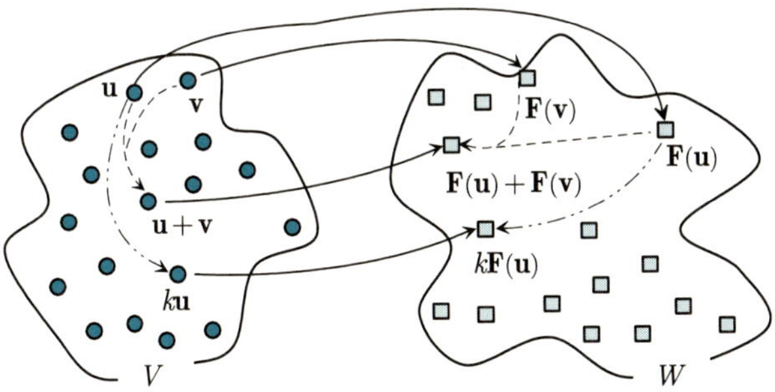

그림 8.2

예

$\mathbf{F}:\mathbb{R}^3 \to \mathbb{R}^2$를

$$\mathbf{F}(x,y,z)=(x,y) \tag{8.1}$$

로 정의된 함수라고 하자. $\mathbf{F}$가 일차변환인가를 결정하시오.

2) 일차변환은 일차사상(一次寫像, linear mapping)이라고도 한다.

풀이

두 벡터 $\mathbf{u}=(u_1,u_2,u_3)$, $\mathbf{v}=(v_1,v_2,v_3)$와 스칼라 k에 대하여

$$\begin{aligned}\mathbf{F}(\mathbf{u}+\mathbf{v}) &= \mathbf{F}(u_1+v_1, u_2+v_2, u_3+v_3) && \text{(벡터합의 정의 식 (2.2))}\\ &= (u_1+v_1, u_2+v_2) && \text{(식 (8.1))}\\ &= (u_1,u_2)+(v_1,v_2) && \text{(벡터합의 정의 식 (2.2))}\\ &= \mathbf{F}(\mathbf{u})+\mathbf{F}(\mathbf{v}) && \text{(식 (8.1))}\end{aligned}$$

으로 가산성을 만족하고

$$\begin{aligned}\mathbf{F}(k\mathbf{u}) &= \mathbf{F}(ku_1, ku_2, ku_3) && \text{(스칼라곱의 정의 식 (2.3))}\\ &= (ku_1, ku_2) && \text{(식 (8.1))}\\ &= k(u_1,u_2) && \text{(스칼라곱의 정의 식 (2.3))}\\ &= k\mathbf{F}(\mathbf{u}) && \text{(식 (8.1))}\end{aligned}$$

으로 동차성을 만족하므로 $\mathbf{F}$은 일차변환이다. ◀

$\mathbf{F}: V \to V$와 같이 벡터공간 V에서 벡터공간 V 즉 자기 자신으로의 일차변환을 일차연산자(一次演算子, linear operator)라고 한다.

예

$\mathbf{F}: \mathbb{R}^2 \to \mathbb{R}^2$이

$$\mathbf{F}(x,y)=(2x,y) \tag{8.2}$$

이라고 하자. $\mathbf{F}$이 일차연산자가 되는가를 보이시오.

풀이

두 벡터 $\mathbf{u}=(u_1,u_2)$, $\mathbf{v}=(v_1,v_2)$와 스칼라 k에 대하여

$$\begin{aligned}\mathbf{F}(\mathbf{u}+\mathbf{v}) &= \mathbf{F}(u_1+v_1, u_2+v_2) && \text{(벡터합의 정의 식 (2.2))}\\ &= (2(u_1+v_1), u_2+v_2) && \text{(식 (8.2))}\\ &= (2u_1,u_2)+(2v_1,v_2) && \text{(벡터합의 정의 식 (2.2))}\\ &= \mathbf{F}(\mathbf{u})+\mathbf{F}(\mathbf{v}) && \text{(식 (8.2))}\end{aligned}$$

으로 가산성을 만족하고

$$\begin{aligned}\mathbf{F}(k\mathbf{u}) &= \mathbf{F}(ku_1, ku_2) && \text{(스칼라곱의 정의 식 (2.3))}\\ &= (2ku_1, ku_2) && \text{(식 (8.2))}\\ &= k(2u_1, u_2) && \text{(스칼라곱의 정의 식 (2.3))}\\ &= k\mathbf{F}(\mathbf{u}) && \text{(식 (8.2))}\end{aligned}$$

으로 동차성을 만족하므로 **F**은 선형작용소이다. ◀

정리 8.1 일차변환의 성질

$\mathbf{F}: V \rightarrow W$이 일차변환이면 다음이 만족된다.

① $\mathbf{F}(\mathbf{0}_V) = \mathbf{0}_W$, 여기서 $\mathbf{0}_V$와 $\mathbf{0}_W$은 각각 V와 W의 영벡터이다.

② V의 모든 $\mathbf{u}$에 대하여 $\mathbf{F}(-\mathbf{u}) = -\mathbf{F}(\mathbf{u})$

③ V의 모든 $\mathbf{u}$와 $\mathbf{v}$에 대하여 $\mathbf{F}(\mathbf{u}-\mathbf{v}) = \mathbf{F}(\mathbf{u}) - \mathbf{F}(\mathbf{v})$

증명

① : V의 영벡터 $\mathbf{0}_V$는

$$\mathbf{0}_V = \mathbf{0}_V + \mathbf{0}_V$$

로 나타낼 수 있다. 따라서

$$\mathbf{F}(\mathbf{0}_V) = \mathbf{F}(\mathbf{0}_V + \mathbf{0}_V) = \mathbf{F}(\mathbf{0}_V) + \mathbf{F}(\mathbf{0}_V)$$

이다. 양변에서 $\mathbf{F}(\mathbf{0}_V)$을 빼면

$$\mathbf{F}(\mathbf{0}_V) = \mathbf{0}_W$$

를 얻을 수 있다.

② :
$$\begin{aligned}\mathbf{F}(-\mathbf{u}) &= \mathbf{F}((-1)\mathbf{u}) && \text{(음벡터의 정의)}\\ &= (-1)\mathbf{F}(\mathbf{u}) && \text{(일차변환의 정의)}\\ &= -\mathbf{F}(\mathbf{u}) && \text{(음벡터의 정의)}\end{aligned}$$

③ :
$$\begin{aligned}\mathbf{F}(\mathbf{u}-\mathbf{v}) &= \mathbf{F}(\mathbf{u}+(-1)\mathbf{v}) && \text{(음벡터의 정의)}\\ &= \mathbf{F}(\mathbf{u}) + (-1)\mathbf{F}(\mathbf{v}) && \text{(일차변환의 정의)}\\ &= \mathbf{F}(\mathbf{u}) - \mathbf{F}(\mathbf{v}) && \text{(음벡터의 정의)}\end{aligned}$$
■

정리 8.2 **중첩원리**[3)]

$\mathbf{F}: V \to W$이 일차변환이면 V의 벡터 $\mathbf{v}_1, \mathbf{v}_2, \cdots, \mathbf{v}_n$와 스칼라 $\alpha_1, \alpha_2, \ldots, \alpha_n$에 대하여

$$\mathbf{F}(\alpha_1\mathbf{v}_1 + \alpha_2\mathbf{v}_2 + \cdots + \alpha_n\mathbf{v}_n) = \alpha_1\mathbf{F}(\mathbf{v}_1) + \alpha_2\mathbf{F}(\mathbf{v}_2) + \cdots + \alpha_n\mathbf{F}(\mathbf{v}_n)$$

이 성립한다.

증명

$\mathbf{F}: V \to W$을 일차변환이라 하자. V의 벡터 $\mathbf{u}$, $\mathbf{v}$와 스칼라 α, β에 대하여

$$\begin{aligned}\mathbf{F}(\alpha\mathbf{u} + \beta\mathbf{v}) &= \mathbf{F}(\alpha\mathbf{u}) + \mathbf{F}(\beta\mathbf{v}) && \text{(일차변환의 가산성)}\\ &= \alpha\mathbf{F}(\mathbf{u}) + \beta\mathbf{F}(\mathbf{v}) && \text{(일차변환의 동차성)}\end{aligned}$$

이다. 이를 반복적용하면

$$\mathbf{F}(\alpha_1\mathbf{v}_1 + \alpha_2\mathbf{v}_2 + \cdots + \alpha_n\mathbf{v}_n) = \alpha_1\mathbf{F}(\mathbf{v}_1) + \alpha_2\mathbf{F}(\mathbf{v}_2) + \cdots + \alpha_n\mathbf{F}(\mathbf{v}_n)$$

를 얻을 수 있다. ■

1.3 행렬변환

$\mathbf{A}$가 $m \times n$행렬이고 $\mathbf{x}$가 $\mathbb{R}^n$의 열벡터이면 $\mathbf{Ax}$는 $\mathbb{R}^m$의 열벡터이다. 즉 $\mathbf{x}$의 왼쪽에 $m \times n$행렬 $\mathbf{A}$를 곱하는 것은 $\mathbb{R}^n$의 벡터를 $\mathbb{R}^m$의 벡터에 대응시키는 변환이라 할 수 있으며 $\mathbf{F}(\mathbf{x}) = \mathbf{Ax}$를 행렬변환(行列變換, matrix transformation)이라고 한다. 이러한 행렬변환은 $\mathbf{A}$의 곱(multiplication by $\mathbf{A}$) 또는 변환$\mathbf{A}$(transformation $\mathbf{A}$)로 부르기도 하며 행렬$\mathbf{A}$를 강조하여

$$\mathbf{F}_\mathbf{A}: \mathbb{R}^n \to \mathbb{R}^m \quad \text{또는} \quad \mathbf{F}_\mathbf{A}(\mathbf{x}) = \mathbf{Ax}$$

으로 나타내기도 한다.

정리 8.3 **행렬변환**

$\mathbb{R}^n$에서 $\mathbb{R}^m$으로의 변환 $\mathbf{F}$가 행렬변환이면 $\mathbf{F}$는 일차변환이다.

3) 공학 및 물리학 분야에서는 이 정리를 중첩원리(重疊原理, superposition principle)라고 한다.

증명

$\mathbf{A}$를 $m \times n$행렬이라 하고 변환 $\mathbf{F} : \mathbb{R}^n \to \mathbb{R}^m$를

$$\mathbf{F}(\mathbf{x}) = \mathbf{A}\mathbf{x} \tag{8.3}$$

라고 하자. 그리고 $\mathbf{u}, \mathbf{v}$를 $\mathbb{R}^n$의 벡터라 하고 k를 스칼라라고 하자.

$$\begin{aligned} \mathbf{F}(\mathbf{u}+\mathbf{v}) &= \mathbf{A}(\mathbf{u}+\mathbf{v}) && (\text{식 } (8.3)) \\ &= \mathbf{A}\mathbf{u} + \mathbf{A}\mathbf{v} && \text{행렬곱셈의 성질 [정리 4.2] ②} \\ &= \mathbf{F}(\mathbf{u}) + \mathbf{F}(\mathbf{v}) && (\text{식 } (8.3)) \end{aligned}$$

으로 가산성을 만족하고

$$\begin{aligned} \mathbf{F}(k\mathbf{u}) &= \mathbf{A}(k\mathbf{u}) && (\text{식 } (8.3)) \\ &= k\mathbf{A}\mathbf{u} && \text{스칼라곱의 성질 [정리 4.4] ④} \\ &= k\mathbf{F}(\mathbf{u}) && (\text{식 } (8.3)) \end{aligned}$$

으로 동차성을 만족하므로 식 (8.3)의 $\mathbf{F}$는 일차변환이다. ■

행렬 $\mathbf{A}$로 정의되는 행렬변환은 행렬 $\mathbf{A}$를 강조하기 위해

$$\mathbf{F}_{\mathbf{A}} : \mathbb{R}^n \to \mathbb{R}^m$$

또는

$$\mathbf{F}_{\mathbf{A}}(\mathbf{x}) = \mathbf{A}\mathbf{x}$$

로 나타내기도 한다.

예

$\mathbf{F}_{\mathbf{A}} : \mathbb{R}^2 \to \mathbb{R}^3$이

$$\mathbf{A} = \begin{pmatrix} 1 & -1 \\ 2 & 5 \\ 3 & 4 \end{pmatrix}$$

의 곱으로 정의된 행렬변환이라고 하자.

$$\mathbf{F_A}(\mathbf{x}) = \begin{pmatrix} 7 \\ 0 \\ 7 \end{pmatrix}$$

을 만족하는 $\mathbb{R}^2$의 벡터 $\mathbf{x}$를 찾으시오.

풀이

$\begin{pmatrix} 1 & -1 \\ 2 & 5 \\ 3 & 4 \end{pmatrix}\begin{pmatrix} x_1 \\ x_2 \end{pmatrix} = \begin{pmatrix} 7 \\ 0 \\ 7 \end{pmatrix}$의 해를 구하면 된다. 확대행렬을 기약사다리꼴행렬로 변형시키면

$\begin{pmatrix} 1 & 0 & 5 \\ 0 & 1 & -2 \\ 0 & 0 & 0 \end{pmatrix}$이고 따라서 $\mathbf{x} = \begin{pmatrix} 5 \\ -2 \end{pmatrix}$이다. ◀

1.4 일차변환의 표준행렬

$\mathbb{R}^n$에서 $\mathbb{R}^m$으로의 모든 일차변환은 행렬변환으로 나타낼 수 있다.

정리 8.4 **일차변환의 표준행렬**

$\mathbf{F}: \mathbb{R}^n \to \mathbb{R}^m$을 일차변환이라고 하자. 그리고 모든 벡터는 열벡터 형식으로 표현된다고 하자. $\mathbf{e}_1, \mathbf{e}_2, \cdots, \mathbf{e}_n$이 $\mathbb{R}^n$의 표준단위벡터이고 $\mathbf{x}$가 $\mathbb{R}^n$의 임의의 벡터이면 $\mathbf{F}(\mathbf{x})$는

$$\mathbf{F}(\mathbf{x}) = \mathbf{A}\mathbf{x}$$

여기서 $\mathbf{A} = (\mathbf{F}(\mathbf{e}_1)\mathbf{F}(\mathbf{e}_2) \cdots \mathbf{F}(\mathbf{e}_n))$로 나타낼 수 있다.

증명

$\mathbb{R}^n$의 임의의 벡터 $\mathbf{x}$는 표준단위벡터 $\mathbf{e}_1, \mathbf{e}_2, \cdots, \mathbf{e}_n$의 일차결합으로 다음과 같이 나타낼 수 있다.

$$\mathbf{x} = \begin{pmatrix} x_1 \\ x_2 \\ \vdots \\ x_n \end{pmatrix} = x_1 \begin{pmatrix} 1 \\ 0 \\ \vdots \\ 0 \end{pmatrix} + x_2 \begin{pmatrix} 0 \\ 1 \\ \vdots \\ 0 \end{pmatrix} + \cdots + x_n \begin{pmatrix} 0 \\ 0 \\ \vdots \\ 1 \end{pmatrix} = x_1\mathbf{e}_1 + x_2\mathbf{e}_2 + \cdots + x_n\mathbf{e}_n$$

$$\begin{aligned} \mathbf{F}(\mathbf{x}) &= \mathbf{F}(x_1\mathbf{e}_1 + x_2\mathbf{e}_2 + \cdots + x_n\mathbf{e}_n) \\ &= x_1\mathbf{F}(\mathbf{e}_1) + x_2\mathbf{F}(\mathbf{e}_2) + \cdots + x_n\mathbf{F}(\mathbf{e}_n) \quad \text{(중첩원리 [정리 8.2])} \\ &= \big(\mathbf{F}(\mathbf{e}_1)\ \mathbf{F}(\mathbf{e}_2) \cdots \mathbf{F}(\mathbf{e}_n)\big)\mathbf{x} \quad \text{(행렬곱셈의 정의 식 (4.7))} \\ &= \mathbf{A}\mathbf{x} \quad \big(\mathbf{A} = \big(\mathbf{F}(\mathbf{e}_1)\ \mathbf{F}(\mathbf{e}_2) \cdots \mathbf{F}(\mathbf{e}_n)\big)\big) \end{aligned}$$

■

[정리 8.4]에서 행렬 $\mathbf{A} = (\mathbf{F}(\mathbf{e}_1)\mathbf{F}(\mathbf{e}_2) \cdots \mathbf{F}(\mathbf{e}_n))$를 $\mathbf{F}$의 표준행렬(標準行列, standard matrix for $\mathbf{F}$)이라 한다.

예

$\mathbf{F}(x_1, x_2, x_3) = (x_1 + x_2, x_2 - x_3)$으로 정의되는 일차변환 $\mathbf{F} : \mathbb{R}^3 \to \mathbb{R}^2$의 표준행렬을 찾으시오.

풀이

$$\begin{aligned} \mathbf{F}(\mathbf{e}_1) &= \mathbf{F}(1,0,0) = (1,0) \\ \mathbf{F}(\mathbf{e}_2) &= \mathbf{F}(0,1,0) = (1,1) \\ \mathbf{F}(\mathbf{e}_3) &= \mathbf{F}(0,0,1) = (0,-1) \end{aligned}$$

이 벡터들을 열벡터 형식으로 나타내면 다음의 표준행렬

$$\mathbf{A} = \big(\mathbf{F}(\mathbf{e}_1)\quad \mathbf{F}(\mathbf{e}_2)\quad \mathbf{F}(\mathbf{e}_3)\big) = \begin{pmatrix} 1 & 1 & 0 \\ 0 & 1 & -1 \end{pmatrix}$$

을 얻을 수 있다. ◀

1.5 회전

θ를 고정된 각도라 하고 $\mathbf{F}$를 $\mathbb{R}^2$의 벡터를 반시계방향으로 θ만큼 회전시키는 일차변환이라고 하자([그림 8.3(a)]).

$$\mathbf{F}(\mathbf{e}_1) = \mathbf{F}(1,0) = (\cos\theta, \sin\theta)$$

$$\mathbf{F}(\mathbf{e}_2) = \mathbf{F}(0,1) = (-\sin\theta, \cos\theta)$$

이므로([그림 8.3(b)]) $\mathbf{F}$의 표준행렬은

$$\mathbf{A} = \left(\mathbf{F}(\mathbf{e}_1)\ \mathbf{F}(\mathbf{e}_2)\right) = \begin{pmatrix} \cos\theta & \sin\theta \\ -\sin\theta & \cos\theta \end{pmatrix}$$

이다. 이러한 일차변환을 회전(回轉, rotation)이라 한다.

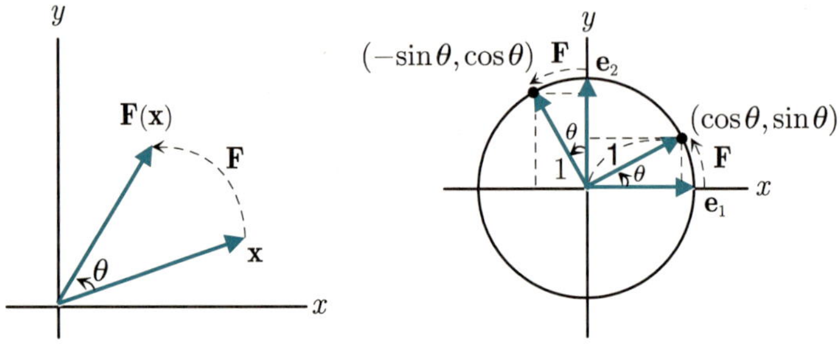

(a) (b)

그림 8.3

예

$\mathbf{x} = (2, 3)$을 반시계방향으로 $\frac{\pi}{6}$ radian만큼 회전시킨 벡터를 찾으시오.

풀이

$\cos\frac{\pi}{6} = \frac{\sqrt{3}}{2}$, $\sin\frac{\pi}{6} = \frac{1}{2}$ 이므로

$$\mathbf{Ax} = \begin{pmatrix} \frac{\sqrt{3}}{2} & \frac{1}{2} \\ -\frac{1}{2} & \frac{\sqrt{3}}{2} \end{pmatrix}\begin{pmatrix} 2 \\ 3 \end{pmatrix} = \begin{pmatrix} \frac{2\sqrt{3}+3}{2} \\ \frac{-2+3\sqrt{3}}{2} \end{pmatrix}$$

쉼표구분형식으로 나타내면 $\left(\frac{2\sqrt{3}+3}{2}, \frac{-2+3\sqrt{3}}{2}\right)$ 이다. ◀

1.6 반사

xy 평면에서 원점을 지나고 양의 x축과의 각도가 θ인 직선을 $l(0 \le l \le \pi)$이라고 하고 $\mathbf{F}$를 $\mathbb{R}^2$의 벡터를 직선 l에 반사시키는 일차변환이라고 하자([그림 8.4]).

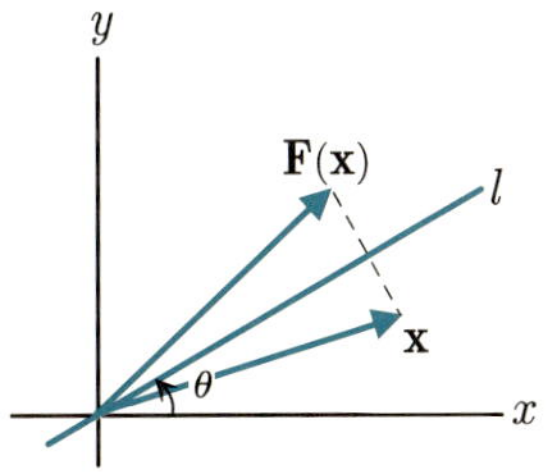

그림 8.4

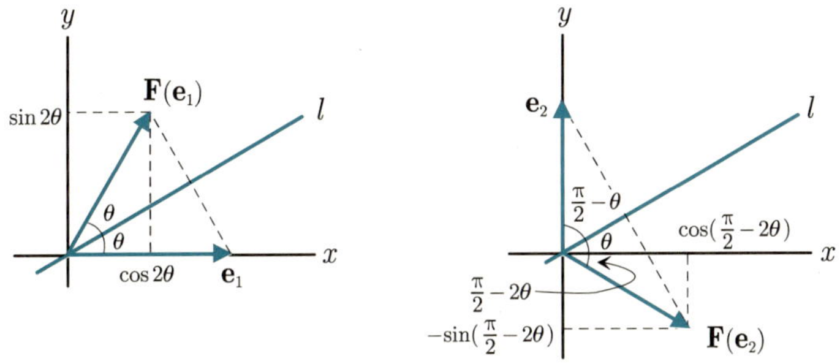

(a) (b)

그림 8.5

$\mathbb{R}^2$의 표준단위벡터 $\mathbf{e}_1$과 $\mathbf{e}_2$의 $\mathbf{F}$에 의한 상 $\mathbf{F}(\mathbf{e}_1)$와 $\mathbf{F}(\mathbf{e}_2)$는

$$\mathbf{F}(\mathbf{e}_1) = \mathbf{F}(1,0) = (\cos 2\theta, \sin 2\theta)$$
$$\mathbf{F}(\mathbf{e}_2) = \mathbf{F}(0,1) = \left(\cos\left(\tfrac{\pi}{2} - 2\theta\right), -\sin\left(\tfrac{\pi}{2} - 2\theta\right)\right)$$

이므로([그림 8.5] (a), (b)) $\mathbf{F}$의 표준행렬은

$$\mathbf{A} = \left(\mathbf{F}(\mathbf{e}_1)\ \mathbf{F}(\mathbf{e}_2)\right) = \begin{pmatrix} \cos 2\theta & \cos\left(\frac{\pi}{2} - 2\theta\right) \\ \sin 2\theta & -\sin\left(\frac{\pi}{2} - 2\theta\right) \end{pmatrix} = \begin{pmatrix} \cos 2\theta & \sin 2\theta \\ \sin 2\theta & -\cos 2\theta \end{pmatrix}$$

이다. 이러한 일차변환을 원점을 지나고 양의 x축과의 각도가 θ인 직선 l에 관한 반사(反射, reflection)라고 한다.

예

원점을 지나고 양의 x축과의 각도가 $60°$인 직선에 관한 반사로 $\mathbf{x} = (2, 1)$의 상을 구하시오.

풀이

$\cos(2\times 60°) = -\frac{1}{2}$, $\sin(2\times 60°) = \frac{\sqrt{3}}{2}$ 이므로

$$\mathbf{Ax} = \begin{pmatrix} -\frac{1}{2} & \frac{\sqrt{3}}{2} \\ \frac{\sqrt{3}}{2} & \frac{1}{2} \end{pmatrix}\begin{pmatrix} 2 \\ 1 \end{pmatrix} = \begin{pmatrix} \frac{-2+\sqrt{3}}{2} \\ \frac{1+2\sqrt{3}}{2} \end{pmatrix}$$

쉼표구분형식으로 나타내면 $\left(\frac{-2+\sqrt{3}}{2}, \frac{1+2\sqrt{3}}{2}\right)$ 이다. ◀

제2절 직교연산자

2.1 직교연산자

길이보존성질(길이保存性質, length preserving property)

$$\|\mathbf{F}(\mathbf{v})\| = \|\mathbf{v}\| \tag{8.4}$$

을 만족하는 일차연산자 $\mathbf{F}:\mathbb{R}^n \to \mathbb{R}^n$을 직교연산자(直交演算子, orthogonal operator)라고 한다.[4] 예를 들어 원점에 관한 회전이나 원점을 지나는 직선에 관한 반사 등은 벡터의 길이가 같은 크기로 보존되는 직교연산자이다.

정리 8.5 직교연산자의 성질

$\mathbf{F}:\mathbb{R}^n \to \mathbb{R}^n$이 $\mathbb{R}^n$에서의 일차연산자이면 다음 두 명제는 동치이다.

① $\mathbb{R}^n$의 모든 벡터 $\mathbf{v}$에 대해서 $\|\mathbf{F}(\mathbf{v})\| = \|\mathbf{v}\|$ (길이보존성질)

② $\mathbb{R}^n$의 모든 벡터 $\mathbf{u}$와 $\mathbf{v}$에 대해서 $\mathbf{F}(\mathbf{u})\cdot\mathbf{F}(\mathbf{v}) = \mathbf{u}\cdot\mathbf{v}$ (유클리드내적보존성질)

증명

(①⇒②) 일차연산자 $\mathbf{F}:\mathbb{R}^n \to \mathbb{R}^n$가 길이보존성질을 가지고 있으며 $\mathbf{u}$와 $\mathbf{v}$를 $\mathbb{R}^n$의 임의의 벡터라고 하자. $\mathbf{u}$와 $\mathbf{v}$가 $\mathbb{R}^n$의 벡터이면

---

4) 직교연산자는 일차등거리변환(一次等距離變換, linear isometry)이라고도 한다.

$$\mathbf{u}\cdot\mathbf{v} = \frac{1}{4}\|\mathbf{u}+\mathbf{v}\|^2 - \frac{1}{4}\|\mathbf{u}-\mathbf{v}\|^2 \tag{8.5}$$

이 성립한다(증명은 제2장 연습문제 9). 식 (8.5)로부터

$$\begin{aligned}
\mathbf{F}(\mathbf{u})\cdot\mathbf{F}(\mathbf{v}) &= \frac{1}{4}\|\mathbf{F}(\mathbf{u})+\mathbf{F}(\mathbf{v})\|^2 - \frac{1}{4}\|\mathbf{F}(\mathbf{u})-\mathbf{F}(\mathbf{v})\|^2 \\
&= \frac{1}{4}\|\mathbf{F}(\mathbf{u}+\mathbf{v})\|^2 - \frac{1}{4}\|\mathbf{F}(\mathbf{u}-\mathbf{v})\|^2 \quad (\text{일차변환의 정의, 가산성}) \\
&= \frac{1}{4}\|\mathbf{u}+\mathbf{v}\|^2 - \frac{1}{4}\|\mathbf{u}-\mathbf{v}\|^2 \quad (\text{길이보존성질}) \\
&= \mathbf{u}\cdot\mathbf{v} \quad (\text{식 (8.5)})
\end{aligned}$$

(②⇒①) 일차연산자 $\mathbf{F}:\mathbb{R}^n \to \mathbb{R}^n$가 유클리드내적보존성질을 가지고 있으며 $\mathbf{v}$를 $\mathbb{R}^n$의 임의의 벡터라고 하자. 유클리드내적의 성질에 관한 [정리 2.3] ①로부터

$$\|\mathbf{v}\| = \sqrt{\mathbf{v}\cdot\mathbf{v}} \tag{8.6}$$

이다. 따라서

$$\begin{aligned}
\|\mathbf{F}(\mathbf{v})\| &= \sqrt{\mathbf{F}(\mathbf{v})\cdot\mathbf{F}(\mathbf{v})} \\
&= \sqrt{\mathbf{v}\cdot\mathbf{v}} \quad (\text{유클리드내적보존성질}) \\
&= \|\mathbf{v}\| \quad (\text{식 (8.6)})
\end{aligned}$$

■

2.2 직교행렬

정방행렬 $\mathbf{A}$가

$$\mathbf{A}^{-1} = \mathbf{A}^T \tag{8.7}$$

을 만족하면 $\mathbf{A}$를 직교행렬(直交行列, orthogonal matrix)이라 한다. $\mathbf{A}$가 직교행렬이면 역행렬의 정의로부터

$$\mathbf{A}\mathbf{A}^T = \mathbf{A}^T\mathbf{A} = \mathbf{I} \tag{8.8}$$

이 성립함을 알 수 있다.

예

$\mathbf{A} = \begin{pmatrix} 1 & 0 & 1 \\ \frac{1}{2} & 1 & -\frac{1}{2} \\ -\frac{2}{3} & \frac{2}{3} & \frac{2}{3} \end{pmatrix}$이 직교행렬임을 보이시오.

풀이

$$\mathbf{A}\mathbf{A}^T = \begin{pmatrix} 1 & 0 & 1 \\ \frac{1}{2} & 1 & -\frac{1}{2} \\ -\frac{2}{3} & \frac{2}{3} & \frac{2}{3} \end{pmatrix}\begin{pmatrix} 1 & \frac{1}{2} & -\frac{2}{3} \\ 0 & 1 & \frac{2}{3} \\ 1 & -\frac{1}{2} & \frac{2}{3} \end{pmatrix} = \begin{pmatrix} 1 & 0 & 0 \\ 0 & 1 & 0 \\ 0 & 0 & 1 \end{pmatrix}$$

따라서 $\mathbf{A}$는 직교행렬이다. ◀

정리 8.6 **직교행렬의 성질**

$n \times n$행렬 $\mathbf{A}$와 $\mathbf{B}$에 대하여 다음이 성립한다.

① $\mathbf{A}$가 직교행렬이면 $\mathbf{A}^T$도 직교행렬이다.

② $\mathbf{A}$가 직교행렬이면 $\mathbf{A}^{-1}$도 직교행렬이다.

③ $\mathbf{A}$와 $\mathbf{B}$가 직교행렬이면 $\mathbf{AB}$이 직교행렬이다.

④ $\mathbf{A}$가 직교행렬이면 $|\mathbf{A}| = 1$ 또는 $|\mathbf{A}| = -1$이다.

증명

① $\mathbf{A}$가 직교행렬

$\Rightarrow$ $\mathbf{A}^T\mathbf{A} = \mathbf{I}$ (직교행렬의 정의 식 (8.8))

$\Rightarrow$ $\mathbf{A}^T\left(\mathbf{A}^T\right)^T = \mathbf{I}$ (행렬전치의 성질 [정리 4.5] ①)

$\Rightarrow$ $\left(\mathbf{A}^T\right)^{-1} = \left(\mathbf{A}^T\right)^T$ (역행렬의 정의 식 (6.1))

$\Rightarrow$ $\mathbf{A}^T$는 직교행렬 (직교행렬의 정의 식 (8.7))

② $\mathbf{A}$가 직교행렬

$\Rightarrow$ $\mathbf{A}^{-1} = \mathbf{A}^T$ (직교행렬의 정의 식 (8.7))

$\Rightarrow$ $\left(\mathbf{A}^{-1}\right)^T = \left(\mathbf{A}^T\right)^T$ (양변에 전치를 취함)

$= \mathbf{A}$ (행렬전치의 성질 [정리 4.5] ①)

$= \left(\mathbf{A}^{-1}\right)^{-1}$ (역행렬의 성질 [정리 6.3] ①)

$\Rightarrow$ $\mathbf{A}^{-1}$는 직교행렬 (직교행렬의 정의 식 (8.7))

③ $\mathbf{A}$와 $\mathbf{B}$가 직교행렬이라고 하자.

$(\mathbf{AB})^{-1} = \mathbf{B}^{-1}\mathbf{A}^{-1}$ (역행렬의 성질 [정리 6.3] ②)

$= \mathbf{B}^T\mathbf{A}^T$ (직교행렬의 정의 식 (8.7))

$= (\mathbf{AB})^T$ (행렬전치의 성질 [정리 4.5] ③)

$\Rightarrow$ $\mathbf{AB}$는 직교행렬 (직교행렬의 정의 식 (8.7))

④ $\mathbf{A}$가 직교행렬

$\Rightarrow$ $\mathbf{A}^T\mathbf{A} = \mathbf{I}$ (직교행렬의 정의 식 (8.8))

$\Rightarrow$ $\left|\mathbf{A}^T\mathbf{A}\right| = |\mathbf{I}|$ (양변의 행렬식을 취함)

$\Rightarrow$ $\left|\mathbf{A}^T\right||\mathbf{A}| = 1$ (행렬곱의 행렬식 [정리 6.11])

$\Rightarrow$ $|\mathbf{A}||\mathbf{A}| = 1$ (전치행렬의 행렬식 [정리 6.10])

따라서 $|\mathbf{A}| = 1$ 또는 $|\mathbf{A}| = -1$ ■

정리 8.7 **직교행렬과 정규직교집합**

$n \times n$행렬 $\mathbf{A}$에 대하여 다음은 동치이다.

① $\mathbf{A}$는 직교행렬이다.

② $\mathbf{A}$의 행벡터 전체는 $\mathbb{R}^n$의 정규직교집합을 구성한다.

③ $\mathbf{A}$의 열벡터 전체는 $\mathbb{R}^n$의 정규직교집합을 구성한다.

증명

(①⇔②) $\mathbf{A}$는 직교행렬이므로 $\mathbf{AA}^T = \mathbf{I}$이 성립한다. $\mathbf{AA}^T$의 i번째 행과 j번째 열의 요소는 $\mathbf{A}$의 i번째 행과 $\mathbf{A}^T$의 j번째 열의 내적이다. 그런데 $\mathbf{A}^T$의 j번째 열벡터는 $\mathbf{A}$의 j번째 행벡터이다. $\mathbf{A}$의 행벡터를 $\mathbf{r}_1, \mathbf{r}_2, \cdots, \mathbf{r}_n$이라 하면 $\mathbf{AA}^T$는

$$\mathbf{AA}^T = \begin{pmatrix} \mathbf{r}_1 \cdot \mathbf{r}_1 & \mathbf{r}_1 \cdot \mathbf{r}_2 & \cdots & \mathbf{r}_1 \cdot \mathbf{r}_n \\ \mathbf{r}_2 \cdot \mathbf{r}_1 & \mathbf{r}_2 \cdot \mathbf{r}_2 & \cdots & \mathbf{r}_2 \cdot \mathbf{r}_n \\ \vdots & \vdots & \ddots & \vdots \\ \mathbf{r}_n \cdot \mathbf{r}_1 & \mathbf{r}_n \cdot \mathbf{r}_2 & \cdots & \mathbf{r}_n \cdot \mathbf{r}_n \end{pmatrix}$$

와 같이 나타낼 수 있다. $\mathbf{AA}^T = \mathbf{I}$이 성립하기 위한 필요충분조건은

$$\mathbf{r}_1 \cdot \mathbf{r}_1 = \mathbf{r}_2 \cdot \mathbf{r}_2 = \cdots = \mathbf{r}_n \cdot \mathbf{r}_n = 1$$

$$\mathbf{r}_i \cdot \mathbf{r}_j = 0, \ i \neq j$$

이고 이는 $\{\mathbf{r}_1, \mathbf{r}_2, \cdots, \mathbf{r}_n\}$이 $\mathbb{R}^n$의 정규직교집합일 때에 한해서 성립한다. ■

정리 8.8 **직교행렬의 성질**

$n \times n$행렬 $\mathbf{A}$에 대하여 다음은 동치이다.

① $\mathbf{A}$는 직교행렬이다.
② $\mathbb{R}^n$의 모든 $\mathbf{v}$에 대하여 $\|\mathbf{A}\mathbf{v}\| = \|\mathbf{v}\|$
③ $\mathbb{R}^n$의 모든 $\mathbf{u}$와 $\mathbf{v}$에 대하여 $\mathbf{A}\mathbf{u} \cdot \mathbf{A}\mathbf{v} = \mathbf{u} \cdot \mathbf{v}$

증명

(①⇒②) $\mathbf{A}$는 직교행렬

$\Rightarrow \mathbf{A}\mathbf{A}^T = \mathbf{I}$

$\Rightarrow \|\mathbf{A}\mathbf{v}\|^2 = \mathbf{A}\mathbf{v} \cdot \mathbf{A}\mathbf{v}$ (유클리드내적의 성질 [정리 2.3] ①)

$= \mathbf{v} \cdot \mathbf{A}^T\mathbf{A}\mathbf{v}$ ($\mathbf{A}\mathbf{u} \cdot \mathbf{v}$와 $\mathbf{u} \cdot \mathbf{A}\mathbf{v}$공식 [정리 4.6])

$= \mathbf{v} \cdot \mathbf{I}\mathbf{v}$ (직교행렬의 정의 식 (8.8))

$= \mathbf{v} \cdot \mathbf{v}$ (항등행렬과 영행렬의 행렬곱셈 [4.3] ①)

$= \|\mathbf{v}\|^2$ (유클리드내적의 성질 [정리 2.3] ①)

$\Rightarrow \|\mathbf{A}\mathbf{v}\| = \|\mathbf{v}\|$

(②⇒③) 직교연산자의 성질에 관한 [정리 8.5]에서 $\mathbf{F}(\mathbf{v}) = \mathbf{A}\mathbf{v}$로 놓으면 성립한다. ■

제3절 일차변환의 핵과 치역

3.1 일대일 일차변환

벡터공간 V에서 벡터공간 W로의 일차변환 $\mathbf{F}$에서, 즉 $\mathbf{F} : V \to W$에서 V의 모든 벡터 $\mathbf{u}$와 $\mathbf{v}$에 대해서

$$\mathbf{u} \neq \mathbf{v} \;\Rightarrow\; \mathbf{F}(\mathbf{u}) \neq \mathbf{F}(\mathbf{v}) \tag{8.9}$$

이면 일차변환 $\mathbf{F}$을 일대일(one-to-one)이라 한다([그림 8.6] 참조). 식 (8.9)는

$$\mathbf{F}(\mathbf{u}) = \mathbf{F}(\mathbf{v}) \;\Rightarrow\; \mathbf{u} = \mathbf{v} \tag{8.10}$$

와 동치이다.

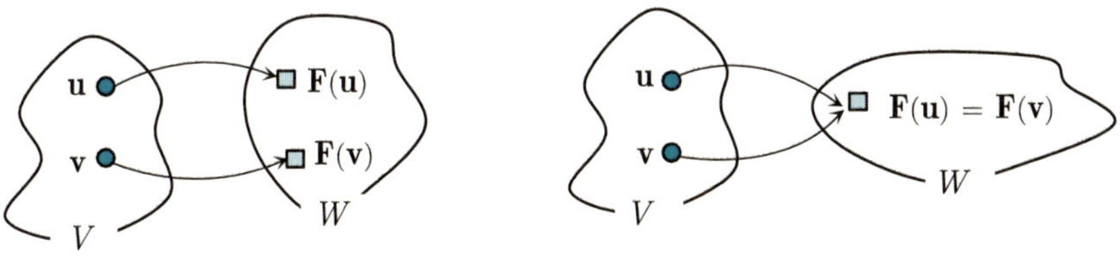

그림 8.6

예

일차변환 $\mathbf{F}:\mathbb{R}^2 \to \mathbb{R}^2$을

$$\mathbf{F}(x,y)=(x+y,x-y) \tag{8.11}$$

이라 하자. $\mathbf{F}$이 일대일 일차변환인가를 결정하시오.

풀이

$\mathbf{u}=(u_1,u_2)$, $\mathbf{v}=(v_1,v_2)$라 하고 $\mathbf{F}(\mathbf{u})=\mathbf{F}(\mathbf{v})$라 하자. 식 (8.11)로부터 $\mathbf{F}(\mathbf{u})=\mathbf{F}(\mathbf{v}) \Rightarrow (u_1+u_2,u_1-u_2)=(v_1+v_2,v_1-v_2)$이고 이는 (벡터 동치의 정의로부터) $u_1+u_2=v_1+v_2$이고 $u_1-u_2=v_1-v_2$ 임을 의미한다. 이들 두 식을 더하면 $2u_1=2v_1$ 이고 따라서 $u_1=v_1$ 이며 $u_2=v_2$ 이다. 이는 (벡터 동치의 정의로부터) $\mathbf{u}=\mathbf{v}$를 의미하며 $\mathbf{F}$은 일대일이다. ◀

예

일차변환 $\mathbf{F}:\mathbb{R}^2 \to \mathbb{R}^2$을

$$\mathbf{F}(x,y,z)=(x,y) \tag{8.12}$$

이라 하자. $\mathbf{F}$이 일대일인지 아닌지를 결정하시오.

풀이

$\mathbf{u}=(u_1,u_2,u_3)$, $\mathbf{v}=(v_1,v_2,v_3)$라 하고 $\mathbf{F}(\mathbf{u})=\mathbf{F}(\mathbf{v})$라 하자.

$$\begin{aligned}\mathbf{F}(\mathbf{u})=\mathbf{F}(\mathbf{v}) &\Rightarrow (u_1,u_2)=(v_1,v_2) && (\text{식 } (8.12))\\ &\Rightarrow u_1=v_1,\ u_2=v_2 && (\text{벡터의 동치})\end{aligned}$$

$\mathbf{u}=\mathbf{v}$의 조건은 $u_1=v_1$, $u_2=v_2$, $u_3=v_3$이다. 따라서 $\mathbf{F}(\mathbf{u})=\mathbf{F}(\mathbf{v})$이더라도 u_3과 v_3의 상태에 따라 $\mathbf{u}=\mathbf{v}$인 경우도 있고 $\mathbf{u}\neq\mathbf{v}$인 경우도 있게 된다. V의 모든 벡터 $\mathbf{u}$와 $\mathbf{v}$에 대해서 항상 $\mathbf{u}=\mathbf{v}$이 성립하는 것이 아니므로 $\mathbf{F}$은 일대일이 아니다. ◀

3.2 일차변환의 핵

$\mathbf{F}: V \to W$를 일차변환이라 하자. V의 벡터들 중 $\mathbf{F}$에 의해 $\mathbf{0}_W$[5]에 대응되는 즉

$$\mathbf{F}(\mathbf{u}) = \mathbf{0}_W \tag{8.13}$$

을 만족하는 모든 벡터 $\mathbf{u}$의 집합을 $\mathbf{F}$의 핵(核, kernel)[6]이라 하고 $\ker(\mathbf{F})$로 나타낸다([그림 8.7] 참조).

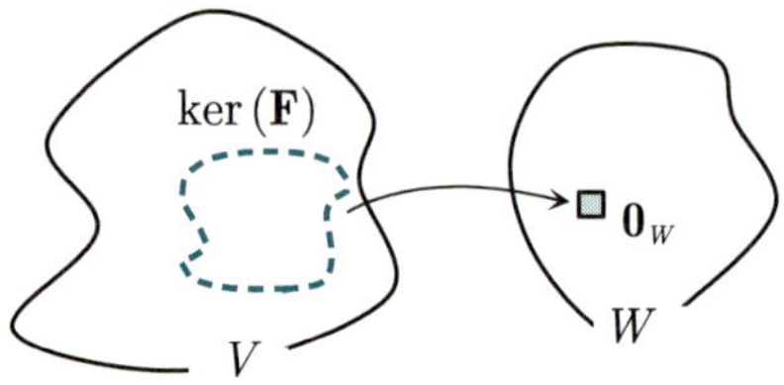

그림 8.7

정리 8.9 **일차변환 핵의 성질**

일차변환 $\mathbf{F}: V \to W$에 대하여

① $\ker(\mathbf{F})$는 V의 부분공간이다.

② $\mathbf{F}$이 일대일이면 $\ker(\mathbf{F}) = \{\mathbf{0}_V\}$이고 그 역도 성립한다.

증명

① $\ker(\mathbf{F})$이 부분공간임을 밝히려면 공집합이 아니며 덧셈과 스칼라곱에 관하여 닫혀 있음을 보여야 한다. 일차변환의 성질에 관한 [정리 8.1] ①로부터 $\mathbf{0}_V \in \ker(\mathbf{F})$이므로 $\ker(\mathbf{F})$은 공집합이 아니다. $\mathbf{u}$와 $\mathbf{v}$를 $\ker(\mathbf{F})$의 벡터라 하고 k를 임의의 스칼라라고 하자.

$$\begin{aligned}\mathbf{F}(\mathbf{u}+\mathbf{v}) &= \mathbf{F}(\mathbf{u}) + \mathbf{F}(\mathbf{v}) && \text{(일차변환의 가산성)}\\ &= \mathbf{0}_W + \mathbf{0}_W && \text{(일차변환의 핵의 정의 식 (8.13))}\\ &= \mathbf{0}_W\end{aligned}$$

따라서 $\mathbf{u}+\mathbf{v}$는 $\ker(\mathbf{F})$에 속한다. 그리고

---

5) $\mathbf{0}_W$은 벡터공간 W의 영벡터를 의미한다.

6) 일차변환의 핵은 영공간(零空間, null space)으로 부르기도 한다.

$$\begin{aligned}\mathbf{F}(k\mathbf{u}) &= k\mathbf{F}(\mathbf{u}) && \text{(일차변환의 동차성)}\\ &= k\mathbf{0}_W && \text{(일차변환의 핵의 정의 식 (8.13))}\\ &= \mathbf{0}_W\end{aligned}$$

따라서 $k\mathbf{u}$는 $\ker(\mathbf{F})$에 속한다.

② $\mathbf{F}$이 일대일이라고 가정하고 $\ker(\mathbf{F}) = \{\mathbf{0}_V\}$임을 증명해 보자. $\mathbf{u}$를 $\ker(\mathbf{F})$의 벡터라고 하자. (일차변환의 핵의 정의로부터) $\mathbf{F}(\mathbf{u}) = \mathbf{0}_W$이고 (일차변환의 성질에 관한 [정리 8.1] ①로부터) $\mathbf{F}(\mathbf{0}_V) = \mathbf{0}_W$이므로 $\mathbf{F}(\mathbf{u}) = \mathbf{F}(\mathbf{0}_V)$이다. $\mathbf{F}$이 일대일이므로 (일대일 일차변환의 정의 (8.10)로부터) $\mathbf{u} = \mathbf{0}_V$이고 따라서 $\ker(\mathbf{F}) = \{\mathbf{0}_V\}$이다.

이번엔 역으로 $\ker(\mathbf{F}) = \{\mathbf{0}_V\}$을 가정하고 $\mathbf{F}$이 일대일임을 증명해보자. $\mathbf{u}$와 $\mathbf{v}$를 V의 벡터라 하고 $\mathbf{F}(\mathbf{u}) = \mathbf{F}(\mathbf{v})$라고 하자.

$$\begin{aligned}\mathbf{F}(\mathbf{u}) = \mathbf{F}(\mathbf{v}) &\Rightarrow \mathbf{F}(\mathbf{u}) - \mathbf{F}(\mathbf{v}) = \mathbf{0}_W\\ &\Rightarrow \mathbf{F}(\mathbf{u} - \mathbf{v}) = \mathbf{0}_W && \text{(일차변환의 가산성 및 동차성)}\\ &\Rightarrow \mathbf{u} - \mathbf{v} \in \ker(\mathbf{F}) && \text{(일차변환 핵의 정의 식 (8.13))}\\ &\Rightarrow \mathbf{u} - \mathbf{v} = \mathbf{0}_V && (\ker(\mathbf{F}) = \{\mathbf{0}_V\}\text{을 가정했으므로})\\ &\Rightarrow \mathbf{u} = \mathbf{v}\end{aligned}$$

따라서 $\mathbf{F}$은 일대일이다. ■

예

$\mathbf{F} : \mathbb{R}^2 \to \mathbb{R}^3$이 $\mathbf{F}(x, y) = (x, x + y, y)$으로 정의되는 일차변환이라고 하자. $\ker(\mathbf{F})$를 구하고 $\mathbf{F}$가 일대일변환인지 결정하시오.

풀이

$\ker(\mathbf{F})$는 $\mathbf{F}(x, y) = (x, x + y, y) = (0, 0, 0)$을 만족하는 $\mathbb{R}^3$의 모든 벡터로 구성된다. $\ker(\mathbf{F})$는 연립일차방정식

$$\begin{aligned} x \phantom{{}+y} &= 0\\ x + y &= 0\\ y &= 0\end{aligned}$$

의 해집합이다. 유일한 해는 $(x, y) = (0, 0)$이고 따라서 $\ker(\mathbf{F}) = \{\mathbf{0}\}$이며 $\mathbf{F}$는 일대일변환이다. ◀

예

$\mathbf{F}:\mathbb{R}^4 \to \mathbb{R}^3$을

$$\mathbf{A}=\begin{pmatrix}4 & 1 & -2 & -3\\ 2 & 1 & 1 & -4\\ 6 & 0 & -9 & 9\end{pmatrix}$$

의 곱으로 정의된 일차변환이라고 하자. $\ker(\mathbf{F})$를 구하고 $\mathbf{F}$가 일대일변환인지 결정하시오.

풀이

$\ker(\mathbf{F})$는 $\mathbf{Ax}=\mathbf{0}$을 만족하는 $\mathbb{R}^4$의 모든 벡터 $\mathbf{x}=(x_1, x_2, x_3, x_4)$로 구성된다. $(\mathbf{A}\ |\mathbf{0})$을 기약사다리꼴행렬로 변형시키면

$$\begin{pmatrix}1 & 0 & -\frac{3}{2} & 0 & 0\\ 0 & 1 & 4 & 0 & 0\\ 0 & 0 & 0 & 1 & 0\end{pmatrix}$$

이고 해는 $x_1=\frac{3}{2}r,\ x_2=-4r,\ x_3=r,\ x_4=0,\ r\in\mathbb{R}$이다. 해를

$$\mathbf{x}=\left(\tfrac{3}{2},-4,1,0\right)r,\ \ r\in\mathbb{R}$$

으로 나타낼 수 있으며 $\ker(\mathbf{F})$은 $\left\{\left(\frac{3}{2},-4,1,0\right)\right\}$이 스팬하는 공간이다. $\ker(\mathbf{F})\neq\{\mathbf{0}\}$ 이므로 $\mathbf{F}$는 일대일이 아니다. ◀

3.3 일차변환의 치역

$\mathbf{F}:V\to W$를 일차변환이라 하자. V에 있는 벡터들의 $\mathbf{F}$에 의한 상들의 집합을 $\mathbf{F}$의 치역(値域, range)이라 하고 $\mathrm{ran}(\mathbf{F})$로 나타낸다([그림 8.8] 참조).

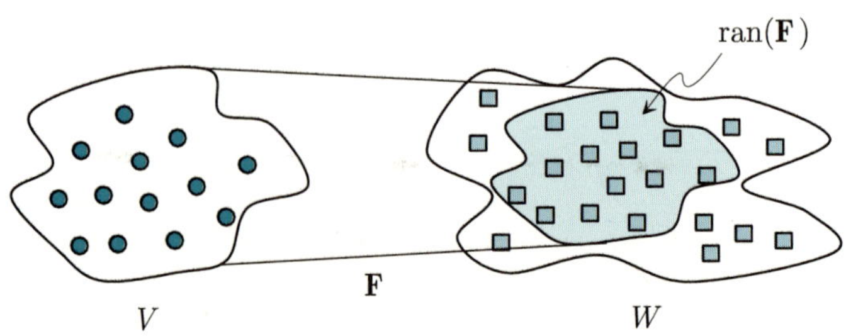

그림 8.8

일차변환 $\mathbf{F}: V \to W$에서 $\mathrm{ran}(\mathbf{F}) = W$이면 $\mathbf{F}$를 위로변환(onto transformation) 이라 한다([그림 8.9] 참조).

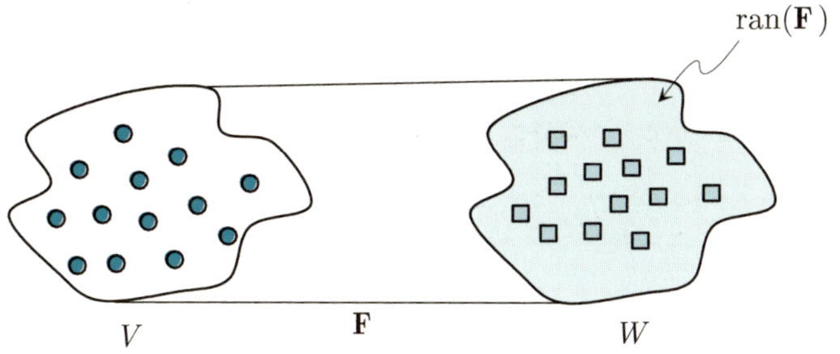

그림 8.9

정리 8.10 **일차변환의 치역**

일차변환 $\mathbf{F}: V \to W$에 대하여 $\mathrm{ran}(\mathbf{F})$은 W의 부분공간이다.

증명

$\mathrm{ran}(\mathbf{F})$이 부분공간임을 밝히려면 공집합이 아니며 덧셈과 스칼라곱에 관하여 닫혀 있음을 보여야 한다.

V와 W는 벡터공간이므로 V와 W에는 각각 영벡터가 존재한다. V의 영벡터를 $\mathbf{0}_V$라 하고 W의 영벡터를 $\mathbf{0}_W$라 하자. 일차변환의 성질에 관한 [정리 8.1] ①에서 $\mathbf{F}(\mathbf{0}_V) = \mathbf{0}_W$이므로 $\mathbf{0}_W$은 $\mathrm{ran}(\mathbf{F})$에 속하며 따라서 $\mathrm{ran}(\mathbf{F})$은 공집합이 아니다.

$\mathbf{w}_1$과 $\mathbf{w}_2$를 $\mathrm{ran}(\mathbf{F})$에 속하는 벡터라 하자. $\mathrm{ran}(\mathbf{F})$이 덧셈과 스칼라곱에 관하여 닫혀 있으려면 $\mathbf{w}_1 + \mathbf{w}_2$과 $k\mathbf{w}_1$이 $\mathrm{ran}(\mathbf{F})$에 속해야 한다. $\mathbf{w}_1$과 $\mathbf{w}_2$는 $\mathbf{F}$에 의한 상이므로 $\mathbf{w}_1 = \mathbf{F}(\mathbf{v}_1)$과 $\mathbf{w}_2 = \mathbf{F}(\mathbf{v}_2)$를 만족하는 $\mathbf{v}_1$과 $\mathbf{v}_2$가 V에 존재한다.

$$\begin{aligned}\mathbf{w}_1 + \mathbf{w}_2 &= \mathbf{F}(\mathbf{v}_1) + \mathbf{F}(\mathbf{v}_2) \\ &= \mathbf{F}(\mathbf{v}_1 + \mathbf{v}_2) \quad \text{(일차변환의 가산성)}\end{aligned}$$

이므로 $\mathbf{w}_1 + \mathbf{w}_2$은 $\mathrm{ran}(\mathbf{F})$에 속한다.

$$\begin{aligned}k\mathbf{w}_1 &= k\mathbf{F}(\mathbf{v}_1) \\ &= \mathbf{F}(k\mathbf{v}_1) \qquad \text{(일차변환의 동차성)}\end{aligned}$$

이므로 $k\mathbf{w}_1$은 $\mathrm{ran}(\mathbf{F})$에 속한다. ■

예

$\mathbf{F}:\mathbb{R}^4 \rightarrow \mathbb{R}^3$을

$$\mathbf{F}(x_1, x_2, x_3, x_4) = (x_1 + x_2, x_3 + x_4, x_1 + x_3)$$

으로 정의된 일차변환이라고 하자. ran($\mathbf{F}$)의 기저를 찾으시오.

풀이

$$\begin{aligned}\mathbf{F}(x_1, x_2, x_3, x_4) &= (x_1 + x_2, x_3 + x_4, x_1 + x_3) \\ &= x_1(1,0,1) + x_2(1,0,0) + x_3(0,1,1) + x_4(0,1,0)\end{aligned}$$

따라서 ran($\mathbf{F}$)는 $\text{span}\{(1,0,1),(1,0,0),(0,1,1),(0,1,0)\}$ 이고 이는

$$\mathbf{A} = \begin{pmatrix} 1 & 0 & 1 \\ 1 & 0 & 0 \\ 0 & 1 & 1 \\ 0 & 1 & 0 \end{pmatrix}$$

의 행공간과 같다. 기본행연산을 사용하여 $\mathbf{A}$를 기약사다리꼴행렬로 변형시키면

$$\begin{pmatrix} 1 & 0 & 0 \\ 0 & 1 & 0 \\ 0 & 0 & 1 \\ 0 & 0 & 0 \end{pmatrix}$$

이다. 따라서 ran($\mathbf{F}$)의 기저는 $\{(1,0,0),(0,1,0),(0,0,1)\}$ 이다. ◀

예

$\mathbf{F}:\mathbb{R}^3 \rightarrow \mathbb{R}^3$을

$$\mathbf{A} = \begin{pmatrix} 3 & 1 & 2 \\ 2 & 1 & 1 \\ 1 & 0 & 1 \end{pmatrix}$$

의 곱으로 정의되는 일차변환이라고 하자. $\mathbf{F}$는 위로변환인가?

풀이

$\mathbf{F}$가 위로변환이기 위해서는 $\operatorname{ran}(\mathbf{F}) = \mathbb{R}^3$ 이어야 한다. $\operatorname{ran}(\mathbf{F})$은 $\mathbf{A}$의 열공간이므로 $\operatorname{ran}(\mathbf{F}) = \mathbb{R}^3$은 $\mathbf{A}$의 계수가 3임을 의미한다. 기본행연산을 사용하여 $\mathbf{A}$를 기약사다리꼴행렬로 변형시키면

$$\begin{pmatrix} 1 & 0 & 1 \\ 0 & 1 & -1 \\ 0 & 0 & 0 \end{pmatrix}$$

와 같다. 따라서 $\mathbf{A}$의 계수는 2이고 $\mathbf{F}$는 위로변환이 되지 못한다. ◀

정리 8.11 **일차변환의 핵과 치역의 차원**

$\mathbf{F}: V \rightarrow W$이 n차원 벡터공간 V에서 벡터공간 W로의 일차변환이면

$$\dim(\ker(\mathbf{F})) + \dim(\operatorname{ran}(\mathbf{F})) = \dim(V)$$

이 성립한다.

증명

$\dim(\ker(\mathbf{F})) = k$라고 하자. $k = n$이면 부분공간의 차원에 관한 [정리 6.8]로부터 $\ker(\mathbf{F}) = V$이며 이는 V의 모든 벡터 $\mathbf{v}$에 대해서 $\mathbf{F}(\mathbf{v}) = \mathbf{0}_W$임을 의미한다. 따라서 $\operatorname{ran}(\mathbf{F}) = \{\mathbf{0}_W\}$이고 $\dim(\operatorname{ran}(\mathbf{F})) = 0$으로 조건식이 성립한다.

이번엔 $1 \leq k < n$ 의 경우를 살펴보자. $\dim(\operatorname{ran}(\mathbf{F})) = n - k$을 보이면 조건식의 성립을 증명하는 것이다. $\{\mathbf{v}_1, \mathbf{v}_2, \cdots, \mathbf{v}_k\}$를 $\ker(\mathbf{F})$의 기저라고 하자. 기저와 일차독립집합의 포함관계에 관한 [정리 7.6]으로부터 일차독립집합인 $\{\mathbf{v}_1, \mathbf{v}_2, \cdots, \mathbf{v}_k\}$을 포함하는 V의 기저

$$S = \{\mathbf{v}_1, \mathbf{v}_2, \cdots, \mathbf{v}_k, \mathbf{v}_{k+1}, \mathbf{v}_{k+2}, \cdots, \mathbf{v}_n\}$$

을 구할 수 있다. $T = \{\mathbf{F}(\mathbf{v}_{k+1}), \mathbf{F}(\mathbf{v}_{k+2}), \cdots, \mathbf{F}(\mathbf{v}_n)\}$이 $\operatorname{ran}(\mathbf{F})$의 기저임을 증명하면 된다. 먼저 T가 $\operatorname{ran}(\mathbf{F})$을 스팬하는가를 살펴보자. $\mathbf{w}$를 $\operatorname{ran}(\mathbf{F})$의 임의의 벡터라고 하면 $\mathbf{w} = \mathbf{F}(\mathbf{v})$을 만족하는 V의 벡터 $\mathbf{v}$가 존재한다. S는 V의 기저이므로

$$\mathbf{v} = \alpha_1\mathbf{v}_1 + \alpha_2\mathbf{v}_2 + \cdots + \alpha_n\mathbf{v}_n$$

의 유일한 해 $\alpha_1, \alpha_2, \ldots, \alpha_n$을 찾을 수 있다.

$$\begin{aligned}\mathbf{w} &= \mathbf{F}(\mathbf{v})\\ &= \mathbf{F}\left(\alpha_1\mathbf{v}_1 + \alpha_2\mathbf{v}_2 + \cdots + \alpha_k\mathbf{v}_k + \alpha_{k+1}\mathbf{v}_{k+1} + \cdots + \alpha_n\mathbf{v}_n\right)\\ &= \alpha_1\mathbf{F}(\mathbf{v}_1) + \alpha_2\mathbf{F}(\mathbf{v}_2) + \cdots + \alpha_k\mathbf{F}(\mathbf{v}_k) + \alpha_{k+1}\mathbf{F}(\mathbf{v}_{k+1}) + \cdots + \alpha_n\mathbf{F}(\mathbf{v}_n)\\ &\qquad\qquad\qquad\qquad\qquad\qquad\qquad\qquad\qquad\text{(중첩원리 [정리 8.2])}\\ &= \alpha_{k+1}\mathbf{F}(\mathbf{v}_{k+1}) + \cdots + \alpha_n\mathbf{F}(\mathbf{v}_n) \qquad\qquad (\mathbf{v}_1, \mathbf{v}_2, \cdots, \mathbf{v}_k \in \ker(\mathbf{F}))\end{aligned}$$

이므로 T가 ran($\mathbf{F}$)을 스팬한다.

이제 T가 일차독립임을 증명한다. 이를 위해

$$\alpha_{k+1}\mathbf{F}(\mathbf{v}_{k+1}) + \alpha_{k+2}\mathbf{F}(\mathbf{v}_{k+2}) + \cdots + \alpha_n\mathbf{F}(\mathbf{v}_n) = \mathbf{0}_W$$

이라 하자. 이 식을 만족하는 $\alpha_{k+1}, \alpha_{k+2}, \cdots, \alpha_n$의 값이 모두 0인 경우만 존재하면 T가 일차독립이다. 중첩원리 [정리 8.2]로부터 앞의 식은

$$\mathbf{F}\left(\alpha_{k+1}\mathbf{v}_{k+1} + \alpha_{k+2}\mathbf{v}_{k+2} + \cdots + \alpha_n\mathbf{v}_n'\right) = \mathbf{0}_W$$

으로 나타낼 수 있다. 일차변환의 핵의 정의 식 (8.13)로부터 벡터 $\alpha_{k+1}\mathbf{v}_{k+1} + \alpha_{k+2}\mathbf{v}_{k+2} + \cdots + \alpha_n\mathbf{v}_n$은 ker($\mathbf{F}$)에 속하며 ker($\mathbf{F}$)의 기저 $\{\mathbf{v}_1, \mathbf{v}_2, \cdots, \mathbf{v}_k\}$를 사용하여

$$\alpha_{k+1}\mathbf{v}_{k+1} + \alpha_{k+2}\mathbf{v}_{k+2} + \cdots + \alpha_n\mathbf{v}_n = \beta_1\mathbf{v}_1 + \beta_2\mathbf{v}_2 + \cdots + \beta_k\mathbf{v}_k$$

로 나타낼 수 있다. 이 식의 좌변을 우변으로 이항하면

$$\beta_1\mathbf{v}_1 + \beta_2\mathbf{v}_2 + \cdots + \beta_k\mathbf{v}_k - \alpha_{k+1}\mathbf{v}_{k+1} - \alpha_{k+2}\mathbf{v}_{k+2} - \cdots - \alpha_n\mathbf{v}_n = \mathbf{0}_V$$

이고 S는 일차독립이므로

$$\beta_1 = \beta_2 = \cdots = \beta_k = \alpha_{k+1} = \alpha_{k+2} = \cdots = \alpha_n = 0$$

이다. 따라서 T는 일차독립이며 ran($\mathbf{F}$)의 기저가 된다.

$k = 0$이면 ker($\mathbf{F}$)는 기저를 갖지 않는다. ■

제4절 일차변환의 행렬

일차변환의 표준행렬에 관한 [정리 8.4]는 $\mathbb{R}^n$과 $\mathbb{R}^m$의 벡터들이 표준기저의 일차결합으로 나타낼 수 있다는 전제하에 일차변환 $\mathbf{F}: \mathbb{R}^n \to \mathbb{R}^m$에 대응하는 행렬을 구

할 수 있다는 것이었다. 이 정리는 $\mathbb{R}^n$과 $\mathbb{R}^m$의 벡터들이 임의의 기저의 일차결합으로 나타낼 수 있다는 전제로 일반화할 수 있다.

4.1 좌표벡터

$S=\{\mathbf{v}_1, \mathbf{v}_2, \cdots, \mathbf{v}_k\}$를 n차원 벡터공간 V의 기저라고 하자. V의 임의의 벡터 $\mathbf{v}$에 대해서

$$\mathbf{v} = \alpha_1\mathbf{v}_1 + \alpha_2\mathbf{v}_2 + \cdots + \alpha_n\mathbf{v}_n$$

이면

$$[\mathbf{v}]_S = \begin{pmatrix} \alpha_1 \\ \alpha_2 \\ \vdots \\ \alpha_n \end{pmatrix}$$

을 $\mathbf{v}$의 기저 S에 대한 좌표벡터(coordinate vector of $\mathbf{v}$ with respect to the basis S)라 하고 $[\mathbf{v}]_S$의 성분을 $\mathbf{v}$의 S에 대한 좌표라고 한다. $\mathbf{v}$의 S에 대한 좌표벡터 $[\mathbf{v}]_S$은 $\alpha_1, \alpha_2, \ldots, \alpha_n$을 미지수로 갖는 연립일차방정식

$$\alpha_1\mathbf{v}_1 + \alpha_2\mathbf{v}_2 + \cdots + \alpha_n\mathbf{v}_n = \mathbf{v}$$

을 풀어서 구할 수 있다.

예

$S = \left\{\mathbf{v}_1 = \begin{pmatrix} 1 \\ -1 \\ 2 \end{pmatrix}, \mathbf{v}_2 = \begin{pmatrix} 0 \\ 2 \\ 1 \end{pmatrix}, \mathbf{v}_3 = \begin{pmatrix} 1 \\ 0 \\ 0 \end{pmatrix}\right\}$을 $\mathbb{R}^3$의 기저라고 하자.

$\mathbf{v} = \begin{pmatrix} 3 \\ -4 \\ 3 \end{pmatrix}$의 S에 대한 좌표벡터 $[\mathbf{v}]_S$를 구하시오.

풀이

$[\mathbf{v}]_S$를 구하려면 $\mathbf{v} = \alpha_1\mathbf{v}_1 + \alpha_2\mathbf{v}_2 + \alpha_3\mathbf{v}_3$을 만족하는 $\alpha_1, \alpha_2, \alpha_3$을 구해야 한다. 즉 연립일차방정식

$$\begin{pmatrix} 1 & 0 & 1 \\ -1 & 2 & 0 \\ 2 & 1 & 0 \end{pmatrix}\begin{pmatrix} \alpha_1 \\ \alpha_2 \\ \alpha_3 \end{pmatrix} = \begin{pmatrix} 3 \\ -4 \\ 3 \end{pmatrix}$$

을 풀어야 한다. 해를 구하면

$$\alpha_1 = 2, \ \alpha_2 = -1, \ \alpha_3 = 1$$

이다. 따라서

$$[\mathbf{v}]_S = \begin{pmatrix} 2 \\ -1 \\ 1 \end{pmatrix}$$

이다. ◀

4.2 일차변환의 행렬

정리 8.12 **일차변환의 행렬**

$\mathbf{F}: V \to W$를 n차원 벡터공간 V에서 m차원 벡터공간 W로의 일차변환이라 하고 $S = \{\mathbf{v}_1, \mathbf{v}_2, \cdots, \mathbf{v}_n\}$와 $T = \{\mathbf{w}_1, \mathbf{w}_2, \cdots, \mathbf{w}_m\}$를 각각 V와 W의 기저라고 하자. j번째 열이 $\mathbf{F}(\mathbf{v}_j)$의 T에 대한 좌표벡터 $[\mathbf{F}(\mathbf{v}_j)]_T$인 $m \times n$행렬 $\mathbf{A}$는

$$[\mathbf{F}(\mathbf{v})]_T = \mathbf{A}[\mathbf{v}]_S \quad \text{for} \quad \mathbf{v} \in V \tag{8.14}$$

을 만족시킨다. 이러한 행렬 $\mathbf{A}$를 기저 S와 T에 대한 $\mathbf{F}$의 행렬(matrix of $\mathbf{F}$ with respect to the bases S and T)이라 부른다.

증명

$j = 1, 2, \dots, n$에서 $\mathbf{F}(\mathbf{v}_j)$는 W의 벡터이고 T는 W의 기저이므로 $\mathbf{F}(\mathbf{v}_j)$는 T의 벡터들의 유일한 방식의 일차결합으로 나타낼 수 있다. 즉 $j = 1, 2, \dots, n$에서

$$\mathbf{F}\left(\mathbf{v}_j\right) = \alpha_{1j}\mathbf{w}_1 + \alpha_{2j}\mathbf{w}_2 + \cdots + \alpha_{mj}\mathbf{w}_m \tag{8.15}$$

을 만족하는 $a_{1j}, a_{2j}, \cdots, a_{mj}$이 유일한 형태로 존재한다. 따라서 $j = 1, 2, \dots, n$에서 $\mathbf{F}(\mathbf{v}_j)$의 T에 대한 좌표벡터는

$$[\mathbf{F}(\mathbf{v}_j)]_T = \begin{pmatrix} \alpha_{1j} \\ \alpha_{2j} \\ \vdots \\ \alpha_{mj} \end{pmatrix}$$

이다. 좌표벡터 $[\mathbf{F}(\mathbf{v}_j)]_T$은 연립일차방정식을 풀어서 구할 수 있다. $[\mathbf{F}(\mathbf{v}_j)]_T$을 j번째 열로 갖는 $m \times n$행렬을 $\mathbf{A}$로 정의하고 이 행렬이 식 (8.14)의 조건을 만족함을 보이면 된다.

V의 임의의 벡터를 $\mathbf{v}$라고 하자. $\mathbf{F}(\mathbf{v})$는 W의 벡터이다. $[\mathbf{v}]_S$와 $[\mathbf{F}(\mathbf{v})]_T$을 각각

$$[\mathbf{v}]_S = \begin{pmatrix} \beta_1 \\ \beta_2 \\ \vdots \\ \beta_n \end{pmatrix} \tag{8.16}$$

와

$$[\mathbf{F}(\mathbf{v})]_T = \begin{pmatrix} \gamma_1 \\ \gamma_2 \\ \vdots \\ \gamma_m \end{pmatrix} \tag{8.17}$$

이라 하자. 식 (8.16)은

$$\mathbf{v} = \beta_1\mathbf{v}_1 + \beta_2\mathbf{v}_2 + \cdots + \beta_n\mathbf{v}_n$$

을 의미한다. 따라서

$$\begin{aligned}
\mathbf{F}(\mathbf{v}) &= \mathbf{F}(\beta_1\mathbf{v}_1 + \beta_2\mathbf{v}_2 + \cdots + \beta_n\mathbf{v}_n) \\
&= \beta_1\mathbf{F}(\mathbf{v}_1) + \beta_2\mathbf{F}(\mathbf{v}_2) + \cdots + \beta_n\mathbf{F}(\mathbf{v}_n) \qquad (\text{중첩원리 [정리 8.2]}) \\
&= \beta_1(\alpha_{11}\mathbf{w}_1 + \alpha_{21}\mathbf{w}_2 + \cdots + \alpha_{m1}\mathbf{w}_m) \\
&\quad + \beta_2(\alpha_{12}\mathbf{w}_1 + \alpha_{22}\mathbf{w}_2 + \cdots + \alpha_{m2}\mathbf{w}_m) \\
&\qquad \vdots \\
&\quad + \beta_n(\alpha_{1n}\mathbf{w}_1 + \alpha_{2n}\mathbf{w}_2 + \cdots + \alpha_{mn}\mathbf{w}_m) \qquad (\text{식 (8.15)}) \\
&= (\alpha_{11}\beta_1 + \alpha_{12}\beta_2 + \cdots + \alpha_{1n}\beta_n)\mathbf{w}_1 \\
&\quad + (\alpha_{21}\beta_1 + \alpha_{22}\beta_2 + \cdots + \alpha_{2n}\beta_n)\mathbf{w}_2
\end{aligned}$$

$$\vdots$$

$$+\left(\alpha_{m1}\beta_1 + \alpha_{m2}\beta_2 + \cdots + \alpha_{mn}\beta_n\right)\mathbf{w}_m$$

이다.

식 (8.17)은

$$\mathbf{F}(\mathbf{v}) = \gamma_1\mathbf{w}_1 + \gamma_2\mathbf{w}_2 + \cdots + \gamma_m\mathbf{w}_m$$

을 의미한다. 따라서 $i = 1, 2, ..., m$에서

$$\gamma_i = \alpha_{i1}\beta_1 + \alpha_{i2}\beta_2 + \cdots + \alpha_{in}\beta_n \tag{8.18}$$

이다.

이제 $[\mathbf{F}(\mathbf{v}_j)]_T$을 j번째 열로 갖는 $m \times n$ 행렬 $\mathbf{A}$가 식 (8.14)의 조건을 만족함을 보여보자.

$$\mathbf{A}[\mathbf{v}]_S = \begin{pmatrix} \alpha_{11} & \alpha_{12} & \cdots & \alpha_{1n} \\ \alpha_{21} & \alpha_{22} & \cdots & \alpha_{2n} \\ \vdots & \vdots & \ddots & \vdots \\ \alpha_{m1} & \alpha_{m2} & \cdots & \alpha_{mn} \end{pmatrix}\begin{pmatrix} \beta_1 \\ \beta_2 \\ \vdots \\ \beta_m \end{pmatrix}$$

$$= \begin{pmatrix} \alpha_{11}\beta_1 + \alpha_{12}\beta_2 + \cdots + \alpha_{1n}\beta_n \\ \alpha_{21}\beta_1 + \alpha_{22}\beta_2 + \cdots + \alpha_{2n}\beta_n \\ \vdots \\ \alpha_{m1}\beta_1 + \alpha_{m2}\beta_2 + \cdots + \alpha_{mn}\beta_n \end{pmatrix} = \begin{pmatrix} \gamma_1 \\ \gamma_2 \\ \vdots \\ \gamma_m \end{pmatrix} \quad \text{(행렬곱의 정의와 식 (8.18))}$$

$$= [\mathbf{F}(\mathbf{v})]_T \qquad \text{(식 (8.17))}$$

■

$S = \{\mathbf{v}_1, \mathbf{v}_2, \cdots, \mathbf{v}_n\}$와 $T = \{\mathbf{w}_1, \mathbf{w}_2, \cdots, \mathbf{w}_m\}$가 각각 벡터공간 V와 W의 기저일 때 기저 S와 T에 대한 일차변환 $\mathbf{F} : V \to W$의 행렬 $\mathbf{A}$를 구하는 절차는 다음과 같이 요약할 수 있다.

단계 1 $j = 1, 2, ..., n$에서 $\mathbf{F}(\mathbf{v}_j)$을 계산한다.

단계 2 $\mathbf{F}(\mathbf{v}_j)$의 T에 대한 좌표벡터 $[\mathbf{F}(\mathbf{v}_j)]_T$을 구한다.

단계 3 $[\mathbf{F}(\mathbf{v}_j)]_T$을 j번째 열로 하는 행렬 $\mathbf{A}$를 구성한다.

예

$\mathbf{F} : \mathbb{R}^3 \rightarrow \mathbb{R}^2$을

$$\mathbf{F}\begin{pmatrix} x \\ y \\ z \end{pmatrix} = \begin{pmatrix} x+y+z \\ x+2y+3z \end{pmatrix}$$

으로 정의되는 일차변환이라고 하고 S와 T를 각각 $\mathbb{R}^3$와 $\mathbb{R}^2$의 표준기저라 하자. S와 T에 대한 $\mathbf{F}$의 행렬을 구하시오.

풀이

$$S = \{\mathbf{e}_1, \mathbf{e}_2, \mathbf{e}_3\},\ T = \{\tilde{\mathbf{e}}_1, \tilde{\mathbf{e}}_2\}$$

$$\mathbf{e}_1 = \begin{pmatrix} 1 \\ 0 \\ 0 \end{pmatrix},\ \mathbf{e}_2 = \begin{pmatrix} 0 \\ 1 \\ 0 \end{pmatrix},\ \mathbf{e}_3 = \begin{pmatrix} 0 \\ 0 \\ 1 \end{pmatrix},\ \tilde{\mathbf{e}}_1 = \begin{pmatrix} 1 \\ 0 \end{pmatrix},\ \tilde{\mathbf{e}}_2 = \begin{pmatrix} 0 \\ 1 \end{pmatrix}$$

이라 하자.

단계 1 $\mathbf{F}(\mathbf{e}_1) = \begin{pmatrix} 1 \\ 1 \end{pmatrix},\ \mathbf{F}(\mathbf{e}_2) = \begin{pmatrix} 1 \\ 2 \end{pmatrix},\ \mathbf{F}(\mathbf{e}_3) = \begin{pmatrix} 1 \\ 3 \end{pmatrix}$

단계 2 $\mathbf{F}(\mathbf{e}_1) = \begin{pmatrix} 1 \\ 1 \end{pmatrix} = 1\tilde{\mathbf{e}}_1 + 1\tilde{\mathbf{e}}_2$ 이므로 $[\mathbf{F}(\mathbf{e}_1)]_T = \begin{pmatrix} 1 \\ 1 \end{pmatrix}$

$\mathbf{F}(\mathbf{e}_2) = \begin{pmatrix} 1 \\ 2 \end{pmatrix} = 1\tilde{\mathbf{e}}_1 + 2\tilde{\mathbf{e}}_2$ 이므로 $[\mathbf{F}(\mathbf{e}_2)]_T = \begin{pmatrix} 1 \\ 2 \end{pmatrix}$

$\mathbf{F}(\mathbf{e}_3) = \begin{pmatrix} 1 \\ 3 \end{pmatrix} = 1\tilde{\mathbf{e}}_1 + 3\tilde{\mathbf{e}}_2$ 이므로 $[\mathbf{F}(\mathbf{e}_3)]_T = \begin{pmatrix} 1 \\ 3 \end{pmatrix}$

단계 3 $\mathbf{A} = \begin{pmatrix} 1 & 1 & 1 \\ 1 & 2 & 3 \end{pmatrix}$ ◀

예

$\mathbf{F} : \mathbb{R}^3 \rightarrow \mathbb{R}^2$을

$$\mathbf{F}\begin{pmatrix} x \\ y \\ z \end{pmatrix} = \begin{pmatrix} 1 & 1 & 0 \\ 0 & 1 & -1 \end{pmatrix}\begin{pmatrix} x \\ y \\ z \end{pmatrix}$$

으로 정의되는 일차변환이라고 하고

$$S=\left\{\mathbf{v}_1=\begin{pmatrix}1\\0\\1\end{pmatrix},\mathbf{v}_2=\begin{pmatrix}0\\1\\1\end{pmatrix},\mathbf{v}_3=\begin{pmatrix}1\\1\\1\end{pmatrix}\right\}$$

와

$$T=\left\{\mathbf{w}_1=\begin{pmatrix}1\\2\end{pmatrix},\mathbf{w}_2=\begin{pmatrix}-1\\1\end{pmatrix}\right\}$$

를 각각 $\mathbb{R}^3$와 $\mathbb{R}^2$의 기저라 하자. S와 T에 대한 $\mathbf{F}$의 행렬을 구하시오.

풀이

$$\mathbf{F}(\mathbf{v}_1)=\begin{pmatrix}1&1&0\\0&1&-1\end{pmatrix}\begin{pmatrix}1\\0\\1\end{pmatrix}=\begin{pmatrix}1\\-1\end{pmatrix}$$

좌표벡터 $[\mathbf{F}(\mathbf{v}_1)]_T$는 $\alpha_1\mathbf{w}_1+\alpha_2\mathbf{w}_2=\mathbf{F}(\mathbf{v}_1)$을 만족하는 α_1,α_2를 요소로 갖는 벡터이다.

$$\begin{pmatrix}1&-1\\2&1\end{pmatrix}\begin{pmatrix}\alpha_1\\\alpha_2\end{pmatrix}=\begin{pmatrix}1\\-1\end{pmatrix}$$

의 해를 구하면 $\alpha_1=0$, $\alpha_2=-1$이므로

$$[\mathbf{F}(\mathbf{v}_1)]_T=\begin{pmatrix}0\\-1\end{pmatrix}$$

이다.

$$\mathbf{F}(\mathbf{v}_2)=\begin{pmatrix}1&1&0\\0&1&-1\end{pmatrix}\begin{pmatrix}0\\1\\1\end{pmatrix}=\begin{pmatrix}1\\0\end{pmatrix}$$

좌표벡터 $[\mathbf{F}(\mathbf{v}_2)]_T$는 $\alpha_1\mathbf{w}_1+\alpha_2\mathbf{w}_2=\mathbf{F}(\mathbf{v}_2)$을 만족하는 α_1,α_2를 요소로 갖는 벡터이다.

$$\begin{pmatrix}1&-1\\2&1\end{pmatrix}\begin{pmatrix}\alpha_1\\\alpha_2\end{pmatrix}=\begin{pmatrix}1\\0\end{pmatrix}$$

의 해를 구하면 $\alpha_1 = \frac{1}{3}$, $\alpha_2 = -\frac{2}{3}$ 이므로

$$[\mathbf{F}(\mathbf{v}_2)]_T = \begin{pmatrix} \frac{1}{3} \\ -\frac{2}{3} \end{pmatrix}$$

이다.

$$\mathbf{F}(\mathbf{v}_3) = \begin{pmatrix} 1 & 1 & 0 \\ 0 & 1 & -1 \end{pmatrix} \begin{pmatrix} 1 \\ 1 \\ 1 \end{pmatrix} = \begin{pmatrix} 2 \\ 0 \end{pmatrix}$$

좌표벡터 $[\mathbf{F}(\mathbf{v}_3)]_T$는 $\alpha_1 \mathbf{w}_1 + \alpha_2 \mathbf{w}_2 = \mathbf{F}(\mathbf{v}_3)$을 만족하는 α_1, α_2를 요소로 갖는 벡터이다.

$$\begin{pmatrix} 1 & -1 \\ 2 & 1 \end{pmatrix} \begin{pmatrix} \alpha_1 \\ \alpha_2 \end{pmatrix} = \begin{pmatrix} 2 \\ 0 \end{pmatrix}$$

의 해를 구하면 $\alpha_1 = \frac{2}{3}$, $\alpha_2 = -\frac{4}{3}$ 이므로

$$[\mathbf{F}(\mathbf{v}_3)]_T = \begin{pmatrix} \frac{2}{3} \\ -\frac{4}{3} \end{pmatrix}$$

이다.

따라서
$$\mathbf{A} = \begin{pmatrix} 0 & \frac{1}{3} & \frac{2}{3} \\ -1 & -\frac{2}{3} & -\frac{4}{3} \end{pmatrix}$$ ◀

[그림 8.10]은 [정리 8.12]의 식 (8.14)의 의미를 그림으로 나타낸 것이다. 행렬 $\mathbf{A}$를 구할 수 있으면 [그림 8.10]에 나타낸 것처럼 $\mathbf{F}(\mathbf{v})$를 다음과 같은 3단계의 간접과정에 의해 계산할 수 있다.

(1) 좌표벡터 $[\mathbf{v}]_S$를 계산한다.

(2) $[\mathbf{v}]_S$의 좌측에 $\mathbf{A}$를 곱하여 $[\mathbf{F}(\mathbf{v})]_T$를 구한다.

(3) 좌표벡터 $[\mathbf{F}(\mathbf{v})]_T$에서 $\mathbf{F}(\mathbf{v})$를 재구성한다.

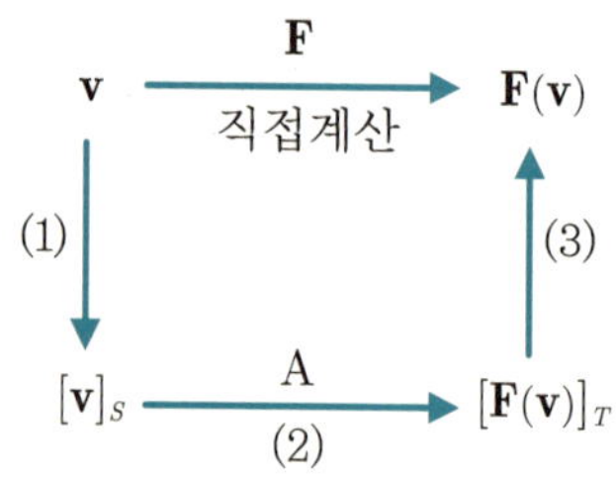

그림 8.10

예

$\mathbf{F} : \mathbb{R}^4 \to \mathbb{R}^3$을

$$\mathbf{F}\begin{pmatrix} x_1 \\ x_2 \\ x_3 \\ x_4 \end{pmatrix} = \begin{pmatrix} 1 & 1 & 0 & 1 \\ 0 & 1 & -1 & 1 \\ -1 & -1 & 1 & 0 \end{pmatrix}\begin{pmatrix} x_1 \\ x_2 \\ x_3 \\ x_4 \end{pmatrix}$$

으로 정의되는 일차변환이라고 하고

$$S = \left\{\mathbf{v}_1 = \begin{pmatrix} 1 \\ 1 \\ 0 \\ 0 \end{pmatrix}, \mathbf{v}_2 = \begin{pmatrix} 0 \\ 1 \\ 0 \\ 0 \end{pmatrix}, \mathbf{v}_3 = \begin{pmatrix} 0 \\ 0 \\ 1 \\ 1 \end{pmatrix}, \mathbf{v}_4 = \begin{pmatrix} 0 \\ 1 \\ 1 \\ 0 \end{pmatrix}\right\}$$

와

$$T = \left\{\mathbf{w}_1 = \begin{pmatrix} 1 \\ 0 \\ 1 \end{pmatrix}, \mathbf{w}_2 = \begin{pmatrix} 0 \\ 1 \\ 1 \end{pmatrix}, \mathbf{w}_3 = \begin{pmatrix} 0 \\ 0 \\ 1 \end{pmatrix}\right\}$$

를 각각 $\mathbb{R}^4$와 $\mathbb{R}^3$의 기저라 하자. 기저 S와 T에 대한 $\mathbf{F}$의 행렬 $\mathbf{A}$를 구하고

$$\mathbf{F}\begin{pmatrix} 1 \\ 2 \\ 3 \\ 4 \end{pmatrix}$$

를 [그림 8.10]에 나타낸 3단계의 간접과정에 의해 계산하시오.

풀이

$$\mathbf{F}(\mathbf{v}_1)=\begin{pmatrix}1 & 1 & 0 & 1\\ 0 & 1 & -1 & 1\\ -1 & -1 & 1 & 0\end{pmatrix}\begin{pmatrix}1\\1\\0\\0\end{pmatrix}=\begin{pmatrix}2\\1\\-2\end{pmatrix}$$

좌표벡터 $[\mathbf{F}(\mathbf{v}_1)]_T$는 $\alpha_1\mathbf{w}_1+\alpha_2\mathbf{w}_2+\alpha_3\mathbf{w}_3=\mathbf{F}(\mathbf{v}_1)$을 만족하는 $\alpha_1,\alpha_2,\alpha_3$를 요소로 갖는 벡터이다.

$$\begin{pmatrix}1 & 0 & 0\\ 0 & 1 & 0\\ 1 & 1 & 1\end{pmatrix}\begin{pmatrix}\alpha_1\\ \alpha_2\\ \alpha_3\end{pmatrix}=\begin{pmatrix}2\\1\\-2\end{pmatrix}$$

의 해를 구하면 $\alpha_1=2,\ \alpha_2=1,\ \alpha_3=5$이므로

$$[\mathbf{F}(\mathbf{v}_1)]_T=\begin{pmatrix}2\\1\\-5\end{pmatrix}$$

이다.

$$\mathbf{F}(\mathbf{v}_2)=\begin{pmatrix}1 & 1 & 0 & 1\\ 0 & 1 & -1 & 1\\ -1 & -1 & 1 & 0\end{pmatrix}\begin{pmatrix}0\\1\\0\\0\end{pmatrix}=\begin{pmatrix}1\\1\\-1\end{pmatrix}$$

좌표벡터 $[\mathbf{F}(\mathbf{v}_2)]_T$는 $\alpha_1\mathbf{w}_1+\alpha_2\mathbf{w}_2+\alpha_3\mathbf{w}_3=\mathbf{F}(\mathbf{v}_2)$을 만족하는 $\alpha_1,\alpha_2,\alpha_3$를 요소로 갖는 벡터이다.

$$\begin{pmatrix}1 & 0 & 0\\ 0 & 1 & 0\\ 1 & 1 & 1\end{pmatrix}\begin{pmatrix}\alpha_1\\ \alpha_2\\ \alpha_3\end{pmatrix}=\begin{pmatrix}1\\1\\-1\end{pmatrix}$$

의 해를 구하면 $\alpha_1=1,\ \alpha_2=1,\ \alpha_3=-3$이므로

$$[\mathbf{F}(\mathbf{v}_2)]_T=\begin{pmatrix}1\\1\\-3\end{pmatrix}$$

이다.

$$\mathbf{F}(\mathbf{v}_3)=\begin{pmatrix}1&1&0&1\\0&1&-1&1\\-1&-1&1&0\end{pmatrix}\begin{pmatrix}0\\0\\1\\1\end{pmatrix}=\begin{pmatrix}1\\0\\1\end{pmatrix}$$

좌표벡터 $[\mathbf{F}(\mathbf{v}_3)]_T$는 $\alpha_1\mathbf{w}_1+\alpha_2\mathbf{w}_2+\alpha_3\mathbf{w}_3=\mathbf{F}(\mathbf{v}_3)$을 만족하는 $\alpha_1,\alpha_2,\alpha_3$를 요소로 갖는 벡터이다.

$$\begin{pmatrix}1&0&0\\0&1&0\\1&1&1\end{pmatrix}\begin{pmatrix}\alpha_1\\\alpha_2\\\alpha_3\end{pmatrix}=\begin{pmatrix}1\\0\\1\end{pmatrix}$$

의 해를 구하면 $\alpha_1=1,\ \alpha_2=0,\ \alpha_3=0$이므로

$$[\mathbf{F}(\mathbf{v}_3)]_T=\begin{pmatrix}1\\0\\0\end{pmatrix}$$

이다.

$$\mathbf{F}(\mathbf{v}_4)=\begin{pmatrix}1&1&0&1\\0&1&-1&1\\-1&-1&1&0\end{pmatrix}\begin{pmatrix}0\\1\\1\\0\end{pmatrix}=\begin{pmatrix}1\\0\\0\end{pmatrix}$$

좌표벡터 $[\mathbf{F}(\mathbf{v}_4)]_T$는 $\alpha_1\mathbf{w}_1+\alpha_2\mathbf{w}_2+\alpha_3\mathbf{w}_3=\mathbf{F}(\mathbf{v}_4)$을 만족하는 $\alpha_1,\alpha_2,\alpha_3$를 요소로 갖는 벡터이다.

$$\begin{pmatrix}1&0&0\\0&1&0\\1&1&1\end{pmatrix}\begin{pmatrix}\alpha_1\\\alpha_2\\\alpha_3\end{pmatrix}=\begin{pmatrix}1\\0\\0\end{pmatrix}$$

의 해를 구하면 $\alpha_1=1,\ \alpha_2=0,\ \alpha_3=-1$이므로

$$[\mathbf{F}(\mathbf{v}_4)]_T=\begin{pmatrix}1\\0\\-1\end{pmatrix}$$

이다. 따라서

$$\mathbf{A}=\begin{pmatrix} 2 & 1 & 1 & 1 \\ 1 & 1 & 0 & 0 \\ -5 & -3 & 0 & -1 \end{pmatrix}$$

이다.

$$\mathbf{v}=\begin{pmatrix} 1 \\ 2 \\ 3 \\ 4 \end{pmatrix}$$

이라 하자. $\mathbf{F}(\mathbf{v})$를 직접 계산하면

$$\mathbf{F}\begin{pmatrix} 1 \\ 2 \\ 3 \\ 4 \end{pmatrix}=\begin{pmatrix} 1 & 1 & 0 & 1 \\ 0 & 1 & -1 & 1 \\ -1 & -1 & 1 & 0 \end{pmatrix}\begin{pmatrix} 1 \\ 2 \\ 3 \\ 4 \end{pmatrix}=\begin{pmatrix} 7 \\ 3 \\ 0 \end{pmatrix}$$

이다.

좌표벡터 $[\mathbf{v}]_S$는 $\alpha_1\mathbf{v}_1+\alpha_2\mathbf{v}_2+\alpha_3\mathbf{v}_3+\alpha_4\mathbf{v}_4=\mathbf{v}$을 만족하는 $\alpha_1, \alpha_2, \alpha_3, \alpha_4$를 요소로 갖는 벡터이다.

$$\begin{pmatrix} 1 & 0 & 0 & 0 \\ 1 & 1 & 0 & 1 \\ 0 & 0 & 1 & 1 \\ 0 & 0 & 1 & 0 \end{pmatrix}\begin{pmatrix} \alpha_1 \\ \alpha_2 \\ \alpha_3 \\ \alpha_4 \end{pmatrix}=\begin{pmatrix} 1 \\ 2 \\ 3 \\ 4 \end{pmatrix}$$

의 해를 구하면 $\alpha_1=1,\ \alpha_2=2,\ \alpha_3=4,\ \alpha_4=-1$이므로

$$[\mathbf{v}]_S=\begin{pmatrix} 1 \\ 2 \\ 4 \\ -1 \end{pmatrix}$$

이다. $[\mathbf{v}]_S$의 좌측에 $\mathbf{A}$를 곱하여 $[\mathbf{F}(\mathbf{v})]_T$를 구하면

$$[\mathbf{F}(\mathbf{v})]_T = \begin{pmatrix} 2 & 1 & 1 & 1 \\ 1 & 1 & 0 & 0 \\ -5 & -3 & 0 & -1 \end{pmatrix} \begin{pmatrix} 1 \\ 2 \\ 4 \\ -1 \end{pmatrix} = \begin{pmatrix} 7 \\ 3 \\ -10 \end{pmatrix}$$

이다. 좌표벡터 $[\mathbf{F}(\mathbf{v})]_T$에서 $\mathbf{F}(\mathbf{v})$를 재구성하면

$$\begin{aligned} \mathbf{F}(\mathbf{v}) &= 7\mathbf{w}_1 + 3\mathbf{w}_2 + (-10)\,\mathbf{w}_3 \\ &= 7\begin{pmatrix} 1 \\ 0 \\ 1 \end{pmatrix} + 3\begin{pmatrix} 0 \\ 1 \\ 1 \end{pmatrix} + (-10)\begin{pmatrix} 0 \\ 0 \\ 1 \end{pmatrix} = \begin{pmatrix} 7 \\ 3 \\ 0 \end{pmatrix} \end{aligned}$$

◀

연습문제

(1~4) $\mathbf{F}$가 일차변환인가를 결정하시오.

1. $\mathbf{F}(x, y) = (x+1, y, x+y)$

2. $\mathbf{F}(x, y, z) = (x+y, y, x-z)$

3. $\mathbf{F}(x, y) = \left(x^2 + x, y - y^2\right)$

4. $\mathbf{F}(x, y, z) = (x+y, 0, 2x-z)$

(5~8) $\mathbf{F_A}$가 $\mathbf{A}$의 곱으로 정의된 행렬변환이라고 할 때 $\mathbf{F_A}(\mathbf{x}) = \mathbf{b}$를 만족하는 벡터 $\mathbf{x}$를 구하시오.

5. $\mathbf{A} = \begin{pmatrix} 1 & 2 & 0 \\ 0 & -1 & 3 \\ 2 & 5 & -3 \end{pmatrix}, \ \mathbf{b} = \begin{pmatrix} 1 \\ -1 \\ 3 \end{pmatrix}$

6. $\mathbf{A} = \begin{pmatrix} 1 & 2 & 0 \\ 0 & -1 & 3 \\ 2 & 5 & -3 \end{pmatrix}, \ \mathbf{b} = \begin{pmatrix} 2 \\ 1 \\ 1 \end{pmatrix}$

7. $\mathbf{A} = \begin{pmatrix} 2 & 1 & 5 & 0 \\ 3 & -2 & 4 & -7 \\ -1 & 2 & 0 & 5 \end{pmatrix}, \ \mathbf{b} = \begin{pmatrix} 7 \\ 0 \\ 4 \end{pmatrix}$

8. $\mathbf{A} = \begin{pmatrix} 2 & 1 & 5 & 0 \\ 3 & -2 & 4 & -7 \\ -1 & 2 & 0 & 5 \end{pmatrix}, \ \mathbf{b} = \begin{pmatrix} -1 \\ 2 \\ 3 \end{pmatrix}$

(9~12) 일차변환 $\mathbf{F}$의 표준행렬을 찾고 이를 이용해 $\mathbf{F}(\mathbf{x})$를 구하시오.

9. $\mathbf{F}(x_1, x_2) = (-x_1 + x_2, x_2)$, $\mathbf{x} = (-1, 4)$

10. $\mathbf{F}(x_1, x_2, x_3) = (2x_1 - x_2 + x_3, x_2 + x_3, 0)$, $\mathbf{x} = (2, 1, -3)$

11. $\mathbf{F}(x_1, x_2, x_3) = (4x_1, -x_2 + x_3)$, $\mathbf{x} = (2, 0, -5)$

12. $\mathbf{F}(x_1, x_2) = (3x_1, -5x_2)$, $\mathbf{x} = (-4, 0)$

13. 행렬곱을 사용해서 $\mathbf{x} = (3, 4)$을 반시계방향으로 $45°$ 회전시킨 벡터를 찾으시오.

14. 행렬곱을 사용해서 $\mathbf{x} = (4, 3)$을 반시계방향으로 $30°$ 회전시킨 벡터를 찾으시오.

15. 원점을 지나고 양의 x 축과의 각도가 $60°$인 직선에 관한 반사로 $\mathbf{x} = (3, 4)$의 상을 구하시오.

16. 원점을 지나고 양의 x 축과의 각도가 $45°$ 인 직선에 관한 반사로 $\mathbf{x} = (4, 3)$의 상을 구하시오.

(17~19) 다음 행렬이 직교행렬임을 확인하고 역행렬을 구하시오.

17. $\begin{pmatrix} \frac{3}{5} & -\frac{4}{5} \\ \frac{4}{5} & \frac{3}{5} \end{pmatrix}$

18. $\begin{pmatrix} \frac{2}{3} & -\frac{2}{3} & \frac{1}{3} \\ \frac{2}{3} & \frac{1}{3} & -\frac{2}{3} \\ \frac{1}{3} & \frac{2}{3} & \frac{2}{3} \end{pmatrix}$

19. $\mathbf{F} : \mathbb{R}^2 \to \mathbb{R}^2$이 $\mathbf{F}(x_1, x_2) = (x_1, 0)$으로 정의되는 일차변환이라고 하자. $\mathbf{F}$의 핵을 구하고 $\mathbf{F}$가 일대일변환인가를 결정하시오.

20. $\mathbf{F}:\mathbb{R}^4 \to \mathbb{R}^2$이 $\mathbf{F}(x_1, x_2, x_3, x_4) = (x_1+x_3, x_2+x_4)$으로 정의되는 일차변환이라고 하자. $\mathbf{F}$의 핵을 구하고 $\mathbf{F}$가 일대일변환인가를 결정하시오.

21. $\mathbf{F}:\mathbb{R}^2 \to \mathbb{R}^3$이 $\mathbf{F}(x_1, x_2) = (x_1, x_3 + x_2, x_2)$으로 정의되는 일차변환이라고 하자. $\mathbf{F}$의 핵을 구하고 $\mathbf{F}$가 일대일변환인가를 결정하시오.

(22~24) 표준행렬이 $\mathbf{A}$인 일차변환의 핵을 구하시오.

22. $\mathbf{A} = \begin{pmatrix} 1 & 1 \\ 2 & 2 \end{pmatrix}$

23. $\mathbf{A} = \begin{pmatrix} 1 & 2 & -3 \\ -1 & -2 & 3 \\ 4 & 4 & 4 \end{pmatrix}$

24. $\mathbf{A} = \begin{pmatrix} 1 & 2 & 1 & 3 \\ 2 & 1 & -1 & 2 \\ 1 & 0 & 0 & -1 \\ 4 & 1 & -1 & 0 \end{pmatrix}$

25. $\mathbf{F}:\mathbb{R}^4 \to \mathbb{R}^3$이 $\mathbf{F}(x_1, x_2, x_3, x_4) = (x_1 + x_2, x_3 + x_4, x_1 + x_3)$으로 정의되는 일차변환이라고 하자. $\mathbf{F}$의 치역의 기저를 구하고 $\mathbf{F}$가 위로변환인가를 결정하시오.

26. $\mathbf{F}:\mathbb{R}^3 \to \mathbb{R}^3$이 $\mathbf{F}(x_1, x_2, x_3) = (2x_1 - x_2, x_1 + x_3, x_2 - x_3)$으로 정의되는 일차변환이라고 하자. $\mathbf{F}$의 치역의 기저를 구하고 $\mathbf{F}$가 위로변환인가를 결정하시오.

27. $\mathbf{w} = (3, -7)$, $\mathbf{v}_1 = (1, 0)$, $\mathbf{v}_2 = (0, 1)$이라고 하자. $\mathbb{R}^2$의 기저 $S = \{\mathbf{v}_1, \mathbf{v}_2\}$에 대한 좌표벡터 $[\mathbf{w}]_S$를 구하시오.

28. $\mathbb{R}^3$의 기저 $S=\{\mathbf{v}_1, \mathbf{v}_2, \mathbf{v}_3\}$에 대한 좌표벡터 $[\mathbf{w}]_S$를 구하시오. 여기서 $\mathbf{w}=(2, -1, 3)$, $\mathbf{v}_1=(1, 0, 0)$, $\mathbf{v}_2=(2, 2, 0)$, $\mathbf{v}_3=(3, 3, 3)$이다.

29. $\mathbb{R}^3$의 기저 $S=\{\mathbf{v}_1, \mathbf{v}_2, \mathbf{v}_3\}$에 대한 좌표벡터 $[\mathbf{w}]_S$를 구하시오. 여기서 $\mathbf{w}=(5, -12, 3)$, $\mathbf{v}_1=(1, 2, 3)$, $\mathbf{v}_2=(-4, 5, 6)$, $\mathbf{v}_3=(7, -8, 9)$이다.

30. $\mathbf{F}: \mathbb{R}^2 \to \mathbb{R}^3$을 $\mathbf{F}(x_1, x_2)=(x_2, -5x_1+13x_2, -7x_1+16x_2)$으로 정의되는 일차변환이라 하고 $S=\{\mathbf{v}_1, \mathbf{v}_2\}$와 $T=\{\mathbf{w}_1, \mathbf{w}_2, \mathbf{w}_3\}$를 각각 $\mathbb{R}^2$와 $\mathbb{R}^3$의 기저라고 하자. 여기서 $\mathbf{v}_1=(3, 1)$, $\mathbf{v}_2=(5, 2)$, $\mathbf{w}_1=(1, 0, -1)$, $\mathbf{w}_2=(-1, 2, 2)$, $\mathbf{w}_3=(0, 0, 2)$이다. S와 T에 대한 $\mathbf{F}$의 행렬을 구하시오.

제 9 장

고유치와 고유벡터

제1절 고유치와 고유벡터

1.1 고유치와 고유벡터

$\mathbf{A}$는 $n \times n$ 행렬이고 $\mathbf{x}$는 $\mathbb{R}^n$에 속하는 비영(非零)벡터라 하자. 어떤 스칼라 λ에 대해서

$$\mathbf{Ax} = \lambda\mathbf{x} \tag{9.1}$$

이면 $\mathbf{x}$를 $\mathbf{A}$의 고유벡터(固有벡터, eigenvector)라 하며 스칼라 λ를 $\mathbf{A}$의 고유치(固有値, eigenvalue)라 한다. 특히 $\mathbf{x}$는 λ에 대응하는 고유벡터라 부른다.

예

$\mathbf{A} = \begin{pmatrix} 1 & 6 \\ 5 & 2 \end{pmatrix}$, $\mathbf{u} = \begin{pmatrix} 6 \\ -5 \end{pmatrix}$, $\mathbf{v} = \begin{pmatrix} 3 \\ -2 \end{pmatrix}$라 하자. $\mathbf{u}$와 $\mathbf{v}$는 $\mathbf{A}$의 고유벡터가 되는가?

풀이

$\mathbf{Ax} = \lambda\mathbf{x}$을 만족하는 λ를 찾으면 된다.

$$\mathbf{Au} = \begin{pmatrix} 1 & 6 \\ 5 & 2 \end{pmatrix}\begin{pmatrix} 6 \\ -5 \end{pmatrix} = \begin{pmatrix} -24 \\ 20 \end{pmatrix} = -4\begin{pmatrix} 6 \\ -5 \end{pmatrix} = -4\mathbf{u}$$

$$\mathbf{Av} = \begin{pmatrix} 1 & 6 \\ 5 & 2 \end{pmatrix}\begin{pmatrix} 3 \\ -2 \end{pmatrix} = \begin{pmatrix} -9 \\ 11 \end{pmatrix} \neq \lambda\begin{pmatrix} 3 \\ -2 \end{pmatrix}$$

따라서 $\mathbf{u}$는 $\mathbf{A}$의 고유벡터이지만 $\mathbf{v}$는 $\mathbf{A}$의 고유벡터가 되지 못한다. ◀

1.2 특성방정식

정리 9.1 **고유치와 고유벡터의 정의식**

$\mathbf{Ax} = \lambda\mathbf{x}$은 $(\lambda\mathbf{I} - \mathbf{A})\,\mathbf{x} = 0$과 동치이다.

증명

$\mathbf{Ax} = \lambda\mathbf{x}$

$\Rightarrow \ \lambda\mathbf{x} - \mathbf{Ax} = 0$

$\Rightarrow \quad \lambda\mathbf{I}\mathbf{x} - \mathbf{A}\mathbf{x} = 0 \qquad$ (항등행렬의 성질, $\mathbf{I}\mathbf{x} = \mathbf{x}$)

$\Rightarrow \quad (\lambda\mathbf{I} - \mathbf{A})\mathbf{x} = 0 \qquad$ (행렬곱셈의 성질 [정리 4.2] ③) ■

λ가 $\mathbf{A}$의 고유치가 되기 위해서는 식 (9.1)의 $\mathbf{A}\mathbf{x} = \lambda\mathbf{x}$을 만족하는 영이 아닌 벡터 $\mathbf{x}$가 존재해야 한다. 따라서 λ가 $\mathbf{A}$의 고유치가 되기 위해서는 $(\lambda\mathbf{I} - \mathbf{A})\mathbf{x} = 0$을 만족하는 영이 아닌 벡터(비자명해) $\mathbf{x}$가 존재해야 하며 (행렬식과 동차연립방정식의 해에 관한 [정리 6.15]로부터)

$$|\lambda\mathbf{I} - \mathbf{A}| = 0 \tag{9.2}$$

을 만족해야 한다. 즉 $n \times n$ 행렬 $\mathbf{A}$가 주어져 있을 때 $\mathbf{A}$의 고유치[1]는 식 (9.2)를 만족하는 λ이며 이런 관점에서 식 (9.2)를 $\mathbf{A}$의 특성방정식(特性方程式, characteristic equation)이라고 한다. 특성방정식 $|\lambda\mathbf{I} - \mathbf{A}| = 0$에서 좌변 $|\lambda\mathbf{I} - \mathbf{A}|$을 전개하면 λ의 n차 다항식이 되며 이것을 $\mathbf{A}$의 특성다항식(特性多項式, characteristic polynomial)이라 한다.

예

다음 행렬의 특성다항식을 찾으시오.

$$\begin{pmatrix} 1 & 2 & 1 \\ 0 & 1 & 2 \\ -1 & 3 & 2 \end{pmatrix}$$

풀이

$$\lambda\mathbf{I} - \mathbf{A} = \lambda\begin{pmatrix} 1 & 0 & 0 \\ 0 & 1 & 0 \\ 0 & 0 & 1 \end{pmatrix} - \begin{pmatrix} 1 & 2 & 1 \\ 0 & 1 & 2 \\ -1 & 3 & 2 \end{pmatrix} = \begin{pmatrix} \lambda-1 & -2 & -1 \\ 0 & \lambda-1 & -2 \\ 1 & -3 & \lambda-2 \end{pmatrix} \text{이므로}$$

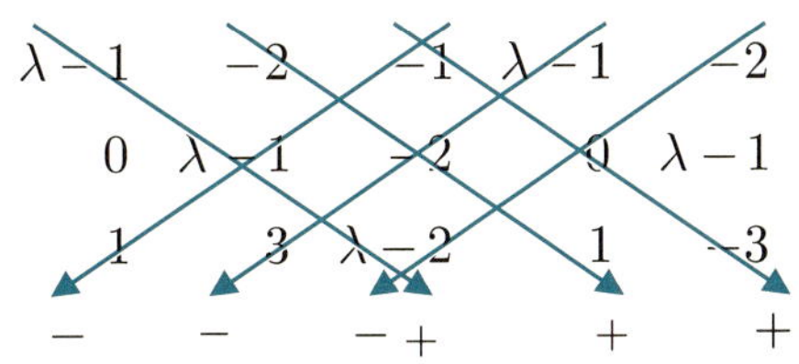

---

[1] 고유치는 특성치(特性值, characteristic value)라고도 부른다.

$$|\lambda\mathbf{I}-\mathbf{A}| = \begin{vmatrix} \lambda-1 & -2 & -1 \\ 0 & \lambda-1 & -2 \\ 1 & -3 & \lambda-2 \end{vmatrix}$$

$$= (\lambda-1)(\lambda-1)(\lambda-2)+(-2)(-2)(1)+(-1)(0)(-3)$$

$$-(-1)(\lambda-1)(1)-(\lambda-1)(-2)(-3)-(-2)(0)(\lambda-2)$$

$$= \left(\lambda^3-4\lambda^2+5\lambda-2\right)+4+0-(-\lambda+1)-(6\lambda-6)-0$$

$$= \lambda^3-4\lambda^2+7$$ ◀

1.3 다항방정식의 해법

어떤 정방행렬의 고유치를 구하는 문제는 고차다항방정식의 근을 구하는 문제와 같다. 2차 다항방정식, 즉 2차방정식(二次方程式, quadratic equation) $ax^2+bx+c=0$의 근은 근의 공식(根의 公式, quadratic formula)

$$x = \frac{-b \pm \sqrt{b^2-4ac}}{2a}$$

으로 구할 수 있다.

예

$\begin{pmatrix} 2 & -1 \\ 1 & -3 \end{pmatrix}$의 고유치를 구하시오.

풀이

$$\lambda\mathbf{I}-\mathbf{A} = \lambda\begin{pmatrix} 1 & 0 \\ 0 & 1 \end{pmatrix} - \begin{pmatrix} 2 & -1 \\ 1 & -3 \end{pmatrix} = \begin{pmatrix} \lambda-2 & 1 \\ -1 & \lambda+3 \end{pmatrix}$$

$$|\lambda\mathbf{I}-\mathbf{A}| = (\lambda-2)(\lambda+3)-(1)(-1) = \lambda^2+\lambda-5$$

따라서 $\mathbf{A}$의 고유치는

$$\lambda = \frac{-(1)+\sqrt{(1)^2-4(1)(-5)}}{2(1)} = \frac{-1+\sqrt{21}}{2} \text{ 와 } \frac{-1-\sqrt{21}}{2}$$ ◀

예

$\begin{pmatrix} 2 & 1 \\ -1 & 3 \end{pmatrix}$의 고유치를 구하시오.

풀이

$|\lambda\mathbf{I} - \mathbf{A}| = \lambda^2 - 5\lambda + 7$이다. 2차방정식 $\lambda^2 - 5\lambda + 7 = 0$은 실근을 갖지 않으며 따라서 $\mathbf{A}$는 실고유치를 갖지 않는다. ◀

3차 또는 4차 이상의 다항방정식의 근을 구하는 하나의 편리한 방법은 인수분해(因數分解, factorization)[2)]를 이용하는 것이다. 인수분해방법에는 일반적인 규칙이 존재하지 않으므로 시행착오를 거쳐야 하지만 다항식이 갖는 성질을 이용하면 시행착오를 줄일 수 있다. n차 다항식

$$P(x) = a_n x^n + a_{n-1} x^{n-1} + \cdots + a_2 x^2 + a_1 x + a_0 \tag{9.3}$$

이 $(x - \alpha)$을 인수(α는 정수)로 갖는다면 α는 a_0의 약수(約數, divisor)에 $+$와 $-$ 부호를 붙인 값들 중 하나이다.

예

$x^3 - 5x^2 + 2x + 8$을 인수분해하시오.

풀이

8의 약수에 $+$와 $-$ 부호를 붙이면 $\pm1, \pm2, \pm4, \pm8$이다. 이들 값을 계속하여 대입해 보면 -1, 2, 4를 대입하였을 때 0이 됨을 알 수 있다. 따라서

$$x^3 - 5x^2 + 2x + 8 = (x+1)(x-2)(x-4)$$

이다. ◀

예

$\begin{pmatrix} 4 & 0 & 1 \\ -2 & 1 & 0 \\ -2 & 0 & 1 \end{pmatrix}$의 고유치를 구하시오.

2) 주어진 정수 또는 다항식의 인수(因數, factor)를 결정하는 과정을 말한다.

풀이

$\mathbf{A}$의 특성다항식은

$$|\lambda\mathbf{I}-\mathbf{A}|=\lambda^3-6\lambda^2+11\lambda-6=(\lambda-1)(\lambda-2)(\lambda-3)$$

이다. 따라서 $\mathbf{A}$의 고유치는

$$\lambda_1=1,\ \lambda_2=2,\ \lambda_3=3$$

이다. ◀

1.4 고유치로 나타낸 행렬식과 대각합

정리 9.2 **고유치로 나타낸 행렬식과 대각합**

$\mathbf{A}$를 고유치 $\lambda_1, \lambda_2, \cdots, \lambda_n$(중복수 만큼 반복됨)를 갖는 $n\times n$ 행렬이면

① $|\mathbf{A}|=\lambda_1\lambda_2\cdots\lambda_n$

② $\mathrm{tr}(\mathbf{A})=\lambda_1+\lambda_2+\cdots+\lambda_n$

증명

① $\mathbf{A}$의 특성다항식을 인수분해된 형식으로 나타내면

$$|\lambda\mathbf{I}-\mathbf{A}|=(\lambda-\lambda_1)(\lambda-\lambda_2)\cdots(\lambda-\lambda_n)$$

이다. $\lambda=0$으로 놓으면

$$|-\mathbf{A}|=(-1)^n(\lambda_1\lambda_2\cdots\lambda_n)$$

이다. 그런데 $|-\mathbf{A}|=(-1)^n$ 이므로

$$|\mathbf{A}|=\lambda_1\lambda_2\cdots\lambda_n$$

이다.

② $\mathbf{A}=(a_{ij})$이라 하면 $\mathbf{A}$의 특성다항식은

$$|\lambda\mathbf{I}-\mathbf{A}|=\begin{vmatrix}\lambda-a_{11} & -a_{12} & \cdots & -a_{1n}\\ -a_{21} & \lambda-a_{22} & \cdots & -a_{2n}\\ \vdots & \vdots & \ddots & \vdots\\ -a_{n1} & -a_{n2} & \cdots & \lambda-a_{nn}\end{vmatrix} \tag{9.4}$$

로 나타낼 수 있다. $|\lambda\mathbf{I}-\mathbf{A}|$을 부호부기본곱의 합으로 계산한다면 주대각요소 이외의 요소를 인수로 포함하는 기본곱은 최대로 λ가 포함된 $n-2$개의 인수를 가질 것이다. 예를 들어 $-a_{21}$을 포함하는 기본곱은 2행과 1열의 요소를 제외한 다른 요소들 중에서 인수를 취할 수 있으며 최대로 λ가 포함된 $n-2$개의 인수를 가질 수 있다. 따라서 $|\lambda\mathbf{I}-\mathbf{A}|$에서 λ^{n-1}의 계수는

$$(\lambda-a_{11})(\lambda-a_{22})\cdots(\lambda-a_{nn}) \tag{9.5}$$

에서 λ^{n-1}의 계수와 같다. 식 (9.5)를 전개하면

$$\lambda^n-(a_{11}+a_{22}+\cdots+a_{nn})\lambda^{n-1}+\cdots$$

와 같은 형식이 될 것이다.

$$|\lambda\mathbf{I}-\mathbf{A}|=(\lambda-\lambda_1)(\lambda-\lambda_2)\cdots(\lambda-\lambda_n)$$

의 우변을 전개하면

$$\lambda^n-(\lambda_1+\lambda_2+\cdots+\lambda_n)\lambda^{n-1}+\cdots$$

이 될 것이다. 따라서

$$\mathrm{tr}(\mathbf{A})=a_{11}+a_{22}+\cdots+a_{nn}=\lambda_1+\lambda_2+\cdots+\lambda_n$$

이다. ■

예

$|\lambda\mathbf{I}-\mathbf{A}|=\lambda^3-3\lambda+2$ 인 3×3 행렬 $\mathbf{A}$의 행렬식과 대각합을 구하시오.

풀이

$|\lambda\mathbf{I}-\mathbf{A}|=\lambda^3-3\lambda+2=(\lambda+2)(\lambda-1)^2$이므로 중복수 만큼 반복해서 나타내면 $\lambda_1=-2,\ \lambda_2=1,\ \lambda_3=1$이다. 따라서

$$|\mathbf{A}|=\lambda_1\lambda_2\cdots\lambda_n=(-2)(1)(1)=-2$$
$$\mathrm{tr}(\mathbf{A})=\lambda_1+\lambda_2+\cdots+\lambda_n=(-2)+(1)+(1)=0$$ ◀

1.5 고유벡터

고유치 λ에 대응하는 $\mathbf{A}$의 고유벡터(固有벡터, eigenvector) $\mathbf{x}$는 $\mathbf{Ax}=\lambda\mathbf{x}$을 만족하는 영이 아닌 벡터이다. 이를 달리 표현하면 고유치 λ에 대응하는 $\mathbf{A}$의 고유벡

터 $\mathbf{x}$는 동차연립방정식

$$(\lambda \mathbf{I} - \mathbf{A})\,\mathbf{x} = 0$$

의 해공간(解空間, solution space)에 속하는 영이 아닌 벡터이다. $(\lambda \mathbf{I} - \mathbf{A})\,\mathbf{x} = 0$의 해공간을 λ에 대응하는 $\mathbf{A}$의 고유공간(固有空間, eigenspace)이라 한다. 고유공간의 기저를 구하여 고유치 λ에 대응하는 $\mathbf{A}$의 고유벡터 $\mathbf{x}$의 형식을 구할 수 있다.

예

$\mathbf{A} = \begin{pmatrix} 1 & 1 & 0 \\ 0 & 2 & 2 \\ 0 & 0 & 3 \end{pmatrix}$의 고유공간의 기저를 구하시오.

풀이

$\mathbf{A}$의 특성방정식은 $(\lambda-1)(\lambda-2)(\lambda-3)=0$이므로 $\mathbf{A}$의 고유치는 $\lambda_1 = 1$, $\lambda_2 = 2$, $\lambda_3 = 3$이다. $\mathbf{x}$가 λ에 대응하는 $\mathbf{A}$의 고유벡터가 되기 위해서는 동차연립방정식 $(\lambda \mathbf{I} - \mathbf{A})\,\mathbf{x} = 0$ 즉

$$\begin{pmatrix} \lambda-1 & -1 & 0 \\ 0 & \lambda-2 & -2 \\ 0 & 0 & \lambda-3 \end{pmatrix} \cdot \begin{pmatrix} x_1 \\ x_2 \\ x_3 \end{pmatrix} = \begin{pmatrix} 0 \\ 0 \\ 0 \end{pmatrix} \tag{9.6}$$

이 비자명해를 가져야 한다. $\lambda_1 = 1$일 때 식 (9.6)은

$$\begin{pmatrix} 0 & -1 & 0 \\ 0 & -1 & -2 \\ 0 & 0 & -2 \end{pmatrix} \cdot \begin{pmatrix} x_1 \\ x_2 \\ x_3 \end{pmatrix} = \begin{pmatrix} 0 \\ 0 \\ 0 \end{pmatrix}$$

이며 이 연립일차방정식의 확대행렬을 기약가우스행렬로 변형시키면

$$\begin{pmatrix} 0 & 1 & 0 & 0 \\ 0 & 0 & 1 & 0 \\ 0 & 0 & 0 & 0 \end{pmatrix}$$

이다. 선두변수가 아닌 x_1을 임의의 실수를 나타내는 문자(매개변수) s로 나타내고 각 변수를 선두변수에 대해 풀면

$$x_1 = s\,,\ x_2 = 0\,,\ x_3 = 0\,,\ s \in \mathbb{R}$$

이다. 이 해를 매개변수를 계수로 사용한 벡터들의 일차결합으로 표현하면

$$\mathbf{x} = s(1,0,0), \quad s \in \mathbb{R}$$

이다. 따라서 $\lambda = 1$에 대응하는 $\mathbf{A}$의 고유공간의 기저는 $\{(1,0,0)\}$이다.

$\lambda_2 = 2$일 때 식 (9.6)은

$$\begin{pmatrix} 1 & -1 & 0 \\ 0 & 0 & -2 \\ 0 & 0 & -1 \end{pmatrix} \cdot \begin{pmatrix} x_1 \\ x_2 \\ x_3 \end{pmatrix} = \begin{pmatrix} 0 \\ 0 \\ 0 \end{pmatrix}$$

이며 이 연립일차방정식의 확대행렬을 기약가우스행렬로 변형시키면

$$\begin{pmatrix} 1 & -1 & 0 & 0 \\ 0 & 0 & 1 & 0 \\ 0 & 0 & 0 & 0 \end{pmatrix}$$

이다. 선두변수가 아닌 x_2를 임의의 실수를 나타내는 문자(매개변수) s로 나타내고 각 변수를 선두변수에 대해 풀면

$$x_1 = s, \quad x_2 = s, \quad x_3 = 0, \quad s \in \mathbb{R}$$

이다. 이 해를 매개변수를 계수로 사용한 벡터들의 일차결합으로 표현하면

$$\mathbf{x} = s(1,1,0), \quad s \in \mathbb{R}$$

이다. 따라서 $\lambda = 2$에 대응하는 $\mathbf{A}$의 고유공간의 기저는 $\{(1,1,0)\}$이다.

$\lambda_3 = 3$일 때 식 (9.6)은

$$\begin{pmatrix} 2 & -1 & 0 \\ 0 & 1 & -2 \\ 0 & 0 & 0 \end{pmatrix} \cdot \begin{pmatrix} x_1 \\ x_2 \\ x_3 \end{pmatrix} = \begin{pmatrix} 0 \\ 0 \\ 0 \end{pmatrix}$$

이며 이 연립일차방정식의 확대행렬을 기약가우스행렬로 변형시키면

$$\begin{pmatrix} 1 & 0 & -1 & 0 \\ 0 & 1 & -2 & 0 \\ 0 & 0 & 0 & 0 \end{pmatrix}$$

이다. 선두변수가 아닌 x_3을 임의의 실수를 나타내는 문자(매개변수) s로 나타내고 각 변수를 선두변수에 대해 풀면

$$x_1 = s\,,\ \ x_2 = 2s\,,\ \ x_3 = s\,,\ \ s \in \mathbb{R}$$

이다. 이 해를 매개변수를 계수로 사용한 벡터들의 일차결합으로 표현하면

$$\mathbf{x} = s(1,2,1),\ \ s \in \mathbb{R}$$

이다. 따라서 $\lambda = 3$에 대응하는 $\mathbf{A}$의 고유공간의 기저는 $\{(1,2,1)\}$이다. ◀

제2절 대각화

2.1 상사행렬

정방행렬 $\mathbf{A}$와 $\mathbf{B}$에 대하여

$$\mathbf{B} = \mathbf{P}^{-1}\mathbf{A}\mathbf{P}$$

을 만족하는 비특이행렬 $\mathbf{P}$가 존재하면 $\mathbf{B}$를 $\mathbf{A}$의 상사행렬(相似行列, similar matrix)이라 한다. 이 정의로부터 어떤 행렬 $\mathbf{A}$의 상사행렬을 찾기 위한 절차를 다음과 같이 정리할 수 있다.

단계 1 크기가 같은 비특이행렬 $\mathbf{P}$를 정한다.

단계 2 $\mathbf{A}$의 앞에 $\mathbf{P}$의 역행렬을 곱하고 $\mathbf{A}$의 뒤에 $\mathbf{P}$를 곱한다.
여기서 얻어진 행렬이 $\mathbf{A}$의 상사행렬이다.

예

$\mathbf{A} = \begin{pmatrix} 1 & 4 \\ 1 & -2 \end{pmatrix}$의 상사행렬을 찾으시오.

풀이

$\mathbf{A}$의 앞과 뒤에 곱해지는 비특이행렬 $\mathbf{P}$에 따라 상사행렬이 달라질 것이다.
비특이행렬로

$$\mathbf{P} = \begin{pmatrix} 1 & 2 \\ 3 & 4 \end{pmatrix}$$

를 사용하면 $\mathbf{A}$의 상사행렬은

$$\mathbf{P}^{-1}\mathbf{AP} = \begin{pmatrix} -2 & 1 \\ \frac{3}{2} & -\frac{1}{2} \end{pmatrix} \cdot \begin{pmatrix} 1 & 4 \\ 1 & -2 \end{pmatrix} \cdot \begin{pmatrix} 1 & 2 \\ 3 & 4 \end{pmatrix} = \begin{pmatrix} -2 & 8 \\ \frac{9}{2} & 4 \end{pmatrix}$$

이 된다. **P**를 달리하면 다른 상사행렬을 찾을 수 있다. ◀

2.2 대각화가능행렬

정방행렬 **A**의 상사행렬 $\mathbf{P}^{-1}\mathbf{AP}$이 대각행렬(對角行列, diagonal matrix)이 되는 **P**가 존재하면 **A**를 대각화가능행렬(對角化可能行列, diagonalizable matrix)이라 한다.

정리 9.3 **대각화가능행렬과 고유벡터**

$n \times n$ 행렬 **A**에 대하여 다음은 동치이다.

① **A**가 대각화가능행렬이다.

② **A**는 n개의 일차독립인 고유벡터를 갖는다.

증명

①→② : **D**를 대각행렬이라 하자. **A**가 대각화가능행렬이므로

$$\mathbf{P}^{-1}\mathbf{AP} = \mathbf{D} \tag{9.7}$$

를 만족하는 비특이행렬 **P**가 존재한다. 식 (9.7)의 좌변과 우변에 **P**를 앞곱하기 하면

$$\mathbf{AP} = \mathbf{PD} \tag{9.8}$$

이 된다. **P**를

$$\mathbf{P} = \begin{pmatrix} p_{11} & p_{12} & \cdots & p_{1n} \\ p_{21} & p_{22} & \cdots & p_{2n} \\ \vdots & \vdots & \ddots & \vdots \\ p_{n1} & p_{n2} & \cdots & p_{nn} \end{pmatrix}$$

이라 하고 **P**의 j번째 열을 $\mathbf{p}_j$라고 하자. 그리고 **D**를

$$\mathbf{D} = \begin{pmatrix} \lambda_1 & 0 & \cdots & 0 \\ 0 & \lambda_2 & \cdots & 0 \\ \vdots & \vdots & \ddots & \vdots \\ 0 & 0 & \cdots & \lambda_n \end{pmatrix}$$

라 하자. 식 (9.8)에서 **AP**의 j번째 열은 $\mathbf{Ap}_j$이고 **PD**의 j번째 열은

$$\mathbf{PD}=\begin{pmatrix} p_{11} & p_{12} & \cdots & p_{1n} \\ p_{21} & p_{22} & \cdots & p_{2n} \\ \vdots & \vdots & \ddots & \vdots \\ p_{n1} & p_{n2} & \cdots & p_{nn} \end{pmatrix}\begin{pmatrix} \lambda_1 & 0 & \cdots & 0 \\ 0 & \lambda_2 & \cdots & 0 \\ \vdots & \vdots & \ddots & \vdots \\ 0 & 0 & \cdots & \lambda_n \end{pmatrix}=\begin{pmatrix} \lambda_1 p_{11} & \lambda_2 p_{12} & \cdots & \lambda_n p_{1n} \\ \lambda_1 p_{21} & \lambda_2 p_{22} & \cdots & \lambda_n p_{2n} \\ \vdots & \vdots & \ddots & \vdots \\ \lambda_1 p_{n1} & \lambda_2 p_{n2} & \cdots & \lambda_n p_{nn} \end{pmatrix}$$

로부터 $\lambda_j \mathbf{p}_j$임을 알 수 있다. 즉

$$\mathbf{Ap}_j = \lambda_j \mathbf{p}_j$$

이다. **P**는 비특이행렬이므로 (행렬식과 비특이성에 관한) [정리 6.14], (행벡터/열벡터의 일차독립과 행렬식에 관한) [정리 7.14] 등으로부터 **P**의 모든 열벡터 $\mathbf{p}_1, \mathbf{p}_2, \cdots, \mathbf{p}_n$은 일차독립이며 모두 비영(非零)벡터이다. 따라서 (고유치와 고유벡터의 정의) 식 (9.1)로부터 λ_j는 **A**의 고유치이며 $\mathbf{p}_j$는 그에 대응하는 고유벡터이다.

② → ① : $\lambda_1, \lambda_2, \cdots, \lambda_n$을 **A**의 n 개의 고유치라 하고 $\mathbf{p}_1, \mathbf{p}_2, \cdots, \mathbf{p}_n$을 각 고유치에 대응하는 고유벡터로 일차독립이라 하자. (고유치와 고유벡터의 정의) 식 (9.1)로부터

$$\mathbf{Ap}_j = \lambda_j \mathbf{p}_j, \quad j = 1, 2, \cdots, n \tag{9.9}$$

이다. $\mathbf{p}_j$를 j번째 열로 구성한 행렬을 **P**라 하고 λ_j를 j번째 주대각요소로 하는 대각행렬을 **D**라고 하면 식 (9.9)를

$$\mathbf{AP} = \mathbf{PD} \tag{9.10}$$

로 나타낼 수 있다. (행벡터/열벡터의 일차독립과 행렬식에 관한) [정리 7.14]와 (행렬식과 비특이성에 관한) [정리 6.14]로부터 **P**는 비특이행렬이다. 식 (9.10)의 좌변과 우변에 **P**의 역행렬을 앞곱하기하면

$$\mathbf{P}^{-1}\mathbf{AP} = \mathbf{D}$$

이고 따라서 **A**는 대각화가능행렬이다. ■

정리 9.4 **고유벡터와 일차독립**

비영벡터 $\mathbf{x}_1, \mathbf{x}_2, \cdots, \mathbf{x}_k$를 $n \times n$ 행렬 **A**의 상이한 고유치 $\lambda_1, \lambda_2, \cdots, \lambda_k$ $(k \le n)$에 대응하는 고유벡터라고 하면 $\{\mathbf{x}_1, \mathbf{x}_2, \cdots, \mathbf{x}_k\}$는 일차독립이다.

증명

$S=\{\mathbf{x}_1, \mathbf{x}_2, \cdots, \mathbf{x}_k\}$를 일차종속이라고 가정하자. 그리고 $\{\mathbf{x}_1, \mathbf{x}_2, \cdots, \mathbf{x}_p\} \subset S$이 일차독립이라고 하자. (일차종속집합의 특성에 관한) [정리 7.2]로부터 S에 속해 있는 벡터들 중 한 벡터는 그 선행벡터들의 일차결합으로 나타낼 수 있다. 따라서

$$\mathbf{x}_{p+1} = \alpha_1 \mathbf{x}_1 + \alpha_2 \mathbf{x}_2 + \cdots + \alpha_p \mathbf{x}_p \tag{9.11}$$

이 된다. 식 (9.11)의 양변에 $\mathbf{A}$를 곱하면

$$\mathbf{A}\mathbf{x}_{p+1} = \alpha_1 \mathbf{A}\mathbf{x}_1 + \alpha_2 \mathbf{A}\mathbf{x}_2 + \cdots + \alpha_p \mathbf{A}\mathbf{x}_p$$

이고 $\mathbf{A}\mathbf{x}_j = \lambda_j \mathbf{x}_j$이므로

$$\lambda_{p+1}\mathbf{x}_{p+1} = \alpha_1 \lambda_1 \mathbf{x}_1 + \alpha_2 \lambda_2 \mathbf{x}_2 + \cdots + \alpha_p \lambda_p \mathbf{x}_p \tag{9.12}$$

이다. 식 (9.11)의 양변에 λ_{p+1}를 곱하고 이를 식 (9.12)에서 빼면

$$\mathbf{0} = \alpha_1 \left(\lambda_1 - \lambda_{p+1}\right)\mathbf{x}_1 + \alpha_2 \left(\lambda_2 - \lambda_{p+1}\right)\mathbf{x}_2 + \cdots + \alpha_p \left(\lambda_p - \lambda_{p+1}\right)\mathbf{x}_p \tag{9.13}$$

이다. $\{\mathbf{x}_1, \mathbf{x}_2, \cdots, \mathbf{x}_p\}$은 일차독립이므로 식 (9.13)의 가중치 $\alpha_1(\lambda_1-\lambda_{p+1})$, $\alpha_2(\lambda_2-\lambda_{p+1})$, $\cdots$, $\alpha_p(\lambda_p-\lambda_{p+1})$는 모두 0이다. 전제조건에서 $\lambda_1, \lambda_2, \cdots, \lambda_k$는 모두 상이한 값이므로 $\lambda_1-\lambda_{p+1}$, $\lambda_2-\lambda_{p+1}$, $\cdots$, $\lambda_p-\lambda_{p+1}$는 모두 0이 아니다. 이로부터 α_1, α_2, $\cdots$, α_p이 모두 0이어야 한다. 식 (9.11)에서 $\alpha_1, \alpha_2, \cdots, \alpha_p$에 모두 0을 대입하면 $\mathbf{x}_{p+1}=\mathbf{0}$이고 이는 $\mathbf{x}_1, \mathbf{x}_2, \cdots, \mathbf{x}_k$이 모두 비영벡터라는 전제조건과 모순이다. 따라서 $S=\{\mathbf{x}_1, \mathbf{x}_2, \cdots, \mathbf{x}_k\}$는 일차독립이다. ■

정리 9.5 **대각화가능행렬과 고유치**

> $n \times n$ 행렬 $\mathbf{A}$가 n개의 상이한 고유치를 가지면 $\mathbf{A}$는 대각화가능행렬이다.

증명

$n \times n$ 행렬 $\mathbf{A}$가 n개의 상이한 고유치를 가지면 (고유벡터와 일차독립)에 관한 [정리 9.4]로부터 n개의 일차독립인 고유벡터를 가지며 (대각화가능행렬과 고유벡터)에 관한 [정리 9.3]으로부터 $\mathbf{A}$는 대각화가능행렬이 된다. ■

예

$\mathbf{A}=\begin{pmatrix}1 & 1 & -2\\ 2 & 0 & 2\\ 1 & -1 & 4\end{pmatrix}$ 이 대각화가능행렬인가를 판단하시오.

풀이

$$\lambda\mathbf{I}-\mathbf{A}=\lambda\begin{pmatrix}1 & 0 & 0\\ 0 & 1 & 0\\ 0 & 0 & 1\end{pmatrix}-\begin{pmatrix}1 & 1 & -2\\ 2 & 0 & 2\\ 1 & -1 & 4\end{pmatrix}=\begin{pmatrix}\lambda-1 & -1 & 2\\ -2 & \lambda & -2\\ -1 & 1 & \lambda-4\end{pmatrix}$$

이고 $\mathbf{A}$의 특성다항식은 $|\lambda\mathbf{I}-\mathbf{A}|=\lambda^3-5\lambda^2+6\lambda=(\lambda-3)(\lambda-2)\lambda$이다. 따라서 $\mathbf{A}$의 고유치는 $\lambda_1=3,\ \lambda_2=2,\ \lambda_3=0$으로 서로 다르며 $\mathbf{A}$는 대각화가능행렬이다.◀

$n\times n$ 행렬 $\mathbf{A}$가 n개의 상이한 고유치 $\lambda_1, \lambda_2, \cdots, \lambda_n$를 가지면 $\mathbf{A}$는 대각화가능행렬이다. $\mathbf{A}$가 $k\,(<n)$개의 상이한 고유치 $\lambda_1, \lambda_2, \cdots, \lambda_k$를 가질 경우에는 λ_i의 고유공간의 기저벡터의 개수(차원)가 λ_i의 중복수(重複數, multiplicity) k_i와 같으면 $\mathbf{A}$는 대각화가능행렬이다.

예

$\mathbf{A}=\begin{pmatrix}2 & 0 & 0\\ 1 & -1 & 0\\ 0 & 5 & 2\end{pmatrix}$ 이 대각화가능행렬인가를 판단하시오.

풀이

$\mathbf{A}$의 특성다항식은 $|\lambda\mathbf{I}-\mathbf{A}|=(\lambda+1)(\lambda-2)^2$이다. $\mathbf{A}$의 고유치는 $\lambda_1=-1$과 $\lambda_2=2$이며 각 고유치의 중복수는 $k_1=1$과 $k_2=2$이다. $\lambda_1=-1$에 대응하는 고유공간의 기저는 $\{(0, -\frac{3}{5}, 1)\}$로 기저에 속한 벡터의 개수가 λ_1의 중복수 $k_1=1$과 같으나 $\lambda_2=2$에 대응하는 고유공간의 기저는 $\{(0,0,1)\}$으로 기저에 속한 벡터의 개수가 λ_2의 중복수 $k_2=2$와 같지 않다. 따라서 $\mathbf{A}$는 대각화가능행렬이 아니다. ◀

2.3 대각화 절차

다음의 절차로 행렬 $\mathbf{A}$를 대각화할 수 있다.

단계 1 $\mathbf{A}$의 특성다항식 $f(\lambda) = |\lambda\mathbf{I} - \mathbf{A}|$을 구성한다.

단계 2 $\mathbf{A}$의 특성다항식의 근을 구한다. 근 중에서 실수가 아닌 근이 존재하면 $\mathbf{A}$는 대각화할 수 없다.

단계 3 λ_i에 대응하는 $\mathbf{A}$의 고유공간의 기저, 즉 $(\lambda_i\mathbf{I} - \mathbf{A})\mathbf{x} = \mathbf{0}$의 해공간의 기저를 구한다. λ_i의 고유공간의 기저벡터의 개수(차원)가 k_i(λ_i의 중복수)보다 작으면 $\mathbf{A}$는 대각화할 수 없다.

단계 4 단계 3에서 구한 n개의 일차독립인 고유벡터를 열로 하는 행렬 $\mathbf{P}$를 구성하고 $\mathbf{P}$의 각 열에 대응하는 고유치로 대각행렬 $\mathbf{D}$를 구성한다. 이렇게 구성한 $\mathbf{P}$와 $\mathbf{D}$는 $\mathbf{P}^{-1}\mathbf{A}\mathbf{P} = \mathbf{D}$을 만족한다.

예

$$\mathbf{A} = \begin{pmatrix} 2 & 4 & 3 \\ -4 & -6 & -3 \\ 3 & 3 & 1 \end{pmatrix}$$ 을 대각화하시오.

풀이

$|\lambda\mathbf{I} - \mathbf{A}| f(\lambda) = (\lambda - 1)(\lambda + 2)^2$이다. 따라서 $\mathbf{A}$의 고유치는 $\lambda_1 = 1$과 $\lambda_2 = -2$이며 각 고유치의 중복수는 $k_1 = 1$과 $k_2 = 2$이다. λ_2의 고유벡터는 $(\lambda_2\mathbf{I} - \mathbf{A})\mathbf{x} = \mathbf{0}$의 해공간의 기저로 구할 수 있다. 동차연립방정식 $(\lambda_2\mathbf{I} - \mathbf{A})\mathbf{x} = \mathbf{0}$의 확대행렬은

$$\begin{pmatrix} -4 & -4 & -3 & 0 \\ 4 & 4 & 3 & 0 \\ -3 & -3 & -3 & 0 \end{pmatrix}$$

이고 이를 기약가우스행렬로 변형하면

$$\begin{pmatrix} 1 & 1 & 0 & 0 \\ 0 & 0 & 1 & 0 \\ 0 & 0 & 0 & 0 \end{pmatrix}$$

이다. 선두변수가 아닌 x_2를 임의의 실수를 나타내는 문자(매개변수) s로 나타내고 각 변수를 선두변수에 대해 풀면

$$x_1 = -s\,,\ x_2 = s\,,\ x_3 = 0\,,\ s \in \mathbb{R}$$

이다. 이를 매개변수를 계수로 사용한 벡터들의 일차결합으로 표현하면

$$\mathbf{x} = s(-1,1,0)\,,\ s \in \mathbb{R} \tag{9.14}$$

이다. 따라서 $\lambda_2 = -2$ 대응하는 $\mathbf{A}$의 고유벡터는 식 (9.14)에서 s에 임의의 실수를 대입하여 구할 수 있다. $\lambda_2 = -2$에 대응하는 $\mathbf{A}$의 고유공간의 기저는 $\{(-1, 1, 0)\}$으로 1차원이며 $k_2 = 2$보다 작다. 따라서 $\mathbf{A}$를 대각화할 수 없다. ◀

예

$\mathbf{A} = \begin{pmatrix} 0 & 0 & 0 \\ 0 & 1 & 0 \\ 1 & 0 & 1 \end{pmatrix}$을 대각화하시오.

풀이

$f(\lambda) = |\lambda\mathbf{I} - \mathbf{A}| = \lambda(\lambda-1)^2$이다. 따라서 $\mathbf{A}$의 고유치는 $\lambda_1 = 0$과 $\lambda_2 = 1$이며 각 고유치의 중복수는 $k_1 = 1$과 $k_2 = 2$이다. λ_2의 고유벡터는 $(\lambda_2\mathbf{I} - \mathbf{A})\mathbf{x} = \mathbf{0}$을 풀어서 구할 수 있다. 동차연립방정식 $(\lambda_2\mathbf{I} - \mathbf{A})\mathbf{x} = \mathbf{0}$의 확대행렬은

$$\begin{pmatrix} 1 & 0 & 0 & 0 \\ 0 & 0 & 0 & 0 \\ -1 & 0 & 0 & 0 \end{pmatrix}$$

이고 이를 기약가우스행렬로 변형하면

$$\begin{pmatrix} 1 & 0 & 0 & 0 \\ 0 & 0 & 0 & 0 \\ 0 & 0 & 0 & 0 \end{pmatrix}$$

이다. 선두변수가 아닌 x_2와 x_3을 임의의 실수를 나타내는 문자(매개변수) s와 t로 나타내고 각 변수를 선두변수에 대해 풀면

$$x_1 = 0\,,\ x_2 = s\,,\ x_3 = t\,,\ s, t \in \mathbb{R}$$

이다. 이를 매개변수를 계수로 사용한 벡터들의 일차결합으로 표현하면

$$\mathbf{x} = s(0,1,0) + t(0,0,1)\,,\ s, t \in \mathbb{R} \tag{9.15}$$

이다. 따라서 $\lambda_2 = 1$에 대응하는 $\mathbf{A}$의 고유공간의 기저는 $\{(0,1,0),(0,0,1)\}$로 2차원이며 $k_2 = 2$와 같다. $\lambda_2 = 1$에 대응하는 $\mathbf{A}$의 고유벡터는 (9.15)에서 s, t에 임의의 실수를 대입하여 구할 수 있으며 고유공간의 기저를 고유벡터로 취하면 $(0,1,0)$과 $(0,0,1)$이다.

λ_1의 고유벡터는 $(\lambda_1\mathbf{I}-\mathbf{A})\mathbf{x}=\mathbf{0}$을 풀어서 구할 수 있다. 동차연립방정식 $(\lambda_1\mathbf{I}-\mathbf{A})\mathbf{x}=\mathbf{0}$의 확대행렬은

$$\begin{pmatrix} 0 & 0 & 0 & 0 \\ 0 & -1 & 0 & 0 \\ -1 & 0 & -1 & 0 \end{pmatrix}$$

이고 이를 기약가우스행렬로 변형하면

$$\begin{pmatrix} 1 & 0 & 1 & 0 \\ 0 & 1 & 0 & 0 \\ 0 & 0 & 0 & 0 \end{pmatrix}$$

이다. 선두변수가 아닌 x_3을 임의의 실수를 나타내는 문자(매개변수) s로 나타내고 각 변수를 선두변수에 대해 풀면

$$x_1 = -s\,,\ \ x_2 = 0\,,\ \ x_3 = s\,,\ \ s \in \mathbb{R}$$

이다. 이를 매개변수를 계수로 사용한 벡터들의 일차결합으로 표현하면

$$\mathbf{x} = s(-1,0,1)\,,\ \ s \in \mathbb{R} \tag{9.16}$$

이다. 따라서 $\lambda_1 = 0$에 대응하는 $\mathbf{A}$의 고유공간의 기저는 $\{(-1,0,1)\}$로 1차원이며 $k_1 = 1$과 같다. $\lambda_1 = 0$에 대응하는 $\mathbf{A}$의 고유벡터는 식 (9.16)에서 s에 임의의 실수를 대입하여 구할 수 있으며 고유공간의 기저를 고유벡터로 취하면 $(-1,0,1)$이다.

$\lambda_1 = 0$에 대응하는 고유벡터 $(-1,0,1)$와 $\lambda_2 = 1$에 대응하는 고유벡터 $(0,1,0)$과 $(0,0,1)$를 열로 하는 행렬 $\mathbf{P}$를

$$\mathbf{P} = \begin{pmatrix} -1 & 0 & 0 \\ 0 & 1 & 0 \\ 1 & 0 & 1 \end{pmatrix}$$

로 구성하고 대각행렬 $\mathbf{D}$를

$$\mathbf{D}=\begin{pmatrix}0&0&0\\0&1&0\\0&0&1\end{pmatrix}$$

로 구성할 수 있다. ◀

제3절 대칭행렬의 대각화

3.1 대칭행렬의 고유치와 고유벡터

일반적인 정방행렬의 특성방정식은 허수(虛數, imaginary number)[3]를 근으로 가질 수 있다. 한편 대칭행렬(對稱行列, symmetric matrix)의 특성방정식은 항상 실수이다.

$n\times n$ 행렬 $\mathbf{A}$가 $k\,(\leq n)$개의 상이한 고유치 $\lambda_1, \lambda_2, \cdots, \lambda_k$를 가질 경우에는 λ_i의 고유공간의 기저벡터의 개수(차원)는 λ_i의 중복수(重複數, multiplicity) k_i와 같을 수도 있고 작을 수도 있다. 한편 $n\times n$ 대칭행렬 $\mathbf{A}$가 $k\,(\leq n)$개의 상이한 고유치 $\lambda_1, \lambda_2, \cdots, \lambda_k$를 가질 경우 λ_i의 고유공간의 기저벡터의 개수(차원)는 항상 λ_i의 중복수(重複數, multiplicity) k_i와 같다.

정리 9.6 **대칭행렬의 고유벡터**

$\mathbf{A}$가 대칭행렬이면 $\mathbf{A}$의 상이한 고유치에 대응하는 고유벡터들은 서로 직교한다.

증명

이 정리의 증명을 위해서는 다음의 성질이 필요하다. $\mathbb{R}^n$의 벡터 $\mathbf{u}$와 $\mathbf{v}$에 대해서 $\mathbf{A}$가 대칭행렬이면

$$\mathbf{Au}\cdot\mathbf{v}=\mathbf{u}\cdot\mathbf{A}^T\mathbf{v} \tag{9.17}$$

---

3) 복소수(複素數, complex number)는 $x+y_i$와 같은 형식의 수를 의미한다. 여기서 x와 y는 실수이고 i는 허수단위(虛數單位, imaginary unit)로 $\sqrt{-1}$을 의미한다. 허수단위에 곱해지는 실수 y를 허수부분(虛數部分, imaginary part)이라 하고 그렇지 않은 실수 x를 실수부분(實數部分, real part)이라 한다. 실수부분이 0인 복소수를 허수라고 한다.

이 성립한다.

$\mathbf{x}_1$과 $\mathbf{x}_2$를 $\mathbf{A}$의 상이한 고유치 λ_1과 λ_2에 대응하는 고유벡터라고 하자. $\mathbf{x}_1 \cdot \mathbf{x}_2 = 0$을 증명하면 된다. (고유벡터의 정의 식 (9.1)로부터)

$$\mathbf{A}\mathbf{x}_1 = \lambda_1 \mathbf{x}_1 \tag{9.18}$$

이고

$$\mathbf{A}\mathbf{x}_2 = \lambda_2 \mathbf{x}_2 \tag{9.19}$$

이다.

$$\begin{aligned}
\lambda_1(\mathbf{x}_1 \cdot \mathbf{x}_2) &= (\lambda_1 \mathbf{x}_1) \cdot \mathbf{x}_2 && \text{(유클리드내적의 성질 [정리 2.3] ④)} \\
&= (\mathbf{A}\mathbf{x}_1) \cdot \mathbf{x}_2 && \text{(식 (9.18))} \\
&= \mathbf{x}_1 \cdot (\mathbf{A}^T \mathbf{x}_2) && \text{(식 (9.17))} \\
&= \mathbf{x}_1 \cdot (\mathbf{A}\mathbf{x}_2) && \text{(}\mathbf{A}\text{ 가 대칭행렬이므로)} \\
&= \mathbf{x}_1 \cdot (\lambda_2 \mathbf{x}_2) && \text{(식 (9.19))} \\
&= \lambda_2(\mathbf{x}_1 \cdot \mathbf{x}_2) && \text{(유클리드내적의 성질 [정리 2.3] ④)}
\end{aligned}$$

따라서

$$\begin{aligned}
&\lambda_1(\mathbf{x}_1 \cdot \mathbf{x}_2) = \lambda_2(\mathbf{x}_1 \cdot \mathbf{x}_2) \\
&\Rightarrow \lambda_1(\mathbf{x}_1 \cdot \mathbf{x}_2) - \lambda_2(\mathbf{x}_1 \cdot \mathbf{x}_2) = 0 \quad \text{(장공리 ⑤)} \\
&\Rightarrow (\lambda_1 - \lambda_2)(\mathbf{x}_1 \cdot \mathbf{x}_2) = 0 \quad \text{(장공리 ⑪)}
\end{aligned}$$

$\lambda_1 \neq \lambda_2$이므로 $\mathbf{x}_1 \cdot \mathbf{x}_2 = 0$이다. ■

3.2 직교대각화가능행렬

정방행렬 $\mathbf{A}$의 상사행렬 $\mathbf{P}^{-1}\mathbf{A}\mathbf{P}$이 대각행렬이 되는 직교행렬 $\mathbf{P}$가 존재하면 $\mathbf{A}$를 직교대각화가능행렬(直交對角化可能行列, orthogonal diagonalizable matrix)이라 한다.

정리 9.7 **대칭행렬과 직교대각화가능행렬**

$n\times n$행렬 $\mathbf{A}$에 대하여 $\mathbf{A}$가 대칭행렬이면

$$\mathbf{P}^{-1}\mathbf{AP}=\mathbf{P}^{T}\mathbf{AP}=\mathbf{D}$$

이 대각행렬이 되는 직교행렬 $\mathbf{P}$가 존재한다(즉 $\mathbf{A}$는 직교대각화가능행렬이다). 이때 $\mathbf{D}$는 $\mathbf{A}$의 고유치를 주대각요소로 갖는 대각행렬이다.

증명

생략(Ortega, J.M., Matrix Theory: A Second Course, New York: Plenum Press, 1987 참조) ■

3.3 대칭행렬의 대각화 절차

다음의 절차로 대칭행렬 $\mathbf{A}$를 대각화할 수 있다.

단계 1 $\mathbf{A}$의 특성다항식 $f(\lambda)=|\lambda\mathbf{I}-\mathbf{A}|$을 구성한다.

단계 2 $\mathbf{A}$의 특성다항식의 근을 구한다($\mathbf{A}$는 대칭행렬이므로 특성다항식의 근은 항상 실수이다).

단계 3 λ_i에 대응하는 $\mathbf{A}$의 고유공간의 기저, 즉 $(\lambda_i\mathbf{I}-\mathbf{A})\mathbf{x}=\mathbf{0}$의 해공간의 기저를 구한다($\lambda_i$의 고유공간의 기저벡터의 개수(차원)가 λ_i의 중복수 k_i와 같아 $\mathbf{A}$를 대각화할 수 있다).

단계 4 각 고유공간에 대하여 단계 3에서 구한 기저를 그램-슈미트과정(Gram-Schmidt process)을 사용하여 정규직교기저로 변형시킨다.

단계 5 단계 4에서 구한 정규직교기저의 벡터를 열로 하는 행렬을 구성하고 이를 $\mathbf{P}$라고 하면 $\mathbf{P}$는 $\mathbf{A}$를 직교대각화한다. $\mathbf{D}=\mathbf{P}^{-1}\mathbf{AP}$의 주대각선의 고유치는 $\mathbf{P}$에 있는 각 고유벡터의 순서와 같은 순서로 배열된다.

예

$\mathbf{A}=\begin{pmatrix}2&1&1\\1&2&1\\1&1&2\end{pmatrix}$을 직교대각화하는 $\mathbf{P}$를 구하고 $\mathbf{P}^{-1}\mathbf{AP}$를 구하시오.

풀이

$\mathbf{A}$의 특성방정식은 $(\lambda-1)^2(\lambda-4)=0$으로 고유치는 $\lambda_1=1,\ \lambda_2=4$이다. $\lambda_1=1$에

대응하는 고유공간의 기저는 $\{\mathbf{u}_1 = (-1, 1, 0), \mathbf{u}_2 = (-1, 0, 1)\}$이고 $\lambda_2 = 4$에 대응하는 고유공간의 기저는 $\{\mathbf{u}_3 = (1, 1, 1)\}$이다. $\lambda_1 = 1$에 대응하는 고유공간의 기저에 그램-슈미트과정을 적용하면 정규직교기저

$$\left\{\mathbf{w}_1 = \left(-\frac{1}{\sqrt{2}}, \frac{1}{\sqrt{2}}, 0\right), \mathbf{w}_2 = \left(-\frac{1}{\sqrt{6}}, -\frac{1}{\sqrt{6}}, \sqrt{\frac{2}{3}}\right)\right\}$$

을 얻는다. $\lambda_2 = 4$에 대응하는 고유공간의 기저에 그램-슈미트과정을 적용하면 정규직교기저

$$\left\{\mathbf{w}_3 = \left(\frac{1}{\sqrt{3}}, \frac{1}{\sqrt{3}}, \frac{1}{\sqrt{3}}\right)\right\}$$

을 얻는다. 정규직교기저의 벡터 $\mathbf{w}_1, \mathbf{w}_2, \mathbf{w}_3$을 열로 하는 행렬 $\mathbf{P}$는

$$\mathbf{P} = \begin{pmatrix} -\frac{1}{\sqrt{2}} & -\frac{1}{\sqrt{6}} & \frac{1}{\sqrt{3}} \\ \frac{1}{\sqrt{2}} & -\frac{1}{\sqrt{6}} & \frac{1}{\sqrt{3}} \\ 0 & \sqrt{\frac{2}{3}} & \frac{1}{\sqrt{3}} \end{pmatrix}$$

이고 이는 $\mathbf{A}$를 직교대각화한다.

$\mathbf{P}^{-1}\mathbf{AP}$를 계산하면

$$\mathbf{P}^{-1}\mathbf{AP} = \begin{pmatrix} 1 & 0 & 0 \\ 0 & 1 & 0 \\ 0 & 0 & 4 \end{pmatrix}$$

이다. ◀

3.4 스펙트럼분해

대칭행렬과 직교대각화가능행렬에 관한 [정리 9.7]에 의하면 $n \times n$ 대칭행렬 $\mathbf{A}$는

$$\mathbf{A} = \mathbf{PDP}^T \tag{9.20}$$

와 같이 $\mathbf{A}$의 정규직교 고유벡터 $\mathbf{w}_1, \mathbf{w}_2, \mathbf{w}_n$를 열로 갖는 직교행렬 $\mathbf{P}$와 $\mathbf{A}$의 고유치 $\lambda_1, \lambda_2, \cdots, \lambda_n$를 주대각요소로 갖는 대각행렬 $\mathbf{D}$ 그리고 $\mathbf{P}$의 전치행렬의 행렬곱으로 나타낼 수 있다. 식 (9.20)은

$$\mathbf{A} = \mathbf{PDP}^T = \begin{pmatrix} \mathbf{w}_1 & \mathbf{w}_2 & \cdots & \mathbf{w}_n \end{pmatrix} \begin{pmatrix} \lambda_1 & 0 & \cdots & 0 \\ 0 & \lambda_2 & \cdots & 0 \\ \vdots & \vdots & \ddots & \vdots \\ 0 & 0 & \cdots & \lambda_n \end{pmatrix} \begin{pmatrix} \mathbf{w}_1^T \\ \mathbf{w}_2^T \\ \vdots \\ \mathbf{w}_n^T \end{pmatrix}$$

$$= \begin{pmatrix} \lambda_1 \mathbf{w}_1 & \lambda_2 \mathbf{w}_2 & \cdots & \lambda_n \mathbf{w}_n \end{pmatrix} \begin{pmatrix} \mathbf{w}_1^T \\ \mathbf{w}_2^T \\ \vdots \\ \mathbf{w}_n^T \end{pmatrix}$$

이고 여기에 열벡터와 행벡터로 분할된 행렬의 곱셈에 관한 [정리 5.7]을 사용하면

$$\mathbf{A} = \lambda_1 \mathbf{w}_1 \mathbf{w}_1^T + \lambda_2 \mathbf{w}_2 \mathbf{w}_2^T + \cdots + \lambda_n \mathbf{w}_n \mathbf{w}_n^T \tag{9.21}$$

을 얻을 수 있다. 식 (9.21)을 $\mathbf{A}$의 스펙트럼분해(스펙트럼分解, spectral decomposition)라 한다.[4)]

예

$\mathbf{A} = \begin{pmatrix} -3 & 1 & 2 \\ 1 & -3 & 2 \\ 2 & 2 & 0 \end{pmatrix}$ 의 스펙트럼분해를 찾으시오.

풀이

$\mathbf{A}$의 특성방정식은 $(\lambda+4)^2(\lambda-2)=0$ 으로 고유치는 $\lambda_1=-4$, $\lambda_2=2$이다. $\lambda_1=-4$에 대응하는 고유공간의 기저는 $\{\mathbf{u}_1=(-1,1,0),\mathbf{u}_2=(-2,0,1)\}$이고 $\lambda_2=2$에 대응하는 고유공간의 기저는 $\{\mathbf{u}_3=(\frac{1}{2},\frac{1}{2},1)\}$ 이다. $\lambda_1=-4$에 대응하는 고유공간의 기저에 그램-슈미트과정을 적용하면 정규직교기저

$$\left\{\mathbf{w}_1=\left(-\tfrac{1}{\sqrt{2}},\tfrac{1}{\sqrt{2}},0\right),\mathbf{w}_2=\left(-\tfrac{1}{\sqrt{3}},-\tfrac{1}{\sqrt{3}},\tfrac{1}{\sqrt{3}}\right)\right\}$$

을 얻는다. $\lambda_2=2$에 대응하는 고유공간의 기저에 그램-슈미트과정을 적용하면 정규직

4) 스펙트럼분해라는 용어는 행렬 A의 모든 고유치의 집합을 스펙트럼(spectrum)으로 부르는 것에 기인한다. A의 스펙트럼분해는 A의 고유치분해(固有値分解, eigenvalue decomposition)라고 부르기도 한다.

교기저

$$\left\{\mathbf{w}_3 = \left(\frac{1}{\sqrt{6}}, \frac{1}{\sqrt{6}}, \sqrt{\frac{2}{3}}\right)\right\}$$

을 얻는다. 따라서 $\mathbf{A}$의 스펙트럼분해는

$$\begin{aligned}\mathbf{A} &= \lambda_1 \mathbf{w}_1 \mathbf{w}_1^T + \lambda_1 \mathbf{w}_2 \mathbf{w}_2^T + \lambda_2 \mathbf{w}_3 \mathbf{w}_3^T \\ &= -4\begin{pmatrix} -\frac{1}{\sqrt{2}} \\ \frac{1}{\sqrt{2}} \\ 0 \end{pmatrix}\begin{pmatrix} -\frac{1}{\sqrt{2}} & \frac{1}{\sqrt{2}} & 0 \end{pmatrix} - 4\begin{pmatrix} -\frac{1}{\sqrt{3}} \\ -\frac{1}{\sqrt{3}} \\ \frac{1}{\sqrt{3}} \end{pmatrix}\begin{pmatrix} -\frac{1}{\sqrt{3}} & -\frac{1}{\sqrt{3}} & \frac{1}{\sqrt{3}} \end{pmatrix} \\ &\quad +2\begin{pmatrix} \frac{1}{\sqrt{6}} \\ \frac{1}{\sqrt{6}} \\ \sqrt{\frac{2}{3}} \end{pmatrix}\begin{pmatrix} \frac{1}{\sqrt{6}} & \frac{1}{\sqrt{6}} & \sqrt{\frac{2}{3}} \end{pmatrix} \\ &= -4\begin{pmatrix} \frac{1}{2} & -\frac{1}{2} & 0 \\ -\frac{1}{2} & \frac{1}{2} & 0 \\ 0 & 0 & 0 \end{pmatrix} - 4\begin{pmatrix} \frac{1}{3} & \frac{1}{3} & -\frac{1}{3} \\ \frac{1}{3} & \frac{1}{3} & -\frac{1}{3} \\ -\frac{1}{3} & -\frac{1}{3} & \frac{1}{3} \end{pmatrix} + 2\begin{pmatrix} \frac{1}{6} & \frac{1}{6} & \frac{1}{3} \\ \frac{1}{6} & \frac{1}{6} & \frac{1}{3} \\ \frac{1}{3} & \frac{1}{3} & \frac{2}{3} \end{pmatrix}\end{aligned}$$

이다. ◀

제4절 이차형식

4.1 이차형식

같은 차수의 항으로 구성된 다항식(多項式, polynomial)을 형식(形式, form)이라 한다. 1차의 항으로 구성된 다항식은 일차형식(一次形式, linear form), 이차의 항으로 구성된 다항식은 이차형식(二次形式, quadratic form)이라 한다.

예

$3x + 5x^3y^2 - 4yz$은 5차 다항식이며 형식이라 할 수 없다. $4x - 7y + z$는 각 항의 차수가 1이며 모두 같으므로 일차형식이다.

다항식 $x_1^2 + 7x_2^2 - 3x_3^2 + 4x_1x_2 + 2x_1x_3 + 8x_2x_2$은 각 항의 차수가 모두

2로 같으므로 이차형식이다.
다항식 $x^2+3xy-2yw+8w^2$ 은 각 항의 차수가 모두 2로 같으므로 이차형식이다. ◀

n변수 이차형식의 일반형은

$$a_1x_1^2+a_2x_2^2+\cdots+a_nx_n^2+(x_i\text{와 } x_j\text{가 다른 모든 가능한 } a_kx_ix_j\text{항})$$

으로 나타낼 수 있다. 여기서 $a_kx_ix_j$은 교차곱항(交叉곱項, cross product term)이라 부른다. 일반적으로 x_ix_j와 x_jx_i은 중복을 피하기 위해 하나의 항으로 나타낸다. 이변수 이차형식의 일반형은

$$a_1x_1^2+a_2x_2^2+2a_3x_1x_2 \tag{9.22}$$

로 나타낼 수 있다. 3변수 이차형식의 일반형은

$$a_1x_1^2+a_2x_2^2+a_3x_3^2+2a_4x_1x_2+2a_5x_1x_3+2a_6x_2x_3 \tag{9.23}$$

로 나타낼 수 있다.

4.2 행렬로 나타낸 이차형식

이차형식은 $\mathbf{x}^T\mathbf{Ax}$와 같이 행렬을 사용하여 나타낼 수 있다. 여기서 $\mathbf{x}$는 변수를 요소로 갖는 열벡터이고 $\mathbf{A}$은 대칭행렬이다. 앞의 식 (9.22)와 (9.23)은 다음과 같이 행렬로 나타낼 수 있다.

$$a_1x_1^2+a_2x_2^2+2a_3x_1x_2=\begin{pmatrix}x_1 & x_2\end{pmatrix}\begin{pmatrix}a_1 & a_3\\ a_3 & a_2\end{pmatrix}\begin{pmatrix}x_1\\ x_2\end{pmatrix}=\mathbf{x}^T\mathbf{Ax}$$

$$\begin{aligned}&a_1x_1^2+a_2x_2^2+a_3x_3^2+2a_4x_1x_2+2a_5x_1x_3+2a_6x_2x_3\\ &\qquad=\begin{pmatrix}x_1 & x_2 & x_3\end{pmatrix}\begin{pmatrix}a_1 & a_4 & a_5\\ a_4 & a_2 & a_6\\ a_5 & a_6 & a_3\end{pmatrix}\begin{pmatrix}x_1\\ x_2\\ x_3\end{pmatrix}=\mathbf{x}^T\mathbf{Ax}\end{aligned}$$

예

이차형식 $x_1^2+7x_2^2-3x_3^2+4x_1x_2-2x_1x_3+8x_2x_2$ 을 행렬로 나타내시오.

풀이

$$
\begin{aligned}
&x_1^2+7x_2^2-3x_3^2+4x_1x_2-2x_1x_3+8x_2x_2\\
&=\begin{pmatrix}x_1 & x_2 & x_3\end{pmatrix}\begin{pmatrix}1 & 2 & -1\\ 2 & 7 & 4\\ -1 & 4 & -3\end{pmatrix}\begin{pmatrix}x_1\\ x_2\\ x_3\end{pmatrix}=\mathbf{x}^T\mathbf{A}\mathbf{x}
\end{aligned}
$$
◀

예

이차형식 $x^2+3xy-2yw+8w^2$을 행렬로 나타내시오.

풀이

$$
\begin{aligned}
&x^2+3xy-2yw+8w^2\\
&=\begin{pmatrix}w & x & y\end{pmatrix}\begin{pmatrix}8 & 0 & -1\\ 0 & 1 & 3/2\\ -1 & 3/2 & 0\end{pmatrix}\begin{pmatrix}w\\ x\\ y\end{pmatrix}=\mathbf{x}^T\mathbf{A}\mathbf{x}
\end{aligned}
$$
◀

4.3 이차형식에서의 변수변환

이차형식 $\mathbf{x}^T\mathbf{A}\mathbf{x}$을 단순한 형태(예를 들면 교차곱항이 없는 형태)로 변형시키는 치환

$$\mathbf{x}=\mathbf{P}\mathbf{y} \tag{9.24}$$

은 이차형식의 정부호성 판별의 기초를 제공한다. 식 (9.24)는 변수 $x_1, x_2, \cdots, x_n$을 새로운 변수 $y_1, y_2, \cdots, y_n$으로 나타낸다. $\mathbf{P}$가 비특이행렬이면 식 (9.24)를 변수변환(變數變換, change of variable)이라 부르며 $\mathbf{P}$가 직교행렬이면 식 (9.24)를 직교변수변환(直交變數變換, orthogonal change of variable)이라 부른다.

정리 9.8 **주축정리, principal axes theorem**

$\mathbf{A}$가 $n\times n$의 대칭행렬이면 이차형식 $\mathbf{x}^T\mathbf{A}\mathbf{x}$를 교차곱항이 없는 이차형식 $\mathbf{y}^T\mathbf{D}\mathbf{y}$으로 변환시키는 직교변수변환이 존재한다. 구체적으로 $\mathbf{P}$가 $\mathbf{A}$를 직교대각화한다면 변수변환 $\mathbf{x}=\mathbf{P}\mathbf{y}$는 이차형식 $\mathbf{x}^T\mathbf{A}\mathbf{x}$를 교차곱항이 없는 이차형식 $\mathbf{y}^T\mathbf{D}\mathbf{y}$로 변환시킨다. 즉

$$\mathbf{x}^T\mathbf{A}\mathbf{x} = \mathbf{y}^T\mathbf{D}\mathbf{y} = \lambda_1 y_1^2 + \lambda_2 y_2^2 + \cdots + \lambda_n y_n^2$$

이다. 여기서 $\lambda_1, \lambda_2, \cdots, \lambda_n$은 $\mathbf{P}$의 열을 구성하는 고유벡터에 대응하는 $\mathbf{A}$의 고유치이다.

증명

이차형식 $\mathbf{x}^T\mathbf{A}\mathbf{x}$에 변수변환 $\mathbf{x} = \mathbf{P}\mathbf{y}$를 취하면

$$\begin{aligned}\mathbf{x}^T\mathbf{A}\mathbf{x} &= (\mathbf{P}\mathbf{y})^T\mathbf{A}(\mathbf{P}\mathbf{y}) \\ &= \mathbf{y}^T\mathbf{P}^T\mathbf{A}\mathbf{P}\mathbf{y} \qquad \text{(행렬전치의 성질 [정리 4.5] ③)}\end{aligned}$$

이다.

$\mathbf{B} = \mathbf{P}^T\mathbf{A}\mathbf{P}$라고 하고 $\mathbf{B}$의 ij요소는 b_{ij}, $\mathbf{P}^T$의 ik요소는 p_{ik}^T, $\mathbf{A}$의 kl요소는 a_{kl}, $\mathbf{P}$의 lj요소는 p_{lj}라고 하자. $\mathbf{A}$가 대칭행렬이므로

$$a_{kl} = a_{lk} \qquad \text{(대칭행렬의 정의 식 (4.4))}$$

이다. $\mathbf{B}$의 ij요소는 b_{ij}는

$$\begin{aligned}b_{ij} &= \sum_{k=1}^{n}\sum_{l=1}^{n} p_{ik}^T a_{kl} p_{lj} \qquad \text{(행렬곱셈의 정의 식 (4.7))} \\ &= \sum_{k=1}^{n}\sum_{l=1}^{n} p_{jl}^T a_{lk} p_{ki} \qquad \text{(대칭행렬의 정의 식 (4.4), 전치행렬의 정의 식 (4.8))} \\ &= b_{ji}\end{aligned}$$

이므로 $\mathbf{B}$는 대칭행렬이다. 즉 변수변환 $\mathbf{x} = \mathbf{P}\mathbf{y}$은 새로운 이차형식 $\mathbf{y}^T\mathbf{B}\mathbf{y}$을 만든다. 특히 $\mathbf{A}$를 직교대각화하는 $\mathbf{P}$를 선택하면 $\mathbf{B}$는 $\mathbf{A}$의 고유치를 주대각요소로 갖는 대각행렬 $\mathbf{D}$가 된다. 즉

$$\begin{aligned}\mathbf{x}^T\mathbf{A}\mathbf{x} = \mathbf{y}^T\mathbf{D}\mathbf{y} &= \begin{pmatrix} y_1 & y_2 & \cdots & y_n \end{pmatrix}\begin{pmatrix} \lambda_1 & 0 & \cdots & 0 \\ 0 & \lambda_2 & \cdots & 0 \\ \vdots & \vdots & \ddots & \vdots \\ 0 & 0 & \cdots & \lambda_n \end{pmatrix}\begin{pmatrix} y_1 \\ y_2 \\ \vdots \\ y_n \end{pmatrix} \\ &= \lambda_1 y_1^2 + \lambda_2 y_2^2 + \cdots + \lambda_n y_n^2\end{aligned}$$

이다. ■

예

이차형식 $-x_1^2+x_3^2-4x_1x_2+4x_2x_3$ 을 교차곱항이 없는 이차형식으로 변형시키는 직교변수변환을 찾으시오.

풀이

이차형식을 행렬로 나타내면

$$
\begin{aligned}
&-x_1^2+x_3^2-4x_1x_2+4x_2x_3 \\
&=\begin{pmatrix} x_1 & x_2 & x_3 \end{pmatrix}\begin{pmatrix} -1 & -2 & 0 \\ -2 & 0 & 2 \\ 0 & 2 & 1 \end{pmatrix}\begin{pmatrix} x_1 \\ x_2 \\ x_3 \end{pmatrix}=\mathbf{x}^T\mathbf{A}\mathbf{x}
\end{aligned}
$$

이다. $\mathbf{A}$의 특성방정식은 $\lambda(\lambda-3)(\lambda+3)=0$으로 고유치는 $\lambda_1=0,\ \lambda_2=3,\ \lambda_3=-3$이다. $\lambda_1=0$에 대응하는 고유공간의 기저는 $\{\mathbf{u}_1=(1,\ -\frac{1}{2},1)\}$이고 $\lambda_2=3$에 대응하는 고유공간의 기저는 $\{\mathbf{u}_2=(-\frac{1}{2},1,1)\}$이고 $\lambda_3=-3$에 대응하는 고유공간의 기저는 $\{\mathbf{u}_3=(-2,\ -2,1)\}$이다. $\lambda_1=0$에 대응하는 고유공간의 기저에 그램-슈미트과정을 적용하면 정규직교기저$\left\{\mathbf{w}_1=\left(\frac{2}{3},-\frac{1}{3},\frac{2}{3}\right)\right\}$을 얻는다. $\lambda_2=3$에 대응하하면 정규직교기저 $\left\{\mathbf{w}_2=\left(-\frac{1}{3},\frac{2}{3},\frac{2}{3}\right)\right\}$을 얻는다. $\lambda_3=-3$에 대응하는 고유공간의 기저에 그램-슈미트과정을 적용하면 정규직교기저 $\left\{\mathbf{w}_3=\left(-\frac{2}{3},-\frac{2}{3},\frac{1}{3}\right)\right\}$을 얻는다. 정규직교기저의 벡터 $\mathbf{w}_1,\mathbf{w}_2,\mathbf{w}_3$을 열로 하는 행렬 $\mathbf{P}$는

$$
\mathbf{P}=\begin{pmatrix} \frac{2}{3} & -\frac{1}{3} & -\frac{2}{3} \\ -\frac{1}{3} & \frac{2}{3} & -\frac{2}{3} \\ \frac{2}{3} & \frac{2}{3} & \frac{1}{3} \end{pmatrix}
$$

이고 $\mathbf{x}^T\mathbf{A}\mathbf{x}$에서 교차곱항을 제거해주는 직교변수변환은

$$
\begin{pmatrix} x_1 \\ x_2 \\ x_3 \end{pmatrix}=\begin{pmatrix} \frac{2}{3} & -\frac{1}{3} & -\frac{2}{3} \\ -\frac{1}{3} & \frac{2}{3} & -\frac{2}{3} \\ \frac{2}{3} & \frac{2}{3} & \frac{1}{3} \end{pmatrix}\begin{pmatrix} y_1 \\ y_2 \\ y_3 \end{pmatrix}
$$

이다. 이러한 직교변수변환을 적용하면 새로운 이차형식

$$
\mathbf{y}^T\left(\mathbf{P}^T\mathbf{A}\mathbf{P}\right)\mathbf{y}=\begin{pmatrix} y_1 & y_2 & y_3 \end{pmatrix}\begin{pmatrix} 0 & 0 & 0 \\ 0 & 3 & 0 \\ 0 & 0 & -3 \end{pmatrix}\begin{pmatrix} y_1 \\ y_2 \\ y_3 \end{pmatrix}=3y_2^2-3y_3^2
$$

을 얻을 수 있다. ◀

4.4 이차형식의 정부호성

이차형식 $\mathbf{x}^T\mathbf{A}\mathbf{x}$을 구성하는 변수들의 값에 관계없이($\mathbf{x}=\mathbf{0}$인 경우를 제외하고)

① $\mathbf{x}^T\mathbf{A}\mathbf{x}>0$이면 $\mathbf{x}^T\mathbf{A}\mathbf{x}$을 양정부호(陽定符號, positive definite)

② $\mathbf{x}^T\mathbf{A}\mathbf{x}\geq 0$이면 $\mathbf{x}^T\mathbf{A}\mathbf{x}$을 양준정부호(陽準定符號, positive semidefinite)

③ $\mathbf{x}^T\mathbf{A}\mathbf{x}<0$이면 $\mathbf{x}^T\mathbf{A}\mathbf{x}$을 음정부호(陰定符號, negative definite)

④ $\mathbf{x}^T\mathbf{A}\mathbf{x}\leq 0$이면 $\mathbf{x}^T\mathbf{A}\mathbf{x}$을 음준정부호(陰準定符號, negative semidefinite)

⑤ $\mathbf{x}^T\mathbf{A}\mathbf{x}$이 변수들의 값에 따라 음수가 되거나 양수가 되면 $\mathbf{x}^T\mathbf{A}\mathbf{x}$을 부정부호(不定符號, indefinite)

라고 하며 이를 이차형식의 정부호성(定符號性, definiteness)이라고 한다. 이차형식 $\mathbf{x}^T\mathbf{A}\mathbf{x}$의 정부호성 정의는 대칭행렬 $\mathbf{A}$에도 적용된다. 즉 이차형식 $\mathbf{x}^T\mathbf{A}\mathbf{x}$이 양정부호(양준정부호, 음정부호, 음준정부호, 부정부호)이면 대칭행렬 $\mathbf{A}$가 양정부호(양준정부호, 음정부호, 음준정부호, 부정부호)라고 말한다.

정리 9.9 **고유치와 정부호성**

$\mathbf{A}$가 대칭행렬이라고 하자.

① $\mathbf{A}$의 모든 고유치가 양수이면 $\mathbf{x}^T\mathbf{A}\mathbf{x}$은 양정부호이며 그 역도 성립한다.

② $\mathbf{A}$의 모든 고유치가 음수이면 $\mathbf{x}^T\mathbf{A}\mathbf{x}$은 음정부호이며 그 역도 성립한다.

③ $\mathbf{A}$가 적어도 하나 이상의 양수 고유치와 적어도 하나 이상의 음수 고유치를 가지면 $\mathbf{x}^T\mathbf{A}\mathbf{x}$은 부정부호이며 그 역도 성립한다.

증명

(①과 ②) 주축정리 [정리 9.8]로부터 이차형식 $\mathbf{x}^T\mathbf{A}\mathbf{x}$을 교차곱항이 없는 이차형식 $\mathbf{y}^T\mathbf{D}\mathbf{y}$으로 변환시키는

$$\mathbf{x}^T\mathbf{A}\mathbf{x}=\mathbf{y}^T\mathbf{D}\mathbf{y}=\lambda_1 y_1^2+\lambda_2 y_2^2+\cdots+\lambda_n y_n^2 \tag{9.25}$$

을 만족하는 직교변수변환 $\mathbf{x}=\mathbf{P}\mathbf{y}$이 존재한다.

$\mathbf{P}$는 직교행렬

⇒ $\mathbf{P}$는 비특이행렬 (직교행렬의 정의 식 (9.7))

⇒ $\mathbf{x}=\mathbf{0}$이면 $\mathbf{y}=\mathbf{0}$이고 그 역도 성립

(비특이행렬, 동차연립방정식, 항등행렬, 기본행렬 간의 관계 [정리 6.5])

$\Rightarrow$ $\mathbf{y} \neq \mathbf{0}$이면 $\mathbf{x} \neq \mathbf{0}$이고 그 역도 성립 (대우)

$\Rightarrow$ $\mathbf{x} \neq \mathbf{0}$일 때 $\mathbf{x}^T\mathbf{A}\mathbf{x}$의 값과 $\mathrm{y} \neq \mathbf{0}$ 일 때 $\mathbf{y}^T\mathbf{D}\mathbf{y}$의 값이 같음

(9.25)로부터 $\mathbf{x} \neq \mathbf{0}$일 때 $\mathbf{x}^T\mathbf{A}\mathbf{x} > 0$이면 $\lambda_1, \lambda_2, \cdots, \lambda_n$이 모두 양수이며 그 역도 성립한다. 또한 $\mathbf{x} \neq \mathbf{0}$ 일 때 $\mathbf{x}^T\mathbf{A}\mathbf{x} < 0$ 이면 $\lambda_1, \lambda_2, \cdots, \lambda_n$이 모두 음수이며 그 역도 성립한다.

③ $\mathbf{A}$가 적어도 하나 이상의 양수 고유치와 적어도 하나 이상의 음수 고유치를 가지고 있다고 가정하자. 구체적으로 식 (9.25)에서 $\lambda_1 > 0$이고 $\lambda_2 < 0$이라고 가정하자.

$$y_1 = 1,\ y_2 = y_3 = \cdots = y_n = 0 \text{ 이면 } \mathbf{x}^T\mathbf{A}\mathbf{x} > 0$$

이고

$$y_2 = 1,\ y_1 = y_3 = \cdots = y_n = 0 \text{ 이면 } \mathbf{x}^T\mathbf{A}\mathbf{x} < 0$$

이며 따라서 $\mathbf{x}^T\mathbf{A}\mathbf{x}$는 부정부호이다. (역의 증명은 생략) ■

예

$$\mathbf{A} = \begin{pmatrix} 3 & -1 & 0 \\ -1 & 2 & -1 \\ 0 & -1 & 3 \end{pmatrix}$$의 정부호성을 판별하시오.

풀이

$\mathbf{A}$의 특성방정식은 $(\lambda-4)(\lambda-3)(\lambda-1)=0$으로 고유치는 $\lambda_1 = 4,\ \lambda_2 = 3,\ \lambda_3 = 1$이다. 모든 고유치가 양수이므로 $\mathbf{A}$는 양정부호이다. ◀

4.5 주부분행렬과 정부호성

$n \times n$ 대칭행렬 $\mathbf{A}$에 대하여 첫 번째 행과 열로부터 k번째의 행과 열까지로 구성한 $k \times k$의 부분행렬을 k번째 주부분행렬(主部分行列, k th principal submatrix)이라고 한다. 예를 들어 4×4의 대칭행렬

$$\mathbf{A} = \begin{pmatrix} a_{11} & a_{12} & a_{13} & a_{14} \\ a_{21} & a_{22} & a_{23} & a_{24} \\ a_{31} & a_{32} & a_{33} & a_{34} \\ a_{41} & a_{42} & a_{43} & a_{44} \end{pmatrix}$$

의 4개의 주부분행렬은

$$(a_{11}),\ \begin{pmatrix} a_{11} & a_{12} \\ a_{21} & a_{22} \end{pmatrix},\ \begin{pmatrix} a_{11} & a_{12} & a_{13} \\ a_{21} & a_{22} & a_{23} \\ a_{31} & a_{32} & a_{33} \end{pmatrix},\ \begin{pmatrix} a_{11} & a_{12} & a_{13} & a_{14} \\ a_{21} & a_{22} & a_{23} & a_{24} \\ a_{31} & a_{32} & a_{33} & a_{34} \\ a_{41} & a_{42} & a_{43} & a_{44} \end{pmatrix}$$

이다.

정리 9.10 **주부분행렬과 정부호성**

대칭행렬 $\mathbf{A}$의 k번째 주부분행렬을 $\mathbf{A}_k$라고 하자.

① 모든 주부분행렬의 행렬식이 양수이면 $\mathbf{A}$는 양정부호이다.
즉 $|\mathbf{A}_1| > 0$, $|\mathbf{A}_2| > 0, \cdots$, $|\mathbf{A}_n| > 0$ 이면 $\mathbf{A}$는 양정부호이다.

② $|\mathbf{A}_1| < 0$, $|\mathbf{A}_2| > 0, \cdots, (-1)^n |\mathbf{A}_n| > 0$ 이면 $\mathbf{A}$는 음정부호이다.

증명

생략 ■

예

$\begin{pmatrix} 2 & -1 & -3 \\ -1 & 2 & 4 \\ -3 & 4 & 9 \end{pmatrix}$의 정부호성을 판별하시오.

풀이

$$|\mathbf{A}_1| = |2| = 2 > 0,\ |\mathbf{A}_2| = \begin{vmatrix} 2 & -1 \\ -1 & 2 \end{vmatrix} = 3 > 0,$$

$$|\mathbf{A}_3| = \begin{vmatrix} 2 & -1 & -3 \\ -1 & 2 & 4 \\ -3 & 4 & 9 \end{vmatrix} = 1 > 0$$

이므로 양정부호이다. ◀

연습문제

(1~5) 특성다항식, 고유치, 고유벡터를 찾으시오.

1. $\begin{pmatrix} 1 & 3 \\ 4 & 2 \end{pmatrix}$

2. $\begin{pmatrix} -2 & 4 \\ 3 & 2 \end{pmatrix}$

3. $\begin{pmatrix} 2 & -2 & 3 \\ 0 & 3 & -2 \\ 0 & -1 & 2 \end{pmatrix}$

4. $\begin{pmatrix} 3 & 4 & -1 \\ -1 & -2 & 1 \\ 3 & 9 & 0 \end{pmatrix}$

5. $\begin{pmatrix} 1 & 2 & 3 & -2 \\ 0 & -1 & 2 & 3 \\ 0 & 0 & 3 & 3 \\ 0 & 0 & 0 & 2 \end{pmatrix}$

(6~10) 다음 각 행렬이 대각화가능행렬인가를 판별하시오.

6. $\begin{pmatrix} 1 & 4 \\ 1 & -2 \end{pmatrix}$

7. $\begin{pmatrix} 1 & 0 \\ -2 & 1 \end{pmatrix}$

8. $\begin{pmatrix} 1 & 1 & -2 \\ 4 & 0 & 4 \\ 1 & -1 & 4 \end{pmatrix}$

9. $\begin{pmatrix} 2 & 1 & 3 \\ 0 & 2 & -1 \\ 0 & 0 & 1 \end{pmatrix}$

10. $\begin{pmatrix} 1 & 0 & 3 \\ 1 & 2 & 1 \\ 0 & 0 & -2 \end{pmatrix}$

(11~14) 다음 각 행렬을 대각화하시오.

11. $\begin{pmatrix} 0 & -1 \\ 2 & 3 \end{pmatrix}$

12. $\begin{pmatrix} 2 & 0 \\ -1 & 2 \end{pmatrix}$

13. $\begin{pmatrix} 4 & 2 & 3 \\ 2 & 1 & 2 \\ -1 & -2 & 0 \end{pmatrix}$

14. $\begin{pmatrix} 3 & -4 & 0 \\ 2 & -3 & 0 \\ 0 & 0 & 1 \end{pmatrix}$

(15~19) 다음 행렬을 직교대각화하는 $\mathbf{P}$를 구하고 $\mathbf{P}^{-1}\mathbf{AP}$를 구하시오.

15. $\begin{pmatrix} 3 & 1 \\ 1 & 3 \end{pmatrix}$

16. $\begin{pmatrix} 1 & 5 \\ 5 & 1 \end{pmatrix}$

17. $\begin{pmatrix} 3 & -2 & 4 \\ -2 & 6 & 2 \\ 4 & 2 & 3 \end{pmatrix}$

18. $\begin{pmatrix} -1 & 2 & 2 \\ 2 & -1 & 2 \\ 2 & 2 & -1 \end{pmatrix}$

19. $\begin{pmatrix} 1 & 2 & 0 & 0 \\ 2 & 1 & 0 & 0 \\ 0 & 0 & 1 & 2 \\ 0 & 0 & 2 & 1 \end{pmatrix}$

(20~22) 다음 행렬의 스펙트럼분해를 찾으시오.

20. $\begin{pmatrix} 1 & 2 \\ 2 & -2 \end{pmatrix}$

21. $\begin{pmatrix} 6 & -2 \\ -2 & 3 \end{pmatrix}$

22. $\begin{pmatrix} 2 & -1 & -1 \\ -1 & 2 & -1 \\ -1 & -1 & 2 \end{pmatrix}$

(23~26) 다음의 이차형식을 $\mathbf{x}^T\mathbf{A}\mathbf{x}$ 와 같이 행렬로 나타내시오(여기서 $\mathbf{A}$ 는 대칭행렬).

23. $3x_1^2 + 7x_2^2$

24. $4x_1^2 - 9x_2^2 - 6x_1x_2$

25. $9x_1^2 - x_2^2 + 4x_3^2 + 6x_1x_2 - 8x_1x_3 + x_2x_3$

26. $5x_1^2 + 5x_1x_2$

(27~30) 다음 행렬의 정부호성을 판별하시오.

27. $\begin{pmatrix} 1 & 0 \\ 0 & 2 \end{pmatrix}$

28. $\begin{pmatrix} -1 & 0 \\ 0 & -2 \end{pmatrix}$

29. $\begin{pmatrix} 2 & -1 & 0 \\ -1 & 2 & 0 \\ 0 & 0 & 5 \end{pmatrix}$

30. $\begin{pmatrix} 3 & -1 & 0 \\ -1 & 2 & -1 \\ 0 & -1 & 3 \end{pmatrix}$

제 10 장

미분법

제1절 극한과 연속성

1.1 수렴

$x \to a$는 x의 값이 한없이 a에 가까워지는 것을 나타낸다. 이를 'x는 a에 접근(接近, approach)한다' 또는 'x는 a에 수렴(收斂, converge)한다'고 말한다([그림 10.1] 참조).

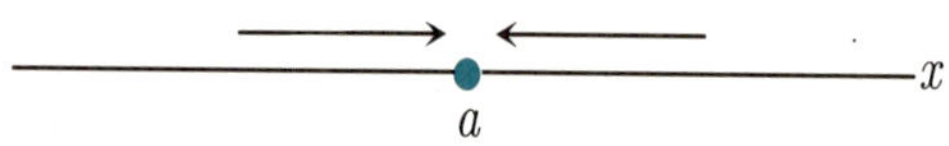

그림 10.1

1.2 극한의 개념

극한(極限, limit)이란 함수 $f(x)$에서 x가 어떤 값에 접근할 때 $f(x)$가 접근하는 값을 의미한다. $f(x)$에서 x가 a의 왼쪽에서 a에 접근할 때 $f(x)$가 유한한 수 L에 접근하면 이를

$$\lim_{x \to a^-} f(x) = L$$

과 같이 표기하고 L을 $f(x)$의 좌측극한(左側極限, left-side limit)이라 한다. x가 a의 오른쪽에서 a에 접근할 때 $f(x)$가 유한한 수 L에 접근하면 이를

$$\lim_{x \to a^+} f(x) = L$$

과 같이 표기하고 L을 $f(x)$의 우측극한(右側極限, right-side limit)이라 한다. 좌측극한과 우측극한은 같을 수도 있고 그렇지 않을 수도 있다. 좌측극한과 우측극한이 같으면 x가 a에 접근할 때 y의 극한이 존재한다고 하며

$$\lim_{x \to a} f(x) = L \tag{10.1}$$

으로 표기한다.

[그림 10.2(a)]에서 x가 a의 왼쪽에서 a에 접근하면 $f(x)$는 L에 접근한다. 그리고 x가 a의 오른쪽에서 a에 접근하면 $f(x)$는 L에 접근한다. 따라서 x가 a에 접근할 때 y의 극한이 존재하며 $\lim_{x \to a} f(x) = L$로 쓸 수 있다. (b)에서도 a에서 y의 좌측극한과 우측극한이 존재하며 이들이 같은 값 L이므로 x가 a에 접근할 때 y의 극한이 존재하며 $\lim_{x \to a} f(x) = L$로 쓸 수 있다. (c)의 그래프를 살펴보면 x의 값이

a일 때 부드럽지 않게 꺾여있다. 그럼에도 a에서 $f(x)$의 좌측극한과 우측극한이 존재하며 이들이 같은 값 L이어서 x가 a에 접근할 때 $f(x)$의 극한이 존재하며 $\lim_{x \to a} f(x) = L$로 쓸 수 있다. [그림 10.2(d)]에서 x가 a에 접근할 때 $f(x)$의 좌측극한은 L_1이고 우측극한은 L_2로 서로 다르다. 따라서 x가 a에 접근할 때 $f(x)$의 극한은 존재하지 않는다. (e)의 경우도 (d)와 마찬가지로 $\lim_{x \to a} f(x)$이 존재하지 않는다. (f)에서 $\lim_{x \to a^-} f(x)$은 $-\infty$ 이고 $\lim_{x \to a^+} f(x)$는 ∞ 이며 따라서 $\lim_{x \to a} f(x)$은 존재하지 않는다.

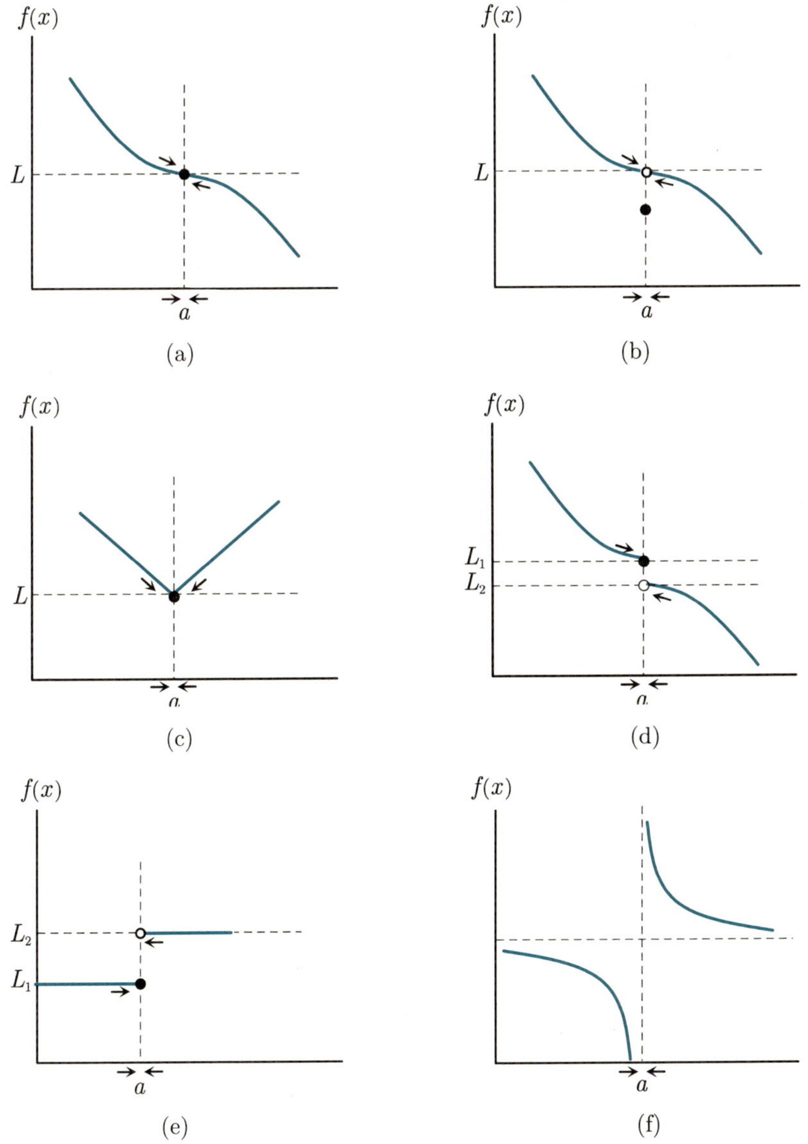

그림 10.2

1.3 극한의 정의

앞에서 설명한 극한의 개념 식 (10.1)은 x의 값을 충분히 a에 가까운 값(그러나 a와 같지는 않은 값)으로 선택했을 때 $f(x)$의 값이 L에 충분히 가까운 값이 될 수 있음을 의미한다. 이러한 극한의 비공식적 정의는 다양한 용도로 유용하게 사용될 수 있지만 뒤에서 제시하는 극한정리를 증명하거나 그 밖의 어떤 극한이 실제로 옳은가의 타당성을 검토하는 데 사용하기에는 부족하다.

극한을 더욱 정확하게 정의하기 위해 근방[1]의 개념을 사용하여 다른 방식으로 표현할 수 있다. $\lim_{x\to a} f(x)=L$은 (ε이 아무리 작더라도) 주어진 L근방 $(L-\varepsilon, L+\varepsilon)$에 대응하는 a근방 $(a-\delta, a+\delta)$이 존재하고 x가 $x \neq a$이고 a근방 $(a-\delta, a+\delta)$에 속하면 $f(x)$가 L 근방 $(L-\varepsilon, L+\varepsilon)$에 속함을 의미한다. 즉

$$a-\delta < x < a+\delta \ \Rightarrow \ L-\varepsilon < f(x) < L+\varepsilon \tag{10.2}$$

이 성립함을 의미한다([그림 10.3] 참조). 식 (10.2)는 절대치와 부등식에 관한 [정리 3.3]를 사용하여 변형하면

$$0 < |x-a| < \delta \ \Rightarrow \ |f(x)-L| < \varepsilon \tag{10.3}$$

으로 나타낼 수 있다. 이 정의는 극한의 ε-δ 정의로 알려져 있는데 19세기 독일의 수학자 바이어슈트라스(Weierstrass)[2]가 개발한 것이다.

극한의 정의 식 (10.2)와 식 (10.3)의 의미를 함수의 그래프에서 다른 방식으로 설명할 수 있다. $\varepsilon > 0$이 주어지면 수평선 $y=L+\varepsilon$ 와 $y=L-\varepsilon$ 그리고 함수 f의 그래프를 그릴 수 있다([그림 10.4] 참조). $\lim_{x\to a} f(x)=L$은 x가 $x \neq a$이고 a근방 $(a-\delta, a+\delta)$에 속하도록 제한했을 때 함수의 그래프 $y=f(x)$가 수평선 $y=L+\varepsilon$ 와 $y=L-\varepsilon$ 사이에 놓이도록 하는 그런 $\delta > 0$를 찾을 수 있음을 의미한다([그림 10.5] 참조). [그림 10.5]를 보면 직관적으로 알 수 있듯이 δ 보다 작은 양수로 δ를 대신하더라도 조건이 성립한다.

---

1) 주어진 어떤 수 L에 대하여 L을 포함하는 임의의 개구간을 L근방(近傍, neighborhood)이라고 한다.

2) 바이어슈트라스(Weierstrass, Karl, 1815~1897)는 독일의 오스텐펠터에서 출생하였다. 바이어슈트라스는 젊은 시절 언어와 수학에 뛰어난 재능을 보였다. 그러나 부친의 주장으로 본대학의 법률 및 상업과정에 등록하였다. 바이어슈트라스는 맥주와 펜싱에 몰두하였고 4년 뒤 학위 없이 집으로 돌아왔다. 1839년 그는 다시 뮌스터대학교에 입학하였고 뛰어난 수학자인 구더만(Gudermann, Christof)의 지도를 받으며 공부하였다. 구더만의 아이디어는 바이어슈트라스의 연구에 큰 영향을 주었다. 교사자격증을 받고 그는 15년간 지리와 수학을 가르치며 중학교 교사로 근무하였다. 이 시절 그의 수학적 연구결과는 그가 대학교수가 아닌 중학교 선생님이라는 이유로 무시되었다. 1854년 그는 수학계에 큰 반향을 일으킨 중요한 논문을 발표하였고 국제적인 명성을 얻게 되었다. 이 일로 쾨니스버그대학으로부터 명예박사학위를 받았고 1956년 베를린대학의 교수가 되었다.

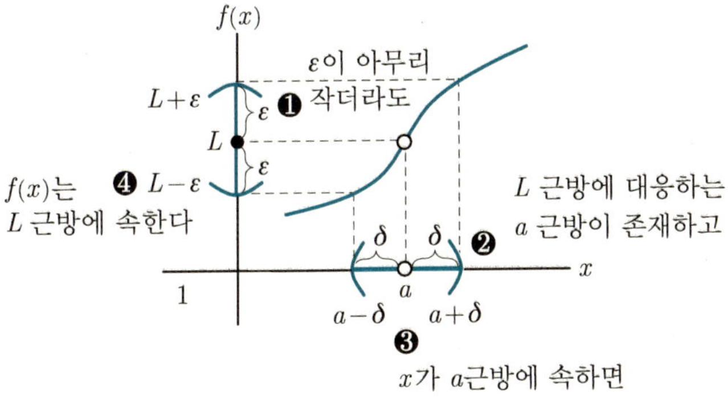

그림 10.3

주의해서 살펴봐야 할 중요한 사항 중 하나는 $\varepsilon > 0$을 아무리 작은 값으로 설정하더라도 [그림 10.4]와 [그림 10.5]에서 설명한 내용이 성립한다는 점이다. [그림 10.6]은 ε을 작게 설정하였을 때의 상황을 나타낸 것이다.

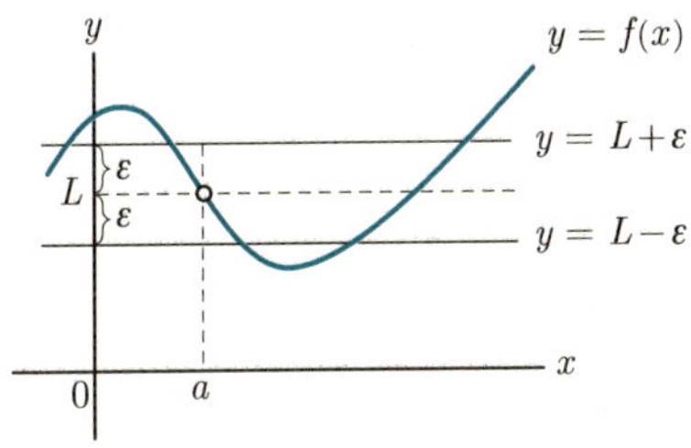

그림 10.4

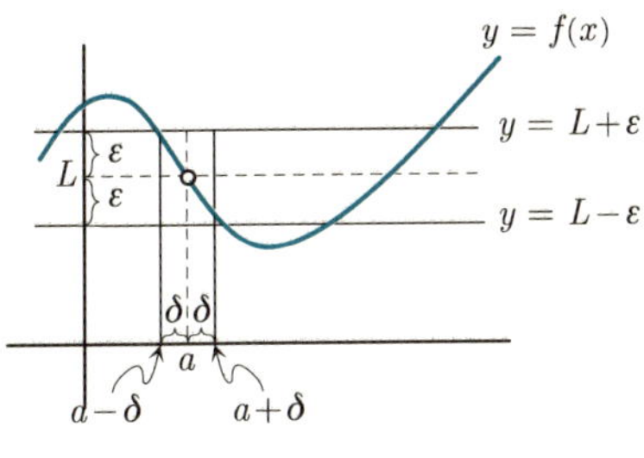

그림 10.5

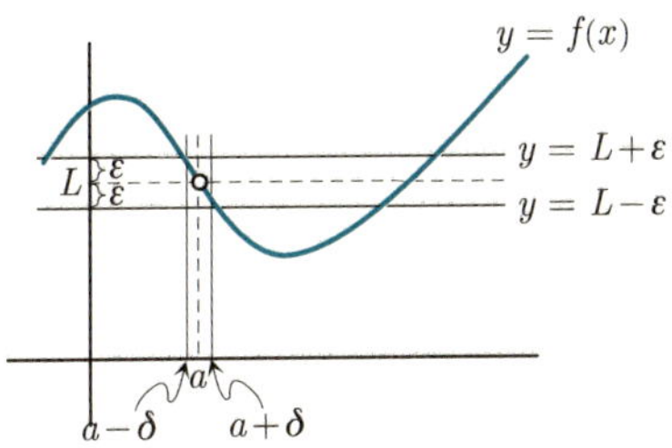

그림 10.6

예

$f(x)=2x-5$이고 $\lim_{x\to 3} f(x)=1$이 주어져 있을 때 $0<|x-3|<\delta$ $\Rightarrow |f(x)-1|<0.01$이 성립하는 δ를 찾으시오.

풀이

적절한 δ를 찾기 위해 $|f(x)-1|<0.01$의 좌변을 살펴볼 필요가 있다. $|f(x)-1|$에 $f(x)=2x-5$을 대입하고 이를 $|x-3|$이 포함된 식으로 변환하면

$$|(2x-5)-1|=|2x-6|=2|x-3|$$

을 얻을 수 있다. 부등식 $|(2x-5)-1|<0.01$과 $2|x-3|<0.01$은 동치이며 여기서 δ를 $\delta=\frac{1}{2}(0.01)=0.005$로 선택할 수 있다. $\delta=0.005$로 선택하면

$$0<|x-3|<0.005$$

이고

$$|(2x-5)-1|=|2x-6|=2|x-3|<2(0.005)=0.01$$

이다. 여기서 0.005는 『$0<|x-3|<\delta \Rightarrow |f(x)-1|<0.01$』의 성립을 보장하는 δ의 값 중에서 가장 큰 값이다. $0<\delta\le 0.005$의 모든 δ는 『$0<|x-3|<\delta \Rightarrow |f(x)-1|<0.01$』의 성립을 보장한다. ◀

$\lim_{x\to a} f(x)=L$에 대한 증명은 주어진 $\varepsilon>0$에 대하여 $0<|x-a|<\delta \Rightarrow |f(x)-L|<\varepsilon$을 만족하는 $\delta>0$를 찾을 수 있음을 보여주는 형식으로 할 수 있다.

예

$\lim\limits_{x\to 4}(3x-7)=5$를 증명하시오.

풀이

$0<|x-4|<\delta \Rightarrow |(3x-7)-5|<\varepsilon$을 만족하는 $\delta>0$를 구해야 한다. 오른쪽의 부등식에서

$$\begin{aligned}|(3x-7)-5|<\varepsilon \quad &\Leftrightarrow \quad |3x-12|<\varepsilon\\ &\Leftrightarrow \quad |3||x-4|<\varepsilon\\ &\Leftrightarrow \quad |x-4|<\varepsilon/3\end{aligned}$$

임의의 $\varepsilon > 0$에 대하여 $\delta = \varepsilon / 3$라고 하자. $0 < |x-4| < \delta$이면

$$|(3x-7)-5| = |3x-12| = 3|x-4| < 3\delta = \varepsilon$$

따라서 $|(3x-7)-5| < \varepsilon$이다. ◀

예

$$\lim_{x \to 1} \frac{1-x^2}{1-x} = 2$$를 증명하시오.

풀이

$0 < |x-1| < \delta \Rightarrow \left|\frac{1-x^2}{1-x} - 2\right| < \varepsilon$을 만족하는 $\delta > 0$을 구해야 한다. $x \neq 1$일 때

$$\begin{aligned} \left|\frac{1-x^2}{1-x} - 2\right| < \varepsilon \quad &\Leftrightarrow \quad \left|\frac{(1-x)(1+x)}{1-x} - 2\right| < \varepsilon \\ &\Leftrightarrow \quad |(1+x)-2| < \varepsilon \\ &\Leftrightarrow \quad |x-1| < \varepsilon \end{aligned}$$

따라서 $\delta = \varepsilon$로 설정하면 된다.

임의의 $\varepsilon > 0$ 에 대하여 $\delta = \varepsilon$라고 하자. $0 < |x-1| < \delta$이면

$$\left|\frac{1-x^2}{1-x} - 2\right| = \left|\frac{(1-x)(1+x)}{1-x} - 2\right| = |(1+x)-2| = |x-1| < \delta = \varepsilon$$

따라서 $\left|\frac{1-x^2}{1-x} - 2\right| < \varepsilon$이다. ◀

1.4 극한의 특성

극한의 정의 식 (10.2)와 식 (10.3)을 사용하여 극한의 존재를 증명하는 작업은 간단하지 않은 과정을 포함한다. 다음의 극한정리는 극한의 존재를 증명하거나 극한을 계산할 때 유용하게 사용될 수 있다.

정리 10.1 **극한정리**

n을 양의 정수, k는 상수, f와 g는 a에서 극한을 갖는 함수라고 하자. 그러면 다음이 성립한다.

① $\lim_{x \to a} k = k$

② $\lim_{x \to a} x = a$

③ $\lim_{x \to a} kf(x) = k \lim_{x \to a} f(x)$

④ $\lim_{x \to a} [f(x)]^n = \left[\lim_{x \to a} f(x)\right]^n$

⑤ $\lim_{x \to a} [f(x) + g(x)] = \lim_{x \to a} f(x) + \lim_{x \to a} g(x)$

⑥ $\lim_{x \to a} [f(x) - g(x)] = \lim_{x \to a} f(x) - \lim_{x \to a} g(x)$

⑦ $\lim_{x \to a} [f(x) \cdot g(x)] = \lim_{x \to a} f(x) \cdot \lim_{x \to a} g(x)$

⑧ $\lim_{x \to a} \dfrac{f(x)}{g(x)} = \dfrac{\lim_{x \to a} f(x)}{\lim_{x \to a} g(x)}$ ($\lim_{x \to a} g(x) \neq 0$일 때)

⑨ $\lim_{x \to a} \sqrt[n]{f(x)} = \sqrt[n]{\lim_{x \to a} f(x)}$, 단 $\lim_{x \to a} f(x) > 0$이고 n은 짝수

증명

① $f(x) = k$와 $L = k$로 놓고 극한의 정의 식 (10.3)을 적용해 보자. $\varepsilon > 0$이 주어진 상태에서

$$0 < |x - a| < \delta \ \Rightarrow \ |k - k| < \varepsilon$$

을 만족하는, 즉

$$0 < |x - a| < \delta \ \Rightarrow \ 0 < \varepsilon \tag{10.4}$$

을 만족하는 수 $\delta > 0$을 찾을 수 있음을 보이면 된다. 그런데 식 (10.4)에서 $0 < \varepsilon$은 δ를 어떤 값으로 선택하건 관계없이 항상 참이다. 따라서 임의의 양수 δ를 선택할 수 있다.

③ $\lim_{x \to a} f(x) = L$이라 하자. $\varepsilon > 0$이 주어졌을 때

$$0 < |x - a| < \delta \ \Rightarrow \ |kf(x) - kL| < \varepsilon \tag{10.5}$$

을 만족하는 수 $\delta > 0$을 찾을 수 있음을 보이면 된다. $\lim_{x \to a} f(x) = L$이므로

$$0 < |x-a| < \delta_1 \ \Rightarrow \ |f(x) - L| < \tfrac{\varepsilon}{|k|} \tag{10.6}$$

을 만족하는 양수 δ_1을 찾을 수 있다. 또한 δ_1보다 작은 임의의 양수 δ로 δ_1를 대체하여도 식 (10.6)의 우변에 있는 부등식은 성립한다. 따라서 양수 δ에 대해서

$$\begin{aligned}
&|kf(x) - kL| \\
&= |k||f(x) - L| && \text{(절대치의 성질 [정리 3.2] ②)} \\
&< |k|\tfrac{\varepsilon}{|k|} && \text{(식 (10.6))} \\
&= \varepsilon
\end{aligned}$$

이며 이는 선택한 양수 δ에 대해서 식 (10.5)가 성립함을 의미한다. 이는 결국

$$\lim_{x\to a} kf(x) = kL = k\lim_{x\to a} f(x)$$

을 의미한다.

⑤ $\lim_{x\to a} f(x) = L_1$, $\lim_{x\to a} g(x) = L_2$이라 하자. $\varepsilon > 0$이 주어졌을 때

$$0 < |x-a| < \delta \ \Rightarrow \ \left|(f(x) + g(x)) - (L_1 + L_2)\right| < \varepsilon \tag{10.7}$$

을 만족하는 수 $\delta > 0$을 찾을 수 있음을 보이면 된다. $\lim_{x\to a} f(x) = L_1$이고 $\lim_{x\to a} g(x) = L_2$이므로

$$0 < |x-a| < \delta_1 \ \Rightarrow \ \left|f(x) - L_1\right| < \tfrac{\varepsilon}{2} \tag{10.8}$$

$$0 < |x-a| < \delta_2 \ \Rightarrow \ \left|g(x) - L_2\right| < \tfrac{\varepsilon}{2} \tag{10.9}$$

을 만족하는 양수 δ_1, δ_2을 찾을 수 있다. 또한 δ_1, δ_2보다 작은 임의의 양수 δ로 δ_1, δ_2를 대체하여도 우변에 있는 두 부등식은 모두 성립한다. 따라서 양수 δ에 대해서

$$\begin{aligned}
&\left|(f(x) + g(x)) - (L_1 + L_2)\right| \\
&= \left|(f(x) - L_1) + (g(x) - L_2)\right| \\
&\le \left|(f(x) - L_1)\right| + \left|(g(x) - L_2)\right| && \text{(삼각부등식 [정리 3.4])} \\
&< \tfrac{\varepsilon}{2} + \tfrac{\varepsilon}{2} \\
&= \varepsilon
\end{aligned}$$

이며 이는 선택한 양수 δ에 대해서 식 (10.7)이 성립함을 의미한다.

⑦ $\lim_{x\to a} f(x) = L_1$, $\lim_{x\to a} g(x) = L_2$이라 하자. $\varepsilon > 0$이 주어진 상태에서

$$0 < |x-a| < \delta \ \Rightarrow\ \left|f(x)g(x) - L_1L_2\right| < \varepsilon \tag{10.10}$$

을 만족하는 수 $\delta > 0$을 찾을 수 있음을 보이면 된다. δ를 찾기 위해서는 식 (10.10)을 다른 형식으로 나타낼 필요가 있다. $f(x)$와 $g(x)$를

$$f(x) = L_1 + \big(f(x) - L_1\big) \text{ 와 } g(x) = L_2 + \big(g(x) - L_2\big)$$

로 나타내면 식 (10.10)의 우변에 있는 부등식은

$$\left|L_1\big(g(x) - L_2\big) + L_2\big(f(x) - L_1\big) + \big(f(x) - L_1\big)\big(g(x) - L_2\big)\right| < \varepsilon \tag{10.11}$$

으로 나타낼 수 있다. $\lim_{x\to a} f(x) = L_1$이고 $\lim_{x\to a} g(x) = L_2$이므로

$$0 < |x-a| < \delta_1 \ \Rightarrow\ \left|f(x) - L_1\right| < \sqrt{\tfrac{\varepsilon}{3}} \tag{10.12}$$

$$0 < |x-a| < \delta_2 \ \Rightarrow\ \left|f(x) - L_1\right| < \tfrac{\varepsilon}{3(1+|L_2|)} \tag{10.13}$$

$$0 < |x-a| < \delta_3 \ \Rightarrow\ \left|g(x) - L_2\right| < \sqrt{\tfrac{\varepsilon}{3}} \tag{10.14}$$

$$0 < |x-a| < \delta_4 \ \Rightarrow\ \left|g(x) - L_2\right| < \tfrac{\varepsilon}{3(1+|L_1|)} \tag{10.15}$$

을 만족하는 양수 δ_1, δ_2, δ_3, δ_4를 찾을 수 있다. 또한 δ_1, δ_2, δ_3, δ_4보다 작은 임의의 양수 δ로 δ_1, δ_2, δ_3, δ_4를 대체하여도 우변에 있는 네 부등식은 모두 성립한다. 따라서 양수 δ에 대해서

$$\begin{aligned}
&\left|L_1\big(g(x) - L_2\big) + L_2\big(f(x) - L_1\big) + \big(f(x) - L_1\big)\big(g(x) - L_2\big)\right| \\
&\le \left|L_1\big(g(x) - L_2\big)\right| + \left|L_2\big(f(x) - L_1\big)\right| + \left|\big(f(x) - L_1\big)\big(g(x) - L_2\big)\right| \\
&\qquad\qquad\qquad\qquad \text{(삼각부등식 [정리 3.4])} \\
&= |L_1|\left|\big(g(x) - L_2\big)\right| + |L_2|\left|\big(f(x) - L_1\big)\right| + \left|\big(f(x) - L_1\big)\big(g(x) - L_2\big)\right| \\
&\qquad\qquad\qquad\qquad \text{(절대치의 성질 [정리 3.2] ②)} \\
&< |L_1|\tfrac{\varepsilon}{3(1+|L_1|)} + |L_2|\tfrac{\varepsilon}{3(1+|L_2|)} + \sqrt{\tfrac{\varepsilon}{3}}\sqrt{\tfrac{\varepsilon}{3}} \qquad \text{(식 (10.12)~(10.15))} \\
&= \tfrac{\varepsilon}{3}\tfrac{|L_1|}{1+|L_1|} + \tfrac{\varepsilon}{3}\tfrac{|L_2|}{1+|L_2|} + \tfrac{\varepsilon}{3} \\
&< \tfrac{\varepsilon}{3} + \tfrac{\varepsilon}{3} + \tfrac{\varepsilon}{3} \\
&= \varepsilon
\end{aligned}$$

이며 이는 선택한 양수 δ에 대해서 식 (10.11)이 성립함을 보여준다. ■

예

$\lim_{x\to 3} 2x^4$을 구하시오.

풀이

$$\lim_{x\to 3} 2x^4 \underset{③}{=} 2\lim_{x\to 3} x^4 \underset{④}{=} 2\left[\lim_{x\to 3} x\right]^4 \underset{②}{=} 2[3]^4 = 162$$

◀

예

$\lim_{x\to 4}\left(2x^2 - 3x\right)$을 구하시오.

풀이

$$\lim_{x\to 4}\left(2x^2 - 3x\right) \underset{⑥}{=} \lim_{x\to 4} 2x^2 - \lim_{x\to 4} 3x \underset{③}{=} 2\lim_{x\to 4} x^2 - 3\lim_{x\to 4} x$$

$$\underset{④}{=} 2\left[\lim_{x\to 4} x\right]^2 - 3\lim_{x\to 4} x = 2[4]^2 - 3(4) = 20$$

◀

정리 10.2 **다항함수의 극한**

a는 임의의 실수이고 $f(x)$는 다항함수

$$f(x) = b_n x^n + b_{n-1}x^{n-1} + \cdots + b_2 x^2 + b_1 x + b_0$$

라고 하자(여기서 n은 비음정수이고 계수 $b_0, b_1, b_2, b_3, \cdots, b_n$은 상수). $x \to a$ 일 때 $f(x)$의 극한은 $f(a)$이다. 즉

$$\lim_{x\to a} f(x) = f(a)$$

이다.

증명

$$\lim_{x\to a} f(x) = \lim_{x\to a}\left(b_n x^n + b_{n-1}x^{n-1} + \cdots + b_2 x^2 + b_1 x + b_0\right)$$

$$= \lim_{x\to a} b_n x^n + \lim_{x\to a} b_{n-1}x^{n-1} + \cdots + \lim_{x\to a} b_2 x^2 + \lim_{x\to a} b_1 x + \lim_{x\to a} b_0$$

(극한정리 [정리 10.1] ⑤)

$$= b_n \lim_{x\to a} x^n + b_{n-1} \lim_{x\to a} x^{n-1} + \cdots + b_2 \lim_{x\to a} x^2 + b_1 \lim_{x\to a} x + \lim_{x\to a} b_0$$

(극한정리 [정리 10.1] ③)

$$= b_n \left(\lim_{x\to a} x\right)^n + b_{n-1}\left(\lim_{x\to a} x\right)^{n-1} + \cdots + b_2\left(\lim_{x\to a} x\right)^2 + b_1 \lim_{x\to a} x + \lim_{x\to a} b_0$$

(극한정리 [정리 10.1] ④)

$$= b_n a^n + b_{n-1}a^{n-1} + \cdots + b_2 a^2 + b_1 a + b_0 \quad \text{(극한정리 [정리 10.1] ②)}$$

$$= f(a)$$

■

예

$\lim_{x\to 5}\left(x^2 - 4x + 3\right)$을 구하시오.

풀이

$$\lim_{x\to 5}\left(x^2 - 4x + 3\right) = 5^2 - 4\cdot 5 + 3 = 8$$

◀

정리 10.3 유리함수의 극한

a는 임의의 실수이고 $f(x)$는 유리함수

$$f(x) = \frac{g(x)}{h(x)}$$

라고 하자(여기서 $g(x)$와 $h(x)$은 다항함수). $h(a) \neq 0$이면 $x \to a$일 때 $f(x)$의 극한은 $f(a)$이다. 즉

$$\lim_{x\to a} f(x) = f(a)$$

이다.

증명

$$\lim_{x\to a} f(x) = \lim_{x\to a}\left(\frac{g(x)}{h(x)}\right)$$

$$= \frac{\lim_{x\to a} g(x)}{\lim_{x\to a} h(x)} \quad \text{(전제조건 } h(a) \neq 0\text{와 [정리 10.1] ⑧)}$$

$$= \frac{g(a)}{h(a)} \qquad \text{(다항함수의 극한 [정리 10.2])}$$

$$= f(a)$$ ■

예

$\lim_{x \to 2}\left(\frac{7x^5 - 10x^4 - 13x + 6}{3x^2 - 6x - 8}\right)$을 구하시오.

풀이

$$\lim_{x \to 2}\left(\frac{7x^5 - 10x^4 - 13x + 6}{3x^2 - 6x - 8}\right) = \frac{7(2)^5 - 10(2)^4 - 13(2) + 6}{3(2)^2 - 6(2) - 8} = -\frac{11}{2}$$ ◀

정리 10.4 **$f(x) <= g(x)$의 극한**

a의 근방에 속한 x에서 $f(x) \le g(x)$이고 x가 a에 접근할 때 f와 g의 극한이 모두 존재하면

$$\lim_{x \to a} f(x) \le \lim_{x \to a} g(x)$$

가 성립한다.

증명

$\lim_{x \to a} f(x) = L$, $\lim_{x \to a} g(x) = M$이라 하고 $L > M$이라고 하자. 모순법을 사용하여 증명한다. 즉 $L > M$으로부터 유도한 결론이 $f(x) \le g(x)$와 모순임을 보여 $L \le M$이 참임을 증명한다.

$$\lim_{x \to a}[g(x) - f(x)] = M - L \qquad \text{(극한정리 [정리 10.1] ⑤)}$$

따라서 임의의 $\varepsilon > 0$에 대해서

$$|x - a| < \delta \ \Rightarrow\ |[g(x) - f(x)] - (M - L)| < \varepsilon$$

을 만족하는 $\delta > 0$가 존재한다. 증명의 전제 $L > M$로부터 $L - M > 0$이므로 $\varepsilon = L - M > 0$을 취했을 때

$$|x - a| < \delta \ \Rightarrow\ |[g(x) - f(x)] - (M - L)| < L - M \qquad (10.16)$$

을 만족하는 $\delta > 0$가 존재해야 한다. 임의의 실수 a에 대해서 $a \le |a|$이므로 식

(10.16)은

$$|x-a|<\delta \ \Rightarrow\ [g(x)-f(x)]-(M-L)<L-M$$

으로 적을 수 있고 이는 다시

$$|x-a|<\delta \ \Rightarrow\ g(x)<f(x)$$

이 된다. $g(x)<f(x)$는 증명의 전제인 $f(x)\le g(x)$와 모순이므로 $L>M$은 거짓이고 따라서 $L\le M$이 참이다. ■

1.5 함수의 연속성

함수 $y=f(x)$가 다음과 같은 세 가지 조건을 만족하면 함수 $y=f(x)$는 a에서 연속(連續, continuous)이다 라고 말한다.

① 점 a가 정의역 내에 존재해야 한다.
② $x\to a$일 때 함수의 극한 $\lim_{x\to a} f(x)$가 존재해야 한다.
③ 이 극한과 함수의 값 $f(a)$가 같아야 한다.

이 세 가지 조건을 요약하면

$$\lim_{x\to a} f(x)=f(a)$$

으로 나타낼 수 있다.

이 세 가지 조건 중 하나라도 만족하지 않으면 함수는 a에서 불연속(不連續, discontinuous)이라고 한다. [그림 10.2]의 (a)와 (c)는 a에서 연속이다. [그림 10.2]의 (b), (d), (e), (f)는 a에서 불연속이다.

예

함수 $f(x)=x^2$의 $x=0$에서의 연속성을 조사해보시오.

풀이

주어진 함수의 자연정의역은 실수이며 0은 정의역에 존재한다. $f(0)=0$. $\lim_{x\to 0} f(x)=\lim_{x\to 0} x^2=0$. 따라서 $f(x)$는 $x=0$에서 연속이다. ◀

예

함수 $f(x)=\dfrac{x^2-4}{x-2}$의 $x=2$에서의 연속성을 조사해보시오.

풀이

$f(x)$의 자연정의역은 $\{x \in \mathbb{R} | x \neq 2\}$이다. 따라서 2가 정의역에 존재하지 않으며 $f(x)$는 $x = 2$에서 불연속이다. ◀

함수 $y = f(x)$가 개구간 (a, b)에 있는 모든 x의 값에서 연속일 때 함수는 그 구간에서 연속이라 한다. 또한 이러한 연속의 정의는 $(\mathrm{a}, +\infty)$, $(-\infty, b)$, $(-\infty, \infty)$ 등의 구간에 대해서도 적용된다.

정리 10.5 **다항함수의 연속성**

다항함수는 모든 실수 a에서 연속이다.

증명

a가 임의의 실수이고 $f(x)$가 다항함수라고 하자. $f(x)$의 자연정의역은 실수의 집합이므로 a는 $f(x)$의 정의역에 속한다. 다항함수의 극한에 관한 [정리 10.2]로부터 $\lim_{x \to a} f(x) = f(a)$이 성립하며 따라서 a에서 연속이다. ■

1.6 함수의 연산과 연속성

정리 10.6 **함수의 연산과 연속성**

함수 f와 g가 실수 a에서 연속이면

① $f + g$는 a에서 연속이다.
② $f - g$는 a에서 연속이다.
③ fg는 a에서 연속이다.
④ $g(a) \neq 0$일 때 f/g는 a에서 연속이다.
⑤ f^n는 a에서 연속이다.
⑥ $f(a) > 0$이고 n이 짝수일 때 $\sqrt[n]{f}$는 a에서 연속이다.

증명

④ $g(a) = 0$이면 $f(a)/g(a)$는 정의되지 않는다. 따라서 함수 f/g은 a에서 불연속이다. $g(a) \neq 0$ 일 때 f/g가 a에서 연속임을 보이려면

$$\lim_{x \to a} \frac{f(x)}{g(x)} = \frac{f(a)}{g(a)} \tag{10.17}$$

을 보여야 한다. f와 g는 a에서 연속이므로

$$\lim_{x\to a} f(x) = f(a) \text{ 이고 } \lim_{x\to a} g(x) = g(a) \tag{10.18}$$

이다.

$$\begin{aligned}\lim_{x\to a}\frac{f(x)}{g(x)} &= \frac{\lim_{x\to a} f(x)}{\lim_{x\to a} g(x)} && \text{(극한정리 [정리 10.1] ⑧)} \\ &= \frac{f(a)}{g(a)} && \text{(식 (10.18))}\end{aligned}$$

이므로 식 (10.17)이 성립한다. ■

정리 10.7 **유리함수의 연속성**

유리함수는 분모가 0이 되는 점을 제외한 모든 점에서 연속이다.

증명

다항함수는 모든 실수에서 연속이고 유리함수는 다항함수의 비율이므로 [정리 10.6] ④로부터 분모가 0이 되는 점을 제외한 모든 점에서 연속이다. ■

정리 10.8 **합성극한 정리**

$\lim_{x\to a} g(x) = L$이고 함수 f가 L에서 연속이면

$$\lim_{x\to a} f(g(x)) = f(L)$$

이다. 즉

$$\lim_{x\to a} f(g(x)) = f\left(\lim_{x\to a} g(x)\right)$$

이다.

증명

이 정리를 증명하려면 $\varepsilon > 0$이 주어졌을 때

$$0 < |x-a| < \delta \;\Rightarrow\; |f(g(x)) - f(L)| < \varepsilon \tag{10.19}$$

을 만족하는 수 $\delta > 0$을 찾을 수 있음을 보이면 된다. f는 L에서 연속이므로

$$\lim_{y \to L} f(y) = f(L)$$

이며 따라서

$$0 < |y - L| < \delta_1 \ \Rightarrow\ |f(y) - f(L)| < \varepsilon$$

을 만족시키는 δ_1을 찾을 수 있다. 특히 $y = g(x)$이면

$$0 < |g(x) - L| < \delta_1 \ \Rightarrow\ |f(g(x)) - f(L)| < \varepsilon \qquad (10.20)$$

이다([그림 10.7] 참조).

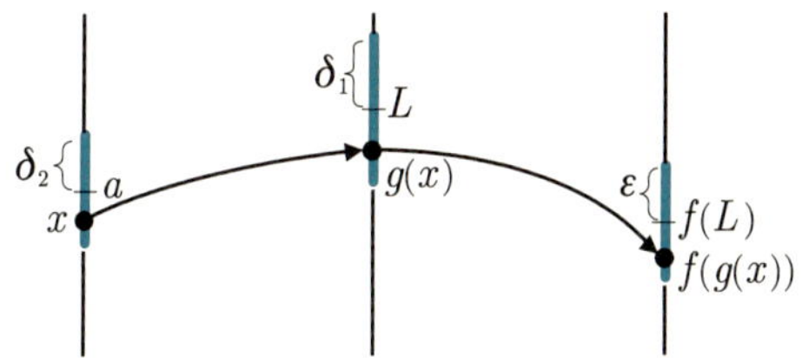

그림 10.7

그런데 $\lim_{x \to a} g(x) = L$이므로 $\delta_1 > 0$에 대하여

$$0 < |x - a| < \delta_2 \ \Rightarrow\ 0 < |g(x) - L| < \delta_1 \qquad (10.21)$$

을 만족시키는 δ_2를 찾을 수 있다. 식 (10.20)과 식 (10.21)로부터 식 (10.19)가 성립함을 알 수 있다. ■

정리 10.9 **합성함수의 연속성**

함수 g가 a에서 연속이고 f가 $g(a)$에서 연속이면 합성함수 $f \circ g$도 a에서 연속이다.

증명

이 정리를 증명하려면 a에서 $f \circ g$의 함수값과 극한값이 같음을 보여야 한다.

$$\lim_{x \to a} (f \circ g)(x) = \lim_{x \to a} f(g(x)) \qquad \text{(합성함수의 정의 식 (3.10))}$$

$$= f\left(\lim_{x \to a} g(x)\right) \qquad \text{(합성극한 정리 [정리 10.8])}$$

$= f(g(a))$ (정리의 가정 : g가 a에서 연속)

$= (f \circ g)(a)$ (합성함수의 정의 식 (3.10)) ■

1.7 중간값정리

중간값정리(中間값定理, intermediate value theorem)는 폐구간에서 연속인 함수가 갖는 중요한 성질에 관한 것이다.

정리 10.10 **중간값정리**

함수 f가 폐구간 [a, b]에서 연속이고 k는 $f(a)$와 $f(b)$ 사이의 임의의 수라고 하자. 그러면 $f(c) = k$을 만족하는 수 $c \in [a, b]$가 적어도 하나는 존재한다.

증명

이 정리는 실수의 완비성(完備性, completeness)을 근거로 하여 증명할 수 있다. 이 정리의 증명은 고급미분적분학에 속하는 내용으로 여기서는 생략한다. ■

중간값정리는 $c \in [a, b]$가 적어도 하나는 존재함을 보장한다. [그림 10.8]이 보여주는 것처럼 당연히 $f(c) = k$을 만족하는 수 $c \in [a, b]$가 하나 이상 존재할 수 있다.

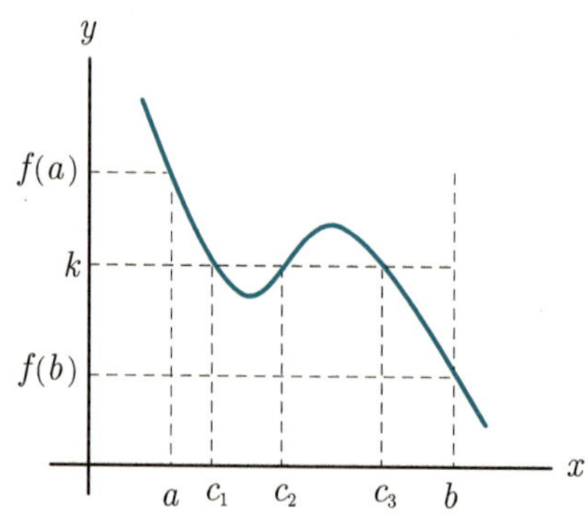

그림 10.8

중간값정리는 중간값 c가 적어도 하나 존재한다는 것을 말해주고 있으나 c를 찾아내는 방법에 대해서는 알려주지 않는다. 이러한 종류의 정리를 존재정리(存在定理, existence theorem)라고 한다.

중간값정리는 종종 폐구간에서 연속인 함수 f에서 $f(c) = 0$을 만족하는 c가 적어도 하나 존재함을 보장하는 데 사용된다. 구체적으로 f가 $[a, b]$에서 연속이고 $f(a)$와 $f(b)$의 부호가 서로 다르면 $f(c)=0$을 만족하는 $c \in [a, b]$가 적어도 하나 존재한다.

예

방정식 $2x^3-7x^2+5x-1=0$이 2과 3 사이에서 근을 가짐을 보이시오.

풀이

$f(x)=2x^3-7x^2+5x-1$라고 하자. $a=2,\ b=3,\ k=0$으로 놓고 중간값정리 [정리 10.10]을 적용하면

$$f(2)=-3<0\,,\ \ f(3)=5>0$$

따라서 $f(2)<k<f(3)$이고 중간값정리 [정리 10.10]에 의해 $f(c)=0$을 만족하는 c가 적어도 하나 2와 3 사이에 존재한다. 이를 다른 말로 표현하면 방정식 $2x^3-7x^2+5x-1=0$은 $(2,3)$에서 적어도 하나의 근 c를 갖는다. ◀

제2절 도함수

2.1 차분

변수 x의 값이 x_0에서부터 x_1으로 변하였다면 x의 변화량 x_1-x_0을 x의 차분(差分, difference)이라 하고 Δx로 나타낸다.

예

변수 x의 값이 $x_0=1.2$에서부터 $x_1=2.5$으로 변하였다면 x의 차분

$$\Delta x=x_1-x_0=2.5-1.2=1.3$$

이 된다. ◀

함수 $y=f(x)$에서 x가 x_0에서부터 x_1으로 변하였다면 y는 $y_0=f(x_0)$에서 $y_1=f(x_1)$로 변하며 따라서 x의 차분 $\Delta x=x_1-x_0$에 대하여 y의 차분

$$\Delta y=y_1-y_0=f(x_1)-f(x_0)$$

이 대응된다([그림 10.9] 참조).

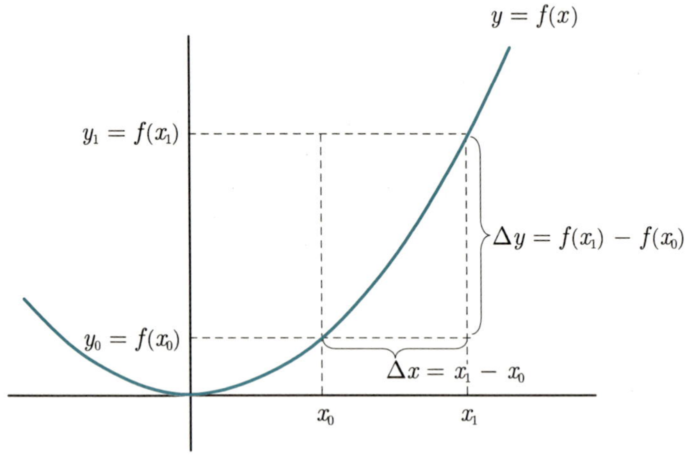

그림 10.9

예

$y = f(x) = x^2$에 대하여 x가 1.2에서 2.5로 변할 때 Δy를 구하시오.

풀이

$$\Delta y = f(2.5) - f(1.2) = (2.5)^2 - (1.2)^2 = 6.25 - 1.44 = 4.81$$ ◀

2.2 차분계수

[그림 10.9]에서 x_1은 [그림 10.10]에서와 같이 $x_0 + \Delta x$로 나타낼 수 있다. 함수 $y = f(x)$에서 독립변수 x가 초기값 x_0에서 $x_0 + \Delta x$로 변할 때 여기에 대응하는 함수 y의 변화는

$$\Delta y = f(x_0 + \Delta x) - f(x_0)$$

가 된다. 이 때 x의 차분 Δx에 대한 y의 차분 Δy의 비율

$$\frac{\Delta y}{\Delta x} = \frac{f(x_0 + \Delta x) - f(x_0)}{\Delta x} \tag{10.22}$$

을 $f(x)$의 x_0에서의 차분계수(差分係數, difference quotient)라고 한다.

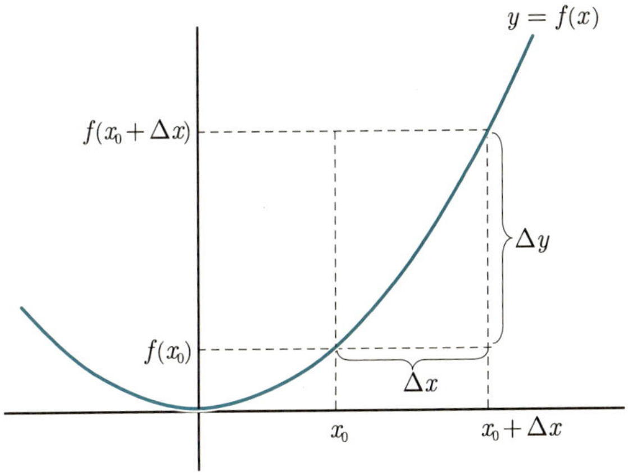

그림 10.10

예

$y = f(x) = x^2$에 대하여 x가 1.2에서 2.5로 변할 때 차분계수 $\Delta y / \Delta x$를 구하시오.

풀이

x_0에서의 차분계수는

$$\frac{\Delta y}{\Delta x} = \frac{f(x_0 + \Delta x) - f(x_0)}{\Delta x} = \frac{(x_0 + \Delta x)^2 - (x_0)^2}{\Delta x}$$

$$= \frac{2x_0 \Delta x + (\Delta x)^2}{\Delta x} = 2x_0 + \Delta x$$

이다. x가 1.2에서 2.5로 변하는 경우 $x_0 = 1.2$이고 $\Delta x = 1.3$ 이므로

$$\frac{\Delta y}{\Delta x} = 2x_0 + \Delta x = 2(1.2) + 1.3 = 3.7$$ ◀

예

$y = f(x) = 3x^2 - 4$ 에 대하여 x_0에서의 차분계수 $\Delta y / \Delta x$를 구하시오.

풀이

$$\frac{\Delta y}{\Delta x} = \frac{f(x_0 + \Delta x) - f(x_0)}{\Delta x} = \frac{\left[3(x_0 + \Delta x)^2 - 4\right] - \left[(x_0)^2 - 4\right]}{\Delta x}$$

$$= \frac{6x_0 \Delta x + 3(\Delta x)^2}{\Delta x} = 6x_0 + 3\Delta x$$ ◀

차분계수는 기하학적으로 점 $A\ (x_0, f(x_0))$와 점 $B\ (x_0+\Delta x, f(x_0+\Delta x))$를 연결하는 직선의 기울기를 나타낸다([그림 10.11] 참조).

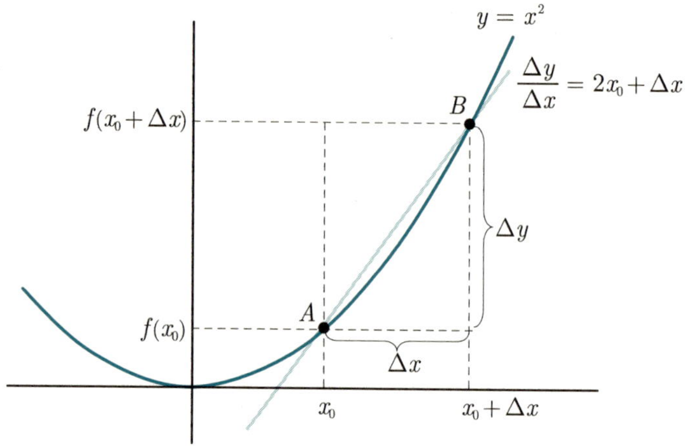

그림 10.11

2.3 미분계수

함수 $y=f(x)$의 x_0에서의 차분계수 $\Delta y / \Delta x$에서 Δx가 0에 접근할 때 차분계수 $\Delta y / \Delta x$의 극한

$$\lim_{\Delta x \to 0} \frac{\Delta y}{\Delta x} = \lim_{\Delta x \to 0} \frac{f(x_0+\Delta x)-f(x_0)}{\Delta x}$$

을 $f(x)$의 x_0에서의 미분계수(微分係數, differential quotient)라 하며 $f'(x_0)$로 표기한다.

미분계수의 정의

$$f'(x_0) = \lim_{\Delta x \to 0} \frac{\Delta y}{\Delta x} = \lim_{\Delta x \to 0} \frac{f(x_0+\Delta x)-f(x_0)}{\Delta x} \tag{10.23}$$

예

$y=f(x)=3x^2-4$에 대하여 x_0에서의 미분계수 $f'(x_0)$를 구하시오.

풀이

x_0에서의 미분계수 $f'(x_0)$를 구하려면 먼저 x_0에서의 차분계수 $\Delta y/\Delta x$를 구하고 Δx가 0에 접근할 때 차분계수 $\Delta y/\Delta x$의 극한을 구하면 된다. 주어진 함수의 x_0에

서의 차분계수는

$$\frac{\Delta y}{\Delta x}=\frac{f(x_0+\Delta x)-f(x_0)}{\Delta x}=\frac{\left[3(x_0+\Delta x)^2-4\right]-\left[(x_0)^2-4\right]}{\Delta x}$$
$$=\frac{6x_0\Delta x+3(\Delta x)^2}{\Delta x}=6x_0+3\Delta x$$

이다. Δx가 0으로 접근할 때의 극한은

$$\lim_{\Delta x\to 0}\frac{\Delta y}{\Delta x}=\lim_{\Delta x\to 0}(6x_0+3\Delta x)=6x_0$$

따라서 $f'(x_0)=6x_0$이다. ◀

2.4 도함수

함수 $y=f(x)$가 주어져 있을 때 임의의 실수 x_0에서 미분계수 $f'(x_0)$을 함수값으로 가지는 함수 $f'(x)$를 $f(x)$의 도함수(導函數, derivative)라고 한다. 따라서 함수 $y=f(x)$의 도함수는 $f(x)$의 x_0에서의 미분계수 $f'(x_0)$에서 x_0를 x로 대체한

도함수의 정의

$$f'(x)=\lim_{\Delta x\to 0}\frac{f(x+\Delta x)-f(x)}{\Delta x} \tag{10.24}$$

으로 얻을 수 있다.[3)] 도함수는 주어진 함수 $y=f(x)$로부터 유도된 함수라는 뜻이다. 이런 관점에서 주어진 함수 $y=f(x)$를 원시함수(原始函數, primitive function)라 부른다.

예

$f(x)=3x^2-4$ 의 도함수 $f'(x)$를 구하시오.

풀이

$f(x)$의 x_0에서의 미분계수에서 x_0를 x로 대체하는 것은 x_0에서의 차분계수 대신 x에서의 차분계수 $\Delta y/\Delta x$를 구하고 Δx가 0으로 접할 때의 극한을 구하면 된다. x에서

3) (x_0와 x의 차이점)x_0는 독립변수의 값이 특정한 값으로 고정되어 있음을 나타내고 x는 그렇지 않은 상태를 나타낸다. 예를 들어 함수 $f(x)$의 정의역이 $\{1,2,3\}$일 때 $x=$ [[1], [2], [3]]이며 x_0 = [[1]] or [[2]] or [[3]]을 나타낸다.

의 차분계수 $\Delta y/\Delta x$는

$$\frac{\Delta y}{\Delta x}=\frac{f(x+\Delta x)-f(x)}{\Delta x}=\frac{\left[3(x+\Delta x)^2-4\right]-\left[(x)^2-4\right]}{\Delta x}$$

$$=\frac{6x\Delta x+3(\Delta x)^2}{\Delta x}=6x+3\Delta x$$

이다. Δx가 0으로 접근할 때 x에서의 차분계수 $\Delta y/\Delta x$의 극한은

$$\lim_{\Delta x\to 0}\frac{\Delta y}{\Delta x}=\lim_{\Delta x\to 0}(6x+3\Delta x)=6x$$

이다. ◀

2.5 미분가능성

함수 $y=f(x)$의 x_0에서의 차분계수 $\Delta y/\Delta x$에서 Δx가 0에 접근할 때 차분계수 $\Delta y/\Delta x$의 극한

$$\lim_{\Delta x\to 0}\frac{\Delta y}{\Delta x}=\lim_{\Delta x\to 0}\frac{f(x_0+\Delta x)-f(x_0)}{\Delta x} \qquad (10.25)$$

이 존재하면 즉 x_0에서의 미분계수 $f'(x_0)$이 존재하면 $f(x)$는 x_0에서 미분가능(微分可能, differentiable)이라고 한다.

정리 10.11 **미분가능함수의 특성**

$y=f(x)$에서 f가 미분가능함수이고 $\Delta x\to 0$일 때 $\varepsilon\to 0$이면

$$\Delta y=f'(x_0)\Delta x+\varepsilon\Delta x$$

로 나타낼 수 있다.

증명

ε을 x_0에서의 차분계수와 미분계수의 차이라고 하자. 즉

$$\varepsilon=\frac{\Delta y}{\Delta x}-f'(x_0) \qquad (10.26)$$

로 놓자. 그러면

$$\begin{aligned}
\lim_{\Delta x \to 0} \varepsilon &= \lim_{\Delta x \to 0}\left(\frac{\Delta y}{\Delta x} - f'(x_0)\right) && \text{(식 (10.26))} \\
&= \lim_{\Delta x \to 0}\frac{\Delta y}{\Delta x} - \lim_{\Delta x \to 0} f'(x_0) && \text{(극한정리 [정리 10.1] ⑥)} \\
&= \lim_{\Delta x \to 0}\frac{\Delta y}{\Delta x} - f'(x_0) && \text{(극한정리 [정리 10.1] ①)} \\
&= f'(x_0) - f'(x_0) && \text{(미분계수의 정의 식 (10.23))} \\
&= 0
\end{aligned}$$

따라서 $\Delta x \to 0$일 때 $\varepsilon \to 0$ 이다.

$$\begin{aligned}
&\varepsilon = \frac{\Delta y}{\Delta x} - f'(x_0) \\
&\Rightarrow \ \varepsilon \Delta x = \Delta y - f'(x_0)\Delta x \\
&\Rightarrow \ \Delta y = f'(x_0)\Delta x + \varepsilon \Delta x
\end{aligned}$$

■

[정리 10.11]은 연쇄율의 증명과 더불어 이변수함수의 미분가능성을 정의하는 데 유용하게 사용된다.

차분계수를 다른 방식으로 표현하여 x_0에서의 미분계수 $f'(x_0)$를 달리 나타낼 수 있으며 이는 미분가능성과 연속성의 관계 및 여러 가지 도함수 관련 증명에서 유용하게 사용된다. x_0에서의 차분계수 $\Delta y / \Delta x$의 정의

$$\frac{\Delta y}{\Delta x} = \frac{f(x_0 + \Delta x) - f(x_0)}{\Delta x}$$

에서 $x_0 + \Delta x$를 x로 나타내면([그림 10.12])

$$x_0 + \Delta x = x \ \Rightarrow \ \Delta x = x - x_0$$

이므로 x_0에서의 차분계수는 식 (10.27)과 같이 나타낼 수 있다.

$$\frac{f(x) - f(x_0)}{x - x_0} \tag{10.27}$$

또한 Δx가 0에 접근한다는 것은 x가 x_0에 접근한다는 것으로 나타낼 수 있다. 즉 $\Delta x \to 0$은 $x \to x_0$으로 나타낼 수 있다. 따라서 x_0에서의 미분계수 $f'(x_0)$는

미분계수의 정의

$$f'(x_0) = \lim_{x \to x_0} \frac{f(x) - f(x_0)}{x - x_0} \tag{10.28}$$

로 나타낼 수 있다.

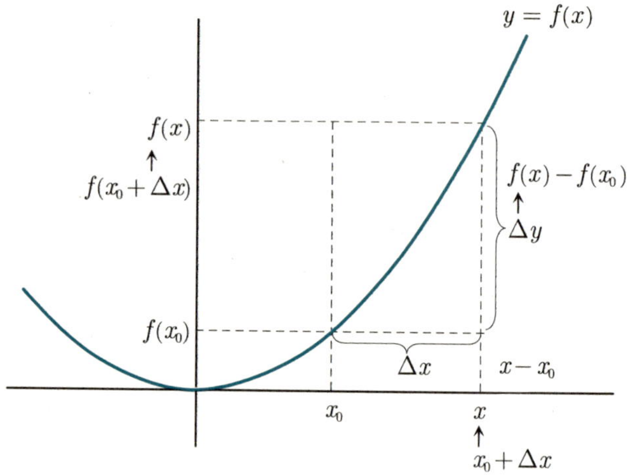

그림 10.12

2.6 미분가능성과 연속성

정리 10.12 **미분가능성과 연속성**

함수 f가 $x = x_0$에서 미분가능이면 f는 x_0에서 연속이다.

증명

함수 f가 $x = x_0$에서 미분가능이면

$$\lim_{x \to x_0} \frac{f(x) - f(x_0)}{x - x_0}$$

이 존재한다. x_0에서 f가 연속임을 증명하려면

$$\lim_{x \to x_0} f(x) = f(x_0) \tag{10.29}$$

을 보여야 한다.

$$\lim_{x \to x_0} f(x) = f(x_0) \Rightarrow \lim_{x \to x_0} (f(x)) - f(x_0) = 0$$

$$\Rightarrow \lim_{x \to x_0} (f(x)) - \lim_{x \to x_0} f(x_0) = 0$$

(극한정리 [정리 10.1] ①)

$$\Rightarrow \lim_{x \to x_0} \left(f(x) - f(x_0)\right) = 0$$

(극한정리 [정리 10.1] ⑥)

이므로

$$\lim_{x \to x_0} \left(f(x) - f(x_0)\right) = 0$$

을 보이면 x_0에서 f가 연속임을 증명하는 것이다.

$$\lim_{x \to x_0} \left(f(x) - f(x_0)\right) = \lim_{x \to x_0} \left(\frac{f(x) - f(x_0)}{x - x_0} \cdot (x - x_0)\right)$$

$$= \lim_{x \to x_0} \left(\frac{f(x) - f(x_0)}{x - x_0}\right) \cdot \lim_{x \to x_0} (x - x_0)$$

(극한정리 [정리 10.1] ⑦)

$$= \lim_{x \to x_0} \left(\frac{f(x) - f(x_0)}{x - x_0}\right) \cdot 0$$ (다항함수의 극한 [정리 10.2])

$$= 0$$ ■

[정리 10.12]의 역은 성립하지 않는다. 즉 $x = x_0$에서 연속인 함수 f가 x_0에서 미분가능이 아닐 수 있다. 예를 들어 함수 $f(x) = |x|$는 $x = 0$에서 연속이지만 $x = 0$에서 미분가능하지 않다.

2.7 도함수의 표기법

도함수를 찾는 과정을 미분(微分, differentiation)이라고 한다. 따라서 미분을 함수 f에 대하여 f'을 연관시키는 연산으로 생각할 수 있다. 독립변수가 x일 때 미분연산은 종종

$$\frac{d}{dx}[f(x)] \tag{10.30}$$

으로 나타내고 x에 관한 $f(x)$의 도함수로 읽는다. 따라서

$$\frac{d}{dx}[f(x)] = f'(x) \tag{10.31}$$

이다. 특정한 값 $x = x_0$에서 도함수의 값을 나타낼 경우에는

$$\left.\frac{d}{dx}[f(x)]\right|_{x=x_0} = f'(x_0) \tag{10.32}$$

로 적는다. 종속변수를 나타낼 필요가 없을 때에는 식 (10.31)과 식 (10.32)의 표기법이 편리하다. 한편 $y = f(x)$와 같이 종속변수가 나타나는 경우에는 식 (10.31)과 식 (10.32)를

$$\frac{dy}{dx} = f'(x) \quad \text{또는} \quad \left.\frac{dy}{dx}\right|_{x=x_0} = f'(x_0) \tag{10.33}$$

로 나타낼 수 있다. 여기서 dy/dx는 x에 관한 y의 도함수로 읽는다.

예

$y = x^2$의 도함수 $\dfrac{dy}{dx}$를 구하시오.

풀이

x에서의 차분계수 $\Delta y/\Delta x$는

$$\begin{aligned}\frac{\Delta y}{\Delta x} &= \frac{f(x+\Delta x)-f(x)}{\Delta x} = \frac{(x+\Delta x)^2-(x)^2}{\Delta x} = \frac{2x\Delta x+(\Delta x)^2}{\Delta x} \\ &= 2x+\Delta x\end{aligned}$$

이다. Δx가 0으로 접근할 때 x에서의 차분계수 $\Delta y/\Delta x$의 극한은

$$\lim_{\Delta x\to 0}\frac{\Delta y}{\Delta x} = \lim_{\Delta x\to 0}(2x+\Delta x) = 2x$$

이다. 따라서 도함수는 $\dfrac{dy}{dx} = 2x$ 이다. ◀

예

$f(x) = 1/x$일 때 $f'(x)$를 구하시오.

풀이

x에서의 차분계수 $\Delta y/\Delta x$는

$$\frac{\Delta y}{\Delta x} = \frac{f(x+\Delta x)-f(x)}{\Delta x} = \frac{\dfrac{1}{x+\Delta x}-\dfrac{1}{x}}{\Delta x} = \frac{x-(x+\Delta x)}{(x+\Delta x)x}\cdot\frac{1}{\Delta x}$$

$$= \frac{-\Delta x}{(x+\Delta x)x} \cdot \frac{1}{\Delta x} = \frac{-1}{(x+\Delta x)x}$$

이다. Δx가 0으로 접근할 때 x에서의 차분계수 $\Delta y/\Delta x$의 극한은

$$\lim_{\Delta x \to 0} \frac{\Delta y}{\Delta x} = \lim_{\Delta x \to 0} \left(\frac{-1}{(x+\Delta x)x} \right) = -\frac{1}{x^2}$$

이다. 따라서 $f'(x) = -\frac{1}{x^2}$ 이다. ◀

2.8 도함수의 기하학적 의미

도함수는 기하학적으로 점 A $(x, f(x))$에서의 접선의 기울기를 나타낸다([그림 10.13]).

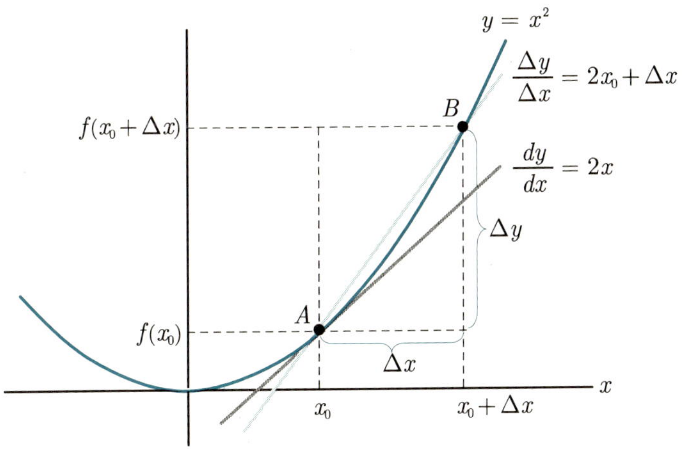

그림 10.13

제3절 도함수 공식

도함수를 극한정리를 사용하여 구하는 과정은 매우 번거롭다. 그러나 다음의 공식을 활용하면 편리하게 도함수를 구할 수 있다.

3.1 상수함수

정리 10.13 **상수함수의 도함수**

$f(x) = k$(k는 상수)이면 모든 x에 대하여

$$f'(x) = 0, \text{ 즉 } \frac{d}{dx}k = 0$$

이다.

증명

$$\begin{aligned} f'(x) &= \lim_{\Delta x \to 0} \frac{f(x+\Delta x) - f(x)}{\Delta x} && \text{(도함수의 정의 식 (10.24))} \\ &= \lim_{\Delta x \to 0} \frac{k-k}{\Delta x} && \text{(정리의 전제조건 } f(x)=k\text{)} \\ &= \lim_{\Delta x \to 0} 0 \\ &= 0 && \text{(극한정리 [정리 10.1] ①)} \end{aligned}$$

■

3.2 멱함수

정리 10.14 **멱함수의 도함수**

n이 양의 정수일 때 함수 $f(x) = x^n$ (k는 상수)의 도함수는

$$f'(x) = nx^{n-1}, \text{ 즉 } \frac{d}{dx}\left(x^n\right) = nx^{n-1}$$

이다.

증명

$$\begin{aligned} f'(x) &= \lim_{\Delta x \to 0} \frac{f(x+\Delta x) - f(x)}{\Delta x} && \text{(도함수의 정의 식 (10.24))} \\ &= \lim_{\Delta x \to 0} \frac{(x+\Delta x)^n - x^n}{\Delta x} && \text{(정리의 전제조건 } f(x)=x^n\text{)} \\ &= \lim_{\Delta x \to 0} \frac{\binom{n}{0}x^n + \binom{n}{1}x^{n-1}\Delta x + \binom{n}{2}x^{n-2}(\Delta x)^2 + \cdots + (\Delta x)^n - x^n}{\Delta x} \end{aligned}$$

(이항정리)

$$= \lim_{\Delta x \to 0} \frac{\binom{n}{1} x^{n-1} \Delta x + \binom{n}{2} x^{n-2} (\Delta x)^2 + \cdots + (\Delta x)^n}{\Delta x}$$

$$= \lim_{\Delta x \to 0} \left[\binom{n}{1} x^{n-1} + \binom{n}{2} x^{n-2} \Delta x + \binom{n}{3} x^{n-3} (\Delta x)^2 \cdots + (\Delta x)^{n-1} \right]$$

$$= n x^{n-1}$$ ■

예

$f(x) = x^5$, $g(x) = x^{12}$일 때 $f'(x)$와 $g'(x)$을 구하시오.

풀이

$$f'(x) = 5x^4 \qquad g'(x) = 12x^{11}$$ ◀

3.3 상수와 함수의 곱

정리 10.15 **상수와 함수의 곱의 도함수**

k는 상수이고 f는 x에서 미분가능인 함수이면 kf도 x에서 미분가능인 함수이며 그 도함수는

$$(kf)'(x) = kf'(x) \quad \text{즉} \quad \frac{d}{dx}[kf(x)] = k\frac{d}{dx}[f(x)]$$

이다.

증명

$F(x) = kf(x)$라고 하자.

$$F'(x) = \lim_{\Delta x \to 0} \left[\frac{F(x+\Delta x) - F(x)}{\Delta x} \right] \quad \text{(도함수의 정의 식 (10.24))}$$

$$= \lim_{\Delta x \to 0} \left[\frac{kf(x+\Delta x) - kf(x)}{\Delta x} \right] \quad \text{(증명의 전제조건 } F(x) = kf(x)\text{)}$$

$$= \lim_{\Delta x \to 0} k \left[\frac{f(x+\Delta x) - f(x)}{\Delta x} \right] \quad \text{(실수는 장공리 ⑪(배분법칙)을 만족함)}$$

$$= k \lim_{\Delta x \to 0} \left[\frac{f(x+\Delta x) - f(x)}{\Delta x} \right] \quad \text{(극한정리 [정리 10.1] ③)}$$

$$= kf'(x) \quad \text{(도함수의 정의 식 (10.24))}$$ ■

예

$f(x) = -3x^4$, $g(x) = \frac{1}{3}x^6$ 일 때 $f'(x)$와 $g'(x)$을 구하시오.

풀이

$$f'(x) = -12x^3, \ g'(x) = 2x^5$$ ◀

3.4 두 함수의 합과 차

정리 10.16 **두 함수의 합과 차의 도함수**

두 함수 f와 g가 x에서 미분가능인 함수이면 두 함수의 합 $f+g$와 두 함수의 차 $f-g$도 x에서 미분가능인 함수이며 도함수는 각각

$$(f+g)'(x) = f'(x) + g'(x), \qquad (f-g)'(x) = f'(x) - g'(x)$$

즉

$$\frac{d}{dx}[f(x)+g(x)] = \frac{d}{dx}[f(x)] + \frac{d}{dx}[g(x)]$$
$$\frac{d}{dx}[f(x)-g(x)] = \frac{d}{dx}[f(x)] - \frac{d}{dx}[g(x)]$$

이다.

증명

$F(x) = f(x) + g(x)$ 라고 하면

$$\begin{aligned}
F'(x) &= \lim_{\Delta x \to 0}\left[\frac{F(x+\Delta x) - F(x)}{\Delta x}\right] \\
&= \lim_{\Delta x \to 0}\left[\frac{[f(x+\Delta x) + g(x+\Delta x)] - [f(x) + g(x)]}{\Delta x}\right] \\
&= \lim_{\Delta x \to 0}\left[\frac{[f(x+\Delta x) - f(x)] + [g(x+\Delta x) - g(x)]}{\Delta x}\right] \\
&= \lim_{\Delta x \to 0}\left[\frac{[f(x+\Delta x) - f(x)] + [g(x+\Delta x) - g(x)]}{\Delta x}\right] \\
&= \lim_{\Delta x \to 0}\left[\frac{[f(x+\Delta x) - f(x)]}{\Delta x} + \frac{[g(x+\Delta x) - g(x)]}{\Delta x}\right]
\end{aligned}$$

$$= \lim_{\Delta x \to 0}\left[\frac{[f(x+\Delta x)-f(x)]}{\Delta x}\right] + \lim_{\Delta x \to 0}\left[\frac{[g(x+\Delta x)-g(x)]}{\Delta x}\right]$$

$$= f'(x) + g'(x)$$ ■

예

$5x^2 + 7x - 6$의 도함수를 구하시오.

풀이

$$\frac{d}{dx}\left(5x^2 + 7x - 6\right) = \frac{d}{dx}5x^2 + \frac{d}{dx}7x - \frac{d}{dx}6$$
$$= 10x + 7$$ ◀

예

$\frac{d}{dx}\left[x^4 + x^2\right]$를 구하시오.

풀이

$$\frac{d}{dx}\left[x^4 + x^2\right] = \frac{d}{dx}x^4 + \frac{d}{dx}x^2 = 4x^3 + 2x$$ ◀

3.5 두 함수의 곱

정리 10.17 **두 함수의 곱의 도함수**

두 함수 f와 g가 x에서 미분가능인 함수이면 두 함수의 곱 $f \cdot g$도 x에서 미분가능인 함수이며 도함수는

$$(f \cdot g)'(x) = f'(x)\,g(x) + f(x)\,g'(x)$$

즉

$$\frac{d}{dx}[f(x)\,g(x)] = \left[\frac{d}{dx}f(x)\right]g(x) + f(x)\left[\frac{d}{dx}g(x)\right]$$

이다.

증명

$F'(x) = f(x) \cdot g(x)$라고 하면

$$F'(x) = \lim_{\Delta x \to 0}\left[\frac{F(x+\Delta x) - F(x)}{\Delta x}\right]$$

$$= \lim_{\Delta x \to 0}\left[\frac{[f(x+\Delta x)\cdot g(x+\Delta x)] - [f(x)\cdot g(x)]}{\Delta x}\right]$$

$$= \lim_{\Delta x \to 0}\left[\frac{f(x+\Delta x)\cdot g(x+\Delta x) - f(x+\Delta x)g(x)}{\Delta x} + \frac{f(x+\Delta x)g(x) - f(x)\cdot g(x)}{\Delta x}\right]$$

$$= \lim_{\Delta x \to 0}\left[f(x+\Delta x)\cdot\frac{g(x+\Delta x) - g(x)}{\Delta x} + \frac{f(x+\Delta x) - f(x)}{\Delta x}\cdot g(x)\right]$$

$$= \lim_{\Delta x \to 0}[f(x+\Delta x)]\cdot \lim_{\Delta x \to 0}\left[\frac{g(x+\Delta x) - g(x)}{\Delta x}\right] + \lim_{\Delta x \to 0}\left[\frac{f(x+\Delta x) - f(x)}{\Delta x}\right]\cdot \lim_{\Delta x \to 0}[g(x)]$$

$$= f(x)\cdot g'(x) + f'(x)\cdot g(x)$$

■

예

$(2x+3)(3x^2)$의 도함수를 구하시오.

풀이

$$\frac{d}{dx}\left[(2x+3)(3x^2)\right] = \left[\frac{d}{dx}(2x+3)\right](3x^2) + (2x+3)\left[\frac{d}{dx}(3x^2)\right]$$

$$= (2)(3x^2) + (2x+3)(6x)$$

$$= 18x^2 + 18x$$

◀

예

$(3x^2-4)(2x^4-x)$의 도함수를 구하시오.

풀이

$$\begin{aligned}&\frac{d}{dx}\left[\left(3x^2-4\right)\left(2x^4-x\right)\right]\\&=\left[\frac{d}{dx}\left(3x^2-4\right)\right]\left(2x^4-x\right)+\left(3x^2-4\right)\left[\frac{d}{dx}\left(2x^4-x\right)\right]\\&=(6x)\left(2x^4-x\right)+\left(3x^2-4\right)\left(8x^3-1\right)\\&=36x^5-32x^3-9x^2+4\end{aligned}$$

◀

3.6 두 함수의 몫

정리 10.18 **두 함수의 몫의 도함수**

두 함수 f와 g가 x에서 미분가능인 함수이고 $g(x) \neq 0$이면 두 함수의 몫 f/g도 x에서 미분가능인 함수이며 도함수는

$$\left(\frac{f}{g}\right)'(x)=\frac{f'(x)\,g(x)-f(x)\,g'(x)}{g^2(x)}$$

즉

$$\frac{d}{dx}\left[\frac{f(x)}{g(x)}\right]=\frac{\left(\frac{d}{dx}[f(x)]\right)g(x)-f(x)\frac{d}{dx}[g(x)]}{[g(x)]^2}$$

이다.

증명

$F'(x)=f(x)/g(x)$라고 하면

$$\begin{aligned}F'(x)&=\lim_{\Delta x\to 0}\left[\frac{F(x+\Delta x)-F(x)}{\Delta x}\right]\\&=\lim_{\Delta x\to 0}\left[\frac{\dfrac{f(x+\Delta x)}{g(x+\Delta x)}-\dfrac{f(x)}{g(x)}}{\Delta x}\right]\\&=\lim_{\Delta x\to 0}\left[\frac{\dfrac{f(x+\Delta x)\cdot g(x)-f(x)\cdot g(x+\Delta x)}{g(x+\Delta x)\cdot g(x)}}{\Delta x}\right]\end{aligned}$$

$$= \lim_{\Delta x \to 0}\left[\frac{f(x+\Delta x)\cdot g(x) - f(x)\cdot g(x+\Delta x)}{\Delta x}\cdot\frac{1}{g(x+\Delta x)\cdot g(x)}\right]$$

$$= \lim_{\Delta x \to 0}\left[\left(\frac{f(x+\Delta x)\cdot g(x) - f(x)\cdot g(x) + f(x)\cdot g(x) - f(x)\cdot g(x+\Delta x)}{\Delta x}\right)\cdot\frac{1}{g(x+\Delta x)\cdot g(x)}\right]$$

$$= \lim_{\Delta x \to 0}\left[\left(\frac{f(x+\Delta x) - f(x)}{\Delta x}\cdot g(x) - f(x)\cdot\frac{g(x+\Delta x) - g(x)}{\Delta x}\right)\cdot\frac{1}{g(x+\Delta x)\cdot g(x)}\right]$$

$$= \left[f'(x)\cdot g(x) - f(x)\cdot g'(x)\right]\cdot\frac{1}{g(x)\,g(x)}$$ ■

예

$\dfrac{2x-3}{x+1}$ 의 도함수를 구하시오.

풀이

$$\frac{d}{dx}\left(\frac{2x-3}{x+1}\right) = \frac{(2)(x+1)-(2x-3)(1)}{(x+1)^2} = \frac{5}{(x+1)^2}$$ ◀

예

$\dfrac{2}{x^4+1}+\dfrac{3}{x}$ 의 도함수를 구하시오.

풀이

$$\frac{d}{dx}\left(\frac{2}{x^4+1}+\frac{3}{x}\right) = \frac{d}{dx}\left(\frac{2}{x^4+1}\right)+\frac{d}{dx}\left(\frac{3}{x}\right)$$

$$= \frac{(0)\left(x^4+1\right)-(2)\left(4x^3\right)}{\left(x^4+1\right)^2}+\frac{(0)(x)-(3)(1)}{x^2}$$ ◀

$$= \frac{-8x^3}{\left(x^4+1\right)^2}-\frac{3}{x^2}$$

3.7 연쇄율

정리 10.19 **연쇄율**

함수 g가 x에서 미분가능하고 함수 f가 $g(x)$에서 미분가능하면 합성함수 $f \circ g = f(g(x))$는 x에서 미분가능하고

$$(f \circ g)'(x) = f'(g(x))g'(x)$$

또는

$$\frac{d}{dx}[f(g(x))] = f'(g(x))g'(x)$$

이다.

증명

$v = g(x)$라 하고 x_0에서 미분가능하며 $y = f(v)$라 하고 v_0에서 미분가능이라고 하자. Δx가 x의 차분이고 Δv 및 Δy는 그에 대응되는 v 및 y의 차분이라 하자. 그러면 미분가능함수의 특성에 관한 [정리 10.11]로부터

$$\Delta v = g'(x_0)\Delta x + \varepsilon_1 \Delta x = \left(g'(x_0) + \varepsilon_1\right)\Delta x \tag{10.34}$$

로 나타낼 수 있다. 여기서 $\Delta x \to 0 \Rightarrow \varepsilon_1 \to 0$이다. 마찬가지로

$$\Delta y = f'(v_0)\Delta v + \varepsilon_2 \Delta v = \left(f'(v_0) + \varepsilon_2\right)\Delta v \tag{10.35}$$

로 나타낼 수 있다. 여기서 $\Delta v \to 0 \Rightarrow \varepsilon_2 \to 0$이다. 식 (10.34)의 Δv를 식 (10.35)에 대입하면

$$\begin{aligned}
&\Delta y = \left(f'(v_0) + \varepsilon_2\right)\left(g'(x_0) + \varepsilon_1\right)\Delta x \\
&\Rightarrow \frac{\Delta y}{\Delta x} = \left(f'(v_0) + \varepsilon_2\right)\left(g'(x_0) + \varepsilon_1\right) \\
&\Rightarrow \frac{dy}{dx} = \lim_{\Delta x \to 0} \frac{\Delta y}{\Delta x} \\
&\qquad = \lim_{\Delta x \to 0} \left(f'(v_0) + \varepsilon_2\right)\left(g'(x_0) + \varepsilon_1\right) \\
&\qquad = \lim_{\Delta x \to 0} \left(f'(v_0) + \varepsilon_2\right) \lim_{\Delta x \to 0} \left(g'(x_0) + \varepsilon_1\right) \text{(극한정리 [정리 10.1] ⑦)} \\
&\qquad = \left[\lim_{\Delta x \to 0} f'(v_0) + \lim_{\Delta x \to 0} \varepsilon_2\right]\left[\lim_{\Delta x \to 0} g'(x_0) + \lim_{\Delta x \to 0} \varepsilon_1\right]
\end{aligned}$$

(극한정리 [정리 10.1] ⑤)

$$= \left[\lim_{\Delta x \to 0} f'(v_0)\right]\left[\lim_{\Delta x \to 0} g'(x_0)\right]$$
$$= f'(v_0)\, g'(x_0)$$
$$= f'\left(g(x_0)\right) g'(x_0)$$

■

[정리 10.19]를 식 (10.33)과 같이 종속변수를 나타내는 도함수의 표기법을 사용하여 표현하면 그 의미가 좀 더 명확해진다. 함수 $y = f(v)$가 v에서 미분가능하고 $v = g(x)$가 x에서 미분가능하면 x에 관한 y의 도함수는

$$\frac{dy}{dx} = \frac{dy}{dv}\frac{dv}{dx} = f'(v)\, g'(x)$$

이며 이를 연쇄율(連鎖律, chain rule)이라고 한다.

예

$y = 2v^3$이고 $v = 3x + 4$일 때 x에 관한 y의 도함수를 구하시오.

풀이

$$\frac{dy}{dx} = \frac{dy}{dv}\frac{dv}{dx} = \left[(3)(2)\, v^2\right](3) = 18v^2 = 18(3x+4)^2$$ ◀

예

$y = \left(3x^2 - 4x + 1\right)^{50}$의 도함수를 구하시오.

풀이

주어진 함수를 $y = (v)^{50}$와 $v = 3x^2 - 4x + 1$의 합성함수로 생각하면 연쇄율을 사용하여 주어진 함수의 도함수를 구할 수 있다.

$$\frac{dy}{dx} = \frac{dy}{dv}\frac{dv}{dx} = \left(50v^{49}\right)(6x-4) = 50\left(3x^2 - 4x + 1\right)^{49}(6x-4)$$ ◀

예

함수 $y = 1/\left(3x^5 - 5\right)^7$의 도함수를 구하시오.

풀이

주어진 함수를 $y=1/v^7$와 $v=3x^5-5$의 함수로 생각하고 연쇄율을 사용하면 도함수를 구할 수 있다.

$$\frac{dy}{dx}=\frac{dy}{dv}\frac{dv}{dx}=\left(-7v^{-8}\right)\left(15x^4\right)=\frac{-105x^4}{\left(3x^5-5\right)^8}$$ ◀

3.8 고계도함수

함수 f의 도함수 f'가 미분가능하면 f'의 도함수를 구할 수 있다. f'의 도함수를 2계도함수(2階導函數, second-order derivative)라고 하고

$$f''=\left(f'\right)'$$

로 표기한다. 2계도함수도 x의 함수이며 따라서 이를 x에 관해 미분할 수 있다. 2계도함수를 x에 관해 미분한 결과를 3계도함수(3階導函數, third-order derivative)라고 한다. 3계도함수를 x에 관해 미분한 결과를 4계도함수라고 하며 이와 같은 과정은 무한히 계속될 수 있다. 3계도함수 이상을 고계도함수(高階導函數, higher-order derivative)라고 하며

$$f'''=\left(f''\right)',\, f^{(4)}=\left(f'''\right)',\, f^{(5)}=\left(f^{(4)}\right)',\ldots$$

로 표기한다. 1계, 2계 및 고계도함수는

$$\begin{aligned}
f'(x) &= \frac{d}{dx}[f(x)] \\
f''(x) &= \frac{d}{dx}\left[\frac{d}{dx}[f(x)]\right]=\frac{d^2}{dx^2}[f(x)] \\
f'''(x) &= \frac{d}{dx}\left[\frac{d^2}{dx^2}[f(x)]\right]=\frac{d^3}{dx^3}[f(x)] \\
&\ \ \vdots \qquad\qquad\quad \vdots \qquad\qquad\qquad \vdots
\end{aligned}$$

등으로 나타낼 수 있으며 일반화하여

$$f^{(n)}(x)=\frac{d^n}{dx^n}[f(x)]$$

로 나타낼 수 있다. $y=f(x)$와 같이 종속변수가 나타나 있는 경우의 1계, 2계 및 고계도함수는

$$\frac{dy}{dx},\ \frac{d^2y}{dx^2},\ \frac{d^3y}{dx^3},\ \frac{d^4y}{dx^4},\cdots,\ \frac{d^ny}{dx^n},\ \cdots$$

또는 더 간단히

$$y',\ y'',\ y''',\ y^{(4)},\cdots,\ y^{(n)},\ \cdots$$

로 나타낼 수 있다.

예

함수 $f(x)=\dfrac{x}{1+x}$ $(x\neq -1)$의 3계도함수를 구하시오.

풀이

$$\begin{aligned}
f(x)&=x(1+x)^{-1}\\
f'(x)&=(1+x)^{-2}\\
f''(x)&=-2(1+x)^{-3}\\
f'''(x)&=6(1+x)^{-4}
\end{aligned}$$

◀

예

함수 $y=(1-p+e^xp)^n$ 에서 y''를 구하시오.

풀이

$$y'=n(1-p+e^xp)^{n-1}\cdot pe^x$$

$$\begin{aligned}
y''&=\frac{d}{dx}\left[n(1-p+e^xp)^{n-1}\right]\cdot pe^x+n(1-p+e^xp)^{n-1}\frac{d}{dx}(pe^x)\\
&=n(n-1)(1-p+e^xp)^{n-2}(pe^x)^2+n(1-p+e^xp)^{n-1}\cdot pe^x
\end{aligned}$$

◀

제4절 지수함수 및 로그함수의 도함수

4.1 지수와 지수법칙

b^x 형식의 표현에서 멱(冪, power)[4)]을 나타내는 x를 지수(指數, exponent)라 하

고 b는 밑수(밑數, base)라고 한다. b가 양의 실수이고 지수 x가 n, 0, $-n$, $1/n$ (n은 양의 정수)일 때 b^x는 각각

① $x = n$ (n은 양의 정수)

$$b^n = \underbrace{bb\cdots b}_{n\text{개}} \tag{10.36}$$

② $x = 0$

$$b^0 = 1 \tag{10.37}$$

③ $x = -n$ (n은 양의 정수)

$$b^{-n} = \frac{1}{b^n} \tag{10.38}$$

④ $x = 1/n$ (n은 양의 정수)

$b^{1/n}$은 $\sqrt[n]{b}$로 나타내기도 하며

$$\beta^n = b \tag{10.39}$$

을 만족하는 실수(즉 n제곱해서 b가 되는 실수) β

로 정의한다.

정리 10.20 **지수법칙**

a와 b는 양의 실수이고 m과 n은 양의 정수일 때

① $b^m b^n = b^{m+n}$ ② $\dfrac{b^m}{b^n} = b^{m-n}$

③ $(b^m)^n = b^{mn}$ ④ $(ab)^m = a^m b^m$

⑤ $(ab)^{1/n} = a^{1/n} b^{1/n}$ ⑥ $\left(\dfrac{1}{b}\right)^{1/n} = \dfrac{1}{b^{1/n}}$

이 성립한다.

4) 멱은 거듭제곱이라고도 부른다.

증명

① $$b^m b^n = (\underbrace{bb\cdots b}_{m\text{개}})(\underbrace{bb\cdots b}_{n\text{개}}) \quad (b^x\text{의 정의 ① 식 (10.36)})$$

$$= \underbrace{bb\cdots b}_{m+n\text{개}} \quad (\text{장공리에서 정의된 식의 간단한 표기방식 ④})$$

$$= b^{m+n} \quad (b^x\text{의 정의 ① 식 (10.36)})$$

② $$\frac{b^m}{b^n} = b^m\left(\frac{1}{b^n}\right) \quad (\text{장공리에서 정의된 식의 간단한 표기방식 ②})$$

$$= b^m b^{-n} \quad (b^x\text{의 정의 ③ 식 (10.38)})$$

$$= b^{m+(-n)} \quad (\text{앞의 지수법칙 ①})$$

$$= b^{m-n} \quad (\text{장공리에서 정의된 식의 간단한 표기방식 ①})$$

③ $$(b^m)^n = (\underbrace{bb\cdots b}_{m\text{개}})^n \quad (b^x\text{의 정의 ① 식 (10.36)})$$

$$= \underbrace{(\underbrace{bb\cdots b}_{m\text{개}})(\underbrace{bb\cdots b}_{m\text{개}})\cdots(\underbrace{bb\cdots b}_{m\text{개}})}_{n\text{개}} \quad (b^x\text{의 정의 ① 식 (10.36)})$$

$$= \underbrace{bb\cdots b}_{mn\text{개}} \quad (\text{장공리에서 정의된 식의 간단한 표기방식 ④})$$

$$= b^{mn} \quad (b^x\text{의 정의 ① 식 (10.36)})$$

④ $$(ab)^m = \underbrace{(ab)(ab)\cdots(ab)}_{n\text{개}} \quad (b^x\text{ 의 정의 ① 식 (10.36)})$$

$$= (\underbrace{aa\cdots a}_{m\text{개}})(\underbrace{bb\cdots b}_{m\text{개}}) \quad (\text{실수는 곱셈에 관한 결합법칙 장공리 ⑧을 만족함})$$

$$= a^m b^m \quad (b^x\text{의 정의 ① 식 (10.36)})$$ ■

정리 10.21 **확장된 지수법칙**

$a>0$, $b>0$ 이고 p와 q는 임의의 실수일 때

① $b^p b^q = b^{p+q}$ ② $\dfrac{b^p}{b^q} = b^{p-q}$ ③ $(b^p)^q = b^{pq}$ ④ $(ab)^p = a^p b^p$

이 성립한다.

증명

생략 ■

4.2 로그와 로그법칙

$b^y = x$은 밑수 b를 지수 y만큼 제곱한 결과가 x라는 뜻이다. 이를 역으로 표현하면 x를 얻기 위해 밑수 b가 제곱되어야 하는 지수는 y이다. y를 밑수 b에 대한 x의 로그(logarithm)라고 정의하며

$$y = \log_b x \tag{10.40}$$

로 쓴다. 따라서

$$b^y = x \quad \Leftrightarrow \quad y = \log_b x \tag{10.41}$$

이 성립한다. 밑수 b에 대한 x의 로그는 x를 얻기 위해 b가 제곱되어야 하는 지수이므로

$$b^{\log_b x} = x \tag{10.42}$$

로 나타낼 수 있다.

밑수가 10인 로그 $\log_{10}$를 상용로그(常用로그, common logarithm)라 하고 밑수가 e인 로그 $\log_{10}$를 자연로그(自然로그, natural logarithm)라고 한다. 여기서는 e는 원주율 π와 함께 수학에서 매우 중요한 역할을 하는 무리수로

$$e = \lim_{u\to\infty}\left(1+\frac{1}{u}\right)^u \tag{10.43}$$

또는

$$e = \lim_{v\to 0}(1+v)^{1/v} \tag{10.44}$$

으로 정의할 수 있으며 근사수치값은

$$e = 2.7182818284\cdots$$

이다. 밑수가 e인 자연로그 $\log_e$는 자연로그임을 강조하여 ln 으로, 즉

$$\log_e x = \ln x \tag{10.45}$$

로 나타낸다.

정리 10.22 **로그법칙**

$b>1$, $c>1$이고 $p>0$, $q>0$이며 r은 임의의 실수일 때

① $\log_b(pq)=\log_b p+\log_b q$

② $\log_b(p/q)=\log_b p-\log_b q$

③ $\log_b p^r = r\log_b p$

④ $\log_b p=(\log_b c)(\log_c p)$

⑤ $\log_b c=1/\log_c b$

이 성립한다.

증명

① $pq=b^{\log_b p}b^{\log_b q}$ (로그의 정의 식 (10.42))

$=b^{\log_b p+\log_b q}$ (확장된 지수법칙 [정리 10.21] ①)

$\Rightarrow\ b^{\log_b(pq)}=b^{\log_b p+\log_b q}$ (로그의 정의 식 (10.42))

$\Rightarrow\ \log_b(pq)=\log_b p+\log_b q$

② $p/q=b^{\log_b p}/b^{\log_b q}$ (로그의 정의 식 (10.42))

$=b^{\log_b p-\log_b q}$ (확장된 지수법칙 [정리 10.21] ②)

$\Rightarrow\ b^{\log_b(p/q)}=b^{\log_b p-\log_b q}$ (로그의 정의 식 (10.42))

$\Rightarrow\ \log_b(p/q)=\log_b p-\log_b q$

③ $p^r=\left(b^{\log_b p}\right)^r$ (로그의 정의 식 (10.42))

$=b^{r\log_b p}$ (확장된 지수법칙 [정리 10.21] ③)

$\Rightarrow\ b^{\log_b p^r}=b^{r\log_b p}$ (로그의 정의 식 (10.42))

$\Rightarrow\ \log_b p^r=r\log_b p$

④ $p=c^q$라고 하자.

$\Rightarrow\ q=\log_c p$

$\Rightarrow\ \log_b p=\log_b c^q$

$=q\log_b c$ (앞의 로그법칙 ③)

$=(\log_c p)(\log_b c)$

⑤ $\log_b b=(\log_b c)(\log_c b)$ (앞의 로그법칙 ④)

$\Rightarrow\ 1=(\log_b c)(\log_c b)$ (로그의 정의 식 (10.40))

$\Rightarrow\ \log_b c=1/\log_c b$ ■

예

다음의 로그값을 구하시오.

① $\log_{10} 1000$ ② $\log_2 16$ ③ $\ln e^3$

풀이

① $\log_{10} 1000 = \log_{10} 10^3 = 3\log_{10} 10 = 3$

② $\log_2 16 = \log_2 2^4 = 4\log_2 2 = 4$

③ $\ln e^3 = 3\ln e = 3$ ◀

4.3 지수함수와 로그함수

함수의 독립변수가 지수자리에 나타나는 함수

$$y = f(x) = b^x \quad (b > 0)$$

를 지수함수(指數函數, exponential function)라고 한다. 밑수를 e로 갖는 지수함수를 자연지수함수(自然指數函數, natural exponential function)라고 한다. 로그함수(로그函數, logarithmic function)는 어떤 변수가 다른 변수의 로그의 함수로 표시된 함수이며

$$y = f(x) = \log_b x$$

로 나타낼 수 있다. 밑수를 e로 갖는 로그함수를 자연로그함수(自然로그函數, natural log function)라 한다. 로그함수는 로그의 정의 식 (10.40)과 식 (10.41)로부터 지수함수의 역함수임을 알 수 있다. 지수함수 $f(x) = b^x$와 로그함수 $f(x) = \log_b x$은 독립변수 x를 독립변수의 함수 $g(x)$로 대체하여

$$f(x) = b^{g(x)} \text{와 } f(x) = \log_b g(x)$$

으로 일반화할 수 있다.

예

$y = 2^{x^2+1}$, $y = e^{-x}$, $y = e^{1-7x}$ 등은 지수함수이다. ◀

예

$y = \log_2 (7x^3 + 4)$, $y = \log_5 5x^3$, $y = \ln 7x^5$ 등은 로그함수이다. ◀

4.4 로그함수의 도함수

정리 10.23 **자연로그함수의 도함수**

자연로그함수 $f(x)=\ln x$의 도함수는

$$f'(x)=\frac{1}{x}$$

즉

$$\frac{d}{dx}(\ln x)=\frac{1}{x}$$

이다.

증명

$$\begin{aligned}
f'(x) &= \lim_{\Delta x\to 0}\frac{f(x+\Delta x)-f(x)}{\Delta x} && \text{(도함수의 정의 식 (10.24))}\\
&= \lim_{\Delta x\to 0}\frac{\ln(x+\Delta x)-\ln(x)}{\Delta x} && \text{(정리의 전제조건 } f(x)=\ln x\text{)}\\
&= \lim_{\Delta x\to 0}\frac{\ln\left(\dfrac{x+\Delta x}{x}\right)}{\Delta x} && \text{(로그법칙 [정리 10.22] ②)}\\
&= \lim_{\Delta x\to 0}\left[\frac{1}{\Delta x}\ln\left(1+\frac{\Delta x}{x}\right)\right]\\
&= \lim_{\Delta x\to 0}\left[\frac{1}{x}\frac{x}{\Delta x}\ln\left(1+\frac{\Delta x}{x}\right)\right]\\
&= \frac{1}{x}\lim_{\Delta x\to 0}\left[\frac{x}{\Delta x}\ln\left(1+\frac{\Delta x}{x}\right)\right] && \text{(극한정리 [정리 10.1] ③)}\\
&= \frac{1}{x}\lim_{v\to 0}\left[\frac{1}{v}\ln(1+v)\right] && \left(v=\frac{\Delta x}{x}\text{로 치환, 따라서 } \Delta x\to 0 \Leftrightarrow v\to 0\right)\\
&= \frac{1}{x}\lim_{v\to 0}\left[\ln(1+v)^{1/v}\right] && \text{(로그법칙 [정리 10.22] ③)}\\
&= \frac{1}{x}\ln\left[\lim_{v\to 0}(1+v)^{1/v}\right] && \text{(합성극한 정리 [정리 10.8])}\\
&= \frac{1}{x}\ln e && \text{(무리수 } e\text{의 정의 식 (10.44))}\\
&= \frac{1}{x} && \text{(로그의 정의)}
\end{aligned}$$

■

정리 10.24 **일반화된 자연로그함수의 도함수**

자연로그함수 $f(x) = \ln g(x)$의 도함수는

$$f'(x) = \frac{g'(x)}{g(x)}$$

즉

$$\frac{d}{dx}[\ln g(x)] = \frac{g'(x)}{g(x)}$$

이다.

증명

$$y = f(x) = \ln g(x) \tag{10.46}$$

라 하고 연쇄관계가 형성되도록

$$v = g(x) \tag{10.47}$$

로 놓으면

$$y = \ln v \tag{10.48}$$

가 된다.

$$\begin{aligned}
\frac{d}{dx}f(x) &= \frac{dy}{dx} \\
&= \frac{dy}{dv}\frac{dv}{dx} && \text{(연쇄율 [정리 10.19])} \\
&= \frac{d}{dv}\ln v\frac{dv}{dx} && \text{(식 (10.48))} \\
&= \frac{1}{v}\frac{dv}{dx} && \text{(자연로그함수의 도함수에 관한 [정리 10.23])} \\
&= \frac{1}{v}g'(x) && \text{(도함수의 표기법 식 (10.31))} \\
&= \frac{1}{g(x)}g'(x) && \text{(식 (10.47))} \\
&= \frac{g'(x)}{g(x)}
\end{aligned}$$

■

정리 10.25 **로그함수의 도함수**

로그함수 $f(x) = \log_b x$의 도함수는

$$f'(x) = \frac{1}{x}\frac{1}{\ln b}$$

즉

$$\frac{d}{dx}[\log_b x] = \frac{1}{x}\frac{1}{\ln b}$$

이다.

증명

$$\begin{aligned}
f(x) &= \log_b x \\
&= (\log_b e)(\log_e x) && \text{(로그법칙 [정리 10.22] ④)} \\
&= \frac{1}{\log_e b}\log_e x && \text{(로그법칙 [정리 10.22] ⑤)} \\
&= \frac{1}{\ln b}\ln x && \text{(자연로그의 표기법 식 (10.45))}
\end{aligned}$$

$$\begin{aligned}
\Rightarrow \frac{d}{dx}f(x) &= \frac{d}{dx}\log_b x \\
&= \frac{d}{dx}\left(\frac{1}{\ln b}\ln x\right) \\
&= \frac{1}{\ln b}\frac{d}{dx}(\ln x) && \text{(상수와 함수의 곱의 도함수 [정리 10.15])} \\
&= \frac{1}{\ln b}\frac{1}{x} && \text{(자연로그함수의 도함수 [정리 10.23])}
\end{aligned}$$

■

정리 10.26 **일반화된 로그함수의 도함수**

로그함수 $f(x) = \log_b g(x)$ 의 도함수는

$$f'(x) = \frac{g'(x)}{g(x)}\frac{1}{\ln b}$$

즉

$$\frac{d}{dx}[\log_b g(x)] = \frac{g'(x)}{g(x)}\frac{1}{\ln b}$$

이다.

증명

생략([정리 10.25]와 같은 방식으로 증명할 수 있음) ■

예

함수 $y = \log_2(x+1)$ 의 도함수를 구하시오.

풀이

$$\begin{aligned}\frac{dy}{dx} &= \frac{d}{dx}\log_2(x+1)\\ &= \frac{1}{x+1}\frac{1}{\ln 2}\end{aligned}$$ ◀

예

함수 $y = \ln(2x/(1+x))$에서 dy/dx를 구하시오.

풀이

$$\begin{aligned}\frac{dy}{dx} &= \frac{d}{dx}\ln\frac{2x}{1+x} = \frac{2(1+x)-2x}{(1+x)^2}\cdot\frac{1+x}{2x}\\ &= \frac{1}{x(1+x)}\end{aligned}$$ ◀

4.5 역함수의 도함수

정리 10.27 **역함수의 도함수**

함수 f가 x에서 미분가능인 단조함수라고 하자. $f(x) \neq 0$이면 f^{-1}은 f의 치역의 점 $y = f(x)$에서 미분가능이고 f^{-1}의 도함수는

$$\left(f^{-1}\right)'(y) = \frac{1}{f'(x)}$$

이다.

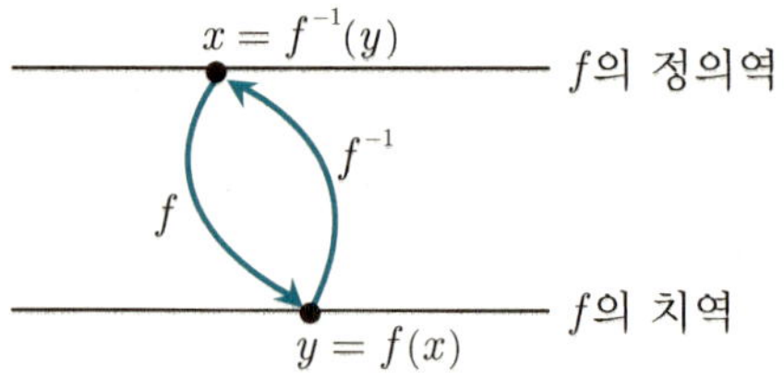

증명

$y_0 = f(x_0)$에서 f^{-1}의 미분계수를 구하고 여기서 x_0와 y_0를 각각 x와 y로 대체하여 f^{-1}의 도함수를 구하는 방식으로 증명한다. $g = f^{-1}$라고 하자. 미분계수의 정의 식 (10.28)로부터 y_0에서 y_0의 미분계수는

$$g'(y_0) = \lim_{y \to y_0} \frac{g(y) - g(y_0)}{y - y_0} \tag{10.49}$$

이다. g는 f의 역함수이므로 역함수의 정의 식 (3.5)로부터

$$g(y) = x \quad \Leftrightarrow \quad f(x) = y \tag{10.50}$$

$$g(y_0) = x_0 \quad \Leftrightarrow \quad f(x_0) = y_0 \tag{10.51}$$

이다. 연속인 어떤 함수의 역함수는 연속이다(이에 관한 증명은 여기서는 생략함, Stewart (2003) A44~A45 참조). f는 x_0에서 미분가능이므로 x_0에서 연속이고([정리 10.12]) f의 역함수 g는 y_0에서 연속이다. 그리고

$$\begin{aligned} y \to y_0 \ &\Rightarrow \ g(y) \to g(y_0) \quad (\text{식 } (10.49)) \\ &\Rightarrow \ x \to x_0 \qquad\quad (g(y) = x \text{ 이고 } g(y_0) = x_0 \text{ 이므로}) \end{aligned}$$

이다. 따라서

$$\begin{aligned} g'(y_0) &= \lim_{y \to y_0} \frac{g(y) - g(y_0)}{y - y_0} \quad (\text{미분계수의 정의 식 } (10.28)) \\ &= \lim_{x \to x_0} \frac{x - x_0}{f(y) - f(y_0)} \quad (\text{식 } (10.50)\text{~}(10.51) \text{ 및 } y \to y_0 \Rightarrow x \to x_0) \\ &= \lim_{x \to x_0} \frac{1}{\dfrac{f(y) - f(y_0)}{x - x_0}} \\ &= \frac{\lim_{x \to x_0} 1}{\lim_{x \to x_0} \dfrac{f(y) - f(y_0)}{x - x_0}} \quad (\text{유리함수의 극한 [정리 10.3]}) \end{aligned}$$

$$= \frac{1}{\lim_{x \to x_0} \frac{f(y) - f(y_0)}{x - x_0}} \quad \text{(극한정리 [정리 10.1] ①)}$$

$$= \frac{1}{f'(x_0)} \quad \text{(미분계수의 정의 식 (10.28))} \quad ■$$

[정리 10.27]의 도함수 식은

$$\frac{dx}{dy} = \frac{1}{\frac{dy}{dx}}$$

로 나타내기도 한다.

예

$y = f(x) = x^5 + x + 1$ 이라 하자. $(f^{-1})'(3)$을 구하시오.

풀이

주어진 함수를 x에 대해 풀 수 없어 f^{-1}의 함수 형태를 알 수는 없다. 그러나 $y = 3$에 대응하는 점은 $x = 1$이고 $f'(x) = 5x^4 + 1$ 이므로

$$\left(f^{-1}\right)'(3) = \frac{1}{f'(1)} = \frac{1}{5+1} = \frac{1}{6}$$

이다. ◀

4.6 지수함수의 도함수

정리 10.28 **자연지수함수의 도함수**

자연지수함수 $f(x) = e^x$의 도함수는

$$f'(x) = e^x \quad \text{즉} \quad \frac{d}{dx}\left(e^x\right) = e^x$$

이다.

증명

$y = f(x) = e^x$의 역함수는 $f^{-1}(y) = \ln y$ 이다.

$$\begin{aligned} f'(x) &= \frac{1}{\left(f^{-1}\right)'(y)} && \text{(역함수의 도함수 [정리 10.27])} \\ &= \frac{1}{1/y} && \text{(자연로그함수의 도함수 [정리 10.23])} \\ &= y \\ &= e^x && \text{(증명의 전제조건 } y = e^x\text{)} \end{aligned}$$

■

정리 10.29 일반화된 자연지수함수의 도함수

자연지수함수 $f(x) = e^{g(x)}$의 도함수는

$$f'(x) = g'(x)\,e^{g(x)} \quad \text{즉} \quad \frac{d}{dx}\left[e^{g(x)}\right] = g'(x)\,e^{g(x)}$$

이다.

증명

$f(x) = e^{g(x)}$에서 $v = g(x)$로 놓으면 $y = e^v$이다.

$$\begin{aligned} \frac{d}{dx}\left[e^{g(x)}\right] &= \frac{d}{dx}\left[e^v\right] \\ &= \frac{d}{dv}\left[e^v\right]\frac{dv}{dx} && \text{(연쇄율 [정리 10.19])} \\ &= e^v\,\frac{dv}{dx} && \text{(자연지수함수의 도함수 [정리 10.28])} \\ &= e^{g(x)}\,\frac{dv}{dx} && \text{(증명의 전제 } v = g(x)\text{)} \\ &= e^{g(x)}g'(x) && \text{(도함수의 표기법 식 (10.33))} \end{aligned}$$

■

정리 10.30 지수함수의 도함수

지수함수 $f(x) = b^x$의 도함수는

$$f'(x) = b^x \ln b \quad \text{즉} \quad \frac{d}{dx}\left(b^x\right) = b^x \ln b$$

이다.

증명

$$
\begin{aligned}
& b = e^{\ln b} && \text{(로그의 정의 식 (10.42))} \\
\Rightarrow\ & b^x = \left(e^{\ln b}\right)^x \\
& \quad = e^{x \ln b} && \text{(확장된 지수법칙 [정리 10.21] ③)} \\
\Rightarrow\ & \frac{d}{dx}\left(b^x\right) = \frac{d}{dx}\left(e^{x \ln b}\right) \\
& \quad = (\ln b)\left(e^{x \ln b}\right) && \text{(일반화된 자연지수함수의 도함수 [정리 10.29])} \\
& \quad = (\ln b)\left(b^x\right) && \text{(앞 단계에 유도한 결과 } b^x = e^{x \ln b}\text{)}
\end{aligned}
$$

■

정리 10.31 **일반화된 지수함수의 도함수**

지수함수 $f(x) = b^{g(x)}$의 도함수는

$$f'(x) = g'(x)\, b^{g(x)} \ln b \quad 즉 \quad \frac{d}{dx}\left[e^{g(x)}\right] = g'(x)\, b^{g(x)} \ln b$$

이다.

증명

생략([정리 10.30]과 같은 방식으로 증명할 수 있음) ■

예

함수 $y = 12^{1-x}$의 도함수를 구하시오.

풀이

$$\frac{d}{dx} 12^{1-x} = (-1)\left(12^{1-x}\right) \ln 12$$ ◀

예

함수 $y = e^{-x}$에서 dy/dx를 구하시오.

풀이

$$\frac{d}{dx} e^{-x} = (-1)\, e^{-x} = -e^{-x}$$ ◀

예

함수 $y = xe^{x/2}$에서 dy/dx를 구하시오.

풀이

$$\frac{dy}{dx}=\left(\frac{d}{dx}x\right)e^{\frac{x}{2}}+x\left(\frac{d}{dx}e^{\frac{x}{2}}\right)=e^{\frac{x}{2}}+\frac{1}{2}xe^{\frac{x}{2}}$$
$$=\left(1+\frac{x}{2}\right)e^{\frac{x}{2}}$$ ◀

예

함수 $y=\left(1-p+e^{x}p\right)^{n}$에서 dy/dx를 구하시오.

풀이

$$\frac{dy}{dx}=n\left(1-p+e^{x}p\right)^{n-1}\cdot pe^{x}$$ ◀

제5절 미분

5.1 미분

지금까지 우리는 dy/dx을 x에 관한 y의 도함수를 나타내는 하나의 기호로 사용하였다. 그런데 dx와 dy는 각각 독립변수 x와 종속변수 y의 무한히 작은 미소변화량을 나타내는 기호로 볼 수 있으며 dy/dx는 이들간의 비율로 이해할 수 있다. dx를 x의 미분(微分, differential)이라 하며 dy는 y의 미분이라 한다.

함수 $y=f(x)$의 도함수 $f'(x)$는 x의 미분 dx에 대한 y의 미분 dy의 비율로 볼 수 있다. 즉

$$f'(x)=\frac{dy}{dx}$$

으로 볼 수 있다. 따라서 위 식의 양변에 dx를 곱하여 y의 미분 dy을

미분의 정의

$$dy=f'(x)\,dx \tag{10.52}$$

로 나타낼 수 있다.

예

함수 $y=2x^3+6x-4$에서 dy를 구하시오.

풀이

$$f'(x)=6x^2+6.\ dy=\left(6x^2+6\right)dx$$ ◀

예

함수 $y=-x\left(2x^2+1\right)$에서 y의 미분을 구하시오.

풀이

$$f'(x)=-\left(2x^2+1\right)+(-x)(4x)=-6x^2-1$$

$$dy=\left(-6x^2-1\right)dx$$ ◀

5.2 미분공식

미분의 정의 식 (10.52)에 의해 함수 $y=f(x)$에서 도함수 $f'(x)$를 구하고 여기에 dx를 곱하여 y의 미분 dy를 구할 수 있다. 예를 들어 $y=x^3$이면 $dy=3x^2dx$이다. $y=e^{x^2}$이면 $dy=2xe^{x^2}dx$이다. 한편 d를 함수에 작용하여 그에 대응하는 미분으로 변환해주는 연산자로 볼 수 있다. 즉 $d(x^3)=3x^2dx$, $d(e^{x^2})=2xe^{x^2}dx$ 이다. 연산자 d의 연산규칙인 미분공식(微分公式, differential formula)은 다음과 같다. k는 상수이고 u, v가 변수일 때

① $dk=0$

② $d\left(ku^n\right)=knu^{n-1}du$

③ $d(u\pm v)=du\pm dv$

④ $d(uv)=(du)v+u(dv)$

⑤ $d\left(\dfrac{u}{v}\right)=\dfrac{(du)v-u(dv)}{v^2}$

이 공식은 도함수 공식에서 유도할 수 있다.

예

함수 $y=2x^3+6x-4$ 에서 dy를 구하시오.

풀이

$$dy = d\left(2x^3 + 6x - 4\right) = d\left(2x^3\right) + d(6x) - d(4) = 6x^2dx + 6dx$$
$$= \left(6x^2 + 6\right)dx$$
◀

예

함수 $y = -x\left(2x^2 + 1\right)$에서 y의 미분을 구하시오.

풀이

$$dy = d\left[-x\left(2x^2 + 1\right)\right] = [d(-x)]\left(2x^2 + 1\right) + (-x)\,d\left(2x^2 + 1\right)$$
$$= -(dx)\left(2x^2 + 1\right) + (-x)(4x)\,dx$$
$$= \left(-6x^2 - 1\right)dx$$
◀

연습문제

1. $\lim_{x \to c}(mx+b) = mc+b$ 을 증명하시오.

2. $\lim_{x \to 2}\dfrac{2x^2-3x-2}{x-2} = 5$ 를 증명하시오.

(3~6) 극한정리를 사용하여 다음의 극한을 구하시오.

3. $\lim_{x \to 3}(5x-2)$

4. $\lim_{x \to -1}\left(x^3-3x\right)$

5. $\lim_{x \to 4}\dfrac{3x}{2x^3-16}$

6. $\lim_{x \to -3}\sqrt{5x^2+2x}$

(7~10) 극한을 구하시오.

7. $\lim_{x \to 3}\dfrac{x^4-x^3-2x^2+1}{3x^2-5x+7}$

8. $\lim_{x \to -2}\dfrac{x^2+7x+10}{x+2}$

9. $\lim_{t \to -1}\dfrac{t^2+7t+7}{t^2-4t-5}$

10. $\lim_{w \to -2}\dfrac{(w+2)\left(w^2-w-6\right)}{w^2+4w+4}$

(11~13) 연속성의 정의와 극한정리 [정리 11.1]을 사용하여 함수가 주어진 점에서 연속임을 보이시오.

11. $f(x) = x^2 + \sqrt{7-x}\,,\ x = 4$

12. $f(x) = \left(x + 2x^3\right)^4,\ x = -1$

13. $g(x) = \dfrac{x+1}{2x^2 - 1},\ x = 4$

(14~16) 주어진 함수가 불연속인 점을 조사해보시오.

14. $f(x) = \dfrac{x^2 - x - 2}{x - 2}$

15. $f(x) = \begin{cases} \dfrac{1}{x^2}, & x \neq 0 \\ 1, & x = 0 \end{cases}$

16. $f(x) = \begin{cases} \dfrac{x^2 - x - 2}{x - 2}, & x \neq 2 \\ 1, & x = 2 \end{cases}$

(17~20) 도함수의 정의를 사용하여 다음 함수의 도함수를 구하시오.

17. $f(x) = 23$

18. $f(x) = 5 + 3x$

19. $f(x) = 3x^2 + 2x - 5$

20. $f(x) = \dfrac{1}{x^2}$

(21~27) 도함수를 구하시오.

21. $f(x) = 37.5$

22. $f(x) = \sqrt{20}$

23. $f(t) = 5t^{-7}$

24. $g(x) = \frac{1}{3}x^6 - 3x^4 + x$

25. $y = \sqrt[3]{x}$

26. $y = \sqrt{x}(x-1)$

27. $y = \dfrac{\sqrt{x}-1}{\sqrt{x}+1}$

(28~30) 연쇄율을 사용하여 도함수를 구하시오.

28. $y = (x^3 - 1)^{99}$

29. $f(x) = \dfrac{1}{\sqrt[3]{x^2+x+1}}$

30. $g(t) = \left(\dfrac{t-3}{2t+1}\right)^8$

(31~34) 1계도함수와 2계도함수를 구하시오.

31. $f(x) = x^5 + 6x^2 - 7x$

32. $g(x) = (1-7x)^6$

33. $f(t) = \dfrac{2t+1}{t-1}$

34. $h(x) = \sqrt{x^2+1}$

(35~39) 다음 방정식의 해를 구하시오.

35. $2\ln x = 1$

36. $e^{-x} = 5$

37. $e^{2x+3} - 7 = 0$

38. $\ln(5-2x) = -3$

39. $\ln(\ln x) = 1$

(40~43) 도함수를 구하시오.

40. $f(x) = x^2 e^x$

41. $y = e^{ax^3}$

42. $g(x) = \sqrt{x}e^x$

43. $y = \sqrt{1+2e^{3x}}$

(44~48) 도함수를 구하시오.

44. $f(x) = \log_2(1 - 3x)$

45. $f(x) = \log_{10}\left(\dfrac{x}{x-1}\right)$

46. $f(x) = \ln \sqrt[5]{x}$

47. $f(t) = \dfrac{1 + \ln t}{1 - \ln t}$

48. $y = \ln\left(e^{-x} + xe^{-x}\right)$

제 11 장

편미분법

제1절 극한과 연속

1.1 이변수함수의 극한

$x \to a$는 x의 값이 한없이 a에 가까워지는 것을 나타낸다. x가 a에 접근할 수 있는 경로는 a의 왼쪽에서 a에 접근하는 것과 a의 오른쪽에서 a에 접근하는 두 가지만 존재한다.

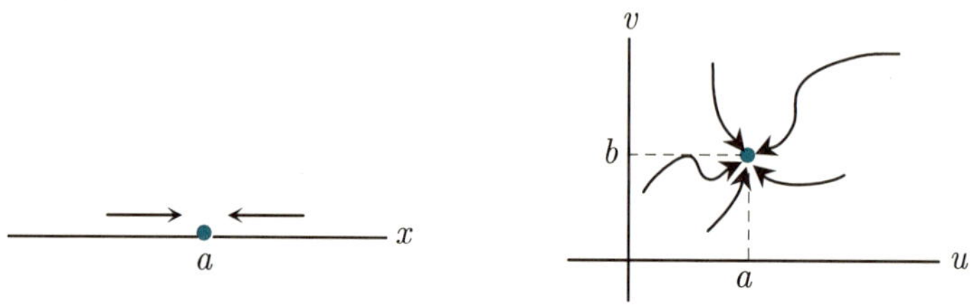

그림 11.1

$(u,v) \to (a,b)$는 (u, v)가 (a, b)에 한없이 가까워지는 것을 나타낸다. uv 평면 위의 점 (a, b)에 접근할 수 있는 경로는 무한히 많다([그림 11.1]).

$$\lim_{(u,v)\to(a,b)} f(u,v) = L$$

은 점 (u, v)가 f의 정의역 내의 모든 경로를 따라 점 (a, b)에 접근할 때 이변수함수 $f(u, v)$가 L에 접근하는 것을 나타내며 이때 L을 (u, v)가 (a, b)에 접근할 때 $f(u, v)$의 극한이라 한다. (u, v)가 무한히 많은 경로들 중 어떤 경로로 (a, b)에 접근하더라도 $f(u, v)$가 같은 L에 접근하면 (u, v)가 (a, b)에 접근할 때 $f(u, v)$의 극한이 존재하는 것이다. 만일 어떤 한 경로라도 $f(u, v)$가 L과 다른 값에 접근한다면 (u, v)가 (a, b)에 접근할 때 $f(u, v)$의 극한은 존재하지 않는다.

예

$\displaystyle\lim_{(u,v)\to(0,0)} \frac{u^2 - v^2}{u^2 + v^2}$이 존재하지 않음을 보이시오.

풀이

$f(u, v) = (u^2 - v^2)/(u^2 + v^2)$이라고 하자. u축을 따라 $(0, 0)$에 접근해보자. $v = 0$이므로 $u \neq 0$에 대하여 $f(u, 0) = u^2 / u^2 = 1$이다. 따라서

$$u\text{축을 따라 } (u,v)\to(0,0)\text{이면 } f(u,v)\to 1$$

이다([그림 11.2] 참조).

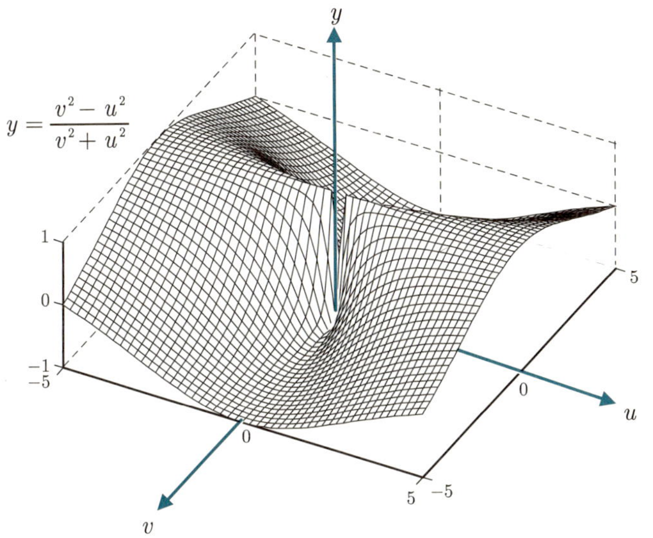

그림 11.2

이번엔 $u=0$로 놓아 v축을 따라 $(0,0)$에 접근해보자. $v\neq 0$에 대하여 $f(0,v)$ $=-v^2\,/\,v^2=-1$이며 따라서

$$v\text{축을 따라 } (u,v)\to(0,0)\text{ 이면 } f(u,v)\to -1$$

이다. 두 개의 다른 경로로 $(0,0)$에 접근할 때 함수 f의 값이 다른 값에 접근하므로 주어진 극한은 존재하지 않는다([그림 11.2] 참조). ◀

1.2 이변수함수의 극한의 정의

무한히 많은 경로들 중에서 (u,v)가 어떠한 경로로 (a,b)에 접근하든 같은 L을 취할 수 있는 정의가 필요하다. 이를 위해 근방의 개념을 사용하여 좀 더 정확하게 정의할 수 있다. 점 (a,b)의 근방을 포함하는 정의역을 갖는 어떤 이변수함수를 f라고 하자. $\lim\limits_{(u,v)\to(a,b)} f(u,v)=L$은 모든 $\varepsilon>0$(아무리 작더라도)에 대해서

이변수함수의 극한의 정의

$$0<\|(u,v)-(a,b)\|<\delta \;\Rightarrow\; |f(u,v)-L|<\varepsilon \tag{11.1}$$

을 만족하는 δ가 존재함을 의미한다. 여기서 $\|(u, v)-(a, b)\|$은 (u, v)와 (a, b) 사이의 거리, 즉

$$\|(u, v)-(a, b)\| = \sqrt{(u-a)^2 + (v-b)^2}$$

이며 따라서 $0 < \|(u, v)-(a, b)\| < \delta$은 중심이 (a, b)이고 반경이 δ인 원의 내부에 있는 점들이다([그림 11.3]).

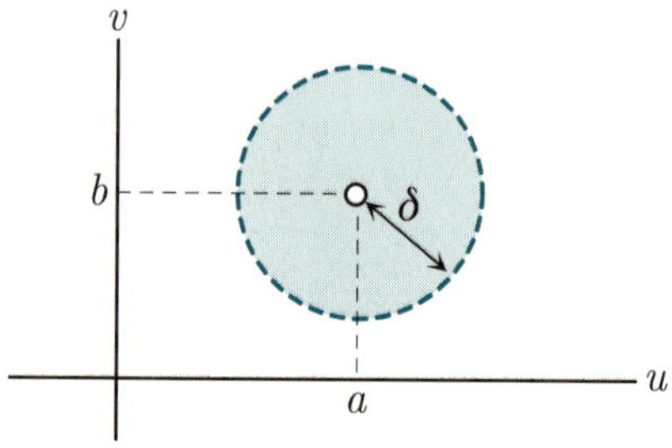

그림 11.3

이변수함수의 극한의 정의 식 (11.1)은 $\varepsilon > 0$이 주어진 상태에서

$$0 < \|(u, v)-(a, b)\| < \delta \;\Rightarrow\; |f(u, v) - L| < \varepsilon$$

을 만족하는 $\delta > 0$를 찾을 수 있음을 의미한다([그림 11.4]).

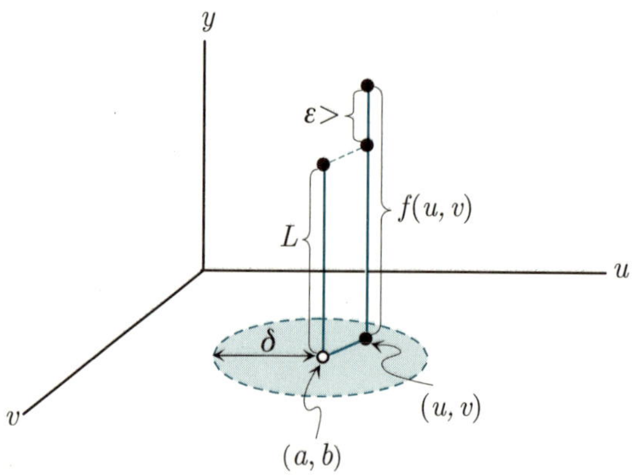

그림 11.4

예

$\lim\limits_{(u,v)\to(a,b)} u = a$을 증명하시오.

풀이

$f(u,v) = u$와 $L = a$로 놓고 극한의 정의 식 (11.1)을 적용해 보자. $\varepsilon > 0$이 주어진 상태에서

$$0 < \|(u,v) - (a,b)\| < \delta \;\Rightarrow\; |f(u,v) - L| < \varepsilon$$

을 만족하는 $\delta > 0$를 찾을 수 있음을 보이면 된다.

$$\begin{aligned} |f(u,v) - L| &= |u - a| && (\text{증명의 전제 } f(u,v) = u,\ L = a) \\ &= \sqrt{(u-a)^2} && (\text{제곱근과 절대치에 관한 [정리 3.1]}) \\ &\le \sqrt{(u-a)^2 + (v-b)^2} \\ &< \delta \end{aligned}$$

따라서 임의의 $\varepsilon > 0$에 대하여 $\delta = \varepsilon$이라고 하자. $0 < \|(u,v) - (a,b)\| < \delta$이면 $|f(u,v) - L| < \delta = \varepsilon$이므로 $|f(u,v) - L| < \varepsilon$이다. ◀

예

$\displaystyle\lim_{(u,v)\to(0,0)} \frac{3u^2v}{u^2 + v^2} = 0$을 증명하시오.

풀이

$f(u,v) = 3u^2v/(u^2 + v^2)$와 $L = 0$로 놓고 극한의 정의 식 (11.1)을 적용해 보자. $\varepsilon > 0$이 주어진 상태에서

$$0 < \sqrt{u^2 + v^2} < \delta \;\Rightarrow\; |f(u,v) - L| < \varepsilon$$

을 만족하는 $\delta > 0$를 구하면 된다.

$$\begin{aligned} |f(u,v) - L| &= \left|3u^2v/(u^2 + v^2) - 0\right| \\ &= 3|v|\left[u^2/(u^2 + v^2)\right] \\ &\le 3|v| && (u^2/(u^2 + v^2) \le 1) \\ &\le 3\sqrt{u^2 + v^2} \\ &< 3\delta \end{aligned}$$

따라서 $\delta = \varepsilon/3$으로 설정하면 된다. 임의의 $\varepsilon > 0$에 대하여 $\delta = \varepsilon/3$이라고 하자. $0 < \sqrt{u^2 + v^2} < \delta$ 이면 $|f(u,v) - L| < 3\delta = 3(\varepsilon/3) = \varepsilon$ 이다. ◀

1.3 극한계산

극한정리 [정리 11.1]을 확장적용하여 이변수함수의 극한계산을 편리하게 할 수 있다.

예

$\lim_{(u,v)\to(1,2)} \frac{3u^2 v}{u^2+v^2}$ 을 구하시오.

풀이

$$\lim_{(u,v)\to(1,2)} \frac{3u^2 v}{u^2+v^2} = \frac{\lim_{(u,v)\to(1,2)} 3u^2 v}{\lim_{(u,v)\to(1,2)} \left(u^2+v^2\right)} \quad \text{(극한정리 [정리 11.1] ⑧ 확장적용)}$$

$$= \frac{3\left(1^2\right)(2)}{\left(1^2+2^2\right)} = \frac{10}{5} = 2$$

◀

1.4 연속성

이변수함수 f가 다음의 세 가지 조건을 만족하면 f는 (a, b)에서 연속(連續, continuous)이라고 한다.

① (a, b)이 정의역 내에 존재해야 한다.
② $(a, b) \to (u, v)$일 때 f의 극한 $\lim_{(u,v)\to(a,b)} f(u,v)$ 이 존재해야 한다.
③ 이 극한과 함수의 값 $f(a, b)$가 같아야 한다.

이 세 가지 조건을 요약하면

$$\lim_{(u,v)\to(a,b)} f(u,v) = f(a,b) \tag{11.2}$$

으로 나타낼 수 있다. 직관적으로 이 정의는 함수 $f(u, v)$가 나타내는 곡면에 구멍이나 찢어진 부분이 없음을 의미한다.

정리 11.1 **이변수함수의 연속성**

① 함수 $g(u)$가 a에서 연속이고 함수 $h(v)$가 b에서 연속이면 $f(u, v) = g(u)h(v)$는 (a, b)에서 연속이다.

② 함수 $h(u, v)$가 (a, b)에서 연속이고 $g(w)$는 $w = h(a, b)$에서 연속이면 합성함수 $f(u, v) = g(h(u, v))$는 (a, b)에서 연속이다.

③ $f(u, v)$는 (a, b)에서 연속이고 $u(w)$와 $v(w)$는 $u(c) = a$이고 $v(c) = b$인 c에서 연속이면 합성함수 $f(u(w), v(w))$는 c에서 연속이다.

증명

생략 ■

일변수함수의 연산과 연속성에 관한 [정리 11.5]의 결과들은 이변수함수로 확장하여도 성립하며 그 결과는 이변수함수의 연속성에 관한 [정리 11.1]의 결과와 함께 이변수함수의 연속성을 검토하는 데 유용하게 사용할 수 있다.

예

$f(u,v) = 3u^2v^5$이 연속임을 밝히시오.

풀이

다항함수 $g(u) = 3u^2$와 $h(v) = v^5$은 모든 실수에서 연속이다(다항함수의 연속성에 관한 [정리 11.4]). 이변수함수의 연속성에 관한 [정리 11.1] ①에 의해 $f(u, v) = g(u)h(v) = 3u^2v^5$는 uv 평면상의 모든 점 (u, v)에서 연속이다. ◀

예

$f(u,v) = e^{3u^2v^5}$이 연속임을 밝히시오.

풀이

$h(u, v) = 3u^2v^5$는 uv 평면상의 모든 점 (u, v)에서 연속이다(앞 예제). $g(w) = e^w$는 $(-\infty, \infty)$에서 연속이다. 이변수함수의 연속성에 관한 [정리 11.1] ②에 의해 $f(u, v) = g(h(u, v)) = e^{3u^2v^5}$는 uv 평면상의 모든 점 (u, v)에서 연속이다. ◀

제2절 편도함수

2.1 편도함수

f가 두 변수 u와 v의 함수이고 u는 변할 수 있으며 v는 v_0에서 고정되어 있다고

가정하자. 그러면 f는 사실상 단일 변수 u의 함수 $f(u, v_0)$이다. 이러한 함수 $f(u, v_0)$이 u_0에서 도함수를 가지면 이를 (u_0, v_0)에서 u에 관한 f의 편도함수(偏導函數, partial derivative)라고 하며 $f_u(u_0, v_0)$로 나타낸다. 즉

$$f_u(u_0, v_0) = \lim_{\Delta u \to 0} \frac{f(u_0 + \Delta u, v_0) - f(u_0, v_0)}{\Delta u} \tag{11.3}$$

이다. 같은 방식으로 (u_0, v_0)에서 v에 관한 f의 편도함수는 $f_v(u_0, v_0)$로 나타내며 이는 u를 u_0에서 고정시킨 함수 $f(u_0, v)$의 v_0에서의 도함수를 의미한다. 즉

$$f_v(u_0, v_0) = \lim_{\Delta v \to 0} \frac{f(u_0, v_0 + \Delta v) - f(u_0, v_0)}{\Delta v} \tag{11.4}$$

이다. 식 (11.3)과 식 (11.4)에서 (u_0, v_0)를 변할 수 있게 (u, v)로 대체하면 이변수함수 f의 두 편도함수 f_u와 f_v는

편도함수의 정의

$$f_u(u, v) = \lim_{\Delta u \to 0} \frac{f(u + \Delta u, v) - f(u, v)}{\Delta u} \tag{11.5}$$

$$f_v(u, v) = \lim_{\Delta v \to 0} \frac{f(u, v + \Delta v) - f(u, v)}{\Delta v} \tag{11.6}$$

로 정의할 수 있다.

편도함수 f_u는 u를 변수로 간주하고 v는 상수로 간주하여 일변수함수의 도함수 공식을 적용하여 구할 수 있다. 마찬가지로 f_v는 v를 변수로 간주하고 u는 상수로 간주하여 일변수함수의 도함수 공식을 적용하여 구할 수 있다.

예

$f(u, v) = 2u^2 + uv + 3v^2$ 일 때 f_u와 f_v를 구하시오.

풀이

$$f_u = 4u + v$$
$$f_v = u + 6v$$

◀

이변수함수의 편도함수 정의는 n변수함수로 확장할 수 있다. n변수함수 $f(x_1, \cdots, x_n)$의 x_i에 관한 편도함수는

$$f_{x_i}(x_1, \cdots, x_n)$$
$$= \lim_{\Delta x_i \to 0} \frac{f(x_1, \cdots, x_{i-1}, x_i + \Delta x_i, x_{i+1}, \cdots, x_n) - f(x_1, \cdots, x_i, \cdots, x_n)}{\Delta x_i}$$

로 정의할 수 있다.

2.2 편도함수의 표기법

이변수함수 $f(u, v)$의 두 편도함수는

$$f_u(u, v) = f_u = \frac{\partial}{\partial u}[f(u, v)] = \frac{\partial f}{\partial u}$$
$$f_v(u, v) = f_v = \frac{\partial}{\partial v}[f(u, v)] = \frac{\partial f}{\partial v}$$

로 나타낸다. $y = f(u, v)$와 같이 종속변수가 나타나 있는 경우에는 f_u와 f_v를 각각

$$\frac{\partial y}{\partial u} \text{와} \quad \frac{\partial y}{\partial v}$$

로 나타낼 수 있다. 특정한 값 $(u, v) = (u_0, v_0)$에서 편도함수의 값을 나타낼 경우

$$\left.\frac{\partial f}{\partial u}\right|_{(u_0, v_0)} = \left.\frac{\partial f}{\partial u}\right|_{u=u_0, v=v_0} = f_u(u_0, v_0)$$
$$\left.\frac{\partial f}{\partial v}\right|_{(u_0, v_0)} = \left.\frac{\partial f}{\partial v}\right|_{u=u_0, v=v_0} = f_v(u_0, v_0)$$

로 나타낼 수 있다.

n변수함수 $y = f(x_1, \cdots, x_n)$의 x_i에 관한 편도함수는

$$f_{x_i}(x_1, \cdots, x_n) = f_{x_i} = \frac{\partial f}{\partial x_i} = \frac{\partial y}{\partial x_i}$$

로 나타낼 수 있다.

예

$f(u, v) = \left(\sqrt{36 - 4u^2 - v^2}\right)/3$일 때 f_u와 f_v를 구하시오.

풀이

$$f_u = \frac{1}{3}\frac{1}{2}\left(36 - 4u^2 - v^2\right)^{-\frac{1}{2}}(-8u) = -\frac{1}{3}\left(36 - 4u^2 - v^2\right)^{-\frac{1}{2}}(4u)$$

$$f_v = \frac{1}{3}\frac{1}{2}\left(36 - 4u^2 - v^2\right)^{-\frac{1}{2}}(-2v) = -\frac{1}{3}\left(36 - 4u^2 - v^2\right)^{-\frac{1}{2}}(v) \qquad \blacktriangleleft$$

y, u, v의 세 변수만이 나타나면 편도함수 표기 $\partial y / \partial u$은 u와 v는 독립변수이고 y는 종속변수이며 u는 변할 수 있고 v는 상수로 고정되어 있음을 분명히 알 수 있다. 그런나 세 변수 이상이 나타나면 편도함수 표기의 의미가 모호할 수 있다. 예를 들어 y, z, u, v의 네 변수가 관련되어 있을 때 $\partial y / \partial u$는 $y = f(u, v)$, $z = g(u, v)$로 보고 $f_u(u, v)$로 해석할 수도 있고 혹은 $y = h(u, v, z)$로 보고 $h_u(u, v, z)$로 해석할 수도 있다. 네 변수 이상이 관련되어 있고 편도함수 표기의 의미가 모호할 때 상수로 고정되어 있는 변수를 명시할 필요가 있다. 즉

$\left(\dfrac{\partial y}{\partial u}\right)_v$ 는 $f_u(u, v)$을 의미하며 따라서 $y = f(u, v)$, $z = g(u, v)$이다.

$\left(\dfrac{\partial y}{\partial u}\right)_{vz}$ 는 $h_u(u, v, z)$을 의미하여 $y = h(u, v, z)$이다.

2.3 편도함수의 의미

$y = f(x)$일 때 $f'(x_0)$는 x_0에서 x에 관한 y의 변화율 또는 x_0에서 f의 그래프의 기울기로 해석할 수 있다. 편도함수 역시 같은 방식으로 해석할 수 있다. 편도함수가 의미하는 바를 살펴보기 위해 C_1을 곡면 $y = f(u, v)$와 평면 $v = v_0$의 교집합이라 하고 C_2를 곡면 $y = f(u, v)$와 평면 $u = u_0$의 교집합이라 하자([그림 11.5]).

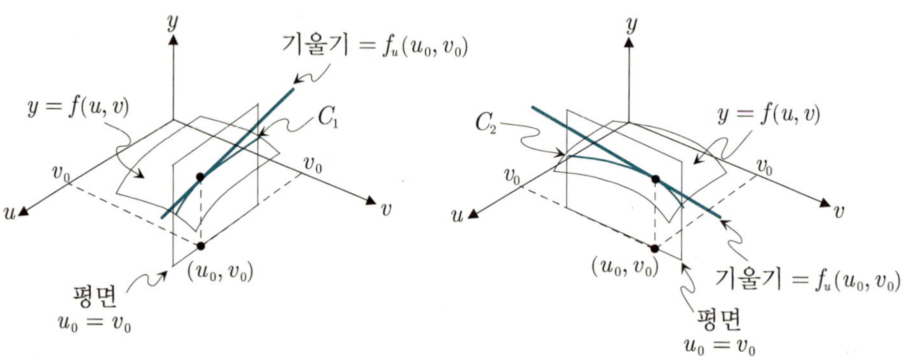

그림 11.5

$f_u(u, v)$는 평면 $v = v_0$에서 곡선 C_1을 따르는 u에 관한 y의 변화율로 해석할 수 있고 $f_v(u, v)$는 평면 $u = u_0$에서 곡선 C_2를 따르는 v에 관한 y의 변화율로 해석할 수 있다. 기하학적으로 $f_u(u_0, v_0)$는 평면 $v = v_0$에서 곡선 C_1과 (u_0, v_0)에서 접하는 접선(接線, tangent line)의 기울기이고, $f_v(u_0, v_0)$는 평면 $u = u_0$에서 곡선 C_2와 접하는 접선의 기울기이다.

예

곡면 $y = \frac{1}{9}u^2 + \frac{1}{4}v^2$ 와 평면 $u = 3$이 만나는 곡선 위의 점 $(u, v, y) = (3, 2, 2)$에서 접선의 기울기를 구하시오.

풀이

$$f_v(u, v) = \frac{1}{2}v$$

$$f_v(3, 2) = \frac{1}{2} \cdot 2 = 1$$ ◀

2.4 2계편도함수/고계편도함수

독립변수가 2개인 2변수함수 $f(u, v)$는 2개의 (1계)편도함수 f_u와 f_v를 갖는다. f_u은 그 자체가 u와 v의 함수이므로 v가 고정되어 있을 때 u에 관한 f_u의 변화율을 생각할 수 있으며 이를

$$f_{uu} = \frac{\partial}{\partial u}(f_u) \tag{11.7}$$

또는

$$\frac{\partial^2 y}{\partial u^2} = \frac{\partial}{\partial u}\left(\frac{\partial y}{\partial u}\right) \tag{11.8}$$

로 나타낸다. f_{uu}의 하첨자는 식 (11.7)이 나타내듯이 f_u를 u에 관해서 편미분한 결과 f가 u에 관해서 두 번 편미분된 것을 나타낸다. $\partial^2 y / \partial u^2$ 은 식 (11.8)이 나타내듯이 $\partial / \partial u$ 을 편도함수 기호로 사용한 것이다.

u가 고정되어 있을 때 v에 관한 f_v의 변화율은

$$f_{vv} = \frac{\partial}{\partial v}(f_v) \text{ 또는 } \frac{\partial^2 y}{\partial v^2} = \frac{\partial}{\partial v}\left(\frac{\partial y}{\partial v}\right)$$

로 나타낸다. v가 고정되어 있을 때 u에 관한 f_v의 변화율과 u가 고정되어 있을 때 v에 관한 f_u의 변화율은 각각

$$f_{uv} = \frac{\partial^2 y}{\partial v \partial u} = \frac{\partial}{\partial v}\left(\frac{\partial y}{\partial u}\right) \text{와} \quad f_{vu} = \frac{\partial^2 y}{\partial u \partial v} = \frac{\partial}{\partial u}\left(\frac{\partial y}{\partial v}\right)$$

으로 나타낸다.

f_{uu}, f_{vv}, f_{uv}, f_{vu} 등은 $f(u, v)$의 편도함수의 편도함수이며 이를 2계편도함수(二階偏導函數, second order partial derivative)라고 한다. 특히 f_{uv}과 f_{vu}을 혼합편도함수(混合偏導函數, mixed partial derivative)라고 한다.

정리 11.2 **혼합편도함수의 성질**

(u, v)의 근방 N에서 정의된 이변수함수 f의 혼합편도함수 f_{uv}과 f_{vu}이 N에서 연속이면 $f_{uv} = f_{vu}$이 성립한다.

증명

생략(Stewart(2003) A46 참조) ■

예

$f(u,v) = e^{u^2 - v^2}$일 때 f_{uu}, f_{vv}, f_{uv}, f_{vu}을 구하시오.

풀이

$$\begin{aligned}
f_u &= 2ue^{u^2-v^2} \\
f_v &= -2ve^{u^2-v^2} \\
f_{uu} &= 4u^2e^{u^2-v^2} + 2e^{u^2-v^2} \\
f_{vv} &= 4v^2e^{u^2-v^2} - 2e^{u^2-v^2} \\
f_{uv} &= -4uve^{u^2-v^2} \\
f_{vu} &= -4uve^{u^2-v^2}
\end{aligned}$$ ◀

일반적으로 $f(\mathbf{x})$의 편도함수 f_i 역시 $\mathbf{x}$ 의 함수이므로 x_i에 관한 편도함수를 가지며 이를 x_i에 관한 2계편도함수(二階偏導函數, second order partial derivative)라고 한다. n변수함수 $f(\mathbf{x})$는 n^2 개의 2계편도함수를 갖는다.

예

$f(u,v,w) = e^{uvw} - \ln\left(uv - w^2\right)$일 때 f_{ww}를 구하시오.

풀이

$$f_w = uve^{uvw} + \frac{2w}{uv - w^2}$$

$$f_{ww} = u^2v^2e^{uvw} + \frac{2\left(uv - w^2\right) + 4w^2}{\left(uv - w^2\right)^2} = u^2v^2e^{uvw} + \frac{2uv + 2w^2}{\left(uv - w^2\right)^2} \quad ◀$$

3계 또는 그 이상의 계수를 갖는 고계편도함수(高階偏導函數, higher order partial derivatives)도 정의할 수 있다. 예를 들어

$$f_{uuv} = \frac{\partial^3 f}{\partial v \partial u^2} = \frac{\partial}{\partial v}\left(\frac{\partial^2 f}{\partial u^2}\right)$$

이다. 한편 혼합편도함수의 성질에 관한 [정리 11.2]를 사용하여

$$f_{uvv} = f_{vuv} = f_{vvu}$$

이 성립함을 보일 수 있다.

예

$f(u, v, w) = u\ln\left(uv^2w^3\right)$일 때 f_{wuww}를 구하시오.

풀이

$$f_w = \frac{3u}{w}, \ f_{ww} = -\frac{3u}{w^2}, \ f_{uww} = -\frac{3}{w^2}, \ f_{wuww} = \frac{6}{w^3} \quad ◀$$

제3절 미분가능함수

3.1 이변수함수의 미분가능성

일변수함수 $y = f(x)$에서 x가 x_0에서 $x_0 + \Delta x$로 변하면 그에 대응하는 y의 차분은 $\Delta y = f(x_0 + \Delta x) - f(x_0)$이다. 미분가능함수의 특성에 관한 [정리 11.9]의 결론은 함수 f가 x_0에서 미분가능하면 $\Delta y = f'(x_0)\Delta x + \varepsilon\Delta x$이고 $\Delta x \to 0$일 때 $\varepsilon \to 0$이라는 것이다. 이런 특성을 활용하여 이변수함수의 미분가능성을 정의할 수 있다. 이변수함수 $y = f(u, v)$에서 u가 u_0에서 $u_0 + \Delta u$로 변하고 v는 v_0에서 v_0

$+\Delta v$로 변한다면 그에 대응하는 y의 차분은

$$\Delta y = f(u_0 + \Delta u, v_0 + \Delta v) - f(u_0, v_0) \tag{11.9}$$

이다. Δy를

이변수함수의 미분가능성 정의

$$\Delta y = f_u(u_0, v_0)\Delta u + f_v(u_0, v_0)\Delta v + \varepsilon_1 \Delta u + \varepsilon_2 \Delta v \tag{11.10}$$

여기서 $(\Delta u, \Delta v) \to (0,0)$일 때 $\varepsilon_1 \to 0$이고 $\varepsilon_2 \to 0$

로 나타낼 수 있으며 f를 (u_0, v_0)에서 미분가능(微分可能, differentiable)이라고 한다.

예

$f(u,v) = u^2 + 5v$이 미분가능함수인가를 검토하시오.

풀이

$y = f(u,v)$로 놓고 임의의 점 (u,v)에서 미분가능인가를 검토하면 된다.
$f_u(u,v) = 2u$이고 $f_v(u,v) = 5$이다.

$$\begin{aligned}
\Delta y &= f(u + \Delta u, v + \Delta v) - f(u,v) && (\text{식 } (11.9)) \\
&= (u + \Delta u)^2 + 5(v + \Delta v) - u^2 - 5v && (f(u,v) = u^2 + 5v) \\
&= u^2 + 2u\Delta u + \Delta u^2 + 5v + 5\Delta v - u^2 - 5v \\
&= 2u\Delta u + 5\Delta v + \Delta u \Delta u + 0\Delta v \\
&= f_u(u,v)\Delta u + f_v(u,v)\Delta v + \Delta u \Delta u + 0\Delta v \\
&= f_u(u,v)\Delta u + f_v(u,v)\Delta v + \varepsilon_1 \Delta u + \varepsilon_2 \Delta v
\end{aligned}$$

따라서 $\varepsilon_1 = \Delta u$이고 $\varepsilon_2 = 0$이다.

$$\lim_{(\Delta u, \Delta v) \to (0,0)} \varepsilon_1 = \lim_{(\Delta u, \Delta v) \to (0,0)} \Delta u = 0$$

$$\lim_{(\Delta u, \Delta v) \to (0,0)} \varepsilon_2 = \lim_{(\Delta u, \Delta v) \to (0,0)} 0 = 0$$

이므로

$(\Delta u, \Delta v) \to (0,0)$일 때 $\varepsilon_1 \to 0$이고 $\varepsilon_2 \to 0$

이다. 이로부터 f는 미분가능함수이다. ◀

미분가능성의 정의 식 (11.10)을 사용해서 주어진 이변수함수가 미분가능인지를 검토하는 것은 번거로운 일이다. 다음의 정리는 미분가능성의 충분조건을 제공하며 이를 이용해서 편리하게 함수의 미분가능성을 검토할 수 있다.

정리 11.3 **이변수함수의 미분가능성의 충분조건**

이변수함수 $f(u,v)$의 편도함수 f_u와 f_v가 어떤 점 (u_0, v_0)에서 존재하고 연속이면 f는 (u_0, v_0)에서 미분가능이다.

증명

$y = f(u,v)$로 놓으면 (u_0, v_0)에서 y의 차분은

$$\Delta y = f(u_0 + \Delta u, v_0 + \Delta v) - f(u_0, v_0)$$

로 나타낼 수 있다. f가 (u_0, v_0)에서 미분가능함을 보이려면 Δy를

$$\Delta y = f_u(u_0, v_0)\Delta u + f_v(u_0, v_0)\Delta v + \varepsilon_1 \Delta u + \varepsilon_2 \Delta v$$

로 나타냈을 때 $(\Delta u, \Delta v) \to (0,0)$에 따라 $\varepsilon_1 \to 0$이고 $\varepsilon_2 \to 0$이어야 한다.

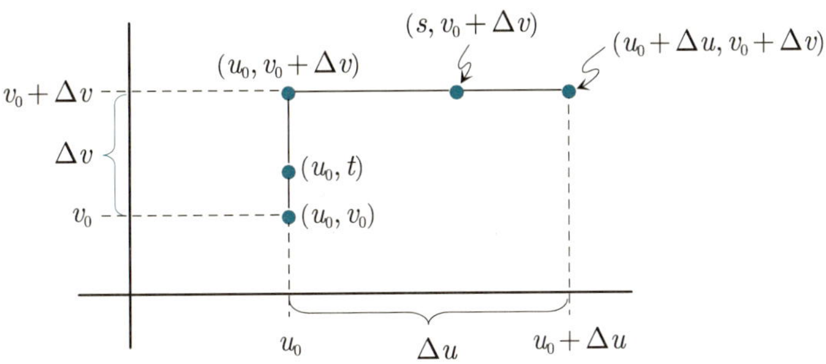

그림 11.6

[그림 11.6]을 참조하여 Δy를

$$\begin{aligned}\Delta y = & f(u_0 + \Delta u, v_0 + \Delta v) + f(u_0, v_0 + \Delta v) \\ & - f(u_0, v_0 + \Delta v) - f(u_0, v_0) \qquad (11.11)\end{aligned}$$

로 나타낼 수 있다.

일변수함수

$$g(u)=f(u, v_0+\Delta v)$$

은 구간 $[u_0, u_0+\Delta u]$에서 정의되며 $g'(u)=f_u(u, v_0+\Delta v)$이다. 평균치정리를 g에 적용하면

$$g(u_0+\Delta u)-g(u_0)=g'(s)\Delta u$$

이다. 여기서 s는 u_0와 $u_0+\Delta u$ 사이의 임의의 수이다. 이를 함수 f로 나타내면

$$f(u_0+\Delta u, v_0+\Delta v)-f(u_0, v_0+\Delta v)=f_u(s, v_0+\Delta v)\Delta u \quad (11.12)$$

이다. 식 (11.12)의 좌변은 식 (11.11)의 우변의 처음 두 항과 같다. 식 (11.11)의 우변의 세 번째 항 및 네 번째 항을 위해 $h(v)=f(u_0, v)$라고 하자. h는 $[v_0, v_0+\Delta v]$에서 정의된 일변수함수며 $h'(v)=f_v(u_0, v)$이다. h에 평균치정리를 적용하면

$$h(v_0+\Delta v)-h(v_0)=h'(t)\Delta v$$

이다. 여기서 t는 v_0와 $v_0+\Delta v$ 사이의 임의의 수이다. 이를 함수 f로 나타내면

$$f(u_0, v_0+\Delta v)-f(u_0, v_0)=f_v(u_0, t)\Delta v \quad (11.13)$$

이다.

$$\begin{aligned}
\Delta y = {} & f(u_0+\Delta u, v_0+\Delta v)+f(u_0, v_0+\Delta v) \\
& -f(u_0, v_0+\Delta v)-f(u_0, v_0) \\
= {} & f_u(s, v_0+\Delta v)\Delta u+f_v(u_0, t)\Delta v \qquad (\text{식 (11.12)과 식 (11.13)}) \\
= {} & f_u(u_0, v_0)\Delta u+f_v(u_0, v_0)\Delta v \\
& +\big[f_u(s, v_0+\Delta v)-f_u(u_0, v_0)\big]\Delta u \\
& +\big[f_v(u_0, t)-f_v(u_0, v_0)\big]\Delta v \\
= {} & f_u(u_0, v_0)\Delta u+f_v(u_0, v_0)\Delta v+\varepsilon_1\Delta u+\varepsilon_2\Delta v
\end{aligned}$$

따라서 $\varepsilon_1=f_u(s, v_0+\Delta v)-f_u(u_0, v_0)$이고 $\varepsilon_2=f_v(u_0, t)-f_v(u_0, v_0)$이며

$$\begin{aligned}
\lim_{(\Delta u, \Delta v)\to(0,0)}\varepsilon_1 &= \lim_{(\Delta u, \Delta v)\to(0,0)}\big[f_u(s, v_0+\Delta v)-f_u(u_0, v_0)\big] \\
&= \lim_{(\Delta u, \Delta v)\to(0,0)}\big[f_u(s, v_0+\Delta v)\big]-\lim_{(\Delta u, \Delta v)\to(0,0)}\big[f_u(u_0, v_0)\big]
\end{aligned}$$

(극한정리 [정리 11.1] ⑥ 확장적용)

$$= \lim_{(\Delta u, \Delta v) \to (0,0)} \left[f_u\left(s, v_0 + \Delta v\right)\right] - \left[f_u\left(u_0, v_0\right)\right]$$

(극한정리 [정리 11.1] ① 확장적용)

$$= \left[f_u\left(u_0, v_0\right)\right] - \left[f_u\left(u_0, v_0\right)\right]$$ (s는 u_0와 $u_0 + \Delta u$ 사이의 임의의 수이고 f_u는 $\left(u_0, v_0\right)$에서 연속)

$$= 0$$

$$\lim_{(\Delta u, \Delta v) \to (0,0)} \varepsilon_2 = \lim_{(\Delta u, \Delta v) \to (0,0)} \left[f_v\left(u_0, t\right) - f_v\left(u_0, v_0\right)\right]$$

$$= \lim_{(\Delta u, \Delta v) \to (0,0)} \left[f_v\left(u_0, t\right)\right] - \lim_{(\Delta u, \Delta v) \to (0,0)} \left[f_v\left(u_0, v_0\right)\right]$$

(극한정리 [정리 11.1] ⑥ 확장적용)

$$= \lim_{(\Delta u, \Delta v) \to (0,0)} \left[f_v\left(u_0, t\right)\right] - \left[f_v\left(u_0, v_0\right)\right]$$

(극한정리 [11.1] ① 확장적용)

$$= \left[f_v\left(u_0, v_0\right)\right] - \left[f_v\left(u_0, v_0\right)\right]$$ (t는 v_0와 $v_0 + \Delta v$ 사이의 임의의 수이고 f_v는 $\left(u_0, v_0\right)$에서 연속)

$$= 0$$

이다. 즉 $(\Delta u, \Delta v) \to (0,0)$에 따라 $\varepsilon_1 \to 0$이고 $\varepsilon_2 \to 0$이므로 f는 $\left(u_0, v_0\right)$에서 미분가능이다. ■

예

$f(u, v) = u^2 e^{3uv}$이 $(u, v) = (1, 0)$에서 미분가능인지를 검토하시오.

풀이

$$f_u = 2ue^{3uv} + 3u^2ve^{3uv}, \quad f_v = 3u^3e^{3uv}$$

$$f_u(1,0) = 2, \quad f_v(1,0) = 3$$

으로 f_u와 f_v가 $(1,0)$에서 존재하고 연속([정리 11.1]을 적용하여 확인해보시오)이므로 f는 $(1,0)$에서 미분가능이다. ◀

3.2 미분가능성과 연속성

정리 11.4 **미분가능성과 연속성**

함수 f가 $(u,v)=(u_0,v_0)$에서 미분가능이면 f는 (u_0,v_0)에서 연속이다.

증명

$y=f(u,\ v)$라고 하자. y의 차분 Δy는

$$\Delta y = f(u_0+\Delta u, v_0+\Delta v) - f(u_0,v_0) \tag{11.14}$$

이다. f가 $(u,v)=(u_0,v_0)$에서 미분가능이라고 하자. 미분가능성의 정의 식 (11.10)으로부터 Δy는

$$\Delta y = f_u(u_0,v_0)\Delta u + f_v(u_0,v_0)\Delta v + \varepsilon_1\Delta u + \varepsilon_2\Delta v \tag{11.15}$$

여기서 $(\Delta u,\Delta v)\to(0,0)$ 일 때 $\varepsilon_1\to 0$ 이고 $\varepsilon_2\to 0$

로 나타낼 수 있다. 식 (11.14)에서 $u=u_0+\Delta u$와 $v=v_0+\Delta v$로 놓으면

$$\begin{aligned}\Delta y &= f(u,v) - f(u_0,v_0)\\ &= f_u(u_0,v_0)\Delta u + f_v(u_0,v_0)\Delta v + \varepsilon_1\Delta u + \varepsilon_2\Delta v \quad (\text{식 } (11.15))\\ &= \left[f_u(u_0,v_0)+\varepsilon_1\right]\Delta u + \left[f_v(u_0,v_0)+\varepsilon_2\right]\Delta v\\ &= \left[f_u(u_0,v_0)+\varepsilon_1\right](u-u_0) + \left[f_v(u_0,v_0)+\varepsilon_2\right](v-v_0)\end{aligned}$$

여기에 $(u,v)\to(u_0,v_0)$일 때의 극한을 취하면

$$\lim_{(u,v)\to(u_0,v_0)} f(u,v) = f(u_0,v_0)$$

이며 이는 f가 연속임을 의미한다. ■

3.3 전미분

미분가능인 일변수함수 $y=f(x)$에서 종속변수인 y의 미분은

$$dy = f'(x)\,dx$$

으로 정의하였다. 즉 dy는 도함수 $f'(x)$와 x의 미분 dx의 곱으로 정의하였다. 이와 유사한 방식으로 미분가능인 이변수함수 $y=f(u,\ v)$에서 종속변수인 y의 미분은

$$dy = f_u(u,v)\,du + f_v(u,v)\,dv$$

으로 정의하며 이를 y의 전미분(全微分, total differential)이라고 한다. 전미분 dy는 편도함수 f_u와 f_v를 구하고 각각에 du와 dv를 곱하여 구할 수 있다. 또한 미분공식을 사용하여 구할 수 있다.

예

$y = 3u^2 + 5v$일 때 dy를 구하시오.

풀이

$\partial y / \partial u = 6u$ 이고 $\partial y / \partial v = 5$이므로
$dy = 6udu + 5dv$ 이다. ◀

예

$y = (u+v)/3u^2$일 때 미분법칙으로 dy를 구하시오.

풀이

$$\begin{aligned} dy &= d\left(\frac{u+v}{3u^2}\right) \\ &= \frac{[d(u+v)]\left(3u^2\right) - (u+v)\,d\left(3u^2\right)}{\left(3u^2\right)^2} \\ &= \frac{(du+dv)\left(3u^2\right) - (u+v)(6u)\,du}{\left(3u^2\right)^2} \\ &= \frac{du+dv}{3u^2} - \frac{(2u+2v)\,du}{3u^3} \\ &= \left(-\frac{u+2v}{3u^3}\right)du + \frac{1}{3u^2}\,dv \end{aligned}$$ ◀

미분가능인 n변수함수 $y = f(x_1, x_2, \cdots, x_n)$의 전미분은

n변수함수의 전미분

$$dy = f_{x_1}dx_1 + f_{x_2}dx_2 + \cdots + f_{x_n}dx_n \tag{11.16}$$

으로 정의된다.

예

$y = uvw$일 때 dy를 구하시오.

풀이

$$\begin{aligned} dy &= d(uvw) \\ &= d(uv)w + uvdw \\ &= \left[(du)v + udv\right]w + uvdw \\ &= (du)vw + u(dv)w + uvdw \end{aligned}$$ ◀

3.4 야코비안행렬

m개의 n변수함수

$$\begin{aligned} y_1 &= f_1(x_1, x_2, \cdots, x_n) \\ y_2 &= f_2(x_1, x_2, \cdots, x_n) \\ &\vdots \qquad \vdots \\ y_m &= f_m(x_1, x_2, \cdots, x_n) \end{aligned} \tag{11.17}$$

를 다루어야 할 경우가 있다. f_1, f_2, $\cdots$, f_m이 각 독립변수에 관한 연속편도함수를 가지면 각 함수의 전미분은

$$\begin{aligned} dy_1 &= \frac{\partial f_1}{\partial x_1}dx_1 + \frac{\partial f_1}{\partial x_2}dx_2 + \cdots + \frac{\partial f_1}{\partial x_n}dx_n \\ dy_2 &= \frac{\partial f_2}{\partial x_1}dx_1 + \frac{\partial f_2}{\partial x_2}dx_2 + \cdots + \frac{\partial f_2}{\partial x_n}dx_n \\ &\vdots \qquad\quad \vdots \qquad\quad \vdots \qquad\qquad\quad \vdots \\ dy_m &= \frac{\partial f_m}{\partial x_1}dx_1 + \frac{\partial f_m}{\partial x_2}dx_2 + \cdots + \frac{\partial f_m}{\partial x_n}dx_n \end{aligned} \tag{11.18}$$

이다. 식 (11.18)은 $\mathbb{R}^n$의 벡터 $\mathbf{x} = (x_1, x_2, \cdots, x_n)$을 $\mathbb{R}^m$의 벡터 $\mathbf{y} = (y_1, y_2, \cdots, y_m)$에 대응시키는 변환(變換, transformation)이며 벡터 $\mathbf{x}$의 벡터함수(벡터函數, vector function)

$$\mathbf{y} = \mathbf{f}(\mathbf{x})$$

로 간단히 나타낼 수 있다. 여기서 $\mathbf{f}$는 벡터함수 $(f_1, f_2, \cdots, f_m)$이다.

$$d\mathbf{y} = \begin{pmatrix} dy_1 \\ dy_2 \\ \vdots \\ dy_m \end{pmatrix}, \quad \mathbf{f_x} = \begin{pmatrix} \frac{\partial f_1}{\partial x_1} & \frac{\partial f_1}{\partial x_2} & \cdots & \frac{\partial f_1}{\partial x_n} \\ \frac{\partial f_2}{\partial x_1} & \frac{\partial f_2}{\partial x_2} & \cdots & \frac{\partial f_2}{\partial x_n} \\ \vdots & \vdots & \ddots & \vdots \\ \frac{\partial f_m}{\partial x_1} & \frac{\partial f_m}{\partial x_2} & \cdots & \frac{\partial f_m}{\partial x_n} \end{pmatrix}, \quad d\mathbf{x} = \begin{pmatrix} dx_1 \\ dx_2 \\ \vdots \\ dx_n \end{pmatrix}$$

으로 정의하면 식 (11.18)을

$$d\mathbf{y} = \mathbf{f_x} d\mathbf{x} \tag{11.19}$$

로 나타낼 수 있다. 여기서 $\mathbf{f_x}$를 함수들의 집합 식 (11.17)의 야코비안행렬(야코비안行列, Jacobian matrix)이라 하며 경우에 따라

$$\mathbf{f_x} = \left(\frac{\partial f_i}{\partial x_j}\right) = \left(\frac{\partial y_i}{\partial x_j}\right) = \mathbf{y_x}$$

로 나타낼 수 있다. 식 (11.19)는 함수 $y = f(x)$의 미분 $dy = f'(x)dx$와 매우 비슷한 형태임을 알 수 있다.

예 변환 $y_1 = x_1x_2x_3$, $y_2 = x_1^2x_3$의 야코비안행렬을 구하시오.

풀이

$$\left(\frac{\partial y_i}{\partial x_j}\right) = \begin{pmatrix} \frac{\partial y_1}{\partial x_1} & \frac{\partial y_1}{\partial x_2} & \frac{\partial y_1}{\partial x_3} \\ \frac{\partial y_2}{\partial x_1} & \frac{\partial y_2}{\partial x_2} & \frac{\partial y_2}{\partial x_3} \end{pmatrix} = \begin{pmatrix} x_2x_3 & x_1x_3 & x_1x_2 \\ 2x_1x_3 & 0 & x_1^2 \end{pmatrix}$$ ◀

변환 식 (11.17)에서 $m = n$이면 야코비안행렬 $(\partial f_i/\partial x_j)$의 행렬식

$$\det\left(\frac{\partial f_i}{\partial x_j}\right) = \begin{vmatrix} \frac{\partial f_1}{\partial x_1} & \frac{\partial f_1}{\partial x_2} & \cdots & \frac{\partial f_1}{\partial x_n} \\ \frac{\partial f_2}{\partial x_1} & \frac{\partial f_2}{\partial x_2} & \cdots & \frac{\partial f_2}{\partial x_n} \\ \vdots & \vdots & \ddots & \vdots \\ \frac{\partial f_n}{\partial x_1} & \frac{\partial f_n}{\partial x_2} & \cdots & \frac{\partial f_n}{\partial x_n} \end{vmatrix}$$

을 구성할 수 있으며 이를 야코비안행렬식(야코비안行列式, Jacobian determinant) 또는 간단히 야코비안(Jacobian)이라고 부른다. 야코비안행렬식은

$$J = \frac{\partial(y_1, y_2, \cdots, y_n)}{\partial(x_1, x_2, \cdots, x_n)} = \frac{\partial(f_1, f_2, \cdots, f_n)}{\partial(x_1, x_2, \cdots, x_n)} = \det\left(\frac{\partial f_i}{\partial x_j}\right)$$

으로 나타낼 수도 있다. 이 표기법은 n변수 이상의 함수에 대해서도 적용할 수 있다. 즉 다른 변수들은 모두 상수로 간주하고 표기에서 지정한 편도함수만을 구성하면 된다.

예

$f(x,y,z,t) = x^2 + 2y + z^2 - t^2$, $g(x,y,z,t) = xyz + t^2$, $h(x,y,z,t) = z^2 - t^2$일 때 $\partial(f,g,h)/\partial(x,y,z)$을 구하시오.

풀이

$$\frac{\partial(f,g,h)}{\partial(x,y,z)} = \begin{vmatrix} 2x & 2 & 2z \\ yz & xz & xy \\ 0 & 0 & 2z \end{vmatrix} = 4x^2z^2 - 4yz^2$$ ◀

제4절 합성함수의 도함수

4.1 연쇄율 1

정리 11.5 **연쇄율: 독립변수 1개**

$y = f(u, v)$는 (u, v)에서 미분가능인 함수이고 $u = g(t)$와 $v = h(t)$는 t에서 미분가능인 함수라고 하면([그림 11.7]) y는 t에서 미분가능이며

$$\frac{dy}{dt} = \frac{\partial y}{\partial u}\frac{du}{dt} + \frac{\partial y}{\partial v}\frac{dv}{dt}$$

이다.

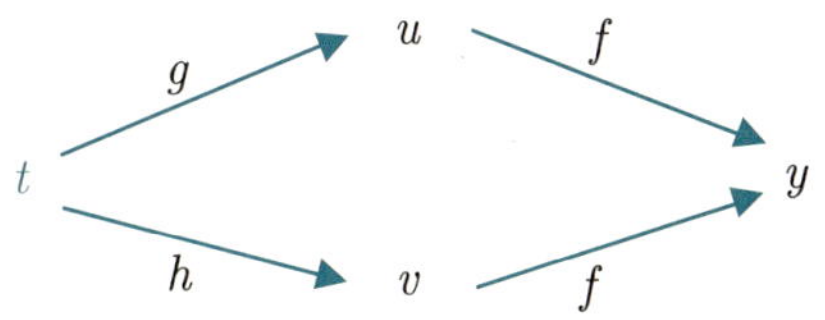

그림 11.7

증명

$y=f(u,v)$이 (u,v)에서 미분가능인 함수이면 정의 식 (11.10)에 의해 y의 차분을

$$\Delta y=\frac{\partial y}{\partial u}\Delta u+\frac{\partial y}{\partial v}\Delta v+\varepsilon_1\Delta u+\varepsilon_2\Delta v \tag{11.20}$$

여기서 $(\Delta u,\Delta v)\to(0,0)$ 일 때 $\varepsilon_1\to 0$ 이고 $\varepsilon_2\to 0$

로 나타낼 수 있다. 식 (11.20)의 양변을 Δt로 나누면

$$\frac{\Delta y}{\Delta t}=\frac{\partial y}{\partial u}\frac{\Delta u}{\Delta t}+\frac{\partial y}{\partial v}\frac{\Delta v}{\Delta t}+\varepsilon_1\frac{\Delta u}{\Delta t}+\varepsilon_2\frac{\Delta v}{\Delta t}$$

이다. $u=g(t)$가 t에서 미분가능인 함수이므로 $\Delta t\to 0$일 때 $\Delta u= g(t+\Delta t) -g(t)\to 0$ 이다. 마찬가지로 $\Delta t\to 0$일 때 $\Delta v\to 0$이다. 따라서

$$\begin{aligned}\frac{dy}{dt}&=\lim_{\Delta t\to 0}\frac{\Delta y}{\Delta t}\\&=\frac{\partial y}{\partial u}\lim_{\Delta t\to 0}\frac{\Delta u}{\Delta t}+\frac{\partial y}{\partial v}\lim_{\Delta t\to 0}\frac{\Delta v}{\Delta t}\\&\quad+\lim_{\Delta t\to 0}\varepsilon_1\lim_{\Delta t\to 0}\frac{\Delta u}{\Delta t}+\lim_{\Delta t\to 0}\varepsilon_2\lim_{\Delta t\to 0}\frac{\Delta v}{\Delta t}\\&=\frac{\partial y}{\partial u}\frac{du}{dt}+\frac{\partial y}{\partial v}\frac{dv}{dt}+0\cdot\frac{du}{dt}+0\cdot\frac{dv}{dt}\\&=\frac{\partial y}{\partial u}\frac{du}{dt}+\frac{\partial y}{\partial v}\frac{dv}{dt}\end{aligned}$$

이다. ■

예 u와 v는 x의 함수이고 $y=\log_u v$일 때 dy/dx를 구하시오.

풀이

$y=\log_u v=1/\log_v u$이므로

$$\frac{\partial y}{\partial u}=\frac{-\dfrac{1}{u}\dfrac{1}{\ln v}}{(\log_v u)^2}=\frac{-1}{\left[(\log_v e)(\ln u)\right]^2}\frac{1}{u\ln v}$$

$$=\frac{-1}{\left[\left(\dfrac{1}{\ln v}\right)(\ln u)\right]^2}\frac{1}{u\ln v}$$

$$=\frac{-1}{(\ln u)^2}\frac{1}{u\ln v}(\ln v)^2=-\frac{\ln v}{u(\ln u)^2}$$

$$\frac{\partial y}{\partial v}=\frac{1}{v}\frac{1}{\ln u}=\frac{1}{v\ln u}$$

$$\frac{dy}{dx}=\frac{\partial y}{\partial u}\frac{du}{dx}+\frac{\partial y}{\partial v}\frac{dv}{dx}=-\frac{\ln v}{u(\ln u)^2}\frac{du}{dx}+\frac{1}{v\ln u}\frac{dv}{dx}$$ ◀

[그림 11.8]은 [그림 11.7]의 경로도(徑路圖, channel map)에서 화살표에 대응하는 도함수 및 편도함수를 나타낸 것이다. 어떤 변수로 들어오는 화살표가 두 개 이상이면 그 변수로 들어오는 화살표에는 편도함수로 나타내고 그렇지 않으면 도함수로 나타낸다.

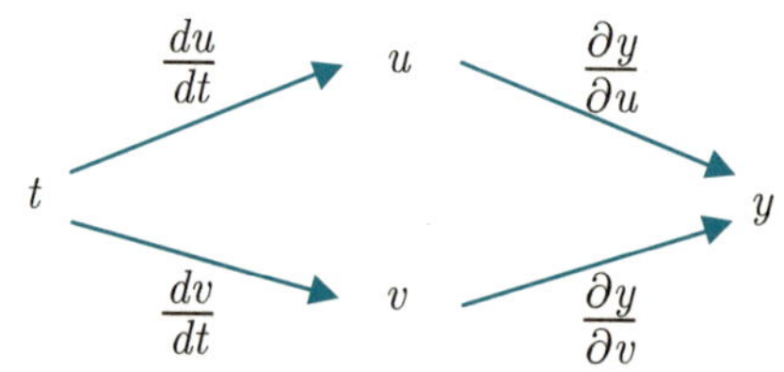

그림 11.8

[그림 11.8]에서 t에서 y로의 경로는 $t\to u\to y$와 $t\to v\to$y의 두 개가 가능하다. [정리 11.5]에서 t에 관한 y의 도함수 dy/dt의 공식

$$\frac{dy}{dt}=\frac{\partial y}{\partial u}\frac{du}{dt}+\frac{\partial y}{\partial v}\frac{dv}{dt}$$

은 t에서 y로의 각 경로의 도함수 또는 편도함수를 곱한 결과를 더한 것과 같다.

예

u는 t의 함수이고 $y=f(u,t)$일 때 dy/dt를 구하시오.

풀이

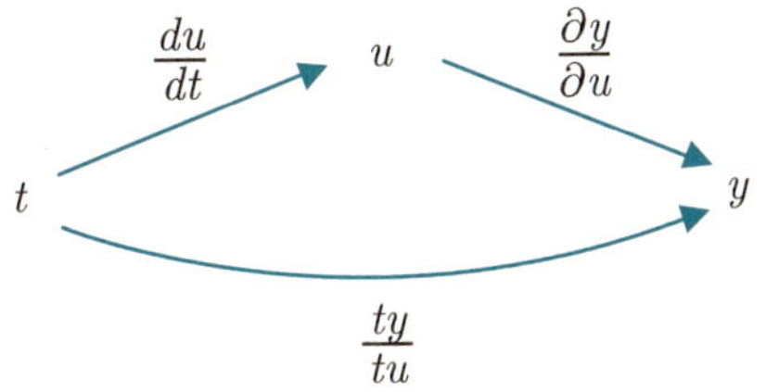

$$\frac{dy}{dt} = \frac{\partial y}{\partial u}\frac{du}{dt} + \frac{\partial y}{\partial t}$$ ◀

4.2 연쇄율 2

정리 11.6 **연쇄율: 독립변수 2개**

$y = f(u, v)$는 (u, v)에서 미분가능인 함수이고 $u = g(s, t)$와 $v = h(s, t)$는 (s, t)에서 미분가능인 함수라고 하면 y는 (s, t)에서 미분가능이며

$$\frac{\partial y}{\partial s} = \frac{\partial y}{\partial u}\frac{\partial u}{\partial s} + \frac{\partial y}{\partial v}\frac{\partial v}{\partial s} \text{이고} \quad \frac{\partial y}{\partial t} = \frac{\partial y}{\partial u}\frac{\partial u}{\partial t} + \frac{\partial y}{\partial v}\frac{\partial v}{\partial t}$$

이다([그림 11.9]).

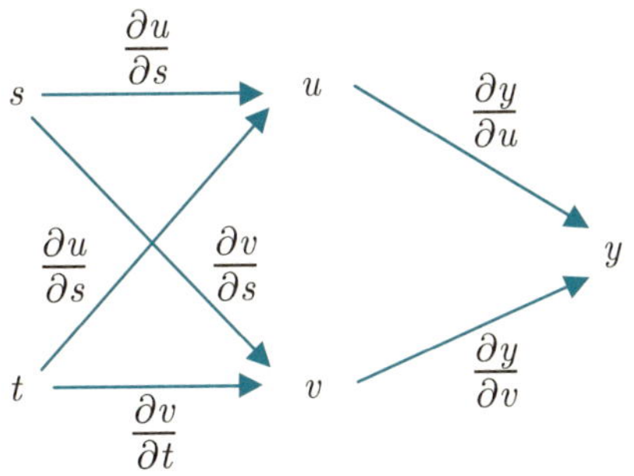

그림 11.9

증명

t를 상수로 간주하고 [정리 11.5]를 적용하면 $\partial y/\partial s$을 얻을 수 있다. 또한 s를 상수로 간주하고 [정리 11.5]를 적용하면 $\partial y/\partial s$을 얻을 수 있다. ■

예

$u = s^2 + t^2$이고 $v = s/t$일 때 $y = 2uv$이다. $\partial y/\partial s$와 $\partial y/\partial t$를 구하시오.

풀이

$$\frac{\partial u}{\partial s} = 2s\,, \quad \frac{\partial u}{\partial t} = 2t$$
$$\frac{\partial v}{\partial s} = \frac{1}{t}\,, \quad \frac{\partial v}{\partial t} = \frac{-s}{t^2}$$
$$\frac{\partial y}{\partial u} = 2v\,, \quad \frac{\partial y}{\partial v} = 2u$$
$$\begin{aligned}\frac{\partial y}{\partial s} &= \frac{\partial y}{\partial u}\frac{\partial u}{\partial s} + \frac{\partial y}{\partial v}\frac{\partial v}{\partial s} = (2v)(2s) + (2u)\left(\frac{1}{t}\right)\\ &= \left(\frac{2s}{t}\right)(2s) + \left[2\left(s^2+t^2\right)\right]\left(\frac{1}{t}\right)\\ &= \frac{4s^2+2s^2+2t^2}{t} = \frac{6s^2+2t^2}{t}\end{aligned}$$
$$\begin{aligned}\frac{\partial y}{\partial t} &= \frac{\partial y}{\partial u}\frac{\partial u}{\partial t} + \frac{\partial y}{\partial v}\frac{\partial v}{\partial t} = (2v)(2t) + (2u)\left(\frac{-s}{t^2}\right)\\ &= \left(\frac{2s}{t}\right)(2t) + \left[2\left(s^2+t^2\right)\right]\left(\frac{-s}{t^2}\right)\\ &= \frac{4st^2-2s^3-2st^2}{t^2} = \frac{2st^2-2s^3}{t^2}\end{aligned}$$

◀

4.3 연쇄율 m

정리 11.7 **연쇄율: 독립변수 m개**

n변수함수 $y = f(x_1, x_2, \cdots, x_n)$는 $(x_1, x_2, \cdots, x_n)$에서 미분가능인 함수이고 $x_i = g_i(t_1, t_2, \cdots, t_m)$는 $(t_1, t_2, \cdots, t_m)$에서 미분가능인 함수라고 하면([그림 11.10]) y는 $(t_1, t_2, \cdots, t_m)$에서 미분가능이며

$$\frac{\partial y}{\partial t_i} = \frac{\partial y}{\partial x_1}\frac{\partial x_1}{\partial t_i} + \frac{\partial y}{\partial x_2}\frac{\partial x_2}{\partial t_i} + \cdots + \frac{\partial y}{\partial x_n}\frac{\partial x_n}{\partial t_i}\,, \quad i = 1, 2, \cdots, m$$

이다.

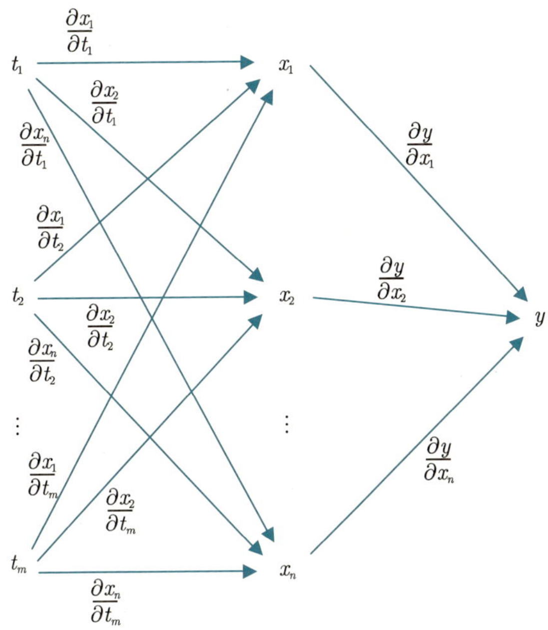

그림 11.10

증명

[정리 11.6]과 같은 방식으로 증명할 수 있음 ■

예

$y = u^2 + uv^3$, $u = rs^2 + t^3$, $v = r + se^t$ 일 때 $\partial y / \partial r\big|_{r=2,s=1,t=0}$, $\partial y / \partial s\big|_{r=2,s=1,t=0}$, $\partial y / \partial t\big|_{r=2,s=1,t=0}$를 구하시오.

풀이

경로도는

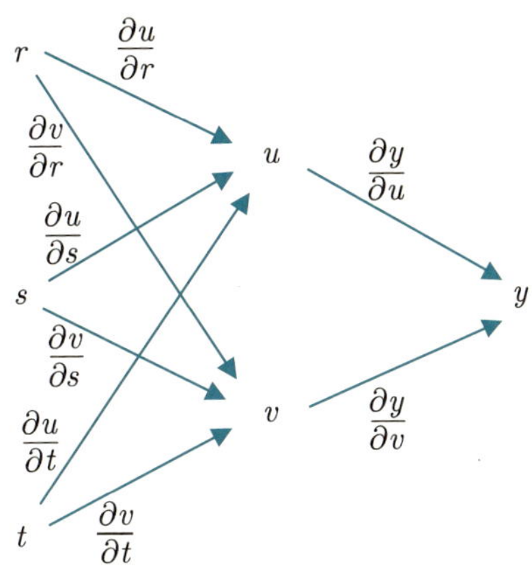

이고 따라서

$$\frac{\partial y}{\partial r}=\frac{\partial y}{\partial u}\frac{\partial u}{\partial r}+\frac{\partial y}{\partial v}\frac{\partial v}{\partial r},\quad \frac{\partial y}{\partial s}=\frac{\partial y}{\partial u}\frac{\partial u}{\partial s}+\frac{\partial y}{\partial v}\frac{\partial v}{\partial s},\quad \frac{\partial y}{\partial t}=\frac{\partial y}{\partial u}\frac{\partial u}{\partial t}+\frac{\partial y}{\partial v}\frac{\partial v}{\partial t}$$

이다.

$$\frac{\partial y}{\partial u}=2u+v^3,\ \frac{\partial y}{\partial v}=3uv^2,\ \frac{\partial u}{\partial r}=s^2,\ \frac{\partial u}{\partial s}=2rs,\ \frac{\partial u}{\partial t}=3t^2,$$

$$\frac{\partial v}{\partial r}=1,\ \frac{\partial v}{\partial s}=e^t,\ \frac{\partial v}{\partial t}=se^t$$

$$\frac{\partial y}{\partial r}=\frac{\partial y}{\partial u}\frac{\partial u}{\partial r}+\frac{\partial y}{\partial v}\frac{\partial v}{\partial r}=\left(2u+v^3\right)\left(s^2\right)+\left(3uv^2\right)(1)$$

$r=2,\ s=1,\ t=0$이면 $u=2,\ v=3$이고 따라서

$$\left.\frac{\partial y}{\partial r}\right|_{r=2,s=1,t=0}=\left[(2)(2)+3^3\right]\left(1^2\right)+(3)(2)\left(3^2\right)=85$$

$$\frac{\partial y}{\partial s}=\frac{\partial y}{\partial u}\frac{\partial u}{\partial s}+\frac{\partial y}{\partial v}\frac{\partial v}{\partial s}=\left(2u+v^3\right)(2rs)+\left(3uv^2\right)e^t$$

$$\left.\frac{\partial y}{\partial s}\right|_{r=2,s=1,t=0}=\left[2(2)+3^3\right]\left[2(2)(1)\right]+\left[3(2)\left(3^2\right)\right]e^0=178$$

$$\frac{\partial y}{\partial t}=\frac{\partial y}{\partial u}\frac{\partial u}{\partial t}+\frac{\partial y}{\partial v}\frac{\partial v}{\partial t}=\left(2u+v^3\right)\left(3t^2\right)+\left(3uv^2\right)\left(se^t\right)=54$$

$$\left.\frac{\partial y}{\partial s}\right|_{r=2,s=1,t=0}=\left[2(2)+3^3\right]\left[3\left(0^2\right)\right]+\left[3(2)\left(3^2\right)\right]\left[(1)e^0\right]$$ ◀

제5절 음함수의 도함수

5.1 양함수와 음함수

$y=f(x)$와 같은 형태로 주어진 함수는 각 x에 대응하는 y의 값을 명시적인 형태로 알 수 있기 때문에 이를 양함수(陽函數, explicit function)라고 부른다. 예를 들어

$$y=2x^3$$

은 x의 값에 대응되는 y의 값을 명시적으로 알 수 있는 양함수이다. 한편 어떤 함수는 $F(x,y)=0$와 같은 형태의 방정식에 의해 묵시적으로 정의될 수 있으며 이런 함수를

음함수(陰函數, implicit function)라 한다. 예를 들어 어떤 함수는

$$x^2 + y^2 - 9 = 0 \tag{11.21}$$

또는

$$x^3 + y^3 - 3xy = 0 \tag{11.22}$$

와 같은 x와 y로 구성된 방정식에 의해 묵시적으로 정의된다. 어떤 경우에는 방정식을 y에 대해 풀어서 $y = f(x)$와 같은 형태로 나타낼 수 있다. 방정식 (11.21)를 y에 대해 풀면 $y = \pm\sqrt{9 - x^2}$ 을 얻게 된다. 따라서 방정식 (11.21)이 정의하는 함수는 $y = \sqrt{9 - x^2}$ 와 $y = -\sqrt{9 - x^2}$ 이다([그림 11.11]).

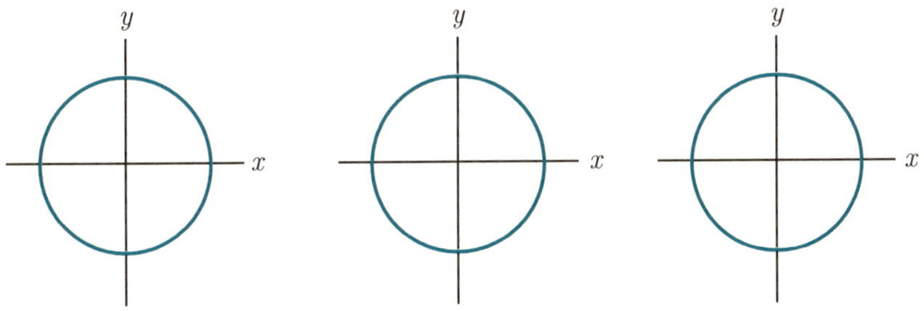

$x^2 + y^2 - 9 = 0$ $y = \sqrt{9 - x^2}$ $y = -\sqrt{9 - x^2}$

그림 11.11

한편 방정식 (11.22)는 y에 대해 풀어서 $y = f(x)$와 같은 형태로 나타내는 것이 쉽지 않다. 방정식 (11.22)는 데카르트의 엽선(데카르트의 葉線, folium of Decartes)으로 알려진 곡선의 방정식으로 [그림 11.12]의 오른쪽 세 그림이 나타내는 함수를 정의한다.

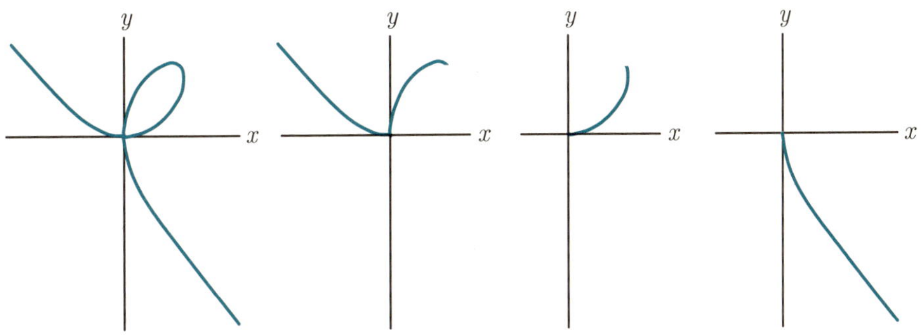

$x^3 + y^3 - 3xy = 0$

그림 11.12

5.2 음함수의 도함수

방정식 $F(x, y)=0$이 정의하는 음함수를 $y=f(x)$의 형태로 풀 수 있으면 도함수 공식을 활용하여 도함수를 구할 수 있다. 방정식 $F(y, x)=0$이 정의하는 음함수를 $y=f(x)$의 형태로 나타내기 어려운 경우에는 미분공식을 활용하여 양변을 미분한 후 도함수 dy/dx를 유도할 수 있다.

예

$x^2+y^3-2y=3$에서 x에 관한 y의 도함수를 구하고 $x=2,\ y=1$에서 도함수의 값을 구하시오.

풀이

$$
\begin{aligned}
& d\left(x^2+y^3-2y\right)=d(3) \\
\Rightarrow\ & d\left(x^2\right)+d\left(y^3\right)-d(2y)=d(3) \\
\Rightarrow\ & 2xdx+3y^2dy-2dy=0 \\
\Rightarrow\ & \frac{dy}{dx}=-\frac{2x}{3y^2-2}
\end{aligned}
$$

$\frac{dy}{dx}$에 $x=2,\ y=1$을 대입하면

$$\frac{dy}{dx}=-\frac{2x}{3y^2-2}=-\frac{2(2)}{3(1)^2-2}=-\frac{4}{1}=-4$$ ◀

5.3 음함수정리

연쇄율을 사용해서 음함수의 도함수를 구하는 과정을 설명할 수 있다. $F(x, y)=0$의 형태로 주어진 방정식이 (11.21)이나 (11.22)의 경우처럼 $y=f(x)$와 같은 형태의 함수를 정의한다고 하자. F가 미분가능하면 연쇄율 [정리 11.5]를 적용하여 $F(x, y)=0$의 양변을 x에 관하여 미분할 수 있다. y는 x의 함수이므로 x에서 F로 가는 경로는 $x \to F$와 $x \to y \to F$의 두 개이고([그림 11.13])

$$\frac{\partial F}{\partial y}\frac{dy}{dx}+\frac{\partial F}{\partial x}=0$$

이다. 이 식을 dy/dx에 대해 풀면

$$\frac{dy}{dx} = -\frac{\dfrac{\partial F}{\partial x}}{\dfrac{\partial F}{\partial y}} = -\frac{F_x}{F_y} \tag{11.23}$$

이다.

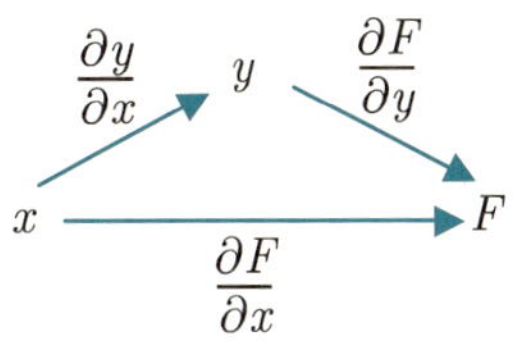

그림 11.13

예

$x^2 + y^3 - 2y = 3$에서 x에 관한 y의 도함수를 구하시오.

풀이

$$F(x, y) = x^2 + y^3 - 2y - 3 = 0$$
$$F_x = 2x$$
$$F_y = 3y^2 - 2$$
$$\frac{dy}{dx} = -\frac{2x}{3y^2 - 2}$$ ◀

음함수의 도함수 식 (11.23)은 $F(x, y) = 0$이 $y = f(x)$와 같은 형태의 함수를 묵시적으로 정의한다는 가정을 전제로 하고 있다. 이러한 가정이 타당성을 갖기 위한 조건은 음함수정리(陰函數定理, implicit function theorem)를 통해서 알 수 있다.

정리 11.8 **음함수정리: F(x, y)=0**

$F(x, y)$에 대하여

① $F(x, y)$가 (x_0, y_0)의 근방 N에서 정의되고

② $F(x_0, y_0) = 0$이고

③ F_x와 F_y는 N에서 연속이고

④ $F_y(x_0, y_0) \neq 0$

이면 방정식 $F(x, y) = 0$은 N에서 $y = f(x)$와 같은 형태의 함수를 정의하고

$$\frac{dy}{dx} = -\frac{F_x}{F_y}$$

이다.

증명

생략(Kaplan(1991) pp.114~116 참조) ■

정리 11.9 **음함수정리: $\mathbf{F}(y, x_1, \cdots, x_n) = 0$**

$F(y, x_1, x_2, \cdots, x_n)$에 대하여

① $F(y, x_1, x_2, \cdots, x_n)$가 $(y_0, x_{10}, x_{20}, \cdots, x_{n0})$의 근방 N에서 정의되고
② $F(y_0, x_{10}, x_{20}, \cdots, x_{n0}) = 0$이고
③ $F_{x_1}, F_{x_2}, \cdots, F_{x_n}$와 F_y는 N 에서 연속이고
④ $F_y(y_0, x_{10}, x_{20}, \cdots, x_{n0}) \neq 0$

이면 방정식 $F(y, x_1, x_2, \cdots, x_n) = 0$은 N에서 $y = f(x_1, x_2, \cdots, x_n)$와 같은 형태의 함수를 정의하고

$$\frac{\partial y}{\partial x_i} = -\frac{F_{x_i}}{F_y}, \quad i = 1, 2, \cdots, n$$

이다.

증명

생략(Rudin(1976) pp.223~228 참조) ■

예

$3u^2y - u^2v^2 + 2y^3 + 3vy - 5 = 0$일 때 $\partial y / \partial u$와 $\partial y / \partial v$를 구하시오.

풀이

$$F(y, u, v) = 3u^2y - u^2v^2 + 2y^3 + 3vy - 5 = 0$$

$$F_u = 6uy - 2uv^2$$

$$F_v = -2u^2v + 3y$$

$$F_y = 2u^2 + 6y^2 + 3v$$

$$\frac{\partial y}{\partial u} = -\frac{F_u}{F_y} = -\frac{6uy - 2uv^2}{2u^2 + 6y^2 + 3v}$$

$$\frac{\partial y}{\partial v} = -\frac{F_v}{F_y} = -\frac{-2u^2 v + 3y}{2u^2 + 6y^2 + 3v}$$ ◀

5.4 연립방정식과 음함수정리

앞에서 설명한 음함수정리 [정리 11.9]는 방정식 $F(y,\ x_1,\ x_2,\ \cdots,\ x_n) = 0$ 이음함수 $y = f(x_1,\ x_2,\ \cdots,\ x_n)$을 정의하기 위한 조건과 음함수의 편도함수에 관한 것이다. 이 정리는 $m+n$개의 미지수를 갖는 m개의 방정식

$$\begin{aligned} &F_1\left(y_1, y_2, \cdots, y_m, x_1, x_2, \cdots x_n\right) = 0 \\ &F_2\left(y_1, y_2, \cdots, y_m, x_1, x_2, \cdots x_n\right) = 0 \\ &\vdots \\ &F_m\left(y_1, y_2, \cdots, y_m, x_1, x_2, \cdots x_n\right) = 0 \end{aligned} \tag{11.24}$$

이 m 개의 미분가능인 함수

$$\begin{aligned} y_1 &= f_1\left(x_1, x_2, \cdots, x_n\right) \\ y_2 &= f_2\left(x_1, x_2, \cdots, x_n\right) \\ \vdots\ & \quad \vdots \\ y_m &= f_m\left(x_1, x_2, \cdots, x_n\right) \end{aligned}$$

을 정의하기 위한 조건과 이 함수들의 편도함수에 관한 정리로 확장할 수 있다. F_1, $F_2, \cdots, F_m$이 미분가능하면 식 (11.24)의 연립방정식의 양변을 x_j에 관하여 편미분하여

$$\begin{aligned} &F_{1y_1}\frac{\partial y_1}{\partial x_j} + F_{1y_2}\frac{\partial y_2}{\partial x_j} + \cdots + F_{1y_m}\frac{\partial y_m}{\partial x_j} + F_{1x_j} = 0 \\ &F_{2y_1}\frac{\partial y_1}{\partial x_j} + F_{2y_2}\frac{\partial y_2}{\partial x_j} + \cdots + F_{2y_m}\frac{\partial y_m}{\partial x_j} + F_{2x_j} = 0 \\ &\ \vdots \qquad\quad \vdots \qquad\qquad\quad \vdots \qquad\quad \vdots \quad \vdots \\ &F_{my_1}\frac{\partial y_1}{\partial x_j} + F_{my_2}\frac{\partial y_2}{\partial x_j} + \cdots + F_{my_m}\frac{\partial y_m}{\partial x_j} + F_{mx_j} = 0 \end{aligned} \tag{11.25}$$

을 얻을 수 있다(연쇄율 [정리 11.7]을 적용하여 확인해보시오). 식 (11.25)는 m개

의 미지수 $\partial y_1 / \partial x_j$, $\partial y_2 / \partial x_j, \cdots$, $\partial y_m / \partial x_j$를 갖는 m개의 방정식으로 구성된 일차연립방정식으로 볼 수 있다. 크래머의 법칙을 사용하면

$$\frac{\partial y_1}{\partial x_j} = -\frac{\begin{vmatrix} F_{1x_j} & F_{1y_2} & \cdots & F_{1y_m} \\ F_{2x_j} & F_{2y_2} & \cdots & F_{2y_m} \\ \vdots & \vdots & \ddots & \vdots \\ F_{mx_j} & F_{my_2} & \cdots & F_{my_m} \end{vmatrix}}{\begin{vmatrix} F_{1y_1} & F_{1y_2} & \cdots & F_{1y_m} \\ F_{2y_1} & F_{2y_2} & \cdots & F_{2y_m} \\ \vdots & \vdots & \ddots & \vdots \\ F_{my_1} & F_{my_2} & \cdots & F_{my_m} \end{vmatrix}} = -\frac{\dfrac{\partial(F_1, F_2, \cdots, F_m)}{\partial(x_j, y_2, \cdots, y_m)}}{\dfrac{\partial(F_1, F_2, \cdots, F_m)}{\partial(y_1, y_2, \cdots, y_m)}}$$

이다. $\partial y_2 / \partial x_j, \cdots$, $\partial y_m / \partial x_j$도 같은 방식으로 구할 수 있다.

정리 11.10 **음함수정리**

$F_i(y_1, y_2, \cdots, y_m, x_1, x_2, \cdots, x_n)$, $i = 1, 2, \cdots, m$에 대하여

① $F_i(y_1, y_2, \cdots, y_m, x_1, x_2, \cdots, x_n)$, $i = 1, 2, \cdots, m$가 $(y_{10}, y_{20}, \cdots, y_{m0}, x_{10}, x_{20}, \cdots, x_{n0})$의 근방 N에서 정의되고

② $F_i(y_{10}, y_{20}, \cdots, y_{m0}, x_{10}, x_{20}, \cdots, x_{n0}) = 0$, $i = 1, 2, \cdots, m$이고

③ $F_1, F_2, \cdots, F_n$의 $x_1, x_2, \cdots, x_n, y_1, y_2, \cdots, y_m$에 관한 모든 편도함수가 N에서 연속이고

④ $(y_{10}, y_{20}, \cdots, y_{m0}, x_{10}, x_{20}, \cdots, x_{n0})$에서

$$\frac{\partial(F_1, F_2, \cdots, F_m)}{\partial(y_1, y_2, \cdots, y_m)} \neq 0$$

이면 연립방정식 $F_i(y_1, y_2, \cdots, y_m, x_1, x_2, \cdots, x_n)$, $i = 1, 2, \cdots, m$은 N에서 $y_i = f_i(x_1, x_2, \cdots, x_n)$, $i = 1, 2, \cdots, m$와 같은 형태의 함수를 정의하고

$$\frac{\partial y_i}{\partial x_j} = -\frac{\dfrac{\partial(F_1, F_2, \cdots, F_m)}{\partial(y_1, \cdots, y_{i-1}, x_j, y_{i+1}, \cdots, y_m)}}{\dfrac{\partial(F_1, F_2, \cdots, F_m)}{\partial(y_1, y_2, \cdots, y_m)}}$$

$$(i = 1, 2, \cdots, n,\ \ j = 1, 2, \cdots, n)$$

이다.

증명

생략(Rudin(1976) pp.223~228 참조) ■

예

$u^2 - v^2 + y^2 + 2z^2 = 1$, $u^2 + v^2 - y^2 - z^2 = 2$ 일 때 $(\partial y/\partial v)_v$와 $(\partial y/\partial v)_u$을 구하시오.

풀이

$(\partial y/\partial v)_v$와 $(\partial y/\partial v)_u$을 구하는 것이므로 $y = f_1(u, v)$와 $z = f_2(u, v)$로 보고

$$F_1(u,v,y,z) = u^2 - v^2 + y^2 + 2z^2 - 1$$
$$F_2(u,v,y,z) = u^2 + v^2 - y^2 - z^2 - 2$$

이 정의하는 음함수 $y = f_1(u, v)$의 편도함수를 구하면 된다.

$$\left(\frac{\partial y}{\partial u}\right)_v = -\frac{\dfrac{\partial(F_1,F_2)}{\partial(u,z)}}{\dfrac{\partial(F_1,F_2)}{\partial(y,z)}},\quad \left(\frac{\partial y}{\partial v}\right)_u = -\frac{\dfrac{\partial(F_1,F_2)}{\partial(v,z)}}{\dfrac{\partial(F_1,F_2)}{\partial(y,z)}}$$

$$\frac{\partial(F_1,F_2)}{\partial(y,z)} = \begin{vmatrix} 2y & 4z \\ -2y & -2z \end{vmatrix} = -4yz + 8yz = 4yz$$

$$\frac{\partial(F_1,F_2)}{\partial(u,z)} = \begin{vmatrix} 2u & 4z \\ 2u & -2z \end{vmatrix} = -4uz - 8uz = -12uz$$

$$\frac{\partial(F_1,F_2)}{\partial(v,z)} = \begin{vmatrix} -2v & 4z \\ 2v & -2z \end{vmatrix} = 4vz - 8vz = -4vz$$

$$\left(\frac{\partial y}{\partial u}\right)_v = -\frac{-12uz}{4yz} = \frac{3u}{y}$$

$$\left(\frac{\partial y}{\partial v}\right)_u = -\frac{-4vz}{4yz} = \frac{v}{y}$$ ◀

연습문제

1. $f(u,v) = uv\,/\left(u^2 + v^2\right)$일 때 $\lim_{(u,v)\to(0,0)} f(u,v)$가 존재하는가?

2. $f(u,v) = uv^2\,/\left(u^2 + v^4\right)$일 때 $\lim_{(u,v)\to(0,0)} f(u,v)$가 존재하는가?

(3~5) 다음 함수가 연속이 되는 점들의 집합을 결정하시오.

3. $f(u,v) = e^{u^2 v} + \sqrt{u + v^2}$

4. $f(u,v) = \ln\left(u^2 + v^2 - 4\right)$

5. $f(u,v,w) = \sqrt{v}\,/\left(u^2 - v^2 + w^2\right)$

(6~10) 다음 함수의 1계편도함수를 찾으시오.

6. $f(u,v) = 3u - 2v^3$

7. $f(u,v) = ue^{2v}$

8. $f(u,v) = (u - v)\,/\,(u + v)$

9. $f(u,v,w) = \sqrt{u^2 + v^2 + w^2}$

10. $f(u,v,w) = u^3 e^{vw}$

(11~14) 다음 함수의 모든 2계편도함수를 구하시오.

11. $f(u,v) = u^4 - 5u^2v^3$

12. $y = u/(u+v)$

13. $y = \sqrt{u+v^2}$

14. $f(u,v) = \ln(2u+3v)$

(15~18) 각 문항에서 나타낸 고계편도함수를 구하시오.

15. $f(u,v) = 2uv^4 + 3u^3v^2$, f_{uuv}, f_{vvv}

16. $y = u\sqrt{v-w}$, $\partial^3 y / \partial u \partial v \partial w$

17. $w = x/(y+3z)$, $\partial^3 w / \partial z \partial y \partial x$

18. $u = x^a y^b z^c$, $\partial^6 u / \partial x \partial y^2 \partial z^3$

(19~20) 미분가능성의 정의에서 나타낸 ε_1과 ε_2의 값을 찾고 $(\Delta u, \Delta v) \to (0,0)$ 일 때 $\varepsilon_1 \to 0$이고 $\varepsilon_2 \to 0$임을 보여 주어진 함수가 미분가능함을 증명하시오.

19. $f(u,v) = u^2 - 2u + v$

20. $f(u,v) = u^2v$

(21~24) 다음 함수의 미분을 찾으시오.

21. $y = u^3 \ln v^2$

22. $u = r/(s+2t)$

23. $w = \ln\sqrt{x^2+y^2+z^2}$

24. $w = xye^{xz}$

(25~28) 다음 변환의 야코비안행렬을 구하시오.

25. $y_1 = 5x_1 + 2x_2,\ y_2 = 2x_1 + 3x_2$

26. $y_1 = 2x_1^2 + x_2^2,\ y_2 = 3x_1x_2$

27. $w = x^2yz$

28. $w = x^2 + y^2 - z^2$

(29~31) 각 문항에서 요구하는 야코비안행렬식을 구하시오.

29. $u = x^3 - 3xy^2,\ v = 3x^2y - y^3$ 일 때 $\dfrac{\partial(u,v)}{\partial(x,y)}$

30. $f(u,v,w) = u^2vw,\ g(u,v,w) = u^2v^2 - w^4$ 일 때 $\dfrac{\partial(f,g)}{\partial(u,v)}$

31. $f(x,y,z,t) = x^2 + 2y + z^2 - t^2,\ g(x,y,z,t) = xyz + t^2,$

$h(x,y,z,t) = z^2 - t^2$ 일 때 $\dfrac{\partial(f,g,h)}{\partial(x,y,z)}$

(32~34) 적절한 연쇄율을 사용하여 dw/dt를 구하시오.

32. $w = x^2 + y^2,\ x = e^t,\ y = e^{-t}$

33. $w = xy + xz + yz,\ x = t - 1,\ y = t^2 - 1,\ z = t$

34. $w = xyz,\ x = t^2,\ y = 2t,\ z = e^{-t}$

(35~37) 적절한 연쇄율을 사용하여 $\partial w/\partial s$와 $\partial w/\partial t$를 구하시오.

35. $w = x^2 + y^2,\ x = s + t,\ y = s - t$

36. $w = y^3 - 3x^2y,\ x = e^s,\ y = e^t$

37. $w = xyz,\ x = s + t,\ y = s - t,\ z = st^2$

38. $x^2 + y^2 = 25$일 때 dy/dx를 구하시오.

39. $3x^2z - x^2y^2 + 2z^3 + 3yz - 5 = 0$일 때 $\partial z/\partial x$와 $\partial z/\partial y$를 구하시오.

40. $e^u + xu - yv - 1 = 0,\ e^v - xv + yu - 2 = 0$일 때 $(\partial u/\partial x)_y$와 $(\partial u/\partial y)_x$를 구하시오.

제 12 장

최적화

제1절 일변수함수의 최적화

1.1 절대적 최대값 / 절대적 최소값

함수 f가 상수 c를 포함하고 있는 구간 I에서 정의된다고 하자.

① I의 모든 원소 x에 대하여 $f(c) \geq f(x)$이 성립하면 $f(c)$을 함수 f의 절대적 최대값(絶對的 最大값, absolute maximum) 또는 전역적 최대값(全域的 最大값, global maximum)이라고 한다.

② I의 모든 원소 x에 대하여 $f(c) \leq f(x)$이 성립하면 $f(c)$을 함수 f의 절대적 최소값(絶對的 最小값, absolute minimum) 또는 전역적 최소값(全域的 最小값, global minimum)이라고 한다.

$f(c)$이 절대적 최대값 또는 절대적 최소값일 때 $f(c)$을 절대적 극값(絶對的 極값, absolute extremum)이라고 한다.

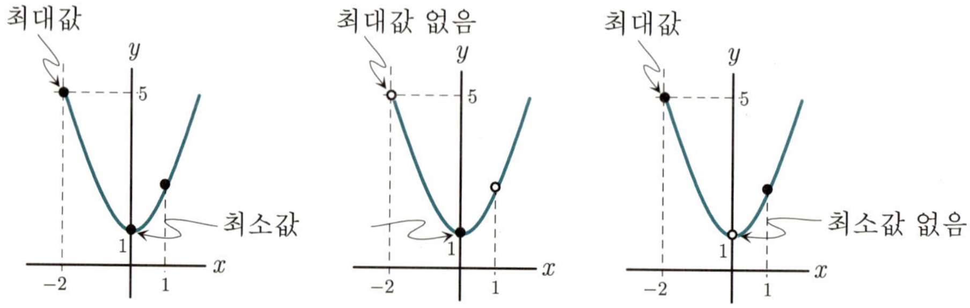

$f(x) = x^2 + 1$ (a)

$f(x) = x^2 + 1$ (b)

$f(x) = \begin{cases} x^2 + 1, & x \neq 0 \\ 2 & x = 0 \end{cases}$ (c)

그림 12.1

함수가 어떤 구간에서 반드시 최대값 또는 최소값을 갖는 것은 아니다. 예를 들어 [그림 12.1]의 (a)와 (b)에서 알 수 있듯이 함수 $f(x) = x^2 + 1$은 폐구간 $[-2, 1]$에서는 최대값과 최소값을 모두 갖지만 개구간 $(-2, 1)$에서는 최대값을 갖지 않는다. 또한 (c)에서 볼 수 있듯이 연속성 또한 극값의 존재에 영향을 준다.

정리 12.1 **극값정리**

함수 f가 폐구간 $[a, b]$에서 연속이면 f는 이 구간의 어떤 값 c와 d에서 절대적 최대값 $f(c)$와 절대적 최소값 $f(d)$를 갖는다.

증명

다음 그림은 이 정리의 예를 나타낸 것이다.

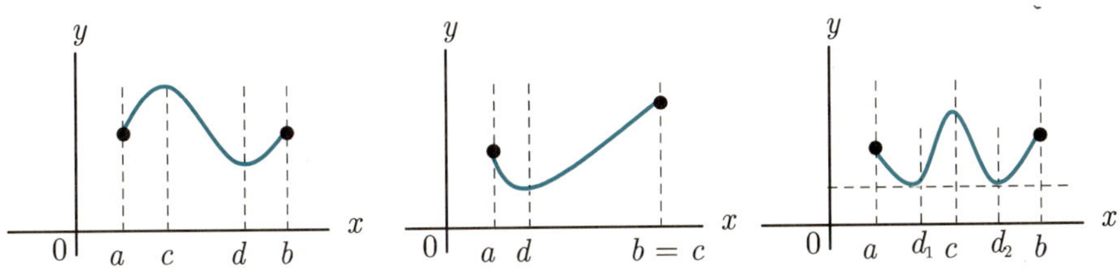

극값정리(極값定理, extreme value theorem)는 직관적으로 쉽게 이해할 수 있으나 그 증명은 매우 어렵다. 증명은 생략한다. ■

1.2 상대적 최대값 / 상대적 최소값

함수 f가 상수 c를 포함하고 있는 구간 I에서 정의된다고 하자.

① c의 근방의 원소 x에 대하여 $f(c) \geq f(x)$이 성립하면 $f(c)$을 함수 f의 상대적 최대값(相對的 最大값, relative maximum) 또는 국지적 최대값(局地的 最大값, local maximum)이라 한다.

② c의 근방의 원소 x에 대하여 $f(c) \leq f(x)$이 성립하면 $f(c)$을 함수 f의 상대적 최소값(相對的 最小값, relative minimum) 또는 국지적 최소값(局地的 最小값, local miminum)이라 한다.

$f(c)$이 상대적 최대값 또는 상대적 최소값일 때 $f(c)$을 상대적 극값(相對的極값, relative extremum)이라고 한다.

[그림 12.2]에서 $f(c_1)$과 $f(c_4)$는 절대적 최대값과 절대적 최소값이다. 그리고 $f(c_2)$는 상대적 최소값, $f(c_3)$는 상대적 최대값이다.

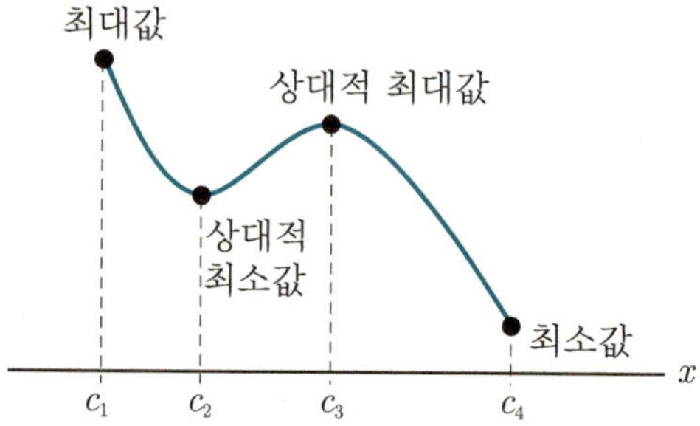

그림 12.2

1.3 임계점정리

정리 12.2 **페르마[1]의 정리**

함수 f가 c에서 상대적 최대값 또는 상대적 최소값을 갖고 $f'(c)$가 존재하면 $f'(c)=0$이다.

증명

함수 f가 c에서 상대적 최대값을 갖는다고 하자. x가 c에 충분히 근접해 있으면 상대적 최대값의 정의에 의해 $f(c) \geq f(x)$이다. 이는 Δx가 0에 충분히 근접해 있으면 $f(c) \geq f(c+\Delta x)$임을 의미한다. 따라서

$$f(c+\Delta x) - f(c) \leq 0 \tag{12.1}$$

이다. $\Delta x > 0$이고 0에 충분히 근접해 있으면 식 (12.1)의 양변을 Δx로 나누어도 부등식의 방향이 바뀌지 않는다. 즉

$$\frac{f(c+\Delta x) - f(c)}{\Delta x} \leq 0$$

이다. [정리 11.4]를 사용하여 이 부등식의 양변에 우측극한을 취하면

$$\lim_{\Delta x \to 0^+} \frac{f(c+\Delta x) - f(c)}{\Delta x} \leq \lim_{\Delta x \to 0^+} 0 = 0$$

1) 페르마(Fermat, Pierre de, 1601~1665)는 수학을 취미로 갖고 있던 프랑스의 법률가였다. 페르마는 분석기하, 수론, 미적분, 확률 등에 많은 기여를 하였으며 그의 친구에게 보낸 편지에는 미적분에 관한 많은 발상이 적혀 있었다. 그는 극한 및 도함수의 개념이 발명되기 이전에 곡선의 접선, 최대값, 최소값을 찾는 방법을 고안하였는데 이러한 그의 업적 때문에 종종 미분학을 창시한 뉴튼의 선주자로 여겨진다.

이다. 그런데 $f'(c)$가 존재하므로

$$f'(c) = \lim_{\Delta x \to 0} \frac{f(c+\Delta x) - f(c)}{\Delta x} = \lim_{\Delta x \to 0^+} \frac{f(c+\Delta x) - f(c)}{\Delta x}$$

이며 따라서 $f'(c) \le 0$이다.

$\Delta x < 0$이고 0에 충분히 근접해 있으면 식 (12.1)의 양변을 Δx로 나누었을 때 부등식의 방향이 바뀐다. 즉

$$\frac{f(c+\Delta x) - f(c)}{\Delta x} \ge 0$$

이다. [정리 11.4]를 사용하여 이 부등식의 양변에 좌측극한을 취하면

$$\lim_{\Delta x \to 0^-} \frac{f(c+\Delta x) - f(c)}{\Delta x} \ge \lim_{\Delta x \to 0^-} 0 = 0$$

이다. 그런데 $f'(c)$가 존재하므로

$$f'(c) = \lim_{\Delta x \to 0} \frac{f(c+\Delta x) - f(c)}{\Delta x} = \lim_{\Delta x \to 0^-} \frac{f(c+\Delta x) - f(c)}{\Delta x}$$

이고 따라서 $f'(c) \ge 0$ 이다.

지금까지 $f'(c) \le 0$이며 또한 $f'(c) \ge 0$ 임을 보였다. 따라서 $f'(c) = 0$이다.

함수 f가 c에서 상대적 최소값을 갖는 경우에 관한 증명은 생략(연습문제) ■

페르마의 정리는 함수 f가 c에서 상대적 극값을 갖고 $f'(c)$가 존재하면 $f'(c) = 0$임을 의미한다. 그런데 주의해야 할 점은 그 역이 성립하지 않을 수 있다는 것이다. 즉 $f'(c) = 0$이지만 함수 f가 c에서 상대적 극값을 갖지 않을 수 있다. 또한 $f'(c)$이 존재하지 않는 경우에도 상대적 극값이 존재할 수 있다.

$f'(c) = 0$을 만족하는 점 c를 정류점(停留點, stationary point)이라 하며 $f'(c)$이 존재하지 않는 점 c를 특이점(特異點, singular point)이라 한다. 그리고 정류점과 특이점을 임계점(臨界點, critical point)이라 한다. 페르마의 정리가 시사하는 바는 함수 f의 상대적 극값을 찾고자 할 때 임계점을 먼저 찾고 그 중에서 상대적 극값을 찾아야 한다는 것이다.

정리 12.3 **임계점 정리**

함수 f가 c에서 상대적 최대값 또는 상대적 최소값을 가지면 c는 임계점이다.

증명

함수 f가 c에서 상대적 최대값 또는 상대적 최소값을 가지고 $f'(c)$이 존재하지 않으면 임계점의 정의에 의해 c는 임계점이다. 함수 f가 c에서 상대적 최대값 또는 상대적 최소값을 가지고 $f'(c)$이 존재하면 페르마의 정리로부터 $f'(c)=0$이며 따라서 c는 임계점이다. ■

구간 I에서 정의된 함수 f의 절대적 극값은 구간의 끝점(끝點, endpoint)에서 발생([그림 12.3(a)])하거나 또는 정류점([그림 12.3(b)])이나 특이점에서 발생([그림 12.3(c)])한다.

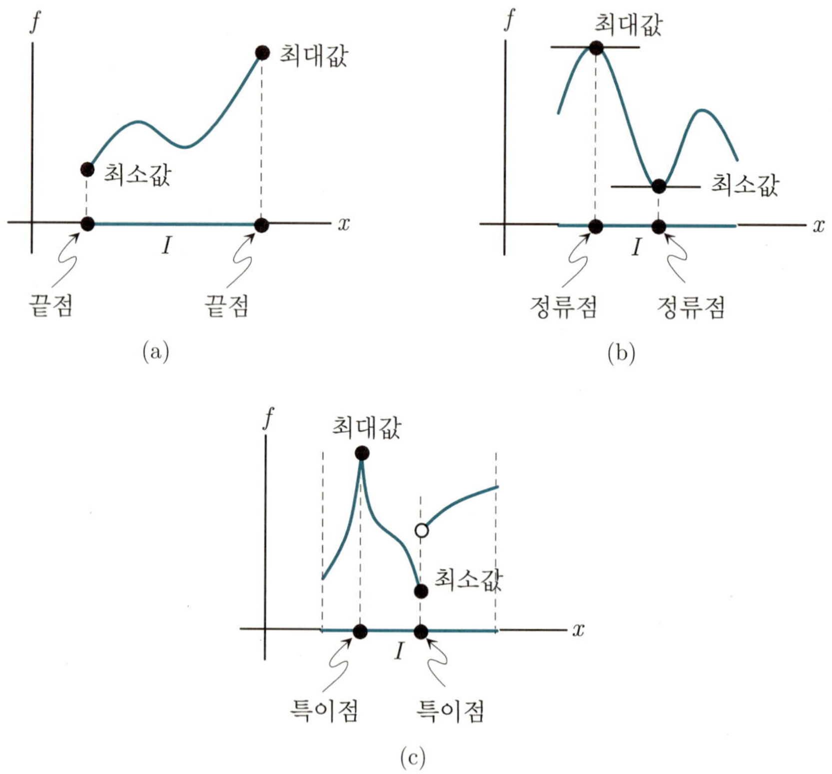

그림 12.3

구간 I에서 절대적 극값을 구하는 절차는 다음과 같다.

① 구간 I에서 임계점과 끝점에서의 함수값을 구한다.
② ①에서 구한 값 중 가장 큰 것이 절대적 최대값, 가장 작은 것이 적대적 최소값이다.

예

$[-\frac{1}{2}, 2]$ 에서 함수 $f(x) = -2x^3 + 3x^2$ 의 극값을 구하시오.

풀이

양끝점은 $-\frac{1}{2}$ 과 2이다. 이 함수의 도함수는

$$f'(x) = -6x^2 + 6x = -6x(x-1)$$

이며 따라서 함수 f는 정류점 $x=0$와 $x=1$을 갖는다. 이 점에서 함수값은 $f(-\frac{1}{2}) = 1$, $f(0) = 0$, $f(1) = 1$, $f(2) = -4$이다. 따라서 최대값은 $f(-\frac{1}{2}) = f(1) = 1$이고 최소값은 $f(2) = -4$이다. ◀

1.4 평균값정리

극값정리 [정리 12.1]의 결론은 폐구간 $[a, b]$에서 연속인 함수는 그 구간에서 항상 절대적 극값을 갖는다는 것이다. 그런데 이 극값은 구간의 끝점에서 나타날 수 있다. 롤[2]의 정리(롤의 定理, Rolle's theorem)는 구간의 내부에 극값이 존재함을 보장하는 조건을 제시해준다.

정리 12.4 **롤의 정리**

함수 f가 ① 폐구간 $[a, b]$에서 연속이고 ② 개구간 (a, b)에서 미분가능하고 ③ $f(a) = f(b)$이면 $f'(c) = 0$을 만족하는 점 c가 (a, b)에 적어도 하나 존재한다.

증명

세 가지의 경우로 나누어 증명한다.

- ($f(x) = k$(k는 상수)인 경우, 예를 들면 [그림 12.4(a)]) $f'(x) = 0$이므로 c는 (a, b)의 임의의 수를 취할 수 있다.
- ((a, b)에 속하는 어떤 x에 대해서 $f(x) > f(a)$인 경우, 예를 들면 [그림 12.4] (b), (c)) 증명의 전제 ①과 극값정리 [정리 12.1]에 의해 f는 $[a, b]$에서 최대값을 갖는

---

2) 롤(Rolle, Michael, 1652~1719)은 가난한 집안에서 자라고 초등학교 교육만을 받은 프랑스의 수학자이다. 그는 1682년 수론에서 해결되지 않은 아주 어려운 문제에 대한 세련된 해법을 발표하였는데 이것이 널리 알려져 인정을 받게 되었고 초등학교 수학선생님이 되었다. 그의 가장 중요한 업적은 1690년 방정식의 대수에 관한 저서를 출판한 것으로 이 책에는 a의 n제곱근에 관한 표기 $\sqrt[n]{a}$와 오늘날 롤의 정리로 알려진 정리의 증명이 포함되어 있다.

다. 증명의 전제 ③으로부터 $f(a)=f(b)$이므로 최대값은 (a,b)에 속하는 어떤 점 c에서 나타난다. f는 c에서 최대값을 가지며 증명의 전제 ②로부터 f는 c에서 미분가능하므로 페르마의 정리 [정리 12.2]에 의해 $f'(c)=0$이다.

- ((a,b)에 속하는 어떤 x에 대해서 $f(x)<f(a)$인 경우, 예를 들면 [그림 12.4] (c), (d)) 증명의 전제 ①과 극값정리 [정리 12.1]에 의해 f는 $[a,b]$에서 최소값을 갖는다. 증명의 전제 ③으로부터 $f(a)=f(b)$이므로 최소값은 (a,b)에 속하는 어떤 점 c에서 나타난다. f는 c에서 최소값을 가지며 증명의 전제 ②로부터 f는 c에서 미분가능하므로 페르마의 정리 [정리 12.2]에 의해 $f'(c)=0$이다.

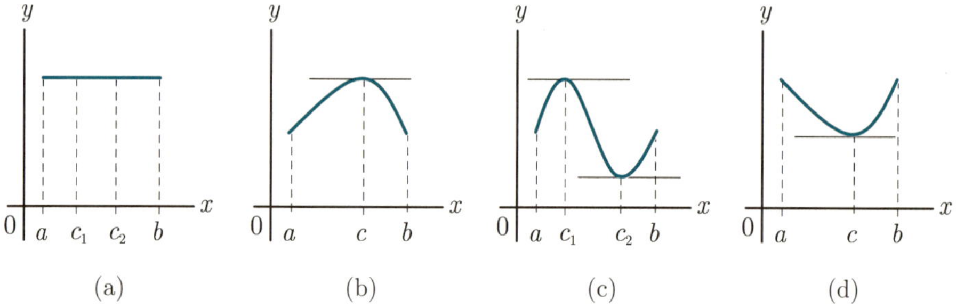

그림 12.4 ■

예

$f(x)=x^4-2x^2$일 때 $(-2,2)$에 속하면서 $f'(c)=0$을 만족하는 점 c를 찾으시오.

풀이

주어진 함수 f는 $[-2,2]$에서 연속이고 $(-2,2)$에서 미분가능하다. 또한 $f(-2)=8=f(2)$이다. 따라서 롤의 정리에 의해 $(-2,2)$에 속하면서 $f'(c)=0$을 만족하는 점 c가 적어도 하나 존재한다.

$$
\begin{aligned}
& f'(x)=4x^3-4x=0 \\
\Rightarrow\ & 4x\left(x^2-1\right)=0 \\
\Rightarrow\ & x=0,1,-1
\end{aligned}
$$

즉 $(-2,2)$에 속하면서 $f'(c)=0$을 만족하는 점 c가 세 개 존재한다. ◀

롤의 정리의 가장 중요한 역할은 라그랑지[3])가 제시한 평균값정리(平均値定理, mean value theorem)를 증명하는 것이다. 라그랑지의 평균값정리의 의미는 그래프에서 직관적으로 설명할 수 있다. [그림 12.5]에서 점 A와 B를 연결하는 할선(割線, secant line) AB의 기울기는

$$m_{AB} = \frac{f(b) - f(a)}{b - a} \tag{12.2}$$

이다. 평균값정리는 곡선 AB에서 접선의 기울기가 할선 AB의 기울기와 같은 점이 적어도 하나 존재한다는 것이다.

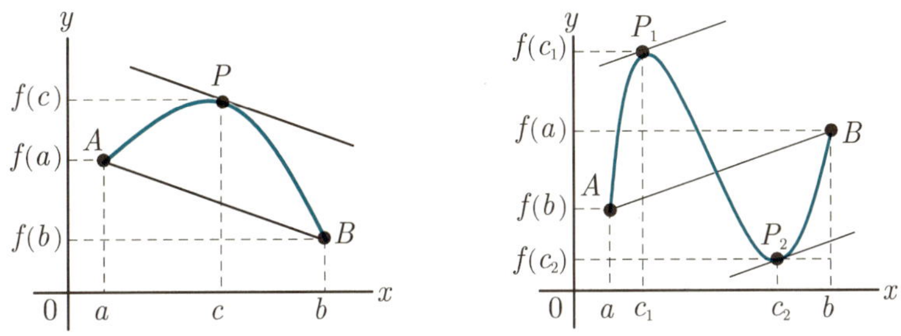

그림 12.5

정리 12.5 **평균값정리**

함수 f가 ① 폐구간 $[a, b]$에서 연속이고 ② 개구간 (a, b)에서 미분가능하면

$$f'(c) = \frac{f(b) - f(a)}{b - a}$$

을 만족하는 점 c가 (a, b)에 존재한다.

증명

점 $(a, f(a))$를 A라 하고 점 $(b, f(b))$를 B라 하자. 함수 f와 할선 AB를 나타내는 함수의 차이를 함수 h라고 하자([그림 12.6]).

---

3) 라그랑지(Lagrange, Joseph Louis, 1736~1813)는 이탈리아의 토리노에서 태어난 수학자이며 천문학자이다. 그의 아버지는 그가 법률가로 성공하길 바랐으나 천문학자 헬리가 저술한 논문을 읽은 후 수학과 천문학에 매료되었다. 16세에 독학으로 수학을 공부하기 시작하였고 19세에 토리노의 왕립육군학교의 교수가 되었다. 1776년 수학자 오일러의 후임으로 베를린 아카데미의 수학부장이 되었다. 베를린에 머무는 동안 라그랑지는 천체역학, 대수방정식, 수론 등에 있어 뛰어난 업적을 쌓았다. 20년간의 베를린 생활을 뒤로 하고 루이 14세의 초청으로 파리로 이주한 라그랑지는 혁명기간 중에도 르부르의 아파트를 제공받고 영예로운 대접을 받았다.

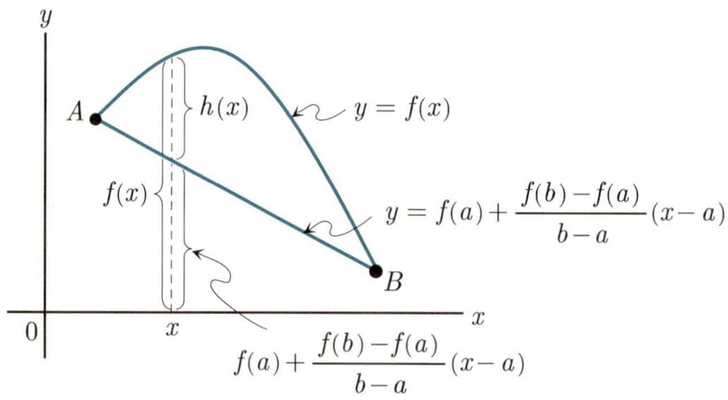

그림 12.6

함수 h는

$$h(x) = f(x) - f(a) - \frac{f(b) - f(a)}{b - a}(x - a) \tag{12.3}$$

이다. 이 함수가 롤의 정리에서 제시된 세 가지 조건을 만족함을 보이고자 한다.

① h는 f와 일차다항함수의 합이다. 정리의 전제조건으로서 함수 f와는 $[a, b]$에서 연속이다. 다항함수는 모든 실수에 연속이다(다항함수의 연속성에 관한 [정리 11.4]). 따라서 h는 $[a, b]$에서 연속이다(함수의 연산과 연속성에 관한 [정리 11.5]).

② 정리의 전제조건으로서 함수 f와는 (a, b)에서 미분가능하다. 그리고 일차다항함수는 모든 실수에서 미분가능하다. 따라서 h는 (a, b)에서 미분가능이며 식 (12.3)에서

$$h'(x) = f'(x) - \frac{f(b) - f(a)}{b - a} \tag{12.4}$$

이다.

③

$$h(a) = f(a) - f(a) - \frac{f(b) - f(a)}{b - a}(a - a) = 0$$

$$\begin{aligned} h(b) &= f(b) - f(a) - \frac{f(b) - f(a)}{b - a}(b - a) \\ &= f(b) - f(a) - [f(b) - f(a)] \\ &= 0 \end{aligned}$$

따라서 $h(a) = h(b)$이다.

함수 h가 롤의 정리에서 제시된 세 가지 조건을 모두 만족하므로 $h'(c) = 0$을 만

족하는 점 c가 (a, b)에 적어도 하나 존재한다. 식 (12.4)에서

$$h'(c) = f'(c) - \frac{f(b) - f(a)}{b-a} = 0$$

$$\Rightarrow \quad f'(c) = \frac{f(b) - f(a)}{b-a}$$

이므로 $f'(c) = \dfrac{f(b) - f(a)}{b-a}$을 만족하는 점 c가 (a, b)에 적어도 하나 존재한다. ■

기하학적으로 중간치정리는 $(a, f(a))$와 $(b, f(b))$의 두 점을 통과하는 할선에 평행한 접선의 존재를 보장한다. 변화율의 관점에서 중간치정리는 구간 $[a, b]$의 평균변화율과 같은 순간변화율을 갖는 점이 (a, b)에 존재해야 함을 의미한다.

1.5 단조성

[그림 12.7]에서 함수 f는 c의 왼쪽에서 감소이고 오른쪽에서 증가이다.

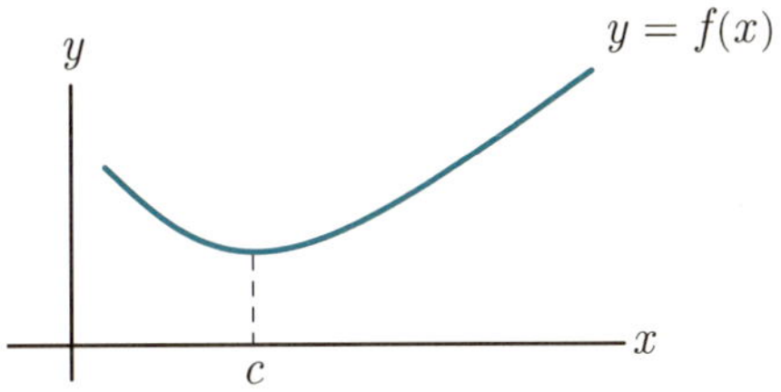

그림 12.7

[그림 12.7]에 나타나 있는 함수의 증가와 감소는 다음과 같이 정의할 수 있다. f를 구간 I에서 정의된 함수라고 하자.

① 구간 I의 임의의 점 x_1과 x_2에 대하여 $x_1 < x_2 \Rightarrow f(x_1) < f(x_2)$일 때 함수 f는 구간 I에서 증가(增加, increasing)라고 말한다.

② 구간 I의 임의의 점 x_1과 x_2에 대하여 $x_1 < x_2 \Rightarrow f(x_1) > f(x_2)$일 때 함수 f는 구간 I에서 감소(減少, decreasing)라고 말한다.

함수 f가 증가이거나 감소이면 f는 강단조(强單調, strictly monotonic)라 한다. 함수의 그래프를 그려보면 함수가 증가하거나 감소하는 사실을 판단할 수 있다. 한편 도함수를 이용하면 그래프를 그리지 않고도 함수의 증감을 판단할 수 있다. 함수

$f(x)$의 1계도함수 $f'(x)$는 x 에서의 접선의 기울기이다. $f'(c)>0$이면 접선은 우상향이고 $f'(c)<0$이면 접선은 우하향이다([그림 12.8]).

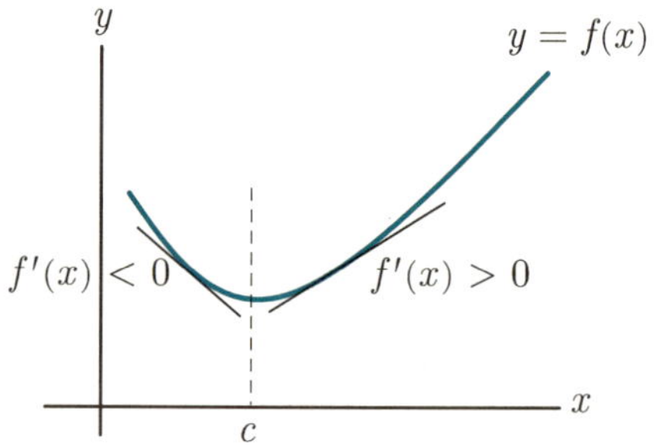

그림 12.8

정리 12.6 **증가함수/감소함수**

함수 f가 폐구간 $[a, b]$에서 연속이고 개구간 (a, b)에서 미분가능이라고 하자.

① (a, b)의 모든 x 에 대해서 $f'(x)>0$이면 f는 $[a, b]$에서 증가이다.
② (a, b)의 모든 x 에 대해서 $f'(x)<0$이면 f는 $[a, b]$에서 감소이다.
③ (a, b)의 모든 x 에 대해서 $f'(x)=0$이면 f는 $[a, b]$에서 불변이다.

증명

① (a, b)의 모든 x에 대해서 $f'(c)>0$이고 $x_1 < x_2$을 (a, b)의 임의의 두 점이라 하자. 평균값정리 [정리 12.5]에 의해 $x_1 < c < x_2$이고

$$f'(c)=\frac{f(x_2)-f(x_1)}{x_2-x_1}$$

을 만족하는 점 c가 존재한다. $f'(c)>0$이고 $x_2-x_1>0$이므로

$$f(x_2)-f(x_1)>0$$

이다. 따라서 $f(x_1)<f(x_2)$이고 f는 $[a, b]$에서 증가이다.

②, ③의 증명은 생략 ■

예

$f(x)=2x^3-3x^2-12x+7$이 증가인 구간과 감소인 구간을 찾으시오.

풀이

$f(x)$의 도함수는

$$f'(x) = 6x^2 - 6x - 12 = 6(x+1)(x-2)$$

이다. -1과 2는 x축을 구간 $(-\infty, -1)$, $(-1, 2)$, $(2, \infty)$으로 나눈다. 구간 내의 임의의 점을 대입하여 조사하면 $(-\infty, -1)$에서는 $f'(x) > 0$, $(-1, 2)$에서는 $f'(x) < 0$, $(2, \infty)$에서는 $f'(x) > 0$이다([그림 12.9]). 따라서 함수 f는 $(-\infty, -1)$에서 증가, $(-1, 2)$에서 감소, $(2, \infty)$에서 증가이다. ◀

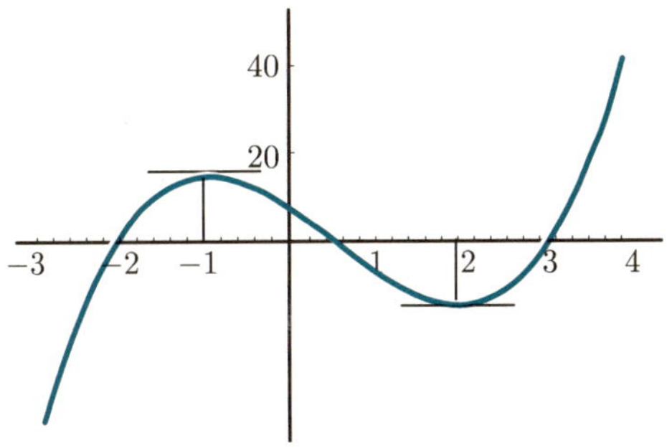

그림 12.9

예 함수 $f(x) = x/(1+x^2)$이 증가인 구간과 감소인 구간을 찾으시오.

풀이

$$f'(x) = \frac{(1+x^2) - x(2x)}{(1+x^2)^2} = \frac{1-x^2}{(1+x^2)^2} = \frac{(1-x)(1+x)}{(1+x^2)^2}$$

분모는 항상 양이므로 $f'(x)$의 부호는 $(1-x)(1+x)$의 부호와 같다. -1과 1은 x축을 구간 $(-\infty, -1)$, $(-1, 1)$, $(1, \infty)$으로 나눈다. 구간 내의 점을 대입하면 $(-\infty, -1)$에서 $f'(x) < 0$, $(-1, 1)$에서 $f'(x) > 0$, $(1, \infty)$에서 $f'(x) < 0$이다([그림 12.10]). 따라서 함수 f는 $(-\infty, -1)$에서 감소, $(-1, 1)$에서 증가, $(1, \infty)$에서 감소이다.

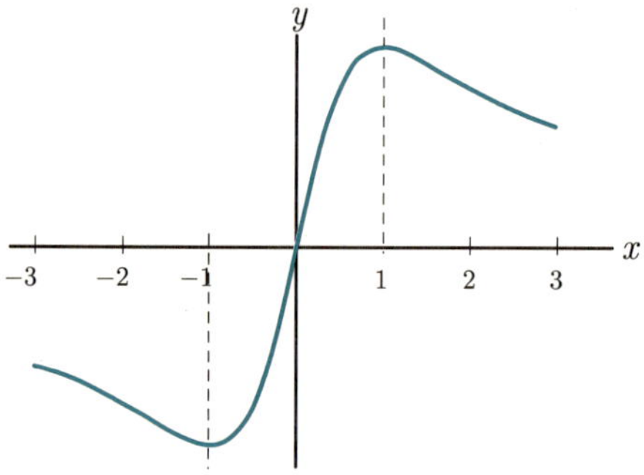

그림 12.10

1.6 1계도함수검증

함수가 증가인 구간과 감소인 구간을 결정하면 상대적 극값의 위치를 찾는 것은 어렵지 않다. 예를 들어 [그림 12.11]의 함수 $f(x) = 3x^4 + 4x^3 - 12x + 2$는 $x = 0$의 왼쪽에서 증가이고 $x = 0$의 오른쪽에서 감소이며 $(0, 2)$에서 상대적 최대값을 갖는다. f는 $x = -2$의 왼쪽에서 감소이고 오른쪽에서 증가이며 $(-2, -30)$에서 상대적 최소값을 갖는다. 또한 f는 $x = 1$의 왼쪽에서 감소이고 오른쪽에서 증가이며 $(1, -3)$에서 상대적 최소값을 갖는다.

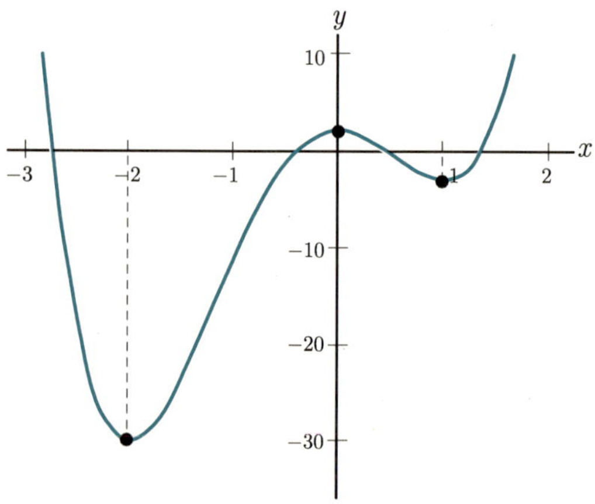

그림 12.11

정리 12.7 **1계도함수검증**

함수 f는 (a,b)에서 연속이고, c를 임계점이라고 하자.

① (a,c)의 모든 x에 대해서 $f'(x)>0$이고 (c,b)의 모든 x에 대해서 $f'(x)<0$이면 $f(c)$는 함수 f의 상대적 최대값이다.

② (a,c)의 모든 x에 대해서 $f'(x)<0$이고 (c,b)의 모든 x에 대해서 $f'(x)>0$이면 $f(c)$는 함수 f의 상대적 최소값이다.

③ c의 왼쪽과 오른쪽에서 $f'(x)$의 부호가 같으면 $f'(c)$는 상대적 극값이 아니다.

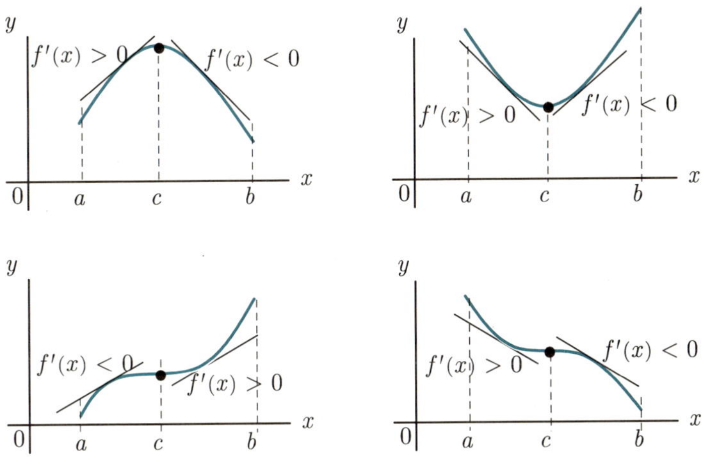

증명

① (a,c)의 모든 x에 대해서 $f'(x)>0$이고 (c,b)의 모든 x에 대해서 $f'(x)<0$이라고 하자. [정리 12.6]에 의해 함수 f는 (a,c)에서 증가이고 (c,b)에서 감소이며 따라서 $f(c)$는 (a,b)에서 f의 상대적 최소값이다.

②, ③ 생략 ■

예

$f(x)=2x^3-3x^2-12x+7$의 상대적 극값을 구하시오.

풀이

$f(x)$의 도함수는

$$f'(x)=6x^2-6x-12=6(x+1)(x-2)$$

함수 f는 정류점 $x=-1$과 $x=2$을 갖는다. $x=-1$의 왼쪽에서 $f'(x)>0$이고 오른쪽에서 $f'(x)<0$이므로 $f(-1)$은 상대적 최대값이다. $x=2$의 왼쪽에서 $f'(x)<0$이고 오른쪽에서 $f'(x)>0$이므로 $f(2)$는 상대적 최소값이다. ◀

예

$f(x)=\left(x^2-4\right)^{2/3}$의 상대적 극값을 구하시오.

풀이

$$f'(x)=\frac{2}{3}\left(x^2-4\right)^{-1/3}(2x)=\frac{4x}{3\left[(x-2)(x+2)\right]^{1/3}}$$

임계점은 정류점 $x=0$과 특이점 $x=-2$, $x=2$ 등 3개이다. 임계점은 x축을 구간 $(-\infty,-2)$, $(-2,0)$, $(0,2)$, $(2,\infty)$으로 나눈다. 각 구간 내의 임의의 점을 $f'(x)$에 대입하여 조사하면 $(-\infty,-2)$에서 $f'(x)<0$, $(-2,0)$에서 $f'(x)>0$, $(0,2)$에서 $f'(x)<0$, $(2,\infty)$에서 $f'(x)>0$이다. 따라서 $f(-2)$와 $f(2)$는 상대적 최소값이고 $f(0)$은 상대적 최대값이다([그림 12.12]).

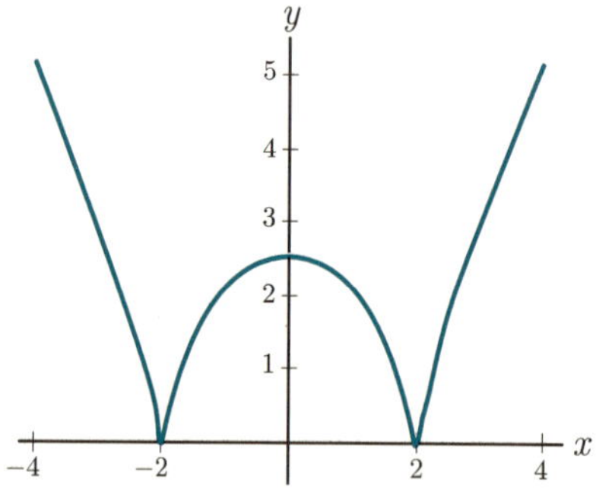

그림 12.12 ◀

1.7 오목성/볼록성

함수 $f(x)$를 나타낸 곡선에서 임의의 두 점 M과 N을 선택하고 그 두 점을 연결하는 선분 MN에서 점 M과 N을 제외한 부분이 곡선 MN의 아래쪽에 위치하거나 곡선 MN을 따라 위치하면 함수 $f(x)$를 오목(concave)이라고 하고, 곡선 MN의 위쪽에 위치하거나 곡선 MN을 따라 위치하면 함수 $f(x)$를 볼록(convex)이라고 한다([그림 12.13]).[4)]

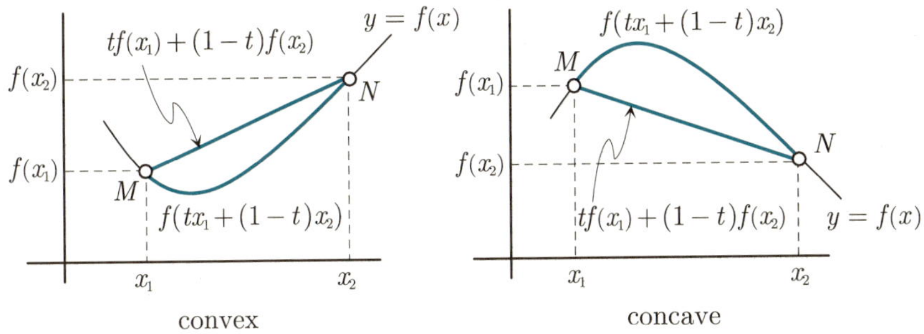

그림 12.13

[그림 12.13]에서 선분 MN은 $0 \leq t \leq 1$일 때 $tf(x_1)+(1-t)f(x_2)$로 나타낼 수 있고 곡선 MN은 $f(tx_1+(1-t)x_2)$으로 나타낼 수 있다. 따라서 함수 $f(x)$가 $0 \leq t \leq 1$에 대해서

$$tf(x_1)+(1-t)f(x_2) \leq f(tx_1+(1-t)x_2) \qquad (12.5)$$

이면 $f(x)$를 오목으로

$$tf(x_1)+(1-t)f(x_2) \geq f(tx_1+(1-t)x_2) \qquad (12.6)$$

이면 $f(x)$를 볼록으로 정의할 수 있다. 식 (12.5)와 식 (12.6)에서 약부등호 $\leq$와 $\geq$을 강부등호 $<$와 $>$으로 바꾸면 $f(x)$를 강오목 및 강볼록이라고 한다.

정리 12.8 **구간 I에서 오목함수/볼록함수**

f를 구간 I에서 정의된 두 번 미분가능한 함수라고 하자.

① 구간 I의 모든 점 x에서 $f''(x) \geq 0$ ($f''(x) > 0$)이면 f는 I에서 볼록(강볼록)이다.

② 구간 I의 모든 점 x에서 $f''(x) \leq 0$ ($f''(x) < 0$)이면 f는 I에서 오목(강오목)이다.

증명

생략 ■

---

4) 오목(concave)을 위로오목(concave upward)이라 하고 볼록(convex)을 아래로오목(concave downward)이라 하기도 한다.

예

함수 $f(x) = 2x^3 + 9x^2 - 24x - 10$이 증가인 구간, 감소인 구간, 그리고 강오목인 구간과 강볼록인 구간을 찾으시오.

풀이

$$f'(x) = 6x^2 + 18x - 24 = 6(x+4)(x-1)$$

$f'(x) = 0$을 만족하는 $x = -4$와 $x = 1$은 x 축을 $(-\infty, -4)$, $(-4, 1)$, $(1, \infty)$으로 구분한다. 구간 내의 임의의 점을 대입하여 조사하면 $(-\infty, -4)$에서 $f'(x) > 0$, $(-4, 1)$에서 $f'(x) < 0$, $(1, \infty)$에서 $f'(x) > 0$이다.

$$f''(x) = 12x + 18$$

$f''(x) = 0$을 만족하는 $x = -\frac{3}{2}$는 x축을 $(-\infty, -3/2)$, $(-3/2, \infty)$으로 구분한다. 구간 내의 임의의 점을 대입하여 조사하면 $(-\infty, -3/2)$에서 $f''(x) < 0$(오목), $(-3/2, \infty)$에서 $f''(x) > 0$(볼록)이다. ◀

예

함수 $f(x) = x / (1 + x^2)$이 강오목과 강볼록인 구간을 찾으시오.

풀이

$$f'(x) = \frac{(1+x^2) - x(2x)}{(1+x^2)^2} = \frac{1-x^2}{(1+x^2)^2}$$

$$f''(x) = \frac{-2x(1+x^2)^2 - (1-x^2)(2)(1+x^2)(2x)}{(1+x^2)^4} = \frac{2x(1+x^2)(x^2-3)}{(1+x^2)^4}$$

$$= \frac{2x(x^2-3)}{(1+x^2)^3}$$

분모는 항상 양이므로 $f''(x)$의 부호는 $x(x^2-3)$의 부호와 같다. $-\sqrt{3}$, 0, $\sqrt{3}$은 x축을 $(-\infty, -\sqrt{3})$, $(-\sqrt{3}, 0)$, $(0, \sqrt{3})$, $(\sqrt{3}, \infty)$으로 나눈다. 구간 내의 임의의 점을 대입하여 조사하면 $(-\infty, -\sqrt{3})$에서 $f''(x) < 0$ (오목), $(-\sqrt{3}, 0)$에서 $f''(x) > 0$(볼록), $(0, \sqrt{3})$에서 $f''(x) < 0$ (오목), $(\sqrt{3}, \infty)$에서 $f''(x) > 0$ (볼록)이다. ◀

정리 12.9 **오목함수/볼록함수**

f를 두 번 미분가능한 함수라고 하자.

① 모든 점 x에서 $f''(x) \geq 0$ ($f''(x) > 0$)이면 f는 볼록(강볼록)이다.

② 모든 점 x에서 $f''(x) \leq 0$ ($f''(x) < 0$)이면 f는 오목(강오목)이다.

증명

생략 ■

1.8 변곡점

함수 f가 c에서 연속이라 하자. f가 c의 한쪽에서는 오목이고 다른 쪽에서는 볼록일 때 점 $(c, f(c))$를 함수 f의 변곡점(變曲點, inflection point)이라고 한다. [그림 12.14]는 여러 가지 변곡점을 나타낸 것이다.

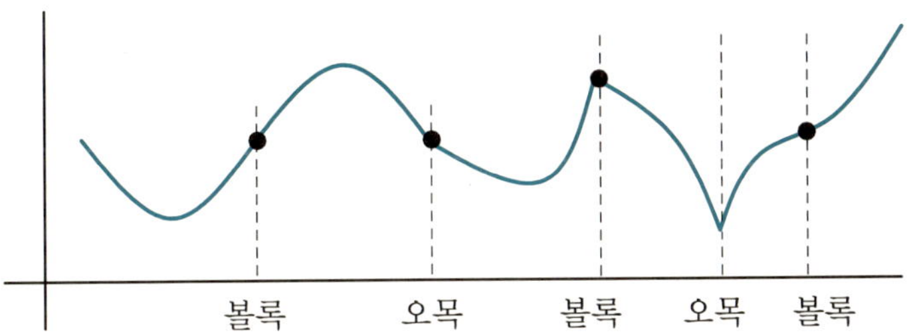

그림 12.14

변곡점은 다음과 같은 절차로 찾을 수 있다.

① 변곡점 후보($f''(x) = 0$을 만족하는 점, $f''(x) = 0$이 존재하지 않는 점)를 찾는다.

② 찾은 후보가 변곡점인가를 조사한다.

예

$f(x) = \frac{1}{6}x^3 - 2x$ 의 변곡점을 모두 찾으시오.

풀이

$$f'(x) = \frac{1}{2}x^2 - 2, \quad f''(x) = x$$

변곡점 후보는 점 $(0,0)$. $x < 0$에서 $f''(x) < 0$ (오목)이고 $x > 0$에서 $f''(x) > 0$ (볼록)이므로 변곡점이다. ◀

예

$f(x) = x^{1/3} + 2$ 의 변곡점을 모두 찾으시오.

풀이

$$f'(x) = \frac{1}{3x^{2/3}}, \quad f''(x) = \frac{-2}{9x^{5/3}}$$

$x = 0$ 에서 $f''(x)$ 이 존재하지 않는다. $x < 0$ 에서 $f''(x) > 0$ (볼록)이고 $x > 0$ 에서 $f''(x) < 0$ (오목)이므로 변곡점이다. ◀

1.9 2계도함수검증

2계도함수는 어떤 함수가 오목인지 볼록인지를 검증하는 데 사용되는 것과 더불어 상대적 극값을 검증하는 데도 사용될 수 있다.

정리 12.10 **2계도함수검증**

(a,b)에서 f'와 f''이 모두 존재한다고 하자. 그리고 $c \in (a,b)$에서 $f'(c) = 0$이라고 하자.

① $f''(c) < 0$ 이면 $f(c)$는 상대적 최대값이다.

② $f''(c) > 0$ 이면 $f(c)$는 상대적 최소값이다.

증명

①

$$\begin{aligned} f''(c) &= \lim_{x \to c} \frac{f'(x) - f'(c)}{x - c} && \text{(도함수의 정의)} \\ &= \lim_{x \to c} \frac{f'(x)}{x - c} && \text{(정리의 전제조건 } f'(c) = 0\text{)} \\ &< 0 && \text{(정리의 전제조건 } f''(c) < 0\text{)} \\ &= \lim_{x \to c} 0 && \text{(극한정리 [정리 11.1] ①)} \end{aligned}$$

$\Rightarrow \ \lim_{x \to c} \dfrac{f'(x)}{x-c} < \lim_{x \to c} 0$

$\Rightarrow$ c를 제외한 c근방 (α, β)에서 $\dfrac{f'(x)}{x-c} < 0$

($f(x) \le g(x)$의 극한 [정리 11.4])

$\Rightarrow$ (α, c)에서 $f'(x) > 0$, (c, β)에서 $f'(x) < 0$

$\Rightarrow$ $f'(c)$는 상대적 최대값 (1계도함수검증 [정리 12.7] ①)

②는 ①과 같은 방식으로 증명할 수 있음 ■

2계도함수검증은 정류점 c의 왼쪽과 오른쪽에서의 도함수의 부호를 검토할 필요가 없어 1계도함수검증보다 편리하다. 그러나 $f''(c) = 0$일 경우 명확한 결론을 내리기 어렵다는 단점이 있다. $f''(c) = 0$일 경우 $f(c)$는 상대적 최대값, 상대적 최소값, 변곡점을 나타내는 값 모두 가능하다.

예 $f(x) = 2x^3 - 3x^2 - 12x + 7$의 상대적 극값을 구하시오.

풀이

$f(x)$의 도함수는

$$f'(x) = 6x^2 - 6x - 12 = 6(x+1)(x-2)$$

함수 f는 정류점 $x = -1$과 $x = 2$를 갖는다.

$$f''(x) = 12x - 6$$

$f''(-1) = -18 < 0$이므로 $f(-1)$은 상대적 최대값, $f''(2) = 18 > 0$이므로 $f(2)$는 상대적 최소값이다. ◀

1.10 1계조건과 2계조건

2계도함수검증에서 $f'(c) = 0$이라는 조건은 $f(c)$가 상대적 극값이기 위한 필요조건(必要條件, necessary condition)의 역할을 하며 1계도함수에 근거를 두고 있기 때문에 1계조건(1階條件, first-order condition)이라고 부른다. c에서 1계조건이 만족되면 $f''(c)$의 부호는 $f(c)$가 상대적 극값이기 위한 충분조건(充分條件, sufficient condition)의 역할을 하며 2계도함수에 기초하고 있기 때문에 2계조건(2階條件, second-order condition)이라고 한다.

1계조건과 2계조건은 미분(微分, differential)을 사용하여 나타낼 수 있으며 이를 다변수함수의 최적화 조건을 유도하거나 증명하는 데 유용하게 사용할 수 있다. 함수 $y = f(x)$가 주어져 있을 때 y의 미분 dy는

$$dy = f'(x)\,dx \tag{12.7}$$

이다. 따라서 1계조건 "$f'(x) = 0$"은 "임의의 0이 아닌 dx에 대해서 $dy = 0$"과 동치이다. 따라서 미분으로 나타낸 1계조건은

$$\text{임의의 0이 아닌 } dx \text{ 에 대해서 } dy = 0 \tag{12.8}$$

이다. 이제 dy의 미분, 즉 $d^2y = d(dy)$을 생각해보자.

$$\begin{aligned} d^2y &= d(dy) \\ &= d\left[f'(x)\,dx\right] && (\text{식 } (12.7)) \\ &= d\left[f'(x)\right]dx && (dx \text{ 는 상수}) \\ &= \left[f''(x)\,dx\right]dx \\ &= f''(x)\,dx^2 \end{aligned}$$

즉

$$d^2y = f''(x)\,dx^2 \tag{12.9}$$

이다. 따라서

$$\begin{aligned} f''(x) < 0 &\iff \text{임의의 0이 아닌 } dx\text{에 대해서 } d^2y < 0 \\ f''(x) > 0 &\iff \text{임의의 0이 아닌 } dx\text{에 대해서 } d^2y > 0 \end{aligned}$$

이며 y가 상대적 극값이기 위한 2계조건은 미분을 사용하여

$$\begin{aligned} &\text{임의의 0이 아닌 } dx\text{에 대해서 } d^2y < 0\text{이면 } y\text{는 상대적 최대값} \\ &\text{임의의 0이 아닌 } dx\text{에 대해서 } d^2y > 0\text{이면 } y\text{는 상대적 최소값} \end{aligned} \tag{12.10}$$

으로 나타낼 수 있다.

1.11 테일러의 정리

함수 f가 c에서 n계도함수를 갖는다고 하면 다항식

$$P_n(x) = f(c) + f'(c)(x-c) + \frac{f''(c)}{2!}(x-c)^2 + \cdots + \frac{f^{(n)}(c)}{n!}(x-c)^n$$

을 함수 f의 c에서의 n차 테일러다항식(테일러多項式, Taylor polynomial)이라 한다. 여기서 c는 전개점(展開點, expansion point)이라 한다. $c=0$이면

$$P_n(x) = f(0) + f'(0)x + \frac{f''(0)}{2!}x^2 + \cdots + \frac{f^{(n)}(0)}{n!}x^n$$

이고 이를 f의 n차 맥클로린다항식(맥클로린多項式, McClaurin polynomial)이라 한다.

예

$f(x) = \ln x$의 $c=1$에서의 테일러다항식 P_0, P_1, P_2, P_3, P_4를 구하시오.

풀이

$$f(x) = \ln x$$

$$f'(x) = \frac{1}{x},\quad f''(x) = -\frac{1}{x^2},\quad f'''(x) = \frac{2}{x^3},\quad f^{(4)}(x) = -\frac{6}{x^4}$$

이며 따라서

$$f(1)=0,\quad f'(1)=1,\quad f''(1)=-1,\quad f'''(1)=2,\quad f^{(4)}(1)=-6$$

이다.

$$P_0 = f(1) = 0$$

$$P_1 = f(1) + f'(1)(x-1) = (x-1)$$

$$\begin{aligned} P_2 &= f(1) + f'(1)(x-1) + \frac{f''(1)}{2!}(x-1)^2 \\ &= (x-1) - \frac{1}{2}(x-1)^2 \end{aligned}$$

$$\begin{aligned} P_3 &= f(1) + f'(1)(x-1) + \frac{f''(1)}{2!}(x-1)^2 + \frac{f'''(1)}{3!}(x-1)^3 \\ &= (x-1) - \frac{1}{2}(x-1)^2 + \frac{1}{3}(x-1)^3 \end{aligned}$$

$$\begin{aligned} P_4 &= f(1) + f'(1)(x-1) + \frac{f''(1)}{2!}(x-1)^2 \\ &\quad + \frac{f'''(1)}{3!}(x-1)^3 + \frac{f^{(4)}(1)}{4!}(x-1)^4 \\ &= (x-1) - \frac{1}{2}(x-1)^2 + \frac{1}{3}(x-1)^3 + \frac{1}{4}(x-1)^4 \end{aligned}$$

◀

테일러다항식 $P_n(x)$은 $f(x)$에 대한 근사식으로 볼 수 있다. 테일러다항식이 주어진 함수 $f(x)$를 어느 정도 정확하게 근사하고 있는지를 측정하기 위해서는 잉여항(剩餘項, remainder)

$$R_n(x) = f(x) - P_n(x)$$

을 사용할 수 있다. 근사오차(近似誤差, approximation error)는 잉여항의 절대값

$$|R_n(x)| = |f(x) - P_n(x)|$$

으로 정의된다. 다음의 테일러의 정리(Taylor's theorem)는 테일러다항식의 잉여항을 추정하기 위한 일반적인 절차를 제공해준다. 테일러의 정리에서 주어지는 잉여항을 잉여항의 라그랑지형식(剩餘項의 라그랑지形式, Lagrange form of the remainder)이라 부른다.

정리 12.11 **테일러의 정리**

함수 f가 c를 포함하는 구간 I에서 $n+1$계까지 미분가능이면 I의 각 x에 대해서 x와 c사이에 다음 식을 만족하는 p가 존재한다.

$$f(x) = f(c) + f'(c)(x-c) + \frac{f''(c)}{2!}(x-c)^2 + \cdots + \frac{f^{(n)}(c)}{n!}(x-c)^n + R_n(x)$$

여기서 $R_n(x) = \dfrac{f^{(n+1)}(p)}{(n+1)!}(x-c)^{n+1}$

증명

$R_n(x)$을 찾기 위해 I의 x를 $x \neq c$으로 고정시키고

$$R_n(x) = f(x) - P_n(x) \tag{12.11}$$

로 놓자. 여기서 $P_n(x)$은 $f(x)$의 n차 테일러다항식이다. 그리고 g를 다음과 같이 정의되는 t의 함수라고 하자.

$$g(t) = f(x) - P_n(x) - R_n(x)\frac{(x-t)^{n+1}}{(x-c)^{n+1}}$$

$$= f(x) - f(t) - f'(t)(x-t) - \frac{f''(t)}{2!}(x-t)^2 - \cdots$$

$$-\frac{f^{(n)}(t)}{n!}(x-t)^n - R_n(x)\frac{(x-t)^{n+1}}{(x-c)^{n+1}}$$

g를 이렇게 정의한 것은 t에 관해서 미분했을 때 간단한 형태의 도함수를 얻기 위해서이다. 예를 들어 $g(t)$의 앞의 세 항의 도함수는

$$\frac{d}{dt}\left[f(x) - f(t) - f'(t)(x-t)\right] = -f''(t)(x-t)$$

이다. $g(t)$의 앞의 네 항의 도함수는

$$\frac{d}{dt}\left[f(x) - f(t) - f'(t)(x-t) - \frac{f''(t)}{2!}(x-t)^2\right] = -\frac{f'''(t)}{2!}(x-t)^2$$

이다(도함수 공식을 사용하여 확인하시오).

g의 도함수 $g'(t)$는 c와 x 사이의 수 t에 대해서

$$g'(t) = -\frac{f^{(n+1)}(t)}{n!}(x-t)^n + (n+1)R_n(x)\frac{(x-t)^n}{(x-c)^{n+1}} \qquad (12.12)$$

이므로 c와 x 사이의 t에서 g는 미분가능이고 연속이다. 또한 고정된 x에 대해서

$$\begin{aligned}
g(c) &= f(x) - P_n(x) - R_n(x)\frac{(x-c)^{n+1}}{(x-c)^{n+1}} \\
&= f(x) - P_n(x) - R_n(x) \\
&= f(x) - P_n(x) - \left[f(x) - P_n(x)\right] \qquad (\text{식 } (12.11)) \\
&= 0
\end{aligned}$$

$$\begin{aligned}
g(x) &= f(x) - f(x) - f'(t)(x-x) - \frac{f''(t)}{2!}(x-x)^2 - \cdots \\
&\quad - \frac{f^{(n)}(t)}{n!}(x-x)^n - R_n(x)\frac{(x-x)^{n+1}}{(x-c)^{n+1}} \\
&= 0
\end{aligned}$$

이다. 따라서 g는 롤의 정리에서 제시된 세 가지 조건을 만족하며 롤의 정리 [정리 12.4]에 의해 $g'(p) = 0$을 만족하는 c와 x 사이의 수 p가 존재한다. 식 (12.12)의 $g'(t)$에서 t를 p로 대체하면

$$g'(p) = -\frac{f^{(n+1)}(p)}{n!}(x-p)^n + (n+1)R_n(x)\frac{(x-p)^n}{(x-c)^{n+1}}$$

이를 $R_n(x)$에 대해서 풀면

$$R_n(x) = \frac{f^{(n+1)}(p)}{(n+1)!}(x-c)^{n+1}$$

이다. 마지막으로 $g(c) = 0$ 이므로

$$\begin{aligned} g(c) &= f(x) - f(c) - f'(c)(x-c) - \frac{f''(c)}{2!}(x-c)^2 - \cdots \\ &\quad - \frac{f^{(n)}(c)}{n!}(x-c)^n - R_n(x)\frac{(x-c)^{n+1}}{(x-c)^{n+1}} \\ &= 0 \\ \Rightarrow\ & f(x) = f(c) + f'(c)(x-c) + \frac{f''(c)}{2!}(x-c)^2 + \cdots \\ &\quad + \frac{f^{(n)}(c)}{n!}(x-c)^n + R_n(x) \end{aligned}$$

■

테일러의 정리에서 $n = 0$ 으로 설정해보자. 함수 f가 c를 포함하는 구간 I 에서 미분가능이면 I 의 각 x에 대해서

$$f(x) = f(c) + f'(p)(x-c)$$

즉

$$f'(p) = \frac{f(x) - f(c)}{x - c}$$

을 만족하는 p가 x와 c 사이에 존재한다. 이는 평균값 정리 [정리 12.5]와 같은 내용임을 알 수 있다. 즉 평균값정리는 테일러의 정리의 특별한 경우라고 할 수 있다.

1.12 n계도함수검증

2계도함수검증으로 명확한 결론을 내리기 어려운 경우는 n계도함수검증에 의존할 수 있다.

정리 12.12 **n계도함수검증**

함수 f가 $f'(c) = f''(c) = \cdots = f^{(n-1)}(c) = 0$ 이고 $f^{(n)}(c) \neq 0$ 이라고 하자.

① n 이 짝수이고 $f^{(n)}(c) < 0$ 이면 $f(c)$ 는 상대적 최대값이다.

② n이 짝수이고 $f^{(n)}(c) > 0$ 이면 $f(c)$는 상대적 최소값이다.
③ n이 홀수이면 $f(c)$는 변곡점의 값이다.

증명

함수 f가 $f'(c) \neq 0$이면 테일러의 정리에서 $n = 0$으로 놓고

$$f(x) = f(c) + f'(p)(x - c)$$

로 나타낼 수 있다. 함수 f가 $f'(c) = 0$이고 $f''(c) \neq 0$이면 테일러의 정리에서 $n = 1$로 놓고

$$f(x) = f(c) + \frac{f''(p)}{2!}(x - c)^2$$

로 나타낼 수 있다. 함수 f가 $f'(c) = f''(c) = 0$ 이고 $f'''(c) \neq 0$이면 테일러의 정리에서 $n = 2$ 로 놓고

$$f(x) = f(c) + \frac{f'''(p)}{3!}(x - c)^3$$

로 나타낼 수 있다. 같은 방식으로 함수 f가 $f'(c) = f''(c) = \cdots = f^{(n-1)}(c) = 0$ 이고 $f^{(n)}(c) \neq 0$이면 테일러의 정리에 의해

$$f(x) = f(c) + \frac{f^{(n)}(p)}{n!}(x - c)^n$$

즉

$$f(x) - f(c) = \frac{f^{(n)}(p)}{n!}(x - c)^n$$

으로 나타낼 수 있다(테일러의 정리를 적용하여 확인해 보시오). $f^{(n)}(p)$는 $f^{(n)}(c)$와 동일한 부호를 갖고 이 부호는 변하지 않는다(이에 관한 증명은 Chiang(1984) pp. 264~265 참조). 한편 $(x - c)^n$ 의 부호는 n 이 홀수이면 변하고 n 이 짝수이면 변하지 않는다. 따라서 n 이 홀수일 때 x 의 값이 c 의 왼쪽에서 오른쪽으로 변함에 따라 $f(x) - f(c)$ 의 부호는 변하게 되고 이는 c 의 근방에서 $f(x) - f(c) \leq 0$ 또는 $f(x) - f(c) \geq 0$, 즉 $f(x) - f(c)$의 부호가 변하지 않아야 하는 상대적 극값의 정의에 부합하지 않는다. 따라서 $f(c)$는 변곡점의 값이 된다. n이 짝수이면 x의 값이 c의 왼쪽에서 오른쪽으로 변함에 따라 $f(x) - f(c)$의 부호는 변하지 않으며 따라서 $f^{(n)}(c) < 0$이면 $f(x) - f(c) < 0$이고 $f(c)$는 상대적 최대값이 되고 $f^{(n)}(c) > 0$이면 $f(x) - f(c) > 0$이고 $f(c)$는 상대적 최소값이 된다. ■

예

$f(x) = x^4$의 상대적 극값을 구하시오.

풀이

$f'(x) = 4x^3$이므로 정류점은 $x = 0$이다. $f''(x) = 12x^2$이고 $f''(0) = 0$이므로 2계도함수검증으로는 상대적 극값에 관한 명확한 결론을 내리기 어렵다. 정류점에서 0이 아닌 n계도함수까지를 구하면 $f'''(x) = 24x$이고 $f'''(0) = 0$, $f^{(4)}(x) = 24$이다. $n = 4$이 짝수이고 $f^{(4)}(0) = 24 > 0$이므로 $f(0)$는 상대적 최소값이다. ◀

제2절 다변수함수의 최적화

2.1 최대값/최소값

함수 f가 $\mathbf{c}$를 포함하고 있는 집합 R에서 정의된다고 하자.

① $\mathbf{c}$의 근방의 원소 $\mathbf{x}$에 대하여 $f(\mathbf{c}) \geq f(\mathbf{x})$이 성립하면 $f(\mathbf{c})$를 함수 f의 상대적 최대값(相對的 最大값, local maximum)이라 한다.

② $\mathbf{c}$의 근방의 원소 $\mathbf{x}$에 대하여 $f(\mathbf{c}) \leq f(\mathbf{x})$이 성립하면 $f(\mathbf{c})$를 함수 f의 상대적 최소값(相對的 最小값, local maximum)이라 한다.

$f(\mathbf{c})$이 상대적 최대값 또는 상대적 최소값일 때 $f(\mathbf{c})$을 상대적 극값(相對的極값, relative extremum)이라고 한다. 상대적 극값의 정의 ①과 ②에서 "$\mathbf{c}$의 근방의 원소 $\mathbf{x}$에 대하여"를 "R의 모든 원소 $\mathbf{x}$에 대하여"로 바꾸면 $f(\mathbf{c})$를 함수 f의 절대적 극값(絶對的 極값, absolute extremum)이라고 한다. [그림 12.15]는 극값의 개념을 그림으로 나타낸 것이다. 상대적 최대값은 산정상으로 볼 수 있고 상대적 최소값은 계곡바닥으로 볼 수 있다. 절대적 최대값은 가장 높은 산정상으로 생각할 수 있고 절대적 최소값은 가장 낮은 계곡바닥으로 생각할 수 있다.

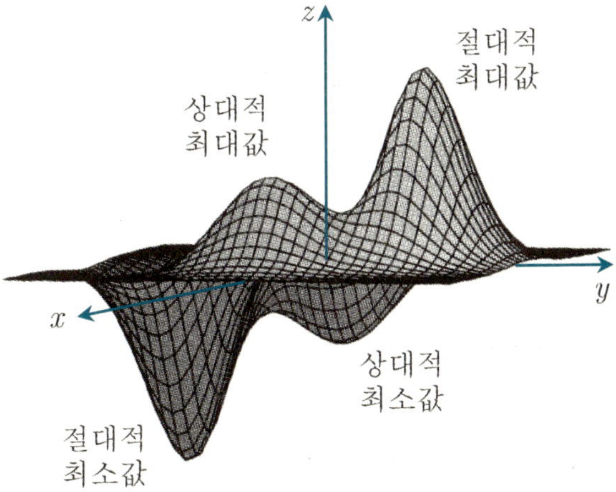

그림 12.15

정리 12.13 **극값정리**

함수 f가 폐유계집합(閉有界集合, closed and bounded set) R에서 연속이면 $f(\mathbf{c})$이 절대적 최대값이고 $f(\mathbf{d})$이 절대적 최소값인 $\mathbf{c}$와 $\mathbf{d}$가 각각 적어도 1개 이상 R에 존재한다.

증명

극값정리(極값定理, extreme value theorem)는 [그림 12.16]에 나타낸 것처럼 직관적으로는 쉽게 이해할 수 있으나 그 증명은 매우 어렵다. 여기서 증명은 생략한다.

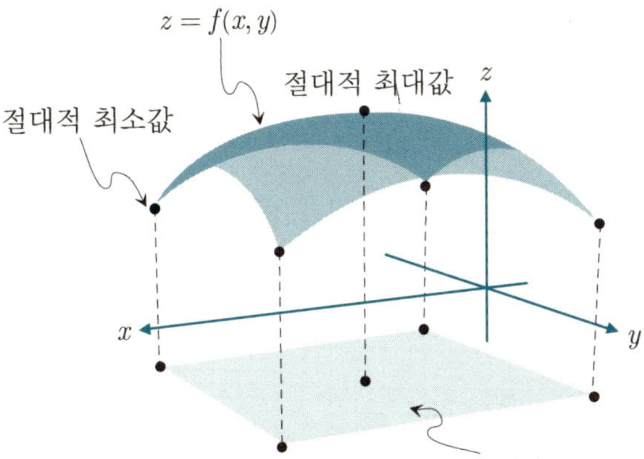

그림 12.16 ■

2.2 기울기벡터와 정류점

f를 두 변수 u와 v의 함수라고 할 때 두 편도함수 $f_u(u,v)$와 $f_v(u,v)$를 요소로 갖는 벡터함수 ∇f

$$\nabla f = \left(f_u(u,v), f_v(u,v)\right) = \frac{\partial f}{\partial u}\mathbf{i} + \frac{\partial f}{\partial v}\mathbf{j}$$

을 f의 기울기벡터(gradient vector)라고 한다. 여기서 $\mathbf{i}$와 $\mathbf{j}$는 $\mathbb{R}^2$의 표준단위벡터, 즉 $\mathbf{i} = (1,0)$ 이고 $\mathbf{j} = (0,1)$이다. 기울기벡터의 정의는 n변수함수로 확장할 수 있다. n변수함수 $f(x_1, x_2, \cdots, x_n)$의 기울기벡터는

$$\nabla f = \left(f_{x_1}, f_{x_2}, \cdots, f_{x_n}\right) = \frac{\partial f}{\partial x_1}\mathbf{e}_1 + \frac{\partial f}{\partial x_2}\mathbf{e}_2 + \cdots + \frac{\partial f}{\partial x_n}\mathbf{e}_n$$

로 나타낼 수 있다. 여기서 $\mathbf{e}_1$, $\mathbf{e}_2, \cdots$, $\mathbf{e}_n$는 $\mathbb{R}^n$의 표준단위벡터이다.

예

$f(u,v) = u^2v^3 - 3v$ 의 $(2,-1)$ 에서의 기울기벡터를 구하시오.

풀이

$$\begin{aligned}
&f_u(u,v) = 2uv^3, \quad f_v(u,v) = 3u^2v^2 - 3 \\
&\nabla f(u,v) = 2uv^3\mathbf{i} + \left(3u^2v^2 - 3\right)\mathbf{j} \\
&\nabla f(2,-1) = 2(2)(-1)^3\,\mathbf{i} + \left(3\left(2^2\right)(-1)^2 - 3\right)\mathbf{j} \\
&\qquad\qquad = -4\mathbf{i} + 9\mathbf{j}
\end{aligned}$$

◀

f가 $\mathbf{c}$를 포함하는 개집합(開集合, open set) R에서 정의되는 함수라고 할 때

$$\nabla f(\mathbf{c}) = \mathbf{0}$$

를 만족하는 $\mathbf{c}$를 f의 정류점(停留點, stationary point)이라 한다.

예

$y = 8u^3 + 2uv - 3u^2 + v^2 + 1$ 의 정류점을 구하시오.

풀이

$$f_u = 24u^2 + 2v - 6u, \quad f_v = 2u + 2v$$

연립방정식 $24u^2 + 2v - 6u = 0$, $2u + 2v = 0$의 해를 구하면 $u = 0, v = 0$ 또는 $u = \frac{1}{3}, v = -\frac{1}{3}$이다. 따라서 정류점은 $\mathbf{c} = (u, v) = (0, 0)$ 또는 $\left(\frac{1}{3}, -\frac{1}{3}\right)$이다. ◀

예

$f(u, v) = u + 2ev - e^u - e^{2v}$의 정류점을 구하시오.

풀이

$$f_u = 1 - e^u, \quad f_v = 2e - 2e^{2v}$$

연립방정식 $1 - e^u = 0$, $2e - 2e^{2v} = 0$의 해는 $u = 0, v = \frac{1}{2}$이다. 따라서 정류점은 $\mathbf{c} = (u, v) = \left(0, \frac{1}{2}\right)$이다. ◀

2.3 임계점 정리

기울기벡터 $\nabla f(\mathbf{c})$이 존재하지 않는 점, 즉 $\nabla f(\mathbf{c})$을 정의하는 편도함수 중 적어도 하나가 존재하지 않는 점 $\mathbf{c}$를 특이점(特異點, singular point)이라 한다.

예

$f(u, v) = 1 - \left(u^2 + v^2\right)^{1/3}$일 때 f의 $(0, 0)$에서의 기울기벡터를 구하시오.

풀이

$$f_u(u, v) = -\frac{2u}{3\left(u^2 + v^2\right)^{2/3}}, \quad f_v(u, v) = -\frac{2v}{3\left(u^2 + v^2\right)^{2/3}}$$

$$\nabla f(u, v) = -\frac{2u}{3\left(u^2 + v^2\right)^{2/3}}\mathbf{i} - -\frac{2v}{3\left(u^2 + v^2\right)^{2/3}}\mathbf{h}$$

$\nabla f(0, 0)$은 정의되지 않는다. 즉 $(0, 0)$은 특이점이다. ◀

어떤 점 $\mathbf{c}$가 정류점이거나 또는 특이점이면 $\mathbf{c}$를 임계점(臨界點, critical point)이라 한다.

정리 12.14 **임계점 정리**

함수 f가 $\mathbf{c}$에서 상대적 최대값 또는 상대적 최소값을 가지면 $\mathbf{c}$는 임계점이다.

증명

[정리 12.3]과 같은 방식으로 증명할 수 있음. 여기서는 생략 ■

함수 f가 $\mathbf{c}$에서 상대적 최대값 또는 상대적 최소값을 가지면 $\mathbf{c}$는 임계점이다. 그러나 어떤 점 $\mathbf{c}$가 임계점이라고 하더라도 함수 f가 $\mathbf{c}$에서 상대적 극값을 갖지 않는 경우도 있다. 예를 들어 함수 $y = u^2 - v^2$을 살펴보자. [그림 12.17]은 이 함수의 그래프이다. 이 함수는 $f_u(u,v) = 2u$이고 $f_v(u,v) = -2v$으로 $(u,v) = (0,0)$에서 임계점을 갖는다. 그런데 f는 $(0,0)$에서 상대적 최소값을 갖지 않으며 또한 상대적 최대값도 갖지 않는다. 이러한 점 $(0,0)$을 f의 안장점(鞍裝點, saddle point)이라 한다.

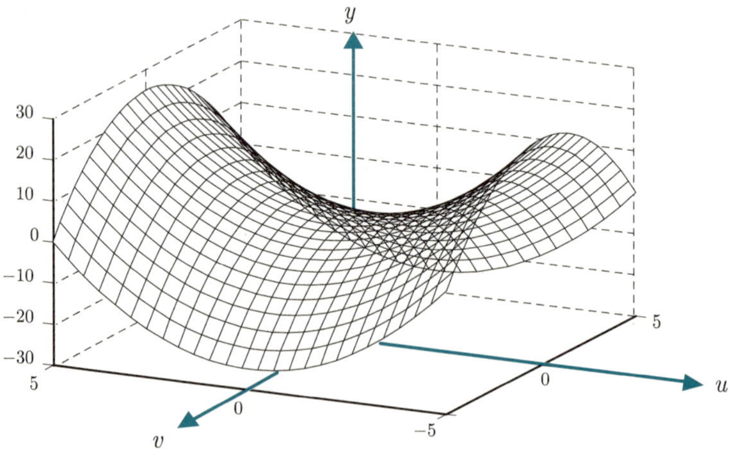

그림 12.17

2.4 2계편도함수검증: 2변수함수

정리 12.15 **2계편도함수검증: 2변수함수**

(u_0, v_0)는 이변수함수 $f(u,v)$의 정류점, 즉 $\nabla f(u_0, v_0) = (0,0)$이라 하고 $f(u,v)$는 (u_0, v_0)의 근방에서 연속2계편도함수를 갖는다고 하자.

① $f_{uu}(u_0, v_0) f_{vv}(u_0, v_0) - f_{uv}^2(u_0, v_0) > 0$ 이고 $f_{uu}(u_0, v_0) < 0$ 이면 $f(u_0, v_0)$는 상대적 최대값이다.

② $f_{uu}(u_0, v_0) f_{vv}(u_0, v_0) - f_{uv}^2(u_0, v_0) > 0$ 이고 $f_{uu}(u_0, v_0) > 0$ 이면 $f(u_0, v_0)$는 상대적 최소값이다.

③ $f_{uu}(u_0, v_0) f_{vv}(u_0, v_0) - f_{uv}^2(u_0, v_0) < 0$ 이면 (u_0, v_0)는 f 의 안장점 또는 변곡점이다.

④ $f_{uu}(u_0, v_0) f_{vv}(u_0, v_0) - f_{uv}^2(u_0, v_0) = 0$ 이면 결론을 내릴 수 없다.

증명

이 정리의 증명은 고급미적분에 속하며 여기서는 생략한다. Kaplan(1991) pp. 154~156 참조 ■

2.5 헤시안행렬(2변수함수)

이변수함수 $y = f(u, v)$의 2계편도함수로 구성한 다음과 같은 행렬

$$\mathbf{H}(u, v) = \begin{pmatrix} f_{uu}(u, v) & f_{uv}(u, v) \\ f_{vu}(u, v) & f_{vv}(u, v) \end{pmatrix}$$

를 헤시안(Hessian) 또는 헤시안행렬(Hessian matrix)[5]이라 한다. $\mathbf{H}(u, v)$로 표기하는 것은 행렬의 요소가 u와 v에 따라 달라지기 때문이다. 혼합편도함수의 성질에 관한 [정리 12.2]에 의해 $f_{uv}(u, v) = f_{vu}(v, u)$이며 따라서 헤시안 $\mathbf{H}(u, v)$는 대칭행렬이다.

2.6 2계편도함수검증의 헤시안 형식(2변수함수)

2변수함수의 헤시안의 행렬식은

$$|\mathbf{H}(u, v)| = \begin{vmatrix} f_{uu}(u, v) & f_{uv}(u, v) \\ f_{vu}(u, v) & f_{vv}(u, v) \end{vmatrix} = f_{uu}(u, v) f_{vv}(u, v) - f_{uv}^2(u, v)$$

5) 독일의 수학자 Ludwig Otto Hesse(1811~1874)를 기념하기 위해 붙인 이름이다. Hesse는 Königsber에서 Jacobi의 지도를 받으며 공부했고 1840년에 졸업할 때까지 여기서 물리학과 화학을 가르쳤다. Hesse는 1842년에 발표한 cubic curves 및 quadratic curves에 관한 연구논문에서 해세행렬의 행렬식을 소개하였다.

이며 따라서 2계편도함수검증을 헤시안을 사용하여 다음과 같이 다시 나타낼 수 있다.

정리 12.16 **2계편도함수검증의 헤시안 형식: 2변수함수**

(u_0, v_0)를 이변수함수 $f(u,v)$의 정류점 즉 $\nabla f(u_0, v_0) = (0,0)$이라고 하고 $f(u,v)$는 (u_0, v_0)의 근방에서 연속2계편도함수를 갖는다고 하자. 그리고 $\mathbf{H}(u_0, v_0)$를 (u_0, v_0)에서 함수 f의 헤시안이라고 하자.

① $\mathbf{H}(u_0, v_0)$이 음정부호이면 $f(u_0, v_0)$는 상대적 최대값이다.
② $\mathbf{H}(u_0, v_0)$이 양정부호이면 $f(u_0, v_0)$는 상대적 최소값이다.
③ $\mathbf{H}(u_0, v_0)$이 부정부호이면 (u_0, v_0)는 f의 안장점 또는 변곡점이다.
④ 다른 경우이면 결론을 내릴 수 없다.

증명

① $\mathbf{H}(u_0, v_0)$이 음정부호이면 주부분행렬과 정부호성에 관한 [정리 10.10]에 의해 첫 번째 주부분행렬 $|\mathbf{H}_1(u_0, v_0)|$은 음수이고 두 번째 주부분행렬 $|\mathbf{H}_2(u_0, v_0)|$은 양수이다. 즉

$$|\mathbf{H}_1(u_0, v_0)| = f_{uu}(u_0, v_0) < 0$$

$$|\mathbf{H}_2(u_0, v_0)| = f_{uu}(u_0, v_0) f_{vv}(u_0, v_0) - f_{uv}^2(u_0, v_0) > 0$$

이다. 따라서 [정리 12.15] ①에 의해 $f(u_0, v_0)$는 상대적 최대값이다.

② $\mathbf{H}(u_0, v_0)$이 양정부호이면 주부분행렬과 정부호성에 관한 [정리 10.10]에 의해 첫 번째 주부분행렬 $|\mathbf{H}_1(u_0, v_0)|$과 두 번째 주부분행렬 $|\mathbf{H}_2(u_0, v_0)|$ 모두 양수이다. 즉

$$|\mathbf{H}_1(u_0, v_0)| = f_{uu}(u_0, v_0) > 0$$

$$|\mathbf{H}_2(u_0, v_0)| = f_{uu}(u_0, v_0) f_{vv}(u_0, v_0) - f_{uv}^2(u_0, v_0) > 0$$

이다. 따라서 [정리 12.15] ②에 의해 $f(u_0, v_0)$는 상대적 최소값이다.

③ $\mathbf{H}(u_0, v_0)$이 부정부호이면 고유치와 정부호성에 관한 [정리 10.9]로부터 $\mathbf{H}(u_0, v_0)$는 양수의 고유치 하나와 음수의 고유치 하나를 갖는다. 고유치로 나타낸 행렬식과 대각합에 관한 [정리 10.2]로부터 $|\mathbf{H}(u_0, v_0)|$는 $\mathbf{H}(u_0, v_0)$의 고유치의 곱이므로

$$\left|\mathbf{H}(u_0, v_0)\right| = f_{uu}(u_0, v_0) f_{vv}(u_0, v_0) - f_{uv}^2(u_0, v_0) < 0$$

이다. 따라서 [정리 12.15] ③에 의해 (u_0, v_0)는 f의 안장점이다.

④ $\mathbf{H}(u_0, v_0)$이 양정부호, 음정부호, 부정부호 모두 아니면 고유값 중 적어도 하나 이상 0이 포함되어 있어야 한다. 고유치로 나타낸 행렬식과 대각합에 관한 [정리 10.2]로부터 $\left|\mathbf{H}(u_0, v_0)\right|$는 $\mathbf{H}(u_0, v_0)$의 고유치의 곱이므로

$$\left|\mathbf{H}(u_0, v_0)\right| = f_{uu}(u_0, v_0) f_{vv}(u_0, v_0) - f_{uv}^2(u_0, v_0) = 0$$

이다. 따라서 [정리 12.15] ④에 의해 결론을 내릴 수 없다. ■

예

$f(u, v) = 8u^3 + 2uv - 3u^2 + v^2 + 1$의 상대적 극값을 구하시오.

풀이

정류점과 헤시안행렬을 구하려면 주어진 함수 f의 1계편도함수와 2계편도함수가 필요하다. 이들 편도함수는

$$f_u(u, v) = 24u^2 + 2v - 6u, \quad f_v(u, v) = 2u + 2v$$
$$f_{uu}(u, v) = 48u - 6, \quad f_{uv}(u, v) = 2, \quad f_{vv}(u, v) = 2$$

이다. 따라서 헤시안행렬은

$$\mathbf{H}(u, v) = \begin{pmatrix} f_{uu}(u, v) & f_{uv}(u, v) \\ f_{vu}(u, v) & f_{vv}(u, v) \end{pmatrix} = \begin{pmatrix} 48u - 6 & 2 \\ 2 & 2 \end{pmatrix}$$

정류점을 찾으려면 f_u와 f_v를 0과 같게 놓아 만든 연립방정식, 즉

$$f_u(u, v) = 24u^2 + 2v - 6u = 0, \quad f_v(u, v) = 2u + 2v = 0$$

의 해를 구해야 한다. 이 연립방정식을 풀면 $u = 0, v = 0$ 또는 $u = 1/3, v = -1/3$을 얻는다. 각 정류점에서의 헤시안행렬을 구하면

$$\mathbf{H}(0, 0) = \begin{pmatrix} -6 & 2 \\ 2 & 2 \end{pmatrix}, \quad \mathbf{H}\left(\tfrac{1}{3}, -\tfrac{1}{3}\right) = \begin{pmatrix} 10 & 2 \\ 2 & 2 \end{pmatrix}$$

이다. $\left|\mathbf{H}_1(0, 0)\right| = -6 < 0$, $\left|\mathbf{H}_2(0, 0)\right| = (-6)(2) - (2)(2) = -16 < 0$이므로 $\mathbf{H}(0, 0)$은 부정부호이고 따라서 $(0, 0)$은 안장점이다. $\left|\mathbf{H}_1\left(\tfrac{1}{3}, -\tfrac{1}{3}\right)\right| = 10 > 0$,

$\left|\mathbf{H}_2\left(\frac{1}{3},-\frac{1}{3}\right)\right| = (10)(2) - (2)(2) = 16 > 0$ 이므로 $\mathbf{H}\left(\frac{1}{3},-\frac{1}{3}\right)$은 양정부호이고 따라서 $f\left(\frac{1}{3},-\frac{1}{3}\right)$은 상대적 최소값이다. ◀

예

$f(u,v) = u + 2ev - e^u - e^{2v}$의 상대적 극값을 구하시오.

풀이

정류점과 헤시안행렬을 구하려면 주어진 함수 f의 1계편도함수와 2계편도함수가 필요하다. 이들 편도함수는

$$f_u(u,v) = 1 - e^u, \quad f_v(u,v) = 2e - 2e^{2v}$$
$$f_{uu}(u,v) = -e^u, \quad f_{uv}(u,v) = 0, \quad f_{vv}(u,v) = -4e^{2v}$$

이다. 따라서 헤시안행렬은

$$\mathbf{H}(u,v) = \begin{pmatrix} f_{uu}(u,v) & f_{uv}(u,v) \\ f_{vu}(u,v) & f_{vv}(u,v) \end{pmatrix} = \begin{pmatrix} -e^u & 0 \\ 0 & -4e^{2v} \end{pmatrix}$$

정류점을 찾으려면 f_u와 f_v를 0과 같게 놓아 만든 연립방정식, 즉

$$f_u(u,v) = 1 - e^u = 0, \quad f_v(u,v) = 2e - 2e^{2v} = 0$$

의 해를 구해야 한다. 이 연립방정식을 풀면 $u = 0, v = \frac{1}{2}$을 얻는다. 정류점에서의 헤시안행렬을 구하면

$$\mathbf{H}\left(0,\frac{1}{2}\right) = \begin{pmatrix} -1 & 0 \\ 0 & -4e \end{pmatrix}$$

이다. $\left|\mathbf{H}_1\left(0,\frac{1}{2}\right)\right| = -1 < 0$, $\left|\mathbf{H}_2\left(0,\frac{1}{2}\right)\right| = (-1)(-4e) - (0)(0) = 4e > 0$ 이므로 $\mathbf{H}\left(0,\frac{1}{2}\right)$은 음정부호이고 따라서 $f\left(0,\frac{1}{2}\right)$은 상대적 최대값이다. ◀

2.7 1계조건과 2계조건

2계편도함수검증에서 $\nabla f(u_0,v_0) = (0,0)$ 이라는 조건은 $f(u_0,v_0)$가 상대적 극값이기 위한 필요조건(必要條件, necessary condition)의 역할을 하는 1계조건이고 $\mathbf{H}(u_0,v_0)$의 정부호성은 $f(u_0,v_0)$가 상대적 극값이기 위한 충분조건(充分條件, sufficient condition)의 역할을 하는 2계조건이다.

이변수함수에서 $f(u_0, v_0)$가 상대적 극값이기 위한 1계조건과 2계조건은 미분으로 나타낸 1계조건 식 (12.8)과 2계조건 식 (12.10)으로부터 유도할 수 있다. 이변수함수 $y = f(u,v)$의 전미분은

$$dy = f_u(u,v)\,du + f_v(u,v)\,dv \tag{12.13}$$

이다. 임의의 0이 아닌 du, dv에 대해서 $dy = 0$이라는 1계조건은

$$f_u(u,v) = 0\,,\quad f_v(u,v) = 0$$

와 동치이며 이는 $\nabla f(u_0, v_0) = (0,0)$와 같은 의미이다.

이변수함수 $y = f(u,v)$의 전미분 dy의 전미분은

$$\begin{aligned}
d^2y &= d(dy) \\
&= d\big[f_u(u,v)\,du + f_v(u,v)\,dv\big] && (\text{식 } (12.13)) \\
&= d\big[f_u(u,v)\big]du + d\big[f_v(u,v)\big]dv && (du\,, dv \text{는 상수}) \\
&= \big[f_{uu}(u,v)\,du + f_{uv}(u,v)\,dv\big]du + \big[f_{vu}(u,v)\,du + f_{vv}(u,v)\,dv\big]dv \\
&= f_{uu}(u,v)\,du^2 + 2f_{uv}(u,v)\,dudv + f_{vv}(u,v)\,dv^2 \quad (f_{uv} = f_{vu})
\end{aligned}$$

이다. $d^2y = f_{uu}(u,v)\,du^2 + 2f_{uv}(u,v)\,dudv + f_{vv}(u,v)\,dv^2$은 du와 dv를 변수로 하는 이차형식(二次形式, quadratic form)으로 생각할 수 있으며

$$\mathbf{d} = \begin{pmatrix} du \\ dv \end{pmatrix},\quad \mathbf{H} = \begin{pmatrix} f_{uu}(u,v) & f_{uv}(u,v) \\ f_{uv}(u,v) & f_{vv}(u,v) \end{pmatrix}$$

로 정의하여

$$\begin{aligned}
d^2y &= \mathbf{d}^T\mathbf{H}\mathbf{d} \\
&= \begin{pmatrix} du & dv \end{pmatrix}\begin{pmatrix} f_{uu}(u,v) & f_{uv}(u,v) \\ f_{uv}(u,v) & f_{vv}(u,v) \end{pmatrix}\begin{pmatrix} du \\ dv \end{pmatrix} \\
&= f_{uu}(u,v)\,du^2 + 2f_{uv}(u,v)\,dudv + f_{vv}(u,v)\,dv^2
\end{aligned}$$

로 나타낼 수 있다.

이차형식의 정부호성 정의(제9장 4절)에 의하면 2계조건 "임의의 0이 아닌 du, dv에 대해서 $d^2y < 0$"은 "$\mathbf{H}$가 음정부호"와 동치이고 "임의의 0이 아닌 du, dv에 대해서 $d^2y > 0$"은 "$\mathbf{H}$가 양정부호"와 동치이다.

2.8 2계편도함수검증의 헤시안 형식(n 변수함수)

n변수함수 $y = f(x_1, x_2, \cdots, x_n)$의 헤시안행렬은

$$\mathbf{H}(x_1, x_2, \cdots, x_n) = \begin{pmatrix} f_{x_1x_1} & f_{x_1x_2} & \cdots & f_{x_1x_n} \\ f_{x_2x_1} & f_{x_2x_2} & \cdots & f_{x_2x_n} \\ \vdots & \vdots & \ddots & \vdots \\ f_{x_nx_1} & f_{x_nx_2} & \cdots & f_{x_nx_n} \end{pmatrix}$$

이다. 이변수함수의 2계편도함수검증의 헤시안 형식은 n 변수함수의 2계편도함수검증의 헤시안 형식으로 확장할 수 있다.

정리 12.17 **2계편도함수검증의 헤시안 형식: n변수함수**

$\mathbf{x}_0 = (x_{10}, x_{20}, \cdots, x_{n0})$를 n변수함수 $f(x_1, x_2, \cdots, x_n)$의 정류점이라고 하고 $f(x_1, x_2, \cdots, x_n)$는 $\mathbf{x}$의 근방에서 연속2계편도함수를 갖는다고 하자. 그리고 $\mathbf{H}(\mathbf{x})$를 $\mathbf{x}$에서 함수 f의 헤시안이라고 하자.

① $\mathbf{H}(\mathbf{x}_0)$이 음정부호이면 $f(\mathbf{x}_0)$는 상대적 최대값이다.
② $\mathbf{H}(\mathbf{x}_0)$이 양정부호이면 $f(\mathbf{x}_0)$는 상대적 최소값이다.
③ $\mathbf{H}(\mathbf{x}_0)$이 부정부호이면 $\mathbf{x}_0$는 f의 변곡점이다.
④ 다른 경우이면 결론을 내릴 수 없다.

증명

생략 ■

예

$f(u, v, w) = -u^3 + 3uw + 2v - v^2 - 3w^2$의 극값을 구하시오.

풀이

정류점과 헤시안행렬을 구하려면 주어진 함수 f의 1계편도함수와 2계편도함수가 필요하다. 이들 편도함수는

$$f_u(u, v, w) = -3u^2 + 3w, \quad f_v(u, v, w) = 2 - 2v, \quad f_w(u, v, w) = 3u - 6w$$
$$f_{uu}(u, v, w) = -6u, \quad f_{uv}(u, v, w) = 0, \quad f_{uw}(u, v, w) = 3$$

$$f_{vu}(u,v,w)=0\,,\;\; f_{vv}(u,v,w)=-2\,,\;\; f_{vw}(u,v,w)=0$$
$$f_{wu}(u,v,w)=3\,,\;\; f_{wv}(u,v,w)=0\,,\;\; f_{ww}(u,v,w)=-6$$

이다. 따라서 헤시안행렬은

$$\mathbf{H}(u,v,w)=\begin{pmatrix} f_{uu}(u,v,w) & f_{uv}(u,v,w) & f_{uw}(u,v,w) \\ f_{vu}(u,v,w) & f_{vv}(u,v,w) & f_{vw}(u,v,w) \\ f_{wu}(u,v,w) & f_{wv}(u,v,w) & f_{ww}(u,v,w) \end{pmatrix}=\begin{pmatrix} -6u & 0 & 3 \\ 0 & -2 & 0 \\ 3 & 0 & -6 \end{pmatrix}$$

이다. 정류점을 찾으려면 f_u, f_v, f_w를 0과 같게 놓아 만든 연립방정식, 즉

$$-3u^2+3w=0\,,\;\; 2-2v=0\,,\;\; 3u-6w=0$$

의 해를 구해야 한다. 이 연립방정식을 풀면 $u=0$, $v=1$, $w=0$ 또는 $u=\frac{1}{2}$, $v=1$, $w=\frac{1}{4}$을 얻는다. 정류점에서의 헤시안행렬을 구하면

$$\mathbf{H}(0,1,0)=\begin{pmatrix} 0 & 0 & 3 \\ 0 & -2 & 0 \\ 3 & 0 & -6 \end{pmatrix},\;\; \mathbf{H}\left(\tfrac{1}{2},1,\tfrac{1}{4}\right)=\begin{pmatrix} -3 & 0 & 3 \\ 0 & -2 & 0 \\ 3 & 0 & -6 \end{pmatrix}$$

이다.

$\left|\mathbf{H}_1(0,1,0)\right|=0$ 이므로 주부분행렬의 행렬식의 부호로 $\mathbf{H}(0,1,0)$의 정부성을 판별하기 어렵다. 따라서 $\mathbf{H}(0,1,0)$의 고유치를 사용해야 한다. $\mathbf{H}(0,1,0)$의 특성다항식은

$$\begin{vmatrix} \lambda & 0 & -3 \\ 0 & \lambda+2 & 0 \\ -3 & 0 & \lambda+6 \end{vmatrix}=\lambda(\lambda+2)(\lambda+6)-(-3)(\lambda+2)(-3)$$
$$=\lambda^3+8\lambda^2+3\lambda-18$$
$$=(\lambda+2)\left(\lambda^2+6\lambda-9\right)$$

이다. $\mathbf{H}(0,1,0)$의 고유치는 $\lambda_1=-2$, $\lambda_2=-3+\frac{1}{2}\sqrt{72}>0$, $\lambda_3=-3-\frac{1}{2}\sqrt{72}<0$ 이고 음수와 양수가 함께 있으므로 $\mathbf{H}(0,1,0)$는 부정부호이다. 따라서 $(0,1,0)$은 안장점 또는 변곡점이다.

$\left|\mathbf{H}_1\left(\frac{1}{2},1,\frac{1}{4}\right)\right|=-3<0$, $\left|\mathbf{H}_2\left(\frac{1}{2},1,\frac{1}{4}\right)\right|=6>0$, $\left|\mathbf{H}_2\left(\frac{1}{2},1,\frac{1}{4}\right)\right|=-18<0$ 이므로 $\mathbf{H}\left(\frac{1}{2},1,\frac{1}{4}\right)$은 음정부호이다. 따라서 $f\left(\frac{1}{2},1,\frac{1}{4}\right)$은 상대적 최대값이다. ◀

2.9 오목성/볼록성

함수 $f(\mathbf{x})$, $\mathbf{x}=(x_1, x_2, \cdots, x_n)$가 $0 \le t \le 1$에 대해서

$$tf(\mathbf{x}_1)+(1-t)f(\mathbf{x}_2) \le f(t\mathbf{x}_1+(1-t)\mathbf{x}_2) \tag{12.14}$$

이면 $f(\mathbf{x})$는 오목이고

$$tf(\mathbf{x}_1)+(1-t)f(\mathbf{x}_2) \ge f(t\mathbf{x}_1+(1-t)\mathbf{x}_2) \tag{12.15}$$

이면 $f(\mathbf{x})$는 볼록이다. 식 (12.14)와 식 (12.15)에서 약부등호 $\le$와 $\ge$을 강부등호 $<$와 $>$으로 바꾸면 $f(\mathbf{x})$를 강오목 및 강볼록이라고 한다.

정리 12.18 **오목함수/볼록함수**

$\mathbf{H}(\mathbf{x})$을 n변수함수 $f(\mathbf{x})$, $\mathbf{x}=(x_1, x_2, \cdots, x_n)$의 헤시안이라고 하자.

① 모든 점 $\mathbf{x}$에서 $\mathbf{H}(\mathbf{x})$이 반양정부호(양정부호)이면 f는 볼록(강볼록)이다.

② 모든 점 $\mathbf{x}$에서 $\mathbf{H}(\mathbf{x})$이 반음정부호(음정부호)이면 f는 오목(강오목)이다.

증명

생략 ■

예

$f(u,v)=u^2+v^2$의 오목성 및 볼록성을 검토하시오.

풀이

$$f_u = 2u\,,\ f_v = 2v$$
$$f_{uu} = 2\,,\ f_{uv} = 0\,,\ f_{vv} = 2$$

따라서

$$\mathbf{H}(u,v)=\begin{pmatrix}2 & 0\\ 0 & 2\end{pmatrix}$$

이고

$$|\mathbf{H}_1(u,v)| = 2 > 0$$
$$|\mathbf{H}_2(u,v)| = |\mathbf{H}(u,v)| = 4 > 0$$

이므로 $\mathbf{H}(u,v)$는 항상 양정부호이다. 따라서 f는 강볼록이다. ◀

제3절 등식제약조건을 갖는 제약최적화

3.1 등식제약조건을 갖는 제약최적화문제

2변수 1제약의 등식제약조건(等式制約條件, equality constraints)을 갖는 제약최적화문제(制約最適化問題, constrained optimization problem)는

$$\max_{u,v} \ (\text{또는} \ \min_{u,v}) \ f(u,v) \qquad (12.16)$$
$$st \quad g(u,v) = c$$

와 같은 형식으로 나타낼 수 있다. 이를 n변수 m제약의 경우로 일반화하여 나타내면

$$\max_{x_1, x_2, \cdots, x_n} \ (\text{또는} \ \min_{x_1, x_2, \cdots, x_n}) \ f(x_1, x_2, \cdots, x_n) \qquad (12.17)$$
$$st \quad g^j(x_1, x_2, \cdots, x_n) = c_j, \quad j = 1, 2, \cdots, m$$

와 같이 나타낼 수 있다. 여기서 c_j는 상수이며 f는 목적함수(目的函數, objective function)라 하고 g^j는 j번째 제약조건(制約條件, constraint)이라 한다. 그리고 x_1, $x_2, \cdots, x_n$은 결정변수(決定變數, decision variables)라 한다.

제약조건은 목적함수의 정의역을 제한하는 역할을 한다. [그림 12.18]은 이변수함수 $y = f(u, v)$에서 제약극값(制約極값, constrained extremum)과 무제약극값(無制約極값, unconstrained extremum)의 차이를 예를 들어 보여주고 있다.

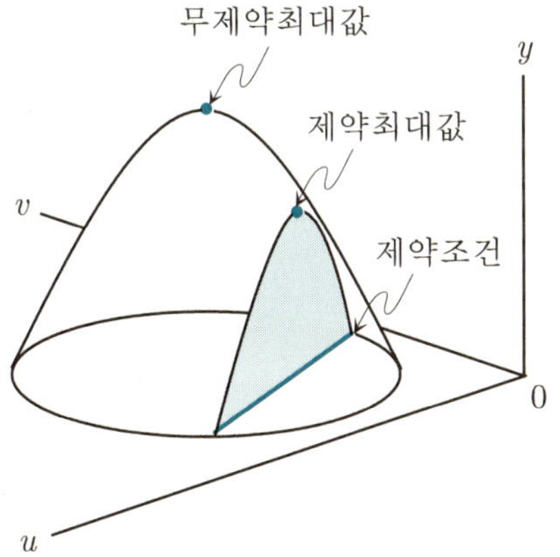

그림 12.18

일반적으로 제약최대값(제약최소값)은 무제약최대값(무제약최소값)보다 작은(큰) 값을 갖게 되며 이들이 같게 되는 경우는 매우 드물다.

3.2 라그랑지승수법

라그랑지승수법(라그랑지乘數法, Lagrange multiplier method)의 본질은 제약최적화문제를 변형시켜 무제약최적화문제의 1계조건이 적용될 수 있도록 하는 것이다.

2변수 1제약의 제약최적화문제 식 (12.16)의 라그랑지함수(라그랑지函數, Lagrangian function)는

$$L = f(u,v) + \lambda\big(c - g(u,v)\big) \tag{12.18}$$

으로 정의된다. 여기서 λ를 라그랑지승수(라그랑지乘數, Lagrange multiplier)라고 한다. 2변수 1제약의 제약최적화문제 식 (12.16)을 푸는 것은 라그랑지함수 식 (12.18)을 목적함수로 하고 라그랑지승수 λ와 u, v를 결정변수로 하는 무제약최적화문제

$$\max_{u,v,\lambda} \ (\text{또는} \ \min_{u,v,\lambda}) \ L = f(u,v) + \lambda\big(c - g(u,v)\big) \tag{12.19}$$

을 푸는 것과 같다. 이 문제의 1계조건은

$$\begin{aligned} L_\lambda &= -g(u,v) = 0 \\ L_u &= f_u - \lambda g_u = 0 \\ L_v &= f_v - \lambda g_v = 0 \end{aligned}$$

이다. 여기서 $L_\lambda = \partial L / \partial\lambda$, $L_u = \partial L / \partial u$, $L_v = \partial L / \partial v$ 이다.

예

등식제약 $u + v = 6$ 하에서 $y = uv$ 의 극값을 구하기 위한 라그랑지함수의 정류점을 구하시오.

풀이

라그랑지함수는 $L = uv + \lambda(6 - u - v)$ 이다. 1계조건은

$$\begin{aligned} L_\lambda &= 6 - u - v = 0 \\ L_u &= v - \lambda = 0 \\ L_v &= u - \lambda = 0 \end{aligned}$$

이다. 연립일차방정식이므로 크래머의 법칙으로 해를 구할 수 있다. 변수의 순서를 λ, u, v 로 할 때 계수행렬 $\mathbf{A}$와 등호우변의 상수벡터 $\mathbf{b}$는

$$\mathbf{A} = \begin{pmatrix} 0 & 1 & 1 \\ -1 & 0 & 1 \\ -1 & 1 & 0 \end{pmatrix}, \quad \mathbf{b} = \begin{pmatrix} 6 \\ 0 \\ 0 \end{pmatrix}$$

이다.

$$\lambda = \frac{\begin{vmatrix} 6 & 1 & 1 \\ 0 & 0 & 1 \\ 0 & 1 & 0 \end{vmatrix}}{\begin{vmatrix} 0 & 1 & 1 \\ -1 & 0 & 1 \\ -1 & 1 & 0 \end{vmatrix}} = \frac{-6}{-2} = 3, \quad u = \frac{\begin{vmatrix} 0 & 6 & 1 \\ -1 & 0 & 1 \\ -1 & 0 & 0 \end{vmatrix}}{\begin{vmatrix} 0 & 1 & 1 \\ -1 & 0 & 1 \\ -1 & 1 & 0 \end{vmatrix}} = \frac{-6}{-2} = 3,$$

$$v = \frac{\begin{vmatrix} 0 & 1 & 6 \\ -1 & 0 & 0 \\ -1 & 1 & 0 \end{vmatrix}}{\begin{vmatrix} 0 & 1 & 1 \\ -1 & 0 & 1 \\ -1 & 1 & 0 \end{vmatrix}} = \frac{-6}{-2} = 3$$

따라서 정류점은 $(\lambda = 3,\ u = 3,\ v = 3)$이다. ◀

n변수 m제약의 제약최적화문제 식 (12.17)의 라그랑지함수는

$$L = f(x_1, x_2, \cdots, x_n) + \sum_{j=1}^{m} \lambda_j \left(c_j - g^j(x_1, x_2, \cdots, x_n)\right) \tag{12.20}$$

이다. n변수 m제약의 제약최적화문제 식 (12.17)을 푸는 것은 라그랑지함수 식 (12.20)을 목적함수로 하고 $x_1, x_2, \cdots, x_n$ 및 라그랑지승수 $\lambda_1, \lambda_2, \cdots, \lambda_m$를 결정변수로 하는 무제약최적화문제

$$\max_{\lambda_1, \cdots, \lambda_m, x_1, \cdots, x_n} \ (\text{또는} \min_{\lambda_1, \cdots, \lambda_m, x_1, \cdots, x_n}) \ L = f(x_1, x_2, \cdots, x_n) + \sum_{j=1}^{m} \lambda_j \left(c_j - g^j(x_1, x_2, \cdots, x_n)\right) \tag{12.21}$$

을 푸는 것과 같다. 이 문제의 1계조건은

$$L_{\lambda_j} = c_j - g^j(x_1, x_2, \cdots, x_n) = 0, \quad j = 1, 2, \cdots, m$$
$$L_{x_i} = f_{x_i} - \sum \lambda_j g^j_{x_i} = 0, \quad i = 1, 2, \cdots, n$$

이다. 여기서

$$L_{\lambda_j} = \frac{\partial L}{\partial \lambda_j}, \quad L_{x_i} = \frac{\partial L}{\partial x_i}, \quad f_{x_i} = \frac{\partial f}{\partial x_i}, \quad g^j_{x_i} = \frac{\partial g^j}{\partial x_i}$$

이다.

예

제약 $u^2 + v^2 = 2$, $v + w = 1$ 하에서 $f(u, v, w) = u + 2v + 3w$ 의 극값을 구하기 위한 라그랑지함수의 1계조건을 찾으시오.

풀이

라그랑지함수는 $L = u + 2v + 3w + \lambda_1\left[2 - \left(u^2 + v^2\right)\right] + \lambda_2\left[1 - (v + w)\right]$ 이고 1계조건은

$$\begin{aligned} L_{\lambda_1} &= 2 - \left(u^2 + v^2\right) = 0 \\ L_{\lambda_2} &= 1 - (v + w) = 0 \\ L_u &= 1 - 2\lambda_1 u = 0 \\ L_v &= 2 - 2\lambda_1 v - \lambda_2 = 0 \\ L_w &= 3 - \lambda_2 = 0 \end{aligned}$$

이다. ◀

3.3 2계조건

등식제약 $g(u, v) = c$ (c 는 상수)하의 2변수함수 $y = f(u, v)$ 의 극값을 구하기 위한 라그랑지함수

$$L = f(u, v) + \lambda\left(c - g(u, v)\right)$$

의 유테헤시안행렬(bordered Hessian matrix) $\overline{\mathbf{H}}(\lambda, u, v)$ 는

$$\overline{\mathbf{H}}(\lambda, u, v) = \begin{pmatrix} L_{\lambda\lambda} & L_{\lambda u} & L_{\lambda v} \\ L_{u\lambda} & L_{uu} & L_{uv} \\ L_{v\lambda} & L_{vu} & L_{vv} \end{pmatrix} = \begin{pmatrix} 0 & -g_u & -g_v \\ -g_u & L_{uu} & L_{uv} \\ -g_v & L_{vu} & L_{vv} \end{pmatrix} \tag{12.22}$$

로 정의된다. 여기서

$$g_u = \frac{\partial g}{\partial u}, \quad g_v = \frac{\partial g}{\partial v}$$

$$L_{uu} = \frac{\partial^2 L}{\partial u^2}, \quad L_{uv} = \frac{\partial^2 L}{\partial v \partial u}, \quad L_{vu} = \frac{\partial^2 L}{\partial u \partial v}, \quad L_{vv} = \frac{\partial^2 L}{\partial v^2}$$

이다. 식 (12.22)를 유테헤시안행렬이라고 부르는 이유는 제약함수의 1계도함수가 첫 번째 행과 첫 번째 열에 테를 두르듯이 배열되어 있기 때문이다.

(λ_0, u_0, v_0)를 라그랑지함수 $L(\lambda, u, v)$의 정류점이라고 하고 $L(\lambda, u, v)$는 (λ_0, u_0, v_0)의 근방에서 연속2계편도함수를 갖는다고 하자. $\bar{\mathbf{H}}(\lambda_0, u_0, v_0)$를 (λ_0, u_0, v_0)에서 라그랑지함수 L의 유테헤시안행렬이라고 할 때

① $\left|\bar{\mathbf{H}}(\lambda_0, u_0, v_0)\right| > 0$ 이면 $f(u_0, v_0)$는 상대적 최대값이다.
② $\left|\bar{\mathbf{H}}(\lambda_0, u_0, v_0)\right| < 0$ 이면 $f(u_0, v_0)$는 상대적 최소값이다.

이다.

예

제약 $u + v = 6$ 하에서 $f(u, v) = uv$의 극값을 구하기 위한 라그랑지함수의 정류점이 상대적 최대값인지 아니면 상대적 최소값인지를 결정하시오.

풀이

$$g_u = 1,\ g_v = 1$$
$$L_u = v - \lambda,\ L_v = u - \lambda$$
$$L_{uu} = 0,\ L_{uv} = 1,\ L_{vu} = 1,\ L_{vv} = 0$$

이므로

$$\bar{\mathbf{H}} = \begin{pmatrix} 0 & -1 & -1 \\ -1 & 0 & 1 \\ -1 & 1 & 0 \end{pmatrix}$$

이다.

$$\left|\bar{\mathbf{H}}\right| = \begin{vmatrix} 0 & -1 & -1 \\ -1 & 0 & 1 \\ -1 & 1 & 0 \end{vmatrix} = 2 > 0$$

이므로 정류점은 상대적 최대값이다. ◀

n변수 m제약의 제약최적화문제

$$\max_{x_1, x_2, \cdots, x_n} \ (\text{또는} \min_{x_1, x_2, \cdots, x_n})\ f(x_1, x_2, \cdots, x_n)$$
$$st \quad g^j(x_1, x_2, \cdots, x_n) = c_j, \quad j = 1, 2, \cdots, m \tag{12.23}$$

의 라그랑지함수는

$$L = f(x_1, x_2, \cdots, x_n) + \sum_{j=1}^{m} \lambda_j \left(c_j - g^j(x_1, x_2, \cdots, x_n)\right) \tag{12.24}$$

이다. 라그랑지함수 식 (12.24)의 유테헤시안행렬 $\bar{\mathbf{H}}$ 는

$$\bar{\mathbf{H}} = \begin{pmatrix} L_{\lambda_1\lambda_1} & \cdots & L_{\lambda_1\lambda_m} & L_{\lambda_1 x_1} & \cdots & L_{\lambda_1 x_n} \\ \vdots & \ddots & \vdots & \vdots & \ddots & \vdots \\ L_{\lambda_m\lambda_1} & \cdots & L_{\lambda_m\lambda_m} & L_{\lambda_m x_1} & \cdots & L_{\lambda_m x_n} \\ L_{x_1\lambda_1} & \cdots & L_{x_1\lambda_m} & L_{x_1 x_1} & \cdots & L_{x_1 x_n} \\ \vdots & \ddots & \vdots & \vdots & \ddots & \vdots \\ L_{x_n\lambda_1} & \cdots & L_{x_n\lambda_m} & L_{x_n x_1} & \cdots & L_{x_n x_n} \end{pmatrix}$$

$$= \left(\begin{array}{ccc|ccc} 0 & \cdots & 0 & -g^1_{x_1} & \cdots & -g^1_{x_n} \\ \vdots & \ddots & \vdots & \vdots & \ddots & \vdots \\ 0 & \cdots & 0 & -g^m_{x_1} & \cdots & -g^m_{x_n} \\ \hline -g^1_{x_1} & \cdots & -g^m_{x_1} & L_{x_1 x_1} & \cdots & L_{x_1 x_n} \\ \vdots & \ddots & \vdots & \vdots & \ddots & \vdots \\ -g^1_{x_n} & \cdots & -g^m_{x_n} & L_{x_n x_1} & \cdots & L_{x_n x_n} \end{array}\right)$$

로 정의된다. 여기서 $g^j_{x_i} = \partial g^j / \partial x_i$ 는 제약함수의 편도함수들이고 Lx_ix_k 는 라그랑지함수의 2계편도함수를 나타낸다. 이 행렬은 4개의 부분행렬로 분할할 수 있다. 좌상단의 부분행렬은 모든 요소가 0으로 구성되어 있다. 우하단 부분행렬은 테를 두르지 않은 헤시안행렬이다. 나머지 두 영역은 주대각선에 대하여 서로 대칭이므로 전체 유테헤시안행렬도 대칭행렬이다. 이 행렬의 유테주부분행렬은

$$\bar{\mathbf{H}}_2 = \begin{pmatrix} 0 & \cdots & 0 & -g^1_{x_1} & -g^1_{x_2} \\ \vdots & \ddots & \vdots & \vdots & \vdots \\ 0 & \cdots & 0 & -g^m_{x_1} & -g^m_{x_2} \\ -g^1_{x_1} & \cdots & -g^m_{x_1} & L_{x_1 x_1} & L_{x_1 x_2} \\ -g^1_{x_2} & \cdots & -g^m_{x_2} & L_{x_2 x_1} & L_{x_2 x_2} \end{pmatrix}$$

$$\bar{\mathbf{H}}_3 = \begin{pmatrix} 0 & \cdots & 0 & -g^1_{x_1} & -g^1_{x_2} & -g^1_{x_3} \\ \vdots & \ddots & \vdots & \vdots & \vdots & \vdots \\ 0 & \cdots & 0 & -g^m_{x_1} & -g^m_{x_2} & -g^m_{x_3} \\ -g^1_{x_1} & \cdots & -g^m_{x_1} & L_{x_1x_1} & L_{x_1x_2} & L_{x_1x_3} \\ -g^1_{x_2} & \cdots & -g^m_{x_2} & L_{x_2x_1} & L_{x_2x_2} & L_{x_2x_3} \\ -g^1_{x_3} & \cdots & -g^m_{x_3} & L_{x_3x_1} & L_{x_3x_2} & L_{x_3x_3} \end{pmatrix}$$

$$\vdots$$

$$\bar{\mathbf{H}}_n = \begin{pmatrix} 0 & \cdots & 0 & -g^1_{x_1} & \cdots & -g^1_{x_n} \\ \vdots & \ddots & \vdots & \vdots & \ddots & \vdots \\ 0 & \cdots & 0 & -g^m_{x_1} & \cdots & -g^m_{x_n} \\ -g^1_{x_1} & \cdots & -g^m_{x_1} & L_{x_1x_1} & \cdots & L_{x_1x_n} \\ \vdots & \ddots & \vdots & \vdots & \ddots & \vdots \\ -g^1_{x_n} & \cdots & -g^m_{x_n} & L_{x_nx_1} & \cdots & L_{x_nx_n} \end{pmatrix}$$

으로 정의된다.

$(\lambda_0, \mathbf{x}_0)$를 라그랑지함수 $L(\lambda, \mathbf{x})$의 정류점이라고 하고 $L(\lambda, \mathbf{x})$는 $(\lambda_0, \mathbf{x}_0)$의 근방에서 연속2계편도함수를 갖는다고 하자. 여기서 $\lambda = (\lambda_1, \lambda_2, \cdots, \lambda_m)$, $\mathbf{x} = (x_1, x_2, \cdots, x_n)$, $\lambda_0 = (\lambda_{10}, \lambda_{20}, \cdots, \lambda_{m0})$, $\mathbf{x}_0 = (x_{10}, x_{20}, \cdots, x_{n0})$이다. $\bar{\mathbf{H}}(\lambda_0, \mathbf{x}_0)$를 $(\lambda_0, \mathbf{x}_0)$에서 라그랑지함수 $L(\lambda, \mathbf{x})$의 유테헤시안행렬이라고 할 때

① $(-1)^m \left|\bar{\mathbf{H}}_{m+1}(\lambda_0, \mathbf{x}_0)\right| < 0$, $(-1)^m \left|\bar{\mathbf{H}}_{m+2}(\lambda_0, \mathbf{x}_0)\right| > 0$, $(-1)^m \left|\bar{\mathbf{H}}_{m+3}(\lambda_0, \mathbf{x}_0)\right| < 0$, $\cdots$ 이면 $f(u_0, v_0)$는 상대적 최대값이다.

② $(-1)^m \left|\bar{\mathbf{H}}_{m+1}(\lambda_0, \mathbf{x}_0)\right| > 0$, $(-1)^m \left|\bar{\mathbf{H}}_{m+2}(\lambda_0, \mathbf{x}_0)\right| > 0$, $(-1)^m \left|\bar{\mathbf{H}}_{m+3}(\lambda_0, \mathbf{x}_0)\right| > 0$, $\cdots$ 이면 $f(u_0, v_0)$는 상대적 최소값이다.

이다.

예

제약 $2u - 3v - 4w = 49$ 하에서 $f(u, v, w) = 2u^2 + v^2 + 3w^2$의 상대적 극값을 구하시오.

풀이

$g(u, v, w) = 2u - 3v - 4w = 49$ 이라 하자.

라그랑지함수는 $L = 2u^2 + v^2 + 3w^2 + \lambda(49 - (2u - 3v - 4w))$ 이고 1계조건은

$$\begin{aligned} L_\lambda &= 49 - 2u + 3v + 4w = 0 \\ L_u &= 4u - 2\lambda = 0 \\ L_v &= 2v - 3\lambda = 0 \\ L_w &= 6w - 4\lambda = 0 \end{aligned}$$

이다. 이 연립방정식의 해를 구하면 $\lambda = 6,\ u = 3,\ v = -9,\ w = -4$ 이고 이때의 목적함수 값은 $f(3, -9, -4) = 2(3)^2 + (-9)^2 + 3(-4)^2 = 147$ 이다.

$$\begin{aligned} & g_u = 2,\ g_v = -3,\ g_w = -4 \\ & L_{uu} = 4,\ L_{uv} = 0,\ L_{uw} = 0 \\ & L_{vu} = 0,\ L_{vv} = 2,\ L_{vw} = 0 \\ & L_{wu} = 0,\ L_{wv} = 0,\ L_{ww} = 6 \end{aligned}$$

이므로 유테헤시안행렬은

$$\bar{\mathbf{H}} = \begin{pmatrix} 0 & -2 & 3 & 4 \\ -2 & 4 & 0 & 0 \\ 3 & 0 & 2 & 0 \\ 4 & 0 & 0 & 6 \end{pmatrix}$$

이다. 제약조건의 개수가 1 개이므로 $m = 1$ 이고

$$(-1)^m \left|\bar{\mathbf{H}}_{m+1}\right| = (-1)^1 \left|\bar{\mathbf{H}}_2\right| = -\begin{vmatrix} 0 & -2 & 3 \\ -2 & 4 & 0 \\ 3 & 0 & 2 \end{vmatrix} = -(-44) = 44 > 0$$

$$(-1)^m \left|\bar{\mathbf{H}}_{m+2}\right| = (-1)^1 \left|\bar{\mathbf{H}}_3\right| = -\begin{vmatrix} 0 & -2 & 3 & 4 \\ -2 & 4 & 0 & 0 \\ 3 & 0 & 2 & 0 \\ 4 & 0 & 0 & 6 \end{vmatrix} = -(-392) = 392 > 0$$

이다. 따라서 $f(3, -9, -4)$ 은 상대적 최소값이다. ◀

예

$u - v + w = 1$와 $u^2 + v^2 = 1$의 제약하에서
$f(u,v,w) = u + 2v + 3w$ 의 상대적 극값을 구하시오.

풀이

$g^1(u,v,w) = u - v + w = 1$, $g^2(u,v,w) = u^2 + v^2 = 1$ 이라 하자.
라그랑지함수는 $L = u + 2v + 3w + \lambda_1[1-(u-v+w)] + \lambda_2\left[1-\left(u^2+v^2\right)\right]$이고 1계조건은

$$
\begin{aligned}
L_{\lambda_1} &= 1 - u + v - w = 0 \\
L_{\lambda_2} &= 1 - u^2 - v^2 = 0 \\
L_u &= 1 - \lambda_1 - 2\lambda_2 u = 0 \\
L_v &= 2 + \lambda_1 - 2\lambda_2 v = 0 \\
L_w &= 3 - \lambda_1 = 0
\end{aligned}
$$

이다. 이 연립방정식의 해를 구하면 ($\lambda_1 = 3$, $\lambda_2 = \sqrt{29}/2$, $u = -2/\sqrt{29}$, $v = 5/\sqrt{29}$, $w = 1 + 7/\sqrt{29}$)와 ($\lambda_1 = 3$, $\lambda_2 = -\sqrt{29}/2$, $u = 2/\sqrt{29}$, $v = -5/\sqrt{29}$,
$w = 1 - 7/\sqrt{29}$)이다.

$$
\begin{aligned}
& g_u^1 = 1,\ g_v^1 = -1,\ g_w^1 = 1 \\
& g_u^2 = 2u,\ g_v^2 = 2v,\ g_w^2 = 0 \\
& L_{uu} = -2\lambda_2,\ L_{uv} = 0,\ L_{uw} = 0 \\
& L_{vu} = 0,\ L_{vv} = -2\lambda_2,\ L_{vw} = 0 \\
& L_{wu} = 0,\ L_{wv} = 0,\ L_{ww} = 0
\end{aligned}
$$

이므로 유테헤시안행렬은

$$
\overline{\mathbf{H}} = \begin{pmatrix} 0 & 0 & -1 & 1 & -1 \\ 0 & 0 & -2u & -2v & 0 \\ -1 & -2u & -2\lambda_2 & 0 & 0 \\ 1 & -2v & 0 & -2\lambda_2 & 0 \\ -1 & 0 & 0 & 0 & 0 \end{pmatrix}
$$

이다. 정류점 ($\lambda_1 = 3$, $\lambda_2 = \sqrt{29}/2$, $u = -2/\sqrt{29}$, $v = 5/\sqrt{29}$, $w = 1 + 7/\sqrt{29}$)에서 유테헤시안행렬은

$$\bar{\mathbf{H}} = \begin{pmatrix} 0 & 0 & -1 & 1 & -1 \\ 0 & 0 & \frac{4}{\sqrt{29}} & -\frac{10}{\sqrt{29}} & 0 \\ -1 & \frac{4}{\sqrt{29}} & -\sqrt{29} & 0 & 0 \\ 1 & -\frac{10}{\sqrt{29}} & 0 & -\sqrt{29} & 0 \\ -1 & 0 & 0 & 0 & 0 \end{pmatrix}$$

이다. 제약조건이 2개이므로 $m = 2$이고

$$(-1)^m \left|\bar{\mathbf{H}}_{m+1}\right| = (-1)^2 \left|\bar{\mathbf{H}}_3\right|$$

$$= \begin{vmatrix} 0 & 0 & -1 & 1 & -1 \\ 0 & 0 & \frac{4}{\sqrt{29}} & -\frac{10}{\sqrt{29}} & 0 \\ -1 & \frac{4}{\sqrt{29}} & -\sqrt{29} & 0 & 0 \\ 1 & -\frac{10}{\sqrt{29}} & 0 & -\sqrt{29} & 0 \\ -1 & 0 & 0 & 0 & 0 \end{vmatrix} = -4\sqrt{29} < 0$$

이므로 $f\left(-2/\sqrt{29}, 5/\sqrt{29}, 1 + 7/\sqrt{29}\right) = 3 + \sqrt{29}$ 는 상대적 최대값이다.
정류점 ($\lambda_1 = 3$, $\lambda_2 = -\sqrt{29}/2$, $u = 2/\sqrt{29}$, $v = -5/\sqrt{29}$, $w = 1 - 7/\sqrt{29}$)에서 유테헤시안행렬은

$$\bar{\mathbf{H}} = \begin{pmatrix} 0 & 0 & -1 & 1 & -1 \\ 0 & 0 & -\frac{4}{\sqrt{29}} & \frac{10}{\sqrt{29}} & 0 \\ -1 & -\frac{4}{\sqrt{29}} & \sqrt{29} & 0 & 0 \\ 1 & \frac{10}{\sqrt{29}} & 0 & \sqrt{29} & 0 \\ -1 & 0 & 0 & 0 & 0 \end{pmatrix}$$

이다. 제약조건이 2개이므로 $m=2$이고

$$
\begin{aligned}
(-1)^m \left|\bar{\mathbf{H}}_{m+1}\right| &= (-1)^2 \left|\bar{\mathbf{H}}_3\right| \\
&= \begin{vmatrix} 0 & 0 & -1 & 1 & -1 \\ 0 & 0 & -\dfrac{4}{\sqrt{29}} & \dfrac{10}{\sqrt{29}} & 0 \\ -1 & -\dfrac{4}{\sqrt{29}} & \sqrt{29} & 0 & 0 \\ 1 & \dfrac{10}{\sqrt{29}} & 0 & \sqrt{29} & 0 \\ -1 & 0 & 0 & 0 & 0 \end{vmatrix} = 4\sqrt{29} > 0
\end{aligned}
$$

이므로 $f\left(2/\sqrt{29}, -5/\sqrt{29}, 1-7/\sqrt{29}\right) = 3-\sqrt{29}$ 는 상대적 최소값이다. ◀

제 12 장 보 론

볼록집합

최적화 문제를 다룰 때 볼록성(convexity) 개념은 매우 중요한 역할을 한다. 특히 볼록집합(convex set)은 수리계획법 문제의 분석, 최적해의 특성설명, 그리고 계산절차의 개발에 있어 유용하게 사용된다. 먼저 볼록집합을 정의하는 데 사용되는 점들의 결합(combination of points)에 대해서 살펴본다.

제1절 점들의 결합

제1장 1.7절 "순서집합과 벡터"에서 설명하였듯이 순서쌍, 점, 벡터의 개념차이는 수학적인 관점에서 볼 때는 비본질적인 것이라 할 수 있다. 이러한 관점에서 여기서는 순서쌍, 점, 벡터 등의 용어를 필요에 따라 같은 대상을 나타내는 데 함께 사용할 것이다.

볼록집합의 정의에는 볼록결합(convex combination)이라는 점의 결합이 사용된다. 또한 일차결합(linear combination), 어파인결합(affine combination) 등은 몇 가지 중요한 볼록집합을 정의하는 데 사용된다.

1.1 일차결합

$\mathbb{R}^n$의 k개의 점들의 집합 $S=\{\mathbf{v}_1,\mathbf{v}_2,\cdots,\mathbf{v}_k\}$을 사용해서

$$\mathbf{v}=\alpha_1\mathbf{v}_1+\alpha_2\mathbf{v}_2+\cdots+\alpha_k\mathbf{v}_k \tag{12.1}$$

(여기서 $\alpha_1,\alpha_2,\ldots,\alpha_k$는 스칼라)

의 형태로 표현될 수 있는 $\mathbf{v}$를 S의 일차결합(linear combination)이라고 한다. 그리고 S의 모든 가능한 일차결합의 집합을 S의 선형포체(線形包體, linear hull) 또는 스팬(span)이라 부른다.

예

[그림 12.1(a)]는 $\mathbb{R}^2$의 $\{\mathbf{v}_1\}$의 스팬을 그림으로 나타낸 것이다. 이 그림에서 검정색 점은 $\mathbf{v}_1$을 나타내며 흰색 점 $\{\mathbf{v}_1\}$의 일차결합으로 $\mathbf{v}=\alpha_1\mathbf{v}_1$에서 α_1의 값으로 -2, -1, $1/2$, 2를 대입한 경우이다. α_1의 값으로 다른 모든 실수값을 대입하면 원점과 $\mathbf{v}_1$을 통과하는 직선이 되며 이것이 $\{\mathbf{v}_1\}$의 스팬이 된다. [그림 12.1(b)]는 $\mathbb{R}^3$의 $\{\mathbf{v}_1,\mathbf{v}_2\}$의 스팬을 그림으로 나타낸 것이다. 이 그림에서 검정색 점은 $\mathbf{v}_1$과 $\mathbf{v}_2$를 나타내며 흰색 점 A, B, C는 $\mathbf{v}=\alpha_1\mathbf{v}_1+\alpha_2\mathbf{v}_2$에서 α_1과 α_2에 적절한 값을 대입하여 만들어낸

점이다. A는 $\alpha_1 = 1$, $\alpha_2 = 1$을 대입한 점이고, B는 $\alpha_1 = 0.5$, $\alpha_2 = 0$을 대입한 점이고, C는 $\alpha_1 = 0.5$, $\alpha_2 = 1$을 대입한 점이다. α_1과 α_2에 다른 모든 실수값을 대입하면 원점, $\mathbf{v}_1, \mathbf{v}_2$를 통과하는 평면이 되며 이것이 $\{\mathbf{v}_1, \mathbf{v}_2\}$의 스팬이 된다.

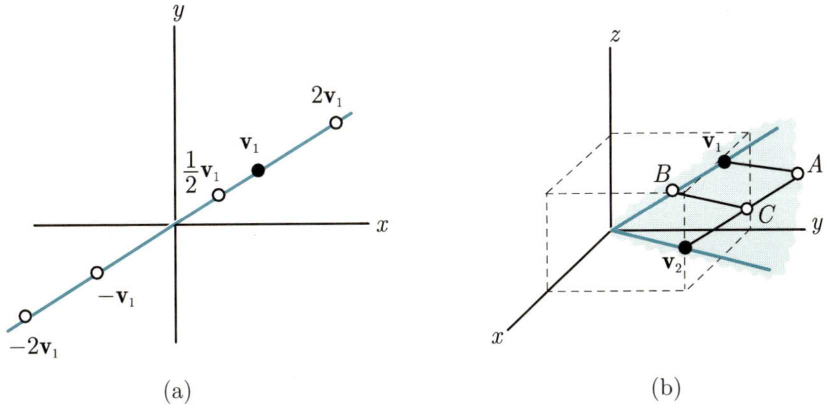

그림 12.1 ◀

1.2 비음일차결합

$\mathbb{R}^n$의 k개의 점들의 집합 $S = \{\mathbf{x}_1, \mathbf{x}_2, \cdots, \mathbf{x}_k\}$을 사용해서

$$\mathbf{x} = \alpha_1\mathbf{x}_1 + \alpha_2\mathbf{x}_2 + \cdots + \alpha_k\mathbf{x}_k$$
$$\alpha_1 \geq 0, \alpha_2 \geq 0, \cdots, \alpha_k \geq 0$$
$$(\text{여기서 } \alpha_1, \alpha_2, \ldots, \alpha_k \text{ 는 스칼라})$$

의 형태로 표현될 수 있는 $\mathbf{x}$를 S의 비음일차결합(nonnegative linear combination)이라고 한다. 그리고 S의 모든 가능한 비음일차결합의 집합을 S의 비음포체(nonnegative hull) 또는 Pos cone이라 부른다.

1.3 어파인결합

$\mathbb{R}^n$의 k개의 점들의 집합 $S = \{\mathbf{v}_1, \mathbf{v}_2, \cdots, \mathbf{v}_k\}$을 사용해서

$$\mathbf{v} = \alpha_1\mathbf{v}_1 + \alpha_2\mathbf{v}_2 + \cdots + \alpha_k\mathbf{v}_k \tag{12.2}$$
$$\alpha_1 + \alpha_2 + \cdots + \alpha_k = 1$$
$$(\text{여기서 } \alpha_1, \alpha_2, \ldots, \alpha_k \text{ 는 스칼라})$$

의 형태로 표현될 수 있는 $\mathbf{v}$를 S의 어파인결합(affine combination)이라고 한다. 그리고 S의 모든 가능한 어파인결합의 집합을 S의 어파인포체(affine hull)라 부른다. S의 어파인포체는 S의 선형포체의 부분집합이 된다.

예

[그림 12.2]는 $\mathbb{R}^2$의 두 점 $\mathbf{v}_1=(1,3)$, $\mathbf{v}_2=(3,1)$의 집합 $\{\mathbf{v}_1,\mathbf{v}_2\}$의 어파인포체를 그림으로 나타낸 것이다. 이 그림에서 검정색 점은 $\mathbf{v}_1$과 $\mathbf{v}_2$를 나타내며 흰색 점은 검은색 점들의 어파인결합이다. 점 A는 $\mathbf{v}=\alpha_1\mathbf{v}_1+$, $\alpha_2\mathbf{v}_2$ $\alpha_1+\alpha_2=1$에서 α_1의 값으로 0.5를 대입하고 α_2의 값으로 0.5를 대입한 경우이다. 점 B는 $\mathbf{v}=\alpha_1\mathbf{v}_1+\alpha_2\mathbf{v}_2$, $\alpha_1+\alpha_2=1$에서 α_1의 값으로 -0.2를 대입하고 α_2의 값으로 1.2를 대입한 경우이다. α_1과 α_2의 값으로 $\alpha_1+\alpha_2=1$을 만족하는 다른 모든 실수값을 대입하면 $\mathbf{v}_1$과 $\mathbf{v}_2$를 통과하는 직선이 되며 이것이 $\{\mathbf{v}_1,\mathbf{v}_2\}$의 어파인포체가 된다.

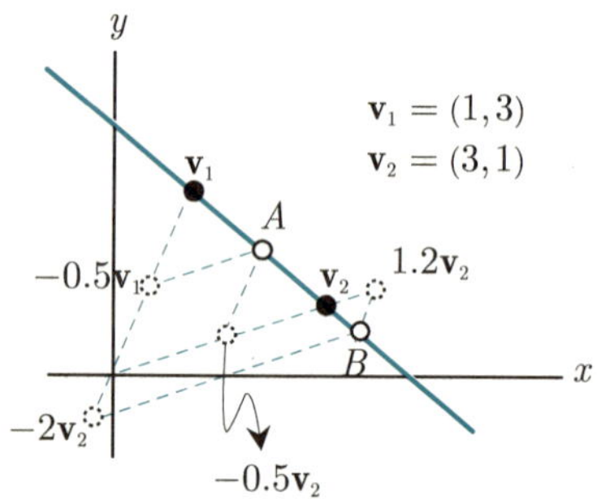

그림 12.2

◀

식 (12.2)의 가중치의 합이 1이라는 조건식으로부터

$$\alpha_1=1-\alpha_2-\alpha_3-\cdots-\alpha_k$$

이며 이를 식 (12.2)에 대입하면

$$\mathbf{v}=\mathbf{v}_1+\alpha_2(\mathbf{v}_2-\mathbf{v}_1)+\alpha_3(\mathbf{v}_3-\mathbf{v}_1)+\cdots+\alpha_k(\mathbf{v}_k-\mathbf{v}_1)$$

이다. $\mathbf{u}=\mathbf{v}-\mathbf{v}_1$이라 하면

$$\mathbf{u}=\alpha_2(\mathbf{v}_2-\mathbf{v}_1)+\alpha_3(\mathbf{v}_3-\mathbf{v}_1)+\cdots+\alpha_k(\mathbf{v}_k-\mathbf{v}_1)$$

이고 $\alpha_2,\alpha_3,\cdots\alpha_k$는 임의의 실수이므로 $\mathbf{u}$는 $\{(\mathbf{v}_2-\mathbf{v}_1),(\mathbf{v}_3-\mathbf{v}_1),\cdots,(\mathbf{v}_k-\mathbf{v}_1)\}$

의 일차결합이다. 따라서 $\{\mathbf{v}_1, \mathbf{v}_2, \cdots, \mathbf{v}_k\}$의 어파인포체는 $\{(\mathbf{v}_2 - \mathbf{v}_1), (\mathbf{v}_3 - \mathbf{v}_1), \cdots, (\mathbf{v}_k - \mathbf{v}_1)\}$의 선형포체를 $\mathbf{v}_1$으로 이동시킨 것이라 할 수 있다.

예

$\mathbf{v}_1 = (1,4)$, $\mathbf{v}_2 = (2,2)$이라 할 때 [그림 12.3]은 $\{\mathbf{v}_1, \mathbf{v}_2\}$의 어파인포체와 $\{\mathbf{v}_2 - \mathbf{v}_1\}$의 선형포체를 나타낸 것이다.

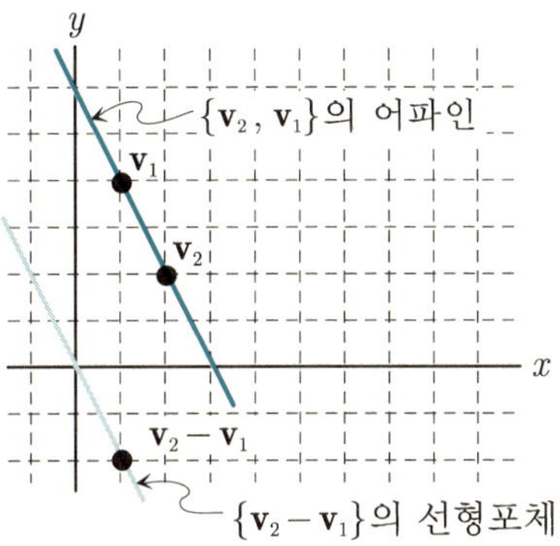

그림 12.3

◀

1.4 볼록결합

$\mathbb{R}^n$의 k개의 점들의 집합 $S = \{\mathbf{v}_1, \mathbf{v}_2, \cdots, \mathbf{v}_k\}$을 사용해서

$$\mathbf{v} = \alpha_1\mathbf{v}_1 + \alpha_2\mathbf{v}_2 + \cdots + \alpha_k\mathbf{v}_k \tag{12.3}$$

$$\alpha_1 + \alpha_2 + \cdots + \alpha_k = 1$$

$$\alpha_1 \geq 0, \alpha_2 \geq 0, \cdots, \alpha_k \geq 0$$

$$(\text{여기서 } \alpha_1, \alpha_2, \ldots, \alpha_k \text{ 는 스칼라})$$

의 형태로 표현될 수 있는 $\mathbf{v}$를 S의 볼록결합(convex combination)이라고 한다. 그리고 S의 모든 가능한 볼록결합의 집합을 S의 볼록포체(convex hull)라 부른다. S의 볼록포체는 S의 어파인포체의 부분집합이 된다.

볼록결합의 조건 식 (12.3)에서 가중치 값이 0보다 크거나 같다는 조건식 $\alpha_1 \geq 0$, $\alpha_2 \geq 0, \cdots, \alpha_k \geq 0$을 가중치 값이 0보다 크다는 조건식 $\alpha_1 > 0, \alpha_2 > 0, \cdots, \alpha_k > 0$으로 대체하여

$$\mathbf{v} = \alpha_1\mathbf{v}_1 + \alpha_2\mathbf{v}_2 + \cdots + \alpha_k\mathbf{v}_k$$
$$\alpha_1 + \alpha_2 + \cdots + \alpha_k = 1,$$
$$\alpha_1 > 0, \alpha_2 > 0, \cdots, \alpha_k > 0$$

(여기서 $\alpha_1, \alpha_2, ..., \alpha_k$ 는 스칼라)

의 형태로 표현할 수 있는 $\mathbf{v}$를 S의 강볼록결합(strict convex combination)이라고 한다. 그리고 S의 모든 가능한 강볼록결합의 집합을 S의 강볼록포체(strict convex hull)라 부른다.

예

[그림 12.4]는 유클리드2공간 $\mathbb{R}^2$의 두 점 $\{\mathbf{v}_1, \mathbf{v}_2\}$의 볼록포체를 그림으로 나타낸 것이다.
이 그림에서 검정색 점은 $\mathbf{v}_1$과 $\mathbf{v}_2$를 나타내며 흰색 점은 검은색 점들의 볼록결합이다. 점 A는 $\mathbf{v} = \alpha_1\mathbf{v}_1 + \alpha_2\mathbf{v}_2$, $\alpha_1 + \alpha_2 = 1$, $\alpha_1 \geq 0, \alpha_2 \geq 0$, 에서 α_1의 값으로 0.5를 대입하고 α_2의 값으로 0.5를 대입한 경우이다. 점 B는 α_1의 값으로 0.25를 대입하고 α_2의 값으로 0.75를 대입한 경우이다. α_1과 α_2의 값으로 $\alpha_1 + \alpha_2 = 1$, $\alpha_1 \geq 0, \alpha_2 \geq 0$을 만족하는 다른 모든 실수값을 대입하면 $\mathbf{v}_1$과 $\mathbf{v}_2$의 두 점을 포함하는 $\mathbf{v}_1$과 $\mathbf{v}_2$를 연결하는 선분이 되며 이것이 $\{\mathbf{v}_1, \mathbf{v}_2\}$의 볼록포체가 된다. α_1과 α_2의 값으로 $\alpha_1 + \alpha_2 = 1$, $\alpha_1 > 0, \alpha_2 > 0$을 만족하는 다른 모든 실수값을 대입하면 $\mathbf{v}_1$과 $\mathbf{v}_2$의 두 점을 제외하는 $\mathbf{v}_1$과 $\mathbf{v}_2$를 연결하는 선분이 되며 이것이 $\{\mathbf{v}_1, \mathbf{v}_2\}$의 강볼록포체가 된다.

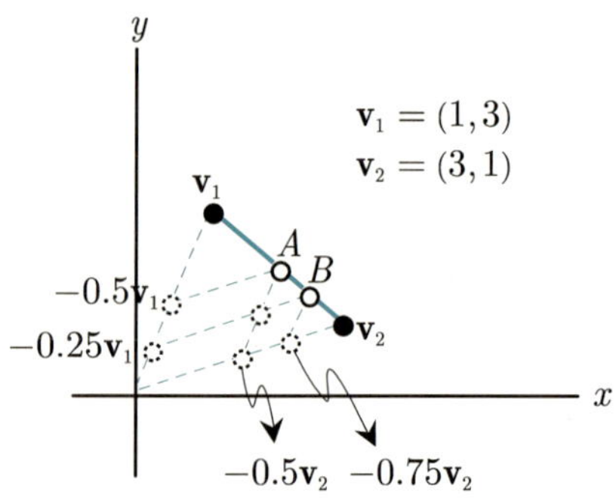

그림 12.4

◀

제2절 볼록집합

2.1 볼록집합의 정의

집합 V를 $\mathbb{R}^n$의 부분집합이라고 하자. V 안에 들어 있는 임의의 두 점의 모든 볼록결합(convex combination)이 V에 포함되면, 즉

$$\mathbf{v}_1 \in V\,,\ \ \mathbf{v}_2 \in V \ \Rightarrow\ \alpha\mathbf{v}_1 + (1-\alpha)\mathbf{v}_2 \in V \quad \text{for all}\ \ 0 \le \alpha \le 1 \tag{12.4}$$

이면 V를 볼록집합(convex set)이라고 한다. V가 볼록집합이면 V 안에 들어 있는 임의의 두 점을 연결한 선분(line segment) 전체가 V에 포함된다.

[그림 12.6]은 볼록집합이 아닌 경우의 예를 나타낸 것이다. [그림 12.6]의 (a)를 살펴보면 점 $\mathbf{v}_1$과 점 $\mathbf{v}_2$를 연결하는 선분 중 일부가 포함되지 않고 있다. [그림 12.5]에 나타낸 예에서는 이러한 경우를 찾을 수 없다.

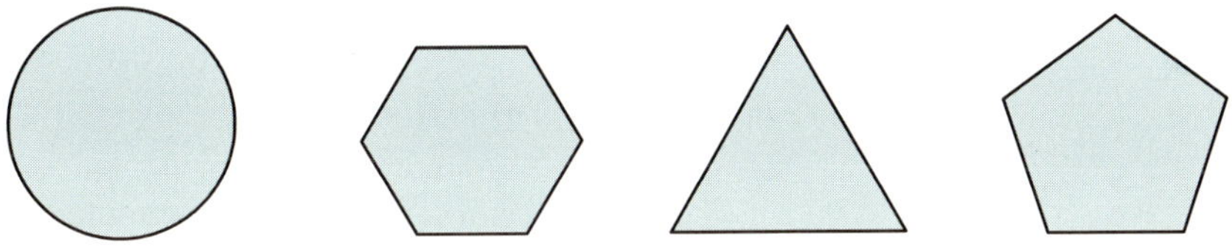

그림 12.5

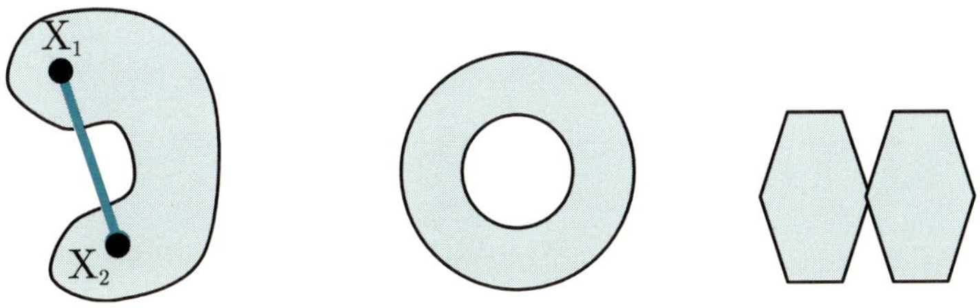

그림 12.6

정리 12보.1 **볼록집합의 성질**

유한 개의 볼록집합의 교집합은 볼록집합이다.

증명

볼록집합들의 교집합이 볼록집합이 됨은 직관적으로 쉽게 알 수 있다. [그림 12.7(a)]는 두 개의 볼록집합의 교집합이 볼록집합이 됨을 보여주고 있으며 (b)는 세 개의 볼록집합의 교집합이 볼록집합이 됨을 보여주고 있다.

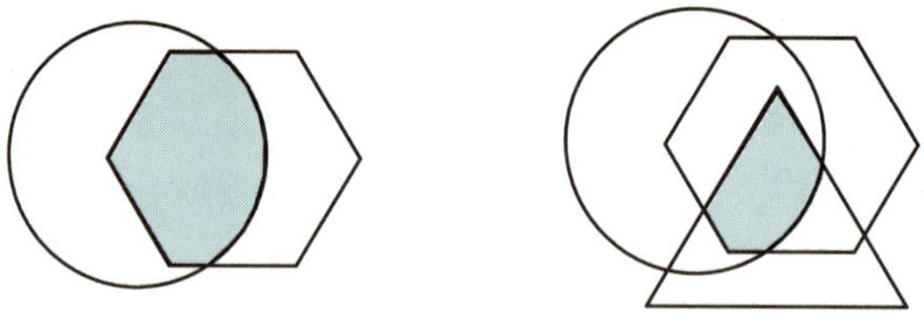

(a) (b)

그림 12.7

2.2 볼록집합의 극점

V를 볼록집합이라고 하자. V 안에 들어 있는 두 점의 강볼록결합(strict convex combination)으로 나타낼 수 없는, 즉 임의의 $\mathbf{v}_1, \mathbf{v}_2 \in V$에 대하여

$$\mathbf{v} = \alpha \mathbf{v}_1 + (1-\alpha)\mathbf{v}_2 , \quad 0 < \alpha < 1$$

을 만족하는 가중치 α가 존재하지 않는 점 $\mathbf{v}$를 볼록집합 V의 극점(extreme point)이라 한다. 극점은 수리계획법 특히 선형계획법(linear programming)에 관한 이론에서 매우 중요한 역할을 하는 개념이다.

예

[그림 12.8]은 볼록집합의 극점과 극점이 아닌 점의 예를 보여주고 있다. 여기서 $\mathbf{v}_1$은 V의 극점이지만 $\mathbf{v}_2$와 $\mathbf{v}_3$은 극점이 아닌 점이다.

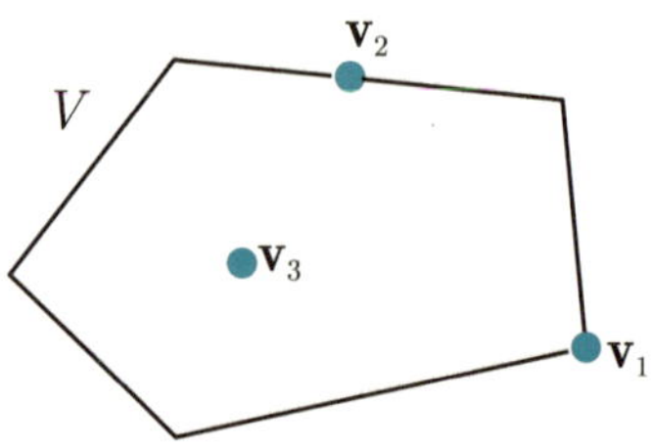

그림 12.8

2.3 반직선

$\mathbb{R}^n$의 점 $\mathbf{v}_0$과 $\mathbf{v}$를 사용해서

$$\mathbf{u} = \mathbf{v}_0 + \alpha\mathbf{v}\,,\quad \alpha \geq 0 \quad (\text{여기서 } \alpha \text{ 는 스칼라})$$

의 형태로 표현될 수 있는 모든 점 $\mathbf{u}$의 집합을 $\mathbf{v}$가 생성하는 사선(射線, ray)[1]이라고 한다. 그리고 $\mathbf{v}_0$은 반직선의 정점(vertex)이라고 하며 $\mathbf{v}$는 반직선의 방향(direction)이라고 부른다. 반직선은 조건 식 (12.4)를 만족시키는 볼록집합이다.

예

[그림 12.9]에서 굵은 실선은 $\mathbf{v}$를 방향으로 하는 반직선을 그림으로 나타낸 것이다.
이 그림에서 정점 $\mathbf{v}_0$과 방향벡터 $\mathbf{v}$는 검정색 점으로 나타내었다. $\mathbf{v}$의 스칼라곱 A'과 B'는 회색 점으로 나타내었다. A'는 $\alpha\mathbf{v}$에서 α의 값으로 1보다 작은 값을 대입한 경우이고 B'는 1보다 큰 값을 대입한 경우이다. $\mathbf{v}$의 스칼라곱 $\alpha\mathbf{v}$에 $\mathbf{v}_0$을 합한 A와 B는 흰색 점으로 나타내었다. α의 값으로 다른 실수값을 대입하여 구한 점들의 집합을 구하면 굵은 실선으로 나타낸 반직선이 된다.

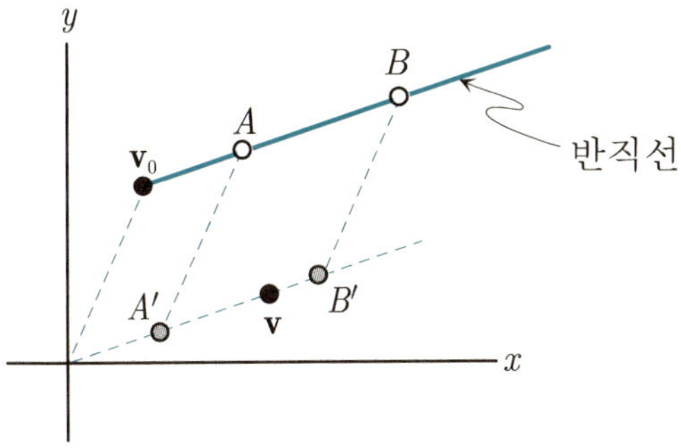

그림 12.9

◀

[1] 원점을 정점으로 하는 $\{\mathbf{u}|\mathbf{u} = \alpha\mathbf{v}, \alpha \geq 0\}$을 레이(ray)라 하고 원점을 포함하여 임의의 점 $\mathbf{v}_0$을 정점으로 하는 $\{\mathbf{u}|\mathbf{u} = \mathbf{v}_0 + \alpha\mathbf{v}, \alpha \geq 0\}$을 반직선(halfline)으로 구별하기도 한다.

2.4 볼록원추

집합 C를 유클리드n 공간 $\mathbb{R}^n$의 부분집합이라 하자. C에 속하는 임의의 점 $\mathbf{v}$가 생성하는 원점을 정점으로 하는 반직선이 모두 C에 포함되면, 즉

$$\text{임의의 } \mathbf{v} \in C\text{에 대하여 } \{\mathbf{u} | \mathbf{u} = \alpha\mathbf{v}, \alpha \geq 0\} \subset C$$

이면 C를 원추(cone)라 한다. 또한 C가 볼록집합이면 C를 볼록원추(convex cone)라 한다.

예

[그림 12.10(a)]는 볼록원추의 예를 나타낸 것이고 (b)는 볼록이 아닌 원추의 예를 나타낸 것이다.

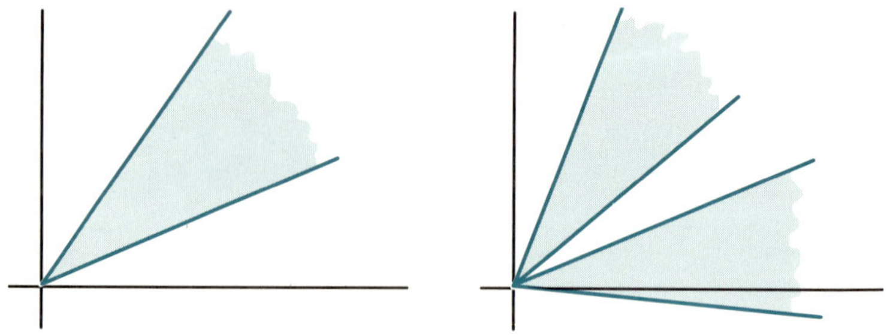

그림 12.10 ◀

2.5 초평면

두 변수 x_1, x_2 의 일차방정식(linear equation)

$$a_1x_1 + a_2x_2 = b$$

을 만족시키는 모든 점 $\mathbf{x} = (x_1, x_2) \in \mathbb{R}^2$의 집합 $H = \{(x_1, x_2) | a_1x_1 + a_2x_2 = b\}$은 x_1축의 절편이 b / a_1이고 x_2 축의 절편이 b / a_2인 직선(line)이 된다. 세 변수 x_1, x_2, x_3의 일차방정식

$$a_1x_1 + a_2x_2 + a_3x_3 = b$$

을 만족시키는 모든 점 $\mathbf{x} = (x_1, x_2, x_3) \in \mathbb{R}^3$의 집합 $H = \{(x_1, x_2, x_3) | a_1x_1 + a_2x_2 + a_3x_3 = b\}$은 x_1축의 절편이 b / a_1이고 x_2축의 절편이 b / a_2이고 x_3축의 절편이 b / a_3인 평면(plane)이 된다.

예

일차방정식

$$2x_1 + x_2 = 2$$

을 만족시키는 모든 점 $\mathbf{x} = (x_1, x_2) \in \mathbb{R}^2$의 집합 $H = \{(x_1, x_2) | 2x_1 + x_2 = 2\}$은 [그림 12.11(a)]에 나타낸 것과 같이 x_1축의 절편이 1이고 x_2축의 절편이 2인 직선이 된다.
그리고 일차방정식

$$x_1 + \frac{4}{3}x_2 + x_3 = 3$$

을 만족시키는 모든 점 $\mathbf{x} = (x_1, x_2, x_3) \in \mathbb{R}^3$의 집합 $H = \{(x_1, x_2, x_3) | x_1 + \frac{4}{3}x_2 + x_3 = 3\}$은 x_1축의 절편이 3, x_2축의 절편이 4, 그리고 x_3축의 절편이 3인 평면이 된다. [그림 12.11(b)]는 이러한 평면의 일부를 나타낸 것이다.

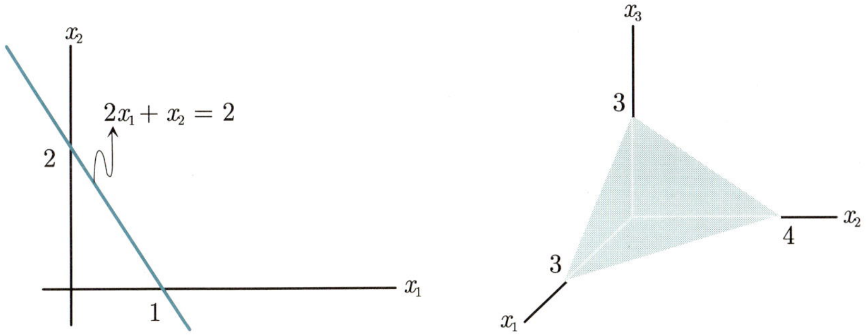

그림 12.11 ◀

초평면(hyperplane)은 유클리드2공간 $\mathbb{R}^2$에서의 직선과 유클리드3공간 $\mathbb{R}^3$에서의 평면을 일반화한 것이다. 즉 n변수 $x_1, x_2, \cdots, x_n$의 일차방정식

$$a_1x_1 + a_2x_2 + \cdots + a_nx_n = b \tag{12.5}$$

($a_1, a_2, \cdots, a_n, b$는 실수이며 $a_1, a_2, \cdots, a_n$ 중 적어도 하나는 0이 아님)

을 만족시키는 모든 점 $\mathbf{x} = (x_1, x_2, \cdots, x_n) \in \mathbb{R}^n$의 집합

$$H = \{(x_1, x_2, \cdots, x_n) | a_1x_1 + a_2x_2 + \cdots + a_nx_n = b\}$$

을 초평면(hyperplane)이라고 한다. 초평면은 조건 식 (12.4)를 만족하는 볼록집합이다.

식 (12.5)에서 계수 $a_1, a_2, \cdots, a_n$을 벡터 $\mathbf{a}=(a_1, a_2, \cdots, a_n)$로 나타내고 변수 $x_1,\ x_2,\cdots,\ x_n$을 벡터 $\mathbf{x}=(x_1, x_2, \cdots, x_n)$로 나타내면 방정식 식 (12.5)는

$$\mathbf{ax}=b \tag{12.6}$$

로 나타낼 수 있다. 이 방정식의 계수벡터 $\mathbf{a}=(a_1, a_2, \cdots, a_n)$을 초평면 H에 대한 정상벡터(normal vector)[2]라고 부른다. 초평면 위의 한 고정점을 $\mathbf{x}_0$라고 하자. $\mathbf{x}_0 \in H$이므로 $\mathbf{ax}_0=b$이다. 이를 식 (12.6)에서 빼면

$$\mathbf{a}(\mathbf{x}-\mathbf{x}_0)=0 \tag{12.7}$$

이 된다. 여기서 $\mathbf{x}-\mathbf{x}_0$은 점[3] $\mathbf{x}_0$를 시점으로 하고 점 $\mathbf{x}$를 종점으로 하는 벡터이다. $\mathbf{a}$와 $\mathbf{x}-\mathbf{x}_0$의 내적이 0임을 나타내는 식 (12.7)은 정상벡터 $\mathbf{a}$와 $\mathbf{x}-\mathbf{x}_0$이 직교(orthogonal)함을 의미한다.

2.6 반공간

초평면은 유클리드n공간 $\mathbb{R}^n$을 반공간(half-space)이라고 부르는 두 개의 영역으로 분할한다. 즉 반공간은 일차부등식(linear inequality)

$$\mathbf{ax} \le b$$
$$(\mathbf{a}\text{는 0이 아닌 벡터})$$

을 만족시키는 모든 점 $\mathbf{x} \in \mathbb{R}^n$의 집합

$$H^- = \{\mathbf{x} | \mathbf{ax} \le b\}$$

으로 표현되거나 또는 일차부등식

$$\mathbf{ax} \ge b$$
$$(\mathbf{a}\text{는 0이 아닌 벡터})$$

을 만족시키는 모든 점 $\mathbf{x} \in \mathbb{R}^n$의 집합

$$H^+ = \{\mathbf{x} | \mathbf{ax} \ge b\}$$

으로 표현될 수 있다.

---

2) 정상벡터는 경사벡터(gradient vector)라고 부르기도 한다.

3) 점(point)과 벡터(vector)의 구별은 비본질적인 것이며 필요에 따라 함께 사용할 것임을 앞에서 밝힌 바 있다. 여기서 점(point)은 원점(origin)을 시점으로 하고 해당 점을 종점으로 하는 벡터로 볼 수 있다.

예

예를 들어 [그림 12.12(a)]에서 음영으로 나타낸 영역은 선형부등식 $2x_1 + x_2 \geq 2$로 정의된 반공간이다.

[그림 12.12(b)]에서 초평면 $x_1 + \frac{4}{3}x_2 + x_3 = 3$은 공간을 두 영역으로 분할하며 점 $\mathbf{x}_0$가 속해 있는 영역은 선형부등식 $x_1 + \frac{4}{3}x_2 + x_3 \geq 3$으로 정의된 반공간이다.

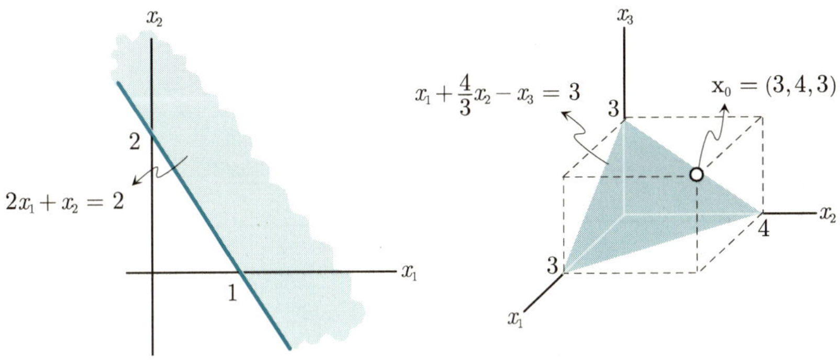

그림 12.12

◀

반공간도 초평면과 마찬가지로 조건 식 (12.4)를 만족하는 볼록집합이다.

2.7 볼록다면체와 볼록유한체

유한 개의 반공간(half-space)의 교집합, 즉

$$S = \{\mathbf{x} | \mathbf{a}_i \mathbf{x} \leq b_i, i = 1, 2, \cdots, m\}$$

(여기서 $\mathbf{a}_i$는 0이 아닌 벡터임)

을 볼록다면체(convex polyhedron)라고 한다. 그리고 유계(bounded)인 볼록다면체는 볼록유한체(convex polytope)라고 한다.

예

[그림 12.13](a)]는 일차부등식

① $-3x + y \leq -2$

② $-x + y \leq 2$

③ $-x + 2y \leq 8$

④ $-2y \leq -2$

으로 정의된 볼록다면체이다.

[그림 12.13(b)]는 (a)의 볼록다면체를 구성하는 선형부등식에

⑤ $x \le 8$

을 추가한 것으로 볼록유한체가 된다.

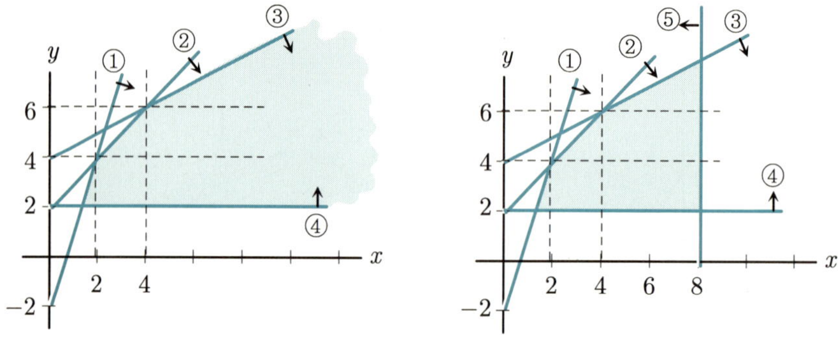

그림 12.13 ◀

제3절 개집합과 폐집합

3.1 근방

유클리드 n공간 $\mathbb{R}^n$의 한 점을 $\mathbf{a}$라 하고 ε을 임의의 양의 실수(positive real number)라 하자. 점 $\mathbf{a}$를 중심으로 하여 거리가 ε보다 작은 모든 점 $\mathbf{x}$의 집합, 즉

$$\left\{\mathbf{x} \in \mathbb{R}^n \,|\, \|\mathbf{x} - \mathbf{a}\| < \varepsilon\right\}$$

을 $\mathbf{a}$의 ε 근방(ε 近傍, ε-neighborhood)이라 하고 $N_\varepsilon(\mathbf{a})$로 나타낸다. 양의 실수 ε을 $N_\varepsilon(\mathbf{a})$의 반경(半徑, radius)이라 한다. $\mathbb{R}$에서 $\mathbf{a}$의 ε 근방 $N_\varepsilon(\mathbf{a})$은 [그림 12.14(a)]와 같은 단순한 개구간(open interval)이다. $\mathbb{R}^2$에서 $\mathbf{a}$의 ε근방 $N_\varepsilon(\mathbf{a})$은 [그림 12.14(b)]에 나타낸 것과 같이 $\mathbf{a}$가 중심이고 반지름이 ε인 개원판(open circuar disk)이다. $\mathbb{R}^3$에서 $\mathbf{a}$의 ε근방 $N_\varepsilon(\mathbf{a})$은 [그림 12.14(c)]에 나타낸 것과 같이 $\mathbf{a}$가 중심이고 반경이 ε인 개구체(open ball)이다.

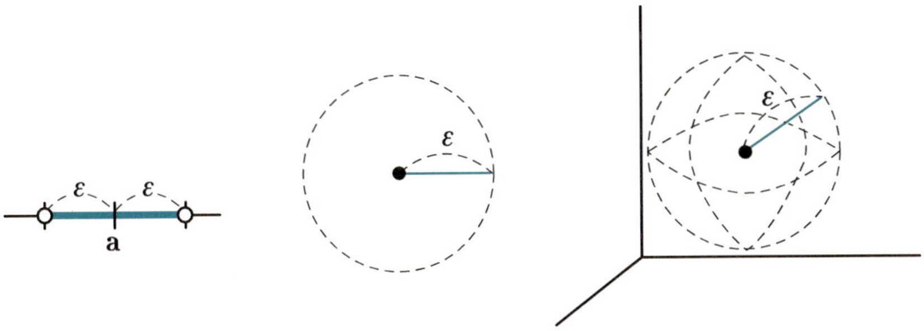

(a) (b) (c)

그림 12.14

3.2 내점/외점/경계점

집합 S를 $\mathbb{R}^n$의 부분집합이라 하고 $\mathbf{a} \in S$라 하자. S에 포함되는 $\mathbf{a}$의 ε근방이 존재하면, 즉

$$N_\varepsilon(\mathbf{a}) \subset S$$

이 성립하면 $\mathbf{a}$를 S의 내점(內點, interior point)이라 한다. 집합 S의 모든 내점의 집합을 S의 내부(內部, interior)[4]라 하고 $\operatorname{int} S$로 나타낸다. S의 점을 포함하지 않는 $\mathbf{a}$의 ε근방이 존재하면, 즉 어떤 $\varepsilon > 0$과 S의 모든 점 $\mathbf{b}$에 대하여

$$\mathbf{b} \notin N_\varepsilon(\mathbf{a})$$

이면 $\mathbf{a}$를 S의 외점(外點, exterior point)이라 한다. 집합 S의 모든 외점의 집합을 S의 외부(外部, exterior)라 하고 S^e로 나타낸다. 그리고 $\mathbf{a}$의 ε근방이 S의 점과 S의 외부의 점을 동시에 포함하면, 즉 임의의 $\varepsilon > 0$에 대하여

$$N_\varepsilon(\mathbf{a}) \cap S \neq \varnothing \text{이고 } N_\varepsilon(\mathbf{a}) \cap S' \neq \varnothing$$

이면 $\mathbf{a}$를 S의 경계점(境界點, boundary point)이라 한다. S의 모든 경계점의 집합을 S의 경계(boundary)라 하며 ∂S로 나타낸다. [그림 12.15]는 내점, 외점, 경계점의 개념을 나타낸 것이다.

---

4) 내부를 개핵(開核, open kernel)이라고도 부른다.

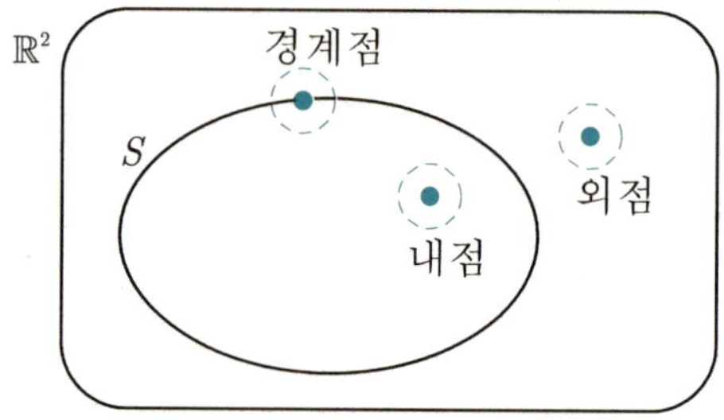

그림 12.15

예

$\mathbb{R}^2$의 부분집합 S가 $S=\left\{(x_1,x_2)\in\mathbb{R}^2\,\middle|\,x_1^2+x_2^2<1\right\}$이라고 하자([그림 12.16] 참조).

S 의 내부 $\operatorname{int}S$ 는 $\operatorname{int}S=\left\{(x_1,x_2)\in\mathbb{R}^2\,\middle|\,x_1^2+x_2^2<1\right\}$ 이다. S의 경계 ∂S는 $\partial S=\left\{(x_1,x_2)\in\mathbb{R}^2\,\middle|\,x_1^2+x_2^2=1\right\}$ 이다. 그리고 S의 외부 S^e는 $S^e=\left\{(x_1,x_2)\in\mathbb{R}^2\,\middle|\,x_1^2+x_2^2>1\right\}$ 이다.

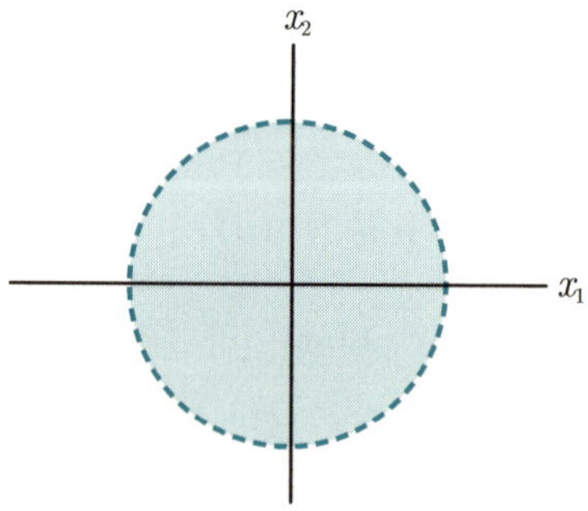

그림 12.16 ◀

3.3 근접점/집적점/고립점

집합 S를 $\mathbb{R}^n$의 부분집합이라 하고 $\mathbf{a}\in\mathbb{R}^n$라 하자($\mathbf{a}$는 S의 원소일 수도 있고 그렇지 않을 수도 있다). $\mathbf{a}$의 ε근방 중 (아무리 반경 ε 이 작은) 어떤 것을 선택하더라도 선택한 ε근방에 적어도 하나 이상의 S의 점이 포함되어 있으면, 즉 임의의 $\varepsilon>0$에 대하여

$$N_\varepsilon(\mathbf{a})\cap S\neq\varnothing$$

이면 $\mathbf{a}$를 S의 근접점(近接點, adherent point)이라 한다. 그리고 S의 모든 근접점

의 집합을 S의 폐포(閉包, closure)라고 하며 $\overline{S}$로 나타낸다.

$\mathbf{a}$의 ε근방 중 (아무리 반경 ε이 작은) 어떤 것을 선택하더라도 선택한 ε근방에 적어도 하나 이상의 $\mathbf{a}$가 아닌 S의 점이 포함되어 있으면, 즉 임의의 $\varepsilon > 0$에 대하여

$$N_{\varepsilon}(\mathbf{a}) \cap \left(S - \{\mathbf{a}\}\right) \neq \varnothing$$

이면 $\mathbf{a}$를 S의 집적점(集積點, accumulating point)[5]이라 한다. 그리고 S의 모든 집적점의 집합을 S의 유도집합(derived set)이라고 하며 S^d로 나타낸다. 집합 S의 집적점 $\mathbf{a}$의 의미를 직관적으로 해석해 보면 $\mathbf{a}$의 임의의 근방에 S의 점들이 무한히 많이 존재한다는 뜻이다. 한편 $\mathbf{a} \in S$로서 S의 집적점이 아닌 점 $\mathbf{a}$를 S의 고립점(孤立點, isolating point)이라 한다.

예

$\mathbb{R}^2$의 부분집합 S가 $S = \left\{(x_1, x_2) \in \mathbb{R}^2 \,\middle|\, x_1^2 + x_2^2 < 1\right\}$이라고 하자([그림 12.16] 참조). S의 폐포 $\overline{S}$는 $\overline{S} = \left\{(x_1, x_2) \in \mathbb{R}^2 \,\middle|\, x_1^2 + x_2^2 \leq 1\right\}$이다. ◀

예

$\mathbb{R}$의 부분집합 S가 $S = \{x \in \mathbb{R} \mid 1 < x < 3 \text{ or } x = 4 \text{ or } x = 7\}$이라고 하자([그림 12.17] 참조).

[그림 12.17]의 실선에서 점 1과 3을 중심으로 (반경이 아무리 작은) 어떤 근방을 취하더라도 선택한 근방은 집합 S의 점을 포함하게 된다. 따라서 1과 3은 집합 S의 근접점이 된다. 점 4와 7은 집합 S의 원소이므로 S의 근접점이 된다. 따라서 S의 폐포 $\overline{S}$는

$$\overline{S} = \{x \in \mathbb{R} \mid 1 \leq x \leq 3 \text{ or } x = 4 \text{ or } x = 7\}$$

이다. 점 4와 7 근접점의 조건은 만족하지만 집적점의 조건은 만족하지 못하는 S의 고립점이다. S의 모든 집적점의 집합인 S의 유도집합 S^d는

$$S^d = \{x \in \mathbb{R} \mid 1 \leq x \leq 3\}$$

이다.

---

5) 집적점은 극한점(極限點, limit point)이라고도 부른다.

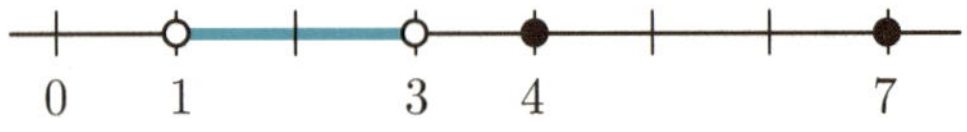

그림 12.17

예

집합 S를 $1/n$, $n=1,2,3,\cdots$ 와 같은 형태의 수들의 집합이라 하자([그림 12.18] 참조).

예를 들어 점 $\frac{1}{3}$은 임의의 $0<\varepsilon<\frac{1}{12}$에 대하여 $N_\varepsilon\left(\frac{1}{3}\right)\cap S=\left\{\frac{1}{3}\right\}\neq\varnothing$ 으로 근접점이다. 그러나 $N_\varepsilon\left(\frac{1}{3}\right)\cap\left(S-\left\{\frac{1}{3}\right\}\right)=\varnothing$ 으로 집적점은 되지 못한다. 점 0은 임의의 $\varepsilon>0$에 대하여 $N_\varepsilon(0)\cap S=\left\{\frac{1}{n}\middle|0<\frac{1}{n}\leq\varepsilon, n=1,2,3,\cdots\right\}\neq\varnothing$ 으로 근접점이며 또한 $N_\varepsilon(0)\cap(S-\{0\})=\left\{\frac{1}{n}\middle|0<\frac{1}{n}\leq\varepsilon, n=1,2,3,\cdots\right\}\neq\varnothing$ 으로 집적점이다.

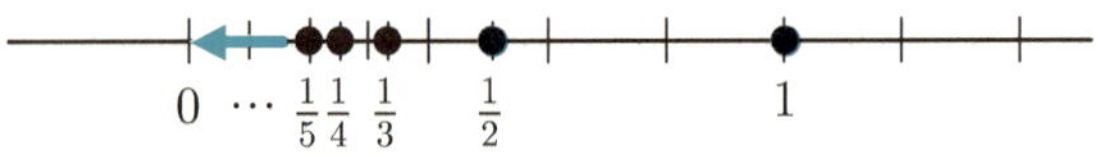

그림 12.18

3.4 개집합과 폐집합

집합 S를 $\mathbb{R}^n$의 부분집합이라 하자. S의 모든 점이 내점이면, 즉

$$S=\operatorname{int}S$$

이면 S를 개집합(開集合, open set)이라 한다. 개집합은 다음과 같이 정의할 수도 있다. S의 임의의 점 $\mathbf{a}$에 대해서 $\mathbf{a}$를 중심으로 하는 충분히 작은 ε근방 $N_\varepsilon(\mathbf{a})$을 취하여 $N_\varepsilon(\mathbf{a})$이 S에 완전히 포함되면 S를 개집합이라 한다.

집합 S를 $\mathbb{R}^n$의 부분집합이라 하자. S의 여집합이 개집합이면 S를 폐집합(閉集合, closed set)이라 한다.

정리 12보.2 **폐집합의 성질**

$\mathbb{R}^n$의 어떤 집합 S가 자신의 모든 근접점을 포함하고 있으면 즉 $\overline{S}\subseteq S$이면 S는 폐집합이며 그 역도 성립한다.

증명

S가 폐집합이며 $\mathbf{a}$를 S의 근접점이라 하자. $\mathbf{a} \in S$임을 증명하면 된다. 이를 위해서는 $\mathbf{a} \notin S$을 가정하고 모순임을 밝히면 된다. $\mathbf{a} \notin S$이면 $\mathbf{a} \in \mathbb{R}^n - S$이다. S가 폐집합이므로 여집합인 $\mathbb{R}^n - S$는 개집합이다. 따라서 $\mathbb{R}^n - S$에 완전히 포함되는 $\mathbf{a}$의 ε근방 $N_\varepsilon(\mathbf{a})$이 모든 $\mathbf{a}$에 대해서 존재하며 $N_\varepsilon(\mathbf{a})$는 S의 점을 전혀 포함하지 않는다. 이는 $\mathbf{a}$가 S의 근접점이라는 가정과 모순이다.

역을 증명해 보자. 집합 S가 자신의 모든 근접점을 포함하고 있음을 가정한 상태에서 S가 폐집합임을 보이면 된다. $\mathbf{a} \in \mathbb{R}^n - S$ (즉 $\mathbf{a} \notin S$)으로 가정하자. $\mathbf{a} \notin S$이므로 $\mathbf{a}$는 S의 근접점이 아니다. 따라서 $N_\varepsilon(\mathbf{a}) \cap S \neq \varnothing$이고 $N_\varepsilon(\mathbf{a}) \subseteq \mathbb{R}^n - S$이므로 $\mathbb{R}^n - S$는 개집합이다. $\mathbb{R}^n - S$이 개집합이므로 S는 폐집합이다. ■

정리 12보.3 **폐집합의 성질**

어떤 집합 S가 폐집합이면 $S = \overline{S}$이고 그 역도 성립한다.

증명

근접점의 정의로부터 집합 S의 근접점은 S의 원소인 것과 그렇지 않은 것으로 구분된다. 그리고 S의 모든 점은 S의 근접점이다. 따라서 S의 모든 근접점의 집합인 폐포 $\overline{S}$는 S를 포함한다. 즉 $S \subseteq \overline{S}$이다. [정리 12보.2]로부터 $\overline{S} \subseteq S$이면 S는 폐집합이다. 따라서 $S = \overline{S}$이면 S가 폐집합이고 그 역도 성립한다. ■

연습문제

1. $[-3,3]$에서 $f(x)=\frac{1}{5}\left(2x^3+3x^2-12x\right)$의 극값을 구하시오.

(2~5) 다음 함수의 임계점을 찾으시오.

2. $f(x)=5x^2+4x$

3. $f(x)=x^3+3x^2-24x$

4. $f(x)=|2x+3|$

5. $f(x)=5x^{2/3}+x^{5/3}$

6. $f(x)=x^3-1$이 증가인 구간과 감소인 구간을 찾으시오.

7. $f(x)=x^4+4x$이 증가인 구간과 감소인 구간을 찾으시오.

8. $f(x)=2-(x-1)^{2/3}$의 상대적 극값을 구하시오.

9. $f(x)=\frac{1}{4}x^3-3x-1$의 상대적 극값을 구하시오.

10. $f(x)=3x^2-1/x^2$이 강오목인 구간과 강볼록인 구간 및 변곡점을 찾으시오.

(11~14) 2계도함수검증법으로 다음 함수의 상대적 극값을 찾으시오.

11. $f(x)=x^3-12x+1$

12. $f(x)=x^4-2x^2+3$

13. $f(x) = x + \sqrt{1-x}$

14. $f(x) = x\sqrt{x+3}$

(15~17) 다음 함수의 주어진 전개점 c에서의 테일러다항식 P_3을 구하시오.

15. $f(x) = 1 + x + x^2 + x^3$, $c = 2$

16. $f(x) = e^x$, $c = 3$

17. $f(x) = 1/\sqrt{x}$, $c = 9$

18. $f(x) = x^4 - 4x^3$의 상대적 극값을 구하시오.

(19~20) 다음 함수의 점 P에서의 기울기벡터의 값을 구하시오.

19. $f(u,v) = 5uv^2 - 4u^3v$, $P = (1,2)$

20. $f(u,v,w) = ue^{2vw}$, $P = (3,0,2)$

(21~23) 다음 함수의 상대적 극값을 찾으시오.

21. $f(u,v) = 9 - 2u + 4v - u^2 - 4v^2$

22. $f(u,v) = u^4 + v^4 - 4uv + 2$

23. $f(u,v) = (1+uv)(u+v)$

24. $x_1^2 + x_2^2 + x_3^2 + x_4^2 = 1$의 제약하에서
$f(x_1, x_2, x_3, x_4) = x_1 + x_2 + x_3 + x_4$의 상대적 극값을 구하시오.

25. $uv = 1$과 $v^2 + w^2 = 1$의 제약하에서 $f(u,v,w) = vw + uv$의 상대적 극값을 구하시오.

제 13 장

적 분

수학에는 서로 역 관계에 있는 작용들이 많이 있다. 예를 들어 덧셈과 뺄셈, 곱셈과 나눗셈, 지수와 로그 등은 서로 역 관계에 있는 작용들이다. 앞에서 살펴본 미분의 역은 적분(積分, integration)이라고 부른다.

제1절 부정적분

1.1 역도함수

주어진 구간 I의 모든 원소 x에 대해서

$$F'(x) = f(x) \tag{13.1}$$

이면 F를 f의 역도함수(逆導函數, antiderivative)라고 한다.[1)]

예

두 함수 $F(x) = \frac{1}{3}x^3$과 $f(x) = x^2$을 살펴보자.

$$F'(x) = \frac{d}{dx}\left(\frac{1}{3}x^3\right) = x^2 = f(x)$$

이므로 $F(x) = \frac{1}{3}x^3$은 $f(x) = x^2$의 역도함수이다. ◀

정리 13.1 **역도함수의 성질**

구간 I의 모든 원소 x에 대해서 $F(x)$가 $f(x)$의 역도함수이면 $F(x) + k$도 $f(x)$의 역도함수이다(여기서 k는 임의의 상수).

증명

$F(x)$가 $f(x)$의 역도함수

$\Rightarrow \ F'(x) = f(x)$ (역도함수의 정의 식 (13.1))

$\Rightarrow \ \frac{d}{dx}[F(x) + k] = \frac{d}{dx}F(x) + \frac{d}{dx}k = f(x)$ ■

1) 역도함수를 적분(積分, integral)이라고도 부른다.

1.2 부정적분

역도함수를 구하는 과정을 적분(積分, integration)이라 한다. 즉

$$\frac{d}{dx}[F(x)] = f(x) \tag{13.2}$$

일 때 $f(x)$을 적분한 결과는 역도함수 $F(x)+k$이며 이를 강조하기 위해 식 (13.2)를

$$\int f(x)\,dx = F(x)+k \tag{13.3}$$

로 나타낸다. 식 (13.2)와 식 (13.3)은 동일한 내용을 나타내는 다른 표현방법이다. 식 (13.3)의 우변 $F(x)+k$을 x에 관해서 미분하면

$$\begin{aligned}\frac{d}{dx}[F(x)+k] &= \frac{d}{dx}[F(x)] + \frac{d}{dx}(k)\\ &= \frac{d}{dx}[F(x)]\\ &= f(x)\end{aligned}$$

이므로

$$\frac{d}{dx}\left[\int f(x)\,dx\right] = f(x) \tag{13.4}$$

으로 나타낼 수 있다.

식 (13.3)에서 $\int f(x)\,dx$은 적분의 결과가 값이 결정되지 않은 상수를 포함한 형태의 함수로 나타나기 때문에 부정적분(不定積分, indefinite integral)이라고 부른다. 부호 $\int$은 합을 의미하는 S자를 길게 늘인 모양으로 적분기호(積分記號, integral sign)라고 하며 함수 $f(x)$를 피적분함수(被積分函數, integrand)라고 한다. 그리고 k는 적분상수(積分常數, constant of integration)라고 한다.

1.3 적분공식

대부분의 기본적인 적분공식은 대응되는 도함수 공식으로부터 직접 구할 수 있다.

정리 13.2 **멱함수의 적분**

r이 -1이 아닌 유리수일 때

$$\int x^r dx = \frac{1}{r+1}x^{r+1} + k$$

이다.

증명

적분의 정의 식 (13.3)에 의하여 $\int f(x)\,dx = F(x) + k$를 증명하려면 $\frac{d}{dx}[F(x)+k] = f(x)$임을 보이면 된다.

$$\begin{aligned}\frac{d}{dx}\left(\frac{1}{r+1}x^{r+1} + k\right) &= \frac{d}{dx}\left(\frac{1}{r+1}x^{r+1}\right) + \frac{d}{dx}(k)\\ &= \frac{d}{dx}\left(\frac{1}{r+1}x^{r+1}\right) \qquad \text{(상수함수의 도함수 [정리 10.13])}\\ &= \frac{1}{r+1}(r+1)x^{r+1-1} \quad \text{(멱함수의 도함수 [정리 10.14])}\\ &= x^r\end{aligned}$$

■

예

$f(x) = x^{1/3}$의 부정적분을 구하시오.

풀이

$$\int x^{1/3}dx = \frac{1}{\frac{1}{3}+1}x^{\frac{1}{3}+1} + k = \frac{3}{4}x^{\frac{4}{3}} + k$$

◀

정리 13.3 **지수함수의 적분**

① $\int e^x dx = e^x + k$

② $\int f'(x)e^{f(x)}dx = e^{f(x)} + k$

증명

① 적분의 정의 식 (13.3)에 의하여 등호우변의 도함수를 구하면 등호좌변의 피적분함수가 됨을 보이면 된다.

$$\frac{d}{dx}\left(e^x + k\right) = \frac{d}{dx}\left(e^x\right) + \frac{d}{dx}(k) \quad \text{(두 함수의 합과 차의 도함수 [정리 10.16])}$$

$$= \frac{d}{dx}\left(e^x\right) \quad \text{(상수함수의 도함수 [정리 10.13])}$$

$$= e^x \quad \text{(자연지수함수의 도함수 [정리 10.28])}$$

②의 증명은 생략 ■

정리 13.4 **$1/x$와 $f'(x)/f(x)$의 적분**

① $\displaystyle\int \frac{1}{x}\,dx = \ln|x| + k \quad (x \neq 0)$

② $\displaystyle\int \frac{f'(x)}{f(x)}\,dx = \ln|f(x)| + k \quad (f(x) \neq 0)$

증명

생략 ■

정리 13.5 **상수와 함수의 곱의 적분**

함수 f는 역도함수를 가지며 k를 상수라고 하면

$$\int kf(x)\,dx = k\int f(x)\,dx$$

이다.

증명

적분의 정의 식 (13.3)에 의하여 등호우변의 도함수를 구하면 등호좌변의 피적분함수가 됨을 보이면 된다.

$$\frac{d}{dx}\left[k\int f(x)\,dx\right] = k\frac{d}{dx}\left[\int f(x)\,dx\right] \quad \text{(상수와 함수의 곱의 도함수 [정리 11.15])}$$

$$= kf(x) \quad \text{(식 (13.4))}$$

■

정리 13.6 **두 함수의 합과 차의 적분**

함수 f와 g는 역도함수를 가지며 k를 상수라고 하면

$$\int [f(x)+g(x)]\,dx = \int f(x)\,dx + \int g(x)\,dx$$

$$\int [f(x)-g(x)]\,dx = \int f(x)\,dx - \int g(x)\,dx$$

이다.

증명

적분의 정의 식 (13.3)에 의하여 등호우변의 도함수를 구하면 등호좌변의 피적분함수가 됨을 보이면 된다.

$$\frac{d}{dx}\left[\int f(x)\,dx + \int g(x)\,dx\right]$$

$$= \frac{d}{dx}\left[\int f(x)\,dx\right] + \frac{d}{dx}\left[\int g(x)\,dx\right] \quad \text{(두 함수의 합과 차의 도함수 [정리 10.16])}$$

$$= f(x) + g(x) \quad \text{(식 (13.4))}$$

■

예

$\int \left(2x^3 + 5x\right) dx$을 구하시오.

풀이

$$\int \left(2x^3 + 5x\right) dx$$

$$= \int 2x^3 dx + \int 5x dx \quad \text{(두 함수의 합과 차의 적분 [정리 13.6])}$$

$$= 2\int x^3 dx + 5\int x dx \quad \text{(상수와 함수의 곱의 적분 [정리 13.5])}$$

$$= 2\left(\frac{1}{4}x^4 + k_1\right) + 5\left(\frac{1}{2}x^2 + k_2\right) \quad \text{(멱함수의 적분 [정리 13.2])}$$

$$= \frac{1}{2}x^4 + \frac{5}{2}x^2 + 2k_1 + 5k_2$$

$$= \frac{1}{2}x^4 + \frac{5}{2}x^2 + k$$

◀

예

$\int\left(1/x^2-\sqrt{x}\right)dx$을 구하시오.

풀이

$$
\begin{aligned}
&\int\left(1/x^2-\sqrt{x}\right)dx \\
&=\int\left(1/x^2\right)dx-\int(\sqrt{x})\,dx \quad \text{(두 함수의 합과 차의 적분 [정리 13.6])} \\
&=\int\left(x^{-2}\right)dx-\int\left(x^{1/2}\right)dx \\
&=\frac{x^{-1}}{-1}-\frac{x^{3/2}}{\frac{3}{2}}+k \quad \text{(멱함수의 적분 [정리 13.2])} \\
&=-\frac{1}{x}-\frac{2}{3}x^{3/2}+k
\end{aligned}
$$

◀

예

$\int\left(3e^x+x+\frac{2}{x}\right)dx$, $(x\neq0)$를 구하시오.

풀이

$$
\begin{aligned}
\int\left(3e^x+x+\frac{2}{x}\right)dx &= 3\int e^x dx+\int x dx+2\int\frac{1}{x}dx \\
&=3e^x+\frac{1}{2}x^2+2\ln|x|+k
\end{aligned}
$$

◀

1.4 적분과 미분방정식

적분은 함수 $f(x)$가 알려져 있을 때 방정식

$$\frac{d}{dx}[F(x)]=f(x) \tag{13.5}$$

을 만족하는 함수 $F(x)$을 찾는 것으로 볼 수 있다. 이 방정식의 해는 $f(x)$의 역도함수이며 적분공식으로 구할 수 있다. 방정식 (13.5)와 같이 미지의 함수의 도함수 또는 미분을 포함하고 있는 방정식을 미분방정식(微分方程式, differential equation)이라 부른다. 일반적인 방정식 예를 들어 $x^2+5x-6=0$는 미지수 x가 수를 나타낸다. 그러나 미분방정식에서는 미지수가 일반방정식의 경우와는 달리 함수이다.

미분방정식을 푼다는 것은 미지의 함수를 구하는 것이다. 일반적으로 이는 매우 어려운 작업이다. 가장 간단한 미분방정식은 1계도함수만을 포함하고 변수를 등호의 좌변과 우변으로 분리할 수 있는 경우이다. 예를 들어

$$\frac{dy}{dx} = \frac{x+5x^2}{y^4}$$

은 양변에 y^4dx를 곱하여

$$y^4dy = \left(x+5x^2\right)dx$$

으로 나타낼 수 있으며 여기서 y에 관한 항은 등호의 좌변으로 x에 관한 항은 등호의 우변으로 분리되어 있다. 이러한 종류의 미분방정식은 쉽게 풀 수 있다.

예

미분방정식 $\dfrac{dy}{dx} = \dfrac{x+5x^2}{y^4}$ 의 풀고 $x=0,\ y=2$인 해를 구하시오.

풀이

주어진 미분방정식은 $y^4dy = \left(x+5x^2\right)dx$ 와 같다. 따라서

$$\begin{aligned}
&\int y^4dy = \int \left(x+5x^2\right)dx \\
&\Rightarrow\ \frac{y^5}{5} + k_1 = \frac{x^2}{2} + \frac{5x^3}{3} + k_2 \\
&\Rightarrow\ y^5 = \frac{5}{2}x^2 + \frac{25}{3}x^3 + 5k_2 - k_1 \\
&\qquad\ = \frac{5}{2}x^2 + \frac{25}{3}x^3 + k \\
&\Rightarrow\ y = \sqrt[5]{\frac{5}{2}x^2 + \frac{25}{3}x^3 + k}
\end{aligned}$$

여기에 $x=0,\ y=2$을 대입하면 $k=32$이다. 따라서

$$y = \sqrt[5]{\frac{5}{2}x^2 + \frac{25}{3}x^3 + 32}$$

◀

제2절 정적분

2.1 합과 ∑ 기호

정의역이 양의 정수인 함수를 수열(數列, sequence)이라고 한다. 수열은 일반적인 함수와는 달리 하첨자 표기를 사용해서 양의 정수 i의 상을 $a(i)$ 대신 a_i로 나타낸다. 즉

$$\begin{array}{ccccc} 1, & 2, & 3, \cdots, & n, & \cdots \\ \downarrow & \downarrow & \downarrow & \downarrow & \\ a_1, & a_2, & a_3, \cdots, & a_n, & \cdots \end{array}$$

이다. a_1은 첫 번째 항(項, term), a_2는 두 번째 항, a_n은 n번째 항이라고 부른다. 수열 전체를 나타낼 때는 $\{a_n\}$ 또는 $\{a_n\}_{n=1}^{\infty}$로 나타낸다.

수열 $\{a_n\}$의 첫 번째 항부터 n번째 항까지의 합(合, sum)은

$$\sum_{i=1}^{n} a_i = a_1 + a_2 + \cdots + a_n \tag{13.6}$$

로 나타낼 수 있다.

정리 13.7 **∑의 성질**

$\{a_i\}$와 $\{b_i\}$를 두 수열이라 하고 k를 임의의 상수라고 할 때

① $\displaystyle\sum_{i=1}^{n} ka_i = k\sum_{i=1}^{n} a_i$

② $\displaystyle\sum_{i=1}^{n} (a_i + b_i) = \sum_{i=1}^{n} a_i + \sum_{i=1}^{n} b_i$

③ $\displaystyle\sum_{i=1}^{n} (a_i - b_i) = \sum_{i=1}^{n} a_i - \sum_{i=1}^{n} b_i$

이 성립한다.

증명

$$① \sum_{i=1}^{n} ka_i = ka_1 + ka_2 + \cdots + ka_n \qquad \text{(수열의 합의 정의 식 (13.6))}$$
$$= k(a_1 + a_2 + \cdots + a_n) \qquad \text{(장공리 ⑪ (배분법칙))}$$
$$= k\sum_{i=1}^{n} a_i \qquad \text{(수열의 합의 정의 식 (13.6))}$$

②, ③의 증명은 생략 ■

정리 13.8 **몇 가지 유용한 합**

$$① \sum_{i=1}^{n} i = \frac{n(n+1)}{2}$$
$$② \sum_{i=1}^{n} i^2 = \frac{n(n+1)(2n+1)}{6}$$
$$③ \sum_{i=1}^{n} i^3 = \left[\frac{n(n+1)}{2}\right]^2$$

증명

① 1부터 n까지의 정수의 합 $\sum_{i=1}^{n} i$를 한 번은 오름차순으로 적고 다음 번은 내림차순으로 적어보자. 즉

$$\sum_{i=1}^{n} i = 1 + 2 + 3 + \cdots + (n-1) + n$$
$$\sum_{i=1}^{n} i = n + (n-1) + (n-2) + \cdots + 2 + 1$$

로 나타내 보자. 수직방향으로 대응되는 항들을 더하면

$$2\sum_{i=1}^{n} i = (n+1) + (n+1) + (n+1) + \cdots + (n+1) + (n+1)$$
$$= n(n+1)$$

이다. 따라서

$$\sum_{i=1}^{n} i = \frac{n(n+1)}{2}$$

이다.[2)]

② 이 정리는 압축합(壓縮合, telescoping sum)[3)]을 사용해서 증명할 수 있다.

$$\begin{aligned}\sum_{i=1}^{n}\left[(i+1)^3-i^3\right]&=\left(2^3-1^3\right)+\left(3^3-2^3\right)+\cdots+\left[(n+1)^3-n^3\right]\\&=(n+1)^3-1^3\\&=n^3+3n^2+3n\end{aligned}$$

한편

$$\begin{aligned}\sum_{i=1}^{n}\left[(i+1)^3-i^3\right]&=\sum_{i=1}^{n}\left[3i^2+3i+1\right]\\&=3\sum_{i=1}^{n}i^2+3\sum_{i=1}^{n}i+\sum_{i=1}^{n}1 \qquad (\Sigma\text{의 성질 [정리 13.7]})\\&=3\sum_{i=1}^{n}i^2+3\left(\frac{n(n+1)}{2}\right)+n\\&=3\sum_{i=1}^{n}i^2+\frac{3}{2}n^2+\frac{5}{2}n\end{aligned}$$

따라서

$$\begin{aligned}&3\sum_{i=1}^{n}i^2+\tfrac{3}{2}n^2+\tfrac{5}{2}n=n^3+3n^2+3n\\\Rightarrow\;&3\sum_{i=1}^{n}i^2=n^3+\tfrac{3}{2}n^2+\tfrac{1}{2}n\\\Rightarrow\;&\sum_{i=1}^{n}i^2=\tfrac{1}{3}n^3+\tfrac{3}{6}n^2+\tfrac{1}{6}n\\&\qquad=\frac{2n^3+3n^2+n}{6}\\&\qquad=\frac{n(n+1)(2n+1)}{6}\end{aligned}$$

③도 ②와 같은 방식으로 증명할 수 있으며 여기서는 생략함. ■

---

2) 이 증명은 독일의 수학자 가우스(Gauss, Karl Friedrich, 1777~1855)가 10세 때 제시한 것으로 유명하다.

3) 압축합은 연속되는 항들이 서로 소거되어 첫 번째 항과 마지막 항만 남게 되는 합을 의미한다. 예를 들어 $\sum_{i=1}^{n-1}(a_i-a_{i+1})=(a_1-a_2)+(a_2-a_3)+\cdots+(a_{n-1}-a_n)=a_1-a_n$ 은 압축합이다.

2.2 리만합

f를 폐구간 $[a, b]$에서 정의된 함수라고 하자. 점

$$a = x_0 < x_1 < x_2 < \cdots < x_{n-1} < x_n = b$$

에 의해 $[a, b]$를 n개의 소구간으로 나누는 분할(分割, partition) P에서 i번째 소구간의 길이를 $\Delta x_i = x_i - x_{i-1}$라고 하자. 그리고 i번째 소구간 $[x_{i-1}, x_i]$에서 임의의 점을 선택하여 $\overline{x}_i$로 나타내고 이를 i번째 소구간의 표본점(標本點, sample point)이라 하자. 여기서

$$R_P = \sum_{i=1}^{n} f(\overline{x}_i)\Delta x_i$$

을 분할 P에 대한 f의 리만합(리만合, Riemann sum)이라고 한다.

예

$f(x) = x^3 - 2x^2 - 5x + 6$ 이 구간 $[0, 4]$ 에서 정의되어 있다고 하자. 구간 $[0, 4]$ 를 점 $0 < 1 < 2.2 < 3 < 4$ 에 의해 분할하고 표본점을 $\overline{x}_1 = 0.4$, $\overline{x}_2 = 1.5$, $\overline{x}_3 = 2.5$, $\overline{x}_4 = 3.8$로 선택했을 때의 리만합 R_P 을 구하시오.

풀이

$$\begin{aligned}
R_P &= \sum_{i=1}^{4} f(\overline{x}_i)\Delta x_i \\
&= f(\overline{x}_1)\Delta x_1 + f(\overline{x}_2)\Delta x_2 + f(\overline{x}_3)\Delta x_3 + f(\overline{x}_4)\Delta x_4 \\
&= f(0.4)(1-0) + f(1.5)(2.2-1) \\
&\quad + f(2.5)(3-2.2) + f(3.8)(4-3) \\
&= (3.744)(1) + (-2.625)(1.2) + (-3.375)(0.8) + (12.992)(1) \\
&= 4.5065
\end{aligned}$$

([그림 13.1] 참조)

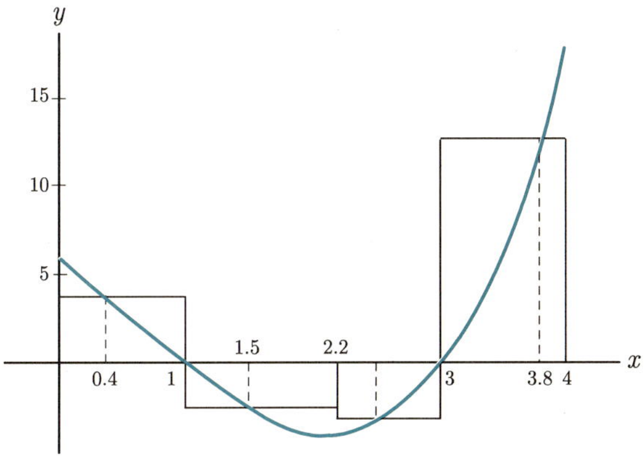

그림 13.1

분할 P의 가장 큰 소구간의 길이를 P의 길이(norm)라고 하고 $|P|$으로 나타낸다. 모든 소구간의 길이가 같은 분할을 정분할(正分割, regular partition)이라 하며 이 때 분할의 길이는

$$|P| = \Delta x = \frac{b-a}{n}$$

이 된다. 일반분할(一般分割, general partition)에서 분할의 길이는 $[a,b]$의 소구간의 수 n과

$$\frac{b-a}{|P|} \leq n$$

의 관계를 갖는다. 따라서 분할의 길이 $|P|$가 0에 접근할수록 분할의 소구간의 수는 무한대에 접근한다. 즉

$$|P| \to 0 \text{ 일 때 } n \to \infty \tag{13.7}$$

이다.

2.3 정적분

정적분을 정의하기 위해 다음의 극한

$$\lim_{|P|\to 0} \sum_{i=1}^{n} f(\overline{x}_i) \Delta x_i = L$$

을 생각해보자. 이 극한이 존재한다는 것은 임의의 $\varepsilon > 0$에 대하여 적당한 $\delta > 0$가

존재하여 $|P| < \delta$인 모든 분할에 대해

$$\left|\sum_{i=1}^{n} f(\overline{x}_i)\Delta x_i - L\right| < \varepsilon$$

이라는 것이다. 함수 f가 폐구간 $[a, b]$에서 정의되고 극한

$$\lim_{|P|\to 0}\sum_{i=1}^{n} f(\overline{x}_i)\Delta x_i$$

이 존재하면 f는 $[a,b]$에서 적분가능(積分可能, integrable)이라고 하며

$$\lim_{|P|\to 0}\sum_{i=1}^{n} f(\overline{x}_i)\Delta x_i = \int_a^b f(x)\,dx \qquad (13.8)$$

으로 나타낸다. 이 극한을 a에서 b까지 f의 정적분(定積分, definite integral)이라고 한다. 그리고 a는 적분하한(積分下限, lower limit of integration), b는 적분상한(積分上限, upper limit of integration)이라고 한다.

정리 13.9 **적분가능함수**

함수 f가 폐구간 $[a, b]$에서 연속이면 f는 $[a, b]$에서 적분가능이다.

증명

이 증명은 고급미분적분학의 범위에 속하는 내용으로 여기서는 생략 ■

함수가 적분가능이면 정분할과 임의의 표본점으로 정적분을 계산할 수 있다.

예

$\int_{-3}^{2} 3xdx$의 값을 구하시오.

풀이

$f(x) = 3x$는 $[-3,2]$에서 연속이며 따라서 $[-3,2]$에서 적분가능이다. $f(x) = 3x$이 적분가능이므로 $|P| \to 0$인 임의의 분할 P를 사용하여 극한

$$\lim_{|P|\to 0}\sum_{i=1}^{n} f(\overline{x}_i)\Delta x_i$$

을 결정할 수 있다. 계산의 편의를 위해 $[-3,2]$를 길이가

$$\Delta x_i = \Delta x = \frac{b-a}{n} = \frac{5}{n} \tag{13.9}$$

로 같은 n개의 소구간으로 나누는 정분할을 사용하자. 표본점을 각 소구간의 오른쪽 끝점으로 선택하면

$$\overline{x}_i = a + i(\Delta x) = -3 + \frac{5i}{n} \tag{13.10}$$

이다. 따라서

$$\begin{aligned}
\int_{-3}^{2} 3x\,dx &= \lim_{|P|\to 0} \sum_{i=1}^{n} f(\overline{x}_i)\Delta x_i \\
&= \lim_{n\to\infty} \sum_{i=1}^{n} f(\overline{x}_i)\Delta x_i && \text{(식 (13.7))} \\
&= \lim_{n\to\infty} \sum_{i=1}^{n} 3\left(-3+\frac{5i}{n}\right)\left(\frac{5}{n}\right) && \text{(식 (13.9)과 식 (13.10))} \\
&= \lim_{n\to\infty} \frac{15}{n} \sum_{i=1}^{n} \left(-3+\frac{5i}{n}\right) && \text{(}\Sigma\text{의 성질 [정리 13.7])} \\
&= \lim_{n\to\infty} \frac{15}{n} \left[\sum_{i=1}^{n}(-3) + \sum_{i=1}^{n}\frac{5i}{n}\right] && \text{(}\Sigma\text{의 성질 [정리 13.7])} \\
&= \lim_{n\to\infty} \frac{15}{n} \left[-3n + \frac{5}{n}\sum_{i=1}^{n} i\right] && \text{(}\Sigma\text{의 성질 [정리 13.7])} \\
&= \lim_{n\to\infty} \frac{15}{n} \left[-3n + \frac{5}{n}\left(\frac{n(n+1)}{2}\right)\right] && \text{(몇 가지 유용한 합 [정리 13.8])} \\
&= \lim_{n\to\infty} \left(-\frac{15}{2} + \frac{75}{2n}\right) \\
&= -\frac{15}{2}
\end{aligned}$$

◀

2.4 미분적분학의 기본정리

정리 13.10 **미분적분학의 기본정리**

함수 f가 폐구간 $[a, b]$에서 연속이고 F가 f의 역도함수이면

$$\int_a^b f(x)\,dx = F(b) - F(a)$$

이다.

증명

P를 점 $a = x_0 < x_1 < x_2 < \cdots < x_{n-1} < x_n = b$에 의한 $[a, b]$의 분할이라 하자. 같은 항을 빼고 더하는 방식으로 다음과 같이 나타낼 수 있다.

$$\begin{aligned} F(b) - F(a) &= F(x_n) - F(x_{n-1}) + F(x_{n-1}) - \cdots \\ &\quad - F(x_1) + F(x_1) - F(x_0) \\ &= \sum_{i=1}^{n} \left[F(x_i) - F(x_{i-1})\right] \end{aligned}$$

평균값정리([정리 12.5])에 의해

$$F'(\overline{x}_i) = \frac{F(x_i) - F(x_{i-1})}{x_i - x_{i-1}}$$

을 만족시키는 $\overline{x}_i$가 존재한다. $F'(\overline{x}_i) = f(\overline{x}_i)$이므로 $\Delta x_i = x_i - x_{i-1}$로 놓고

$$F(b) - F(a) = \sum_{i=1}^{n} f(\overline{x}_i)\Delta x_i \tag{13.11}$$

를 얻을 수 있다. 식 (13.11)의 양 변에 $|P| \to 0$일 때의 극한을 취하면

$$\begin{aligned} &\lim_{|P| \to 0}\left[F(b) - F(a)\right] = \lim_{|P| \to 0}\sum_{i=1}^{n} f(\overline{x}_i)\Delta x_i \\ &\Rightarrow F(b) - F(a) = \lim_{|P| \to 0}\sum_{i=1}^{n} f(\overline{x}_i)\Delta x_i \qquad (F(b) - F(a)\text{는 상수이므로}) \\ &\Rightarrow F(b) - F(a) = \int_a^b f(x)\,dx \qquad (\text{정적분의 정의 식 (13.8)}) \end{aligned}$$

■

미분적분학의 기본정리(微分積分學의 基本定理, fundamental theorem of calculus)가 의미하는 바는 어떤 함수 f의 역도함수를 찾을 수 있다면 합의 극한을 사용하지 않고도 정적분을 계산할 수 있다는 것이다. 미분적분학의 기본정리 [정리 13.10]을 사용할 때 다음의 표기를 사용하면 편리하다.

$$\int_a^b f(x)\,dx = [F(x)]_a^b = F(b) - F(a)$$

예를 들어

$$\int_1^2 x^2 dx = \left[\frac{x^3}{3}\right]_1^2 = \frac{2^3}{3} - \frac{1^3}{3} = \frac{8}{3} - \frac{1}{3} = \frac{7}{3}$$

이다. 역도함수에서의 상수 k는

$$\begin{aligned}\int_a^b f(x)\,dx &= [F(x) + k]_a^b \\ &= [F(b) - k] - [F(a) - k] \\ &= F(b) - F(a)\end{aligned}$$

이므로 포함시킬 필요가 없다.

예

$\int_{-2}^{1} (3x - 5x^3)\,dx$을 구하시오.

풀이

$$\begin{aligned}\int_{-2}^{1} (3x - 5x^3)\,dx &= \left[\frac{3x^2}{2} - \frac{5x^4}{4}\right]_{-2}^{1} = \left(\frac{3}{2} - \frac{5}{4}\right) - \left(\frac{3(-2)^2}{2} - \frac{5(-2)^4}{4}\right) \\ &= \frac{1}{4} - (-14) = \frac{57}{4}\end{aligned}$$

◀

예

$\int_1^3 2\sqrt{x}\,dx$을 구하시오.

풀이

$$\int_1^3 2\sqrt{x}dx = \left[2\left(\frac{1}{\frac{3}{2}}x^{\frac{3}{2}}\right)\right]_1^3 = \left[\frac{4}{3}x^{\frac{3}{2}}\right]_1^3 = \frac{4}{3}\left(3^{\frac{3}{2}}\right) - \frac{4}{3} = 4\left(3^{-1+\frac{3}{2}}\right) - \frac{4}{3}$$

$$= 4\sqrt{3} - \frac{4}{3}$$ ◀

2.5 정적분의 성질

정적분의 정의 식 (13.8)에서는 $a < b$인 폐구간 $[a, b]$를 가정하고 있으며 따라서 적분상한은 적분하한보다 크다. 이 정의에서 적분상한이 적분하한과 같거나 적분하한보다 작은 경우를 허용하도록 확장하면 편리한 경우가 많다. a가 함수 f의 정의역에 속하면

$$\int_a^a f(x)\,dx = 0 \tag{13.12}$$

으로 정의한다. 그리고 $[a,b]$에서 적분가능인 함수 f에 대해서

$$\int_b^a f(x)\,dx = -\int_a^b f(x)\,dx \tag{13.13}$$

로 정의한다. 식 (13.12)의 정의는 직선의 면적은 0이라는 직관과 일치한다. 식 (13.13)의 정의는 단순하게 적분상한과 적분하한을 서로 바꾸면 적분의 부호가 바뀜을 나타낸다.

예

$\int_2^1 x^2 dx$을 구하시오.

풀이

$$\int_2^1 x^2 dx = -\int_1^2 x^2 dx = -\left[\frac{x^3}{3}\right]_1^2 = -\left(\frac{2^3}{3} - \frac{1^3}{3}\right) = -\frac{7}{3}$$ ◀

한편 $\int_a^b f(x)\,dx$에서 적분변수 x는 더미변수(dummy variable)이다. 즉 x를 다른 문자로 바꾸어도 적분의 값은 변하지 않는다. 따라서

$$\int_a^b f(x)\,dx = \int_a^b f(y)dy = \int_a^b f(u)\,du \tag{13.14}$$

이다.

정적분의 정의 식 (13.8)을 보면 알 수 있듯이 정적분은 극한으로 정의되며 따라서 극한의 성질들 중 많은 것을 물려받는다.

정리 13.11 **상수와 함수의 곱 / 함수의 합과 차의 정적분**

f와 g가 $[a, b]$에서 적분가능이고 k가 상수이면 kf, $f+g$, $f-g$도 $[a, b]$에서 적분가능이고

① $\int_a^b kf(x)\,dx = k\int_a^b f(x)\,dx$

② $\int_a^b [f(x)+g(x)]\,dx = \int_a^b f(x)\,dx + \int_a^b g(x)\,dx$

③ $\int_a^b [f(x)-g(x)]\,dx = \int_a^b f(x)\,dx - \int_a^b g(x)\,dx$

이 성립한다.

증명

이 정리는 극한정리 [정리 11.1]과 $\sum$의 성질 [정리 13.7]을 사용하여 증명할 수 있다.

② $\int_a^b [f(x)+g(x)]\,dx$

$= \lim_{|P|\to 0}\sum_{i=1}^{n}\left[f(\overline{x}_i)+g(\overline{x}_i)\right]\Delta x_i$ (정적분의 정의 식 (13.8))

$= \lim_{|P|\to 0}\left[\sum_{i=1}^{n} f(\overline{x}_i)\Delta x_i + \sum_{i=1}^{n} g(\overline{x}_i)\Delta x_i\right]$ ($\sum$의 성질 [정리 13.7] ②)

$= \lim_{|P|\to 0}\sum_{i=1}^{n} f(\overline{x}_i)\Delta x_i + \lim_{|P|\to 0}\sum_{i=1}^{n} g(\overline{x}_i)\Delta x_i$ (극한정리 [정리 11.1] ⑤)

$= \int_a^b f(x)\,dx + \int_a^b g(x)\,dx$ (정적분의 정의 식 (13.8))

①, ③의 정리는 생략 ■

예

$\int_{-2}^{1}\left(3x-5x^3\right)dx$ 을 구하시오.

풀이

$$\begin{aligned}\int_{-2}^{1}\left(3x-5x^3\right)dx &= 3\int_{-2}^{1}xdx-5\int_{-2}^{1}x^3dx\\ &= 3\left[\tfrac{1}{2}x^2\right]_{-2}^{1}-5\left[\tfrac{1}{4}x^4\right]_{-2}^{1} = 3\left[\tfrac{1}{2}-\tfrac{1}{2}(-2)^2\right]-5\left[\tfrac{1}{4}-\tfrac{1}{4}(-2)^4\right]\\ &= 3\left(-\tfrac{3}{2}\right)-5\left(-\tfrac{15}{4}\right)=\tfrac{-18+75}{4}=\tfrac{57}{4}\end{aligned}$$ ◀

정적분의 어떤 성질은 적분을 면적으로 해석해서 얻을 수 있다. 예를 들어 함수 f가 $[a, b]$에서 비음연속이고 c가 a와 b 사이의 점이면 $[a, b]$에서 $y=f(x)$ 아랫부분의 면적은 a에서 c까지의 그래프 아래의 면적과 c에서 b까지의 그래프 아래의 면적으로 분할할 수 있다([그림 13.2]). 이를 일반화한 다음의 정리를 사용할 수 있다.

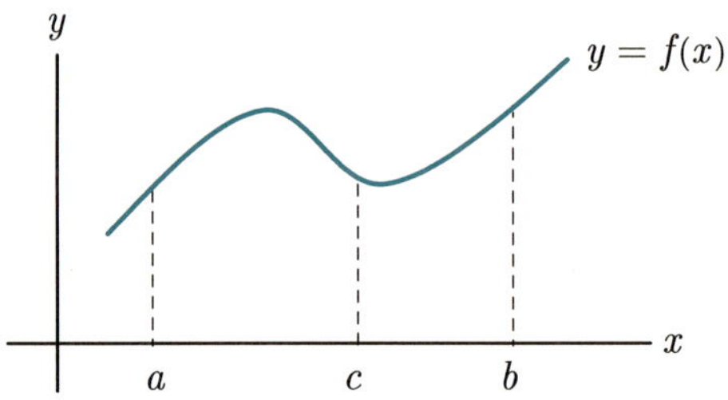

그림 13.2

정리 13.12 **구간 가법성**

함수 f가 점 a, b, c를 포함하는 구간에서 적분가능이면 a, b, c의 순서에 관계 없이

$$\int_{a}^{b}f(x)\,dx=\int_{a}^{c}f(x)\,dx+\int_{c}^{b}f(x)\,dx$$

이 성립한다.

증명

이 정리의 증명은 고급미분적분학에 속하는 내용으로 여기서는 생략 ■

예

$\int_0^1 |3x-1|\,dx$ 을 구하시오.

풀이

절대치함수의 정의로부터

$$|3x-1| = \begin{cases} 3x-1, & x \geq \frac{1}{3} \\ -(3x-1), & x < \frac{1}{3} \end{cases}$$

로 나타낼 수 있다. 따라서

$$\begin{aligned} \int_0^1 |3x-1|\,dx &= \int_0^{1/3} -(3x-1)\,dx + \int_{1/3}^1 (3x-1)\,dx \\ &= \left[-\tfrac{3}{2}x^2 + x\right]_0^{1/3} + \left[\tfrac{3}{2}x^2 - x\right]_{1/3}^1 \\ &= \left(\tfrac{1}{6} - 0\right) + \left[\tfrac{1}{2} - \left(-\tfrac{1}{6}\right)\right] \\ &= \tfrac{5}{6} \end{aligned}$$

◀

정리 13.13 **부등식 유지**

① 함수 f가 폐구간 $[a, b]$에서 적분가능이고 $f(x) \geq 0$이면

$$\int_a^b f(x)\,dx \geq 0$$

이 성립한다.

② 함수 f와 g가 폐구간 $[a, b]$에서 적분가능이고 $[a, b]$의 모든 x에서 $f(x) \leq g(x)$ 이면

$$\int_a^b f(x)\,dx \leq \int_a^b g(x)\,dx$$

이 성립한다.

증명

① 증명을 위해 모순된 결론인

$$\int_a^b f(x)\,dx = I < 0$$

을 가정하자.

점 $a = x_0 < x_1 < x_2 < \cdots < x_{n-1} < x_n = b$에 의해 $[a, b]$를 n개의 소구간으로 나누는 분할 P에 대한 리만합을

$$R_P = \sum_{i=1}^{n} f(\overline{x}_i)\Delta x_i$$

라고 하자. 증명의 전제조건인 $f(x) \geq 0$에 의해 $R_P \geq 0$이다. 함수 f가 폐구간 $[a, b]$에서 적분가능이므로 식 (13.8)에 의해

$$\lim_{|P| \to 0} \sum_{i=1}^{n} f(\overline{x}_i)\Delta x_i = \int_a^b f(x)\,dx$$

이고 따라서 극한의 정의 식 (11.3)에 의해 임의의 $\varepsilon > 0$에 대해서

$$\big||P| - 0\big| < \delta \;\Rightarrow\; \big|R_P - I\big| < \varepsilon \tag{13.15}$$

을 만족하는 $\delta > 0$가 존재한다. $\varepsilon = -I/2 > 0$으로 선택하여도 식 (13.15)를 만족하는 $\delta > 0$가 존재해야 한다. 그런데

$$\begin{aligned} & \big|R_P - I\big| < -I/2 \\ \Rightarrow\; & R_P - I < -I/2 \\ \Rightarrow\; & R_P < I/2 \\ \Rightarrow\; & R_P < 0 \end{aligned}$$

이며 이는 $R_P \geq 0$와 모순이다. 따라서

$$\int_a^b f(x)\,dx \geq 0$$

이다.

② $f(x) \leq g(x)$은 $g(x) - f(x) \geq 0$을 의미하며 따라서

$$\begin{aligned} & \int_a^b [g(x) - f(x)]\,dx \geq 0 && \text{(앞에서 증명한 정리 ①)} \\ \Rightarrow\; & \int_a^b g(x)\,dx - \int_a^b f(x)\,dx \geq 0 && \text{(함수의 차의 적분 [정리 13.11])} \\ \Rightarrow\; & \int_a^b g(x)\,dx \geq \int_a^b f(x)\,dx \end{aligned}$$

■

적분에 관한 평균값정리(積分에 關한 平均값定理, mean value theorem for integrals)는 [그림 13.3]에 나타낸 것처럼 함수의 그래프 아래의 면적과 일치하는 면적의 사각형이 존재함을 의미한다.

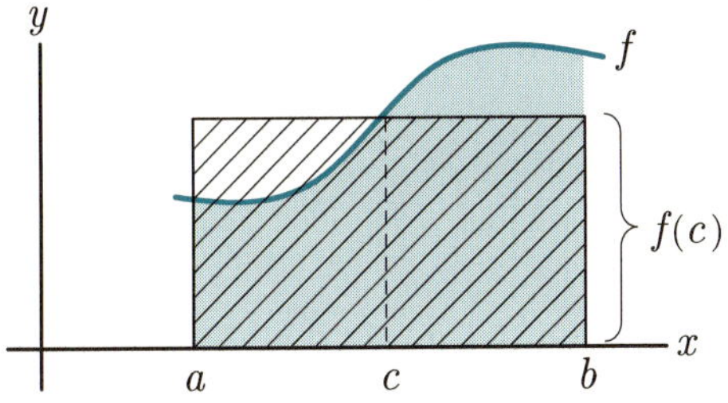

그림 13.3

정리 13.14 **적분에 관한 평균값정리**

함수 f가 폐구간 $[a, b]$에서 연속이면

$$\int_a^b f(x)\,dx = f(c)(b-a)$$

을 만족하는 $c \in [a, b]$가 존재한다.

증명

경우 1 f가 $[a, b]$에서 상수인 경우 c는 $[a, b]$의 임의의 점이 될 수 있기 때문에 정리는 명백히 타당하다.

경우 2 f가 $[a, b]$에서 상수가 아닌 경우 극값정리 [정리 13.1]에 의해 $[a, b]$에서 f의 절대적 최대값과 절대적 최소값이 되는 $f(M)$과 $f(m)$을 선택할 수 있다. $[a, b]$의 모든 x에 대해서 $f(m) \le f(x) \le f(M)$ 이므로 부등식 유지에 관한 [정리 13.13]을 적용하여 다음과 같이 나타낼 수 있다.

$$\int_a^b f(m)\,dx \le \int_a^b f(x)\,dx \le \int_a^b f(M)\,dx$$

$$\Rightarrow \quad f(m)(b-a) \le \int_a^b f(x)\,dx \le f(M)(b-a)$$

$$\Rightarrow \quad f(m) \le \frac{1}{b-a}\int_a^b f(x)\,dx \le f(M)$$

여기에 중간값정리 [정리 11.10]을 적용하면

$$f(c)=\frac{1}{b-a}\int_a^b f(x)\,dx$$

을 만족하는 $c\in[a,b]$가 존재한다는 결론을 얻을 수 있다. ■

구간 $[a,b]$에서 함수 f의 정적분을 정의할 때

$$\int_a^b f(x)\,dx$$

와 같이 적분상한으로 상수 b를 사용하였고 적분변수로 x를 사용하였다. 그리고 정적분은 적분변수의 함수가 아니다. 이와는 달리 적분상한이 변수 x인 상황을 생각해 볼 수 있다. 혼돈을 피하기 위해 적분변수는 t로 나타내 보자. 즉

$$F(x)=\int_a^x f(t)\,dt$$

로 나타내 보자. 이 경우 정적분은 x의 함수가 된다.

정리 13.15 적분상한이 변수인 정적분의 미분

함수 f가 a를 포함하는 개구간 I에서 연속이면 I에 속하는 모든 x에 대해서

$$\frac{d}{dx}\left[\int_a^x f(t)\,dt\right]=f(x)$$

이다.

증명

$F(x)=\int_a^x f(t)\,dt$라고 하자.

$$\begin{aligned}
F'(x) &= \lim_{\Delta x\to 0}\frac{F(x+\Delta x)-F(x)}{\Delta x} && \text{(도함수의 정의 식 (10.24))}\\
&= \lim_{\Delta x\to 0}\frac{1}{\Delta x}\left[\int_a^{x+\Delta x} f(t)\,dt-\int_a^x f(t)\,dt\right]\\
&= \lim_{\Delta x\to 0}\frac{1}{\Delta x}\left[\int_a^{x+\Delta x} f(t)\,dt+\int_x^a f(t)\,dt\right] && \text{(식 (13.13))}\\
&= \lim_{\Delta x\to 0}\frac{1}{\Delta x}\left[\int_x^{x+\Delta x} f(t)\,dt\right] && \text{(구간 가법성 [정리 13.12])}
\end{aligned}$$

적분에 관한 평균값정리 [정리 13.14]로부터

$$\int_{x}^{x+\Delta x} f(t)\,dt = f(c)\,\Delta x$$

을 만족하는 $c \in [x, x+\Delta x]$가 존재한다. $x \le c \le x + \Delta x$이므로 $\Delta x \to 0$이면 $c \to x$이다. 따라서

$$\begin{aligned} F'(x) &= \lim_{\Delta x \to 0}\left[\frac{1}{\Delta x} f(c)\,\Delta x\right] \\ &= \lim_{\Delta x \to 0} f(c) \\ &= f(x) \end{aligned}$$

■

예

$F(x) = \int_{-2}^{x} \left(t^2 - 2t\right) dt$일 때 $F'(x)$를 구하시오.

풀이

$$F'(x) = x^2 - 2x$$

◀

제3절 적분법

3.1 치환적분

정리 13.16 **부정적분의 치환**

g는 정의역에서 미분가능이고 F는 f의 한 역도함수라고 하자. 그러면

$$\int f\left(g(x)\right) g'(x)\,dx = F\left(g(x)\right) + k \qquad ①$$

이다. 그리고 $u = g(x)$이라면 $du = g'(x)\,dx$이므로 ①은

$$\int f(u)\,du = F(u) + k \qquad ②$$

로 나타낼 수 있다.

증명

적분의 정의 식 (13.3)에 의하여 등호우변의 도함수를 구하면 등호좌변의 피적분함수가 됨을 보이면 된다.

$$\frac{d}{dx}[F(g(x))+k]$$

$$=\frac{d}{dx}[F(g(x))]+\frac{d}{dx}(k) \text{ (두 함수의 합의 도함수 [정리 10.16])}$$

$$=\frac{d}{dx}[F(g(x))] \qquad \text{(상수함수의 도함수 [정리 10.13])}$$

$$=F'(g(x))g'(x) \qquad \text{(연쇄율 [정리 10.19])}$$

$$=f(g(x))g'(x) \qquad \text{(정리의 전제조건: } F \text{ 는 } f\text{의 한 역도함수)}$$ ■

[정리 13.16]을 적용하는 방법은 형태인식(形態認識, pattern recognition)과 변수변환(變數變換, change of variable)의 두 가지로 구분해 볼 수 있다. 형태인식은 피적분함수가 $f(g(x))g'(x)$의 형태를 갖는지를 머릿속으로 파악하고 [정리 13.16]을 적용하는 방법이다.

예

$\int (x^3+2)^2(3x^2)\,dx$ 를 구하시오.

풀이

$g(x)=x^3+2$로 놓으면 $g'(x)=3x^2$이고

$$f(g(x))=f(x^3+2)=(x^3+2)^2$$

이다. 이로부터 피적분함수가 $f(g(x))g'(x)$의 형태임을 알 수 있고 [정리 13.16]을 적용하여

$$\int (x^3+2)^2(3x^2)\,dx=\frac{1}{3}(x^3+2)^3+k$$

로 쓸 수 있다. ◀

예

$\int x^2(x^3+2)^2\,dx$을 구하시오.

풀이

$$\int x^2\left(x^3+2\right)^2 dx = \frac{1}{3}\int\left(x^3+2\right)^2\left(3x^2\right)dx$$
$$= \frac{1}{3}\left[\frac{1}{3}\left(x^3+2\right)^3\right]+k$$
$$= \frac{1}{9}\left(x^3+2\right)^3+k$$ ◀

피적분함수가 복잡하여 형태인식이 어려울 경우에는 변수변환을 사용할 수 있다. 변수변환은 적분(integral)을 다른 적분변수 u와 적분변수의 미분 du로 다시 적는 방법이다. 변수변환절차는 다음과 같이 요약할 수 있다.

단계 1 치환 $u=g(x)$을 선택한다. 일반적으로 합성함수의 내부를 선택하는 것이 바람직하다.

단계 2 $du=g'(x)dx$를 계산한다.

단계 3 적분을 변수 u와 v를 사용하여 다시 적는다.

단계 4 적분공식으로 적분을 구한다.

단계 5 u를 $g(x)$로 대체한다.

예

$\int \frac{3x}{x^2+2}dx$ 를 구하시오.

풀이

$u=x^2+2$로 놓으면 $du=2xdx$이다.

$$\int \frac{3x}{x^2+2}dx = \frac{3}{2}\int\frac{2x}{u}dx$$
$$= \frac{3}{2}\int\frac{1}{u}du$$
$$= \frac{3}{2}\ln|u|+k$$
$$= \frac{3}{2}\ln\left|x^2+2\right|+k$$ ◀

예

$\int x^2 \sqrt{1-x}\,dx$ 를 구하시오.

풀이

$u = 1 - x$로 놓으면 $du = -dx$이고 $x = 1 - u$이다. 따라서

$$\begin{aligned}\int x^2\sqrt{1-x}\,dx &= \int (1-u)^2 u^{1/2}(-du)\\ &= \int \left(-u^{5/2} + 2u^{3/2} - u^{1/2}\right)du\\ &= -\tfrac{2}{7}u^{7/2} + \tfrac{4}{5}u^{5/2} - \tfrac{2}{3}u^{3/2} + k\\ &= -\tfrac{2}{7}(1-x)^{7/2} + \tfrac{4}{5}(1-x)^{5/2} - \tfrac{2}{3}(1-x)^{3/2} + k\end{aligned}$$ ◀

정리 13.17 **정적분의 치환**

$u = g(x)$이 폐구간 $[a, b]$ 에서 연속인 도함수를 가지고 f가 g의 치역에서 연속이면

$$\int_a^b f(g(x))\,g'(x)\,dx = \int_{g(a)}^{g(b)} f(u)\,du$$

이다.

증명

F를 f의 한 역도함수라고 하자. 미분적분학의 기본정리 [정리 13.10]에 의해

$$\int_{g(a)}^{g(b)} f(u)\,du = [F(u)]_{g(a)}^{g(b)} = F(g(b)) - F(g(a))$$

이다. 부정적분의 치환에 관한 [정리 13.16]에 의해

$$\int f(g(x))\,g'(x)\,dx = F(g(x)) + k$$

이다. 여기에 다시 미분적분학의 기본정리 [정리 13.10]을 적용하면

$$\int_a^b f(g(x))\,g'(x)\,dx = \left[F(g(x))\right]_a^b = F(g(b)) - F(g(a))$$

이다. ■

예

$\int_0^1 \frac{x+2}{(x^2+4x+1)^2}dx$을 구하시오.

풀이

$u = x^2 + 4x + 1$로 놓으면

$$\begin{aligned} du &= 2xdx + 4dx \\ &= 2(x+2)\,dx \end{aligned}$$

이다. 그리고 $x = 0$일 때 $u = 1$이고 $x = 1$일 때 $u = 6$이다.

$$\begin{aligned} &\int_0^1 \frac{x+2}{(x^2+4x+1)^2}dx \\ &\quad = \frac{1}{2}\int_0^1 \frac{1}{(x^2+4x+1)^2} 2(x+2)\,dx \\ &\quad = \frac{1}{2}\int_1^6 \frac{1}{u^2}du = \frac{1}{2}\left[-\frac{1}{u}\right]_1^6 = \frac{1}{2}\left[-\frac{1}{6}-(-1)\right] = \frac{5}{12} \end{aligned}$$

◀

3.2 부분적분

정리 13.18 **부정적분에서의 부분적분법**

u와 v가 x의 함수이고 연속인 도함수를 가지면

$$\int udv = uv - \int vdu$$

이다.

증명

$u = f(x)$, $v = g(x)$라고 하자. u와 v의 미분은 $du = f'(x)\,dx$, $dv = g'(x)\,dx$이다. 두 함수의 곱의 도함수에 관한 [정리 10.17]의 결과는

$$\frac{d}{dx}[f(x)\,g(x)] = f(x)\,g'(x) + f'(x)\,g(x)$$

이다. 따라서 $f(x)\,g'(x) + f'(x)\,g(x)$의 역도함수는 $f(x)\,g(x)$이며 이를 적분기호

로 나타내면 다음과 같다.

$$\int\left[f(x)g'(x)+f'(x)g(x)\right]dx=f(x)g(x)$$

$$\Rightarrow \int f(x)g'(x)\,dx+\int f'(x)g(x)\,dx=f(x)g(x)$$

(두 함수의 합의 적분 [정리 13.6])

$$\Rightarrow \int udv+\int vdu=uv$$

(증명의 전제조건: $u=f(x)$, $v=g(x)$, $du=f'(x)\,dx$, $dv=g'(x)\,dx$)

$$\Rightarrow \int udv=uv-\int vdu$$

■

정리 13.19 **정적분에서의 부분적분법**

u와 v가 x의 함수이고 연속인 도함수를 가지면

$$\int_a^b udv=[uv]_a^b-\int_a^b vdu$$

이다.

증명

생략 ■

부분적분법(部分積分法, integration by parts)은 적분의 형태를 구하기 쉬운 형태로 변형하는 데 사용할 수 있다. 부분적분법에서는 u와 dv를 선택하는 방법이 결정적인 역할을 한다. 일반적으로 피적분함수에서 기본적인 적분공식에 적합한 가장 복잡한 부분을 dv로 놓고 피적분함수의 나머지를 u로 두면 적분을 쉽게 구할 수 있는 경우가 많다. 또는 피적분함수의 부분 중에서 그 부분의 도함수가 더 간단한 형태로 되는 것을 u로 놓고 피적분함수의 나머지 부분을 dv로 놓으면 적분을 쉽게 구할 수 있는 경우가 많다.

예

$\int xe^x dx$를 구하시오.

풀이

부분적분법을 적용하기 위해 주어진 적분을 $\int udv$의 형태로 나타낼 필요가 있다.

u와 dv의 선택 방법을 열거해 보면

$$\int \underbrace{(x)}_{u}\underbrace{(e^x dx)}_{dv},\quad \int \underbrace{(e^x)}_{u}\underbrace{(xdx)}_{dv},\quad \int \underbrace{(1)}_{u}\underbrace{(xe^x dx)}_{dv},\quad \int \underbrace{(xe^x)}_{u}\underbrace{(dx)}_{dv}$$

피적분함수의 부분 중에서 그 부분의 도함수가 더 간단한 형태로 되는 것은 $u = x$이며 $dv = e^x dx$은 기본적인 적분공식에 적합한 가장 복잡한 부분이다.

$$u = x \;\Rightarrow\; du = dx$$
$$dv = e^x dx \;\Rightarrow\; v = \int dv = \int e^x dx = e^x$$

따라서

$$\begin{aligned}\int xe^x dx = \int udv &= uv - \int vdu \\ &= xe^x - \int e^x dx \\ &= xe^x - e^x + k\end{aligned}$$ ◀

앞의 예제에서 $v = \int e^x dx = e^x + k$을 풀 때 적분상수 k를 포함시킬 필요가 없다. 이를 확인하기 위해 $v = e^x$를 $v = e^x + k$로 대체하면 같은 결과를 얻는다.

예

$\int_2^3 \ln x dx$를 구하시오.

풀이

$u = \ln x,\ dv = dx$로 놓으면
$du = \frac{1}{x}dx,\ v = x$이다. 따라서

$$\int_a^b udv = [uv]_a^b - \int_a^b vdu$$

$$\begin{aligned}\Rightarrow\ \int_2^3 \ln x dx &= [(\ln x)x]_2^3 - \int_2^3 x\frac{1}{x}dx \\ &= [3\ln 3 - 2\ln 2] - [3-2] \\ &= 3\ln 3 - 2\ln 2 - 1\end{aligned}$$ ◀

3.3 부정형과 로피탈의 법칙

$\lim_{x\to -3}\left(x^2+x-6\right)/(x+3)$ 는 분모 및 분자의 함수의 극한이 각각 0이 되고 $\lim_{x\to\infty}\left(3x^2-1\right)/\left(2x^2+1\right)$는 분모 및 분자의 함수의 극한이 각각 ∞이 되어 유리함수의 극한에 관한 [정리 10.3]을 적용하기 어렵다. 이들의 극한이 존재하지 않는다고 확실하게 말할 수 없기 때문에 이들을 부정형(不定形, indeterminate form)이라고 한다. 분모 및 분자의 함수의 극한이 각각 0이 되는 부정형을 $0/0$로 나타내고 분모 및 분자의 함수의 극한이 각각 ∞이 되는 부정형을 ∞/∞로 나타낸다.

어떤 부정형은 인수분해 및 그 밖의 대수적 방법으로 함수의 형태를 변형시켜 극한을 찾을 수 있는 경우도 있다. 예를 들어 인수분해를 이용하면

$$\lim_{x\to 0}\frac{x^2+x-6}{x+3}=\lim_{x\to 0}\frac{(x+3)(x-2)}{x+3}=\lim_{x\to 0}\frac{(x-2)}{x+3}=-\frac{2}{3}$$

을 얻는다. 분모와 분자를 x^2으로 나누면

$$\lim_{x\to\infty}\frac{3x^2-1}{2x^2+1}=\lim_{x\to\infty}\frac{3-1/x^2}{2+1/x^2}=\frac{3}{2}$$

을 얻는다. 그러나 모든 부정형이 인수분해 및 그 밖의 대수적 방법으로 극한을 찾을 수 있는 것은 아니다. 예를 들어

$$\lim_{x\to 0}\frac{e^{3x}-1}{2x}$$

는 $0/0$형 부정형인데 인수분해 및 그 밖의 대수적 방법으로 극한을 찾기 어렵다. 이런 경우 두 함수의 비율 $f(x)/g(x)$의 극한은 일정한 조건하에서 도함수의 비율 $f'(x)/g'(x)$의 극한으로 결정된다는 로피탈의 법칙(L'Hôpital's Rule)을 사용하여 극한을 구할 수 있다. 로피탈의 법칙의 증명에는 다음의 확장평균값정리(擴張平均값定理, extended mean value theorem)[4]가 필요하다.

---

4) 확장평균값정리는 코시의 평균값정리(코시의 平均값定理, Cauch's mean value theorem)라고도 부른다.

정리 13.20 **확장평균값정리**

f와 g가 개구간 (a,b)에서 연속이고 (a,b)에서 미분가능인 함수라고 하자. 임의의 $x \in (a,b)$에 대해서 $g'(x) \neq 0$이면

$$\frac{f'(c)}{g'(c)} = \frac{f(b)-f(a)}{g(b)-g(a)}$$

을 만족하는 $c \in (a,b)$가 존재한다.

증명

$g(a) = g(b)$이면 롤의 정리 [정리 13.4]에 의해 $g'(c) = 0$을 만족하는 점 $c \in (a,b)$가 적어도 하나 존재한다. 그러나 정리의 전제조건에서 임의의 $x \in (a,b)$에 대해서 $g'(x) \neq 0$이므로 $g(a) \neq g(b)$이다.
함수 h를

$$h(x) = f(x) - \left[\frac{f(b)-f(a)}{g(b)-g(a)}\right] g(x) \tag{13.16}$$

라고 하자. h가 롤의 정리에 제시된 세 가지 조건을 만족함을 보이고자 한다.

① f와 g가 개구간 (a,b)에서 연속이므로 함수의 연산과 연속성에 관한 [정리 10.6]에 의해 h도 (a,b)에서 연속이다.

② f와 g가 (a,b)에서 미분가능인 함수이므로 두 함수의 차의 도함수에 관한 [정리 10.16]에 의해 h도 (a,b)에서 미분가능인 함수이며 그 도함수는

$$h'(x) = f'(x) - \left[\frac{f(b)-f(a)}{g(b)-g(a)}\right] g'(x) \tag{13.17}$$

이다.

③
$$h(a) = f(a) - \left[\frac{f(b)-f(a)}{g(b)-g(a)}\right] g(a) = \frac{f(a)\,g(b) - f(b)\,g(a)}{g(b)-g(a)}$$

$$h(b) = f(b) - \left[\frac{f(b)-f(a)}{g(b)-g(a)}\right] g(b) = \frac{f(a)\,g(b) - f(b)\,g(a)}{g(b)-g(a)}$$

이며 따라서 $h(a) = h(b)$이다.

①, ②, ③에 의해 h가 롤의 정리에 제시된 세 가지 조건을 만족하며 따라서 $h'(c)=0$을 만족하는 $c\in(a,b)$가 적어도 하나 존재한다. 식 (13.17)에서

$$h'(c)=f'(c)-\left[\frac{f(b)-f(a)}{g(b)-g(a)}\right]g'(c)=0$$
$$\Rightarrow \frac{f'(c)}{g'(c)}=\frac{f(b)-f(a)}{g(b)-g(a)}$$

이므로 따라서

$$\frac{f'(c)}{g'(c)}=\frac{f(b)-f(a)}{g(b)-g(a)}$$

을 만족하는 $c\in(a,b)$가 적어도 하나 존재한다. ■

정리 13.21 **로피탈의 법칙**

f와 g가 c를 포함하는 개구간 (a,b)에서 미분가능이라고 하자(여기서 c 자체는 개구간 (a,b)에 속하지 않아도 된다). $\lim_{x\to c} f(x)/g(x)$가 $0/0$, ∞/∞, $(-\infty)/\infty$, $\infty/(-\infty)$ 또는 ∞/∞ 형 부정형이면 즉 $\lim_{x\to c} f(x)=0$, $\lim_{x\to c} g(x)=0$ 또는 $\lim_{x\to c} f(x)=\pm\infty$, $\lim_{x\to c} g(x)=\pm\infty$이면

$$\lim_{x\to c}\frac{f(x)}{g(x)}=\lim_{x\to c}\frac{f'(x)}{g'(x)}$$

이다.

증명

$\lim_{x\to c^+} f(x)=0$, $\lim_{x\to c^+} g(x)=0$의 경우를 살펴보자. 다음과 같은 두 함수를 정의해 보자.

$$F(x)=\begin{cases} f(x), & x\neq c \\ 0, & x=c \end{cases},\quad G(x)=\begin{cases} g(x), & x\neq c \\ 0, & x=c \end{cases} \tag{13.18}$$

임의의 $x\in(c,b)$에 대해서 F와 G는 $[c,x]$에서 연속이고 $(c,x]$에서 미분가능이다. 따라서

$$\frac{F'(p)}{G'(p)} = \frac{F(x) - F(c)}{G(x) - G(c)} \quad \text{(확장평균값정리 [정리 13.20])} \qquad (13.19)$$

$$= \frac{F(x)}{G(x)} \quad \text{(식 (13.18)로부터 } F(c) = 0, G(c) = 0\text{)}$$

$$= \frac{f'(p)}{g'(p)} \quad \text{(식 (13.18)로부터 } F(x) = f(x),\ G(x) = g(x)\text{)}$$

$$= \frac{f(x)}{g(x)} \quad \left(\frac{F'(p)}{G'(p)} = \frac{F(x)}{G(x)} \Rightarrow f'(p) = f(p),\ g'(p) = g(p)\right)$$

을 만족하는 $p \in (c, x)$가 존재한다.
$p \in (c, x)$이므로

$$x \to c^+ \text{ 이면 } p \to c^+ \qquad (13.20)$$

이다. 결국

$$\lim_{x \to c^+} \frac{f(x)}{g(x)} = \lim_{x \to c^+} \frac{f'(p)}{g'(p)} \qquad \left(\text{식 (13.19)에서 } \frac{f(x)}{g(x)} = \frac{f'(p)}{g'(p)}\right)$$

$$= \lim_{p \to c^+} \frac{f'(p)}{g'(p)} \qquad \text{(식 (13.20))}$$

$$= \lim_{x \to c^+} \frac{f'(x)}{g'(x)}$$

$\lim_{x \to c^-} f(x) = 0$, $\lim_{x \to c^-} g(x) = 0$ 의 경우와 $\lim_{x \to c} f(x) = 0$, $\lim_{x \to c} g(x) = 0$ 의 경우에 대한 증명은 같은 방식으로 할 수 있다. $\lim_{x \to c} f(x) / g(x)$ 가 ∞ / ∞, $(-\infty) / \infty$, $\infty / (-\infty)$ 또는 ∞ / ∞형 부정형인 경우에 대한 증명은 복잡하며 여기서는 생략한다. ■

예

$\lim_{x \to 0} \dfrac{e^{3x} - 1}{2x}$ 을 구하시오.

풀이

$$\lim_{x \to 0} \frac{e^{3x} - 1}{2x} = \lim_{x \to 0} \frac{\frac{d}{dx}\left(e^{3x} - 1\right)}{\frac{d}{dx}(2x)} \qquad \text{(로피탈의 법칙)}$$

$$= \lim_{x \to 0} \frac{3e^{3x}}{2}$$

$$= \frac{3}{2}$$ ◀

예

$\lim_{x \to \infty} \frac{\ln x}{2x}$을 구하시오.

풀이

$$\lim_{x \to \infty} \frac{\ln x}{2x} = \lim_{x \to \infty} \frac{\frac{d}{dx}(\ln x)}{\frac{d}{dx}(2x)} \qquad \text{(로피탈의 법칙)}$$

$$= \lim_{x \to \infty} \frac{\frac{1}{x}}{2}$$

$$= 0$$ ◀

3.4 특이적분

정적분의 정의 $\int_a^b f(x)\,dx$에서는 구간 $[a, b]$가 유한이어야 한다. 또한 미분적분학의 기본정리 [정리 13.10]에서 함수 f는 $[a, b]$에서 연속이어야 한다. 경제학이나 통계학 분야에서는 a 또는 b 또는 a와 b 모두가 무한인 경우가 필요하다. 이처럼 무한의 적분하한 및 적분상한을 가지는 적분을 무한적분한계의 특이적분(無限積分限界의 特異積分, improper integrals with infinite limits of integration)이라고 하며 f가 구간 $[a, \infty)$에서 연속이면

$$\int_a^{\infty} f(x)\,dx = \lim_{b \to \infty} \int_a^b f(x)\,dx \tag{13.21}$$

f가 구간 $(-\infty, b]$에서 연속이면

$$\int_{-\infty}^{b} f(x)\,dx = \lim_{a \to -\infty} \int_a^b f(x)\,dx \tag{13.22}$$

으로 정의한다. 식 (13.21)과 식 (13.22)에서 우변의 극한이 존재해서 유한이면 특이적분 $\int_a^{\infty} f(x)\,dx$와 $\int_{-\infty}^{b} f(x)\,dx$은 수렴(收斂, convergent)이라 하고 극한이 존

재하지 않으면 발산(發散, divergent)이라 한다. $\int_a^\infty f(x)\,dx$와 $\int_{-\infty}^a f(x)\,dx$이 모두 수렴이면

$$\int_{-\infty}^\infty f(x)\,dx = \int_{-\infty}^a f(x)\,dx + \int_a^\infty f(x)\,dx \qquad (13.23)$$

으로 정의하고 $\int_{-\infty}^\infty f(x)\,dx$이 수렴이라 한다.

예

$\int_{-\infty}^{-1} xe^x dx$이 존재하면 구하시오.

풀이

$\int_{-\infty}^{-1} xe^x dx = \lim_{a\to-\infty} \int_a^{-1} xe^x dx$에서

$$\begin{aligned}\int_a^{-1} xe^x dx &= \left[xe^x - e^x\right]_a^{-1} = -e^{-1} - e^{-1} - \left(ae^a - e^a\right)\\ &= -2e^{-1} - ae^a + e^a\end{aligned}$$

이고

$$\begin{aligned}\lim_{a\to-\infty} ae^a &= \lim_{a\to-\infty} \frac{a}{e^{-a}}\\ &= \lim_{a\to-\infty} \frac{\frac{d}{da}(a)}{\frac{d}{da}\left(e^{-a}\right)} \qquad \text{(로피탈의 법칙 [정리 13.21])}\\ &= \lim_{a\to-\infty} \frac{1}{-e^{-a}}\\ &= \lim_{a\to-\infty} \left(-e^a\right)\\ &= 0\end{aligned}$$

이므로

$$\begin{aligned}\int_{-\infty}^{-1} xe^x dx &= \lim_{a\to-\infty} \int_a^{-1} xe^x dx\\ &= \lim_{a\to-\infty} \left(-2e^{-1} - ae^a + e^a\right)\\ &= \lim_{a\to-\infty} \left(-2e^{-1}\right) - \lim_{a\to-\infty} ae^a + \lim_{a\to-\infty} e^a\\ &= -2e^{-1}\end{aligned}$$

◀

적분하한 또는 적분상한 또는 적분하한과 적분상한 사이에서 피적분함수가 무한이 되는 적분을 무한불연속의 특이적분(無限不連續의 特異積分, improper integrals with infinite discontinuities)이라 하며 f가 구간 $[a,b)$에서 연속이고 b에서 불연속이면서 $\lim_{t\to b^-}\int_a^t f(x)\,dx$이 유한으로 존재하면([그림 13.4(a)])

$$\int_a^b f(x)\,dx = \lim_{t\to b^-}\int_a^t f(x)\,dx \tag{13.24}$$

f가 구간 $(a,b]$에서 연속이고 a에서 불연속이면서 $\lim_{t\to a^+}\int_t^b f(x)\,dx$이 유한으로 존재하면(그림 13.4(b)])

$$\int_a^b f(x)\,dx = \lim_{t\to a^+}\int_t^b f(x)\,dx \tag{13.25}$$

로 정의하고 특이적분 $\int_a^b f(x)\,dx$이 수렴이라고 한다. $\lim_{t\to b^-}\int_a^t f(x)\,dx$와 $\lim_{t\to a^+}\int_t^b f(x)\,dx$이 존재하지 않으면 특이적분 $\int_a^b f(x)\,dx$이 발산이라고 한다. f가 $c\in(a,b)$에서 불연속이고 $\int_a^c f(x)\,dx$와 $\int_c^b f(x)\,dx$이 수렴이면([그림 13.4 (c)])

$$\int_a^b f(x)\,dx = \int_a^c f(x)\,dx + \int_c^b f(x)\,dx \tag{13.26}$$

으로 정의한다.

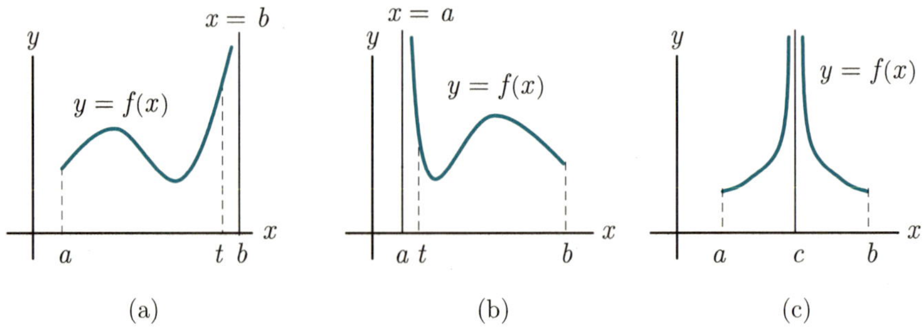

그림 13.4

예

$\int_0^1 \frac{1}{x}\,dx$를 구하시오.

풀이

$\int_0^1 \frac{1}{x}\,dx = \lim_{t \to 0^+} \int_t^1 \frac{1}{x}\,dx$에서 $\int_t^1 \frac{1}{x}\,dx = [\ln x]_t^1 = -\ln t$이므로

$$\begin{aligned}\int_0^1 \frac{1}{x}\,dx &= \lim_{t \to 0^+} \int_t^1 \frac{1}{x}\,dx \\ &= \lim_{t \to 0^+} (-\ln t) \\ &= \infty\end{aligned}$$

따라서 발산이다. ◀

예

특이적분 $\int_1^4 \frac{1}{(x-2)^{2/3}}\,dx$이 수렴이면 그 값을 구하시오.

풀이

피적분함수는 $x = 2$에서 불연속이다([그림 13.5]).

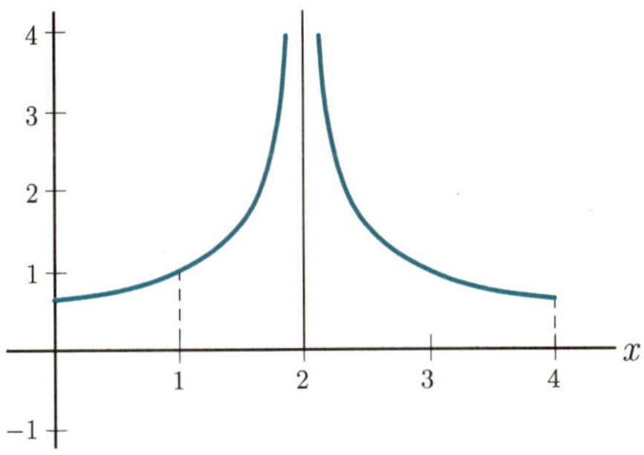

그림 13.5

$$\begin{aligned}\int_1^4 \frac{1}{(x-2)^{2/3}}\,dx &= \int_1^2 \frac{1}{(x-2)^{2/3}}\,dx + \int_2^4 \frac{1}{(x-2)^{2/3}}\,dx \\ &= \lim_{t \to 2^-} \int_1^t \frac{1}{(x-2)^{2/3}}\,dx + \lim_{s \to 2^+} \int_s^4 \frac{1}{(x-2)^{2/3}}\,dx \\ &= \lim_{t \to 2^-} \left[3(x-2)^{1/3}\right]_1^t + \lim_{s \to 2^+} \left[3(x-2)^{1/3}\right]_s^4 \\ &= 3\lim_{t \to 2^-} \left[(t-2)^{1/3} + 1\right] + 3\lim_{s \to 2^+} \left[2^{1/3} - (s-2)^{1/3}\right] \\ &= 3 + 3\left(2^{1/3}\right)\end{aligned}$$

◀

제4절 이중적분

4.1 이변수함수의 리만합

f를 폐직사각형(閉直四角形, closed rectangle)

$$R=[a,b]\times[c,d]=\left\{(u,v)\in\mathbb{R}^2 \middle| a\le u\le b, c\le v\le d\right\}$$

에서 정의된 이변수함수라고 하자([그림 13.6]).

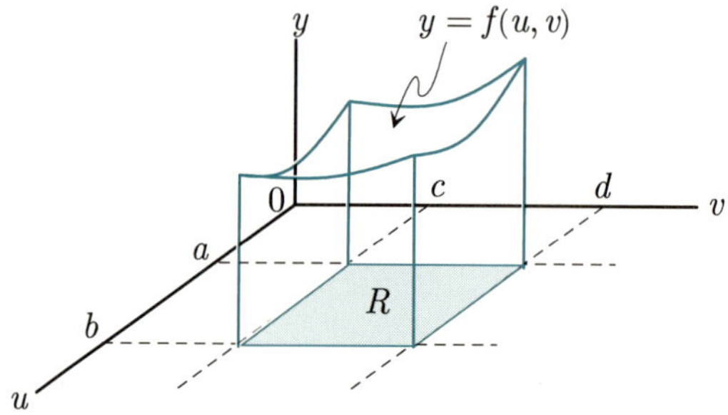

그림 13.6

구간 $[a,b]$를 길이가 $\Delta u_i = u_i - u_{i-1}$인 m개의 소구간 $[u_{i-1}, u_i]$ $(i=1,2,\cdots,m)$으로 나누고 구간 $[c,d]$를 길이가 $\Delta v_j = v_j - v_{j-1}$인 n개의 소구간 $[v_{j-1}, v_j]$ $(j=1,2,\cdots,n)$으로 나누어 직사각형 R을 면적이 $\Delta A_{ij} = \Delta u_i \Delta v_j$인 $m\times n$개의 소직사각형(小直四角形, subrectangles)

$$R_{ij}=[u_{i-1},u_i]\times[v_{j-1},v_j]=\left\{(u,v)\mid u_{i-1}\le u\le u_i, v_{j-1}\le v\le v_j\right\}$$
$$(i=1,2,\cdots,m,\ \ j=1,2,\cdots,n)$$

으로 나누는 분할 P를 만들 수 있다([그림 13.7]).

R_{ij}에서 임의의 표본점 $(\overline{u}_i, \overline{v}_j)$을 선택하자. 그러면 리만합

$$\sum_{i=1}^{m}\sum_{j=1}^{n} f\left(\overline{u}_i, \overline{v}_j\right)\Delta A_{ij}$$

은 [그림 13.6]에서 직사각형 R과 함수 $y=f(u,v)$의 곡면 사이의 체적에 대한 근사값이 된다. [그림 13.7]의 소직사각형들 중 가장 긴 대각선의 길이를 분할 P의 길이(norm)라 하며 $\|P\|$로 나타낸다.

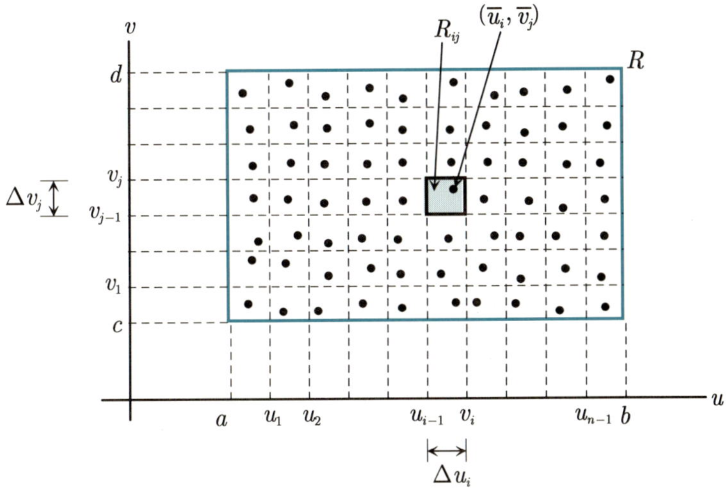

그림 13.7

4.2 이중적분

f를 폐직사각형 R에서 정의된 이변수함수라고 하자.

$$\lim_{|P|\to 0}\sum_{i=1}^{m}\sum_{j=1}^{n} f\left(\overline{u}_i, \overline{v}_j\right)\Delta A_{ij}$$

이 존재하면 f는 R에서 적분가능(積分可能, integrable)이라고 하며

$$\iint_R f(u,v)\,dA = \lim_{|P|\to 0}\sum_{i=1}^{m}\sum_{j=1}^{n} f\left(\overline{u}_i, \overline{v}_j\right)\Delta A_{ij} \tag{13.27}$$

으로 나타낸다. 이 극한을 R에서 f의 이중적분(二重積分, double integral)이라고 한다.

4.3 이중적분의 성질

이중적분은 단일적분의 성질의 많은 부분을 가지고 있다.

정리 13.22 **이중적분의 성질**

f와 g가 유계폐영역 R에서 정의되고 k를 상수라고 하자.

① $\displaystyle\iint_R kf(u,v)\,dA = k\iint_R f(u,v)\,dA$

② $\iint\limits_R [f(u,v) \pm g(u,v)]\,dA = \iint\limits_R f(u,v)\,dA \pm \iint\limits_R g(u,v)\,dA$

③ $\iint\limits_R f(u,v)\,dA = \iint\limits_{R_1} f(u,v)\,dA + \iint\limits_{R_2} f(u,v)\,dA$

④ $f(u,v) \geq 0$이면 $\iint\limits_R f(u,v)\,dA \geq 0$

⑤ $f(u,v) \leq g(u,v)$이면 $\iint\limits_R f(u,v)\,dA \leq \iint\limits_R g(u,v)\,dA$

증명

생략 ■

4.4 반복적분

정적분의 정의 식 (13.8)의 개념으로 정적분을 직접 계산하는 것은 대부분의 경우에 있어서 어려운 작업이지만 미분적분학의 기본정리에 의해 쉽게 계산할 수 있는 길이 열려 있다. 이중적분의 정의 식 (13.27)의 개념으로 이중적분을 직접 계산하는 것은 단일적분의 경우보다 훨씬 더 어려운 작업이다. 이중적분은 두 개의 단일적분을 계산하는 방식의 반복적분(反復積分, iterated integral)으로 나타내어 계산할 수 있다.

f를 폐직사각형 $R=[a,b]\times[c,d]$에서 정의된 연속인 이변수함수라고 하자. 기호 $\int_c^d f(u,v)\,dv$은 u의 값을 고정시키고 $f(u,v)$를 $v=c$부터 $v=d$까지 v에 관해 적분함을 의미한다. 이를 v에 관한 편적분(偏積分, partial integration)이라고 한다. $\int_c^d f(u,v)\,dv$은 u의 값에 따라 달라지는 수이며 따라서 u의 함수

$$A(u) = \int_c^d f(u,v)\,dv$$

로 나타낼 수 있다. 이제 A를 $u=a$부터 $u=b$까지 u에 관해 적분하면

$$\int_a^b A(u)\,du = \int_a^b \left[\int_c^d f(u,v)\,dv\right] du \tag{13.28}$$

를 얻는다. 식 (13.28)의 우변을 반복적분(反復積分, iterated integration)이라고 부른다. 일반적으로 괄호를 생략하고

$$\int_a^b \int_c^d f(u,v)\,dv du = \int_a^b \left[\int_c^d f(u,v)\,dv\right] du \tag{13.29}$$

로 나타내며 이는 $f(u,v)$를 v에 관해 c부터 d까지 적분한 후 그 결과를 u에 관해 a부터 b까지 적분함을 의미한다. 마찬가지로

$$\int_c^d \int_a^b f(u,v)\,dudv = \int_c^d \left[\int_a^b f(u,v)\,du \right] dv \tag{13.30}$$

는 $f(u,v)$를 u에 관해 a부터 b까지 적분한 후 그 결과를 v에 관해 c부터 d까지 적분함을 의미한다.

예

$\int_0^3 \int_1^2 (3u+2v)\,dudv$을 구하시오.

풀이

$$\int_1^2 (3u+2v)\,du = \left[\tfrac{3}{2}u^2 + 2vu\right]_1^2 = \tfrac{9}{2} + 2v$$

$$\int_0^3 \int_1^2 (3u+2v)\,dudv = \int_0^3 \left(\tfrac{9}{2} + 2v\right)dv = \left[\tfrac{9}{2}v + v^2\right]_0^3 = \tfrac{45}{2}$$ ◀

식 (13.29)와 식 (13.30)의 두 반복적분은 같은 값을 갖는다. 이러한 성질은 혼합편도함수의 성질과 유사하다.

정리 13.23 **푸비니의 정리**

f가 폐직사각형 $R = \{(u,v) \mid a \le u \le b, c \le v \le d\}$에서 연속이면

$$\iint_R f(u,v)\,dA = \int_c^d \int_a^b f(u,v)\,dudv = \int_a^b \int_c^d f(u,v)\,dvdu$$

이 성립한다.

증명

이 정리의 증명은 고급미분적분학에 속하는 내용으로 여기서는 생략 ■

푸비니의 정리(Fubini's theorem)[5]는 이중적분을 반복적분으로 나타내어 이중적분의 값을 구할 수 있는 실용적 방법을 제공해준다.

---

5) 이 정리의 이름은 1907년 이 정리의 일반화된 내용을 증명한 이탈리아의 수학자 푸비니(Fubini, Guido, 1879~1943)의 이름을 기념하여 붙인 것이다.

예

$\iint_R \left(u-2v^3\right) dA$의 값을 구하시오.

여기서 $R=\{(u,v) \mid 0 \le u \le 3, 1 \le v \le 2\}$이다.

풀이

$$\begin{aligned}\iint_R \left(u-2v^3\right) dA &= \int_1^2 \int_0^3 \left(u-2v^3\right) du dv \\ &= \int_1^2 \left[\frac{1}{2}u^2 - 2uv^3\right]_0^3 dv \\ &= \int_1^2 \left(\frac{9}{2} - 6v^3\right) dv \\ &= \left[\frac{9}{2}v - \frac{3}{2}v^4\right]_1^2 \\ &= -18\end{aligned}$$

◀

4.5 일반영역에서의 이중적분

$S=\{(u,v) \mid a \le u \le b, g_1(u) \le v \le g_2(u)\}$을 만족하는 $[a,b]$에서 정의된 연속인 함수 $g_1(u)$와 $g_2(u)$가 존재하면 S를 수직단순영역(垂直單純領域, vertically simple region)이라 한다. 수직단순영역으로 부르는 이유는 수직방향의 직선이 S와 한 점에서 만나거나 하나의 구간에서 만나거나 또는 만나지 않기 때문이다([그림 13.8(a)]).

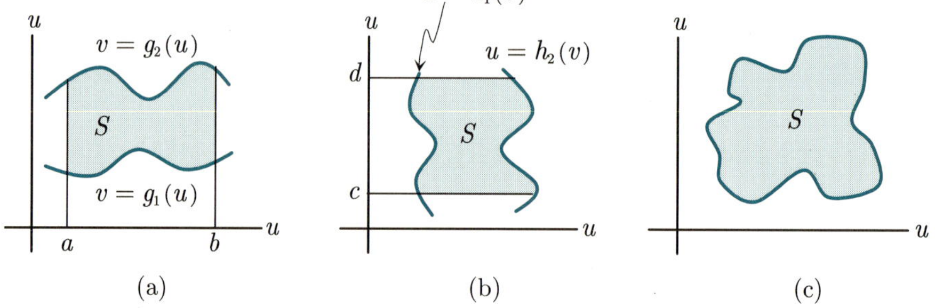

그림 13.8

$S=\{(u,v) \mid h_1(v) \le u \le h_2(v), c \le v \le d\}$을 만족하는 $[c,d]$에서 정의된 연속인 함수 $h_1(v)$와 $h_2(v)$가 존재하면 S를 수평단순영역(水平單純領域, horizontally simple region)이라 한다([그림 13.8(b)]). [그림 13.8(c)]는 수직단순영역도 아

니고 수평단순영역도 아닌 영역을 나타낸다.

f가 수직단순영역 $S=\{(u,v)\mid a\le u\le b, g_1(u)\le v\le g_2(u)\}$에서 정의된 연속인 함수이면

$$\iint_S f(u,v)\,dA=\int_a^b\int_{g_1(u)}^{g_2(u)} f(u,v)\,dvdu$$

이다. f가 수평단순영역 $S=\{(u,v)\mid h_1(v)\le u\le h_2(v), c\le v\le d\}$에서 정의된 연속인 함수이면

$$\iint_S f(u,v)\,dA=\int_c^d\int_{h_1(v)}^{h_2(v)} f(u,v)\,dudv$$

이다.

예

$\iint_S (2u+v)\,dA$을 구하시오. 여기서 S는 두 포물선 $v=3u^2$ 및 $v=u^2+2$가 경계를 이루는 영역이다.

풀이

두 포물선 $v=3u^2$ 및 $v=u^2+2$이 경계를 이루는 영역 S는 [그림 13.9]와 같다. 두 포물선의 교점은 $3u^2=u^2+2$의 근, 즉 $u=\pm1$이다.

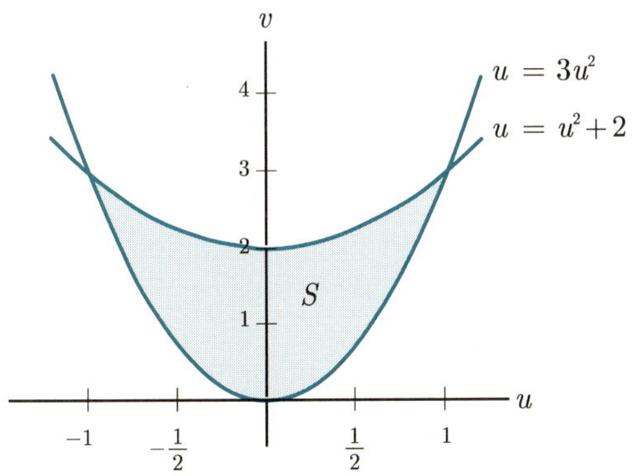

그림 13.9

[그림 13.9]의 영역 S는 수직단순영역이며

$$S=\{(u,v)\mid -1\le u\le 1, 3u^2\le v\le u^2+2\}$$

로 나타낼 수 있다. 따라서

$$\begin{aligned}\iint_S (2u+v)\,dA &= \int_{-1}^{1}\int_{3u^2}^{u^2+2}(2u+v)\,dvdu\\ &= \int_{-1}^{1}\left[2uv+\frac{1}{2}v^2\right]_{3u^2}^{u^2+2}du\\ &= \int_{-1}^{1}\left(-4u^4-4u^3+2u^2+4u+2\right)du\\ &= \left[-\frac{4}{5}u^5-u^4+\frac{2}{3}u^3+2u^2+2u\right]_{-1}^{1}\\ &= \frac{56}{15}\end{aligned}$$

◀

예

$\iint_S uvdA$을 구하시오. 여기서 S는 직선 $v=u-3$과 포물선 $v^2=2u+2$이 경계를 이루는 영역이다.

풀이

영역 S를 그래프로 나타내면 [그림 13.10]과 같다.

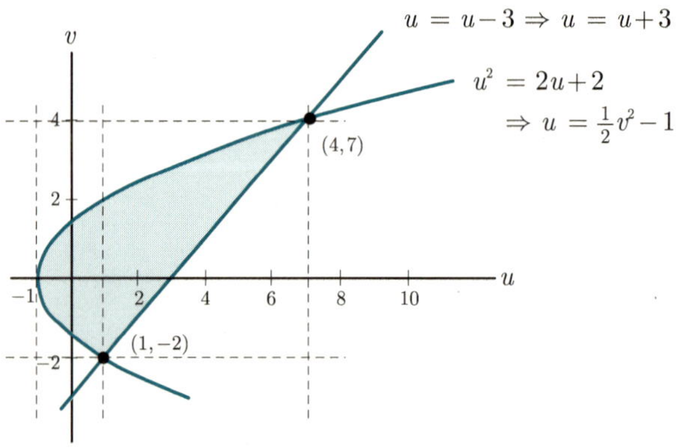

그림 13.10

영역 S를 수직단순영역으로 나타내면

$$S = S_1 \cup S_2$$
$$S_1 = \left\{(u,v) \mid -1 \le u \le 1, -\sqrt{2u+2} \le v \le \sqrt{2u+2}\right\}$$
$$S_2 = \left\{(u,v) \mid 1 \le u \le 7, u-3 \le v \le \sqrt{2u+2}\right\}$$

수평단순영역으로 나타내면

$$S = \left\{(u,v) \mid \frac{1}{2}v^2-1 \le u \le v+3, -2 \le v \le 4\right\}$$

으로 나타낼 수 있다. 따라서 수평단순영역으로 나타내는 것이 이중적분을 쉽게 계산할 수 있다.

$$\iint_S uv dA = \int_{-2}^{4}\int_{\frac{1}{2}v^2-1}^{v+3} uv\,du\,dv = \int_{-2}^{4}\Big[\frac{1}{2}u^2v\Big]_{\frac{1}{2}v^2-1}^{v+3} dv$$
$$= \int_{-2}^{4}\Big(-\frac{1}{8}v^5 + v^3 + 3v^2 + 4v\Big)dv$$
$$= \Big[-\frac{1}{48}v^6 + \frac{1}{4}v^4 + v^3 + 2v^2\Big]_{-2}^{4}$$
$$= 72$$

◀

제5절 극이중적분

5.1 극좌표

좌표계(座標系, coordinate system)는 평면 위의 점을 좌표라고 하는 순서쌍으로 나타낸다. 일반적으로 사용되는 좌표계는 실선을 직각으로 교차시킨 두 개의 좌표축으로 구성된 직교좌표계(直交座標系, rectangular coordinate system)이다. 어떤 경우에는 직교좌표계보다 극좌표계(極座標系, polar coordinate system)를 사용하는 것이 편리하다.

평면 위의 한 점을 선택하여 O라고 하고 이를 극(極, pole) 또는 원점(原點, origin)이라 부른다. O에서 시작하는 기준선(基準線, initial ray)을 그리고 이를 극축(極軸, polar axis)이라 한다. 일반적으로 극축은 [그림 13.11]에서와 같이 오른쪽 방향의 수평선으로 그린다. P가 평면 위의 임의의 다른 점일 때 O에서 P까지의 거리를 r이라 하고 극축과 직선 OP 사이의 각도를 θ라고 하자. 점 P는 순서쌍 (r, θ)로 나타낼 수 있으며 r과 θ를 P의 극좌표(極座標, polar coordinates)라고 한다.

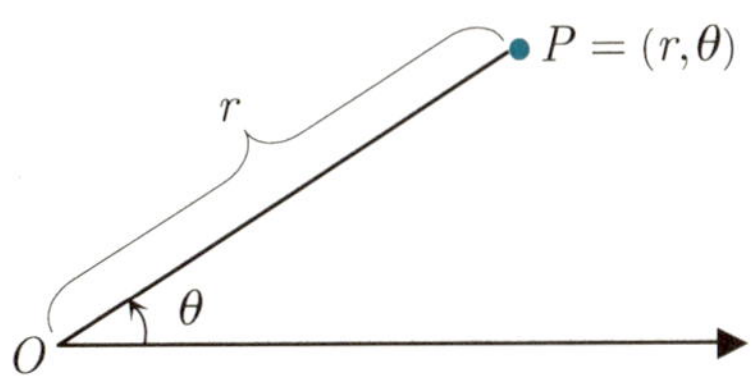

그림 13.11

정리 13.24 **좌표변환**

평면 위의 어떤 점의 극좌표 (r, θ)는 직교좌표 (u, v)와 다음의 관계를 갖는다.

① $u = r\cos\theta\,,\ \ v = r\sin\theta$

② $\tan\theta = v\,/\,u\,,\ \ r^2 = u^2 + v^2$

증명

직교좌표와 극좌표 간의 관계를 살펴보기 위해 극과 원점을 일치시키고 극축과 양의 x축을 겹치게 놓으면 [그림 13.12]와 같다. (u, v)는 반지름이 r인 원에 있으므로 $r^2 = u^2 + v^2$이다. 그리고 $r > 0$에 대해서 삼각함수의 정의로부터 $\sin\theta = v\,/\,r$, $\cos\theta = u\,/\,r$, $\tan\theta = v\,/\,u$이다.

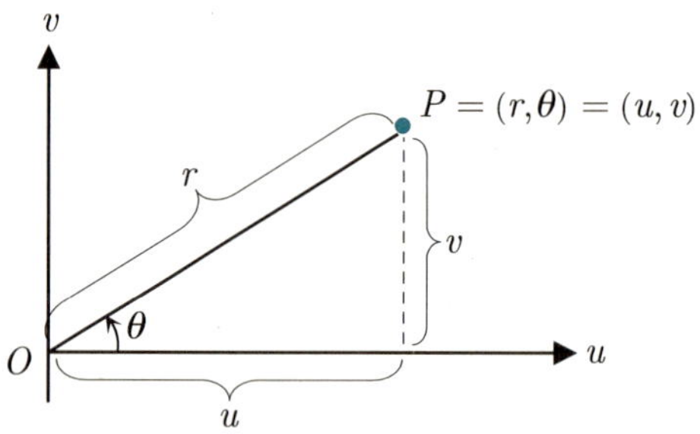

그림 13.12

■

5.2 극리만합

극좌표에서

$$R = \{(r, \theta) \mid a \le r \le b, \alpha \le \theta \le \beta\}$$

의 형태를 갖는 영역을 극직사각형(極直四角形, polar rectangle)이라 한다. 여기서 $a \ge 0$, $\beta - \alpha \ge 2\pi$이다. [그림 13.13]은 극직사각형을 그림으로 나타낸 것이다.

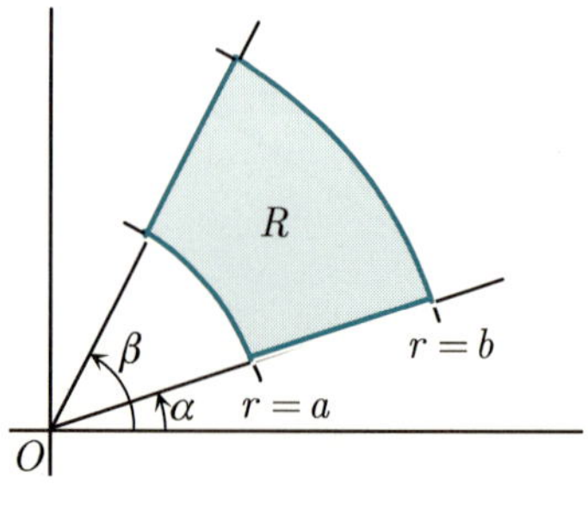

그림 13.13

정리 13.25 **극직사각형의 면적**

극직사각형 $R=\{(r,\theta)\mid a\le r\le b, \alpha\le\theta\le\beta\}$의 면적 A는

$$A=\frac{1}{2}(b+a)(b-a)(\beta-\alpha)$$

이다.

증명

중심각이 θ이고 반지름이 r인 부채꼴의 면적은 $\frac{1}{2}r^2\theta$이다. 극직사각형 $R=\{(r,\theta)\mid a\le r\le b, \alpha\le\theta\le\beta\}$의 면적 A는 중심각이 $(\beta-\alpha)$이고 반지름이 b인 부채꼴의 면적에서 중심각이 $(\beta-\alpha)$이고 반지름이 a인 부채꼴의 면적을 뺀 값과 같다. 따라서

$$\begin{aligned}A&=\frac{1}{2}b^2(\beta-\alpha)-\frac{1}{2}a^2(\beta-\alpha)\\&=\frac{1}{2}(b+a)(b-a)(\beta-\alpha)\end{aligned}$$

■

f를 극직사각형

$$R=\{(r,\theta)\mid a\le r\le b, \alpha\le\theta\le\beta\}$$

에서 정의된 이변수함수라고 하자([그림 13.14]).

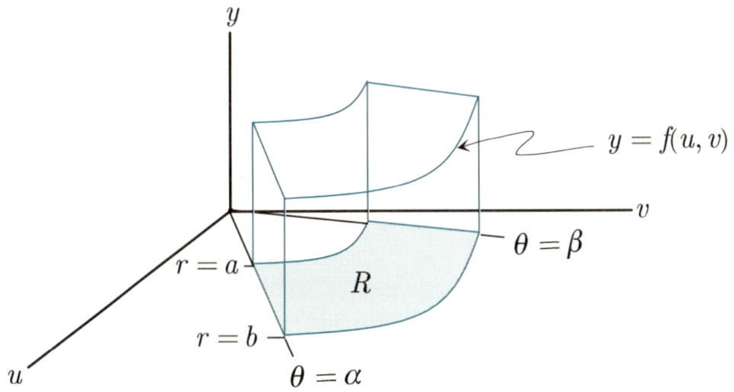

그림 13.14

구간 $[a,b]$를 길이가 $\Delta r_i=r_i-r_{i-1}$인 m개의 소구간 $[r_{i-1},r_i]$ $(i=1,2,\cdots,m)$으로 나누고 구간 $[\alpha,\beta]$를 길이가 $\Delta\theta_j=\theta_j-\theta_{j-1}$인 n개의 소구간 $[\theta_{j-1},\theta_j]$ $(j=1,2,\cdots,n)$으로 나누어 극직사각형 R을 $m\times n$개의 극소직사각형(極小直四

角形, polar subrectangle)

$$R_{ij} = \left\{(r,\theta) \mid r_{i-1} \le r \le r_i, \theta_{j-1} \le \theta \le \theta_j\right\}$$
$$(i = 1, 2, \cdots, m \ , \ j = 1, 2, \cdots, n)$$

으로 나누는 분할 P를 만들 수 있다([그림 13.15]).

$\overline{r_i}$를 r_i와 r_{i-1}의 평균, 즉 $\overline{r_i} = \frac{1}{2}(r_i + r_{i-1})$이라 하고 $\overline{\theta_j}$를 θ_j와 θ_{j-1}의 평균, 즉 $\overline{\theta_j} = \frac{1}{2}(\theta_j + \theta_{j-1})$이라고 하자. R_{ij}의 면적은

$$\begin{aligned}\Delta A_{ij} &= \tfrac{1}{2}(r_i + r_{i-1})(r_i - r_{i-1})\Delta\theta_j \quad \text{(극직사각형의 면적 [정리 13.25])} \\ &= \overline{r_i}\Delta r_i \Delta\theta_j \qquad (13.31)\end{aligned}$$

이다.

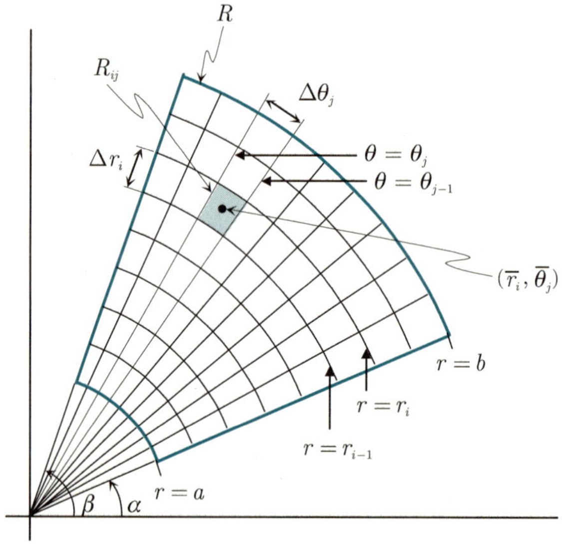

그림 13.15

R_{ij} 에서 $\left(\overline{r_i}, \overline{\theta_j}\right)$를 표본점으로 선택하면 극리만합(極리만合, polar Riemann sum)

$$\sum_{i=1}^{m}\sum_{j=1}^{n} f\left(\overline{r_i}, \overline{\theta_j}\right)\Delta A_{ij}$$

은 [그림 13.14]에서 극직사각형 R과 함수 $y = f(u, v)$ 사이의 체적에 대한 근사값이 된다. [그림 13.15]의 극소직사각형들 중 가장 긴 대각선의 길이를 분할 P의 길이라 하며 $|P|$로 나타낸다.

5.3 극이중적분

f를 극직사각형 R에서 정의된 이변수함수라고 하자.

$$\lim_{|P|\to 0}\sum_{i=1}^{m}\sum_{j=1}^{n} f\left(\overline{r}_i, \overline{\theta}_j\right)\Delta A_{ij}$$

이 존재하면 f는 R에서 적분가능이라고 하며

$$\iint_R f(r,\theta)\,dA = \lim_{|P|\to 0}\sum_{i=1}^{m}\sum_{j=1}^{n} f\left(\overline{r}_i, \overline{\theta}_j\right)\Delta A_{ij} \tag{13.32}$$

로 나타낸다. 이 극한을 R에서 식 (13.32)의 극이중적분(極二重積分, polar double integral)[6)]이라고 한다.

5.4 극좌표로의 변환

정리 13.26 **극좌표로의 변환**

f가 극직사각형 $R = \{(r,\theta)\mid a\le r\le b, \alpha\le\theta\le\beta\}$에서 정의된 연속인 함수라고 하자. 여기서 $a\ge 0$, $\beta-\alpha\ge 2\pi$이다. 그리고 극좌표 (r,θ)에 대응하는 직교좌표를 (u,v)라고 하자. 그러면

$$\iint_R f(u,v)\,dA = \int_\alpha^\beta\int_a^b f(r\cos\theta, r\sin\theta)\,r\,dr\,d\theta$$

이 성립한다.

증명

증명을 위해

$$g(r,\theta) = rf(r\cos\theta, r\sin\theta) \tag{13.33}$$

로 정의하자.

6) 극이중적분은 극좌표에서의 이중적분(極座標에서의 二重積分, double integral in polar coordinates)이라고도 부른다.

$$\begin{aligned}
&\iint_R f(u,v)\,dA \\
&= \iint_R f(r\cos\theta, r\sin\theta)\,dA && \text{(좌표변환 [정리 13.24])} \\
&= \lim_{|P|\to 0}\sum_{i=1}^{m}\sum_{j=1}^{n} f\left(\overline{r_i}\cos\overline{\theta}_j, \overline{r_i}\sin\overline{\theta}_j\right)\Delta A_{ij} && \text{(극이중적분의 정의 식 (13.32))} \\
&= \lim_{|P|\to 0}\sum_{i=1}^{m}\sum_{j=1}^{n} f\left(\overline{r_i}\cos\overline{\theta}_j, \overline{r_i}\sin\overline{\theta}_j\right)\overline{r_i}\,\Delta r_i\,\Delta\theta_j && \text{(식 (13.31))} \\
&= \lim_{|P|\to 0}\sum_{i=1}^{m}\sum_{j=1}^{n} g\left(\overline{r_i}, \overline{\theta}_j\right)\Delta r_i\,\Delta\theta_j && \text{(식 (13.33))} \\
&= \iint_R g(r,\theta)\,dA && \text{(이중적분의 정의 식 (13.27))} \\
&= \int_\alpha^\beta \int_a^b g(r,\theta)\,dr\,d\theta && \text{(푸비니의 정리 [정리 13.23])} \\
&= \int_\alpha^\beta \int_a^b f(r\cos\theta, r\sin\theta)\,r\,dr\,d\theta && \text{(식 (13.33))}
\end{aligned}$$

■

예

$\iint_R e^{-u^2-v^2}\,dA$을 구하시오. 여기서 R은 극직사각형
$R = \left\{(r,\theta)\mid 1 \le r \le 2, 0 \le \theta \le \frac{\pi}{3}\right\}$이다.

풀이

$$\begin{aligned}
&\iint_R e^{-u^2-v^2}\,dA \\
&= \int_0^{\frac{\pi}{3}}\int_1^2 e^{-(r\cos\theta)^2-(r\sin\theta)^2}\,r\,dr\,d\theta \\
&= \int_0^{\frac{\pi}{3}}\int_1^2 e^{-r^2}\,r\,dr\,d\theta \qquad (\sin^2\theta + \cos^2\theta = 1)
\end{aligned}$$

▷ $q = -r^2$으로 놓으면 $dq = -2rdr$이고, 따라서 $dr = -(1/2r)dq$

$$\begin{aligned}
\int_1^2 e^{-r^2}\,r\,dr &= \int_{-1}^{-4} e^q r\left(-\frac{1}{2r}dq\right) = -\frac{1}{2}\int_{-1}^{-4} e^q\,dq \\
&= -\tfrac{1}{2}\left[e^q\right]_{-1}^{-4} = -\tfrac{1}{2}\left(e^{-4} - e^{-1}\right)
\end{aligned}$$ ◁

$$\begin{aligned}
&= \int_0^{\frac{\pi}{3}} -\tfrac{1}{2}\left(e^{-4} - e^{-1}\right)d\theta \\
&= -\tfrac{\pi}{6}\left(e^{-4} - e^{-1}\right)
\end{aligned}$$

◀

예

$\iint_R (4u+3v^2)\,dA$을 구하시오. 여기서 R은 두 개의 원 $u^2+v^2=1$와 $u^2+v^2=9$이 경계를 이루는 영역에서 $v \geq 0$인 부분을 나타낸다.

풀이

영역 R은 $R=\{(u,v)\mid v\geq 0, 1\leq u^2+v^2\leq 9\}$으로 나타낼 수 있다.

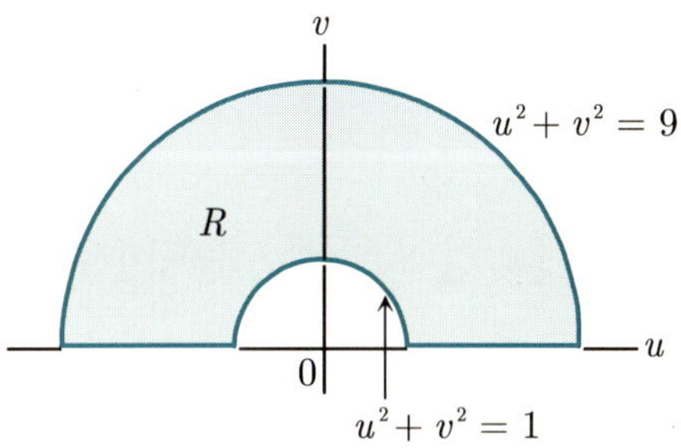

그림 13.16

R을 극좌표로 나타내면 $R=\{(r,\theta)\mid 1\leq r\leq 3, 0\leq\theta\leq\pi\}$로 나타낼 수 있다. 따라서

$$\begin{aligned}
\iint_R (4u+3v^2)\,dA &= \int_0^{\pi}\int_1^3 (4r\cos\theta+3r^2\sin^2\theta)\,r\,dr\,d\theta \\
&= \int_0^{\pi}\int_1^3 (4r^2\cos\theta+3r^3\sin^2\theta)\,dr\,d\theta \\
&= \int_0^{\pi}\left[\tfrac{4}{3}r^3\cos\theta+\tfrac{3}{4}r^4\sin^2\theta\right]_1^3 dr\,d\theta \\
&= \int_0^{\pi}\left(\tfrac{104}{3}\cos\theta+60\sin^2\theta\right)d\theta \\
&= \int_0^{\pi}\left[\tfrac{104}{3}\cos\theta+30(1-\cos 2\theta)\right]d\theta \qquad \left(\sin^2\theta=\tfrac{1}{2}(1-\cos 2\theta)\right) \\
&= \left[\tfrac{104}{3}\sin\theta+30\theta-15\sin 2\theta\right]_0^{\pi} \\
&= 30\pi
\end{aligned}$$

◀

예

$\int_{-\infty}^{\infty} e^{-u^2/2}du$ 을 구하시오.

풀이

$$\int_{-\infty}^{\infty} e^{-u^2/2}du$$

$$= \int_{-\infty}^{0} e^{-u^2/2}du + \int_{0}^{\infty} e^{-u^2/2}du \quad \text{(특이적분의 정의 식 (13.23))}$$

$$= 2\int_{0}^{\infty} e^{-u^2/2}du \quad (f(u) = e^{-u^2/2}\text{는 수직축에 대하여 대칭})$$

$$= 2I \quad \left(I = \int_{0}^{\infty} e^{-u^2/2}du\right)$$

$$I = \int_{0}^{\infty} e^{-u^2/2}du$$

$$= \lim_{b\to\infty}\int_{0}^{b} e^{-u^2/2}du \quad \text{(특이적분의 정의 식 (13.21))}$$

$$I^2 = \left(\int_{0}^{\infty} e^{-u^2/2}du\right)\left(\int_{0}^{\infty} e^{-v^2/2}dv\right) \quad \text{(적분변수는 더미변수 식 (13.14))}$$

$$= \left(\lim_{b\to\infty}\int_{0}^{b} e^{-u^2/2}du\right)\left(\lim_{b\to\infty}\int_{0}^{b} e^{-u^2/2}du\right)$$

$$= \lim_{b\to\infty}\left[\left(\int_{0}^{b} e^{-u^2/2}du\right)\left(\int_{0}^{b} e^{-v^2/2}dv\right)\right] \quad \text{(극한정리 [정리 10.1] ⑦)}$$

$$= \lim_{b\to\infty}\left[\left(\tfrac{1}{2}\int_{-b}^{b} e^{-u^2/2}du\right)\left(\tfrac{1}{2}\int_{-b}^{b} e^{-v^2/2}dv\right)\right]$$

$$= \lim_{b\to\infty}\left[\tfrac{1}{4}\int_{-b}^{b}\left(\int_{-b}^{b} e^{-u^2/2}du\right)e^{-v^2/2}dv\right] \quad \text{([정리 13.11])}$$

$$= \tfrac{1}{4}\lim_{b\to\infty}\int_{-b}^{b}\int_{-b}^{b} e^{-u^2/2}e^{-v^2/2}\,du\,dv$$

$$= \tfrac{1}{4}\lim_{b\to\infty}\int_{-b}^{b}\int_{-b}^{b} e^{-\left(u^2+v^2\right)/2}\,du\,dv$$

$$= \tfrac{1}{4}\lim_{a\to\infty}\int_{0}^{2\pi}\int_{0}^{a} e^{-\left[(r\cos\theta)^2+(r\sin\theta)^2\right]/2}r\,dr\,d\theta$$

$$= \tfrac{1}{4}\lim_{a\to\infty}\int_{0}^{2\pi}\int_{0}^{a} e^{-r^2/2}r\,dr\,d\theta$$

◀

연습문제

(1~4) 부정적분을 구하시오.

1. $\int x^{-3/4}dx$

2. $\int \left(x^2 + \sqrt{x}\right)dx$

3. $\int \frac{2x^3 - x^2 + 2}{\sqrt{x}}dx$

4. $\int e^{2x}dx$

5. 미분방정식 $dy/dx = 3x^2 + 1$의 일반해를 구하고 $x = 1$일 때 $y = 4$를 만족하는 해를 구하시오.

6. $f(x) = -x/2 + 3$이 $[-3,2]$에서 정의된 함수이다. 구간 $[-3,2]$를 $-3 < -1.3 < 0 < 0.9 < 2$에 의해 분할하고 표본점을 $\overline{x}_1 = -2$, $\overline{x}_2 = -0.5$, $\overline{x}_3 = 0$, $\overline{x}_4 = 2$로 선택했을 때의 리만합 R_P를 구하시오.

7. $\int_0^4 \left(x^2 + 3\right)dx$의 값을 정적분의 정의 식 (14.8)을 사용하여 구하시오.

(8~11) $\int_1^3 f(x)\,dx = 1$, $\int_3^5 f(x)\,dx = 2$, $\int_1^3 g(x)\,dx = -2$, $\int_3^5 g(x)\,dx = 3$일 때 다음의 정적분의 값을 구하시오.

8. $\int_3^1 2f(x)\,dx$

9. $\int_1^5 f(x)\,dx$

10. $\int_1^3 [3f(x) - 2g(x)]\,dx$

11. $\int_3^5 g(x)\,dx + \int_3^1 g(x)\,dx$

12. $f(x) = \begin{cases} 2x, & 0 \le x < 3 \\ x^2, & 3 \le x \le 5 \end{cases}$ 일 때 $\int_0^5 f(x)\,dx$를 구하시오.

13. $F(x) = \int_{-5}^{x} (3t+1)\,dt$ 일 때 $F'(x)$를 구하시오.

14. $F(x) = \int_{-1}^{x^2} \left(2t^2 + t\right) dt$ 일 때 $F'(x)$를 구하시오.

15. $\int \frac{3}{2x+5}\,dx$를 구하시오.

16. $\int 3x^4 \left(2x^5 + 9\right)^3 dx$를 구하시오.

17. $\int_{-2}^{1} \frac{x}{5-x^2}\,dx$의 값을 구하시오.

18. $\int xe^{2x}\,dx$을 구하시오.

19. $\int \sqrt{x}\ln x\,dx$를 구하시오.

20. $\lim_{x\to 2} \frac{x^2-4}{x^2-x+2}$을 구하시오.

21. $\lim_{x\to\infty} \frac{e^{-x}}{x^{-1}}$을 구하시오.

22. $\int_0^{\infty} e^{-x}\,dx$을 구하시오.

23. $\int_1^{\infty} \frac{1}{x}\,dx$을 구하시오.

24. $\int_0^1 \frac{1}{\sqrt[3]{x}}\,dx$을 구하시오.

25. $\displaystyle\int_0^2 \frac{1}{(x-1)^{2/3}}\,dx$을 구하시오.

26. $\displaystyle\int_0^2 \int_1^3 u^2 v\,dv\,du$의 값을 구하시오.

27. $R = \{(u,v)\,|\,0 \le u \le 2, 0 \le v \le 2\}$일 때 $\displaystyle\iint_R (u+v)\,dA$의 값을 구하시오.

28. $\displaystyle\int_0^1 \int_0^u e^{-u^2}\,dv\,du$을 구하시오.

29. S가 $v = u^2$와 $v = \sqrt{u}$ 사이의 영역일 때 $\displaystyle\iint_S \left(u^2 + 2v\right) dA$를 구하시오.

30. 영역 S가 다음의 그림과 같을 때 $\displaystyle\iint_S u^2 v^2 dA$의 값을 구하시오.

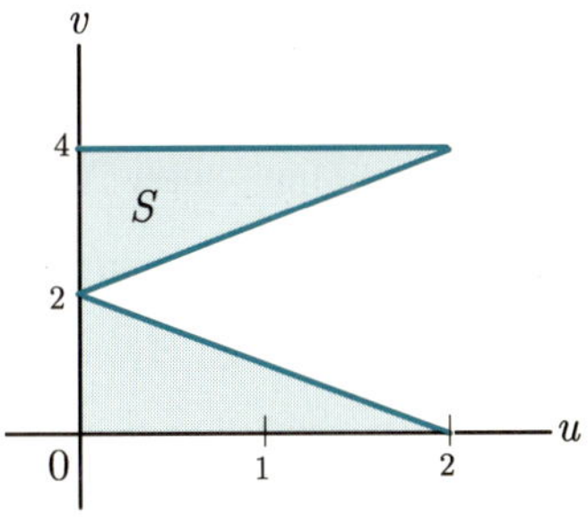

31. $f(u,v) = e^{u^2+v^2}$이 극직사각형 $R = \left\{(r,\theta)\,|\,1 \le r \le 3, 0 \le \theta \le \frac{\pi}{4}\right\}$에서 정의된 이변수함수일 때 $\displaystyle\iint_R f(u,v)\,dA$을 구하시오.

참고문헌

- 강병서 · 정혜영 (2001), 『경영 · 경제수학』, 무역경영사.
- 김무홍 (1996), 『경제수학』, 한국방송대학교출판부.
- 김태웅 (2004), 『경제 · 경영수학의 이해』, 박영사.
- 김형욱 (1996), 『경영수학』, 법경사.
- 신준용 (1999), 『경영학과 경제학을 위한 수학』 2판, 학현사.
- 안상형 · 남익현 (1999), 『경영수학』, 법문사.
- 이학용 (1987), 『경제 · 경영수학』, 다산출판사.
- 이효구 · 박승안 (2003), 『경제 · 경영수학』, 박영사.

- Allen, R.G.D. (1967), *Mathematical Analysis for Economists*, St. Martin's Press, New York.
- Anthony, M. and N. Biggs (1996), *Mathematics for Economics and Finance: Methods and Modelling*, Cambridge University Press.
- Anton, H. and R.C. Busby (2003), *Contemporary Linear Algebra*, John Wiley & Sons, Inc.
- Anton, H., I. Bivens, and S. Davis (2002), *Calculus: Early Transcendentals*, 7th ed., John Wiley & Sons, Inc., New York.
- Apostol, T.M. (1974), *Mathematical Analysis*, 2nd ed., Addison-Wesley.
- Barnett, R.A., M.R. Ziegler, and K.E. Byleen (2002), *Calculus for Business, Economics, Life Sciences, and Social Sciences*, 9th ed., Prentice Hall, Upper Saddle River, New Jersey.
- Bazaraa, M.S., J.J. Jarvis, and H.D. Sherali (1990), *Linear Programming and Network Flows*, 2nd ed., John Wiley & Sons, New York.
- Bazaraa, M.S., H.D. Sherall, and C.M. Shetty (1993), *Nonlinear Programming: Theory and Algorithms*, 2nd ed., John Wiley & Sons, Inc., New York.
- Bretscher, O. (2005), *Linear Algebra with Applications*, 3rd ed., Pearson Education International.
- Carroll, J.D. and P.E. Green (1997), *Mathematical Tools for Applied Multivariate Analysis*, Academic Press, San Diego.
- Charnes, A., W.W. Cooper (1961), *Management Models and Industrial Applications of Linear Programming*, Volume I, John Wiley & Sons, Inc., New York.

- Chiang, A.C. (1984), *Fundamental Methods of Mathematical Economics*, 3rd ed., McGraw-Hill International Editions.
- Dantzig, G.B. (1963), *Linear Programming and Extensions*, Princeton University Press, Princeton, New Jersey.
- Gale, D. (1960), *The Theory of Linear Economic Models*, McGraw-Hill Book Company, Inc., New York.
- Hadley, G. (1961), *Linear Algebra*, Addison-Wesley Publishing Company.
- Haeussler, Jr., E.F. and R.S. Paul (2002), *Introductory Mathematical Analysis for Business, Economics, and the Life and Social Sciences*, 10th ed., Prentice-Hall, Inc., Upper Saddle River, New Jersey.
- Hilderbrand, F.B. (1976), *Advanced Calculus for Applications*, 2nd ed., Prentice-Hall, Inc., Englewood Cliffs, New Jersey.
- Holzman, A.G. (1979), *Operations Research Support Methodology*, Marcel Dekker, Inc., New York.
- Jacques, I. (2003), *Mathematics for Economics and Business*, 4th ed., Prentice Hall.
- Kaplan, W. (1993), *Advanced Calculus*, 4th ed., Addison-Wesley Publishing Company, Reading, Massachusetts.
- Kolman, B., and D.R. Hill (2000), *Elementary Linear Algebra*, 7th ed., Prentice Hall, Upper Saddle River, New Jersey.
- Kolman, B., and R. Beck (1995), *Elementary Linear Programming with Applications*, 2nd ed., Academic Press, San Diego.
- Kosmala, W.A.J. (1999), *Advanced Calculus: A Friendly Approach*, Prentice, Hall, Upper Saddle River, New Jersey.
- Kwak, N.K., and S.A. DeLurgio (1980), *Quantitative Models for Business Decisions*, Duxbury Press, North Scituate, Massachusetts.
- Lang, S. (1970), *Linear Algebra*, 2nd ed., Addison-Wesley Publishing Company, Inc.
- Larson, R., R.P. Hostetler, and B.H. Edwards (2002), *Calculus with Analytic Geometry*, 7th ed., Houghton Mifflin Company, Boston.
- Lay, D.C. (2003), *Linear Algebra and Its Application*, 3rd ed., Addison-Wesley, Boston.
- Luenberger, D.G. (1973), *Introduction to Linear and Nonlinear Programming*, Addison-Wesley Publishing Company, Reading, Massachusetts.
- Murtagh, B.A. (1981), *Advanced Linear Programming: Computation and Practice*, McGraw-Hill Internatinal Book Company.

- Murty, K.G. (1983), *Linear Programming*, John Wiley & Sons, New York.
- Ortega, J.M. (1987), *Matrix Theory: A Second Course*, Plenum Press, New York.
- Pinter, C.C. (1971), *Set Theory*, Addison-Wesley Publishing Company, Readings, Massachusetts.
- Ross. K.A. (1980), *Elementary Analysis: The Theory of Calculus*, Springer-Verlag, New York.
- Rudin, W. (1976), *Principles of Mathematical Analysis*, 3rd ed., McGraw-Hill International Editions.
- Shapiro, J.F. (1979), *Mathematical Programming: Structures and Algorithms*, John Wiley & Sons, New York.
- Stewart, J. (2003), *Calculus*, 5th ed., Thomson, Australia.
- Strang, G. (1988), *Liear Algebra and Its Application*, 3rd ed., Brooks/Cole, Australia.
- Varian, H.R. (1992), *Microeconomics Analysis*, 3rd ed., Norton International Student Edition.

찾아보기

[영문색인]

[한글색인]

[기타색인]

[정리색인]

저자약력

김 성 호

인하대학교 경상대학 경영학과 졸업
인하대학교 대학원 경영학과 경영학 석사
인하대학교 대학원 경영학과 경영학 박사
St. Louis University Post Doctoral Fellow
현) 인하대학교 경영대학 교수

이 동 원

서울대학교 경영대학 졸업
서울대학교 대학원 경영학과 경영학 석사
미국 University of Southern California 경영학 박사
현) 인하대학교 경영대학 교수

김 형 기

인하대학교 경상대학 경영학과 졸업
인하대학교 대학원 경영학과 경영학 석사
인하대학교 대학원 경영학과 경영학 박사
현) (주)이컨설팅 기업교육담당 이사
현) 인하대학교 경영대학 겸임교수

경영수학

2006년 1월 5일 1판 1쇄 인쇄
2011년 2월 10일 1판 4쇄 발행

저 자 김성호, 이동원, 김형기
발 행 인 김은중
발 행 처 서울경제경영출판사
북디자인 우일미디어

주 소 120-808 서울특별시 서대문구 대현동 67-5 대현빌딩 6층
전 화 (02) 313-2682
팩 스 (02) 313-8860

등 록 1998년 1월 22일 제5-63호

ISBN 89-88106-30-X (93320) **정가 27,000원**

※ 파본은 바꾸어 드립니다.